Horst Seidel, Rudolf Temmen

Grundlagen der Betriebswirtschaftslehre

Lerngerüst
Lerninformationen
Lernaufgaben

14. Auflage

Bestellnummer 30002

Bildungsverlag EINS − Gehlen

www.bildungsverlag1.de

Gehlen, Kieser und Stam sind unter dem Dach des Bildungsverlages EINS zusammengeführt.

Bildungsverlag EINS
Sieglarer Straße 2, 53842 Troisdorf

ISBN 3-441-**30002**-5

© Copyright 2004: Bildungsverlag EINS GmbH, Troisdorf
Das Werk und seine Teile sind urheberrechtlich geschützt. Jede Nutzung in anderen als den gesetzlich zugelassenen Fällen bedarf der vorherigen schriftlichen Einwilligung des Verlages.
Hinweis zu § 52a UrhG: Weder das Werk noch seine Teile dürfen ohne eine solche Einwilligung eingescannt und in ein Netzwerk eingestellt werden. Dies gilt auch für Intranets von Schulen und sonstigen Bildungseinrichtungen.

Grundsätzliches zur Benutzung dieses Buches

Das Lehr-, Lern- und Arbeitsbuch „Grundlagen der Betriebswirtschaftslehre" soll in seiner Dreiteilung Lerngerüst, Lerninformationen, Lernaufgaben im besonderen Maße dazu beitragen, in systematischer und einprägsamer Form betriebswirtschaftliches Grundwissen entscheidungs- und handlungsorientiert zu vermitteln.

Lerngerüst: Jedem Lernabschnitt ist ein Lerngerüst vorangestellt, das wichtige Lerninhalte und wirtschaftliche Zusammenhänge anschaulich darstellt. Damit werden die Lernziele nicht nur benannt, sondern betriebswirtschaftliche Grundstrukturen und ihr Beziehungszusammenhang aufgezeigt.

Lerninformationen: Der Stoff wird in geschlossenen Unterrichtseinheiten gegliedert und in straffer Form dargestellt. Wesentliche Lerninformationen werden im Text hervorgehoben und farbig unterlegt. Zahlreiche Beispiele sollen das Verständnis erleichtern. Betriebswirtschaftliche Zusammenhänge werden durch Schaubilder und Übersichten schematisiert und durch grafische Darstellungen erläutert.

Lernaufgaben: Zur Erarbeitung der Lernziele enthalten die Lernaufgaben Fragen, Texte, Rechtsfälle und Schaubilder, die dazu beitragen, die Lerninhalte einzuüben, zu festigen und zu vertiefen. Gleichzeitig bieten sie Anregungen, um betriebswirtschaftliche Tatbestände zu aktualisieren und kontrovers zu diskutieren. Das fördert das selbstständige Denken und die eigene Urteilsfähigkeit in wirtschaftlichen Fragen. Für die Lernaufgaben steht ein Lösungsheft für den Lehrer zur Verfügung.

Die Verfasser

Vorbemerkungen zur 11. Auflage

In der 11. Auflage wurden einige Ergänzungen und Berichtigungen notwendig, die zur formellen und inhaltlichen Aktualisierung beitragen.

- Produkthaftung nach dem „Produkthaftungsgesetz" (ProdHaftG)

- Neue Regelungen beim Zahlungsverzug durch das „Gesetz zur Beschleunigung fälliger Zahlungen"

- Prüfung und Offenlegung des Jahresabschlusses bei Kapitalgesellschaften & Co. nach dem „Kapitalgesellschaften & Co. Richtlinien-Gesetz" (KapCoRiLiG)

- Novellierung des „Gesetzes gegen Wettbewerbsbeschränkungen" (GWB) zur Anpassung an das EU-Recht

- Großzahlungssystem der EU-Mitgliedstaaten (TARGET-System) und deutscher Zugangspunkt zu TARGET (RTGS-System)

- Ergänzungen zur neuen Insolvenzordnung (InsO)

Die Verfasser

Vorbemerkungen zur 12. Auflage

Der Inhalt der 12. Auflage wurde im Wesentlichen um folgende Themenbereiche ergänzt bzw. aktualisiert:

- Beförderungsleistungen der Deutschen Bahn AG (DB Cargo) im Waren- und Kleingüterverkehr

- Paketdienste der Deutschen Post AG (national, international, Extras)

- Fernabsatzverträge, die nach dem neuen Fernabsatzgesetz zwischen Unternehmen und Verbraucher abgeschlossen werden und die ausschließlich Fernkommunikationsmittel verwenden

- Ergänzung des Großzahlungssystems TARGET der EU-Mitgliedstaaten um das modernisierte RTGSplus-System und um das EMZ-System für den Massenzahlungsverkehr

- Überarbeitung der Steuern auf der Grundlage des „Gesetzes zur Senkung der Steuersätze und zur Reform der Unternehmensbesteuerung" sowie die komplette Umstellung der Steuerbeträge auf den Euro

- Überarbeitung der Rechtsgeschäfte der Unternehmung auf der Grundlage des „Gesetzes zur Modernisierung des Schuldrechts"

Die Verfasser

Vorbemerkungen zur 13. Auflage

Die Überarbeitung der 13. Auflage beschränkt sich im Wesentlichen auf eine Aktualisierung einiger Textpassagen sowie des Datenmaterials.

Vorbemerkungen zur 14. Auflage

Die vorliegende Auflage wurde durchgehend aktualisiert, wesentliche Änderungen gab es insbesondere in den folgenden Bereichen:

- Im Bereich Zahlung, Investition und Finanzierung wurden die Ausführungen zu Scheck und Wechsel gekürzt, dafür wurde ein neuer Lernabschnitt zu Finanzierungs- und Investitionsvorgängen eingefügt, das Thema Finanzierungsarten um die Wagnisfinanzierung ergänzt sowie der Postbank Minuten-Service und die Neuregelungen zur EU-Standardüberweisung ins Ausland eingearbeitet.

- Im Bereich Versicherungen wurden die Neuerungen bei der Sozialversicherung berücksichtigt.

- Im Bereich Steuern wurden die geringfügigen Beschäftigungsverhältnisse (Mini-Jobs) eingefügt und das Beispiel zur Anrechnung der Kapitalertragssteuer (Halbeinkünfteverfahren) überarbeitet.

Die Verfasser

Inhaltsverzeichnis

1	**Betrieb in der Wirtschaft**	9
1.1	**Aufgaben der Betriebe**	10
1.1.1	Produktion von Gütern	10
1.1.2	Grundfunktionen der Betriebe	12
1.1.3	Einfluss der Wirtschaftsordnung	14
1.1.4	Schutz der Umwelt	15
1.2	**Zusammenwirken der Betriebe**	21
1.2.1	Leistungsprozess einer Volkswirtschaft	21
1.2.2	Arten der Betriebe	22
1.2.3	Rechtliche Rahmenbedingungen	25
1.2.4	Gründung einer Unternehmung	26
1.3	**Ziele der Betriebe**	29
1.3.1	Erzielung von Gewinn	29
1.3.2	Sicherung der Wettbewerbsfähigkeit	31
1.3.3	Streben nach Wirtschaftlichkeit	32
1.3.4	Messgrößen wirtschaftlichen Handelns	33
2	**Leistungserstellung**	37
2.1	**Material- und Warenwirtschaft**	38
2.1.1	Einkauf (Beschaffung)	38
2.1.2	Lagerhaltung	40
2.1.3	Lagerüberwachung und Lagersteuerung	42
2.1.4	Computergestütztes Warenwirtschaftssystem (CWWS)	46
2.2	**Produktionswirtschaft**	49
2.2.1	Fertigungsverfahren	49
2.2.2	Fertigungsprogramm	53
2.2.3	Fertigungskosten	54
2.2.4	Computerintegrierte Fertigung (CIM)	58
2.3	**Güter- und Nachrichtenverkehr**	61
2.3.1	Abwicklung des Güterverkehrs	61
2.3.2	Träger der Güterbeförderung	64
2.3.3	Nachrichtenverkehr	70
3	**Leistungsverwertung**	74
3.1	**Absatzplanung**	75
3.1.1	Marketing	75
3.1.2	Absatzmarktforschung	79
3.2	**Produktpolitik**	84
3.2.1	Produktgestaltung	84
3.2.2	Produktinnovation	88
3.2.3	Sortimentsgestaltung	89
3.2.4	Zusatzleistungen	90
3.3	**Kommunikationspolitik**	93
3.3.1	Absatzwerbung	94
3.3.2	Verkaufsförderung (Salespromotion)	97
3.3.3	Öffentlichkeitsarbeit (Public Relations)	98
3.3.4	Unlautere Werbung	99

3.4	**Preis- und Konditionenpolitik**	104
3.4.1	Preisbildung	104
3.4.2	Einflussfaktoren der Preisbildung	106
3.4.3	Preispolitische Entscheidungen	108
3.4.4	Konditionenpolitische Entscheidungen	111
3.5	**Distributionspolitik**	117
3.5.1	Absatzwege	117
3.5.2	Absatzhelfer	123
3.5.3	Firmenübergreifendes Logistikkonzept	127
4	***Rechtsgeschäfte der Unternehmung***	130
4.1	**Zustandekommen von Rechtsgeschäften**	131
4.1.1	Rechtliche Voraussetzungen	131
4.1.2	Arten der Rechtsgeschäfte	132
4.1.3	Form der Rechtsgeschäfte	134
4.1.4	Nichtigkeit von Rechtsgeschäften	135
4.1.5	Anfechtbarkeit von Rechtsgeschäften	136
4.2	**Abschluss des Kaufvertrages**	140
4.2.1	Anfrage	140
4.2.2	Angebot	141
4.2.3	Bestellung (Auftrag)	142
4.2.4	Zusendung unbestellter Ware	143
4.2.5	Sonderformen des Kaufvertrages	143
4.3	**Inhalt des Kaufvertrages**	148
4.3.1	Art, Güte und Beschaffenheit der Ware	148
4.3.2	Menge der Ware	148
4.3.3	Preis der Ware	148
4.3.4	Lieferungsbedingungen	150
4.3.5	Zahlungsbedingungen	153
4.4	**Erfüllung des Kaufvertrages**	157
4.4.1	Pflichten der Vertragspartner	157
4.4.2	Eigentumsübertragung	157
4.4.3	Verjährung von Rechtsansprüchen	160
4.4.4	Allgemeine Geschäftsbedingungen (AGB)	161
4.5	**Störungen des Kaufvertrages durch den Verkäufer**	166
4.5.1	Mangelhafte Lieferung (Schlechtleistung)	166
4.5.2	Lieferungsverzug (Nicht-Rechtzeitig-Lieferung)	168
4.6	**Störungen des Kaufvertrages durch den Käufer**	174
4.6.1	Annahmeverzug	174
4.6.2	Zahlungsverzug (Nicht-Rechtzeitig-Zahlung)	175
4.6.3	Mahnverfahren	176
5	***Rechtsstellung des Kaufmanns***	183
5.1	**Kaufmann und Vollmachten des Kaufmanns**	184
5.1.1	Kaufmannseigenschaft	184
5.1.2	Vollmachten des Kaufmanns	186
5.2	**Firma und Handelsregister**	192
5.2.1	Firma als Name des Kaufmanns	192
5.2.2	Firmierung bei den einzelnen Unternehmungsformen	194
5.2.3	Eintragungen im Handelsregister	194

6	**Rechtsformen der Unternehmung**	199
6.1	**Personengesellschaften**	200
6.1.1	Offene Handelsgesellschaft (OHG)	200
6.1.2	Kommanditgesellschaft (KG)	203
6.2	**Unvollkommene Gesellschaften**	208
6.2.1	Stille Gesellschaft	208
6.2.2	Gesellschaft des bürgerlichen Rechts (BGB-Gesellschaft)	209
6.2.3	Partnerschaftsgesellschaft (PartG)	210
6.3	**Kapitalgesellschaften**	213
6.3.1	Aktiengesellschaft (AG)	213
6.3.2	Gesellschaft mit beschränkter Haftung (GmbH)	220
6.3.3	Kleine AG	222
6.4	**Besondere Gesellschaften**	227
6.4.1	Genossenschaften	227
6.4.2	GmbH & Co. KG oder GmbH & Co.	230
6.4.3	Kommanditgesellschaft auf Aktien (KGaA)	231
6.4.4	Versicherungsvereine auf Gegenseitigkeit (VVaG)	232
6.5	**Unternehmenszusammenschlüsse**	236
6.5.1	Arten der Unternehmenszusammenschlüsse	236
6.5.2	Auswirkungen der Unternehmenskonzentration	241
6.5.3	Kontrolle der Unternehmenskonzentration	242
6.5.4	Beurteilung der Unternehmenskonzentration	243
6.6	**Auflösung und Sanierung einer Unternehmung**	247
6.6.1	Liquidation	247
6.6.2	Insolvenz	248
6.6.3	Besondere Insolvenzverfahren	253
6.6.4	Sanierung	254

7	**Zahlungsverkehr, Investition und Finanzierung**	258
7.1	**Zahlungsverkehr**	259
7.1.1	Bargeldzahlung	259
7.1.2	Träger des Zahlungsverkehrs	260
7.1.3	Halbbare Zahlung	261
7.1.4	Bargeldlose Zahlung	263
7.1.5	Elektronischer Zahlungsverkehr	266
7.1.6	Internationaler Zahlungsverkehr	270
7.2	**Scheck und Wechsel**	276
7.2.1	Zahlung mit Scheck	276
7.2.2	Zahlung mit Wechsel	279
7.3	**Finanzierungs- und Investitionsvorgänge**	283
7.3.1	Bilanzieller Zusammenhang	284
7.3.2	Investitionsarten	285
7.3.3	Investitionseinzelplanung	287
7.3.4	Einbettung in die Gesamtplanung	290
7.4	**Arten der Finanzierung**	294
7.4.1	Eigenfinanzierung	294
7.4.2	Fremdfinanzierung	297
7.4.3	Selbstfinanzierung	299
7.4.4	Finanzierung aus Abschreibungen	300
7.4.5	Sonderformen der Finanzierung	301
7.5	**Wertpapiere (Effekten)**	306
7.5.1	Arten der Effekten	306

7.5.2	Form und Aufbewahrung der Effekten	309
7.5.3	Effektenhandel an der Börse	310

7.6	**Finanzplanung**	316
7.6.1	Kapitalbedarf	316
7.6.2	Finanzierungskennzahlen	318
7.6.3	Finanzielles Gleichgewicht	320

7.7	**Kreditsicherung**	326
7.7.1	Kreditprüfung	326
7.7.2	Sicherheiten beim verstärkten Personalkredit	327
7.7.3	Sicherheiten beim Realkredit	329
7.7.4	Kreditversicherung	332

8	***Menschliche Arbeit im Betrieb***	335

8.1	**Recht am Arbeitsplatz**	336
8.1.1	Berufsausbildungsvertrag (Individualvertrag)	336
8.1.2	Arbeitsvertrag (Individualvertrag)	338
8.1.3	Tarifvertrag (Kollektivvertrag)	340
8.1.4	Betriebsvereinbarung (Kollektivvertrag)	342
8.1.5	Arbeitsschutz	342

8.2	**Versicherungen**	347
8.2.1	Sozialversicherung	347
8.2.2	Individualversicherung	351

8.3	**Entlohnung der Arbeitsleistung**	356
8.3.1	Arbeitsbewertung	356
8.3.2	Lohnformen	357
8.3.3	Sozialleistungen	360
8.3.4	Lohnzahlung	361
8.3.5	Gewinnbeteiligung und Miteigentum der Arbeitnehmer	362

8.4	**Konflikthandhabung im Arbeitsleben**	366
8.4.1	Konflikte und ihre Ursachen	366
8.4.2	Konflikthandhabung auf betrieblicher Ebene	367
8.4.3	Konflikthandhabung auf überbetrieblicher Ebene	369
8.4.4	Arbeitsgerichtsbarkeit	371

9	***Steuern***	373

9.1	**Grundlagen der Besteuerung**	374
9.1.1	Einnahmen und Ausgaben der öffentlichen Haushalte	374
9.1.2	Steuereinzug	375
9.1.3	Steuerrechtsprechung	377
9.1.4	Gliederung der Steuern	378

9.2	**Wichtige Steuern**	382
9.2.1	Einkommensteuer (Einkommensteuergesetz)	382
9.2.2	Lohnsteuer (Einkommensteuergesetz)	387
9.2.3	Kapitalertragsteuer	390
9.2.4	Körperschaftsteuer (Körperschaftsteuergesetz)	391
9.2.5	Umsatzsteuer (Umsatzsteuergesetz)	392
9.2.6	Gewerbesteuer (Gewerbesteuergesetz)	395
9.2.7	Wirkungen der Steuern	396

10	***Anhang***	401

10.1	**Antrag auf Erlass eines Mahnbescheids**	401

10.2	**Abkürzungen**	403

10.3	**Sachwortverzeichnis**	404

1 Betrieb in der Wirtschaft

Lerngerüst 1.1

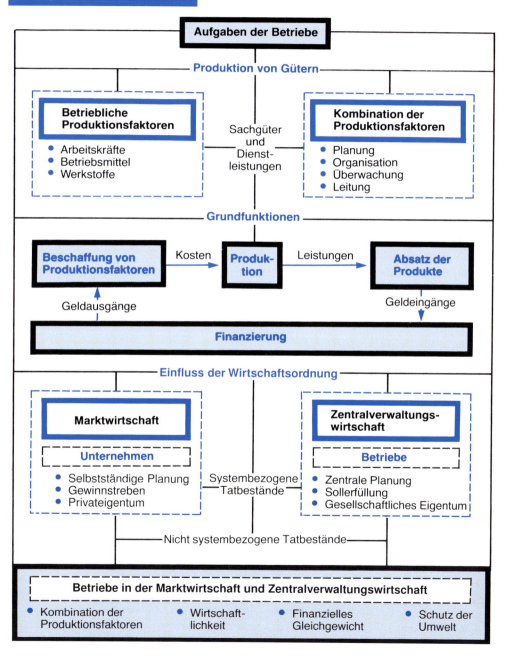

Lerninformationen 1.1

1.1 Aufgaben der Betriebe

Die kleinsten selbstständigen Einheiten in der Wirtschaft sind die **privaten Haushalte** und die **Betriebe**. Die Haushalte als **Stätten des Konsums** verbrauchen Güter um ihren vielfältigen Bedarf an Nahrungsmitteln, Kleidung, Wohnung, Unterhaltung usw. zu decken. In den Betrieben als **Stätten der Pro-**duktion werden diese Güter hergestellt. Zur Produktion zählt dabei nicht nur die Herstellung von Sachgütern in Fertigungsbetrieben, sondern auch ihre Verteilung durch den Handel und die Ausführung von anderen Dienstleistungen, z. B. durch Banken, Speditionen, Versicherungen.

Der Zweck jeder betrieblichen Tätigkeit besteht darin, Sachgüter und Dienstleistungen zu produzieren, die zur Befriedigung menschlicher Bedürfnisse beitragen.

1.1.1 Produktion von Gütern

Um Güter herzustellen benötigt ein Betrieb **Arbeitskräfte, Betriebsmittel** und **Werkstoffe**.

Beispiele:

- Wenn in einer Schreinerei Tische, Stühle und Schränke angefertigt werden sollen, müssen als Arbeitskräfte Meister, Gesellen und Auszubildende, als Betriebsmittel Maschinen und Werkzeuge und als Werkstoffe Holz, Leim, Farben usw. vorhanden sein.

- Auch Speditionen oder Versicherungen, die Dienste anbieten, setzen Arbeitskräfte, Büroeinrichtungen und Fahrzeuge ein und verbrauchen Strom, Wasser, Benzin, Büromaterial usw.

▶ **Betriebliche Produktionsfaktoren**

Man nennt die Elemente Arbeitskräfte, Betriebsmittel und Werkstoffe, die zur Produktion erforderlich sind, betriebliche Produktionsfaktoren. Sie werden von den volkswirtschaftlichen Produktionsfaktoren Arbeit, Boden und Kapital unterschieden, da sie sich für eine Untersuchung des betrieblichen Produktionsprozesses besser eignen. *Der Boden z. B. hat in der Regel für einen Betrieb nur Bedeutung als Standortfaktor und der Begriff Kapital ist zu weit gefasst, weil damit sowohl ein Nagel als auch ein Hochofen gemeint sein kann.*

- **Arbeitskräfte:** Unter menschlicher Arbeit versteht man den **Einsatz der körperlichen und geistigen Fähigkeiten eines Menschen** um die betrieblichen Zwecke zu erreichen. Dabei muss man zwischen der ausführenden (vollziehenden) Arbeit und der leitenden (dispositiven) Arbeit unterscheiden.

- Zur **ausführenden Arbeit** gehören *z. B. die Tätigkeiten eines Drehers, eines Buchhalters oder einer Verkäuferin.* Dadurch werden **Arbeitsvorgänge erledigt**, aber keine Anordnungen erteilt.

- Die **leitende Arbeit**, die häufig auch als vierter (dispositiver) Produktionsfaktor ausgewiesen wird, umfasst die **Leitung, Planung, Organisation** und **Überwachung** des Betriebsgeschehens. Diese Aufgaben werden von der Geschäfts- und Betriebsleitung wahrgenommen, die Entscheidungen vorbereitet und trifft.

- **Betriebsmittel:** Dazu gehören alle **Einrichtungen und Anlagen**, *z. B. Maschinen, Öfen, Förderbänder, Schaufenstereinrichtungen, aber auch Grundstücke und Gebäude.* Sie können über einen **längeren Zeitraum gebraucht** werden und geben dabei einen Strom von betrieblichen Nutzungen ab.
- **Werkstoffe:** Sie umfassen die **Roh-, Hilfs- und Betriebsstoffe**, die als Ausgangsmaterial für die Fertigung dienen, und **bezogene Fertigteile**, *z. B. Armaturen, Reifen und Lichtanlagen in der Automobilindustrie.*
  - Die **Rohstoffe** gehen als **Hauptbestandteil** in das Fertigerzeugnis ein, *z. B. Garn in einer Weberei.*
  - Die **Hilfsstoffe** werden als **Nebenbestandteil** für das Fertigerzeugnis verbraucht und sind wertmäßig von geringer Bedeutung, *z. B. Farbe, Säuren, Leim.*
  - Die **Betriebsstoffe** dienen zur Herstellung, gehen aber **nicht in das Fertigerzeugnis** ein, *z. B. Strom, Dieselöl, Vordrucke, Schnellhefter.*
- **Rechte an Informationen:** Hier handelt es sich um die mit Informationen verbundenen Nutzungsrechte, *z. B. das Patent- und Markenrecht und das Lizenzrecht.*

▶ *Kombination der Produktionsfaktoren*

Die Kombination dieser Produktionsfaktoren in den Betrieben vollzieht sich nicht automatisch. Sie erfolgt vielmehr durch **bewusstes menschliches Handeln** nach bestimmten Regeln und Prinzipien durch den **dispositiven Faktor**.

- **Planung:** Planung bedeutet die Maßnahmen festzulegen, mit denen ein bestimmtes Ziel erreicht werden kann. *Schon wenn eine Jugendgruppe ein Zeltlager aufschlägt, ist ein Plan notwendig, der festlegt, was, wie, wann und wo etwas zu tun ist.*

Wie viel mehr ist ein Betrieb mit vielen Arbeitskräften, komplizierten Maschinen und vielfältigen Werkstoffen auf eine umfassende Planung angewiesen, um die gesteckten Ziele zu erreichen. Dabei muss u. a. festgelegt werden,
- **welche Produkte** hergestellt werden sollen (Produktionsplan),
- **wie viel Produkte** verkauft werden können (Absatzplan),
- **wie viel Mitarbeiter, Maschinen und Material** beschafft werden müssen (Personalplan, Investitionsplan, Materialbedarfsplan) und
- **welche Finanzierungsmittel** erforderlich sind (Finanzplan).

Die Gesamtplanung eines Betriebes fasst die Teilpläne zusammen und stimmt alle in die Zukunft gerichteten Entscheidungen aufeinander ab (Koordinierungsfunktion).

- **Organisation:** Die vielen Aufgaben, die in einem Betrieb wahrzunehmen sind und die in Tausende von Tätigkeiten und Arbeitsvorgängen zerfallen, müssen in einer **vorgegebenen Ordnung** ablaufen. Diese Ordnung schafft die Organisation. Sie hat dabei zwei Hauptaufgaben:
  - Die **Aufbauorganisation** („Wer hat was zu tun?") ordnet die verschiedenen Aufgaben, Befugnisse und Sachmittel den einzelnen Mitarbeitern zu, indem sie festlegt, **wer was ausführt, wer kontrolliert und wer entscheidet**.
  - Die **Ablauforganisation** („Wie ist etwas zu tun?") hat die einzelnen **Arbeitsvorgänge** in ihrem **Ablauf vernünftig** (rationell) zu gestalten. *Dadurch soll z. B. erreicht werden, dass Doppelarbeiten (Lieferscheinkontrolle im Lager und im Einkauf) vermieden werden oder dass die Transportwege für Werkstoffe zwischen Lager und Verbrauchsort so kurz wie möglich sind.*

- **Überwachung:** Es genügt nicht, die zum Erreichen des Betriebszwecks vorgesehenen Maßnahmen zu planen und zu organisieren. Ihre Durchführung muss auch **laufend kontrolliert** werden. Dadurch können Fehler in der Planung und Organisation frühzeitig festgestellt und beseitigt werden. Diese Aufgabe bezeichnet man als **Controlling**.

- **Leitung:** Der Erfolg der betrieblichen Tätigkeit hängt vor allem davon ab, inwieweit es der Betriebs- und Geschäftsleitung (Management) gelingt, die Produktionsfaktoren **optimal** (bestmöglich) im Produktionsprozess miteinander zu verbinden. Sie setzt die Ziele, plant die Maßnahmen, trifft die Entscheidungen und überwacht die betrieblichen Vorgänge. Dadurch ist ihr die **Verantwortung für das gesamte Betriebsgeschehen** übertragen.

> Der dispositive Faktor leitet, plant, organisiert und überwacht die optimale Kombination der Produktionsfaktoren Arbeitskraft, Betriebsmittel und Werkstoffe, durch die in den Betrieben Sachgüter und Dienstleistungen produziert werden.

1.1.2 Grundfunktionen der Betriebe

Die Betriebe setzen Produktionsfaktoren ein, stellen damit neue Erzeugnisse her und verkaufen diese auf den Absatzmärkten, um Geld für die weitere Produktion einzunehmen.

Aus diesem **betrieblichen Wertekreislauf** werden die betrieblichen Grundfunktionen (Aufgaben) **Beschaffung, Produktion, Absatz** und Finanzierung abgeleitet.

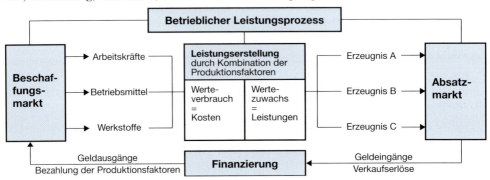

▶ Beschaffung

Bevor die Produktion aufgenommen werden kann, müssen **Arbeitskräfte, Betriebsmittel** und **Werkstoffe** eingekauft werden.

Beispiel: Ein Schreiner, der Tische, Stühle und Schränke herstellen will, muss Gesellen einstellen, Gebäude anmieten, Maschinen und Werkzeuge kaufen und Holz, Leim, Nägel, Schrauben usw. bestellen. Dafür muss er den Bedarf feststellen, Bezugsquellen ermitteln, Angebote einholen und vergleichen, Bestellungen aufgeben, eingehende Waren prüfen, lagern und bezahlen.

> Die Aufgabe der Beschaffung (Beschaffungsplanung) besteht darin, die Produktionsfaktoren in der notwendigen Menge und Qualität zur richtigen Zeit und am richtigen Ort bereitzustellen.

▶ Produktion

Im Produktionsprozess werden Arbeitskräfte, Betriebsmittel und Werkstoffe produktiv miteinander verbunden (kombiniert). Zur Produktion gehören

– die **Gewinnung von Rohstoffen** in Gewinnungsbetrieben, *z. B. im Bergbau*,

– die **Herstellung und Bearbeitung** von Erzeugnissen in Industrie und Handwerk, *z. B. in Walzwerken und Schlossereien*, und

– die **Ausführung von Diensten durch** Dienstleistungsbetriebe, *z. B. durch Einzelhandelsgeschäfte, Banken und Speditionen, Steuerberater, Onlinedienste.*

Beispiel: Im Gebäude einer Schreinerei sind die erforderlichen Maschinen und Werkzeuge so angeordnet und die Materialien so gelagert, dass sie einen rationellen (vernünftigen) Betriebsablauf ermöglichen, um Tische, Stühle und Schränke kostengünstig herzustellen. Dazu ist erforderlich, das Material bereitzustellen, Bearbeitungszeiten und Arbeitsgänge festzulegen, Hölzer zuzuschneiden, zu leimen, zu lackieren und die Qualität zu kontrollieren.

> Durch die Produktion werden Güter und Dienstleistungen verbraucht (Input = Einsatzgüter). Diesen Werteverbrauch bezeichnet man als Kosten. Gleichzeitig werden neue Werte (Sachgüter und Dienstleistungen) geschaffen (Output = Ausbringung). Diesen Wertezuwachs nennt man Leistung. Den Vorgang, dass aus Gütern niedrigeren Wertes, z.B. Holz, ein Gut höheren Wertes, z.B. ein Stuhl, entsteht, bezeichnet man als Wertschöpfung.

▶ Absatz

Die produzierten Güter müssen am Markt verkauft werden. Deshalb wird vor Aufnahme der Produktion durch eine **Marktuntersuchung** festgestellt, ob Bedarf für die angebotenen Erzeugnisse besteht und ob die notwendige Kaufkraft bei den Nachfragern vorhanden ist. Erfolg am Absatzmarkt kann nur erreicht werden, wenn der Verkauf durch **marktgerechte Gestaltung der Produkte** (Verwendungsmöglichkeiten, äußere Form); **Werbung, geschickte Verkaufsbedingungen** (Lieferzeit, Zahlungsziel) und **günstige Preise** unterstützt wird.

Beispiel: Ein Schreiner muss seine Produkte in Form und Farbe der herrschenden Geschmacksrichtung (Mode) anpassen, die Kunden beraten, Zeitungsannoncen aufgeben, die Waren frei Haus liefern und Skonto (Preisnachlass) bei sofortiger Zahlung gewähren. Er muss die Absatzchancen am Markt erkunden, Werbeanzeigen aufgeben, Aufträge einholen, Rechnungen verschicken und die Zahlung überprüfen.

Die nicht verkauften Erzeugnisse werden auf Vorrat gelagert (**Lagerleistung**). Häufig werden auch selbst produzierte Erzeugnisse zum Eigenverbrauch verwendet (**Eigenleistung**).

Durch die Erlöse aus dem Absatz der Erzeugnisse fließen die Geldmittel zurück, die im Produktionsprozess eingesetzt wurden, und ermöglichen dadurch die Fortsetzung der Produktion.

▶ *Finanzierung*

Durch die Geschäftstätigkeit fließen laufend Geldmittel ab, die durch die Zahlungen der Kunden wieder hereinkommen. Zwischen Ausgabe und Einnahme besteht aber eine Zeitspanne. Dadurch entsteht der **Kapitalbedarf** einer Unternehmung. Er umfasst:

● **Finanzierung der Grundausstattung:** *Dazu gehören z. B. Gebäude, Maschinen, Geschäftsausstattung, Fahrzeuge, eiserner Bestand an Vorräten (Mindestbestand).*

● **Finanzierung der laufenden Betriebstätigkeit:** *Sie umfasst u. a. die Ausgaben für den Materialeinkauf, die Personalkosten und die Reparaturzahlungen.*

Beispiele: Ermittlung des Kapitalbedarfs

– Die **Grundfinanzierung einer Schreinerei** zur Beschaffung der Grundausstattung beträgt 500 000,00 EUR.
– Für die **Finanzierung der laufenden Betriebstätigkeit** ist zunächst zu berücksichtigen, dass die Produkte vom Kauf der Materialien bis zum Zahlungseingang der verkauften Erzeugnisse eine **mittlere Durchlaufzeit** (Produktionszeit, Lagerdauer, Zahlungsziel) von zwei Monaten haben. Die **monatlichen Kosten** für die laufende Betriebstätigkeit betragen 100 000,00 EUR.
– Daraus ergibt sich insgesamt einschließlich Grundfinanzierung ein **Kapitalbedarf** von 700 000,00 EUR.
– In diesem Zusammenhang fallen folgende **Arbeitsvorgänge** an: Kapitalbedarf ermitteln, eigenes oder fremdes Kapital beschaffen, voraussichtliche Einnahmen oder Ausgaben ermitteln und einen Finanzplan aufstellen.
– Im **Finanzplan** werden die Geldeingänge den Geldausgängen gegenübergestellt. Dadurch wird der Mehr- oder Fehlbetrag an finanziellen Mitteln errechnet.

Ziel der Finanzierung ist es, das finanzielle Gleichgewicht der Unternehmung zu sichern. Dies ist gewährleistet, wenn die Zahlungsfähigkeit (Liquidität) zu jedem Zeitpunkt gegeben ist und keine überschüssigen Finanzierungsmittel vorhanden sind.

1.1.3 *Einfluss der Wirtschaftsordnung*

Aus der betrieblichen Aufgabe der Leistungserstellung folgen die Entscheidungen, die in einem Betrieb zu treffen sind: *Was wird produziert? Welche Maschinen werden gekauft? Zu welchen Preisen werden die Güter am Markt angeboten?* Inwieweit die Betriebe dabei selbstständig planen können oder staatlichen Anweisungen unterworfen sind, ergibt sich aus der **herrschenden Wirtschaftsordnung**. Somit ist es von entscheidender Bedeutung für die Betriebe, ob sie sich in einem System der **Marktwirtschaft** oder der **Zentralverwaltungswirtschaft** befinden.

▶ *Systembezogene Tatbestände*

Bestimmte Grundsätze betrieblichen Handelns sind nur aus dem Wirtschaftssystem zu verstehen. Sie werden als systembezogene Tatbestände bezeichnet und bestimmen den Unterschied zwischen Betrieben in einer Marktwirtschaft und Betrieben in einer Zentralverwaltungswirtschaft.

- **Betriebe in der Marktwirtschaft** bestimmen ihre Produktionspläne **selbstständig (autonom)**. Sie befinden sich vorwiegend in **Privateigentum**. Die **Preise** bilden sich **frei** durch Angebot und Nachfrage. Die Betriebe müssen sich im **Wettbewerb** am Markt behaupten und haben dabei die Chance, erhebliche **Gewinne** zu erzielen, aber auch das Risiko, schwere **Verluste** zu erleiden.

> Nur die Betriebe in einer marktwirtschaftlichen Ordnung bezeichnet man als Unternehmungen. Sie planen und entscheiden selbstständig ohne Einfluss staatlicher Stellen (Autonomieprinzip). Dabei streben sie nach einem höchstmöglichen Gewinn (erwerbswirtschaftliches Prinzip).

In der **sozialen Marktwirtschaft**, wie sie in der Bundesrepublik Deutschland herrscht, gilt grundsätzlich diese **Entscheidungsfreiheit** der Unternehmen. Aber gleichzeitig sind durch Gesetz **soziale Elemente** in die Wirtschaftsordnung einbezogen, um soziale Härten und Missbrauch wirtschaftlicher Macht zu verhindern, die sich aus einer schrankenlosen wirtschaftlichen Freiheit ergeben können, *z. B. Mitbestimmung der Arbeitnehmer in den Betrieben, Sozialversicherung.*

- **Betriebe in der Zentralverwaltungswirtschaft** befinden sich vorwiegend in **Staatseigentum** (Volkseigentum). Sie handeln nach **staatlichen Anweisungen**. Es herrscht kein freier Wettbewerb auf den Märkten und die Preise werden **staatlich festgelegt**.

> In einer Zentralverwaltungswirtschaft wird der gesamte Wirtschaftsprozess durch eine zentrale Stelle geplant und gesteuert. Für die Betriebe bilden die Daten, die im Gesamtplan vorgegeben sind, die Grundlage ihrer Entscheidungen. Die Planerfüllung ist das Hauptziel der betrieblichen Tätigkeit.

▶ *Nicht systembezogene (systemindifferente) Tatbestände*

Es gibt Grundsätze betrieblichen Handelns, die für Betriebe in einer Marktwirtschaft und in einer Zentralverwaltungswirtschaft in gleicher Weise gelten. Dazu zählen die planvolle Kombination der Produktionsfaktoren, das Handeln nach dem Prinzip der Wirtschaftlichkeit, *z. B. sparsamer Rohstoffverbrauch, kurze Fertigungszeiten*, die Erhaltung des finanziellen Gleichgewichts (Deckung der Ausgaben durch die Einnahmen) und der Schutz der Umwelt.

1.1.4 Schutz der Umwelt

Beim Umweltschutz handelt es sich vor allem um den Zusammenhang zwischen dem Umfang der Produktion in den Betrieben und der Qualität der natürlichen Umwelt. Um eine optimale Umweltqualität zu erreichen, hat der Staat durch Gesetze, Vorschriften, steuerliche Anreize und Subventionen die Betriebe zu veranlassen, den technischen Fortschritt in umweltökonomisch gewünschte Bahnen zu lenken, *z. B. Bundes-Immissionsschutzgesetz (Schutz vor schädlichen Umwelteinwirkungen), Technische Anleitung zur Reinhaltung der Luft.*

▶ *Kreislaufwirtschaft statt Abfallbeseitigung*

Der Einstieg in die Kreislaufwirtschaft wird dadurch vollzogen, dass Abfälle in erster Linie zu vermeiden und in zweiter Linie zu verwerten sind. Das Kreislaufwirtschafts- und Abfallgesetz zwingt Produzenten und Konsumenten „vom Abfall her zu denken".

Wer Güter herstellt, vermarktet und konsumiert, ist für die Vermeidung, Verwertung und umweltverträgliche Beseitigung der dabei anfallenden Abfälle grundsätzlich selbst verantwortlich (Verursacherprinzip im Abfallbereich).

- **Abfälle sind vorrangig zu vermeiden**, und zwar durch **abfallarme industrielle Produktionsverfahren** und **abfallarme Produkte**. Das erfordert auch ein **Konsumverhalten**, das auf den **Kauf abfallarmer Güter** gerichtet ist.
  - Die Vermeidung von Abfällen im **Produktionsverfahren** geschieht durch die **Kreislaufführung** und **Rückgewinnung von Einsatzstoffen** in Produktionsanlagen, z. B. von Brauchwasser in der Papierindustrie, Schmieröle in einer Maschinenfabrik, Gießereisand usw. *(Recycling)*.
  - Die abfallarme Gestaltung und **Herstellung von Produkten** *(z. B. 3-Liter-Auto, Katalysator-Auto)* erfordert, dass die Güter **mehrfach verwendbar** *(z. B. Mehrwegverpackung)*, **technisch langlebig** und **reparaturfreundlich** sind und möglichst problemlos verwertet und beseitigt werden können. Dazu gehören auch Rücknahme-, Verwertungs- und Pfandpflichten, *z. B. die freiwillige Verpflichtung der Autoindustrie, ab Herbst 1996 neu zugelassene Autos zurückzunehmen, wenn sie nicht älter als 12 Jahre sind.*
- **Nicht vermeidbare Abfälle müssen grundsätzlich verwertet** werden.
  - Die **stoffliche Verwertung** von Abfällen besitzt Vorrang, wenn diese schadlos erfolgen kann, *z. B. die Verwendung von Altpapier als (sekundärer) Rohstoff ohne Belastung für die Abwässer, das Sammeln von Abfällen (Glascontainer u. a.)*.
  - Die **energetische Verwertung** von Abfällen ist nur unter bestimmten Bedingungen zulässig, *z. B. muss die Verbrennung von Kunststoffabfällen zur Energieerzeugung einen vorgeschriebenen Heizwert erreichen.* Die „Müllverbrennung" dagegen hat nichts mit der energetischen Verwertung zu tun, sondern ist eine reine Abfallbeseitigungsmaßnahme.
- **Abfälle**, die **weder vermeidbar noch verwertbar** sind, sind **dauerhaft** und **umweltverträglich** zu **entsorgen**.

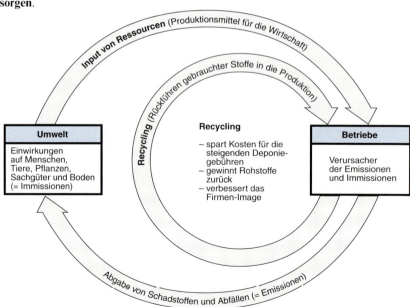

▶ EG-Umwelt-Audit (Öko-Audit)

Ein Unternehmen, das eine betriebliche Umweltpolitik festlegt, alle einschlägigen Umweltvorschriften beachtet und sich zu einer dauernden Verbesserung des betrieblichen Umweltschutzes verpflichtet, kann dafür das **europäische Umweltmanagementzeichen** erhalten (EG-Umwelt-Audit, Audit = Überprüfung). Der Betrieb muss eine **Umwelterklärung** abgeben, die einen Überblick über den betrieblichen Umweltschutz gibt und von einem zugelassenen Umweltgutachter überprüft und bei der IHK registriert wird. Die Teilnahmeerklärung kann der Betrieb *z. B. auf Briefbögen und in Broschüren* imagefördernd einsetzen, nicht jedoch für die Produktwerbung.

▶ Ökobilanz

Um die Umwelt als lebenswichtiges Gut zu erhalten, wird es immer wichtiger, Produkte und Betriebe nicht nur unter Kosten- und Absatzgesichtspunkten, sondern auch unter dem Blickwinkel ihrer Umweltauswirkungen zu bewerten. Das geschieht durch Ökobilanzen.

Ökobilanzen erfassen und bewerten die Umweltbelastungen, die von einem Produkt oder einer Unternehmung ausgehen. Während in einer kaufmännischen Bilanz alle Größen (Häuser, Waren, Einrichtungen) einheitlich in Geld bewertet werden, müssen bei Ökobilanzen sehr unterschiedliche Daten, z. B. Rohstoffverbrauch, Abwässer, Emissionen, zusammengefasst werden.

Beispiel: Prozessschema einer Input-Output-Ökobilanz (stark verkürzt)

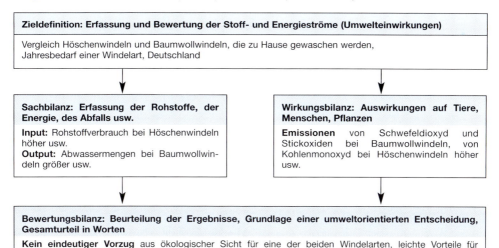

Lernaufgaben 1.1

Aufgaben der Betriebe

1 *Für die Herstellung von Gütern muss ein Betrieb Produktionsfaktoren beschaffen und sie produktiv miteinander verbinden.*

a) Zu welchem Produktionsfaktor zählen in einer Weberei:
- Webstühle
- Schmiermittel
- Entwerfen von Stoffmustern
- Garne

b) Bei den Werkstoffen unterscheidet man Roh-, Hilfs- und Betriebsstoffe. Geben Sie an, wozu die folgenden Werkstoffe bei einem Betrieb gehören, der Elektromotore herstellt. Begründen Sie Ihre Antwort!
- Kupferdraht
- Dieselöl
- Schweißmaterial
- Materialentnahmescheine

c) Wodurch unterscheiden sich Werkstoffe und Betriebsmittel hinsichtlich ihrer Nutzungsdauer?

2 *Vier Freunde beschließen gemeinsam ein unbemanntes Segelflugzeug zu bauen, das in sechs Monaten bei einem Segelflugwettbewerb starten soll.*

a) Bei der Planung müssen sie festlegen, wie sie vorgehen wollen um das Ziel zu erreichen. Nennen Sie Pläne, die sie aufstellen und Entscheidungen, die sie dabei treffen müssen!

b) Nach der Planung muss überlegt werden, wie die Arbeit organisiert werden soll. Geben Sie Aufgaben der Aufbau- und Ablauforganisation an, die zu regeln sind!

c) Der Bau des Segelflugzeuges muss nicht nur geplant und organisiert werden, sondern der Fortgang der Arbeiten muss auch laufend kontrolliert werden. Was ist dabei zu beachten?

d) Beschreiben Sie am Beispiel dieses Segelflugzeugbaus, was man unter Kombination der Produktionsfaktoren versteht!

3 *Das Betriebsgeschehen kann durch die Grundfunktionen Beschaffung, Produktion, Absatz und Finanzierung beschrieben werden. Geben Sie für die folgenden Betriebe konkret an, welche Aufgaben und Tätigkeiten in den einzelnen Grundfunktionen anfallen können!*

a) Kfz-Werkstatt

b) Einzelhandelsgeschäft

4 *Ein Unternehmen benötigt Finanzmittel, um seine Aufgaben erfüllen zu können.*

a) Welche Auswirkungen haben folgende Vorgänge auf den Kapitalbedarf einer Unternehmung? Begründen Sie Ihre Antwort!
- Verlängerung des Zahlungszieles der Kunden
- Abbau von Lagerbeständen
- Verkürzung der Lagerdauer
- Erweiterung des Maschinenparks
- Verbreiterung des Sortiments

b) Erläutern Sie am Beispiel eines CD-Geschäftes den Unterschied zwischen Grundfinanzierung und Finanzierung der laufenden Betriebstätigkeit! Begründen Sie auch, welcher Teil der Finanzierung genauer festgelegt werden kann!

5 *Zwei Unternehmer A und B verarbeiten als Hauptbestandteile ihrer Produkte ein seltenes Metall, das nur von wenigen Lieferanten bezogen werden kann. A bestellt seinen gesamten Bedarf bei einem Lieferanten und erhält dadurch 3 % Mengenrabatt. B dagegen befürchtet, dass ein Lieferengpass, der bei jedem Lieferanten auftreten kann, die gesamte Produktion lahm legen würde, und kauft daher unter Verzicht auf Mengenrabatt bei drei verschiedenen Lieferanten.*

a) Welche Entscheidung halten Sie für richtig? Begründen Sie Ihre Antwort!

b) Welche Aufgabe hat die Beschaffung?

c) Warum müssen die Beschaffungspläne laufend den Änderungen im Produktions- und Absatzbereich angepasst werden?

6 *Die Marktforschungsabteilung eines Computerherstellers nennt für den Absatzrückgang des Modells 2004 eine Reihe von Gründen.*

a) Welches der absatzpolitischen Instrumente − Produktgestaltung, Werbung oder Absatzbedingungen − muss man jeweils einsetzen, um die folgenden Beschwerden auszuräumen?
 − Die Konkurrenz verkauft Computer mit einer höheren Rechengeschwindigkeit.
 − Man rutscht auf den Tasten leicht ab.
 − Der Name des Computerherstellers ist kaum bekannt.
 − Die Konkurrenz bietet längere Garantiefristen an.

b) Ein Vertreter schlägt vor keine Einzelmaßnahmen vorzunehmen, sondern den Markt gründlich zu untersuchen. Nennen Sie Aufgaben und Fragen, die durch eine Marktuntersuchung beantwortet werden können!

7 *Für einen Betrieb gelten folgende Planungsvorgaben:*
Lohn- und Gehaltskosten pro Tag: 4 000,00 EUR
Roh- und Hilfsstoffkosten pro Tag: 2 000,00 EUR
Betriebsstoffkosten pro Tag: 300,00 EUR
Sonstige Kosten pro Tag: 800,00 EUR
durchschnittliche Produktionsdauer: 10 Tage
durchschnittliche Lagerdauer der Fertigprodukte: 5 Tage
durchschnittliches Zahlungsziel: 14 Tage

a) Ermitteln Sie den Kapitalbedarf für die laufende Betriebstätigkeit!

b) Wodurch entsteht der Kapitalbedarf einer Unternehmung?

8 *Die bei der Herstellung von Gütern und Leistungen in den Betrieben anfallenden Schadstoffe, Abfallprodukte usw., die am Ende der Produktion keine weitere Verwendung finden, schädigen immer stärker die natürliche Umwelt des Menschen durch die Verschmutzung der Luft, des Wassers und des Bodens und durch die Anhäufung von Müll („Müllplanet" Erde).*

a) Erläutern Sie die Ursachen und die Folgen der Umweltverschmutzung!

b) Nennen Sie mögliche Maßnahmen zur Sicherung der Umwelt!

Lerngerüst 1.2

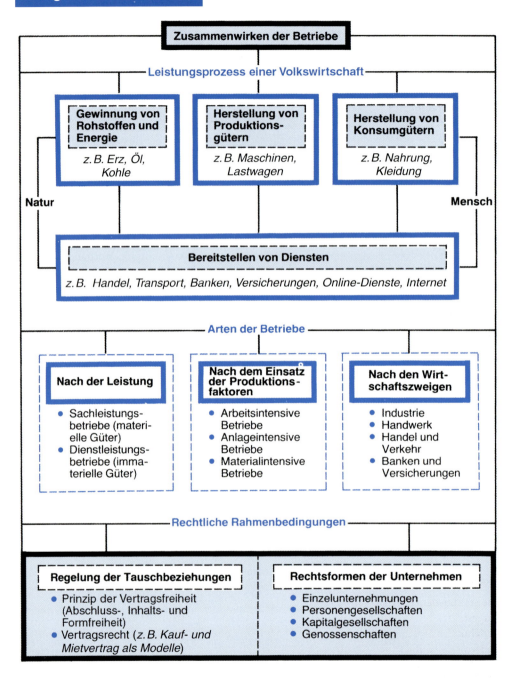

Lerninformationen 1.2

1.2 Zusammenwirken der Betriebe

Die gesamtwirtschaftliche Aufgabe, die Bevölkerung mit Gütern zu versorgen, wird von einer fast unüberschaubaren Vielzahl von Geschäften, Industrieunternehmen, Handwerksbetrieben, Spediteuren, Banken, Versicherungen, Kommunikationsdienstleistungen usw. wahrgenommen. Diese Aufteilung der gesamten Güterproduktion in einer Volkswirtschaft bezeichnet man als **Arbeitsteilung**.

Die Betriebe sind bestrebt die Produktion von Gütern zu steigern, ihre Qualität zu verbessern und die Kosten zu senken. Das führt zu einer starken Arbeitsteilung durch die Spezialisierung und erfordert ein immer besseres Zusammenwirken der Betriebe.

Beispiele:

Eine Textilfabrik stellt nur Gardinenstoffe her. Ein Weingroßhändler bietet nur französische Weine an. Das Volkswagenwerk AG hat 8 250 inländische und 750 ausländische Zulieferbetriebe, die einzelne Teile günstiger als VW selbst herstellen können.

1.2.1 Leistungsprozess einer Volkswirtschaft

Aufgrund der **Spezialisierung** erfüllt der einzelne Betrieb nur eine bestimmte **Teilaufgabe**. Am Beispiel der Herstellung von Baumwollstoff erkennt man, dass am Anfang des volkswirtschaftlichen Leistungsprozesses die Betriebe stehen, die die Natur- und Bodenschätze nutzen (**Urproduktion**, *z. B. Baumwollplantagen*). Am Ende befinden sich die Unternehmen, die Konsumgüter bereitstellen, *z. B. Textilgeschäfte*. Dazwischen liegen die Betriebe, die die Güter durch **Weiterverarbeitung** *(z. B. Spinnereien)* und durch **Dienstleistungen** *(z. B. Textilgroßhandlungen, Finanzdienstleistungen)* der Konsumreife näher bringen.

Der volkswirtschaftliche Leistungsprozess beginnt bei Naturvorkommen (Mineralien, Pflanzen, Tiere) oder Naturkräften (Wasser, Sonne, Wind) und findet sein Ende im menschlichen Konsum.

Beispiel einer Weberei im Leistungsprozess einer Volkswirtschaft:

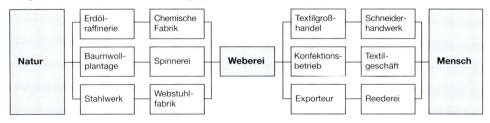

Die verschiedenen Betriebe sind nicht kettenförmig aneinander gereiht, wie es hier vereinfacht dargestellt wird. In Wirklichkeit liegt jeder Betrieb im Schnittpunkt einer Reihe von Tauschbeziehungen. Ihre Zahl hängt von der Breite des Produktionsprogrammes des Betriebes ab und von der Zahl seiner Absatzwege.

In einer arbeitsteiligen Volkswirtschaft kann ein Betrieb nur in dauerndem Zusammenwirken mit anderen Unternehmen existieren und seine Aufgaben erfüllen.

1.2.2 Arten der Betriebe

Die Vielfalt unterschiedlicher Betriebe, die im volkswirtschaftlichen Produktionsprozess zusammenwirken, kann man nach folgenden Gesichtspunkten unterscheiden:

▶ *Einteilung nach der Art der Leistung*

Bei den Gütern zur Deckung des menschlichen Bedarfs unterscheidet man **Sachgüter** und **Dienstleistungen**.

- **Sachleistungsbetriebe** stellen Produktions- und Konsumgüter her.

- **Produktionsgüter** (Investitionsgüter) werden zur Herstellung anderer Güter eingesetzt, *z. B. Eisenerz für die Stahlherstellung, Drehbänke für die Produktion von Kurbelwellen, Lastkraftwagen für den Autobahnbau.* Sie werden von Betrieben gekauft und dienen mittelbar der Bedarfsdeckung.

- **Konsumgüter** werden mit Investitionsgütern hergestellt und dienen unmittelbar der Bedürfnisbefriedigung, *z. B. Nahrungsmittel, Waschmaschinen, Motorräder.* Sie werden von privaten Haushalten gekauft und verbraucht.

- **Dienstleistungsbetriebe** stellen Dienste für alle Wirtschaftsbereiche bereit, *z. B. Transport von Gütern, Überweisung von Geldbeträgen und Übermittlung von Nachrichten durch den Einsatz von Informations- und Kommunikationstechniken.*

> Dienstleistungen unterscheiden sich von Sachgütern dadurch, dass Produktion und Konsum gleichzeitig stattfinden. Sie sind nicht übertragbar, nicht lagerfähig und nicht transportierbar.

▶ *Einteilung nach dem Austausch von Informationen per Computer*

Eine neue Form von Dienstleistungen ist dadurch entstanden, dass Computer genutzt werden, um einmal erarbeitetes Wissen geordnet zu speichern, bereitzustellen und auszutauschen.

- Unter einem **Lokalen Netzwerk (LAN/Local Area Network)** versteht man einen **betriebsinternen Verbund** mehrerer Arbeitsplatzcomputer zu einem vernetzten, kommunikationsfähigen System. Die einzelnen PCs sind mit einem Server, einem sehr leistungsfähigen Rechner, verbunden. Durch diesen kann zwischen den angeschlossenen Computern ein Austausch von Informationen in Form von Sprache, Bildern, Texten oder Dateien stattfinden.

- Das **Internet (Intermediate Network)** wurde in den USA entwickelt. Es funktioniert in der Weise, dass die einzelnen Computer mehrfach über viele Leitungen vernetzt werden, und bei Ausfall einer Leitung das System automatisch einen neuen Weg über eine andere Leitung sucht. Das Netzwerk von Computern besteht aus einer Reihe großer internationaler und regionaler Subnetze sowie regionaler und lokaler Netze, die eine einheitliche Netzwerktechnologie verwenden. Dazu gehören *z. B. Netze von Regierungen, Unternehmen und Universitäten.* Der meist genutzte Dienst im Internet ist die **E-Mail (elektronische Post)**. Innerhalb weniger Sekunden ist es damit möglich *z. B. Texte, Bilder, Dateien, Musikclips oder Programme* an jeden beliebigen Empfänger mit einem Internetanschluss und einer E-Mail-Adresse zu versenden bzw. zu empfangen.

- Die **Elektronische Kultur** wie E-Commerce (Handel), E-Business (Geschäft) und E-Government (Staatsverwaltung) ist ein neuer Geschäftsbereich, der durch das Internet entstanden ist. Der Online-Handel stellt den Wettbewerb vor ganz neue Herausforderungen:

- Die **Marktgrenzen verschwimmen**, denn die traditionellen Grenzen zwischen Branchen, Ländern und sogar zwischen Unternehmen und Verbrauchern lösen sich auf.
- Die **Macht der Verbraucher wächst**, denn ein Klick auf die Maus reicht aus, um auf die Internet-Seite der Konkurrenz zu gelangen.
- Der **Wettbewerb beschleunigt sich**, denn Informationen können im Netz sofort weltweit verbreitet werden, die Rückmeldung folgt auf dem Fuß.

E-Commerce ist nicht nur eine neue Form des Wirtschaftens. Jeder kann von seinem Arbeitsplatz aus mit aller Welt kommunizieren. Die elektronische Kultur wird auch die Gesellschaft und die Politik gewaltig verändern. Schneller und effizienter als je zuvor werden die Bürger in die politischen Prozesse eingreifen können.

Beispiel: Gemäß des nach dem Zukunftsforscher benannten Matcalfe'schen Gesetzes steigt der Nutzen eines Netzwerks mit der Zahl der Benutzer: Ein Faxgerät ist nutzlos. Zwei verbundene Geräte bringen schon etwas. Millionen verbundene Geräte sind wertvoller als die Summe der Teile.

▶ *Einteilung nach dem Einsatz der Produktionsfaktoren*

Wenn auch bei der Herstellung von Gütern die drei Produktionsfaktoren Arbeitskraft, Betriebsmittel und Werkstoffe zusammen eingesetzt werden, herrscht in den verschiedenen Betrieben im Allgemeinen einer der Faktoren vor. Dadurch unterscheidet man arbeits-, anlage- und materialintensive Betriebe.

- **In arbeitsintensiven Betrieben** ist die menschliche Arbeitsleistung der wichtigste Produktionsfaktor, *z. B. in der optischen und feinmechanischen Industrie.* Deshalb ist der **Anteil der Lohnkosten** an den Gesamtproduktionskosten besonders hoch.

- **In anlageintensiven (kapitalintensiven) Betrieben** werden große, hoch mechanisierte Produktionsanlagen eingesetzt, *z. B. in Elektrizitätswerken und in der chemischen Industrie.* Der **Anteil des Anlagevermögens** am Gesamtvermögen beträgt mehr als 60%. Die Kapitalkosten wie Abschreibungen und Zinsen fallen daher besonders ins Gewicht.

- **In materialintensiven Betrieben** ist der Materialeinsatz (Rohstoffe, Betriebsstoffe) von besonderer Bedeutung, *z. B. in Molkereien und in der Schokoladenindustrie.* Daher ist der **Anteil der Materialkosten** an den Gesamtkosten besonders hoch. *In der Stahlindustrie machen Materialeinsatzkosten bis zu 60% der Kosten je Tonne Stahl aus.* Auch im Handel umfassen die Warenkosten (Wareneinsatz) den größten Teil der Gesamtkosten.

▶ *Einteilung nach Wirtschaftszweigen*

Die Produktionsteilung hat dazu geführt, dass sich jeweils eine Reihe von Betrieben auf eine bestimmte Aufgabe spezialisiert haben. Dadurch sind die Wirtschaftszweige entstanden.

- **Industriebetriebe** gewinnen Rohstoffe und Energie und stellen durch Weiterverarbeitung Sachgüter her.

Industriebetriebe erfordern einen großen Kapitaleinsatz, da die Produktion durch Maschinen mechanisiert ist und zunehmend durch sich selbst steuernde Anlagen automatisiert wird. Kennzeichnend ist ferner die weitgehende Zerlegung der Arbeitsvorgänge in Teilvorgänge (innerbetriebliche Arbeitsteilung) bei großer Belegschaft und eine gut ausgebaute kaufmännische Organisation.

- **Handwerksbetriebe** sind in der Regel kleiner als Industriebetriebe. Sie produzieren im Allgemeinen auf **Bestellung** und setzen ihre Produkte überwiegend unmittelbar an den Verbraucher ab. Dabei unterscheidet man folgende Handwerkszweige:

    – **Warenproduzierendes Handwerk**, *z. B. Metallverarbeitung, Bauhandwerk*,

    – **Reparierendes Handwerk**, *z. B. Installateure, Autowerkstätten*,

    – **Dienstleistungshandwerk**, *z. B. Wäschereien, Friseure, Gebäudereiniger, Softwarehersteller.*

Typisch für Handwerksbetriebe ist die personalintensive Arbeit, die in hohem Maße durch Fachkräfte ausgeführt wird und den individuellen Bedürfnissen der Konsumenten gerecht wird.

- **Handelsbetriebe** übernehmen den Austausch von Gütern, wobei deren Beschaffenheit nicht oder nur geringfügig verändert wird (siehe 3.5).

Der Handel verteilt die Güter, hält Vorräte, überbrückt die Zeitspanne zwischen Erzeugung und Bedarf, erschließt neue Märkte und berät die Kunden.

- **Verkehrsbetriebe** befördern Güter, Nachrichten und Personen (siehe 2.3) und tragen so dazu bei, den Raum zu überwinden.

- **Kreditinstitute** besorgen den Zahlungsverkehr, vermitteln Kredite, indem sie Geld sammeln und verleihen, und führen Wertpapiergeschäfte durch.

- **Versicherungsbetriebe** (siehe S. 347 ff.) übernehmen die Absicherung gegen Risiken, die auf unabwendbaren Gefahren beruhen. Sie decken einen plötzlich auftretenden Schaden, *z. B. durch Feuer*, oder einen größeren Geldbedarf, *z. B. bei Krankheit*, indem sie die Lasten auf einen größeren Personenkreis verteilen (Gefahrengemeinschaft).

1.2.3 Rechtliche Rahmenbedingungen

Die Spezialisierung der Betriebe in einer arbeitsteiligen Wirtschaft erfordert einen umfangreichen Austausch von Sachgütern und Dienstleistungen. Dieser Güter- und Geldverkehr muss im Rahmen **gesetzlicher Vorschriften** abgewickelt werden, der allen Beteiligten Rechte und Befugnisse zuteilt, aber auch Beschränkungen auferlegt. Ohne Recht und Gesetz gäbe es Chaos und Gewalt und nur der Stärkere würde sich durchsetzen.

> Die Gesetze zur Regelung des Wirtschaftsverkehrs betreffen vor allem die Tauschbeziehungen auf den Märkten und die Rechtsformen der Unternehmen.

▶ Regelung der Tauschbeziehungen

Jeder Tauschbeziehung liegt ein **Vertrag** zugrunde, der beide Partner bindet, gleichgültig ob er formlos oder schriftlich geschlossen wurde.

Beispiel: Der Kauf einer Tageszeitung am Kiosk oder eines Pkw im Autohaus kommt durch einen Vertrag zustande, der den Verkäufer zur Lieferung und den Käufer zur Zahlung verpflichtet. Durch die Übergabe der Ware (Eigentumsübertragung) und die Bezahlung wird der Vertrag erfüllt.

● **Vertragsfreiheit:** Für den Abschluss von Verträgen gilt grundsätzlich das Prinzip der Vertragsfreiheit. Dazu gehören:

– **Abschlussfreiheit:** Man kann seinen Vertragspartner frei wählen.

  Beispiel: Ein Möbelfabrikant braucht Edelhölzer. Er wird von mehreren Rohstofflieferanten Angebote einholen, um das günstigste auszuwählen.

– **Inhaltsfreiheit:** Der Inhalt der Verträge kann von den Partnern frei bestimmt werden. Allerdings dürfen die Vereinbarungen nicht gegen ein gesetzliches Verbot, *z. B. Rauschgiftgeschäfte, Kinderarbeit*, oder gegen die guten Sitten, *z. B. Mietwucher*, verstoßen.

– **Formfreiheit:** Bis auf wenige Ausnahmen, *z. B. bei Grundstücksgeschäften*, schreibt das Gesetz keine Form der Verträge vor.

● **Vertragsrecht:** Das Gesetz enthält für alle Vertragsarten, *z. B. Kaufvertrag, Mietvertrag*, lediglich Modelle, die die Vertragspartner nach freier Entscheidung übernehmen oder abändern können.

Beispiel: Nach der gesetzlichen Regelung trägt beim Warenversand der Käufer die Transportkosten. Die Vertragspartner können aber vereinbaren, dass der Liererer die Transportkosten zu übernehmen hat. Nur wenn die Beteiligten keine ausdrücklichen Regelungen über Rechte und Pflichten treffen, treten die Rechtsfolgen des Gesetzes ein.

> Die Bestimmungen über den Abschluss von Verträgen und die Übertragung von Eigentum stehen im Bürgerlichen Gesetzbuch (BGB). Die Sonderregeln für Kaufleute sind im Handelsgesetzbuch (HGB) zusammengefasst.

Das BGB enthält allgemeine Rechtsnormen für alle rechtsfähigen Personen. Auch für Kaufleute gilt das BGB, sofern nicht handelsrechtliche Sonderregelungen bestehen. Wenn also ein Kaufmann einen Rechtsfall zu lösen hat, muss er neben dem HGB auch das BGB zu Rate ziehen.

▶ **Rechtsform der Unternehmen**

Neben der gesetzlichen Regelung der Tauschbeziehungen ist die Rechtsform für das Zusammenwirken der Unternehmen von besonderer Bedeutung. Dadurch wird festgelegt, wer Entscheidungen treffen darf, wer Geschäfte abschließen und Verpflichtungen eingehen kann und wer das Risiko trägt.

> Der Betrieb ist die räumliche, technisch-organisatorische Einheit, um Güter und Dienstleistungen zu erstellen. Dagegen ist die Unternehmung vor allem die rechtlich-wirtschaftliche Einheit, deren charakteristisches Merkmal das Streben nach Gewinn ist. Häufig werden beide Begriffe sinngleich verwendet.

- **In Einzelunternehmen** leitet der Inhaber den Betrieb selbstständig und eigenverantwortlich. Er bringt das Geschäftskapital auf und trägt allein das Risiko.

- **Gesellschaftsunternehmen** entstehen durch den vertraglichen Zusammenschluss von zwei oder mehr Personen. Je nachdem, ob die Gesellschafter den Gläubigern gegenüber persönlich haften oder nicht, unterscheidet man **Personen- und Kapitalgesellschaften**.

Beispiele:
- In einer **Offenen Handelsgesellschaft** (Personengesellschaft) führen die Gesellschafter verantwortlich die Geschäfte und haften den Gläubigern gegenüber unbeschränkt mit ihrem Geschäfts- und Privatvermögen.
- In einer **Aktiengesellschaft** (Kapitalgesellschaft) werden die Geschäfte von angestellten Fachleuten (Vorstand) geführt. Für die Verbindlichkeiten der AG haftet den Gläubigern nur das Gesellschaftsvermögen.

1.2.4 Gründung einer Unternehmung

Vor der Gründung eines Unternehmens sind die rechtlichen Voraussetzungen zu prüfen und wirtschaftliche Fragen zu klären.

Unternehmensgründung

Rechtliche Voraussetzungen

Wirtschaftliche Überlegungen

- **Gewerbefreiheit** (Art. 2, 12 GG, § 1 GewO)
  - grundsätzlich Freiheit für jedermann, ein Gewerbe zu betreiben
  - Voraussetzung für Wettbewerb und optimale Bedarfsdeckung
- **Beschränkungen** der Gewerbefreiheit
  - dienen dem Schutz der Öffentlichkeit (§§ 30–38 GewO)
    Beispiele: Nachweis der Sachkunde und Zuverlässigkeit im Einzelhandel und Gaststättengewerbe; behördliche Erlaubnis bei Anlagen mit besonderer Gefährlichkeit wie Atomkraftwerken.
- **Generalklausel** (§ 35 GewO)
  - bei Missbrauch der Gewerbefreiheit durch unzuverlässigen Gewerbetreibenden kann ihm die Ausübung dieses Gewerbes untersagt werden
- **Aufsichtsbehörde** ist das Gewerbeaufsichtsamt, das auch über die Einhaltung von arbeitsrechtlichen und Arbeitsschutzbestimmungen zu wachen hat

- **Wahl des Geschäftszweiges**
  - Marktchancen und Ertragsaussichten durch Bedarfsänderungen,
    z. B. die Welle von Pizzeriaeröffnungen
  - Wettbewerbsfähigkeit,
    z. B. fachliche Eignung (Berufserfahrung, Fachkenntnisse, Geschäftsbeziehungen)
  - Kapitalbedarf,
    z. B. niedrig bei einem Blumengeschäft oder hoch bei einer Gärtnerei
- **Wahl des Standortes** (Kostenvorteile)
  - Inputbezogene Faktoren (einsatzbezogene),
    z. B. Bergwerke, Zuckerfabriken, Uhrenindustrie, Aluminiumindustrie
  - Outputbezogene Faktoren (absatzbezogene),
    z. B. Einzelhandel, Tankstellen
  - Throughputbezogene Faktoren (durchlaufend bezogene),
    z. B. klimatische, politische, technologische Bedingungen und Umweltbedingungen

Lernaufgaben 1.2

Zusammenwirken der Betriebe

1 *Eine Papierfabrik benötigt zur Herstellung verschiedener Papiersorten folgende Materialien und Maschinen (vereinfacht):*

- *Als Rohstoff werden Holzschliff (zerkleinertes Holz) und Zellstoff eingesetzt. Die Rohstoffe werden von einem Zellstoffwerk bezogen, das wiederum von einem Sägewerk beliefert wird.*
- *Als Hilfsstoffe werden u. a. Chemikalien, Farben und Leim benötigt, die von einer chemischen Fabrik bezogen werden.*
- *Als Betriebsmittel dienen vor allem Papiermaschinen.*

Die Erzeugnisse werden abgesetzt an

- *ein Kartonagenwerk, das die bearbeiteten Produkte an Industriebetriebe weiterverkauft,*
- *eine Buchdruckerei, die für Verlage arbeitet,*
- *eine Papiergroßhandlung, die Schreibwarengeschäfte beliefert.*

a) Stellen Sie in Anlehnung an das Bild in den Lerninformationen diesen Leistungsprozess zur Papierherstellung zwischen Natur und menschlichem Bedarf dar!

b) Begründen Sie an diesem Beispiel, dass ein Betrieb nur in dauerndem Zusammenwirken mit anderen Betrieben existieren und seine Aufgaben erfüllen kann!

c) Warum haben sich die Betriebe im Laufe der wirtschaftlichen Entwicklung immer mehr spezialisiert?

d) Unterscheiden Sie naturnahe und konsumnahe Betriebe!

2 *Der Leistungsprozess in der Volkswirtschaft geht von der Natur (Urproduktion) aus und endet beim Menschen, dessen Bedarf zu decken ist. Beantworten Sie anhand des Bildes „Weberei im Leistungsprozess einer Volkswirtschaft" (S. 21) die folgenden Fragen!*

a) Nennen Sie je zwei Betriebe, die Sachleistungen erbringen bzw. Dienstleistungen ausführen!

b) Ordnen Sie alle Industriebetriebe den Verarbeitungsstufen Grundstoff-, Investitionsgüter- und Konsumgüterindustrie zu!

c) Zu welchem Handwerkszweig zählt der Handwerksbetrieb?

d) Geben Sie für alle Dienstleistungsbetriebe den Wirtschaftszweig an, dem sie angehören!

e) Unterscheiden Sie die Aufgaben des Textilgroßhandels und des Textilgeschäfts!

3 *Die Arbeitsteilung zwischen den Betrieben kann nur funktionieren, wenn der Güteraustausch reibungslos verläuft.*

a) Unterscheiden Sie hinsichtlich der Regelung der Tauschbeziehungen zwischen Vertragsfreiheit und Vertragsrecht!

b) Welche Bedeutung hat die Rechtsform der Unternehmen für ihr Zusammenwirken?

Lerngerüst 1.3

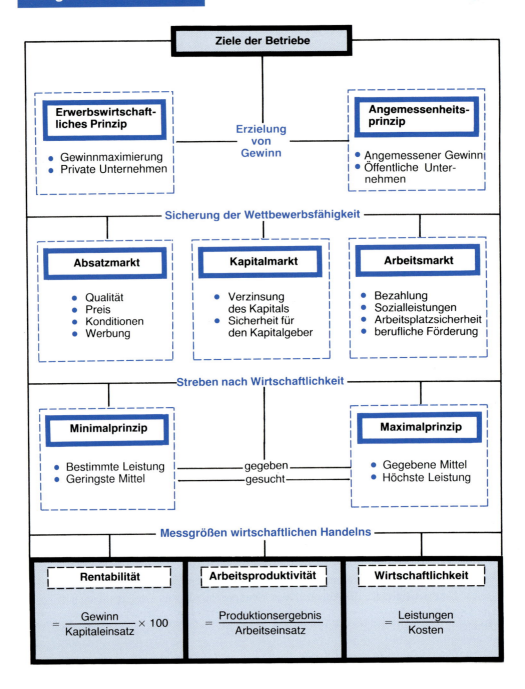

Lerninformationen 1.3

1.3 Ziele der Betriebe

Untersuchungen haben ergeben, dass die wirtschaftlichen Entscheidungen in einer Unternehmung von unterschiedlicher Zielvorstellung ausgehen wie Streben nach Gewinn, Sicherung der Wettbewerbs- und Zahlungsfähigkeit, Betonung der sozialen Verantwortung, Erhaltung und Vergrößerung des Marktanteils, Kundenpflege, Wachstum, Prestige usw. Dabei wird das unternehmerische Handeln in der Regel nicht von einem Ziel allein bestimmt, sondern von mehreren gleichzeitig **(Zielkombination).**

Beispiel: Ein Verlag bringt Liebes- und Kriminalromane für den Massengeschmack heraus, um Umsatz und Gewinn zu steigern, aber er veröffentlicht auch kostbare Kunstbände mit geringer Auflage, die dem Ansehen des Verlages dienen und das Prestige des Verlegers heben sollen.

1.3.1 Erzielung von Gewinn

Wenn auch den Unternehmensentscheidungen meist mehrere Zielvorstellungen zugrunde liegen, wird dem Gewinnziel die größte Bedeutung zukommen.

> Der Gewinn ist die Differenz zwischen dem Ertrag und dem Aufwand (Ertrag > Aufwand) eines Geschäftsjahres.

Zum **Ertrag** gehört der in Geldeinheiten ausgedrückte **Wertzuwachs** *(z. B. Verkaufserlöse, Zinserträge)* und zum **Aufwand** der in Geldeinheiten ausgedrückte **Wertverzehr** *(z. B. Löhne, Abschreibungen, Materialverbrauch)* eines Unternehmens in einer Abrechnungsperiode. Als **Stückgewinn** bezeichnet man den Erfolg, der aus einem Einzelumsatz *(z. B. Verkauf eines Autos)* erzielt wird.

▶ *Art des Gewinnstrebens*

Je nachdem, ob die Unternehmen einen **höchstmöglichen** oder einen **angemessenen Gewinn** erreichen wollen, unterscheidet man das erwerbswirtschaftliche Prinzip und das Angemessenheitsprinzip.

● Das **erwerbswirtschaftliche Prinzip** ist typisch für alle Betriebe, die sich in **Privateigentum** befinden und im **Wettbewerb** am Markt behaupten müssen. Ihre Existenz ist auf Dauer nur gesichert, wenn sie mehr Werte schaffen als sie verbrauchen, d.h. Gewinn erwirtschaften. Der Gewinn ist also eine wichtige Größe, an der gemessen wird, ob die betrieblichen Maßnahmen richtig oder falsch gewesen sind.

> Durch kostengünstige Produktion und optimalen (bestmöglichen) Absatz kann das Gewinnmaximum erreicht werden. Dieses Ziel der Gewinnmaximierung wird als die letzte Steigerung des erwerbswirtschaftlichen Prinzips angesehen.

Auch wenn private Unternehmen **langfristig Gewinnmaximierung** anstreben, geschieht das unter eingeschränkten Bedingungen:

- Alle unternehmerischen Entscheidungen müssen im Rahmen der bestehenden **Rechtsordnung**, *z. B. der Arbeitsschutz- und Umweltschutzgesetze*, getroffen werden.
- Häufig verzichten Betriebe **kurzfristig** auf Gewinn, *um Arbeitsplätze zu erhalten, den Marktanteil zu sichern oder um die Kapazitäten des Betriebes auszulasten.*
- Auch **kulturelle** und **soziale Überlegungen** begrenzen das Gewinnstreben, *z. B. durch Unterstützung wissenschaftlicher Grundlagenforschung in der Medizin, durch freiwillige soziale Leistungen.*

● **Das Angemessenheitsprinzip** gilt für alle Betriebe, die infolge ihrer gemeinnützigen Aufgabenstellung oder nach ihrer Satzung nicht in erster Linie auf Gewinnerzielung ausgerichtet sind, sondern darauf, in bestimmten Bereichen den **Bedarf optimal zu decken**. Die öffentlichen Unternehmen streben dabei einen angemessenen Gewinn an, *z. B. Versorgungsbetriebe wie Gas-, Wasser- und Elektrizitätswerke*, oder arbeiten zu Kosten deckenden Preisen bzw. erhalten Zuschüsse aus öffentlichen Mitteln, *z. B. kommunale Verkehrsbetriebe, Theater.*

▶ *Bedeutung des Gewinns*

Der Gewinn als Unternehmungsziel ist häufig heftiger Kritik ausgesetzt. Dabei wird insbesondere eingewandt, dass die eigentliche Aufgabe des Betriebes die Produktion von Gütern und nicht die Erzielung von Gewinn sei. Bei dieser Kritik muss man den Unterschied zwischen der einzel- und gesamtwirtschaftlichen Bedeutung des Gewinns berücksichtigen.

> Einzelwirtschaftlich strebt ein Unternehmen nach Gewinn, um seine Existenz zu sichern. Gesamtwirtschaftlich hat es die Aufgabe, den Güterbedarf bestmöglich zu decken.

● **Einzelwirtschaftliche Bedeutung:** So sollte der Gewinn *z. B. für einen selbstständigen Schreinermeister* enthalten:

- **Entgelt** für seine Arbeitsleistung im Betrieb (**Unternehmerlohn**);
- **Zins** für das in Maschinen, Gebäuden usw. investierte Eigenkapital (**Kapitalverzinsung**); da er sein Vermögen auch in festverzinslichen Wertpapieren oder Häusern hätte anlegen können;
- **Sondervergütung** für das übernommene Risiko (**Risikoprämie**), da er sein Kapital verlieren kann (Insolvenz);
- **Finanzierungsmittel** für die Modernisierung und Erweiterung des Betriebes aus eigenen Mitteln. Dadurch werden auch neue Arbeitsplätze geschaffen (**Eigenkapitalbildung durch Selbstfinanzierung**).

● **Gesamtwirtschaftliche Bedeutung:** In einer Marktwirtschaft bilden sich die Preise durch Angebot und Nachfrage. Wachsender Bedarf (Nachfrage) nach einem Gut bewirkt bei gleichem Angebot und sonst unveränderten Bedingungen, dass die Preise und damit die Gewinne steigen. Entsprechend führt nachlassende Nachfrage bei gleichem Angebot zu sinkenden Preisen und Gewinnen. Man spricht auch anschaulich von „**Stimmzetteln der Käufer**" in Form von Geldscheinen, die die Preise der nachgefragten Güter und damit die Gewinne der Unternehmen beeinflussen. Orientiert sich ein Unternehmen am Gewinn, wird es die Güter produzieren, bei denen die größte Nachfrage besteht. So ist also der Gewinn der Hebel, um die Produktion entsprechend dem Bedarf zu lenken. Dies gilt allerdings nur, wenn ein **funktionierender Wettbewerb** vorliegt.

- Der Wettbewerb am Markt bei freier Preisbildung lenkt die Produktionsfaktoren in die Bereiche produktivster Verwendung, in denen produziert wird, was von den Konsumenten nachgefragt wird (**Steuerungsfunktion**).

- Der Wettbewerb zwingt die Unternehmer, durch kostengünstige Produktion und technische Neuerungen ihre Marktposition zu verteidigen, und zwar im Inland und Ausland. Der technische Fortschritt wird dadurch in starkem Maße gefördert (**Antriebsfunktion**).

- Die im Wettbewerb erreichte und vom Markt im Preis vergütete Leistung ist der Maßstab für die Erzielung von Gewinn und Einkommen (**Verteilungsfunktion**).

Bei Ausschaltung oder **Einschränkung des Wettbewerbs**, *z. B. durch Monopole, durch marktbeherrschende Unternehmen, durch Absprachen über Preise und Marktanteile*, können **Zusatzgewinne** und **überhöhte Profite** erzielt werden, die nicht durch Leistungen des Unternehmens gerechtfertigt sind (siehe S. 241 ff.).

1.3.2 Sicherung der Wettbewerbsfähigkeit

Auf Dauer kann ein Unternehmen nur Gewinn erzielen, wenn es sich im Wettbewerb auf den Märkten, auf die es angewiesen ist, durchsetzen kann.

▶ *Absatzmarkt*

Als Gradmesser für den Erfolg eines Unternehmens gilt neben dem Gewinn vor allem der Umsatz. Im Umsatz kommt die erreichte Marktposition zum Ausdruck und der Marktanteil ist ein wichtiges Kennzeichen für die Wettbewerbsfähigkeit eines Unternehmens.

> Durch ein bedarfsgerechtes Fertigungsprogramm bzw. Sortiment, günstige Preise und Konditionen und eine erfolgreiche Werbung kann der Marktanteil gehalten oder ausgebaut werden.

Qualitätsprodukte und -dienstleistungen sind ein entscheidender Wettbewerbsfaktor. Mit **ISO 9000 ff.** (ISO = International Organization for Standardization) steht jetzt ein **weltweit anerkannter Leitfaden mit Normen (Regeln)** zur Verfügung, um im Unternehmen ein System zur **Qualitätssicherung** aufzubauen. Nach einem Audit (Überprüfung) durch ein Zertifizierungsunternehmen erhält der Betrieb ein **Zertifikat** (Bescheinigung), in dem festgestellt wird, dass die Anforderungen der Normen ISO 9000 ff. an ein **Qualitätsmanagementsystem** erfüllt sind. Dieses „Reifezeugnis" eines Unternehmens als Marktpartner besagt, dass die Qualitätssicherung in allen Bereichen des Unternehmens in Ordnung ist. Es bedeutet nicht, dass jede Ware oder jede Dienstleistung qualitativ gut ist. Aber es schafft beim **Kunden Vertrauen** in die **Qualitätsfähigkeit** des Unternehmens.

▶ *Kapitalmarkt*

Ein Unternehmen findet nur dann Geldgeber, wenn es die **marktgerechte Verzinsung** des Kapitals (*z. B. Dividende für Aktionäre, Zinsen für Darlehensgeber*) gewährleistet und auch die **Sicherheit** bietet, dass das angelegte Kapital nicht verloren geht.

Beispiel: Eine AG beschafft sich höheres Eigenkapital am Kapitalmarkt, indem sie neue Aktien ausgibt (emittiert). Sie wendet sich dabei vor allem an ihre Altaktionäre (Shareholder). Diese werden aber nur bereit sein weiteres Geld in die AG zu stecken, wenn der Wert (Value) der Aktien sich in der Vergangenheit gut entwickelt hat und marktgerechte Dividenden gezahlt wurden. Man bezeichnet das als Shareholder Value.

▶ **Arbeitsmarkt**

Es kommt hier darauf an, die Lohnzahlung, die Sozialleistungen und die berufliche Förderung so zu gestalten, dass **qualifizierte Mitarbeiter** gewonnen werden. Dies ist in der Hochkonjunktur bei Vollbeschäftigung besonders schwierig, aber auch bei hoherArbeitslosigkeit ist es in bestimmten Bereichen nicht leicht, geeignete Mitarbeiter zu bekommen und zu halten.

▶ **Unternehmenskultur (Corporate Identity)**

Unter Unternehmenskultur versteht man, wie sich ein Unternehmen nach innen (gegenüber den Mitarbeitern) und nach außen (gegenüber der Öffentlichkeit) darstellt. Dazu gehören

– **einheitliches Verhalten**, *z. B. Karriere-Fürsorge, Belohnungsrituale, Gesprächsrunden, Gleitzeit, Lernchancen,*

– **einheitliche Kommunikation**, *z. B. Firmenzeichen (Logo), Markenzeichen, Werbeslogan, Kundennähe und -beiräte,* und

– **einheitliches Erscheinungsbild**, *z. B. Sprachstil, Hausfarbe und -schrift, Gestaltung von Büros, Bauten und Dokumenten.*

> Eine tragfähige, unverwechselbare Corporate Identity sichert dem Unternehmen überzeugende Auftritte beim Kunden und motiviert die Mitarbeiter („Wir-Gefühl"). Sie ist damit ein wichtiger Wettbewerbsfaktor für den Unternehmenserfolg.

1.3.3 Streben nach Wirtschaftlichkeit

Um das Bestehen eines Unternehmens zu sichern und das Gewinnziel zu erreichen, müssen die wirtschaftlichen Entscheidungen **planvoll** und **vernünftig** getroffen werden. Als Grundprinzip rationalen Handelns gilt das **ökonomische Prinzip** (Rationalprinzip, Prinzip der Wirtschaftlichkeit). Dabei unterscheidet man das Maximal- und Minimalprinzip.

▶ *Maximalprinzip*

Ein Betrieb will mit **gegebenen Mitteln** (Produktionsfaktoren) eine **höchstmögliche Leistung** (Güterproduktion) erzielen.

Beispiele:
- Eine Weberei ist bestrebt, mit den vorhandenen Arbeitskräften, Maschinen und Rohstoffen eine möglichst große Meterzahl an Stoffen herzustellen.
- Ein Lkw-Fahrer will mit einer Tankfüllung (z. B. 200 l) eine möglichst lange Strecke fahren.

▶ *Minimalprinzip*

Ein Betrieb will eine **bestimmte Leistung** mit dem **geringstmöglichen Mitteleinsatz** erzielen.

Beispiele:
- Ein Textilunternehmen ist bemüht den Produktionsprozess so zu organisieren, dass ein Meter Stoff mit möglichst geringen Kosten hergestellt wird.
- Ein Lkw-Fahrer will eine bestimmte Strecke (z. B. Köln–München) mit möglichst geringem Dieselkraftstoffverbrauch fahren.

> Das Streben nach Wirtschaftlichkeit entspricht der menschlichen Vernunft und fordert als Maximalprinzip die Ergiebigkeit und als Minimalprinzip die Sparsamkeit der Mittelverwendung.

Ein Betrieb arbeitet umso wirtschaftlicher, je niedriger die Kosten für eine bestimmte Leistung sind. Ein Senken der Kosten bei gleichen Preisen bedeutet, dass der Gewinn steigt. Also fördert ein Handeln nach dem ökonomischen Prinzip auch die Gewinnerzielung der Unternehmen.

1.3.4 Messgrößen wirtschaftlichen Handelns

Als Maßstäbe, die eine Aussage über den Erfolg der betrieblichen Tätigkeit und das Erreichen der gesetzten Ziele erlauben, dienen die Kennzahlen Rentabilität, Wirtschaftlichkeit und Produktivität.

▶ Rentabilität

Die Rentabilität wird ermittelt, indem man den in einem Jahr erwirtschafteten **Gewinn** zum durchschnittlich eingesetzten **Kapital** in Beziehung setzt.

$$\text{Rentabilität} = \frac{\text{Gewinn}}{\text{Kapitaleinsatz}} \times 100$$

Sie ist die wichtigste Messgröße, um die **Ertragskraft** einer Unternehmung zu beurteilen, und interessiert insbesondere die Kapitalgeber. Eine Rentabilität von 10 % besagt, dass sich das eingesetzte Kapital zu 10 % verzinst hat (siehe 7.6). Ein hoher positiver Wert ist auch ein Zeichen für die starke Wachstumskraft der Unternehmung. Denn je größer der Gewinn ist im Verhältnis zum eingesetzten Kapital, desto eher hat die Unternehmung die Möglichkeit, durch Erweiterungsinvestitionen ihre Leistung zu verbessern und damit ihre Stellung am Markt auszubauen.

▶ Wirtschaftlichkeit

Die Wirtschaftlichkeit misst das Verhältnis von **Leistungen** zu **Kosten** einer abgelaufenen Rechnungsperiode. Beide Größen werden in Geld bewertet (Wertrelation). Außergewöhnliche Schwankungen bei den Preisen und Kosten werden ausgeschaltet (*z. B. durch Verrechnungsgrößen*). Dadurch werden Zufälligkeiten bei der Messung ausgeschlossen und die Zahlen verschiedener Jahre miteinander vergleichbar.

$$\text{Wirtschaftlichkeit} = \frac{\text{Leistungen}}{\text{Kosten}}$$

Beispiel: Die Nettoerlöse einer Unternehmung betrugen in zwei Jahren je 8 000 000,00 EUR. An Kosten fielen im Jahr I 7 400 000,00 EUR und im Jahr II 7 100 000,00 EUR an.

$$\text{Wirtschaftlichkeit im Jahr I} = \frac{8\,000\,000}{7\,400\,000} = 1{,}08 \qquad \text{Wirtschaftlichkeit im Jahr II} = \frac{8\,000\,000}{7\,100\,000} = 1{,}13$$

Die Kennzahl steigt also, wenn eine bestimmte Leistung mit geringeren Kosten erzielt wird; sie sinkt entsprechend, wenn höhere Kosten aufgewendet werden. So bringt die Messgröße Wirtschaftlichkeit das Bestreben eines Betriebes zum Ausdruck, eine verlangte Leistung mit möglichst geringen Kosten (**Minimalprinzip**) bzw. mit gegebenen Kosten eine möglichst große Leistung (**Maximalprinzip**) zu erbringen.

▶ Produktivität

Die Produktivität erfasst die Beziehungen zwischen dem **Ergebnis eines Produktionsprozesses** (*z. B. Stück, kg*) und den **Mengen** der eingesetzten **Faktorleistungen** (*z. B. Arbeitszeit, Maschinenstunden*). Sie misst also die **Ergiebigkeit** der im Produktionsprozess genutzten Produktionsfaktoren.

- **Teilproduktivität:** Die einzelnen Produktionsfaktoren können nicht ohne weiteres addiert werden, *z. B. gibt es keine Summe aus Arbeitsleistung in Stunden und Werkstoffen in kg.* Deshalb bildet man Teilproduktivitäten, bei denen sich die Kennzahl auf nur einen Produktionsfaktor im Verhältnis zur ausgebrachten Leistung bezieht. Die größte Bedeutung hat die Arbeitsproduktivität als Produktion je Erwerbstätigenstunde.

$$\text{Arbeitsproduktivität} = \frac{\text{Produktionsergebnis (Output) } z. B. \text{ Stückzahl} \times \text{EUR}}{\text{Arbeitseinsatz (Input) } z. B. \text{ Arbeitsstunden}}$$

Beispiel: Ein Schreinermeister produziert mit sechs Gesellen pro Jahr Möbel im Wert von 360 000,00 EUR (Produktionswert). Zieht man davon die Vorleistungen (z.B. Materialeinsatz, Stromverbrauch) über 160 200,00 EUR ab, beträgt die Wertschöpfung 199 800,00 EUR (Abschreibungen, Löhne, Mieten, Zinsen, Gewinne). Die geleisteten Arbeitsstunden pro Jahr betragen für den Meister 2 000 und für die Gesellen je 1 800 Stunden pro Jahr. Daraus ergeben sich folgende Produktivitätsberechnungen:

$$\text{Stundenproduktivität} = \frac{\text{Wertschöpfung}}{\text{Summe der Arbeitsstunden}} = \frac{199\,800}{12\,800} = 15{,}61 \text{ EUR/Stunde}$$

$$\text{Mannproduktivität} = \frac{\text{Wertschöpfung}}{\text{Anzahl der Beschäftigten}} = \frac{199\,800}{7} = 28\,542{,}86 \text{ EUR/Beschäftigter}$$

Besondere Bedeutung hat der Begriff Arbeitsproduktivität in der Lohnpolitik erlangt. Dabei wird unterstellt, dass Lohnsteigerungen dann kostenneutral sind und damit die Voraussetzung für Preisstabilität erfüllen, wenn sie dem realen Anstieg der Arbeitsproduktivität entsprechen.

- Die **Zuordnung der ausgebrachten Leistung zu einem Produktionsfaktor** ist nicht unproblematisch, da die Güterproduktion sich immer durch ein **Zusammenwirken aller Produktionsfaktoren** vollzieht.

Beispiel: In Halle I einer Weberei werden mit 50 Beschäftigten pro Arbeitsstunde 10 000 m Stoff gewebt, in Halle II mit ebenfalls 50 Beschäftigten aber 12 000 m pro Stunde. Die höhere Leistung in Halle II muss aber nicht auf eine bessere Arbeitsleistung zurückzuführen sein. Sie kann auch in einer besseren Maschinenausstattung oder günstigeren räumlichen Bedingungen begründet sein.

Aus dem Ergebnis einer Teilproduktivitätsmessung kann man also nicht ohne weiteres auf die Ursachen schließen.

▶ *Zusammenhang der Messgrößen*

Alle Messgrößen dienen **Vergleichs- und Kontrollzwecken.** Ihre Ergebnisse müssen im Zusammenhang gesehen werden, wenn man ein zuverlässiges Bild der betrieblichen Tätigkeit erhalten will. So kann eine Unternehmung sehr unproduktiv arbeiten und trotzdem eine hohe Rentabilität aufweisen.

Beispiel: In einem Steinmetzbetrieb wird nachlässig gearbeitet (viel Verschnitt und Bruch bei Platten usw.) und wenig geleistet. Der Inhaber kann aber hohe Preise durchsetzen, da er in der Nähe des Friedhofes keine Konkurrenz hat, und verdient daher relativ viel.

Andererseits kann in einer Unternehmung auch die Produktivität steigen, während die Rentabilität sinkt.

Beispiel: Einer Weberei gelingt es, durch moderne Maschinen und gutes Betriebsklima eine größere Webleistung zu erzielen und damit die Arbeitsproduktivität zu verbessern. Gleichzeitig sinken aber durch starken Konkurrenzdruck aus dem Ausland die Preise und damit die Gewinne so erheblich, dass die Rentabilität sinkt.

Lernaufgaben 1.3

Ziele der Betriebe

1 *Ein Unternehmen des Maschinenbaus hat in der vergangenen Abrechnungsperiode beim Produkt A einen Umsatzerlös von 900 000,00 EUR und beim Produkt B von 600 000,00 EUR erzielt. An Mieteinnahmen aus Werkswohnungen flossen 20 000,00 EUR zu. Im Abrechnungszeitraum wurde von der betriebseigenen Schlosserei ein Transportband im Wert von 15 000,00 EUR hergestellt, das im Unternehmen selbst in der Produktion eingesetzt wird. Der Materialverbrauch in der vergangenen Abrechnungsperiode betrug 700 000,00 EUR und an Fertigungslöhnen fielen 400 000,00 EUR an. Für Bankkredite wurden 80 000,00 EUR Zinsen gezahlt. Die Abschreibungen betrugen für Maschinen 90 000,00 EUR und für Gebäude 30 000,00 EUR. Die übrigen Kosten des Betriebes beliefen sich auf 40 000,00 EUR.*

a) Errechnen Sie den Gewinn!

b) Erläutern Sie mit Beispielen die Begriffe Aufwand und Ertrag!

c) Unterscheiden Sie Periodengewinn und Stückgewinn! Nennen Sie auch jeweils ein Beispiel!

2 *Für die gesamte Holz verarbeitende Industrie wird folgende Zeitreihe aus der Industriestatistik abgeleitet. In diesem Zusammenhang bedeutet Wertschöpfung, dass aus Gütern geringeren Wertes (Einsatzgüter, Input, z. B. Holz, Leim) ein Gut höheren Wertes (Ausbringung, Output, z. B. Möbel) entsteht.*

Entwicklung der Arbeitsproduktivität in der Holz verarbeitenden Industrie

	(1)	(2)	(1) : (2)	
	Wertschöpfung, real[1]	Arbeitsvolumen[2]	Arbeitsproduktivität, real	
Jahr	in Mio. EUR	in Mio. Stunden	EUR/Stunde	Index
1	6 598	479,8	13,76	100
⋮	⋮	⋮	⋮	⋮
5	7 619	426,5	17,86	130
6	8 097	431,2	18,78	137
7	8 696	435,3	19,98	145
8	8 567	435,3	19,68	143
9	8 640	428,1	20,18	147
10	8 696	421,6	20,63	150
11	7 886	388,4	20,30	148
12	7 117	351,2	20,26	147

[1] real = bereinigt um Preiserhöhungen
[2] Hochrechnung für alle Beschäftigten aufgrund der geleisteten Arbeitsstunden

a) Im Zehn-Jahres-Vergleich 1 bis 10 ist die Wertschöpfung dieser Branche real (preisbereinigt, d. h. unter Ausschaltung der Preissteigerungen) um 31,8 % (von 6 598 auf 8 696 Mio. EUR) gewachsen. Die reale Arbeitsproduktivität stieg um 50 %. Wie sind diese unterschiedlichen Steigerungsraten zu erklären?

b) In den Jahren 7 und 8 ist das Arbeitsvolumen gleich hoch. Worauf ist der Rückgang der Arbeitsproduktivität zurückzuführen?

c) In den Jahren 7 und 10 beträgt die Wertschöpfung jeweils 8 696 Mio. EUR. Erklären Sie die Steigerung der Arbeitsproduktivität von 145 auf 150!

d) In den Jahren 11 und 12 schwächt die Konjunktur ab. Die Wertschöpfung (Zähler) und das Arbeitsvolumen (Nenner) nehmen beide ab. Weshalb sinkt auch der Quotient Arbeitsproduktivität?

3 *Für einen Betrieb sollen für ein Jahr folgende Zahlen gelten: Arbeitnehmer: 100 mit je 1 700 Arbeitsstunden pro Jahr; Eigenkapital: 1 000 000,00 EUR; Produktion: 6 000 000 Liter Apfelsaft; Nettoverkaufspreis: 2,40 EUR je Flasche; Kosten: 14 310 000,00 EUR; Vorleistungen: 9 600 000,00 EUR.*

a) Berechnen Sie die Kennziffern
   – Rentabilität,
   – Wirtschaftlichkeit,
   – Stunden-Produktivität und
   – Mann-Produktivität!

b) Die Kennzahlen Arbeitsproduktivität und Wirtschaftlichkeit messen beide das Verhältnis von Ausbringung (Output) zu Einsatz (Input). Welcher Unterschied besteht zwischen ihnen?

c) Warum sagt die Kennziffer Rentabilität mehr über den Erfolg der betrieblichen Tätigkeit aus als die Angabe der absoluten Gewinnhöhe?

4 *Text aus Gutenberg, Erich, Grundlagen der Betriebswirtschaftslehre, Bd. 1, Berlin 1976, S. 464:*

„Fragt man, wie Betriebe in marktwirtschaftlichen Systemen imstande sind, ohne zentrale Anweisungen und Befehle gerade die Güterarten und -mengen herzustellen, für die Bedarf besteht, dann wird zu antworten sein: Diese Wirkung wird dadurch erzielt, dass sie einem Prinzip überlassen werden, welches mit der gesamtwirtschaftlichen Bedarfsdeckung unmittelbar nichts zu tun hat, …“

a) Welches Prinzip wird hier angesprochen?

b) Beschreiben Sie, auf welche Weise dieses Prinzip Güterproduktion und Güterbedarf in Übereinstimmung bringt!

c) Erläutern Sie, welche Voraussetzung erfüllt sein muss, damit eine gesamtwirtschaftliche Steuerung durch Preise und Gewinne funktioniert!

5 *Zwei Brüder erben je 500 000,00 EUR. Walter eröffnet ein Geschäft für Rennräder und Xaver kauft 7%ige Pfandbriefe. Nach einem Jahr vergleichen beide ihre Einkommensverhältnisse. Xaver erhält an Zinsen 35 000,00 EUR und Walter hat einen Jahresgewinn von 90 000,00 EUR erzielt.*

a) Xaver findet den Gewinn seines Bruders überhöht. Nennen Sie Argumente, die Walter dagegen ins Feld führen kann!

b) Walter weist darauf hin, dass er seine betrieblichen Maßnahmen am Gewinnziel ausrichten müsse, um die Existenz seines Geschäftes auf Dauer zu sichern. Begründen Sie diese Ansicht!

2 Leistungserstellung

Lerngerüst 2.1

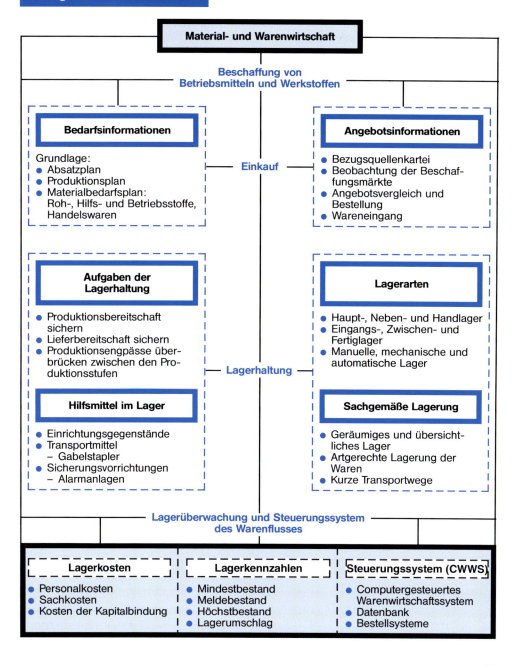

Lerninformationen 2.1

2.1 Material- und Warenwirtschaft

Im Rahmen des betrieblichen Leistungsprozesses tritt jeder Betrieb als
- Nachfrager auf dem Beschaffungsmarkt und als
- Anbieter auf dem Absatzmarkt auf.

Auf dem Beschaffungsmarkt werden die Betriebsmittel, Werkstoffe und Handelswaren, die für die Produktion benötigt werden, eingekauft (**Materialwirtschaft**). Auf dem Absatzmarkt werden die fertigen Erzeugnisse verkauft (**Absatzwirtschaft**). Dazwischen liegt die Herstellung von Sachgütern und Dienstleistungen (**Produktionswirtschaft**).

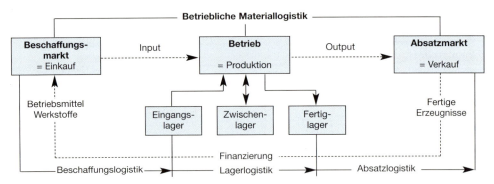

Im **Handel** liegt zwischen der Beschaffung der Waren und dem Absatz die Lagerung der Waren und die **Sortimentsgestaltung**.

> Die Material- und Warenwirtschaft hat im Rahmen der Materiallogistik folgende Aufgaben:
> - Einkauf der erforderlichen Werkstoffe und Betriebsmittel bzw. Waren (Beschaffung)
> - Lagerung der eingekauften Materialien bzw. Waren (Lagerhaltung)
> - Überwachung der Lagerbestände und der Lagerkosten (Lagerkontrolle)
> - Handhabung aller Vorgänge im Lager und beim Transport (Materialhandling)

2.1.1 Einkauf (Beschaffung)

Mit der Beschaffung der Materialien für die Produktion beginnt das **unternehmerische Risiko**, weil schon am Anfang des Umsatzprozesses sichergestellt werden muss, dass das erforderliche Material in der **richtigen Qualität und Menge**, zur **richtigen Zeit** und zu **minimalen Kosten** eingekauft wird. Der Einkauf leistet einen wesentlichen Beitrag, das Verkaufsrisiko zu mindern und die Konkurrenzfähigkeit zu verbessern. Durch die **Globalisierung der Beschaffungsmärkte** ist aus dem Welthandel ein **Weltmarkt** erwachsen. So stellen *z. B. Lieferanten aus dem ostasiatischen Raum hochwertige Produkte in guter Qualität und zu einem Bruchteil unserer Kosten her.*

▶ *Aufgaben des Einkaufs*

Der Einkauf hat für die Produktion bzw. für den Verkauf die notwendigen **Materialien und sonstigen Güter bereitzustellen**. Dabei ist auf günstige Einstandspreise, bestmögliche Eignung, benötigte Menge und termingerechten Eingang zu achten.

▶ *Informationen für die Einkaufsentscheidungen*

Der **Einkaufsabteilung** müssen möglichst viele Informationen zur Verfügung stehen, die eine wirtschaftliche Beschaffung der Materialien bzw. Waren unterstützen.

- **Bedarfsinformationen:** Vor dem Einkauf muss für die Produktion der **Bedarf an Roh-, Hilfs- und Betriebsstoffen und Betriebsmitteln** erfasst werden. Bei der Aufstellung des **Bedarfsplanes** geht man vom **Fertigungsplan** aus, der aus dem **Absatzplan** entwickelt wird. Der Fertigungsplan beinhaltet die in der Planungsperiode herzustellenden Güter, während der Absatzplan eine Vorschau auf die zukünftigen Umsätze einer Planungsperiode darstellt.

> Der Bedarfsplan enthält die benötigten Stoffe, gegliedert nach Art, Menge, Qualität und Einsatzzeitraum. Er ist nicht starr, sondern muss sich Änderungen des Absatzes elastisch anpassen.

- **Angebotsinformationen:** Der Einkauf hat den Bedarf zu erfüllen. Dabei sollte vor der Bestellung nach wirtschaftlichen Gesichtspunkten von mehreren Angeboten das günstigste ausgewählt werden (**Angebotsvergleich**). Als Grundsatz gilt, dass keine Bestellung ohne Angebot erteilt werden sollte. Zur besseren Übersicht über geeignete Lieferer bedient man sich einer **Bezugsquellenkartei** (siehe 4.2 S. 140 f.). Um diese Kartei bzw. Datei zu aktualisieren, müssen die Waren auf den Beschaffungsmärkten hinsichtlich der Preise, Qualitäten, der Konditionen und der technischen Entwicklung laufend beobachtet werden. Außer den eigenen Unterlagen und Erfahrungen aus den Einkäufen kann man **weitere Hilfsmittel zur Verbesserung der Angebotssituation** heranziehen:

— *Bezugsquellenverzeichnisse, z. B. „Wer liefert was?", das für Einkäufer geschaffene Nachschlagewerk mit deutschen, österreichischen und schweizer Firmen, auch als CD (Compact-Disc) zu haben; „ABC der deutschen Wirtschaft"; Branchenverzeichnisse*

— *Anzeigen in Zeitungen und Fachzeitschriften (Branchenberichte)*

— *Markt-, Börsen-, Wirtschafts- und Vertreterberichte; Commerzbank-Bestseller „Wer gehört wem", in dem Kapital- und Beteiligungsverhältnisse offen gelegt werden*

— *Besuch von Messen und Ausstellungen, z. B. Industriemesse in Hannover, Offenbacher Lederwarenmesse, Internationale Automobilausstellung in Frankfurt am Main*

— *Mustersendungen, Kataloge, Prospekte, Angebote und Preislisten*

— *Internet*

39

Bedarfsmeldung des Lagers an die Einkaufsabteilung

Bedarfsmeldung						
Gegen-stand	Mindest-bestand	Ist-bestand	Melde-bestand	Lieferer	Lieferzeit	Preis
Maschinen-schrauben ¹/₂ Zoll x 50 mm	400	950	900	Eisenwaren-groß-handlung Bochum	3 Wochen	1,25 EUR

Lager: 3	Einkaufsabteilung
Angefordert: 16. April .. Bedarf: 500 Stück Unterschrift: **Hermann**	bestellt: 20. April .. Menge: 500 Stück Unterschrift: **Klein**

Der Einkauf wird seine Aufgabe, Materialien von bestmöglicher Eignung und zu günstigen Preisen termingerecht zu beschaffen, nur erfüllen, wenn er über den Betriebsablauf, über die Absatzziele und über die Angebotssituation umfassend informiert ist.

2.1.2 Lagerhaltung

Immer häufiger werden die eingekauften Güter direkt in die Produktion geliefert und verbraucht oder sofort wieder als Handelswaren abgesetzt. Die **Auslieferung** erfolgt **genau zur rechten Zeit** (Just-in-Time-Beschaffung, JIT). Meist werden die Güter noch vor der Produktion bzw. vor dem Absatz gelagert.

Beispiel für direkte Belieferung (JIT): Die verschiedenen Zulieferer eines Industriebetriebes liefern nach genauer Vereinbarung zu einem ganz bestimmten Verbrauchszeitpunkt fertigungssynchron direkt an die einzelnen Produktionsstätten. Im günstigsten Falle liefern sie bis vor das Fließband und setzen die vorgefertigten Teile ein. Dieses Verfahren bedarf sehr zuverlässiger Lieferanten, die die Qualitätsmerkmale und den Terminplan genau einhalten. Es hat den Vorteil, dass sich der Lagerbestand, die Lagerdauer und die Lagerkosten wesentlich verringern. Bei Lieferschwankungen können jedoch starke Produktionsstockungen eintreten. In gut organisierten Industriebetrieben machen pünktliche Lieferanten das Lager nahezu überflüssig.

▶ *Aufgaben der Lagerhaltung*

Die Lagerwirtschaft gleicht Spannungen zwischen Beschaffung und Produktion aus.

● **Rohstoffvorräte** sollen verhindern, dass Schwierigkeiten bei der Beschaffung (*z. B. Lieferungsverzögerungen*) die Produktion stören.

● **Fertigerzeugnisse** und Handelswaren werden oft auf Vorrat gehalten, um Nachfrageschwankungen (*z. B. modische, saisonale oder konjunkturelle Nachfragestöße*) vom Absatzmarkt abzufangen.

● **Bezogene Fertigteile und Zwischenprodukte** werden vorrätig gehalten, um eine reibungslose Produktion zu sichern. Zwischen den einzelnen Produktionsstufen können Engpässe auftreten (*z. B. Stockungen im Produktionsablauf wegen Maschinenschäden*), die eine Lagerung von Einzelteilen notwendig machen.

Die Lagerhaltung dient
– der Produktionsbereitschaft (Vorräte an Einsatzstoffen),
– der Lieferbereitschaft (Vorräte an Fertigerzeugnissen) und
– der Überbrückung von Engpässen zwischen den Produktionsstufen (Vorräte an Einzelteilen).

▶ *Lagerarten*

Nach dem Automatisierungsgrad gibt es **manuelle Läger** *(z. B. Betriebsmittel)*, **mechanische Läger** *(z. B. Kräne)* und **automatische Läger** *(z. B. EDV-gesteuerte Hochregalläger)*. Nach der betrieblichen Funktion unterscheidet man im Bereich Beschaffung **Eingangsläger**, im Bereich Produktion **Zwischenläger** und im Bereich Absatz **Versandläger**.

Im **Einzelhandel** unterscheidet man zwischen **Reservelager** und **Verkaufslager** (Ladengeschäft).

▶ *Hilfsmittel im Lagerbereich*

Um die Aufgaben der Lagerhaltung erfüllen zu können, benötigt man einen Lagerraum oder Lagerplatz, Einrichtungsgegenstände, Transportmittel und verschiedene Vorrichtungen. Der **Raumbedarf** für die Ausstattung des Lagers ist abhängig von

- der **Art der Lagergüter**, *z. B. müssen Lebensmittel unter anderen Gesichtspunkten gelagert werden als Möbel*,

- der **Größe des jeweiligen Lagersortiments** *z. B. je größer und differenzierter die Sortimente, desto umfangreicher und aufwändiger muss das Lager sein*, und

- der **Durchlaufzeit der Lagergüter**, *z. B. wird die Durchlaufzeit von 40 Tagen um 25 % gesenkt, dann verringert sich der Raumbedarf um 1/4.*

41

▶ *Sachgemäße Lagerung*

Zur sachgemäßen Lagerung muss man an das Lager bestimmte **Anforderungen** stellen:

- **Das Lager soll wegen der Übersichtlichkeit möglichst groß und wegen der Kosten möglichst klein sein.** Jeder Artikel muss eine bestimmte Lagerstelle haben, damit das Einordnen und die Ausgabe rasch erledigt werden können. Für den Transport muss genügend Platz vorhanden sein. Auch eine **chaotische Lagerung** ist möglich, wenn bei EDV-Einsatz und durch einheitlich große Behälter und Paletten die Güter an einem beliebigen freien Platz, den der Computer speichert, eingelagert werden. Dann wird der Platzbedarf minimiert, da der Platz für bestimmte Güter nicht freigehalten werden muss.

- **Die Art der Lagerung soll der gelagerten Ware gerecht werden.** Sie kann nach Größen, Mustern, Farben, Gewicht, Preislage, Häufigkeit der Entnahme und Empfindlichkeiten gelagert werden.

Beispiele: Es sollte geschützt werden: Vor Feuchtigkeit: Zement, Papier, Eisen; vor Trockenheit: Tabak, Käse, Wolle; vor Licht: Stoffe, Farben, Fotoartikel; vor Geschmacksübertragung: Kaffee, Tee, Schokolade

- **Die Transportwege zum Lager und vom Lager zum Verbrauchsort sollen kurz sein.** Das gilt vor allem für schwere und häufig benötigte Güter.

2.1.3 Lagerüberwachung und Lagersteuerung

Um die **Fertigungsbereitschaft** und die **Lieferbereitschaft** zu sichern, müssen die Lagerbestände laufend überwacht und gesteuert werden, damit keine Produktionsausfälle auftreten. Für diese **Kontrolle der Lagerbestände** dienen bestimmte **Lagerkennzahlen**, die zugleich Entscheidungshilfen für die Lagerleitung darstellen. Die Lagerhaltung verursacht auch erhebliche Kosten. Deshalb muss es das Ziel der Lagersteuerung sein, die **Lagerkosten** möglichst niedrig zu halten.

▶ *Lagerkosten*

Neben den **Personalkosten** und **Sachkosten** entstehen im Lager Kosten aus der Tatsache, dass **Vorräte Kapital binden.** Das bedeutet, dass Lagerbestände bis zur Freisetzung des Kapitals durch Verkauf der Erzeugnisse „totes Kapital" sind, weil dieses Kapital keine Zinsen bringt. Die Kapitalbindung kann erheblich sein. In manchen Unternehmen sind bis zu 50 % des Umlaufvermögens in den Vorräten gebunden.

Die Lagerbestände an Vorräten sollten so gering wie möglich gehalten werden, damit Kapital freigesetzt wird, das einer anderen Verwendung zugeführt werden kann *(z. B. Rückzahlung von Schulden oder Rationalisierungsmaßnahmen).*

Je kürzer die Lagerdauer ist, desto niedriger sind die Lagerkosten und desto höher ist der Liquiditätsgrad der Vorräte.

▶ *Lagerkennzahlen*

Damit sich die Produktion und der Absatz ohne Störungen vollziehen können, müssen zum Zeitpunkt der Produktion und des Absatzes bestimmte Mengen an Einsatzstoffen und fertigen Produkten bereitstehen. Diese Bestandsgrößen werden überwacht durch Lagerkennzahlen.

Die Lagerbestände dürfen weder zu hoch noch zu niedrig sein. Zu große Lagervorräte verursachen unnötige Lagerkosten und belasten die Liquidität. Außerdem erhöhen sie das Risiko, dass durch Schwund, Verderb, Diebstahl, Veralten und Preisrückgang Verluste entstehen. Zu niedrige Vorräte führen hingegen zu Produktionsstörungen.

- **Sicherungsbestand, Meldebestand und Höchstbestand**

Die Lagerhaltung wird mithilfe bestimmter Kennziffern gesteuert.

Beispiel: In einer Maschinenfabrik werden 3 000 Stehbolzen 3/4 Zoll × 80 mm mit Sechskantmuttern beschafft. Davon werden 100 Stehbolzen arbeitstäglich in der Produktion verbraucht. Nach 30 Tagen werden neue Stehbolzen bestellt. Die Lieferzeit beträgt 5 Arbeitstage. In diesem Falle kommt die Produktion ins Stocken, weil bis zum Eintreffen der Lieferung die Stehbolzen fehlen. Wie kann man eine reibungslose Produktion sichern?

Wenn die **Beschaffungszeit** (BZ) 5 Arbeitstage und der Tagesbedarf (TB) 100 Stück beträgt, dann beläuft sich der Bedarf der Beschaffungszeit auf 5 × 100 Stück = 500 Stück.

Da sich der Verbrauch nicht immer gleich bleibend entwickelt und die Lieferzeit schwankt, wird für auftretende Änderungen ein **Sicherungsbestand**, der „Eiserne Bestand" (Mindestbestand) festgelegt von 5 × 100 Stück = 500 Stück.

Bedarf der Wiederbeschaffungszeit (WB)	500 Stück
+ Sicherungsbestand (SB)	500 Stück
= Meldebestand (MB)	1 000 Stück

Anhand der Bezugspreise und der Lagerkosten hat man festgestellt, dass die optimale Bestellmenge 2 000 Stück beträgt. Daraus ergibt sich:

Sicherungsbestand (SB)	500 Stück
+ Optimale Bestellmenge (OB)	2 000 Stück
= Höchstbestand (HB)	2 500 Stück

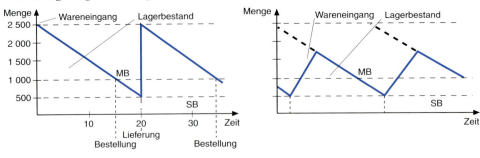

- **Einmalige Lagerauffüllung**
- **Kontinuierliche Lagerauffüllung**

Die **Bestellmenge und der Zeitpunkt der Bestellung** gelten nur unter der Voraussetzung, dass der Verbrauch des Lagerbestandes gleichmäßig erfolgt und die Liefertermine eingehalten werden. Bei der **einmaligen Auffüllung des Lagers** sinkt der Lagerbestand nach dem Wareneingang durch den Lagerabgang bis zum MB und SB. Das Lager kann auch **kontinuierlich mit dem Produktionsfortschritt aufgefüllt** werden. Gleichzeitig wird für die Fertigung bzw. für die Auslieferung entnommen. Das führt zu einem niedrigeren Lagerbestand und zu geringeren Lagerkosten.

> **Sicherungsbestand:** Gilt als Bestand für unvorhergesehene Fälle.
> **Meldebestand:** Er signalisiert den Zeitpunkt der Bestellung (BZ × TB + SB).
> **Höchstbestand:** Er wird nach Eingang der bestellten Menge erreicht (SB + OB).
> **Optimale Bestellmenge:** Das ist die angestrebte Menge, bei der die Kosten des Einkaufs und der Lagerung am geringsten sind.

- **Lagerumschlag:** Jeder Unternehmer ist bestrebt, den Lagerumschlag zu beschleunigen und die Lagerdauer der Vorräte zu verkürzen. Das bedeutet Einsparung von Kosten.

– Der **durchschnittliche Lagerbestand** ist der Durchschnitt der in einem Jahr tatsächlich vorhandenen Lagerbestände. Es gibt zwei Berechnungsmethoden. Berechnungsgrundlagen sind entweder die Bestände der Monatsinventuren bzw. Lagerkartei/-datei oder die Bestände der Jahresinventur.

$$\text{Durchschnittlicher Lagerbestand} = \frac{\text{Anfangsbestand} + 12 \text{ Monatsbestände}}{13}$$

$$\text{Durchschnittlicher Lagerbestand} = \frac{\text{Jahresanfangsbestand} + \text{Jahresendbestand}}{2}$$

– Die **Umschlagshäufigkeit** gibt an, wie oft der durchschnittliche Lagerbestand in einem Jahr umgesetzt wurde. Berechnungsgrundlage ist der Wert der verkauften Waren zum Bezugspreis (Einstandspreis aus dem Einkaufskonto).

$$\text{Umschlagshäufigkeit} = \frac{\text{Wareneinsatz zu Einstandspreisen (Lagerabgang)}}{\text{Durchschnittlicher Lagerbestand}}$$

– Die **durchschnittliche Lagerdauer** ist die Zeit, die zwischen dem Eingang und der Ausgabe der Ware liegt.

$$\text{Durchschnittliche Lagerdauer} = \frac{360}{\text{Umschlagshäufigkeit}}$$

– **Lagerzins:** Das in den Lagerbeständen gebundene Kapital würde bei der Bank Zinsen bringen. Deshalb verursacht das im Lager gebundene Kapital Kosten in Höhe der Lagerzinsen.

$$\text{Lagerzinssatz} = \frac{\text{Jahreszinsfuß} \times \text{Lagerdauer}}{360}$$

Beispiel: Ein Großhandelsbetrieb stellt folgende Werte fest: Durchschnittlicher Lagerbestand 50 000,00 EUR, Wareneinsatz 300 000,00 EUR und Jahreszinssatz 8 %.

$\text{Umschlagshäufigkeit} = \dfrac{300\,000}{50\,000} = 6$ $\qquad \text{Lagerzinssatz} = \dfrac{8 \times 60}{360} = 1{,}33\,\%$

$\text{Lagerdauer} = \dfrac{360}{6} = 60 \text{ Tage}$ $\qquad$ In den Kosten des Angebotspreises sind 1,33 % Lagerkosten enthalten.

● **Lagerumschlag und Gesamtgewinn:** Der Gesamtgewinn steigt im gleichen Verhältnis wie der Lagerumschlag, wenn der Kapitaleinsatz und der Einzelgewinn gleich bleiben. Dann wird mit der Erhöhung des Umschlags der Stückgewinn öfter hereingeholt. Durch eine Senkung des Gewinnzuschlags kann sich der Umsatz wegen des günstigeren Preises derart steigern, dass durch den höheren Umschlag der Gesamtgewinn steigt.

Beispiel: Der durchschnittliche Lagerbestand von 15 000,00 EUR wurde im Vorjahr 5-mal und im Rechnungsjahr 8-mal umgeschlagen. Die allgemeinen Handlungskosten stiegen von 40 000,00 EUR auf 54 000,00 EUR. Zur Verbesserung des Umsatzes wurde der Gewinnzuschlag von 8 % auf 6 % herabgesetzt.

Ermittlung des Gesamtgewinns	Umschlagshäufigkeit	
	5	8
Durchschnittlicher Lagerbestand	15 000,00 EUR	15 000,00 EUR
Wareneinsatz zu Einstandspreisen Allgemeine Verwaltungskosten	75 000,00 EUR 40 000,00 EUR	120 000,00 EUR 54 000,00 EUR
Selbstkosten	115 000,00 EUR	174 000,00 EUR
Gewinnzuschlag Gesamtgewinn	8 % 9 200,00 EUR	6 % 10 440,00 EUR

2.1.4 Computergestütztes Warenwirtschaftssystem (CWWS)

Das CWWS als Steuerungssystem des Warenflusses hat jederzeit am Bildschirm des Computers drei wichtige Informationen zu liefern:
- Wie viel wurde geliefert? – **Wareneinkauf**
- Wie viel wurde verkauft? – **Warenverkauf**
- Wie viel ist vorhanden? – **Warenbestand**

▶ Erfassung der Daten

In Handelsbetrieben werden alle Daten (Informationen) zum Wareneingang, zur Lagerhaltung und zum Warenausgang durch **Eingabe in das CWWS** erfasst.

Beispiel: Artikelstammsatz; Bestandssituation: 13. Dezember ..; 07:52:42; Blatt Papier in Tausend (TB)

▶ Aufbau einer Datenbank

Eine **Datei**, *z. B. Warendatei*, fasst alle Daten zu einem Objekt zusammen, *z. B. Artikelstammsatz mit Nr., Name, Preis und Bestand*. **Mehrere Dateien**, die untereinander verbunden sind, bilden eine **Datenbank**, *z. B. alle Lagerdateien*.

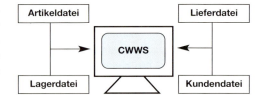

▶ Bestellsysteme

Für jeden Auftrag werden alle Daten in der Bestelldatei erfasst, die in den weiteren Stationen des Durchlaufs der Waren benötigt werden.

- **Automatisches Bestellsystem:** Sinkt der Warenbestand unter den **Meldebestand**, wird automatisch vom CWWS die Bestellung bei dem entsprechenden Lieferanten veranlasst. Das ist nur bei bestimmten Voraussetzungen möglich.

Beispiel: Diese Voraussetzungen sind erfüllt bei Standardsortimenten wie Nahrungsmitteln (Reis, Mehl, Salz usw.). Nicht geeignet sind hochmoderne Textilien, die nur für eine Saison geordert werden.

- **Bestellvorschlagssystem:** Das CWWS druckt einen Bestellvorschlag aus. Der Disponent entscheidet dann aufgrund der Marktlage nur über die Menge.

▶ Wareneingang und Warenannahme

Die Daten der Warenlieferungen werden mithilfe der im CWWS gespeicherten Auftragsdaten und dem Lieferschein verglichen, *z. B. Zahl, Gewicht, Design und Qualität*. Nach der Kontrolle und Annahme der Ware wird die Rechnung geprüft und bezahlt.

> Das CWWS liefert zu jedem Artikel genaue Informationen. Dadurch können alle Warenbewegungen im Einkauf, im Lager und im Verkauf gesteuert und überwacht werden.

Lernaufgaben 2.1

Material- und Warenwirtschaft

1 *Die Materialwirtschaft einer Unternehmung wird nur dann ihre Aufgabe voll erfüllen, wenn sie mit der Produktion und dem Absatz abgestimmt ist.*

   a) Welche Aufgaben hat die Materialwirtschaft?

   b) Erläutern Sie den Umsatzprozess eines Industriebetriebes vom Einkauf der Vorräte (einschließlich Just-in-Time-Anlieferung) bis zum Verkauf der Erzeugnisse!

   c) Zeigen Sie am Beispiel einer Möbelfabrik die Entstehung und den Inhalt eines Materialbedarfsplanes!

   d) Nennen Sie Unterlagen, die geeignet sind die Bezugsquellenkartei aufzubauen und zu erweitern!

2 *Möglichkeiten der Kostensenkung gibt es nicht nur in der Produktion und beim Absatz. Auch bei der Beschaffung und Lagerung sollte man auf niedrige Kosten achten. Das wirtschaftliche Gewicht des Einkaufs ist jedoch für jede Unternehmung unterschiedlich.*

   a) Nennen Sie Lagerkosten, unterteilt nach Personalkosten, Sachkosten und Kosten der Kapitalbindung!

   b) Worin liegt der Unterschied hinsichtlich der Quantität und Qualität zwischen dem Holzeinkauf einer Holzverpackungsfabrik (Kisten) und einer Musikinstrumentenfabrik (Pianoherstellung)?

   c) Zeigen Sie an Beispielen, wie man im Bereich der Materialbeschaffung Kosten einsparen kann!

   d) Diskutieren Sie den Satz: „Im Einkauf liegt der halbe Gewinn!"

3 *Der Büromaschinengroßhändler Kreider & Co. hatte einen Wareneinsatz an Büromaschinen von 1 280 000,00 EUR. Der Bestand am 1. Januar betrug 120 000,00 EUR und am 31. Dezember des gleichen Jahres 144 000,00 EUR.*

   a) Errechnen Sie die Umschlagshäufigkeit!

   b) Für den Absatz von Tintenpatronen für Tintenstrahldrucker ergab sich eine Umschlagshäufigkeit von 40. Wie ist der Unterschied zu Büromaschinen zu begründen?

   c) Ermitteln Sie die durchschnittliche Lagerdauer für Büromaschinen!

   d) Aus der Branchenstatistik ist zu ersehen, dass für Büromaschinen im Großhandel eine Lagerdauer von 50 Tagen typisch ist. Welche Gründe kann der Unterschied gegenüber Kreider & Co. haben?

   e) Wie hoch ist der Lagerzins (in % und EUR) für ein Kopiergerät, das mit 1 200,00 EUR eingekauft wurde und eine Lagerdauer von 45 Tagen besitzt (Jahreszinsfuß 6 %)?

   f) Der Büromaschinengroßhändler will wissen, wie sich seine Lagerkosten in den letzten drei Jahren entwickelt haben. Beurteilen Sie die Entwicklung der Lagerkosten anhand folgender Zahlen:

	Lagerkosten in EUR	Durchschnittlicher Lagerbestand in EUR
1. Jahr	11 000,00	120 000,00
2. Jahr	16 000,00	145 000,00
3. Jahr	15 000,00	132 000,00

Lerngerüst 2.2

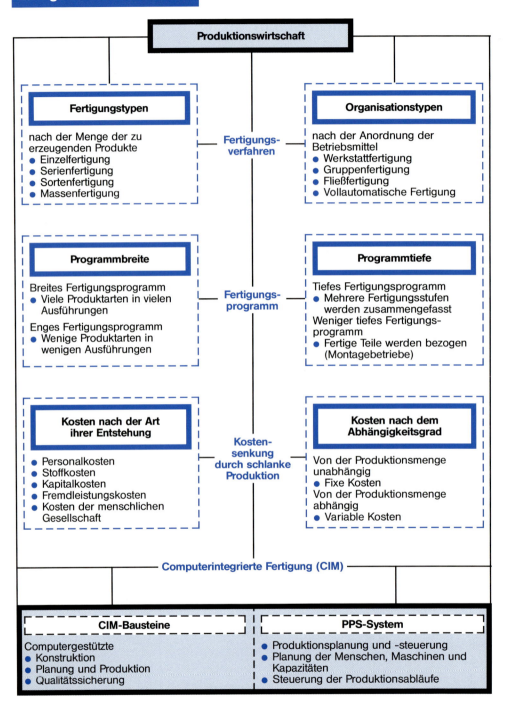

Lerninformationen 2.2

2.2 Produktionswirtschaft

Das Kernstück der betrieblichen Leistungserstellung ist die Produktionswirtschaft. Sie hat im weiteren Sinne als Ziel die **Herstellung von Sachgütern und die Bereitstellung von Dienstleistun-** *gen. Hier soll nur die Produktionswirtschaft im engeren Sinne gesehen werden, das „Fertigen" von Sachgütern in Sachleistungsbetrieben, z. B. in Schuhfabriken oder der Automobilindustrie.*

2.2.1 Fertigungsverfahren

Die **Verwirklichung des Produktionsprogramms** muss gründich durchdacht und planvoll organisiert werden. Bei den Überlegungen eines rationellen Fertigungsverfahrens spielen eine bedeutende Rolle:

– die **Menge der zu erzeugenden gleichartigen Produkte** (Fertigungstypen oder Produktionstypen) und

– die durch die **Anordnung der Betriebsmittel und Arbeitsplätze bedingte Art der Organisation der Fertigung** (Organisationstypen der Fertigung).

> Das Fertigungsverfahren ist die organisatorisch-technische Durchführung der Leistungserstellung. Durch neue Produktionsverfahren (Prozessinnovationen) muss stets versucht werden, kostengünstigere Güter herzustellen.

▶ *Fertigungstypen*

Nach der Anzahl der jeweils hergestellten gleichartigen Produkte unterscheidet man:

● **Einzelfertigung:** Der Produktionsablauf wird auf die Herstellung eines einzelnen Produkts ausgerichtet. Sie ist typisch im **Handwerk** und für die meisten **Dienstleistungsbetriebe**, wo durch vorwiegend Handarbeit nach den **Wünschen des Kunden** das Produkt entsteht. Aber auch große Aufträge, *wie z. B. der Bau eines Staudammes*, gehören zur Einzelfertigung (auftragsorientierte Industriezweige).

> Bei der Einzelfertigung ist jedes Produkt ein Einzelauftrag. Es stellt ein individuelles Erzeugnis dar, das keinem anderen Erzeugnis völlig gleicht. Meist werden Stückzahlen von 1 bis 4 noch zur Einzelfertigung gezählt.

Beispiele: Beim Brücken-, Schiffs-, Ofen- oder Dampfkesselbau wird ein Produkt in Auftrag gegeben, das sich von den anderen Produkten völlig oder in vielen Einzelteilen unterscheidet. Zur Rationalisierung der Einzelfertigung wird oft nach dem **Baukastenprinzip** produziert, indem genormte, mehrseitig verwendbare Einzelteile (Bausteine) zusammengestellt werden (Anbauküchen, Anbaubüromöbel).

Die **Herstellkosten** sind bei der Einzelfertigung **relativ hoch**, da sie eine Spezialisierung verhindert. Oft werden die Kosten dadurch gesenkt, indem Produkte der Serien- und Massenfertigung entnommen und durch Änderungen den Kundenwünschen angepasst werden.

● **Serienfertigung:** Hier wird das Produkt nicht − wie bei der Einzelfertigung − nur einmal, sondern mehrfach angefertigt (**Mehrfachfertigung**). Sie befriedigt eine größere gleichförmige Nachfrage.

49

Bei der Serienfertigung werden Kundenaufträge für das gleiche Erzeugnis zusammengefasst und in einer mehr oder minder großen Zahl (Serie) hintereinander oder nebeneinander ausgeführt.

Beispiele:

- Bei der **Autoindustrie** handelt es sich um eine **Großserienfertigung**, die der Massenfertigung recht nahe kommt. Sie erfordert meist angelernte Arbeitskräfte.
- **Werkzeugmaschinen** werden meist in **Kleinserien** mit qualifizierten Arbeitskräften gefertigt. Je kleiner die Serie, desto höher sind die Kosten des Umrüstens auf eine neue Serie.

- **Sortenfertigung:** Bei der Serienfertigung sind die Erzeugnisse so unterschiedlich, dass für jede Serie ein anderer Produktionsprozess notwendig ist. Das ist bei der Sortenfertigung nicht erforderlich, weil die Erzeugnisse weniger unterschiedlich sind. Es werden verschiedene Sorten aus einem gleichen Grundstoff oder Grunderzeugnis in einem nahezu gleichartigen Produktionsprozess in relativ großen Mengen hergestellt. Hier ist auch die Tendenz zur Massenproduktion zu erkennen. Je größer die Menge der hintereinander hergestellten Produkte (**Losgröße**), desto geringer sind die Sortenwechselkosten.

Die Produkte der Sortenfertigung eines Betriebes sind in der Herstellung und in der Verwendung von Rohstoffen sehr eng verwandt. Die Sortenfertigung stellt verschiedene Spielarten desselben Grunderzeugnisses her.

Beispiele: Brauereien (Pils- und Exportbier), Walzwerke (Bleche verschiedener Stärke), Schraubenfabriken (Schrauben unterschiedlicher Größen), Oberbekleidungsfabriken (Kleider und Anzüge verschiedener Größen).

- **Massenfertigung:** Die Fertigungstypen beginnen mit den am stärksten unterschiedlichen Produkten (Einzelfertigung) und gehen über eine Kette abnehmender Erzeugnisunterschiede (Serien- und Sortenfertigung) bis zu **völlig gleichartigen Erzeugnissen**. Sie werden in großen Mengen für einen anonymen Markt und für unbegrenzte Zeit hergestellt.

– **Einfache Massenproduktion:** Sie liegt vor, wenn stets nur ein gleichartiges Produkt hergestellt wird.

    Beispiele: Elektrizitäts-, Gas- und Wasserwerke; Sodafabriken; die Agrarindustrie wie die Eierproduktion; die Dienstleistungen der Transportbetriebe wie Deutsche Bahn und Lufthansa

– **Mehrfache Massenproduktion:** Sie ist die Weiterentwicklung der Serien- und Sortenfertigung. Für jedes Erzeugnis ist eine eigene Fertigungsapparatur zur Herstellung sehr großer Stückzahlen vorhanden.

Beispiele: Herstellung von Zigaretten, Glühbirnen, Kugelschreiberminen, Lebensmittel

Der Übergang von der Serien- und Sortenfertigung zur Massenfertigung ist fließend.

Bei der Massenfertigung werden nur ein Erzeugnis (einfache Massenfertigung) oder mehrere Erzeugnisse (mehrfache Massenfertigung) mit einer eigenen Fertigungsapparatur in großen Mengen über einen längeren Zeitraum ständig gefertigt.

▶ *Organisationstypen der Fertigung*

Bei der Wahl der Fertigungsorganisation muss man sich nach den Marktverhältnissen richten. Wenn man Produkte herstellt, die sich in ihrer Art, Form Größe usw. laufend ändern, muss die Produktionsapparatur anpassungsfähig (umstellungsfähig) sein. Je weniger man sich anpassen muss, desto starrer kann die Fertigung organisiert sein. Nach dem **Grad der Anpassungsfähigkeit** und der **Anordnung der Betriebsmittel** kann man unterscheiden:

- **Werkstattfertigung:** Hier ist ein hohes Maß an Anpassungsfähigkeit gewährleistet, da überwiegend **Facharbeiter** mit **gleichartigen Maschinen und Handarbeitsplätzen in einem Raum zusammengefasst** gleiche oder ähnliche Arbeiten ausführen *(z. B. Drehen, Bohren, Fräsen, Schweißen)*. Die Werkstattfertigung hat jedoch große innerbetriebliche Transportwege zur Folge, da die Werkstücke von Werkstatt zu Werkstatt hin und her wandern. Die Kosten werden auch dadurch erhöht, dass der Arbeitsfluss durch Kontrollen und Zwischenlager unterbrochen wird.

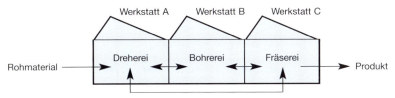

Bei der Werkstattfertigung werden vorwiegend gleichartige oder ähnliche Maschinen und Arbeitsplätze in einer Werkstatt zusammengefasst. Die Werkstücke müssen von Werkstatt zu Werkstatt transportiert werden.

Beispiele: Herstellung von Werkzeugmaschinen, Spielwaren, Gefrierschränken; Reparaturwerkstätten.

Die Werkstattfertigung ist besonders geeignet für die Einzelfertigung und die Serienfertigung, da nur dieses Verfahren ein Höchstmaß an Elastizität (Anpassungsfähigkeit an Kundenaufträge oder Markterfordernisse) bietet. Eine Ausnahme bildet die Großserienfertigung, wo die Fließfertigung vorherrscht.

- **Gruppenfertigung:** Sie stellt eine Übergangsform von der Werkstattfertigung zur Fließfertigung dar. Der Unterschied zur Werkstattfertigung liegt darin, dass die Arbeitsplätze und Maschinen in Werkstätten zusammenfasst und nach dem Arbeitsfluss *z. B. kreisförmig angeordnet sind* (**Fertigungsinseln**). Die Transportwege zwischen den Fertigungsinseln sind kürzer. Auch dieses Verfahren ist noch elastisch genug, um einem beweglichen Produktionsprogramm zu genügen.

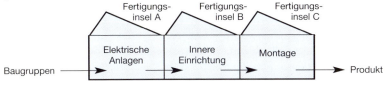

Bei der Gruppenfertigung werden unterschiedliche Maschinen und unterschiedliche Arbeitsplätze in der Atmosphäre einer kleinen Werkstatt (Fertigungsinsel) zusammengefasst.

Beispiele: Das Volvo-Werk im schwedischen Kalmar hat bei der Autoherstellung das Fließband als erstes Unternehmen wieder aufgegeben und durch mehrere Montageplattformen (Fertigungsinseln) ersetzt. Die Arbeitsgruppen montieren in längeren Arbeitszyklen anstelle der bisherigen monotonen Handgriffe komplexe Teile des Fahrzeugs.

Die Gruppenfertigung kommt besonders infrage bei Einzel-, Serien- und Sortenfertigung.

- **Fließfertigung.** Die Arbeitskräfte arbeiten am Transportband, auf dem das Werkstück an den Arbeitsplätzen entlangläuft. Die Werkstücke werden von Arbeitsplatz zu Arbeitsplatz gleichmäßig oder in einem bestimmten Takt weiterbefördert. Damit wird der **Arbeitsablauf**

auch zeitlich festgelegt, dem sich jeder Fließbandarbeiter unterwerfen muss. Man spricht deshalb auch von einer **Taktfertigung**. Voraussetzung ist, dass der Arbeitsprozess so zerlegt wird, dass die Arbeitszeit für alle Arbeitsplätze gleich ist oder ein Vielfaches der Taktzeit beträgt. Mensch und Maschine verrichten **immer wieder die gleiche Tätigkeit**, *z. B. Montage eines Fernsehgerätes.* Deshalb genügt es, wenn nur angelernte Arbeiter eingesetzt werden. Eine weitere Voraussetzung ist, dass das Produktionsprogramm relativ konstant ist, d. h., dass nur selten oder überhaupt kein Wechsel des Erzeugnisses stattfindet.

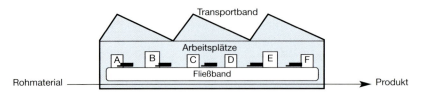

Bei der Fließfertigung sind die Maschinen und Arbeitsplätze in der Reihenfolge der Fertigung angeordnet und die Arbeitskräfte werden an einem Transportband mit genau festgelegten Zeiten für den Arbeitstakt eingesetzt. Voraussetzungen sind: konstantes Produktionsprogramm, weitgehende Arbeitsteilung und genaue Arbeitsvorbereitung.

Beispiel: Das erste Fließband lief 1914 in der Automobilindustrie bei Henry Ford in Detroit. Die Fließfertigung findet man heute vor allem in der Automobil- und Elektroindustrie und in der optischen Industrie, oft verbunden mit der Gruppenfertigung (Fertigungsinseln). Die Fließbandfertigung eignet sich besonders bei der Seiten-, Sorten- und Massenfertigung.

Die Fließbandorganisation ist zwar sehr empfindlich gegenüber allen Störungen, die von innen oder außen einwirken, sie ist aber durch die minimierten Transportwege und straffe Organisation des Fertigungsablaufs neben der vollautomatischen Fertigung die kosten- und leistungsgünstigste Fertigungsweise.

- **Vollautomatische Fertigung:** Hier wird das Fließband ersetzt durch eine **geschlossene elektronische Transferstraße**. Die vollautomatisierte Anlage, die von einem **Steuerpult** aus überwacht wird, produziert in einer Fertigungskette vom Rohstoff bis zum Fertigprodukt. Die elektronisch gesteuerten Automaten **lenken, kontrollieren** und **korrigieren selbstständig** den Ablauf der Fertigung. Mitarbeiter werden unmittelbar für die Produktion nicht mehr benötigt. Der Mensch ist nur noch erforderlich für die Aufstellung des Fertigungsprogramms, für die Instandhaltung der Transferstraße und für die Überwachung und Steuerung des Fertigungsablaufs.

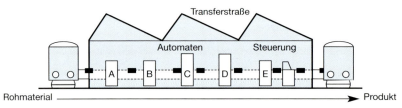

> Die automatische Fertigung besteht aus einer geschlossenen elektronisch gesteuerten Fertigstraße vom Rohstoff bis zum Fertigerzeugnis. In der Produktion werden keine Arbeitskräfte mehr benötigt.

Beispiele: Vollautomatische Brotfabriken, Schokoladenfabriken, Walzstraßen.

Eine Vollautomation lohnt sich nur bei Serien-, Sorten- und Massenfertigung mit hoher Stückzahl, da erhebliche Investitionen erforderlich sind.

- **Beziehungen zwischen Organisationstypen und Fertigungstypen:** Bei den Organisationstypen der Fertigung wird über die Ausstattung der Arbeitsplätze entschieden. Damit begrenzen die Organisationstypen das Entscheidungsfeld der Fertigungstypen.

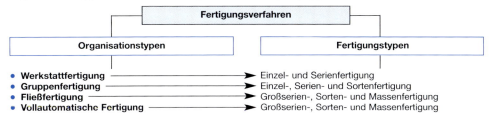

2.2.2 Fertigungsprogramm

Die Unternehmer der Industriebetriebe planen ihr Fertigungsprogramm. Sie legen fest, **welche Produkte** sie in **welchen Mengen** und in einer **bestimmten Zeit** (meist ein Jahr) herstellen und absetzen wollen. Dabei werden sie folgende Probleme lösen müssen:

▶ *Produktfeld*

Schon vor der Gründung einer Unternehmung müssen sich die Gründer anhand der Ergebnisse der durchgeführten **Marktbeobachtungen** und **Marktanalysen** entscheiden, in **welcher Branche** sie tätig werden wollen. Dabei werden sie nicht nur die Absatzchancen, also die zu erwartenden **Erträge** im Auge haben müssen, sondern auch die Fragen des **Standorts**, der **Kosten** und der **Finanzierungsmöglichkeiten**. Ist eine Branche stark konjunkturabhängig, wird man überlegen, ob nicht andere neue Produktfelder in das Produktionsprogramm einbezogen werden sollen **(Diversifikation)**.

Beispiel: Ein Automobilwerk kauft eine Computerfirma auf, um bei einer Absatzflaute im Autogeschäft einen Ausgleich im Computergeschäft zu erreichen. Man will „auf mehreren Beinen stehen", um das Absatzrisiko zu mindern.

▶ *Programmbreite*

Die Programmbreite gibt Auskunft darüber, ob **viele oder wenige Produktarten** in **vielen oder wenigen Ausführungen** *(z. B. Form, Farbe, Qualitäten usw.)* ins Produktionsprogramm aufgenommen werden sollen.

Beispiele:
- Breites Fertigungsprogramm: Ein Mischkonzern produziert so unterschiedliche Produkte wie Lebensmittel, Verpackungsmaterial, Werkzeugmaschinen, Elektrogeräte u. a.
- Enges Fertigungsprogramm: Ein Unternehmer stellt nur Fenster und Türen her.

▶ Programmtiefe

Ein **tiefes Produktionsprogramm** liegt vor, wenn in einem Industriebetrieb **mehrere Fertigungsstufen** von der Rohstoffgewinnung bis zur Herstellung des Fertigerzeugnisses zusammengefasst sind. Werden dagegen die **fertigen Teile** vorwiegend von vorgelagerten Herstellern bezogen und im eigenen Betrieb nur zusammengebaut, dann handelt es sich um ein **weniger tiefes Produktionsprogramm** *(z. B. Montagebetrieb)*.

Beispiele:
- Nachstehende aufeinander folgende Produktionsstufen sind in einem Unternehmen zusammengefasst: Bergwerk, Hüttenwerk, Walzwerk, Maschinenfabrik.
- Weniger tief ist das Produktionsprogramm, wenn die Rohstoffe und die Fertigteile, die eine Maschinenfabrik benötigt, zum größten Teil von anderen Walz- und Hüttenwerken bezogen werden.

2.2.3 Fertigungskosten

Zur Erstellung betrieblicher Leistungen werden meist viele **Güter und Dienstleistungen verbraucht**.

Beispiel: In einer Möbelfabrik werden Fertigungsräume benötigt, für die Miete zu zahlen ist. Wird in eigenen Räumen gearbeitet, entstehen Abschreibungen für die Wertminderung der Gebäude. Es werden die verschiedenen Arten von Holz, Kunststoffen, Schrauben, Nägeln, Beschlägen und Scharnieren gebraucht. Alles, was für die Herstellung von Möbeln eingesetzt und verbraucht wird, sind Kosten. Fährt dagegen der Möbelhersteller mit dem betrieblichen Pkw in Urlaub oder benutzen Angestellte das betriebliche Telefon für Privatgespräche, dann sind es keine betrieblichen Kosten, sondern private Aufwendungen. Auch Kursverluste, die der Möbelhersteller beim Verkauf von betrieblichen Wertpapieren macht, sind keine Kosten, sondern betriebsfremde Aufwendungen.

> Kosten sind der in Geld ausgedrückte Verbrauch von Gütern und Dienstleistungen zur Erstellung betrieblicher Leistungen.

▶ Kosten nach der Art ihrer Entstehung

Die in einem Betrieb entstehenden Kosten kann man zu folgenden **Kostenkomplexen** zusammenfassen:

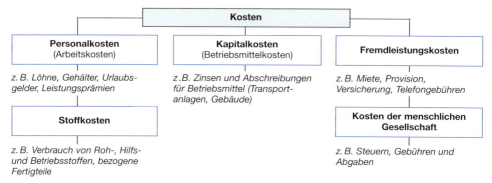

▶ Kostensenkung durch Lean Production

Die schlanke Produktion beinhaltet, dass von allen Ressourcen (Personal, Kapital, Waren und Zeit) weniger eingesetzt wird. Die **Kostensenkung** bezieht sich nicht nur auf die Fertigung, sondern auf die Kosten aller Bereiche, auf die Konstruktion, den Einkauf, die Lagerhaltung und den Verkauf.

Schlank heißt: wenig Personal, wenig Produktionsfläche, wenig Fehler, geringe Investitionen, kleiner Lagerbestand und kurze Entwicklungszeiten.

Beispiel: In einer Fahrzeugtechnik AG wurde der hierarchische Aufbau der bisherigen Systeme gestrafft und dezentralisiert. Die Daten und Entscheidungen laufen nicht mehr über einen zentralen Rechner an der Spitze. Dadurch wurden die starren Systeme flexibler, schneller und weniger störanfällig.

Die Kostensenkung durch eine schlanke Produktion beruht im Wesentlichen auf folgenden **Prinzipien**:

● **Dezentralisierung:** Die moderne Fabrik besteht aus weniger Hierarchieebenen und aus selbstverantwortlichen Gruppen mit klaren vorgegebenen Zielen (**Teamarbeit**). Ein mitdenkender und mitverantwortlicher Arbeiter ist ein produktiver Mitarbeiter. Bei der Lösung von Produktionsproblemen müssen *z. B. Fehler am Arbeitsplatz sofort eigenverantwortlich an der Quelle abgestellt und Checklisten gegen Fehlerwiederholungen angelegt werden.* Alle unnötigen Kostenverursacher müssen beseitigt werden, *z. B. Verschwendung.*

● **Verringerung der Leistungstiefe:** Sie wird erreicht, indem mehr Einzelteile und komplette Baugruppen montagegerecht **just in time** angeliefert werden (**Outsourcing**). Das bringt Kosteneinsparungen, setzt aber eine enge Zusammenarbeit mit Lieferanten, Händlern, Spediteuren und Recyclern voraus (siehe S. 40).

● **Kontinuierlicher Verbesserungsprozess:** Durch ein prozessorientiertes Denken werden alle Mitarbeiter zu einem ständigen Bemühen zur Verbesserung der betrieblichen Zustände und Verhaltensweisen motiviert.

Beispiel: Ein Stahlstift, der in einem Automatikgetriebe zeit- und kostenaufwändig eingebaut werden musste, wurde infolge eines Verbesserungsvorschlages eines Mitarbeiters überflüssig. Damit wurde auf allen Montageplätzen Zeit und teures Schraubgerät eingespart.

▶ *Kosten, Kapazität und Beschäftigungsgrad*

Will man gültige Aussagen über die Höhe und Entwicklung der Kosten erhalten, muss man die **Kapazität eines Betriebes** (herstellbare Menge) und den **Kapazitätsauslastungsgrad** (Beschäftigungsgrad) kennen.

Die Kapazität wird an der Produktionsmenge gemessen. Sie ist das Leistungsvermögen eines Betriebes in einem bestimmten Zeitraum (Jahr, Monat, Arbeits- oder Maschinenstunde). Das Maß der Auslastung der Kapazität ist der Beschäftigungsgrad.

$$\text{Beschäftigungsgrad} = \frac{\text{Istmenge (tatsächlich hergestellte Menge)}}{\text{Kannmenge (im Rahmen der Kapazität herstellbare Menge)}}$$

● **Fixe und variable Kosten:** Zwischen der Produktionsmenge (Beschäftigungsgrad) und den gesamten Kosten eines Betriebes besteht ein enger Zusammenhang. Jedem Autofahrer ist bekannt, dass die Kosten je gefahrener km desto höher sind, je weniger km gefahren wurden. Das liegt daran, dass **unabhängig von der Beschäftigung** (gefahrene km) bestimmte Kosten gleich hoch bleiben, *z. B. Abschreibungen, Haftpflichtversicherung, Kfz-Steuer und Kreditzinsen.*

Man bezeichnet sie als fixe Kosten. Sie entstehen schon, wenn mit dem Auto noch nicht gefahren bzw. im Betrieb noch nichts produziert wurde. Dagegen gibt es auch Kosten, die **erst anfallen, wenn die Produktion beginnt**. Sie steigen und fallen mit der hergestellten Menge, in diesem Falle mit den gefahrenen km (Beschäftigungsgrad). Man bezeichnet sie deshalb als variable Kosten, *z. B. Benzin- und Reifenverbrauch.*

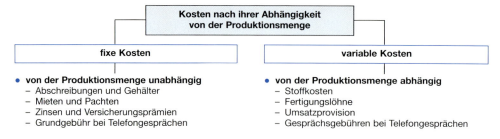

Fixe Kosten bleiben bei zunehmender oder abnehmender Beschäftigung (Kapazitätsausnutzung) gleich. Variable Kosten erhöhen sich, wenn die Produktion steigt, und fallen, wenn die Produktion zurückgeht.

- **Kostenverläufe:** Bei der Kostenentwicklung wird vorausgesetzt, dass die produzierte Menge stets mit den geringsten Kosten hergestellt wird.

Beispiel: In einer Möbelfabrik werden in einem Monat 1 600 Schränke hergestellt. Die Kapazität des Betriebes wird maximal ausgenutzt (Beschäftigungsgrad = 100 %). Die gesamten fixen Kosten betragen 20 000,00 EUR und die variablen Kosten je Stück 75,00 EUR.

- **Entwicklung der Gesamtkosten**

Stückzahl pro Monat = x	Fixe Kosten = K_f	Variable Kosten = K_v	Gesamtkosten = K
0	20 000,00	0,00	20 000,00
400	20 000,00	30 000,00	50 000,00
800	20 000,00	60 000,00	80 000,00
1 200	20 000,00	90 000,00	110 000,00
1 600	20 000,00	120 000,00	140 000,00

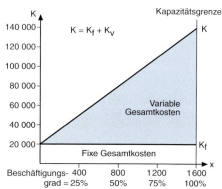

Erhöht sich der Beschäftigungsgrad (Ausnutzung der Kapazität), dann steigen die Gesamtkosten. Die gesamten Fixkosten bleiben jedoch gleich.

Wird durch Überstunden und **stärkere Inspruchnahme der Produktionsanlagen** die Kapazitätsgrenze überschritten, so kommt es zu einer stärkeren Erhöhung der Gesamtkosten *(höherer Verschleiß, mehr Reparaturen, Überstundenzuschläge)*. Deshalb ist einem Unternehmer zu raten, bei stark steigender Nachfrage die Kapazitäten zu erweitern.

- **Entwicklung der Stückkosten:** Für den Absatz sind besonders die Stückkosten oder Durchschnittskosten von Interesse, da sie mit **steigender Beschäftigung fallen** und mit **fallender Beschäftigung steigen**. Der Unternehmer ist deshalb bemüht seine Kapazität voll auszulasten, um möglichst niedrige Stückkosten für seine Erzeugnisse zu erzielen.

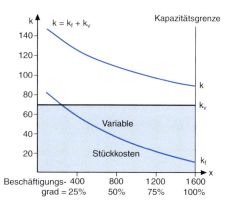

Stückzahl pro Monat = x	Fixe Stückkosten = k_f	Variable Stückkosten = k_v	Gesamte Stückkosten = k
0	0,00	0,00	0,00
400	50,00	75,00	125,00
800	25,00	75,00	100,00
1200	16,66	75,00	91,66
1600	12,50	75,00	87,50

Die Stückkostenkurve zeigt, dass die Stückkosten mit steigender Beschäftigung fallen und an der Kapazitätsgrenze ihr Minimum erreichen. Der Grund für diesen Kostenverlauf liegt darin, dass im Gegensatz zu den Gesamtkosten die fixen Stückkosten sinken, während sich die variablen Stückkosten nicht verändern.

- **Kostendegression und Kostenprogression:** Wenn der Unternehmer die Beschäftigung von 0 % bis 100 % ausweitet, bleibt der Fixkostensockel konstant. Die fixen Kosten verteilen sich jedoch bei zunehmender Beschäftigung auf eine wachsende Produktionsmenge, so dass der Fixkostenanteil je Stück bis zur Kapazitätsgrenze immer kleiner wird. **Fallende Stückkosten** bei zunehmender Beschäftigung bezeichnet man als **Kostendegression**. Bei rückläufiger Beschäftigung verteilen sich dagegen die Fixkosten auf eine abnehmende Produktionsmenge. Das führt zu **steigenden Stückkosten** und damit zur **Kostenprogression**.

Gesetz der Massenproduktion: Die industrielle Produktion nutzt die Kostendegression, indem sie versucht die Kapazität voll auszulasten, um eine **große Menge** an Gütern **zu niedrigen Stückkosten** herstellen zu können.

Das Gesetz der Massenproduktion stammt von dem Wirtschaftswissenschaftler Karl Bücher und besagt, dass die Stückkosten durch eine bessere Verteilung der Fixkosten sinken, wenn die Produktionsmenge zunimmt:

$$k = \frac{K_f}{x} + k_v$$

Beispiel: Zusammenhang zwischen Beschäftigung und Kostenentwicklung nach dem Gesetz der Massenproduktion.

Beschäftigung = x	Fixe Kosten = K_f	Variable Kosten = K_v	Gesamtkosten = K	Stückkosten = k
100	2000,00	450,00	2450,00	24,50
200	2000,00	900,00	2900,00	14,50
300	2000,00	1350,00	3350,00	11,17
400	2000,00	1800,00	3800,00	9,50
500	2000,00	2250,00	4250,00	8,50

2.2.4 Computerintegrierte Fertigung (CIM)

Der Computer übernimmt nach entsprechender Anweisung die Verarbeitung von Daten und trägt in vielfältiger Weise dazu bei, die **Fertigung zu rationalisieren**. Dadurch werden Schnittstellen, Durchlaufzeiten und Nacharbeit verringert.

▶ *Struktur der computergestützten Einsatzbereiche*

CIM hat die Aufgabe, alle mit der Produktion zusammenhängenden Bereiche zu verbinden. Das bedeutet, dass alle Stellen Zugriff auf die gleichen Informationen haben müssen.

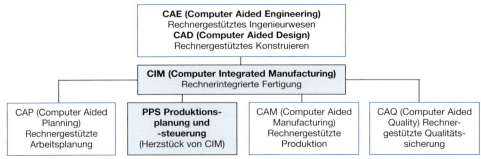

Das PPS-System plant und steuert die Produktionsabläufe vom Kunden bis zum Versand. Es plant den Einsatz der Mitarbeiter, die Termine und die Kapazitäten.

▶ *CIM-Bausteine*

Die einzelnen CIM-Bausteine sind auch isoliert voneinander einsetzbar. Jedoch erst das Zusammenwirken der Einzelteile in einem **geschlossenen Informationswerk**, das „Insellösungen" vermeidet, macht das Wesen von CIM aus.

- Die **rechnergestützte Entwicklung und Konstruktion (CAE und CAD)** simuliert auf dem Rechner den Entwicklungs- und Fertigungsvorgang in allen Einzelheiten und ermittelt Verschleiß- und Konstruktionsfehler (Simulation heißt, dass künstlich die Bedingungen und Verhältnisse der Wirklichkeit dargestellt werden).

CAE kann die einwandfreie Funktionsfähigkeit eines Produkts durch den Computer simulieren, bevor ein Prototyp hergestellt wird. Zudem können konstruktive Veränderungen auf ihre Auswirkungen hin überprüft werden.

- Die **rechnergestützte Arbeitsplanung (CAP)** beinhaltet die Arbeitsabläufe und -termine. Sie plant *z. B. die Reihenfolge der Aufträge, die Lagerbewegungen, ermittelt die benötigten Kapazitäten und wählt die entsprechenden Betriebsmittel aus.*

- Die **rechnergestützte Fertigung (CAM)** umfasst die **Steuerung und Überwachung** des Fertigungsprozesses und der Transport- und Lagersysteme. Im Besonderen handelt es sich *z. B. um numerisch gesteuerte Werkzeugmaschinen, Industrieroboter und flexible Fertigungssysteme.*

- Die **rechnergestützte Qualitätssicherung (CAQ)** ist mit allen Bereichen der Entstehung des Produkts von der Entwicklung (CAD und CAE) bis zur Produktion (CAP, CAM, PPS) und dem Absatz vernetzt. Sie beinhaltet *z. B. die Aufstellung von Prüfplänen, die Durchführung von rechnergestützten Mess- und Prüfverfahren.*

Je stärker die Mess- und Prüftechnik in den Fertigungsprozess eingebunden werden kann (Feedback-Steuerung), desto schneller werden Fehler behoben und desto geringer wirken sich Fertigungsfehler aus.

Lernaufgaben 2.2

Produktionswirtschaft

1 *Die Organisation der Fertigung eines Industriebetriebes muss den Anforderungen des Marktes gerecht werden. Je weniger man sich an den Markt anpassen muss, desto starrer kann das Fertigungsverfahren organisiert sein.*

a) Nennen Sie die Ihnen bekannten Organisationstypen nach ihrer Anpassungsfähigkeit an Nachfrageveränderungen!

b) Welche Vor- und Nachteile hat die Werkstattfertigung?

c) Erläutern Sie die Funktion und die Vorzüge von Fertigungsinseln bei der Gruppenfertigung!

d) Nennen Sie die Voraussetzung der Fließfertigung und die Folgen, die dieses Fertigungsverfahren für den Arbeitnehmer haben kann!

e) Worin unterscheidet sich die Fließfertigung von der vollautomatischen Fertigung?

2 *Das Produktionsprogramm gibt Aufschluss über die Produkte, die ein Betrieb herstellt. Es kann breit oder eng, tief oder weniger tief sein.*

a) Zeigen Sie anhand der Automobilproduktion oder einer anderen Produktion, wann ein breites bzw. ein enges Produktionsprogramm vorliegt!

b) Zeigen Sie am Beispiel einer biologischen Brotproduktion oder der Stoffherstellung oder einer anderen Produktion, wann ein tiefes Produktionsprogramm bzw. ein weniger tiefes Produktionsprogramm vorliegt!

c) Untersuchen Sie, welche Einwendungen der Einkauf bzw. der Verkauf erheben könnte, wenn ein breiteres bzw. tieferes Produktionsprogramm eingeführt werden soll!

3 *Das Gesetz der Massenproduktion von Karl Bücher besagt, dass bei steigender Produktionsmenge die Stückkosten sinken.*

a) Nennen Sie die Formel des Gesetzes der Massenproduktion!

b) Ein Kopierautomat verursacht folgende Kosten: Monatsmiete einschließlich Wartung 800,00 EUR, Monatsgehalt für die Bedienung des Gerätes einschließlich Lohnnebenkosten 1 400,00 EUR, 100 000 Blatt Papier kosten 1 800,00 EUR. Wie hoch sind die Stückkosten für eine Kopie, wenn monatlich 10 000, 30 000, 50 000, 80 000 und 100 000 Kopien angefertigt werden?

c) Für jede Kopie sind 0,06 EUR zu bezahlen. Bei welcher Menge an Kopien werden die Kosten gedeckt, Verluste bzw. Gewinne erzielt?

d) Welche Kosten sind gleich geblieben, obwohl die monatliche Anzahl von Kopien gestiegen ist?

e) Welche Kosten haben den Anstieg der Gesamtkosten verursacht?

f) Wie hoch sind die Kosten für eine Kopie, wenn zusätzlich eine Arbeitskraft mit einem Monatsgehalt von 800,00 EUR eingestellt wird und monatlich 150 000 Kopien angefertigt werden?

g) Warum kann man die Berechnung der Kostendegression nicht auf eine beliebig große Menge von Kopien ausdehnen?

Lerngerüst 2.3

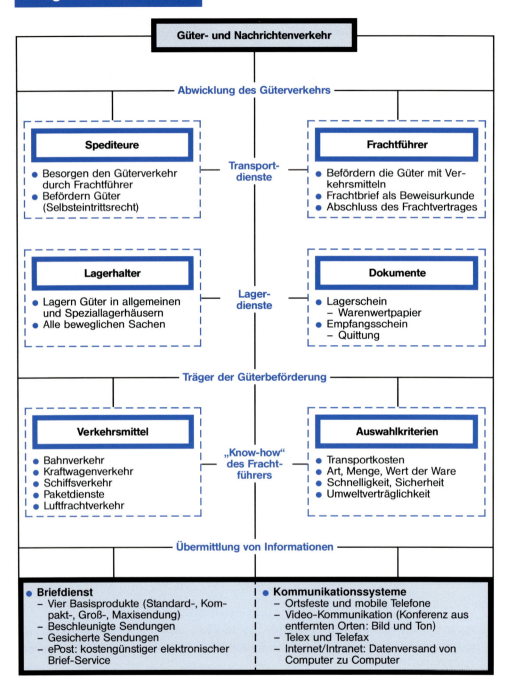

Lerninformationen 2.3

2.3 Güter- und Nachrichtenverkehr

In der modernen arbeitsteiligen Wirtschaft werden die Handelsbeziehungen zwischen den Betrieben ständig erweitert. Dadurch steigt auch die Notwendigkeit, Güter und Nachrichten auszutauschen. Alle Maßnahmen, um den Warenfluss vom Lieferanten über den Handel zum Kunden zu steuern, fasst man unter dem Begriff **Logistik** *(Versorgung, Nachschub, Transport)* zusammen.

Beispiel: Die Warenlogistik im Großhandel umfasst den Transport der Ware (Kostensenkung durch Auslastung des Fuhrparks usw.), den Service (termingerechte Anlieferung, Handling der Ware usw.) sowie die Ein-, Um- und Auslagerung der Ware.

2.3.1 Abwicklung des Güterverkehrs

Die Produktionsstätten („Orte des Überflusses") und die Orte des Bedarfs (z. B. private Haushalte) liegen mehr oder weniger weit auseinander. Die Güter müssen daher verladen und transportiert werden. Um dabei unnötige Risiken und Kosten zu vermeiden, nehmen die Produktions- und Handelsbetriebe oft die Hilfe von Spediteuren, Frachtführern und Lagerhaltern in Anspruch.

▶ *Spediteur*

Aufgrund ihrer Berufserfahrung kennen die Spediteure die schnellsten Verkehrsbedingungen, die günstigsten Tarife und die Zoll- und Versicherungsbestimmungen. Sie können daher im Allgemeinen den Gütertransport im In- und Ausland schneller und kostengünstiger abwickeln als der Versender.

> Spediteure sind nach dem Transportrechtsreformgesetz von 1998 (TRG) gewerbliche Unternehmen. Sie werden durch den Speditionsvertrag verpflichtet, die Versendung des Gutes zu besorgen (§ 453 HGB). Es wird darauf verzichtet, dass der Spediteur stets für fremde Rechnung und im eigenen Namen handeln muss.

- Speditionsbetriebe haben folgende **Funktionen:**
- Sie **vermitteln den Güterverkehr** zwischen dem Versender und dem Frachtführer (§ 454 HGB).
- Sie **befördern die Güter** selbst mit eigenen Lastkraftwagen oder Binnenschiffen (Frachtführer). Sofern es nicht ausdrücklich vom Auftraggeber untersagt wird, ist der Spediteur berechtigt eine Beförderungsleistung mit eigenen Fahrzeugen vorzunehmen (**Selbsteintrittsrecht**). Er hat dann hinsichtlich der Beförderung die Rechte und Pflichten eines Frachtführers (§§ 458, 459 HGB).
- Sie **betreiben Umschlagsanlagen** *(z. B. Kräne, Greifer, Heber)* für die Verladung und den Transport mit der Eisenbahn, dem Lkw, dem Binnenschiff oder dem Seeschiff (Güterumschlag).
- Sie **unterhalten eigene Läger**, da die Güter häufig vor, während und nach der Beförderung eingelagert werden müssen (Lagerhalter).

61

- **Spediteur als Logistikunternehmer:** Das neue **Transportrechtsreformgesetz** hebt besonders die Rolle des Spediteurs als Logistikunternehmer hervor. Der Logistikdienstleister wählt nicht nur die Beförderungsmittel, den Weg und die ausführenden Unternehmen aus, sondern übernimmt auch Zusatzleistungen *wie Transportverpackung, Beladen, Entladen und Datenfernübertragung (DFÜ)*.

- **Gebietsspediteure (Logistikdienstleister)** sammeln in einer bestimmten Region Einzelsendungen, die zu einer Komplettladung zusammengefasst und kostengünstig dem Empfänger zugesandt werden.

Beispiel: Eine Motorenfabrik beauftragt einen Logistik-Dienstleister, die häufig zu liefernden, kleinen Teilmengen eines begrenzten Gebietes zusammenzufassen. Als Transportverpackung werden Behälter verwendet, die auch in der Fertigung eingesetzt werden. Bei Bedarf wird innerhalb von vier Stunden das Material (Einzelteile und komplette montagegerechte Baugruppen) automatisch beladen und der Fertigung angeliefert. Eine Lagerung ist nicht mehr notwendig (lagerloser Einkauf). Der Lieferschein entfällt, da die Daten über Datenfernübertragung (DFÜ) online (direkte Verbindung mit einem zentralen Rechner) abgerufen werden. Das Fahrzeug des Dienstleisters nimmt am Rückweg die fertigen Motoren auf und leitet sie an die Kunden weiter. Auch das Fertiglager entfällt, da nur nach Kundenauftrag geliefert wird. Die Motoren, die heute fertig werden, befinden sich am nächsten Tag beim Kunden.

▶ *Frachtführer*

Überwiegend versenden die Produktions- und Handelsbetriebe ihre Waren nicht mit eigenen Verkehrsmitteln, sondern beauftragen damit Frachtführer. So sind *z. B. Betriebe des Eisenbahnverkehrs, des Güterverkehrs und der Luftfahrt* Frachtführer. Es werden erstmals alle drei Verkehrsträger gleich behandelt.

Frachtführer übernehmen gewerbsmäßig die Beförderung von Gütern zu Lande, auf Binnengewässern oder mit Flugzeugen (§ 407 Abs. 3 HGB).

- **Frachtvertrag:** Zwischen dem Absender und dem Frachtführer, der die Güter an einen bestimmten Empfänger befördert, wird ein Frachtvertrag abgeschlossen, aus dem sich die Rechte und Pflichten des Frachtführers ergeben (§§ 407 ff. HGB). Der Empfänger hat ein Recht auf Auslieferung der Sendung gegen den Frachtführer (Vertrag zugunsten eines Dritten).

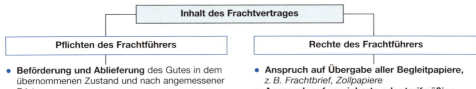

Durch einen Frachtvertrag wird ein Frachtführer verpflichtet, das Gut zum Bestimmungsort zu befördern und dort an den Empfänger abzuliefern (§ 407 HGB).

- **Frachtbrief:** Der von beiden Seiten unterzeichnete Frachtbrief dient bis zum Beweis des Gegenteils als Nachweis für den Abschluss und Inhalt des Frachtvertrages sowie für die Übernahme des Gutes durch den Frachtführer (§ 409 HGB).

– Der Frachtführer kann die **Ausstellung eines Frachtbriefes mit folgenden Angaben** verlangen (§ 408 HGB):

1. Ort und Tag der Ausstellung;
2. Name und Anschrift des Absenders und des Frachtführers;
3. Stelle und Tag der Übernahme des Gutes und die für die Ablieferung vorgesehene Stelle;
4. Name und Anschrift des Empfängers;
5. Art des Gutes, der Verpackung und die Gefahrenvorschriften;
6. Anzahl, Zeichen und Nummer des Gutes sowie das Rohgewicht;
7. die vereinbarte Fracht und die anfallenden Kosten sowie einen Vermerk über die Frachtzahlung;
8. Weisungen über den Zoll und sonstige amtliche Behandlung des Gutes.

> Der Frachtvertrag ist erfüllt, wenn der Frachtbrief und das Gut dem Empfänger übergeben worden sind. Der Frachtbrief ist nur noch ein Beweisdokument. Für das Zustandekommen des Vertrages ist er nicht erforderlich.

– Sind das **Gut und seine Verpackung** bei der Übernahme durch den Frachtführer in äußerlich gutem Zustand und stimmt die Anzahl der Frachtstücke mit den Angaben im Frachtbrief überein, dann ist die Richtigkeit des unterzeichneten Frachtbriefes zu vermuten.

– Ist der **Inhalt der Frachtstücke** vom Frachtführer überprüft und das Ergebnis im Frachtbrief eingetragen worden, so begründet dieser auch die Vermutung, dass Gewicht, Menge oder Inhalt mit den Angaben im Frachtbrief übereinstimmen (§ 409 Abs. 3 HGB).

● **Gefährliches Gut:** Soll ein gefährliches Gut befördert werden, so hat der Absender dem Frachtführer rechtzeitig schriftlich die genaue Art der Gefahr und, soweit erforderlich, zu ergreifende Vorsichtsmaßnahmen mitzuteilen (§ 410 HGB).

● **Laden und Entladen:** Der Absender des Gutes hat das Gut beförderungssicher zu laden, zu stauen, zu befestigen (verladen) sowie zu entladen. Der Frachtführer hat für die betriebssichere Verladung zu sorgen. Wartet der Frachtführer auf Grund vertraglicher Vereinbarung über die Lade- oder Entladezeit hinaus, hat er Anspruch auf Standgeld (§ 412 HGB).

▶ *Lagerhalter*

Die Produktion von Gütern und der Bedarf fallen weder räumlich noch zeitlich zusammen. Während die Frachtführer den Raum überwinden, überbrücken die Lagerhalter die Zeit.

> Lagerhalter übernehmen gewerbsmäßig die Lagerung und Aufbewahrung von Gütern. Der Einlagerer wird verpflichtet, die vereinbarte Vergütung zu bezahlen (§ 467 HGB).

● Lagerhäuser gibt es vor allem an den großen Umschlagsplätzen, *z. B. in Häfen*. Man unterscheidet zwischen **allgemeinen Lagerhäusern** und **Speziallagerhäusern**, *z. B. für Lebensmittel, Getreide, Tabak*. Als Lagergut eignen sich alle beweglichen Sachen mit Ausnahme lebender Tiere.

- **Lagerscheine** (§§ 475 ff. HGB) bestätigen den Empfang der genau bezeichneten Güter durch den Lagerhalter (**Warenwertpapier**). Das Lagergut darf nur an den Besitzer des Lagerscheins ausgehändigt werden. Durch Übergabe des Scheins an einen Dritten kann das Eigentum an dem Lagergut übertragen werden, ohne dass die Ware bewegt werden muss. Banken nehmen den Lagerschein als Pfand für ein Darlehen (Lombardierung); dadurch kann das Lagergut finanziert werden. Der Lagerhalter ist verpflichtet:

  – Bei einem **Namenslagerschein** das Gut „an Herrn X gegen Rückgabe des Scheines" auszuliefern; der Einlagerer kann den Schein durch eine Abtretungserklärung (Zession, siehe 7.7) weitergeben.

  – Bei einem **Orderlagerschein** das Gut „an Herrn X oder dessen Order (Verfügung)" auszuliefern; der Schein kann durch einen Weitergabevermerk (Indossament) auf der Rückseite weitergegeben werden (§ 475 g HGB).

  – Bei einem **Inhaberlagerschein** das Gut „dem Inhaber des Scheines" auszuliefern.

> Als Warenwertpapier bezeichnet man diejenigen Handelspapiere, die Rechte an Warenbeständen verbriefen.

- Ein **Lager-Empfangsschein** ist lediglich eine **Quittung** über den Empfang des Gutes durch den Lagerhalter. Er ist kein Warenwertpapier.

2.3.2 Träger der Güterbeförderung

Industrie und Handel sind auf einen reibungslosen Güterabsatz im In- und Ausland angewiesen. Dies ist nur möglich, wenn leistungsfähige Verkehrswege, moderne Verkehrsmittel und gut organisierte Verkehrsbetriebe einen flüssigen Verkehrsablauf gewährleisten.

▶ Güterversand mit der Bahn

Der Eisenbahnverkehr wird von der **Deutschen Bahn AG (DB AG)** und von anderen Eisenbahnunternehmen durchgeführt. Die **DB Cargo** deckt den Geschäftsbereich Güterverkehr ab (Wagenladungsverkehr und einen geringen Teil des Kleingutverkehrs). Die **ABX Logistics** führt heute den größten Teil des Kleingüterverkehrs aus. Sie sind nach §§ 107 ff. HGB Frachtführer.

- **Wagenpark:** Die Deutsche Bahn AG verfügt über einen großen Wagenpark, der sich aus verschiedenen **Wagentypen** *(z. B. Flachwagen, Kesselwagen, Kühlwagen)* zusammensetzt. Daneben werden in steigendem Maße **Behälter** verwandt:

- **Container** sind stabile Transportgefäße, die im Haus-Haus-Verkehr und im kombinierten Verkehr (Bahn/Lkw oder Schiff) eingesetzt werden. Sie bieten einen gut geschützten Laderaum, der auch für empfindliche Güter geeignet ist.
- **Collico** sind zusammenklappbare stabile Metallkisten mit einem geringeren Fassungsvermögen als Container (Ladegewicht bis 1 000 kg). Die leere Kiste wird frachtfrei an den Absender zurückbefördert.
- **Paletten** sind nicht verschließbare Ladepaletten, die mit Gabelstaplern unterfahren und bewegt werden können (Warentransporte bis 1 000 kg).
- **Logistik-Boxen** sind genormte, mit Rolltüren versehene Behälter für vier oder sechs Paletten.

- Die DB AG **nimmt grundsätzlich alle Güter zur Beförderung** an, die den **Beförderungsbestimmungen** entsprechen und deren Transport mit den regelmäßigen Beförderungsmitteln möglich und wirtschaftlich vertretbar ist (§ 2 EVO).

- Die **Frachtberechnung** richtet sich nach dem Gewicht der Sendung, der Tarifentfernung und der Schnelligkeit der Beförderung.

- **Haftung:** Die Bahn haftet grundsätzlich für Verlust und Beschädigung des Gutes von der Annahme zur Beförderung bis zur Ablieferung, und zwar ohne Rücksicht auf ein Verschulden (**Gefährdungshaftung** §§ 82ff. EVO).

Sie **haftet nicht** bei

- Verschulden des Verfügungsberechtigten *(z. B. falsche Frachtbriefangaben, mangelhafte Verpackung)*;
- Mängeln, die durch die Beschaffenheit des Gutes entstehen *(z. B. Schwund, Rinnverlust, faulendes Obst)*;
- höherer Gewalt *(z. B. Bergrutsch, Felssturz)*. Nicht als höhere Gewalt gilt *z. B. das Heißlaufen eines Wagens.*

> Die Bahn ist ein schnelles, sicheres und umweltfreundliches Massenverkehrsmittel. Nachteilig ist die Abhängigkeit von Schienen, die zusätzliche Rollfuhren mit Umladungen oder Gleisanschlüsse erfordern.

▶ *Güterversand mit dem Lastkraftwagen*

Der gewerbliche Güterverkehr mit dem Lkw ist insbesondere bei der Beförderung hochwertiger Güter zu einem Hauptkonkurrenten der Bahn geworden. Er ist durch das **Güterkraftverkehrsgesetz (GüKG)** vom 1. Juli 1998 neu geregelt.

> Nach dem § 1 GüKG versteht man unter dem Güterkraftverkehr die geschäftsmäßige oder entgeltliche Beförderung von Gütern mit Kraftfahrzeugen, die einschließlich Anhänger ein höheres zulässiges Gesamtgewicht als 3,5 t haben.

- Als **Beförderungsunterlagen im Güterfernverkehr** müssen mitgeführt werden:
  - die **Erlaubnisausfertigung** für Lkw von mehr als 3,5 t,
  - das **Fahrtenbuch** (Auskunft über Bewegungs- und Standzeiten),
  - der **Frachtbrief** (Beweisurkunde und Begleitpapier) und
  - der **Versicherungsnachweis**, der Fahrzeug- und der Führerschein.

- **Weitgehende Gefährdungshaftung:** Das Transportunternehmen haftet wie die Bahn für alle Schäden von der Annahme bis zur Auslieferung ohne Rücksicht auf Verschulden.

- **Güterversand mit dem Binnenschiff**

Das Binnenschiff hat vor allem bei **Massengütern** *(z. B. Kohle, Erz, Steine, Düngemittel)* einen bedeutenden Anteil an der Güterbeförderung.

- Als **Versandarten** vor allem für **Schwergüter, sperrige** und **gefährliche Güter** werden immer stärker genutzt
  - **Containertransporte**, für die Umschlagsanlagen (Containerterminals) in den Häfen zur Verfügung stehen, und
  - **Ro/Ro-Schiffe (Roll-on/Roll-off)**, die ganze Lastzüge umweltschonend und kostengünstig im kombinierten Verkehr befördern.

- **Schiffsarten:** Zur Güterbeförderung auf Flüssen und Kanälen werden eingesetzt:
  - Motorschiffe (Binnenschiffe mit eigenem Motorantrieb),
  - Schleppkähne (antriebslose, bemannte Binnenschiffe, gezogen von Schleppern),
  - Schubverbände (antriebslose, unbemannte Leichter, geschoben von einem Schubboot).

- Alle Binnenschiffe müssen in das **Schiffsregister** ihres Heimathafens eingetragen sein, das beim Amtsgericht geführt wird und dem Grundbuch vergleichbar ist. Über die Eintragung wird ein **Schiffsbrief** ausgestellt, der Auskunft über Eigentums- und Pfandrechte an dem Schiff gibt.

- **Versandpapiere:** Anstelle des Frachtbriefs, der in der Binnenschifffahrt nur selten verwendet wird, kann der Absender verlangen, dass der Frachtführer einen **Ladeschein (Warenwertpapier)** unterschreibt. Der Ladeschein enthält die Empfangsbestätigung des Schiffers und sein Beförderungs- und Auslieferungsversprechen. Der **rechtmäßige Besitzer des Ladescheines** ist der **Eigentümer der Ware**. Dadurch kann er die schwimmende Ware schon vor ihrer Ankunft durch Übergabe des Ladescheines verkaufen oder an eine Bank verpfänden (lombardieren). Der Schiffer darf die Güter nur gegen Rückgabe des Ladescheines, der dem Empfänger der Ware zugesandt wurde, ausliefern. Der Ladeschein kommt als Namens- und Orderpapier vor.

● **Haftung:** Der Binnenschiffer haftet für den Verlust, die Gewichtsminderung oder Beschädigung und eine unbillige Verspätung. Er trägt allerdings nur dann die Verantwortung für die Schäden, wenn er sie bei Wahrung der Sorgfalt eines ordentlichen Frachtführers hätte vermeiden können (**Verschuldenshaftung**).

> Die großräumigen Binnenschiffe verfügen über eine hohe Tragfähigkeit, die – verbunden mit den relativ geringen Antriebskosten – zu niedrigen Frachtkosten führt. Nachteilig wirkt sich die geringe Geschwindigkeit aus, die neben der Zeit für das Laden und Löschen der großen Gütermengen die Transportdauer stark verlängert.

▶ *Güterversand mit dem Seeschiff*

Etwa 70 % der Erdoberfläche besteht aus Meeren, auf denen die Seeschifffahrt ihren weltweiten internationalen Güterverkehr abwickelt.

● **Schiffsarten:** Um den Anforderungen des modernen Güterverkehrs gerecht zu werden, werden **Handelsschiffe** unterschiedlicher Bauart und Größe eingesetzt, *z. B.*:

– *Massengutschiffe wie Erzfrachter, Öltanker, Autotransporter,*

– *Stückgutschiffe für viele kleine Sendungen,*

– *Container-Schiffe zum Transport genormter Großbehälter,*

– *Ro/Ro-Schiffe (Roll-on/Roll-off-Ship) für Lastkraftwagen, Bahnwagen usw.*

Die Seeschiffe müssen mit ihren Merkmalen (Baujahr, Eigentümer, Größe, Beleihung) beim Amtsgericht des Heimathafens in das **Seeschiffregister** eingetragen werden. Die Größe der Schiffe wird in Registertonnen (1 RT = 2,832 m³) angegeben; **Bruttoregistertonnen** geben den gesamten Rauminhalt des Schiffes an und **Nettoregistertonnen** den verdienenden Raum, also den Laderaum.

● **Betriebsformen:** Die Seeschiffe werden in der Güterbeförderung eingesetzt im

– **Linienverkehr** nach einem festen Fahrplan auf gleich bleibenden Routen und im

– **Gelegenheitsverkehr** (Trampschifffahrt), bei dem sich Fahrzeit und Fahrweg aus der Laderaumnachfrage des Versenders ergeben.

● **Konnossement** (B/L = Bill of Lading): Der Verfrachter *(z. B. die Reederei)* hat dem Versender ein Konnossement zu erteilen, das als Empfangsbestätigung für die Güter in der angegebenen Beschaffenheit und als Beförderungs- und Auslieferungsversprechen gilt. Das Konnossement ist wie der Ladeschein ein **Warenwertpapier**, das das **Verfügungsrecht** an der Sendung verbrieft. Es kommt als Namens- und Orderpapier vor.

● Die **Haftung des Verfrachters** ist durch gesetzliche Haftungsausschlüsse *(z. B. bei Feuer an Bord)* oder Freizeichnungsklauseln *(z. B. keine Haftung bei Ladungsschäden)* stark eingeschränkt. Deshalb decken die Versender die Seetransport- und Hafenrisiken durch **Transportversicherungen** ab.

- Als **Havarie** (auch Havarei) bezeichnet man Schäden, die das Seeschiff oder die Ladung während der Reise erleiden.

  – Die **besondere Havarie** umfasst die Schäden, die durch Unfälle, *z. B. Zusammenstoß, Untergang, Strandung, Feuer*, entstehen. Sie wird vom Betroffenen getragen (§ 701 HGB).

  – Von **großer (gemeinschaftlicher) Havarie** spricht man, wenn Teile der Ladung ins Meer geworfen werden, um Schiff und Mannschaft aus gemeinschaftlicher Gefahr zu retten. Sie wird auf alle Beteiligten verteilt (§§ 700 ff. HGB).

  – Die **kleine Havarie** umfasst alle Kosten der Seeschifffahrt wie Lotsengeld, Hafengeld, Schlepperlohn und Leuchtfeuergeld. Sie geht zu Lasten des Reeders (§ 621 HGB).

> Die Seeschifffahrt kann mit ihren verschiedenen Schiffstypen große Gütermengen jeder Art befördern, die im Außenhandel ausgetauscht werden. Notwendig ist eine teure seemäßige Verpackung, besonders bei empfindlichen Stückgütern. Die Transportdauer ist einschließlich der Abfertigungszeit in den Seehäfen relativ lang.

▶ *Güterversand mit dem Flugzeug*

Das Flugzeug ermöglicht eine **schnelle** und **sichere Güterbeförderung** und konkurriert im Stückgüterbereich auf den weiten Strecken des Überseeverkehrs mit dem Seeschiff. Besonders geeignet zur Beförderung mit dem Flugzeug sind

– **eilbedürftige Waren**, *z. B. Zeitungen, Ersatzteile*, und

– **hochwertige und empfindliche Güter**, *z. B. Kunstwerke, Schnittblumen, Präzisionsinstrumente, Südfrüchte, Gemüse, Fisch.*

- **Betriebsformen:** Wie in der Seeschifffahrt unterscheidet man im Luftverkehr

– den **Linienverkehr** nach Zeitplan auf bestimmten Flugstrecken und

– den **Gelegenheitsverkehr (Charter-, Bedarfsverkehr)**, der entsprechend den Wünschen des Versenders eingesetzt wird.

- **Beförderungsdokument** ist der **Luftfrachtbrief**, der den Abschluss und Inhalt des Frachtvertrages und den Empfang der Sendung nachweist. Er ist ein **Warenbegleitpapier** und eine **Beweisurkunde**.

- **Haftung:** Sie beginnt mit der Annahme der Sendung am Versandflughafen und endet mit der Ablieferung am Bestimmungsflughafen. Da die Haftung des Luftfrachtführers stark eingeschränkt ist, wird üblicherweise eine **Transportversicherung** abgeschlossen, um das Transportrisiko zu vermindern.

> Die Vorteile des Luftverkehrs liegen in der großen Transportschnelligkeit, in der hohen Transportsicherheit und in den geringen Verpackungs- und Ladekosten. Dafür sind die Frachtkosten im Vergleich zur Seetracht sehr hoch, bedingt durch den teuren Flugbetrieb (Verschleiß, Brennstoffverbrauch, Bodenorganisation). Die Umweltbelastung ist hoch.

▶ *Güterverkehr mit der Post*

Die Deutsche Post AG befördert Waren im Kleingüterverkehr.

Paketdienste der Deutschen Post AG

Postpakete (national)	Postpakete (Extras)	Postpakete (international)

• **Pakete**
  – verpackte und adressierte Güter
  – Höchstgewicht 20 kg
  – Quadratform (Höchstmaße 120 × 60 × 60 cm) oder Rollenform (Höchstmaße Länge 90, Durchmesser 15 cm)
• **Sperriges Postpaket**
  – Überschreitung der Höchstmaße
  – Verpackungsform: runde, abstehende Sachen, Kisten und Kanister, Gartenpflanzen
• **Päckchen**
  – Höchstgewicht: 2 000 g
  – Höchstmaße: 60 × 30 × 15 cm
  – Pluspäckchen 20 kg
  – Luftpost Europa
	• **Zusätzliche Dienste**
	  – Express Service: Express vor 12:00, 10:00 oder 9:00 Uhr
	  – Eigenhändig: Auslieferung nur an den Empfänger persönlich
	  – Rückschein: Auslieferung auf Rückschein bestätigen
	• **Nachnahme**
	  – Auslieferung nur gegen Einzug des Betrages bis maximal 3 579,04 EUR
	• **Transportversicherung**
	  – Wert bis 2 556,46 EUR + 3,07 EUR
	  – Wert bis 25 564,59 EUR + 12,27 EUR
		• **Pakete**
		  – Transport innerhalb Europas auf Landweg, nach Übersee kombinierter Land-/Luftweg
		  – Entgelte sind nach 4 Entgeltzonen gegliedert
		  – Höchstgewicht 20 kg mit einigen Ausnahmen
		• **Vorausverfügungen**
		  – bei Unzustellbarkeit kann verfügt werden:
		   – sofortige Rücksendung
		   – Nachsendung
		• **Nichtbeachtung der Einfuhr- und Zollvorschriften**
		  – Absender trägt das Risiko für alle Folgen

● Die Post **haftet bei Paketen** für den tatsächlich entstandenen Schaden bis 511,29 EUR; bei Päckchen und Warensendungen wird kein Schadenersatz geleistet. Die Post **haftet nicht** bei
  – höherer Gewalt *(z. B. Streiks, Naturkatastrophen)*,
  – Schäden durch die Beschaffenheit der Sendung, *z. B. leicht entzündliche Stoffe*, und
  – Schäden, verursacht durch den Absender, *z. B. mangelhafte Verpackung*.

> Aufgrund des dichten Netzes der Postfilialen und der einfachen Versandbedingungen nimmt die Post im Kleingüterverkehr eine beherrschende Stellung ein.

▶ *Privatwirtschaftliche Paketdienste*

In Konkurrenz zur Post haben weitere privatwirtschaftliche Paketdienste die Güterbeförderung übernommen, *z. B. Deutscher Paketdienst (DPD), United Parcel Service (UPS)*.

● Sie **sammeln** die Sendungen in **zentralen Depots** und liefern sie an jedem Werktag nach bestimmten Tourenplänen an jeden Empfänger aus, der mit einem Fahrzeug erreichbar ist.

● Die Paketdienste **haften für den verschuldeten Schaden** (Verschuldenshaftung) bis zu bestimmten Höchstgrenzen. In die Tarife ist häufig eine Transportversicherung eingeschlossen.

▶ *Auswahl unter den Verkehrsmitteln*

Jeder Betrieb hat täglich eine Auswahl unter den konkurrierenden Verkehrsmitteln für konkrete Beförderungssituationen zu treffen. Er entscheidet sich dabei grundsätzlich nach folgenden Gesichtspunkten:
  – Höhe der **Transportkosten**,
  – **Art, Wert** und **Menge** der Versandgüter,
  – **Pünktlichkeit, Sicherheit** und **Schnelligkeit** des Transports und
  – **Umweltverträglichkeit** der Verkehrsträger.

Beispiel: Ein Bremer Außenhändler verschickt Werkzeugmaschinen im Überseeverkehr aus Kostengründen grundsätzlich auf Stückgutschiffen. Bei einer Eilbestellung eines Kunden wegen eines fehlenden Ersatzteils wählt er trotz der hohen Beförderungskosten den Versand mit dem Flugzeug.

2.3.3 Nachrichtenverkehr

Die Abwicklung des Geschäftsverkehrs in einer arbeitsteiligen Wirtschaft erfordert neben dem Transport von Gütern den **Austausch von Nachrichten**.

▶ *Schriftlicher Nachrichtenverkehr*

In der Bundesrepublik Deutschland ist die Deutsche Post AG der wichtigste Träger des entgeltlichen schriftlichen Nachrichtenverkehrs.

● Für die Sendungsarten **Brief** (Standardbrief, Kompaktbrief usw.), **Infopost** (früher Massendrucksache, Infopost-Standard, Infopost-Kompakt usw.), die **Waren-** und die **Büchersendung** gelten folgende **4 Basisprodukte:**

Basisprodukt	Höchstformat (cm)	Höchstdicke (mm)	Höchstgewicht (g)
Standardsendung	23,5 × 12,5	5	20
Kompaktsendung	23,5 × 12,5	10	50
Großsendung	35,3 × 25,0	20	500
Maxisendung	35,3 × 25,0	50	1 000

Hinzu kommen die **Postkarte** (23,5 × 12,5 cm) und der **Infobrief**, bei dem mindestens 50 inhaltsgleiche Sendungen an jedem Schalter eingeliefert werden können.

● Zu den **schnellen Sendungen** zählen der **Express Brief**, der am nächsten Werktag *(z. B. Express vor 10:00 Uhr)* zugestellt wird, und der **Europabrief**, der den schnellsten Beförderungsweg (Land oder Luft) nimmt.

● **Gesicherte Sendungen** bieten einen besonderen Schutz gegen Verlust auf dem Beförderungsweg.

– Beim **Einwurf-Einschreiben** dokumentiert der Postmitarbeiter den Einwurf in den Briefkasten oder in das Postfach des Empfängers. Beim **Übergabe-Einschreiben** bestätigt der Empfänger die Übergabe. Bei Verlust zahlt die Post 25,56 EUR ohne Rücksicht auf den tatsächlichen Wert der Sendung.

– Bei der Versendungsform **Rückschein** wird dem Absender eine Bescheinigung zurückgesandt, dass die Sendung übergeben wurde. Sollen Einschreibsendungen nur dem Empfänger persönlich ausgehändigt werden, müssen sie den Vermerk **eigenhändig** tragen.

● **Besondere Auslieferung** erfolgt bei **Postfachsendungen**, die der Empfänger aus seinem Postfach abholt. Kennzeichen des Postfachs ist die eigene Postfachanschrift:

– Empfänger-Name
– Postfach-Nummer
– Postfach-Postleitzahl und Ortsname

● Als **Nachnahmen** bis zu 1 533,88 EUR können freigemachte Briefe und Postkarten versandt werden, denen ein ausgefüllter Zahlschein (haltbar befestigt) beigefügt ist.

● **ePost (elektronischer Brief-Service):** Vor allem regelmäßig wiederkehrende Sendungen, *z. B. Rundschreiben, Rechnungen*, können durch die Deutsche Post AG auf elektronischem Weg kostengünstig übermittelt und dem Empfänger in der herkömmlichen Form zugestellt werden.

▶ Kommunikationstechniken

Die Übermittlung von Nachrichten hat sich in den letzten Jahren durch den Einsatz moderner Informations- und Kommunikationstechniken grundlegend gewandelt. **Kommunikation ist ein Vorgang, bei dem Informationen ausgetauscht** werden. **Informationen** sind **zielgerichtete Nachrichten**. Die Kommunikationstechnik erleichtert die Erstellung, Weitergabe und Verwaltung von Informationen.

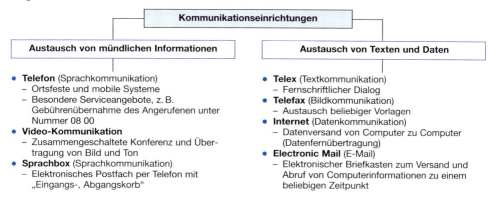

- **Integrierte Kommunikationssysteme:** Mit **ISDN** (Integrated Services Digital Network) steht ein „Dienste integrierendes digitales Netz" zur Verfügung, das bisher getrennte Netze *(z. B. Telefon- und Datennetze)* verbindet. Im ISDN sind Sprache, Text, Daten und Bild in ein geschlossenes Bürokommunikationssystem eingebunden (Multimedia).

> Ein integriertes Kommunikationssystem erleichtert die Informationsübertragungsvorgänge und ermöglicht den Zugang zu Datenbanken wie Internet. Die Informationssysteme (*z. B. Computer*) und die Kommunikationssysteme (*z. B. Leitungsnetze*) werden durch Onlinedienste (Datenfernübertragung) miteinander verbunden.

- **Elektronischer Datenaustausch (EDI):** Durch einen elektronischen Datenaustausch (EDI = Electronic Data Interchange) kann der gesamte Geschäftsverkehr über Mailbox-Systeme (elektronische Nachrichtensysteme) ohne viel Papier abgewickelt werden.

> Unter EDI versteht man die elektronische Übertragung von Geschäftsdaten zwischen den Computersystemen der Geschäftspartner unter Anwendung bestimmter Normen (Regeln).

Beispiel: Elektronischer Austausch von Geschäftsdaten eines Großhandelsbetriebes mit seinen Lieferanten und Kunden.

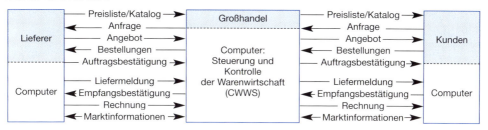

Lernaufgaben 2.3

Güter- und Nachrichtenverkehr

1 *Die Textilwerke Josef Groß KG, Köln, beauftragen regelmäßig den Speditionsbetrieb Albert Klein & Co. KG, Köln, mit dem Versand ihrer Fertigerzeugnisse.*
   a) Welche Gründe können die Josef Groß KG dazu veranlassen ihre Waren nicht mit eigenen, sondern mit fremden Verkehrsmitteln zu verschicken?
   b) Der Frachtführer kann verlangen, dass ihm mit dem Frachtgut ein Frachtbrief übergeben wird. Welche Angaben muss ein Frachtbrief enthalten, damit er als Warenbegleitpapier in Ordnung ist?
   c) Wer bezahlt im Allgemeinen die Fracht?
   d) Begründen Sie, dass der Frachtvertrag zwischen Absender und Frachtführer ein Vertrag zugunsten eines Dritten ist (§ 435 HGB).
   e) Grenzen Sie die Aufgaben von Spediteur und Frachtführer nach dem Gesetz gegeneinander ab!

2 *Tonnen- bzw. Personenkilometer sind die Messgrößen für die Verkehrsleistung. Wenn z. B. ein Lkw zwei Tonnen Frachtgut 80 km befördert, ergibt das eine Verkehrsleistung von 2 × 80 = 160 Tonnenkilometern.*

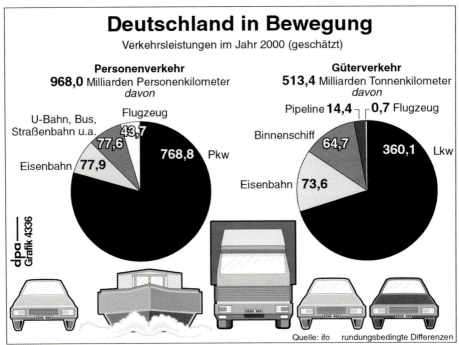

   a) Die Wahl unter den konkurrierenden Verkehrsmitteln durch die Versender wird durch die Qualität der Beförderungsleistung entschieden. Nennen Sie die Gesichtspunkte, die dafür besonders maßgebend sind!
   b) Nennen Sie die Vorteile der o. a. Verkehrsträger im Güterverkehr!

c) Geben Sie für diese Verkehrsmittel zwei Frachtgüterarten an, für deren Transport sie sich jeweils besonders eignen!

d) Nennen Sie Frachtgüter, bei denen zwischen den Verkehrsträgern besondere Konkurrenzbeziehungen bestehen!

e) Politiker und Verkehrsexperten fordern eine stärkere Verlagerung des Verkehrs von der Straße auf die Schiene. Diskutieren Sie dieses verkehrspolitische Problem!

3 *Entscheiden Sie für die folgenden Gütertransporte, welche Versandart Sie wählen würden. Begründen Sie Ihre Antwort!*

a) Versand von 1 000 Tonnen Eisenerz von Rotterdam nach Duisburg

b) Versand von zwölf BMW von München nach Bergisch Gladbach zu einem Autovertragshändler

c) Versand von Nelken von Nizza nach Düsseldorf

d) Versand von Teppichen von Hongkong nach Hamburg

e) Versand von Textilien im Gewicht von 15 kg von Köln nach Hamburg

4 *Die Firma E. Kamp OHG, Baumwollimport, in Bremen hat preisgünstig eine Sendung Baumwolle aufgekauft und bei der Bremerhavener Lagerhausgesellschaft vorübergehend eingelagert. Die Lagerhausgesellschaft hat darüber einen Lagerschein ausgestellt.*

a) Um die Baumwollsendung zu finanzieren, will die Lagerhausgesellschaft den Lagerschein als Sicherheit für einen Bankkredit verwenden. Ist das möglich? Begründung!

b) Welche Art des Lagerscheins bietet die geringste Sicherheit bei Verlust des Scheins? Begründen Sie Ihre Meinung!

5 *Folgende Warensendungen sollen mit der Post oder mit der Bahn verschickt werden. Welche Versandart wählen Sie?*

a) Eine Sendung Porzellanwaren, Gewicht 50 kg, soll auf dem schnellsten Weg von München nach Köln befördert werden.

b) Ein Schulbuchautor schickt das Manuskript, von dem nur ein Exemplar existiert, an den Verlag zurück. Das Gewicht der Sendung beträgt 3 kg.

c) Ein Unternehmer versendet an einen seiner Mitarbeiter ein Kündigungsschreiben in der Form, dass er die rechtzeitige Aushändigung des Schreibens auch nachweisen kann.

d) Eine Wagenladung Maschinenteile soll mit der schnellsten Beförderungsart von Rheine nach Hamburg transportiert werden.

e) Die Firma Klimatechnik und Luftbefeuchtung GmbH verschickt 5 000 Werbeprospekte an Haushaltungen.

f) Ein Ersatzteil, Gewicht 1 kg, soll auf dem schnellsten Weg an eine Heizungsfirma in einem 60 km entfernten Ort versandt werden.

6 *Nennen Sie je ein Transportpapier für den Güterversand!*

− beim Bahntransport
− beim Postversand
− im Binnenschifffahrtsverkehr
− im Seeschifffahrtsverkehr
− im Luftfrachtverkehr

3 Leistungsverwertung

Lerngerüst 3.1

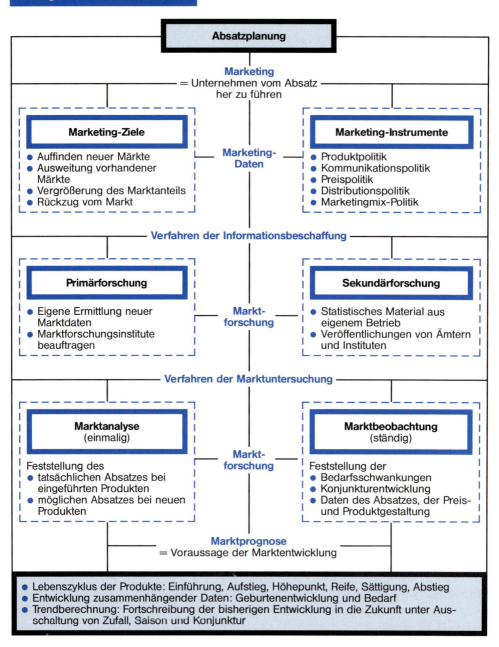

Lerninformationen 3.1

3.1 Absatzplanung

Jeder Unternehmer wird sich bemühen, möglichst günstige Voraussetzungen für den Verkauf seiner Erzeugnisse oder Waren zu schaffen. Die **Leistungserstellung nach dem erwerbswirtschaftlichen Prinzip** *hat nur dann einen Sinn, wenn der* *Unternehmer seine Erzeugnisse auf dem Markt mit Gewinn verkaufen kann. Deshalb ist es notwendig, den Absatz gründlich vorzubereiten und zu planen, damit die* **Verkaufserlöse** *(Umsatz) die* **Kosten** *decken und Gewinn beinhalten.*

> Der Absatz ist die Menge der verkauften Güter. Er wird je nach Art des Produkts in Mengeneinheiten *(z. B. kg, m, Stück)* gemessen. Der Umsatz ist dagegen der Wert dieser Güter in Geldeinheiten *(z. B. EUR, USD, YEN).*

3.1.1 Marketing

Durch den Verkauf von Sachgütern und Dienstleistungen fließt das für die Produktion aufgewandte Geld wieder in die Unternehmung zurück, sodass die Produktion wieder fortgesetzt werden kann. Das **Absatzrisiko** besteht darin, dass durch **kurzfristige Veränderungen** auf dem Markt *(z. B. Saisonschwankungen und Modeerscheinungen)* und durch **mittelfristige und langfristige Veränderungen** *(z. B. Konjunkturschwankungen und Strukturstörungen)* der Absatz ins Stocken kommt und damit der Rückfluss der finanziellen Mittel für die Fortsetzung der Produktion nicht mehr gesichert ist. Deshalb ist es erforderlich, den **Absatz planmäßig vorzubereiten und durchzuführen**. Alle Maßnahmen, die diesem Ziel dienen, werden im Begriff „Marketing" (Englisch = auf den Markt bringen) zusammengefasst.

> Marketing heißt Denken vom Markt her und bedeutet, ein Unternehmen vom Absatz her zu führen, den Absatz planmäßig vorzubereiten, durchzuführen und zu sichern. Zum Marketing gehört auch, neue Märkte zu erschließen und vorhandene Märkte zu erweitern.

▶ Bedeutung des Marketings

Solange die Gewinne der Unternehmer noch befriedigend sind, wird oft die Bedeutung des Marketings unterschätzt. Wenn sich die Marktlage verschlechtert, wie es heute oft der Fall ist, tritt das **Marketing-Denken** in den Vordergrund. Das war nicht immer so. Im 19. und in der ersten Hälfte des 20. Jahrhunderts wurde die Unternehmensführung von den Gedanken der **Produktivitätssteigerung** und der **Kostensenkung** in der Produktion bestimmt. Der Absatz bereitete keine besonderen Schwierigkeiten, da infolge der Mangelwirtschaft die Nachfrage größer als das Angebot war (**Nachfrageüberhang**). Das Marktgeschehen wurde weitgehend von den Anbietern bestimmt (**Verkäufermarkt**). Inzwischen haben sich die Absatzbedingungen entscheidend geändert, da der Konkurrenzkampf globaler *(Globalisierung)* und damit härter geworden ist. Aus den Verkäufermärkten sind **Käufermärkte** geworden. Das Angebot ist größer als die Nachfrage (**Angebotsüberhang**). Der Käufer besitzt eine stärkere Position auf dem Markt, der Kunde ist „König".

Der Erfolg eines Unternehmens hängt heute weniger von der Fähigkeit ab, die Produktion rationell zu gestalten und zu leiten, sondern vielmehr davon, lohnende Absatzmärkte zu finden und sich auf diese Märkte und ihre Veränderungen einzustellen (kundennahe Produkte und Dienstleistungen).

▶ **Marketing-Daten**

Für die planvolle Anwendung des Marketings ist es notwendig, über bestimmte Marketing-Daten informiert zu sein, um feststellen zu können, welche Absatzchancen ein bestimmtes Produkt besitzt.

- **Marktverhältnisse:** Ein wirkungsvolles Marketing setzt voraus, dass genaue Kenntnisse über die Absatzmärkte vorhanden sind. Der Markt kann nach folgenden Gesichtspunkten analysiert werden (Marktanalyse):
  - **Verwenderkreis** *(z. B. Konsumenten, Handwerker, Teenager, Kinder)*
  - **Bedarfsstruktur** *(z. B. Größe und Kaufkraft der Bevölkerung, Geschlecht, Alter, soziale Stellung der Käufer bestehen sich ergänzende Komplementär- oder sich ersetzende Substitutionsgüter)*
  - **Konkurrenzstruktur** *(z. B. Preise, Verkaufsbedingungen und Marktanteile; Konkurrenten bringen neue Produkte auf den Markt, produzieren kostengünstiger, haben einen Vorsprung in der Beherrschung moderner Technologien, haben eine flexiblere Arbeitsorganisation)*
  - **Absatzgebiet und Absatzweg** *(z. B. Markt der Bundesrepublik Deutschland, EU-Markt, USA-Markt, Markt der Entwicklungsländer, Osthandel, direkter Absatz über Reisende oder indirekter Absatz über den Handel)*

- **Unternehmenssituation:** Sie ist ausschlaggebend dafür, ob das Unternehmen aufgrund seiner Größe und Struktur in der Lage ist die angestrebte Marketingpolitik zu verwirklichen. Der Schlüssel zum Markterfolg in der globalen Wirtschaft sind für jedes Unternehmen Innovationen.
  - **Erfolgssituation** *(z. B. Umsatzentwicklung, Gewinnspanne, Kostenstruktur, Marktanteil, Marktimage)*
  - **Vorhandene Bedingungen** *(z. B. Produktionsbedingungen, bisherige Marketingorganisation, Ausstattung mit Eigenkapital, Kreditspielraum)*

- **Produktprofil:** Auf dem Markt werden viele Produkte angeboten. Deshalb sollte bei der Entwicklung eines neuen Produkts und bei der Produktgestaltung dem Produkt ein einzigartiges Profil gegeben werden, das es von den konkurrierenden Produkten positiv abhebt. Das **Marketing-Profil** hängt vor allem von folgenden Faktoren ab:
  - Stärke des **einzigartigen Produktprofils** (EPP)
  - Stärke des **Bekanntheitsgrades** des Produkts, *z. B. wirksame Öffentlichkeitsarbeit*

- Stärke des **Unternehmensimages** im Vergleich zu Konkurrenzunternehmen, *z. B. Informationszentren und Betriebsbesichtigungen*
- Stärke des **Erschließungsgrades** des Marktes, *z. B. durch eine schlagkräftige Verkaufsorganisation*

- **Rahmenbedingungen:** Als Rahmenbedingungen des Marketings, die vor allem die Marktverhältnisse und die Unternehmenssituation beeinflussen, gelten:

- **Allgemeine wirtschaftliche und politische Lage** *(z. B. konjunkturelle und saisonale Schwankungen, Strukturveränderungen, Modeveränderungen)*
- **Stand und Fortschritt der Technik** *(z. B. Know-how = Gewusst wie?, Beherrschung bestimmter Technologien)*
- **Konsequente Kundenorientierung** bedeutet, dass nicht nur der Vertrieb unmittelbar mit Kunden korrespondiert, sondern jeder Mitarbeiter im Unternehmen. Denn Arbeit ist immer Arbeit für andere. So sind Vorgesetzte und eigene Mitarbeiter zugleich Kunden und Lieferanten. Das Unternehmen besteht also aus einem dichten Netz von **Kunden-Lieferanten-Beziehungen**.

▶ *Marketing-Ziele*

Im Rahmen der Absatzplanung ergeben sich die Ziele des Marketings aus der **allgemeinen Zielstellung des Unternehmens**. Grundsätzlich strebt zunächst jede Unternehmung zumindest einen angemessenen Gewinn an. Darüber hinaus können auch **andere Zielvorstellungen** wie Wachstum, Marktmacht, Sicherung der Wettbewerbsfähigkeit, soziale Verantwortung und Umweltschutz infrage kommen. Die Marketing-Ziele werden der Gesamtzielstellung des Unternehmens untergeordnet:

- **Auffinden eines neuen Marktes** *(z. B. Produktlücken und Absatznischen)*
- **Ausweitung des vorhandenen Marktes** *(z. B. Erweiterung des Sortiments, Erhöhung des Bekanntheitsgrades des Produkts und der Firma)*
- **Vergrößerung des Marktanteils** *(z. B. günstigere Absatzbedingungen, Verbesserung der Beziehungen zum Handel, Stärkung des Markterschließungsgrades)*
- **Rückzug vom Markt** *(z. B. Bedarfsverschiebungen, harte ausländische Konkurrenz)*
- **Ersatz von umweltschädlichen durch umweltfreundliche Produkte** *(z. B. umweltfreundliche Wasch-, Putz- und Reinigungsmittel, Pfandflaschensystem, Batterierecycling)*

▶ *Marketing-Instrumente*

Der Unternehmer benötigt Instrumente, die geeignet sind die Marketing-Ziele zu verwirklichen. Das Marketing-Instrumentarium umfasst die Bereiche:

- **Produktpolitik:** Das Produkt soll sich durch die Aufmachung und Qualität von den Produkten der Konkurrenz positiv unterscheiden. Im Bereich des Handels geht es vor allem um die Gestaltung des Sortiments und das Angebot von Dienstleistungen, *z. B. Geschenkverpackung, Warenzustellung und Warenrücknahme*.

- **Kommunikationspolitik:** Die Absatzwerbung, Verkaufsförderung und die Öffentlichkeitsarbeit sollen das Produkt und die Firma bekannt machen und den Kunden zum Kauf anregen (Kommunikation = Informationsübertragung).

- **Preispolitik:** Der Anbieter beeinflusst den Preis, um den Absatz zu fördern. Das kann durch Differenzierung des Verkaufspreises oder durch besondere Preismaßnahmen wie Rabatte, Preisempfehlungen, Liefer- und Zahlungsbedingungen geschehen.

- **Distributionspolitik:** Die Wahl von marktgerechten Absatzwegen wie Lieferung frei Haus, über Großhandel, Einzelhandel und eigene Niederlassungen oder Verkauf durch Reisende und Vertreter hängt davon ab, ob das Produkt mehr oder weniger nahe an den Abnehmer gebracht werden muss.

- **Marketingmix-Politik:** Sie hat die Aufgabe planvoll aufeinander abgestimmte Entscheidungen zu treffen, die dazu beitragen, durch Kombination der Marketinginstrumente die Marketing-Ziele zu verwirklichen, *z. B. verstärkter Einsatz der Preis-, Konditionen- und Service-Politik mit dem Ziel, den Umsatz zu erhöhen* (**Push-Strategie**).

Beispiel: Der Marketing-Mix eines Unternehmens wird nicht nur von den eigenen, sondern auch von den Maßnahmen der Konkurrenz bestimmt.

▶ *Marketing-Organisation*

Der gesamte Marketingbereich eines Unternehmens ist nach einzelnen Aufgaben in sachlicher und personeller Hinsicht aufzuteilen. Welche Abteilungen zu bilden sind, richtet sich nach der Betriebsgröße. Ein kleines Unternehmen wird sich mit einer **Verkaufsabteilung** begnügen, die von einem Verkaufsleiter geführt wird. Größere Unternehmen haben dagegen eine umfassende Marketing-Organisation.

Beispiel:

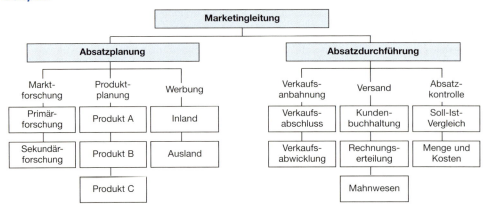

3.1.2 Absatzmarktforschung

Für die laufenden Entscheidungen, die im Bereich des Absatzes zu treffen sind, ist eine genaue Kenntnis der Situation auf dem Absatzmarkt notwendig. Die **Marktuntersuchung** hat die Aufgabe, die erforderlichen Daten für die Beurteilung der Marktsituation zu beschaffen. Wird die Marktuntersuchung nur gelegentlich, unsystematisch vorgenommen, wie das in kleineren Unternehmen der Fall ist, dann ist das noch keine Marktforschung, sondern eine **Markterkundung** *(z. B. Kundengespräche, Vertreterbesuche, Auswertung von Branchenveröffentlichungen, Besuch von Messen und Ausstellungen)*. Die Markterkundung wird erst zur **Marktforschung**, wenn man den Markt systematisch unter Einsatz wissenschaftlicher Methoden untersucht.

> Marktforschung ist die systematische Untersuchung eines bestimmten Absatzmarktes, um Informationen für absatzpolitische Entscheidungen zu beschaffen.

▶ Verfahren der Informationsbeschaffung

Bei der Beschaffung von Informationen über den Absatzmarkt wird man zunächst versuchen, statistisches Material aus dem eigenen Betrieb oder von Ämtern, Instituten und aus anderen Veröffentlichungen zu bekommen (**Sekundärforschung**). Reichen jedoch diese Unterlagen nicht aus, müssen eigene Untersuchungen angestellt oder Marktforschungsinstitute beauftragt werden, die die entsprechenden Spezialkenntnisse und das notwendige Personal besitzen, um *z. B. Repräsentativbefragungen durchzuführen* (**Primärforschung**).

Beide Verfahren dienen der

- **Tatsachenforschung** *(Welcher Kundenkreis kommt infrage? Wo wird eingekauft?)*

- **Meinungsforschung** *(Wie beurteilt der Kunde eine bestimmte Ware?)*

- **Motivforschung** *(Wodurch wird die Kaufentscheidung des Kunden beeinflusst?)*

Marktforschung	
Primärforschung = Ermittlung bisher nicht bekannter Marktdaten	**Sekundärforschung** = Auswertung vorhandener Ergebnisse
• **Auswahl** der zu befragenden Kunden muss **typisch und repräsentativ** für das Ganze sein • **Ad-hoc-Untersuchungen** werden einmalig oder zum gleichen Befragungsgegenstand wiederholt durchgeführt *(z. B. Interviews)* • **Panelerhebungen** werden fortlaufend zum gleichen Gegenstand mit der gleichen Stichprobe durchgeführt (panel, engl. = abgegrenztes Feld)	• **eigenes Quellenmaterial** aus Buchhaltung, Produktions- und Umsatzstatistiken • **Veröffentlichungen** der statistischen Ämter, der Branchen- und Wirtschaftszeitungen • **Angaben** aus Adressbüchern, Preislisten und Katalogen, Pressediensten • **Mitteilungen** der Verbände, Kammern und Marktforschungs- und Konjunkturinstitute

Demoskopische Marktforschung (Demoskopie)
= mittels persönlicher Befragung und Beobachtung das Verhalten der Marktteilnehmer zu erforschen
(z. B. Institut für Demoskopie in Allensbach am Bodensee, Emnid-Institut in Bielefeld)

▶ *Verfahren der Marktuntersuchung*

Zur Erforschung des Absatzmarktes bieten sich verschiedene Mittel an, die mithilfe der Marktuntersuchung Aussagen für die **zukünftige Marktentwicklung** (Marktprognose) zulassen.

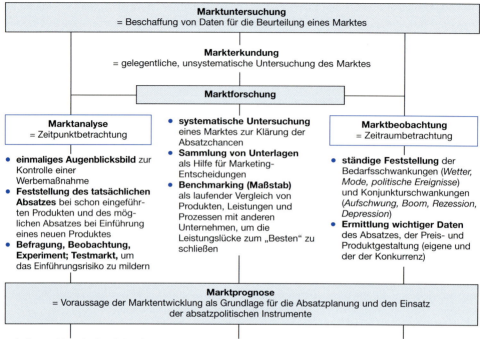

▶ *Ermittlung des konsumtiven und produktiven Bedarfs*

Der Bedarf ist der Teil der Bedürfnisse, der mit Kaufkraft ausgestattet ist und auf dem Markt als Nachfrage auftritt. Die vorhandene und zukünftige Nachfrage ist entscheidend für den Absatz. Deshalb muss man versuchen, zuverlässige Informationen über die Aufnahmefähigkeit der Märkte zu gewinnen.

- **Konsumtiver Bedarf der Haushalte:** Der Betrieb muss nicht nur feststellen, wer als Käufer infrage kommt, sondern muss auch Einzeldaten der potenziellen Abnehmer kennen, *wie Alter, Geschlecht, Einkommenshöhe, Körpergröße usw.* Von besonderer Bedeutung ist die **Höhe des Einkommens**, aufgeteilt in **privater Verbrauch** und **Ersparnisbildung**, in **Einzelhandelsnachfrage und Dienstleistungsnachfrage**. Darüber gibt die volkswirtschaftliche Gesamtrechnung Auskunft, deren Ergebnisse vom Statistischen Bundesamt veröffentlicht werden.

- **Produktiver Bedarf der Betriebe:** Dazu zählen die Betriebsmittel, *z. B. Einrichtungen und Anlagen*, die Werkstoffe und Waren, *z. B. Roh-, Hilfs- und Betriebsstoffe, bezogene Teile und Handelswaren*. Dieser produktive Bedarf hängt im Wesentlichen ab vom **Umsatzverlauf** und von der **Lebenszeit der Produkte**. Eine **Bedarfsanalyse** gibt dem Unternehmer Auskunft über die Betriebsmittel, Werkstoffe und Waren, die er benötigt. Sie stellt die Grundlage für die Fertigungsplanung in der Industrie und für die Sortimentsgestaltung im Handel dar.

- **Produktlebenszyklus:** Der Lebensweg des Produkts drückt sich im Erfolg aus, den das Produkt in seiner begrenzten Lebenszeit zu erwarten hat.

Beispiel: Umsatz- und Gewinnkurve für einen Lebenszyklus eines Produkts

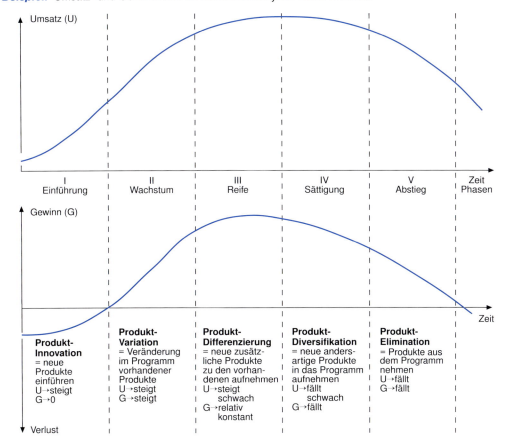

Die Produktzyklen werden immer kürzer. Neue Produkte (Innovationen) müssen in kleineren Abständen entwickelt, auf den Markt gebracht und in die Wachstumsphase geführt werden.

Der **Lebensablauf eines Produkts** hängt von der Art des Produkts ab. Ein konsumnahes Gut *(z. B. Kleinwagen)* wird einen kürzeren Lebenslauf haben als ein konsumferneres Gut *(z. B. Fertighaus)*. Durch den Einsatz der absatzpolitischen Maßnahmen *wie Werbung, Produktgestaltung, Kundendienst* und/oder aufgrund außerbetrieblicher Gründe *wie Konkurrenzprodukte, gesetzliche Vorschriften* kann der Lebenszyklus eines Produkts verlängert oder auch verkürzt werden.

81

Lernaufgaben 3.1

Absatzplanung

1 *Das Marketing-Denken drückt sich darin aus, nicht das verkaufen zu müssen, was der Betrieb herstellt, sondern das herzustellen, was sich mit Gewinn verkaufen lässt.*

a) Erläutern Sie diesen Satz!

b) Was beinhaltet der Begriff „Marketing"?

c) Warum wird die Marketingpolitik leicht von Unternehmern gering eingeschätzt, wenn günstige Marktverhältnisse vorliegen?

2 *Für die Ausnutzung von Marktchancen muss ein Unternehmer über die wichtigsten Marketing-Daten informiert sein.*

a) Ein Produkt ist technisch hervorragend entwickelt und günstig im Preis. Der Absatz ist aber unbefriedigend. Welche Marketing-Daten könnten hier unberücksichtigt geblieben sein?

b) Welche Beziehung besteht zwischen der Verwirklichung einer erfolgreichen Marketingpolitik und der Gewinnspanne, den Produktionsbedingungen und der Kapitalkraft einer Unternehmung?

c) Zeigen Sie am Beispiel von Farbfernsehgeräten, dass das Produkt als Bindeglied zwischen Markt und Unternehmen sowohl den Markt als auch das Unternehmen beeinflusst.

3 *Die Marketingziele sind abhängig von den allgemeinen Zielstellungen der Unternehmen. Zur Verwirklichung der Marketingziele muss die Marktsituation gründlich erforscht werden.*

a) Welche allgemeinen Unternehmensziele könnte sich ein Unternehmen setzen?

b) Nennen Sie spezielle Ziele der Marketingpolitik!

c) Erläutern Sie die Verfahren der Marktforschung!

4 *Text von Gross, Herbert: Neues Wirtschaftsdenken − Erfolg durch Marketing. Düsseldorf und Wien 1967, S. 46*
„Marketing, als Nachfrageproduktion, schafft jene Marktstellung für die Produkte und Dienste, die genügend große Serien und rentable Preise verspricht um knappe Faktoren bezahlen und vermehren zu können. In einer produktionsorientierten Wirtschaft würde man mit der Kostensenkung beginnen, um mit niedrigeren Preisen Märkte zu erobern. Die Senkung der Produktionskosten aber, so wichtig sie auch heute ist, garantiert den Markt nicht. Sie kann sogar mit Marktverlust enden. Der Hersteller von Hufeisen mag noch so rationell und technisch modern produzieren und Kosten senken, so tief er will, er wird keine Märkte schaffen."

Diskutieren Sie diesen Text vor allem im Hinblick darauf,

a) dass Marketing Nachfrageproduktion ist,

b) dass Marketing genügend große Serien und rentable Preise verspricht, um knappe Faktoren bezahlen und vermehren zu können,

c) dass eine produktionsorientierte Wirtschaft noch nicht den Absatz garantiert, sondern sogar Marktverluste verursachen kann!

Lerngerüst 3.2

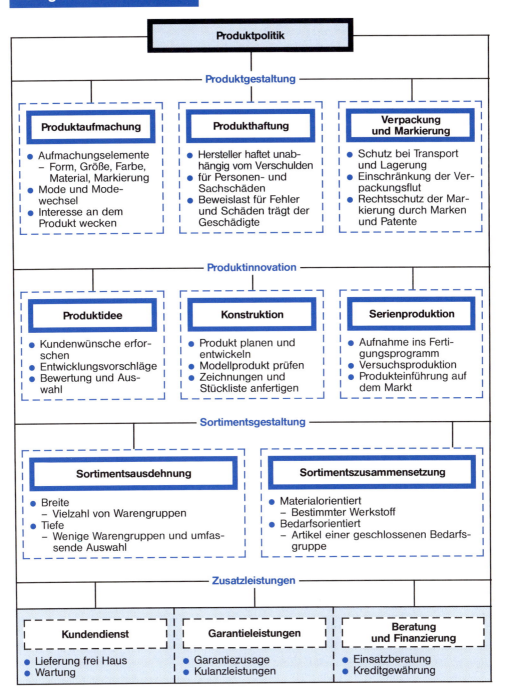

Lerninformationen 3.2

3.2 Produktpolitik

Der Absatz verursacht kaum Probleme, wenn der Bedarf groß und nur wenig Konkurrenz vorhanden ist. In diesem Fall verkauft sich das Produkt fast von selbst. Eine derartige Situation ist aber nicht typisch für eine Wettbewerbswirtschaft. In einer funktionierenden Marktwirtschaft herrscht star-

ker Wettbewerb. Jeder Unternehmer muss sich ständig bemühen, seine Kunden zu halten und neue Kunden zu gewinnen. Zu diesem Zweck muss er Produkte anbieten, die den Ansprüchen und Wünschen der Kunden gerecht werden.

> Die Produktpolitik des Herstellers entscheidet über die Qualität, Technik, Form, Farbe und sonstige Ausstattung eines Produktes. Der Handel stellt die Artikel zu einem Sortiment zusammen, das dem Kunden entspricht.

3.2.1 Produktgestaltung

Der Verkauf von Produkten ist nicht nur eine Frage des Preises, sondern oft eine Frage der **äußeren Gestaltung und Aufmachung** des Produktes. Der Käufer ist zuweilen bereit, für die besondere Aufmachung oder Ausstattung einen höheren Preis zu bezahlen, als zusätzliche Kosten angefallen sind *(z. B. Kauf eines Autos mit Standard- oder Sonderausstattung)*.

▶ *Aufgaben der Produktgestaltung*

Schon bei der Produktion muss bedacht werden, dass die **Verwendbarkeit**, die **Beschaffenheit**, der **Preis** und das **Erscheinungsbild** des Produktes die Entscheidungen der Nachfrager beeinflussen. Zu den Aufgabenbereichen der Produktgestaltung, die von der Produktion und vom Handel zu erfüllen sind, gehören *z. B.: Büromaschinen sollten zuverlässig funktionieren, handlich in der Bedienung, transportfähig und reparaturfreundlich sein und eine ansprechende äußere Form besitzen.*

▶ *Produktaufmachung*

Die Aufmachung des Produkts stellt sich in der **äußeren Produktgestalt** dar. Das Erscheinungsbild des Produkts trägt dazu bei, den Absatz zu erhöhen. Als Aufmachungselemente kommen infrage: *z. B. Form, Größe und Farbe, Beschriftung, Markierung und Layout (Englisch = Skizze, Bildidee, Gestaltung von Werbemitteln), Gewicht, Material und Packung, Griffigkeit, Duftnote u. a.*

> Das äußere Erscheinungsbild des Produkts soll vor allem durch Material, Form und Farbe das Interesse an dem Produkt wecken und gleichzeitig eine gute Verwendungs- und Leistungsfähigkeit zum Ausdruck bringen. Die Form folgt der Funktion, lautet eines der Leitmotive der Designer.

Beispiele:

- Die **handliche Form** einer Flasche, einer Gießkanne oder eines Druckstiftes fällt dem Kunden beim Betrachten dieser Produkte auf und erleichtert die Verwendung dieser Gegenstände.
- Die **einfache und übersichtliche Anordnung der Bedienungselemente** einer Drehbank oder Waschmaschine beeindruckt den Kunden und erleichtert die Handhabung, erhöht die Sicherheit am Arbeitsplatz und vermeidet Reparaturen.

Der Kunde erhält schon beim Betrachten eines Produktes Eindrücke über **Beschaffenheit** und **Eignung**, die durch Werbung und Verkaufsgespräche mitgeprägt werden. Wird die äußere Aufmachung vernachlässigt, besteht die Gefahr, dass das Produkt gar nicht erst begutachtet wird, sodass leistungsfähige Produkte keinen Absatz finden.

84

Die häufige Veränderung der Produktaufmachung führt zu schnellerem Veralten, das den Absatz fördert.

Beispiele:
- Bei **Kleidung und Schmuck** wird die Produktaufmachung nach einem oder wenigen Jahren verändert. Diese Produkte veralten in relativ kurzer Zeit. Es werden neue Produkte gekauft, auch wenn die vorhandenen noch verwendet werden können. Diese Waren sind der **Mode** unterworfen.
- Bei **Autos und Möbeln** findet regelmäßig nach wenigen Jahren ein **Modellwechsel** statt. Die alten Modelle laufen aus, sind technisch und in der äußeren Aufmachung überholt. Durch Qualitätsminderung und Veränderung des Produktionsdesigns wird dieses Veralten der Produkte noch beschleunigt. Damit wird ein zusätzlicher Bedarf geschaffen, der den Absatz erhöht. Ein zu häufiger Modellwechsel kann aber auch zu einem Rückgang des Absatzes führen, wenn die Abnehmer verärgert reagieren.

Eine attraktive, verkaufsgerechte Produktaufmachung ist bei Selbstbedienung unerlässlich, weil sich die Produkte selbst verkaufen müssen.

In **Selbstbedienungsläden** ist es wichtig, dass die Aufmachung des Produktes beim Kunden Wahrnehmungen und Empfindungen auslöst, das Produkt kaufen zu wollen. Nicht nur das vom Kunden gewünschte Produkt muss ihm ins Auge fallen, sondern auch andere Produkte, damit Impuls- und Wiederholungskäufe gefördert werden.

▶ *Produkthaftung*

Der Hersteller haftet nach dem Produkthaftungsgesetz (ProdHaftG) **unabhängig vom Verschulden** für Schäden, die durch Fehler des Produkts verursacht werden, *z. B. Konstruktionsfehler, Fertigungs-, Kontroll- und Informationsfehler*. Für Schäden haften neben dem Hersteller alle, die Waren in den Verkehr bringen. Die **Beweislast** für den Fehler, den Schaden und den Zusammenhang zwischen Fehler und Schaden trägt der Geschädigte.

Beispiel:
Bei einem Unfall beschädigt ein Autofahrer eine Verkehrsampel. Das neu gekaufte Auto hatte einen Reifenschaden, der den Unfall verursacht hat. Für den Schaden an der Ampelanlage haften der Hersteller des Autos und der Lieferer des Reifens.

Der Hersteller haftet für Personen- und Sachschäden. Im Falle der Sachbeschädigung gilt dies nur, wenn eine andere Sache als das fehlerhafte Produkt beschädigt wird und diese andere Sache gewöhnlich für den privaten Ge- oder Verbrauch bestimmt und verwendet worden ist (§ 11 ProdHaftG).

▶ *Produktverpackung*

Die ständige Verbreitung der Selbstbedienung hat nicht nur dazu geführt, dass mehr und mehr Waren im Einzelhandel vorverpackt angeboten werden, sondern auch dazu, dass die Verpackung eine besondere Funktion zu erfüllen hat. Während ursprünglich die Verpackung vorwiegend die Aufgabe hatte die Ware bei Transport und Lagerung zu schützen, hat sie heute die zusätzliche Funktion den Kunden zum Kauf zu **motivieren** (Verpackung verkauft!). Nach der Verpackungsart sind zu unterscheiden:

- Die Packung als Umhüllung des einzelnen Produkts (**Aufmachungsverpackung, Umverpackung**),
- die Verpackung als Umhüllung eines oder mehrerer Produkte, vor allem zum Schutz der Ware während des Transports (**Versandverpackung**).

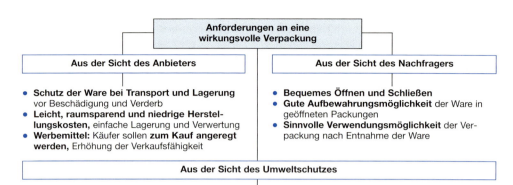

▶ Duales System

Seit 1991 besteht das „Duale System Deutschland, Gesellschaft für Abfallvermeidung und Sekundärrohstoffgewinnung mbH". Das Erkennungszeichen ist „Der Grüne Punkt".

> Das Ziel des Dualen Systems ist, durch Sammeln, Sortieren und Verwerten gebrauchter Verpackungen die Abfallberge zu verringern.

- Die **gesetzliche Grundlage** ist die **Verpackungsverordnung**. Sie sieht zwei Möglichkeiten vor:

– **Rücknahme und Verwertung:** Die Verpackungsverordnung schreibt zunächst vor, dass gebrauchte Verpackungen durch Hersteller und Handel zurückgenommen und einer stofflichen Verwertung zugeführt werden müssen. Damit schließt sie das Deponieren oder Verbrennen aus und verlangt das **Recycling** der Verpackung.

– **Eigenes Erfassungssystem der Wirtschaft:** Statt der Rücknahme von Verpackungen im Laden hat die Wirtschaft ein eigenes Erfassungssystem geschaffen (Duales System), mit dem sie die Verpackungsmaterialien (**Grüner Punkt**) beim Verbraucher zurücknimmt.

- **Aufgaben der Bürger:** Die Haushalte müssen dazu motiviert werden, dass sie verbrauchte Packungen aus Weißblech, Aluminium, Kunststoff und Verbundstoffen grob gereinigt sammeln und sortieren. Altpapier und Glas werden dagegen nicht in die Wertstoff-Tonne oder in den Wertstoff-Sack gesteckt, sondern von den bereits bestehenden Systemen erfasst.

- **Aufgaben der Wirtschaft:** Die Hersteller und Vertreiber des Produkts nehmen am Dualen System teil und leisten einen Finanzierungsbeitrag für die Entsorgung der Verpackung. Die Industrie übernimmt eine **Abnahme- und Verwertungsgarantie**. Damit entsteht für den Hersteller ein ökologischer Druck für umweltfreundliche Verpackungen. Er kann die Kosten senken, wenn er das Gewicht und den Umfang der Verpackung auf ein Minimum reduziert.

Mit dem Dualen System garantiert die beteiligte Wirtschaft, das eingesammelte Material vollständig abzunehmen und einer stofflichen Verwertung, einem Recycling, zuzuführen.

▶ *Markierung*

Das Produkt oder die Dienstleistung wird durch einen **Markennamen oder/und Markenzeichen (Logo)** gekennzeichnet, *z. B. Symbol, Grafik, Farbe, Schreibweise.*

- Die **Markierung soll bewirken,**
- dass sich das Produkt aus der Anonymität heraushebt und sich der Markenname beim Kunden einprägt und zum **Qualitätsbegriff** wird *(z. B. Persil von Henkel)*,
- dass sich die Bedeutung des Markennamens durch ein **Markendach** noch erhöht *(z. B. Produktlinie Siemens Haushaltsgeräte, Produktfamilie Pflegeserie bei Kosmetika)*,
- dass sich das Produkt durch einen **visuellen Schlüsselreiz**, der immer wiederkehrt, vom Konkurrenzprodukt abgrenzt, *z. B. der Esso-Tiger.*

Beim Markenartikel garantiert der Hersteller gleich bleibende Qualität, betreibt eine intensive Werbung und sorgt für eine überregionale Verbreitung. Dabei wird die Dachmarke in den Vordergrund gerückt, um Synergieeffekte (positive Effekte des Zusammenwirkens) entstehen zu lassen.

Die Markierung einer Ware ist nur dann zu empfehlen, wenn eine **einwandfreie Qualität** garantiert werden kann. Wird das Produkt von den Kunden als minderwertig eingeschätzt, kann die Markierung des Produktes die anderen Produkte oder das Ansehen der Firma schädigen.

Beispiel: Bei Shop-in-Shop-Geschäften haben Markenartikelhersteller in Kaufhäusern selbst eigene Stände. Das Angebot des Herstellers wird deutlich gegenüber dem übrigen Angebot dem Kunden vorgeführt.

Wortmarke

Bildmarke

Zahlenmarke

- **Schutz der Markierung:** Marken und Patente können geschützt werden, indem sie beim Patentamt in München eingetragen werden (§§ 1, 47 MarkenG; §§ 16, 20 PatG).

Die Schutzdauer einer Marke beträgt zehn Jahre; sie kann jeweils um zehn Jahre verlängert werden. Patente bieten einen Rechtsschutz für die Verwertung von Erfindungen neuer Erzeugnisse und neuer Herstellungsverfahren für maximal 20 Jahre.

Das **Deutsche und das Europäische Patentamt** in München haben im Wesentlichen folgende Aufgaben:
- Anmeldungen von Patenten und Marken entgegenzunehmen,
- Patente und Marken nach Prüfung zu erteilen und die
- Patent- und Markenrolle zu führen.

Auch ungenutzte Marken lässt man häufig eintragen (Vorratsmarken), um bei Einführung eines neuen Produktes schneller und leichter eine brauchbare Marke bereitzuhaben.

3.2.2 Produktinnovation

In der Produktpolitik spielen Innovationen eine große Rolle. Mit neuen Produkten sollen wirtschaftliche Stagnation vermieden und künftige Märkte erschlossen werden.

> Eine Innovation liegt vor, wenn der Erfinder „hurra schreit". Sie löst nicht nur ein Problem, sondern ist auch erfolgreich, indem sie dem Empfänger (Kunden und Unternehmer) erhebliche Vorteile bringt, z. B. Thyssen/Krupp entwickelte eine Stahlkarosse, die fast so leicht ist wie aus Aluminium, aber erheblich weniger kostet.

Die **Einführung neuer Produkte** erfolgt in mehreren Phasen. Am Anfang steht die Entwicklung neuer Produktideen durch interne Personen *(z. B. Konstrukteure und andere Mitarbeiter)* und durch externe Personen *(z. B. Kunden, Erfinder und Wissenschaftler)*. Die Produktideen werden überprüft, bewertet und ausgewählt, um festzustellen, ob sie sich im Rahmen der betrieblichen Möglichkeiten realisieren lassen. Zudem werden die **Marktverhältnisse** erforscht, ob Bedarf vorhanden ist oder der Bedarf erst geweckt werden muss. In den weiteren Phasen des Innovationsvorganges geht es über die **Produktgestaltung**, Konstruktion zu Markttests und zur Serienproduktion.

Beispiel: Vereinfachtes Schema einer Produktinnovation

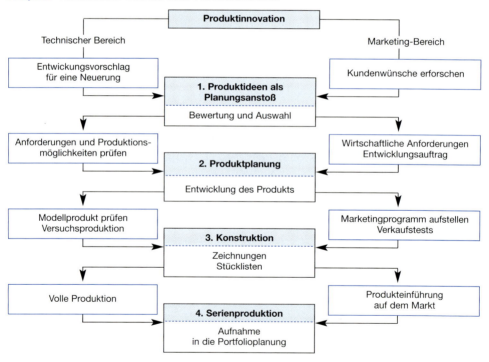

Das Innovationsmanagement ist ein Bestandteil der strategischen Unternehmensführung. Es hat die Aufgabe den Auf- und Ausbau von Innovationsmöglichkeiten und ein geeignetes internes Innovationsklima zu schaffen. Denn die Innovation wird immer mehr zu einem entscheidenden Faktor für das Überleben von Unternehmen.

3.2.3 Sortimentsgestaltung

Die Gestaltung des Produktionsprogramms in Industriebetrieben (siehe S. 53 f.) und des Sortiments im Handel gehören zu den schwierigen und weitreichenden Entscheidungen im Rahmen der Produktpolitik. Der Handelsbetrieb führt meist in seinem Verkaufsprogramm eine Vielzahl von Artikeln, die aus den Kollektionen verschiedener Hersteller ausgewählt sind. Darin besteht die besondere Leistung des Handels: ein Sortiment der Artikel zusammenzustellen, das der Kunde erwartet.

> Bei der Sortimentsgestaltung handelt es sich um eine geschickte Zusammenstellung einzelner Artikel innerhalb eines Verkaufsprogramms, die die Absatzchancen aller Artikel fördert.

▶ Sortimentseinheiten

Das Gesamtsortiment eines Fachgeschäftes für Herrenoberbekleidung setzt sich zusammen:

- aus **Warengruppen**, *z. B. Oberhemden, Krawatten, Jacken, Hosen*;
- aus **Artikeln**, *z. B. Oberhemden mit langen Ärmeln, Pilothemden, Sporthemden* und
- aus **Sorten**, *z. B. Pilothemden nach bestimmten Größen und Farben.*

▶ Sortimentsausdehnung

Je nach der Anzahl der Artikel und Ausführungen, die in einem Sortiment zusammengefasst sind, unterscheidet man:

- **Breites Sortiment:** Es liegt *z. B. vor im Warenhaus, im Kleinpreisgeschäft oder im Versandhandel*, wo eine **Vielzahl von Warengruppen** angeboten werden um dem Kunden den Einkauf bequem zu machen. Bei vielen Warengruppen ist die Auswahl innerhalb der einzelnen Warengruppen meist aus Gründen der Wirtschaftlichkeit gering. Das Sortiment ist dann zwar breit, aber flach.

- **Tiefes Sortiment:** So ist *z. B. im Fach- oder Spezialgeschäft* das Sortiment auf eine oder wenige Produktgruppen beschränkt, aber es besteht in Bezug auf Größe, Form, Farbe eine umfassende Auswahl.

Das Sortiment ist in diesem Fall wegen der vielen Ausführungen tief, da aber nur wenige Produktgruppen vorhanden sind, ist es gleichzeitig eng.

▶ Sortimentszusammensetzung

Das Sortiment kann entweder branchengebunden oder bedarfsgebunden zusammengestellt werden.

- **Material- oder herkunftsorientiertes Sortiment:** Es umfasst Produkte, die sich aus einem bestimmten Werkstoff *(z. B. Holz, Eisen, Leder, Glas)* oder mit einer einheitlichen Fertigungskapazität *(z. B. technischem Know-how der Belegschaft)* herstellen lassen. Die Betriebe sind an eine bestimmte Branche gebunden.

Beispiele: Holzwaren, Eisenwaren, Lederwaren, Atomkraftwerke.

- **Bedarfs- oder hinkunftsorientiertes Sortiment:** Der moderne Handelsbetrieb baut heute sein Sortiment meist marktgebunden auf. Er stellt die Artikel zu einem Sortiment zusammen, die zu einer geschlossenen Bedarfsgruppe gehören.

Beispiele: Autozubehör-Bedarf, Heimwerker-Bedarf, Camping-Bedarf, Brauerei-Bedarf, Bedarf eines bestimmten Landes (Exportsortimentshandlung).

Das **Sortiment** sollte vollständig sein. Fehlen bestimmte Waren in einem geschlossenen Sortiment, kann es zu erheblichen Absatzstockungen kommen. Deshalb sollte stets die Bereitschaft vorhanden sein, das Sortiment um neue Produkte zu erweitern. Dabei ist zu beachten, dass die Sortimentserweiterung gekoppelt sein sollte mit einer **Sortimentsbereinigung**. Wenn immer mehr Produkte ins Sortiment einbezogen werden, ohne andere dafür herauszunehmen, kann es zu einer Aufblähung des Sortiments kommen, die den Absatz unwirtschaftlich macht.

3.2.4 Zusatzleistungen

Um im Wettbewerb bestehen zu können oder Wettbewerbsvorteile zu erreichen, bieten die Unternehmen neben dem Produkt als **Kernleistung Zusatzleistungen** an. Gerade diese Zusatzleistungen sind oft im harten Wettbewerb entscheidend, wem der Kunde seinen Auftrag erteilt.

> Durch zusätzliche kaufmännische und technische Nebenleistungen, die meist mit dem Kauf in keinem unmittelbaren Zusammenhang stehen, sollen Käufer als Stammkunden gewonnen werden. Von einer gut funktionierenden Servicepolitik geht eine werbende Wirkung für das gesamte Unternehmen aus.

▶ **Die Dienstleistungen** können **unentgeltlich** sein *(z. B. Lieferung frei Haus)* oder **dem Kunden berechnet** werden *(z. B. Inspektionen)*. Sie können **nicht warengebunden** *(z. B. Parkhaus)* oder **warengebunden** *(z. B. Auslieferungsdienst)* sein. Bei der Übernahme von Kundendienstleistungen muss beachtet werden, dass sie die Kosten erhöhen. Deshalb sollte man stets prüfen, ob die durch die Zusatzleistungen entstehenden Mehrkosten durch die zusätzlichen Erlöse aufgewogen werden. Sonst ist es zuweilen sinnvoller, auf die Zusatzleistungen zu verzichten und dafür den Verkaufspreis zu senken *(z. B. Verkaufspolitik der Discounthäuser)*.

Kundendienst	Garantieleistungen	Beratung und Finanzierung
• **Lieferung frei Haus, Betreuung und Installation** *z. B. Lieferung von Möbeln, Montage von Maschinen, Anlaufbetreuung von EDV-Anlagen* • **Wartung, Überprüfung, Reparatur und Auswechslung von Ersatzteilen** *z. B. Inspektionen, Prüfung des Ölstandes und Erneuerung der Bremsbeläge*	• **Garantiezusage** *z. B. Garantieumfang bei Fernsehgeräten oder Werkzeugmaschinen (Garantieschein)* • **Kulanzleistungen** *z. B. großzügige Behandlung bei Reklamationen und Änderungswünschen des Kunden (Änderungsabteilungen)* • **Nachbesserungsleistungen** *z. B. sind in der Regel zwei Nachbesserungsversuche zulässig*	• **Einsatzberatung** *z. B. Informationsschriften und Gebrauchsanweisungen für mechanische und elektronische Geräte, geschultes Personal für Verkauf und Wartung* • **Kreditgewährung** *z. B. Finanzierungshilfen der Brauereien an Gaststätten, Einräumung eines Zahlungszieles, Gewährung von Skonto und Rabatt, Ratenkredit an Verbraucher und Kleinbetriebe*

(Überschrift: **Zusatzleistungen**)

▶ Übernimmt der Verkäufer eine **Garantie** für die Beschaffenheit oder Haltbarkeit einer Sache, so stehen dem Käufer im Garantiefall bestimmte Rechte zu (siehe S. 162 und 168).

• **Beschaffungs- und Haltbarkeitsgarantie (§ 443 BGB):** Treten Schäden auf, garantiert der Hersteller in der Regel kostenlose Nachbesserung, *z. B. Haltbarkeit eines Fahrzeugs*.

• **Sonderbestimmungen für Garantien beim Verbrauchsgüterkauf (§ 477 BGB):** Garantien müssen einfach und verständlich abgefasst sein und den Hinweis enthalten, dass die gesetzlichen Rechte des Verbrauchers nicht eingeschränkt werden.

Lernaufgaben 3.2

Produktpolitik

1 *Die Produktidee, die Produktauswahl und die Qualität können noch so gut sein, wenn die Produktgestaltung und die Produktaufmachung beim Kunden nicht ankommen, werden die Verkaufserfolge mäßig bleiben.*

   a) Welche Aufgaben haben Unternehmen bei der Produktgestaltung zu erfüllen?
   b) Geben Sie je ein Beispiel (Produkt) für die folgenden Gestaltungselemente der Produktaufmachung: Form, Etikettierung, Farbe, Layout, Duftnote, Größe!
   c) Warum ist die richtige Aufmachung der Produkte im Selbstbedienungsladen so wichtig?
   d) Nach welchen Bewertungskriterien kann eine Produktidee bewertet, ausgewertet und abgelehnt werden?

2 *Die Packung ist das Gesicht einer Ware.*

   a) Diskutieren Sie diesen Satz!
   b) Welche Anforderungen sind an eine wirkungsvolle Verpackung zu stellen
      – für Tiefkühlkostpackungen,
      – für kühlschrankgerechte Packungen und
      – für transportgünstige Verpackungen?
   c) Zeigen Sie die Bedeutung der richtigen Packungsgröße für den Absatzerfolg auf!
   d) Für den abfallreichen Verpackungsmarkt muss der Grundsatz gelten: „Vermeiden geht vor Entsorgen". Wie kann das erreicht werden?

3 *So sehr ein geschickt zusammengestelltes Sortiment den Absatz erhöhen kann, so sehr besteht auch die Gefahr, dass bei einem falsch zusammengesetzten Sortiment der Absatz beeinträchtigt wird.*

   a) Zeigen Sie an einem Beispiel, dass ein geschickt zusammengestelltes Sortiment dem Kunden den Einkauf wesentlich erleichtert!
   b) Begründen Sie, dass das Sortiment in einem Warenhaus meist breit, aber flach ist!
   c) Warum ist das Sortiment eines Fachgeschäftes meist tief und gleichzeitig eng?
   d) Zeigen Sie an einem Beispiel, dass im Handel das bedarfsgebundene Sortiment gegenüber dem branchengebundenen Sortiment immer mehr an Boden gewinnt!
   e) Obwohl die Sortimentserweiterung sehr wichtig ist, sollte dabei die Sortimentsbereinigung nicht vergessen werden. Begründen Sie diese Feststellung!

4 *Beim Patentamt werden neben Patenten auch Marken eingetragen.*

   a) Wo befindet sich das Deutsche und das Europäische Patentamt?
   b) Nennen Sie die wichtigsten Aufgaben des Patentamtes!
   c) Für welchen Zweck werden so genannte Vorratsmarken eingetragen?

5 *Der Dienst am Kunden durch Gewährung von Zusatzleistungen dient vor allem der Gewinnung von Dauerkunden (Stammkundschaft).*

   a) Geben Sie Beispiele, welche Zusatzleistungen ein Autohaus seinen Kunden bieten kann!
   b) Zeigen Sie, wie ein Warenhaus durch Zusatzleistungen den Wareneinkauf der Kunden erleichtern kann!
   c) Warum werden die Dienstleistungen am Kunden desto umfangreicher sein, je schärfer der Preiswettbewerb zwischen den Anbietern ist?
   d) Suchen Sie Beispiele für nicht warengebundene und warengebundene Zusatzleistungen!

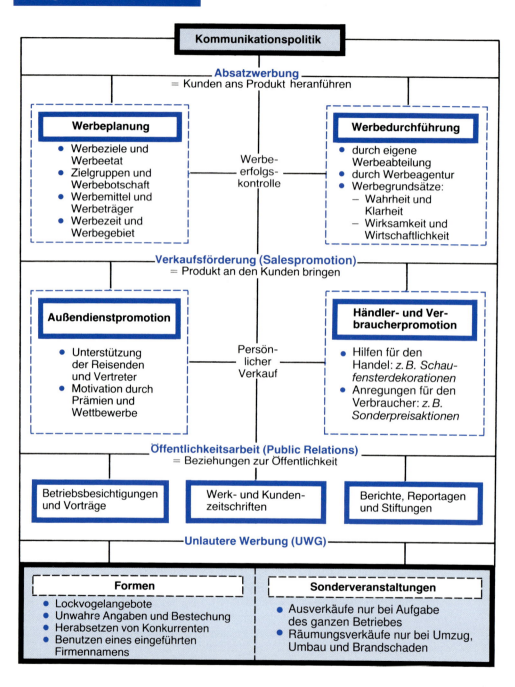

Lerninformationen 3.3

3.3 Kommunikationspolitik

Der Unternehmer wird seine Produkte nur dann verkaufen können, wenn er seine Kunden informiert:

- über die **Art der Produkte,** die er anzubieten hat,
- über die **Eigenschaften,** die **Verwendungsmöglichkeiten** und **Vorzüge,** die seine Produkte besitzen, und
- über die **Leistungsvorteile,** die er bieten kann (z. B. Kundendienst).

Für den Unternehmer ist es nicht nur wichtig, den Kunden zu **informieren.** Er muss auch die Umworbenen durch eine Vielzahl von Maßnahmen zu einem Verhaltenswandel führen und damit zum Kaufentschluss **motivieren.** So ist die Gestaltung von Verpackungen, von Briefformularen, von Verkaufsräumen, von Schaufenstern, Messen und Ausstellungen ebenso Kommunikationspolitik wie Inserate, Fernsehspots, Plakate, Flugblätter, Preisausschreiben und Verkaufsgespräche, um nur einige zu nennen.

> In der Kommunikationspolitik werden die kommunikationspolitischen Instrumente Absatzwerbung, Verkaufsförderung (Salespromotion) und Öffentlichkeitsarbeit (Public Relations) zusammengefasst.

Die **Absatzwerbung** versucht mittelbar durch Werbeträger *(z. B. Medien: Zeitschriften, Zeitungen, Radio, Fernsehen, Kino, Internet)* den Kunden an das Produkt heranzuführen. Dagegen sollen durch die Maßnahmen der **Verkaufsförderung** unmittelbar am Ort des Verkaufs die Produkte dem Kunden nahe gebracht werden *(z. B. Unterstützung der Reisenden und Vertreter mit dem Ziel, Impulskäufe herbeizuführen)*. Die **Öffentlichkeitsarbeit** befasst sich mit den Beziehungen der Unternehmen zur Öffentlichkeit. Sie ist nicht unmittelbar auf das Produkt bezogen und soll den Bekanntheitsgrad und das Ansehen des Unternehmens verbessern und damit sowohl der Werbung als auch der Verkaufsförderung dienen.

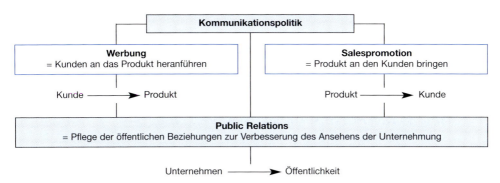

3.3.1 Absatzwerbung

Als wichtiger Teil der Kommunikationspolitik hat die Absatzwerbung die Aufgabe, den Umsatz zu steigern.

> Die Absatzwerbung nimmt einen gezielten Einfluss auf die Kaufentscheidungen der Kunden. Sie soll mittelbar durch geeignete Werbeträger und Werbemittel die Kunden an die Produkte heranführen, um sie anzuregen das Produkt nachzufragen und zu kaufen.

▶ **Werbearten**

Die Werbung kann auf verschiedene Arten durchgeführt werden.

- **Einführungswerbung** (neue Produkte werden auf dem Markt bekannt gemacht)
- **Expansionswerbung** (Erschließung neuer Märkte)
- **Erhaltungswerbung** (Sicherung des bisherigen Absatzes, Abschirmung von Konkurrenzeinflüssen)
- **Reduktionswerbung** (Verlagerung im Verkaufsprogramm)

- **Einzelwerbung** (z. B. Werbung eines bestimmten Herstellers)
- **Sammelwerbung** (Mehrere Unternehmen schließen sich zusammen und nennen ihren Namen, z. B. Anzeige der beim Bau eines Hauses beteiligten Firmen)
- **Gemeinschaftswerbung** (nur die Leistung tritt in Erscheinung, nicht die Werbetreibenden, z. B. Werbung für Milch)

- **Informationswerbung** (durch sachliche Argumente Käufer gewinnen)
- **Suggestivwerbung** (Triebe und versteckte Gefühle sollen freigesetzt werden, z. B. durch Leitbildwerbung soll dem Kunden suggeriert werden, dass sich durch den Besitz des Produktes sein Ansehen erhöht)
- **Unterschwellige Werbung** (Wahrnehmung vollzieht sich unterhalb der Bewusstseinsschwelle)

▶ **Werbeplanung**

Die Grundlage für die Werbeplanung sind die Werbeziele, die aus den Marketingzielen abgeleitet werden.

> Die Werbeplanung enthält alle Mittel und Maßnahmen, die zur Verwirklichung der Werbeziele notwendig sind.

- **Festlegung der Werbeziele:** Was soll durch die Werbung erreicht werden?

 – Bekanntmachen von Produkten, *z. B. bei Einführung neuer Erzeugnisse*

 – Information über Produkte, *z. B. über Funktion, Einsatzmöglichkeiten und Nutzen-Kosten-Verhältnis der Produkte*

 – Stärkung des Vertrauens in das Produkt, *z. B. durch Aufbau eines Markenimages und Schaffung von Präferenzen (= Vorzüge).*

- **Festlegung des Werbeetats:** Welche finanziellen Mittel stehen für die Werbung zur Verfügung?

Die Höhe des Werbeetats ist abhängig von den angestrebten Werbezielen. Dabei sind die allgemeine Finanzlage der Unternehmung und der Werbeaufwand der Konkurrenz zu berücksichtigen. Allgemein kann man sagen, dass die **Werbekosten** desto höher sind, je mehr Personen durch die Werbung erreicht werden *(z. B. kostet eine Fernsehwerbeminute durchschnittlich 40 000,00 EUR)*.

- **Festlegung der Zielgruppe (Streukreis):** Wer soll mit der Werbung angesprochen werden? Aus der Gesamtbevölkerung wird die Teilgruppe *(z. B. Zielgruppe Hausfrauen, Gewerbetreibende, Schüler)* ausgesucht, an die sich die Werbung richtet. Als Grundsatz gilt, dass die Zielgruppe so ausgewählt werden sollte, dass die Werbeziele optimal erfüllt werden.

- **Gestaltung der Werbebotschaft:** Wie können die Werbeziele in konkrete Aussagen umgesetzt werden? Die Auswahl des Themas der Werbung sollte die Aufmerksamkeit für das Produkt und das Interesse am Produkt erhöhen *(z. B. das Auto ist anspruchsvoll in der Technik, robust und wirtschaftlich in der Praxis)*. Die Werbebotschaft kann den Werbeempfänger direkt erreichen oder in zwei Stufen:

  - Die Werbung erfolgt über einen Trendsetter, *z. B. Sport- oder Filmstar.*

  - Der Trendsetter benutzt ein bestimmtes Produkt in der Öffentlichkeit und verbreitet die Werbebotschaft.

- **Bestimmung der Werbemittel und Werbeträger (Streuweg):** Mit welchen Mitteln und Maßnahmen kann die Werbebotschaft an die Zielgruppe herangetragen werden? Bei Anzeigen in der Zeitung ist die **Anzeige** das **Werbemittel** und die **Zeitung** der **Werbeträger**. Oft sind jedoch Werbemittel und Werbeträger identisch, *z. B. beim Werbebrief*. Die wichtigsten Werbemittel sind:

  - Anzeigen, Prospekte, Plakate, Kataloge, Werbezettel

  - Fernsehspots, Werbefilme, Werbedias, Werbefernsehen, Radiospots

  - Werbebriefe, Flugblätter, Beilagen, Schaufenster, Leucht- und Laufschriften

  - Werbegeschenke, Warenproben, Preisausschreiben

  - Werbekassetten, Werbe-CDs, Multimedia-Werbung

- **Bestimmung der Werbezeit und Werbegebiete (Streuzeit und Streugebiet):** In welchem Zeitraum und Absatzgebiet sollen die Werbemaßnahmen eingesetzt werden? Die Zeit der Werbung wird davon abhängen, in welchem Zeitraum das Werbeziel am besten verwirklicht werden kann. *So ist z. B. die Werbung am Samstag in einer Tageszeitung meist wirksamer, weil mehr Leser erreicht werden.* Das Streugebiet richtet sich nach der Anzahl der Menschen, die durch die Werbung erreicht werden sollen. Für einen Einzelhändler genügt es, in einer Lokalzeitung zu werben, während ein Automobilhersteller überregionale Zeitungen und Zeitschriften als Werbeträger verwenden wird.

▶ *Werbedurchführung*

Unternehmen führen die Werbeaktion entweder selbst durch (**eigene Werbeabteilung**) oder sie beauftragen eine **Werbeagentur**, die die gesamte Werbung oder einen Teil der Werbung übernimmt.

- **Werbegrundsätze:**

– **Der Werbeinhalt muss klar und wahr sein.** Was man verspricht, muss man halten. Die Werbung soll sachlich, leicht verständlich und frei von Übertreibungen sein.

– **Die Werbung muss wirksam und wirtschaftlich sein.** Sie muss leicht einprägsam und originell sein. Die Werbemittel müssen richtig eingesetzt werden. Der Werbeaufwand muss in einem angemessenen Verhältnis zum Werbeerfolg stehen.

- **AIDA-Regel:** Danach läuft die Werbung in folgenden Stufen ab:

Stufe I: **A**ttention – Aufmerksamkeit erregen
Stufe II: **I**nterest   – Interesse am Produkt wecken
Stufe III: **D**esire   – Besitzwunsch erzeugen
Stufe IV: **A**ction   – Kaufhandlung ausführen

▶ *Werbeerfolgskontrolle*

Durch die Erfolgskontrolle der Werbung will das Unternehmen feststellen, ob die Werbung erfolgreich war und welche Wirkung sie erzielt hat.

- Der **Umsatzerfolg der Werbung** wird gemessen, indem man die Differenz zwischen dem Umsatz mit Werbung und dem Umsatz ohne Werbung ermittelt.

> Umsatzerfolg der Werbung = Umsatz mit Werbung – Umsatz ohne Werbung

Die Schwierigkeit besteht darin, dass sich bei mehreren Werbemitteln nicht feststellen lässt, welche Werbemaßnahme den Umsatzerfolg herbeigeführt hat. Deshalb müssen andere **Methoden zur Messung des Umsatzerfolges** eingesetzt werden:

– **Bestellung unter Bezugnahme auf das Werbemittel** *(Werbung in Zeitungen oder in Werbebriefen mit einem Bestellabschnitt)*.

– **Befragung der Käufer** *(Käufer werden befragt, auf welche Werbemaßnahme ihre Käufe zurückzuführen sind)*.

– **Gebietsverkaufstest** *(auf einem Testmarkt wird geworben, während auf einem Kontrollmarkt die Werbung unterbleibt)*.

- Die **Wirtschaftlichkeit der Werbeaktion** (Werberendite) lässt sich dadurch feststellen, dass man den Umsatzzuwachs zu den Aufwendungen der Werbeaktion ins Verhältnis setzt.

$$\text{Wirtschaftlichkeit der Werbeaktion} = \frac{\text{Umsatzzuwachs}}{\text{Aufwand der Werbeaktion}}$$

▶ *Volkswirtschaftliche Bedeutung der Werbung*

Volkswirtschaftlich gesehen erfüllt die Werbung **Informationsfunktionen** *(z. B. Existenz von Produkten, Anzeigen von neuen Produkten und Preisen)*, aber auch Funktionen der Beeinflussung der Verbraucher *(z. B. Bildung von Präferenzen, Vereinheitlichung des Geschmacks und Differenzierung von der Konkurrenz)*. Der Kritik unterliegt vor allem die **Beeinflussungswerbung** (Suggestivwerbung), da sie zu einer Manipulation der Verbraucher führen kann. Wenn dagegen die Werbung dazu beiträgt, die Markttransparenz zu verbessern, fördert sie den Leistungswettbewerb.

3.3.2 Verkaufsförderung (Salespromotion)

Immer mehr Bedeutung innerhalb der Kommunikationspolitik erhält die Verkaufsförderung. Der Begriff ist aus der amerikanischen Bezeichnung „sales promotion" abgeleitet.

> Durch die Verkaufsförderung wird unmittelbar am Ort des Verkaufs der Absatz beeinflusst. Salespromotion soll die eigene Verkaufsorganisation verbessern, den Handel in betrieblichen Fragen unterstützen und den Verbraucher über die Verwendung des Produkts informieren und beraten.

Zur Verkaufsförderung gehört auch der **persönliche Verkauf**, der den Verkäufern des Unternehmens obliegt. Er hat als zwischenmenschlicher Prozess die Aufgabe, den Käufer zu beraten und ihn von den Vorzügen des Produkts zu überzeugen, um ihn zum Kaufentschluss zu veranlassen.

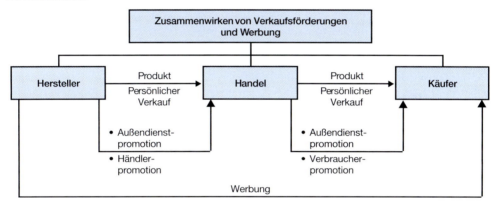

▶ *Außendienstpromotion*

Zur Förderung des Verkaufs werden Mitarbeiter im Außendienst *(z. B. Reisende und Handelsvertreter)* eingesetzt, die das Produkt an den Kunden zu bringen haben. Um deren Arbeit möglichst wirksam zu gestalten, werden sie in ihrer Arbeit unterstützt:

- **Schulung:** Sie kann zum Ziel haben,
  - den allgemeinen Bildungsstand der Mitarbeiter im Außendienst zu heben,
  - die Kenntnisse über das Unternehmen, das Produkt, über die Konjunktur und die Marktverhältnisse zu verbessern,
  - die Fähigkeit zu erlernen, erfolgreiche Verkaufsgespräche zu führen.
- **Verkaufsunterlagen:** Die Mitarbeiter im Außendienst erhalten zur Unterstützung ihrer Tätigkeit Unterlagen, *z. B. Preislisten, Muster, Prospekte, Veröffentlichungen und Karteien. Auch Tonbildschauen, Dias und Industriefilme können dem Außendienst die Tätigkeit erleichtern.*
- **Motivation:** Die Außendienstmitarbeiter werden zu höheren Leistungen motiviert durch Zahlung von Umsatzprovisionen und Umsatzprämien und durch Verkaufswettbewerbe.

> Außendienstpromotions sind Maßnahmen, die die Leistungsfähigkeit der Mitarbeiter im Außendienst durch Schulung und Unterstützung verbessern sollen.

▶ Händlerpromotion

Sie hat die Aufgabe, die Produkte in die Regale und Lager der Händler zu bringen (Hineinverkauf). Dazu gehören:

- **Information des Handels** *durch Händlerzeitschriften, Händlertreffen, Kundendienstinformationen, Ausbildung und Schulung der Händler.*

- **Beratung des Handels** bei der Preisbildung und Ausgestaltung der Verkaufsräume, *z. B. Kalkulationshilfen, Einführungsaktionen, Schaufensterdekorationen, Display-Material wie Regalattrappen und Bodenaufsteller als Blickfang (display = Schaustellung).*

- **Motivation zur Steigerung des Umsatzes** *durch Händlerpreisausschreiben, Schaufensterwettbewerbe, Produktdemonstrationen, Verkäufertraining.*

> Händlerpromotions sind Maßnahmen, die die Leistungsfähigkeit des Groß- und Einzelhandels durch Information und Beratung verbessern sollen.

▶ Verbraucherpromotion

Der Hersteller versucht nicht nur auf die Händler, sondern auch auf die Verbraucher unmittelbar Einfluss zu nehmen, indem er durch Anleitungen die Verwendung der Produkte erleichtert und in besonderer Weise auf das Produkt aufmerksam macht. Zur Verbraucherpromotion gehören:

- **Sachgerechte Verwendung des Produkts** *(z. B. Gebrauchsanweisungen, Bedienungsanleitungen, Demonstration der Funktionsweise, Verkauf der Produkte durch Propagandisten),*

- **Sonderpreisaktionen** *(z. B. Großpackungen, Sonderrabatte, Rabattmarken, Boni, Probenverteilung).*

> Verbraucherpromotions sind Maßnahmen, die dem Kunden durch besondere Dienste und Aktionen die Produkte nahe bringen und begehrenswert machen sollen.

3.3.3 Öffentlichkeitsarbeit (Public Relations)

Die **Beziehungen eines Unternehmens zur Öffentlichkeit**, die sich darin äußern, wie bekannt das Unternehmen ist und welches Interesse und Vertrauen dem Unternehmen entgegengebracht wird, haben ebenfalls großen Einfluss auf den Absatz. Je größer das **Ansehen eines Unternehmens** in der Öffentlichkeit, desto weniger Schwierigkeiten wird es bei der Verwirklichung seiner Marketing-Ziele haben. Deshalb ist es notwendig, das Ansehen der Firma und das Vertrauen in die Firma durch Maßnahmen der Öffentlichkeitsarbeit zu verbessern.

> Unter Public Relations versteht man alle Bemühungen, die auf das Ansehen und Vertrauen eines Unternehmens als Ganzes gerichtet sind, um die Wirkung der Werbung und der Verkaufsförderung zu verstärken. In der globalisierten Wirtschaft ist die Kommunikation mit der Öffentlichkeit ein Schlüsselfaktor für den Erfolg.

Zu den Maßnahmen der Öffentlichkeitsarbeit zählen:

- **Betriebsbesichtigungen und Veranstaltungen** *(z. B. Tag der offenen Tür, Vorträge, Filmvorführungen, Jubiläumsfeiern, Ausstellungen, Informations- und Kommunikationszentren),*

- **Berichte und Reportagen in den Medien** *(z. B. über Einführung neuer Produkte, Investitionsvorhaben, Fusionsabsichten, Ertragslage, Nachrichten an Analysten)*,

- **Zeitschriften** *(z. B. Kundenzeitschriften, Werkzeitschriften, Fachzeitschriften)*,

- **Stiftungen** *(z. B. für Wissenschaft, Forschung, Kunst und Sport)*.

3.3.4 Unlautere Werbung

Eine unlautere Werbung liegt vor, wenn sich Unternehmen mit **unfairen Werbemethoden** Vorteile gegenüber ihren Mitbewerbern und bei den Verbrauchern beschaffen. Das Gesetz gegen den unlauteren Wettbewerb (UWG) verbietet unlautere Werbung.

> In der Generalklausel (§ 1 UWG) heißt es, wer zum Zwecke des Wettbewerbs Handlungen vornimmt, die gegen die guten Sitten verstoßen, kann auf Unterlassung und Schadenersatz in Anspruch genommen werden. Nach der Rechtsprechung bedeutet „gute Sitten": Was dem Anstandsgefühl aller billig und gerecht Denkenden entspricht.

▶ Arten der unlauteren Werbung

- **Anlocken von Kunden mit unzulässigen Werbemitteln**, *z. B. Käufer werden mit niedrigen Preisen angelockt, obwohl nur wenige billige Waren vorhanden sind (Lockvogelangebote); Schleuderpreise (ruinöse Konkurrenz), übertriebene Serviceleistungen, Werbung über Faxgeräte, Werbung nach dem so genannten Schneeballsystem (progressive Werbung, § 6c UWG).*

- **Unwahre, irreführende Angaben in der Werbung**, *z. B. falsche Angaben über die Beschaffenheit, Qualität, Herstellungsart oder Herkunft der Ware (§§ 3, 4 UWG); Erhöhung des Preises, um danach einen Rabatt zu gewähren.*

- **Bestechung von Angestellten oder Beauftragten**, *z. B. Einkäufer des Kunden werden durch Vertreter des Lieferers mit Schmiergeldern oder Geschenken bestochen (§ 12 UWG).*

- **Herabsetzen oder Anschwärzen von Konkurrenten**, *z. B. die verschiedenen Formen der unwahren Werbung dürfen nicht irreführend oder unlauter sein: „Nur auf die Funktionsfähigkeit unserer Erzeugnisse können Sie sich verlassen" (§§ 14, 15 UWG).*

- **Benutzen eines eingeführten Firmennamens oder einer gesetzlich geschützten Warenbezeichnung**, wenn die Gefahr der Verwechslung besteht.

- **Verrat von Geschäftsgeheimnissen**, *z. B. ein Angestellter verrät günstige Bezugsquellen seinem Freund, der bei der Konkurrenz beschäftigt ist (§ 17 UWG).*

- **Werbung mit Tabakerzeugnissen** im Hörfunk und Fernsehen (§ 22 LMBG).

▶ Verbot der Werbung mit mengenmäßiger Beschränkung (§ 6d UWG)

Mit diesem Verbot soll eine bessere Bekämpfung der *Lockvogelangebote* erreicht werden. Es handelt sich hier um die mengenmäßige Werbung, die sich auf einzelne konkrete Waren des Gesamtangebots bezieht.

> Werbemäßig angekündigte Waren müssen für eine angemessene Zeit in ausreichender Menge im Geschäft vorhanden sein, sonst ist es eine irreführende Werbung.

Beispiele:

- Unzulässig sind beschränkende Angaben wie „Abgabe in haushaltsüblichen Mengen", „Abgabe nur zwei Stück je Person"; zulässig ist „Einzelstücke" oder „300 Anzüge".

- Untersagt ist, den Anschein eines besonders günstigen Angebots zu erwecken durch herausgestellte Angaben wie „Sonderangebot", „Superknüller", „einmalig", „jetzt nur" und die Abgabe gleichzeitig zu beschränken.

▶ *Werbung mit Preisgegenüberstellungen (§ 6 e UWG)*

Sie ist in der Innen- und Außenwerbung unzulässig.

Beispiele: „Bisher 200,00 EUR, jetzt 150,00 EUR"; „Modellkleid um die Hälfte reduziert"; generelle Preissenkungen sind erlaubt wie „Kaffee 5 % billiger"

Das Verbot gilt nicht für die Preisauszeichnungen, die nicht blickfangmäßig herausgestellt werden, *z. B. Preisauszeichnungen an Waren in Geschäftsräumen, am Regal, an Verkaufsständen, in Schaukästen und Schaufenstern.* Immer verboten sind Gegenüberstellungen von Preisangaben in Zeitungen, Prospekten und in der sonstigen Außenwerbung. Lautsprecherdurchsagen sind immer als „blickfangmäßig" anzusehen, bei Schaufenstern nur, wenn die Preisgegenüberstellung besonders hervortritt.

▶ *Verstöße gegen das Recht der Sonderveranstaltungen (§§ 7, 8 UWG)*

Sonderveranstaltungen liegen vor, wenn im Einzelhandel Verkaufsveranstaltungen außerhalb des regelmäßigen Geschäftsverkehrs stattfinden oder Angebote zeitlich befristet werden, die den Eindruck beim Käufer hervorrufen, dass damit besondere Kaufvorteile gewährt werden. Sonderveranstaltungen sind grundsätzlich verboten. Erlaubt sind:

- **Jubiläumsverkäufe** (§ 7 Abs. 3 UWG) zur Feier des Bestehens eines Unternehmens sind alle 25 Jahre zulässig.

- **Räumungsverkäufe** (§ 8 UWG) dürfen nur durchgeführt werden *bei einem Schaden durch Feuer, Wasser, Sturm u. a.* (Höhere Gewalt), bei Baumaßnahmen (Räumungszwangslage muss vorliegen) und bei Aufgabe des gesamten Geschäftsbetriebes.

▶ *Rücktrittsrecht der Verbraucher (§ 13 a UWG)*

Bei **unwahren und irreführenden Werbeangaben** kann der Abnehmer vom Vertrag zurücktreten, wenn sie für den Abschluss des Vertrages wesentlich waren. Das Rücktrittsrecht erlischt, wenn der Rücktritt nicht unverzüglich nach Kenntnis der Umstände innerhalb von sechs Monaten nach Abschluss des Vertrages erklärt wird.

▶ *Verordnung über Preisangaben*

Danach hat jeder, der regelmäßig Waren oder Leistungen dem Letztverbraucher anbietet oder dafür **in Zeitungen, Zeitschriften, auf Plakaten, im Rundfunk oder Fernsehen oder auf sonstige Weise wirbt**, Preise anzugeben. Es handelt sich um Preise, die einschließlich der Umsatzsteuer und sonstiger Preisbestandteile unabhängig von einer Rabattgewährung zu zahlen sind (Endpreise an Letztverbraucher). Dem Verbraucher soll damit die Möglichkeit gegeben werden, die Preise leichter vergleichen zu können.

Lernaufgaben 3.3

Kommunikationspolitik

1 *Die Kommunikationspolitik hat zwei wichtige Funktionen: den Umworbenen über das Produkt zu informieren und ihn zu einem Kaufentschluss zu motivieren.*

   a) Zu den Informationen, die den potenziellen Käufer erreichen sollen, gehören z. B. Name und Verwendungszweck des Produkts. Nennen Sie weitere für den Abnehmer wichtige Informationen!

   b) Welche motivierende Wirkung haben folgende Appelle: „Jetzt Öl kaufen, der nächste Winter kommt bestimmt." „Das Angebot ist nur gültig, solange der Vorrat reicht."

   c) Wodurch unterscheiden sich die Absatzwerbung, die Verkaufsförderung und die Öffentlichkeitsarbeit?

2

   a) Errechnen Sie den prozentualen Anteil der Werbeeinnahmen für 2002 (20,1 Mrd. EUR) am realen Bruttoinlandsprodukt 2002 (1 984,3 Mrd. EUR)!

   b) Nehmen Sie kritisch Stellung zu den Werbeausgaben bezüglich ihrer Werbewirkung!

3 *Ein Markenartikelhersteller hat zwei Werbeziele geplant:*

   – *Sendung eines TV-Spots im regionalen Fernsehen: Damit soll sich der Produktname und die Herstellerfirma in dem Maße einprägen, dass sich später 25 % der Zuschauer daran erinnern.*

   – *Veranstaltung eines Preisausschreibens: Daran sollen sich aufgrund einer Anzeige 4 % der Bezieher der Zeitschrift beteiligen.*

Bei der Werbeerfolgskontrolle wird festgestellt, dass sich etwa 28 % der Fernsehteilnehmer an den im Werbefernsehen ausgestrahlten Werbespot erinnern, jedoch nur 1,5 % der Bezieher der Zeitschrift am Preisausschreiben teilgenommen haben.

Ablauf-Modell für die Werbeplanung, Werbedurchführung und Werbekontrolle

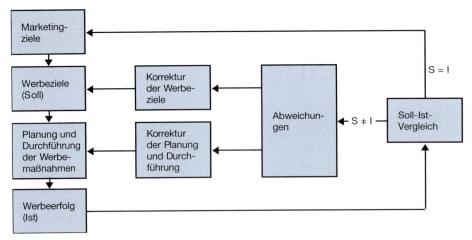

a) Wie lässt sich der Werbeerfolg beim TV-Spot und bei der Veranstaltung des Preisausschreibens ermitteln?

b) Zeigen Sie, wie der Soll-Ist-Vergleich durchgeführt wird! Ermitteln Sie die Abweichungen!

c) Unterbreiten Sie Vorschläge für die Korrektur in der nächsten Werbeperiode!

d) Erläutern Sie anhand des Ablaufmodells den gesamten Prozess der Planung und Durchführung der Werbung und Rückkopplung bei Soll-Ist-Abweichungen!

4 *In einer Spielwaren GmbH macht man sich bei der Geschäftsführung darüber Gedanken, wie der Umsatz, der zurzeit stagniert, durch Salespromotion erhöht werden kann.*

a) Die in der Spielwaren GmbH beschäftigten 15 Reisenden erhalten ein Fixum von 1 000,00 EUR im Monat und 2 % Umsatzprovision. Wie könnte man im Rahmen der Außendienst-Promotions die Reisenden zu höheren Leistungen motivieren?

b) Die neu eingeführten ferngesteuerten Flugzeuge finden nicht den erwarteten Umsatz, obwohl sie den Konkurrenzprodukten im Design, in der Funktionsfähigkeit und auch im Preis überlegen sind. Es ist zu vermuten, dass das Spielzeug bei den Händlern und beim Verbraucher noch zu wenig bekannt ist. Zeigen Sie an Beispielen, wie man durch verkaufsfördernde Maßnahmen (Händlerpromotions und Verbraucherpromotions) die ferngesteuerten Flugzeuge besser bekannt machen kann!

c) Ein Verkaufsförderer hat die Aufgabe, die Händler zu besuchen und sie beim Absatz der angebotenen Artikel zu unterstützen. Geben Sie Beispiele, in welcher Form der Verkaufsförderer dies tun kann!

5 *Jedes Unternehmen wird versuchen, eine optimale Kombination der Instrumente der Kommunikationspolitik (Kommunikations-Mix) anzustreben.*

Kennzeichnen Sie für die Instrumente Absatzwerbung, Verkaufsförderung und Öffentlichkeitsarbeit (senkrechte Gliederung) die folgenden Merkmale!

Merkmale / Instrumente	Ziel	Zielgruppe	Botschaft	Träger	Wirkungsdauer

Lerngerüst 3.4

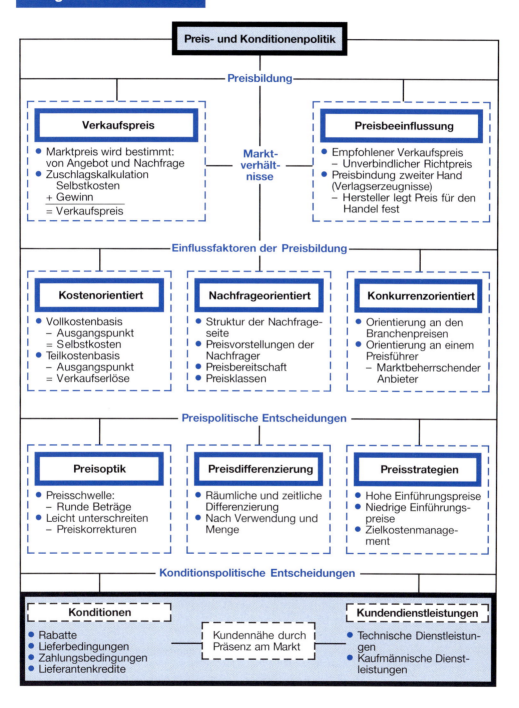

Lerninformationen 3.4

3.4 Preis- und Konditionenpolitik

Jeder Unternehmer muss entscheiden, zu welchen Preisen er seine Waren verkaufen will. Soweit keine staatlichen Vorschriften vorhanden sind, ist der Unternehmer in seiner Preisgestaltung frei. Das heißt aber nicht, dass er jeden Preis, den er sich wünscht, auf dem Markt durchsetzen kann. Bei der Preispolitik spielen drei Gesichtspunkte eine Rolle:

– Die Ware ist in eine **Preisklasse** der oberen, mittleren oder unteren Stufe einzuordnen, die insbesondere durch die Kaufkraft der Kunden bestimmt wird.

– Innerhalb der Preisklasse ist die Höhe des **Verkaufspreises** festzulegen, bei der die betrieblichen Kosten und die Marktverhältnisse, vor allem die Konkurrenzpreise zu beachten sind.

– Zudem werden die Verkaufspreise beeinflusst durch Rabatte, Preisangaben, Sonderangebote, Liefer- und Zahlungsbedingungen.

> Unter der Preispolitik versteht man alle Entscheidungen des Unternehmens, die den Preis gestalten und auf ihn Einfluss nehmen, um den Absatz zu fördern.

3.4.1 Preisbildung

Die Preise bilden sich in der Marktwirtschaft auf dem **Markt** durch das **Wechselspiel zwischen Angebot und Nachfrage**. Bei hohen Preisen ist die Nachfrage niedrig und das Angebot hoch. Der Nachfrager kann bei sinkenden Preisen zusätzliche Mengen aufnehmen, der Anbieter bei steigenden Preisen mehr verdienen.

Beispiel: Auf dem Wochenmarkt treffen sich Händler (Anbieter) und Kunden (Nachfrager) mit entgegengesetzten Interessen. Die Händler wollen ihre Waren mit möglichst hohem Gewinn verkaufen und ihren Absatzplan erfüllen. Die Kunden wollen Waren möglichst billig einkaufen und ihren Konsumplan realisieren. Der Ausgleich der Interessen erfolgt über den Preis, der sich auf dem Wochenmarkt durch Angebot und Nachfrage bildet. Er stellt einen Kompromiss der unterschiedlichen Preisvorstellungen dar.

► *Ermittlung des Verkaufspreises*

Zunächst muss der Unternehmer in der Kalkulation des Verkaufspreises alle **Kosten** berücksichtigen, die er vom Einkauf bis zum Verkauf der Waren aufgewendet hat. Das ist seine **Preisuntergrenze**, die er grundsätzlich nicht unterschreiten sollte, da er sonst mit Verlust verkauft. Zum Verkaufspreis gehört noch ein **angemessener Gewinn**. Es ist aber nicht sicher, ob er zu diesem kalkulierten Verkaufspreis seine Waren auf dem Markt verkaufen kann. Denn der **Marktpreis** wird nicht nur vom eigenen Angebot, sondern auch vom Angebot der Konkurrenz und von der Nachfrage bestimmt.

> Der Unternehmer hat bei seinen preispolitischen Entscheidungen nicht nur den Umfang der entstandenen Kosten und einen angemessenen Gewinn zu berücksichtigen, sondern auch die jeweilige Situation auf dem Absatzmarkt. Die notwendigen Informationen erhält er aus dem Rechnungswesen und den Ergebnissen der Marktforschung.

Beispiel einer Zuschlagskalkulation im Handel:

Kalkulationsschema	E	UR
Einkaufspreis – Lieferrabatt 10 %		580,00 58,00
Zieleinkaufspreis – Lieferskonto 3 %		522,00 15,66
Bareinkaufspreis + Bezugskosten		506,34 35,66
Einstandspreis (Bezugspreis) + Handlungskosten 25 %		542,00 135,50
Selbstkostenpreis + Gewinnzuschlag 12 %		677,50 81,30
Nettoverkaufspreis + Umsatzsteuer 16 %		758,80 121,41
Bruttoverkaufspreis, Ladenpreis, Auszeichnungspreis		880,21

Bezugs-
kalkulation

Rohgewinn

Verkaufs-
kalkulation

Die Zuschlagskalkulation kann vereinfacht werden, wenn man die Handlungskosten, den Gewinn und die Umsatzsteuer zu einem Zuschlag zusammenfasst. Der Händler kalkuliert dann:

Einstandspreis	542,00 EUR
+ Kalkulationszuschlag 62,4 %	338,21 EUR
= Bruttoverkaufspreis (Ladenpreis)	880,21 EUR

● Der **Kalkulationszuschlag** (Aufschlagsspanne) wird errechnet, indem der Aufschlag (Differenz zwischen Einstandspreis und Bruttoverkaufspreis) in Prozent des Bezugspreises ausgedrückt wird.

$$\text{Kalkulationszuschlag} = \frac{\text{Aufschlag} \cdot 100}{\text{Einstandspreis}} = \frac{338,21 \cdot 100}{542} = \underline{\underline{62,4\,\%}}$$

● Der **Kalkulationsfaktor** ist die Zahl, mit der man den Einstandspreis multipliziert, um den Bruttoverkaufspreis zu errechnen.

$$\text{Kalkulationsfaktor} = \frac{\text{Ladenpreis}}{\text{Einstandspreis}} = \frac{880,21}{542} = \underline{\underline{1,62\,\%}}$$

● Die **Handelsspanne** (Abschlagsspanne) wird errechnet, indem der Abschlag (Differenz zwischen Nettoverkaufspreis und Einstandspreis) in Prozent des Nettoverkaufspreises ausgedrückt wird.

$$\text{Handelsspanne} = \frac{\text{Abschlag} \cdot 100}{\text{Nettoverkaufspreis}} = \frac{216,80 \cdot 100}{758,80} = \underline{\underline{28,57\,\%}}$$

▶ *Preisbeeinflussung durch den Hersteller*

Der Hersteller kann den Verkaufspreis dem Groß- oder Einzelhändler empfehlen oder im Ausnahmefall auch vorschreiben.

● Der **empfohlene Verkaufspreis** wird vom Hersteller festgelegt und gilt als **unverbindlicher Richtpreis**, zu dem der Artikel verkauft werden kann. Preisempfehlungen sind bei **Markenartikeln** erlaubt (§ 38a GWB). Das Kartellamt kann aber im Rahmen der Missbrauchsgesetzgebung Auskünfte von Unternehmen verlangen, wenn ihm die empfohlenen Preise zu hoch erscheinen („Mondpreise"). Bei Missbrauch kann die Preisempfehlung für ungültig erklärt werden.

> Bei Markenartikeln garantiert der Hersteller gleich bleibende oder verbesserte Qualität. Er betreibt eine intensive Werbung und sorgt für eine überregionale Verbreitung.

● **Preisbindung:** Die Preisbindung zweiter Hand liegt vor, wenn der Hersteller für die nachfolgenden Handelsstufen den Verkaufspreis festlegt. Seit 1974 ist die Preisbindung generell untersagt, da sie den freien Wettbewerb einschränkt. Bei Verlagserzeugnissen, *z. B. Bücher, Zeitschriften und Zeitungen*, ist sie noch erlaubt.

3.4.2 Einflussfaktoren der Preisbildung

Die Preisbildung eines Produktes wird vor allem von folgenden Faktoren beeinflusst: betriebsindividuelle Kosten, Nachfragesituation, Konkurrenzsituation.

▶ *Kostenorientierte Preisbildung*

Hier handelt es sich um den Preis, der auf der Grundlage der **betrieblichen Kostensituation von Industriebetrieben** erzielt werden soll. Er kann auf Vollkostenbasis oder auf Teilkostenbasis ermittelt werden.

● Die **Preisbildung auf Vollkostenbasis** geht von den Selbstkosten aus, die durch den betrieblichen Leistungsprozess entstanden sind.

Beispiel: Zuschlagskalkulation in der Industrie für 100 Haushaltsgeräte in EUR

Einzelmaterialkosten	4 000,00	⎫
+ Materialgemeinkosten 10 %	400,00	
= Materialkosten	4 400,00	
+ Fertigungslöhne	3 000,00	Die Selbstkostenkalkulation erfasst alle zurechenbaren Kosten.
+ Fertigungsgemeinkosten 80 %	5 600,00	
= Herstellkosten (Material- und Fertigungskosten)	13 000,00	
+ Verwaltungs- und Vertriebskosten 20 %	2 600,00	⎭
= Selbstkosten (langfristige Preisuntergrenze)	5 600,00	⎫
+ Gewinn 12 %	1 872,00	
= Barverkaufspreis	7 472,00	
+ Kundenskonto 5 % i. H.	919,58	
= Zielverkaufspreis	18 391,58	Verkaufskalkulation
+ Kundenrabatt 15 % i. H.	3 245,57	
= Listenverkaufspreis	21 637,15	⎭

- Die **Preisbildung auf Teilkostenbasis** (Deckungsbeitragsrechnung) geht vom Verkaufspreis aus. Davon werden die variablen Kosten abgezogen, um den Deckungsbeitrag zu erhalten. Die **fixen Kosten** werden aus folgenden Gründen zunächst nicht berücksichtigt:

- Die fixen Kosten haben bei gleich bleibender Kapazität für die Entscheidung, ob ein **zusätzlicher Auftrag** in das Fertigungsprogramm aufgenommen werden soll, keine Bedeutung. Sie fallen ohnehin in einer bestimmten Höhe unabhängig von der erzeugten Menge an.

- Die fixen Kosten lassen sich in der Regel nicht genau dem Produkt zurechnen (**Gemeinkosten**).

- Der **Deckungsbeitrag** wird wie folgt ermittelt:

Deckungsbeitrag (Bruttogewinn)	= Erlös	− variable Kosten
Deckungsbeitrag je Stück	= Erlös je Stück	− variable Kosten je Stück

Beispiel: Die Unternehmensleitung eines Industriebetriebes hat zu entscheiden, ob bei Unterbeschäftigung ein zusätzlicher Auftrag in das Fertigungsprogramm aufgenommen werden soll. Der Netto-Verkaufspreis des Auftrages beträgt 30 000,00 EUR, die variablen Kosten betragen 20 000,00 EUR und die fixen Kosten 10 200,00 EUR.

- **Kalkulation nach dem Vollkostenprinzip** (Vollkostenrechnung):

Netto-Verkaufspreis	30 000,00 EUR	Die Selbstkosten (Vollkosten) bilden die
− Vollkosten	30 200,00 EUR	**langfristige Preisuntergrenze**.
Verlust	−200,00 EUR	

Bei der Kalkulation auf der Grundlage der Vollkosten müsste entschieden werden, das Produkt **nicht zu produzieren**.

- **Kalkulation nach dem Teilkostenprinzip** (Teilkostenrechnung):

Netto-Verkaufspreis	30 000,00 EUR	Die variablen Kosten (variable Material-
− Variable Kosten	20 000,00 EUR	und Fertigungskosten) bilden die **kurz-**
Deckungsbeitrag	10 000,00 EUR	**fristige Preisuntergrenze**.

Kalkuliert man auf der Basis der Teilkosten, kommt man zu einem **anderen Ergebnis**: Es wäre falsch, den Auftrag abzulehnen. Die Fixkosten verändern sich durch diesen Auftrag nicht, sodass der Deckungsbeitrag in Höhe von 10 000,00 EUR zur Deckung der fixen Kosten beiträgt.

- **Gewinnsituation des Unternehmens vor und nach der Annahme des Auftrages:**

Kalkulation　　　　　　　Situation	Vor der Aufnahme des Auftrages EUR	Nach der Aufnahme des Auftrages EUR
Netto-Verkaufspreis − Variable Kosten	600 000,00 400 000,00	630 000,00 420 000,00
Deckungsbeitrag − Fixe Kosten	200 000,00 204 000,00	210 000,00 204 000,00
Gewinn/Verlust (+/−)	− 4 000,00	+ 6 000,00

Den **zusätzlichen Auftrag hereinzunehmen hat den Vorteil**, dass der ungedeckte Fixkostenbetrag der Periode von 4 000,00 EUR gedeckt und darüber hinaus ein Gewinn von 6 000,00 EUR erzielt wird (Verkaufspreis > variable Stückkosten = positiver Deckungsbeitrag).

▶ *Nachfrageorientierte Preisbildung*

Wenn auch die Kosten bei der Preisbildung eine wichtige Rolle spielen, vollzieht sich letzten Endes die Preisbildung auf dem Markt. Dort trifft der Anbieter auf den Nachfrager, der bereit sein muss einen bestimmten Preis zu bezahlen.

Einflussfaktoren der nachfrageorientierten Preisbildung

● **Struktur der Nachfrageseite**	Anzahl der Nachfrager, Gruppen von Nachfragern, Typen von Nachfragern, Austauschbarkeit der Produkte
● **Preisvorstellungen der Nachfrager**	Vergleich der Produkte gleicher Gattung, Vorstellung über Nutzen, Qualität und Image des Herstellers und Händlers
● **Preisbereitschaft der Nachfrager**	Bereitschaft einen bestimmten Preis zu bezahlen, abhängig von der Kaufkraft und der Dringlichkeit
● **Preisklassen der Nachfrager**	Nachfrager richtet sich beim Kauf nach den Preisklassen: untere, mittlere, gehobene

> Entscheidungshilfen für preispolitische Maßnahmen sind in vielen Fällen Preisreaktionstests. Sie sind umso besser, je genauer die realen Marktverhältnisse berücksichtigt werden.

▶ *Konkurrenzorientierte Preisbildung*

Sie richtet sich weitgehend unabhängig von der Kosten- und Nachfragesituation an den Preisen der Konkurrenz aus. Im Wesentlichen werden zwei Formen bevorzugt:

● Die **Orientierung am Branchenpreis** ist vorwiegend bei stark homogenen (gleichartigen) Gütern und überwiegend bei oligopolistischer und polypolistischer Konkurrenz zu finden.

– Die **oligopolistische Konkurrenz** ist dadurch gekennzeichnet, dass wenige Unternehmen mit einem großen Marktanteil durch preispolitische Maßnahmen das Marktgeschehen beeinflussen können. Sie müssen jedoch damit rechnen, dass die anderen Oligopolisten auf diese Maßnahmen reagieren und Kunden zur Konkurrenz abwandern.

Beispiel: Wenn fünf Autoproduzenten den gesamten Automarkt unter sich aufteilen, hat jeder Anbieter einen derart starken Marktanteil, dass bei Änderung der Preise, der Produktqualität oder des Werbeaufwandes eines Oligopolisten alle übrigen Anbieter zu einer Reaktion gezwungen sind.

– Bei der **polypolistischen Konkurrenz** sind viele Unternehmen mit einem kleinen Marktanteil auf dem Markt. Sie besitzen einen monopolistischen Absatzbereich, innerhalb dessen sie Preispolitik betreiben können, ohne damit rechnen zu müssen, dass die Kunden darauf reagieren. So wird *z. B. ein Haushalt nicht gleich bei einem anderen Bäcker sein Brot kaufen, wenn sein Bäcker den Brotpreis etwas erhöht.*

● Die **Orientierung an einem Preisführer** liegt vor, wenn sich die Wettbewerber in ihrem preispolitischen Verhalten freiwillig oder mehr oder weniger zwangsweise am Verhalten des marktbeherrschenden Anbieters orientieren.

3.4.3 Preispolitische Entscheidungen

Der harte Wettbewerb zwingt den Unternehmer alle Möglichkeiten zu nutzen, durch preispolitische Entscheidungen den Absatz und eine ausreichende Rendite zu sichern.

▶ Vorkalkulation und Nachkalkulation

Schon beim Einkauf der Waren muss darauf geachtet werden, dass der betrieblich notwendige **Kalkulationszuschlag** erreicht werden kann (Eingangs-, Anfangs- oder Vorkalkulation). Anhand des tatsächlich erzielten Verkaufspreises rechnet der Händler nach, ob die **Handelsspanne** ausreicht, seine Kosten und einen angemessenen Gewinn zu decken (Nachkalkulation).

Beispiel: Ein Sportsakko kostet zum Einstandspreis 110,00 EUR. Der erforderliche Kalkulationszuschlag beträgt 100 %, der zu erzielende (geplante) Verkaufspreis 220,00 EUR. Aus Konkurrenzgründen lässt sich das Sakko jedoch höchstens mit 198,00 EUR verkaufen. Bei einem Absatz von 100 Sakkos ergibt sich bei gegebenen Marktverhältnissen im Vergleich zwischen Vor- und Nachkalkulation eine negative Abweichung von 2 200,00 EUR.

In solchen Fällen sollte geprüft werden, ob die Waren nicht von **anderen Lieferanten** zu günstigeren Bedingungen gekauft werden können oder ob in einem anderen Sortimentsbereich ein **Kalkulationsausgleich** (Mischkalkulation) erreicht werden kann. Das Sortiment ist auch daraufhin zu überprüfen, ob der Artikel nicht aufgegeben werden sollte, wenn nur eine unzureichende Handelsspanne erzielt wird. Es sei denn, dass der Artikel zur Abrundung des Sortiments unbedingt erforderlich ist.

> Die Vorkalkulation (zu erzielende Kalkulation) ist stets mit der Nachkalkulation (erzielte Kalkulation) zu vergleichen, um anhand der Handelsspanne festzustellen, ob die Vorkalkulation erreicht wurde. Danach ist zu entscheiden, ob eine Sortimentsveränderung erforderlich ist.

▶ Preisoptik (Signalpreise)

Die Mischkalkulation wird auch verwendet, um die optische Wirkung des Preises zu verbessern. Dabei muss aber die **Preisschwelle** beachtet werden, die **bei runden EUR-Beträgen** liegt. Sie hat im Wesentlichen psychologische Bedeutung und richtet sich danach, was der Käufer als teuer empfindet. Nach Möglichkeit sollten Preisschwellen leicht unterschritten werden, um den Preis nicht zu hoch erscheinen zu lassen, *z. B. Preise von 0,99 EUR, 4,95 EUR und 9,49 EUR.*

Beispiel: Beim Einkauf eines Artikels zum Preis von 5,10 EUR und einem notwendigen Kalkulationszuschlag von 100 % ergibt sich bei schematischer Anwendung der Kalkulation ein Verkaufspreis von 10,20 EUR. Optisch ist dieser Verkaufspreis ungünstig. Er liegt besser bei etwa 9,80 EUR. Es wäre auch zu überlegen, ob der Preis nicht auf 10,48 oder 10,80 EUR angehoben werden kann. Für diesen Fall sollte aber geprüft werden, ob keine Preisschwelle überschritten wird.

▶ Preisdifferenzierung

Die Unternehmen nutzen ihre Präferenzen und die mangelnde Markttransparenz der Nachfrager, um auf möglichst **vielen Teilmärkten** ihre Produkte zu **unterschiedlichen Preisen** zu verkaufen und damit einen zusätzlichen Gewinn zu erzielen. Das Ziel ist die Abschöpfung der Konsumentenrenten.

> Voraussetzung für eine erfolgreiche Preisdifferenzierung ist, dass die Teilmärkte isoliert werden können (Marktspaltung), auf denen zu unterschiedlichen Preisen verkauft wird.

Die Preisdifferenzierung kann in folgender Form erfolgen:

- Eine **räumliche Preisdifferenzierung** liegt vor, wenn das gleiche Gut an verschiedenen Orten zu unterschiedlichen Preisen angeboten wird. *So werden z. B. Produkte, die im Inland nicht abgesetzt werden können, im Ausland zu niedrigeren Preisen verkauft.*

- Bei der **Preisdifferenzierung nach der Verwendung** werden für gleiche oder leicht veränderte Güter unterschiedliche Preise je nach Verwendungszweck gefordert. So wird z. B. Salz als Speisesalz teurer oder durch bestimmte Beimischungen als Vieh- oder Industriesalz billiger verkauft; durch Verwendung unterschiedlicher Zähler wird der Kraftstrom billiger als der Haushaltsstrom abgegeben.

- Bei der **Preisdifferenzierung nach der Menge** werden je nach der abgegebenen Menge unterschiedliche Mengen- und Treuerabatte eingeräumt (Staffelrabatte). Als weitere Beispiele sind zu nennen *Gruppenfahrten bei der Deutschen Bahn AG und die Abgabe von Strom, Gas und Wasser an Großabnehmer (Sondertarife)*.

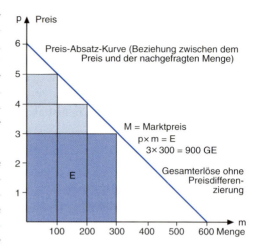

Preisdifferenzierungen liegen vor, wenn für die gleiche Ware bei verschiedenen Kunden unterschiedliche Preise verlangt werden, ohne dass die Preisunterschiede begründet sind.

▶ *Preisstrategien*

Um zum unternehmerischen Erfolg beizutragen, wurden Preisstrategien entwickelt, die als Vorbild gewirkt haben, *z. B. die Niedrigpreisstrategie von Aldi und die Hochpreis-Nischen-Strategie von BMW und Porsche*. Bei der Produkteinführung stehen zwei Strategien im Vordergrund:

- **Hohe Einführungspreise (Marktabschöpfungsstrategie):** Das neue Produkt wird mit hohen Preisen eingeführt, um zunächst die Käuferschichten mit hohem Einkommen abzuschöpfen. Dabei werden **hohe Stückgewinne** bei relativ **niedrigem Absatz** erzielt *(z. B. Bücher, hochwertige Geräte)*.

- **Niedrige Einführungspreise (Marktdurchdringungsstrategie):** Das neue Produkt soll breiten Käuferschichten zu niedrigen Preisen bekannt gemacht werden, um Stammkunden zu gewinnen. Man begnügt sich zunächst mit **niedrigen Stückgewinnen** bei relativ **hohem Absatz** *(z. B. Verbrauchsgüter wie Getränke, Lebensmittel, Waschmittel)*. Ist das Produkt gut eingeführt, wird nach einiger Zeit der Preis allmählich angehoben.

▶ *Zielkosten-Management (Target-Costing)*

Die herkömmliche Kalkulation (Kostenrechnung) wird durch das Zielkosten-Management auf eine neue Grundlage gestellt. Bisher wurde der Preis durch Addition der Kosten und der Gewinnspanne errechnet.

Im Zielkosten-Management orientieren sich die Preise und damit indirekt die Kosten direkt am Markt. Es beantwortet die Frage: Wie viele Kosten darf ein Produkt verursachen?

- **Ermittlung der Zielkosten:** Sie geht davon aus, welchen Preis ein Produkt am Markt erzielen kann. Davon wird die geplante Gewinnspanne abgezogen. Das Ergebnis sind die Zielkosten.

Beispiel: Ein Pkw ist in einer bestimmten Stückzahl für 20 000,00 EUR zu verkaufen. Die Gewinnspanne vor Steuern beträgt 1 000,00 EUR. Dann belaufen sich die Zielkosten auf 19 000,00 EUR.

- **Zielkosten bei einem neuen Produkt:** Am Markt lässt sich nicht immer der Preis für ein Produkt vorweg feststellen, *z. B. weil es das Produkt bisher nicht gibt*. Für diese Fälle werden andere Hilfsgrößen herangezogen, *z. B. die Kostenstruktur eines bedeutenden Konkurrenten*. Dabei besteht die Gefahr, dass die Kostenziele zu niedrig angesetzt werden, sodass nicht alle Kosteneinsparungen realisiert werden können.

- **Aufteilung der Zielkosten:** Die für das Produkt ermittelten Zielkosten werden auf einzelne Teile oder Komponenten heruntergebrochen. Wieweit die Aufteilung vorgenommen wird, hängt vom Nutzen ab, den der Kunde einem bestimmten Teil beimisst. Je höher der Nutzen, desto größer der Anteil an den Kosten.

    Beispiel: Beim Auto wird festgestellt, wie viel der Motor, die Sitze, die elektrischen Anlagen und das Chassis kosten dürfen.

- **Erreichen der Zielkosten:** Um die geplanten Zielkosten einzuhalten, konzentriert sich das Zielkosten-Management nicht wie bei der üblichen Kostenrechnung nur auf die Produktion, sondern auch schon auf die **vorgelagerten Bereiche** *wie Forschung und Entwicklung und Marketing*. Denn bereits auf diesen Stufen liegt ein beachtliches Sparpotenzial an Kosten. In der Herstellung, wo die meisten Kosten entstehen, können sie jedoch nicht mehr beeinflusst werden. Es sei denn, dass mit der Forschung und Entwicklung und Konstruktion noch einmal von vorne angefangen wird.

Bislang wurde der Preis aus einer Kostenfortschreibung ermittelt. Das Zielkosten-Management geht dagegen vom Marktpreis aus und schließt durch Abzug der Gewinnspanne auf die Zielkosten.

3.4.4 Konditionenpolitische Entscheidungen

Der Preis des Anbieters wird auch durch besondere Konditionen (Bedingungen) beeinflusst.

Besondere Entscheidungen der Konditionenpolitik wie Rabattgewährung, Liefer- und Zahlungsbedingungen und andere Kundendienstleistungen tragen dazu bei, dass der Kunde zufrieden ist und als Dauerkunde gewonnen wird.

▶ *Rabatte*

Sie werden vom Rechnungsbetrag abgezogen und mindern dadurch den Verkaufspreis. Rabatte werden für bestimmte Leistungen des Abnehmers gewährt:

- **Mengenrabatte** werden für die Abnahme einer großen Menge gegeben.

- **Treuerabatte** werden an langjährige Kunden gewährt. Wird der Bezug von Waren für ein Jahr zugrunde gelegt, spricht man von einem Bonus. Er enthält Elemente des Mengen- und Treuerabatts.

- **Sonderrabatte** werden aus besonderen Anlässen wie Geschäfteröffnung (Einführungsrabatte), Geschäftsjubiläum (Jubiläumsrabatte), Räumung des Lagers (Ausverkaufsrabatte) und jahreszeitlichen Absatzschwankungen (Saisonrabatte) gegeben.

- **Wiederverkäuferrabatte** werden bei Preisempfehlungen und Preisbindungen durch den Hersteller gewährt.

▶ *Lieferbedingungen*

Sie umfassen eine Reihe von Möglichkeiten, den Preis zu beeinflussen:

- Die **Lieferzeit** spielt eine große Rolle bei Aufträgen, die zu einem bestimmten Zeitpunkt erledigt sein müssen. Oft erhält in der Hochkonjunktur derjenige den Auftrag, der früher liefern kann, obgleich er höhere Preise hat.

- Bei der **Lieferart** geht es um den Weg, den die Lieferung nehmen soll *(z. B. Versand durch die Bahn, Post, Lkw, Flugzeug)*, und die Kosten des Transports *(z. B. frei Bestimmungsbahnhof, ab Lager, frei Haus einschließlich Aufstellung der bestellten Anlagen)*.

▶ *Zahlungsbedingungen*

Sie beinhalten die Art und Weise der Zahlung und variieren damit den Preis. Es können vereinbart werden:

- Vorauszahlung
- Barzahlung
- Zahlung nach Erhalt der Ware
- Zahlung gegen Wechselakzept

Bei längerer Fertigungsdauer kann auch eine **besondere Zahlungsbedingung** vereinbart werden, *z. B. ein Drittel bei Bestellung, ein Drittel bei Versandbereitschaft, ein Drittel bei Ablieferung*. Auch ein **Lieferantenkredit** oder eine **Teilzahlungsmöglichkeit** kann eingeräumt werden. Dabei wird mit zwei Preisen gearbeitet, dem niedrigeren Barpreis und dem höheren Teilzahlungspreis, der meist in einer Anzahlung zuzüglich mehrerer Raten entrichtet wird.

> Lieferantenkredite werden individuell oder nach branchenbezogenen Bedingungen gewährt. Sie sind meist teurer als Bankkredite, wenn der Skontoabzug nicht genutzt wird.

Beispiel: Die Zahlungsbedingungen eines Lieferers lauten: 10 Tage 3 % Skonto − 30 Tage netto Kasse. Verzichtet der Kunde auf Skontoabzug, hat er einen Zahlungsaufschub (Kredit) von 20 Tagen. Das entspricht einem Jahres-Zinsfuß von $\dfrac{360 \times 3}{20} = 54\,\%$.

▶ *Kundendienstleistungen*

Präsenz am Markt ist unbedingt erforderlich, vor allem, wenn die Käufer nicht bereit sind weite Wege hinzunehmen. Die zunehmende absatzpolitische Bedeutung der Kundendienstleistungen (**Serviceleistungen**) ergibt sich aus der Notwendigkeit,

- sich **gegenüber Mitbewerbern zu profilieren**, indem man dem Kunden „entgegenkommt",

- durch **Kundenorientierung** die Kundenzufriedenheit und die Markentreue zu steigern und

- den **Kontakt zum Kunden** zu vertiefen und zu pflegen, um nicht am Markt vorbei zu produzieren.

> Denn Kundennähe ist der Dreh- und Angelpunkt aller Marketingbemühungen. Das beginnt schon bei der Forschung und Entwicklung. Unternehmen, die ihre FuE nicht an den Kundenbedürfnissen ausrichten, verschwenden ihre FuE-Gelder.

Man unterscheidet:

- **Kundendienstleistungen**, die **unentgeltlich** sind *(z. B. Lieferung frei Haus)* oder die **dem Kunden berechnet** werden *(z. B. Reparaturen)*. Sie können **warengebunden** *(z. B. Auslieferungsdienst)* oder **nicht warengebunden** *(z. B. Parkgebühren)* sein. Bei der Übernahme von unentgeltlichen Kundendienstleistungen muss beachtet werden, dass sie Kosten verursachen. Deshalb sollte man stets prüfen, ob die Mehrkosten, die durch die Zusatzleistungen entstehen, durch zusätzliche Erlöse aufgewogen werden.

- Bei den **technischen Kundendienstleistungen** stehen die Leistungen in einem unmittelbaren Zusammenhang mit dem Produkt. Sie ergeben sich dadurch, dass *z. B. technische Geräte aufgestellt und angeschlossen, kontrolliert, repariert, gewartet und mit Ersatzteilen versorgt werden müssen. Maschinenbauer sind z. B. bereit für jeden Kunden und jedes Problem eine maßgeschneiderte Lösung zu finden. Der Systemlieferant bietet eine Komplett-Lösung an, die aus einem geschlossenen Leistungsbündel besteht.*

Das **Problem bei den technischen Kundendienstleistungen** ist die Frage, ob die Leistungen vom Händler, von einer Vertragswerkstatt (selbstständiger Dienstleistungsbetrieb), von einer Händlerkooperation oder vom Hersteller selbst auszuführen sind. Sie können zwar von allen vier Leistungsträgern durchgeführt werden, aber bei hochwertigen technischen Geräten werden meist die Hersteller oder Vertragswerkstätten in Anspruch genommen, um eine einwandfreie Betreuung der Kunden sicherzustellen.

- **Kaufmännische Kundendienstleistungen** dienen der Bequemlichkeit der Kunden und stehen nicht im unmittelbaren Zusammenhang mit den Waren *(z. B. Kinderspielecke)*. Dazu gehören auch die selbstständigen Dienstleistungen, die die Attraktivität des Unternehmens erhöhen *(z. B. Restaurant)*.

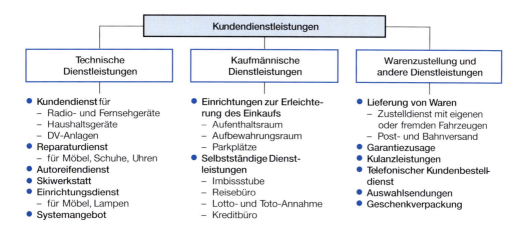

Lernaufgaben 3.4

Preis- und Konditionenpolitik

1 *Gemüsehändler als Anbieter und Einkäufer als Nachfrager treffen auf einem Gemüsemarkt aufeinander.*

a) Kennzeichnen Sie die Interessen der Anbieter auf dem Gemüsemarkt!

b) Nennen Sie die Interessen der Nachfrager auf dem Gemüsemarkt!

c) Wie erfolgt der Interessenausgleich zwischen Anbietern und Nachfragern?

2 *Bei der Ermittlung des Verkaufspreises müssen die Kosten, ein angemessener Gewinn und die Umsatzsteuer berücksichtigt werden.*

a) Aus welchen Posten setzt sich die Eingangskalkulation (Vorkalkulation) zusammen, wenn sie alle Kosten der eingekauften Ware bis zum Eingang ins Lager beinhaltet?

b) Worin unterscheidet sich die Handelsspanne vom Kalkulationszuschlag?

c) Welche Bedeutung hat in der Preispolitik der Vergleich zwischen Vor- und Nachkalkulation?

3 *Die Ermittlung des Verkaufspreises sollte nicht schematisch erfolgen, sondern individuell differenziert werden.*

a) Zeigen Sie, wie und in welchen Bereichen im Handel die Ausgleichskalkulation durchgeführt werden kann!

b) Warum können u. U. mehrere Filialen eines Unternehmens, die an verschiedenen Orten liegen, beim Verkauf ihrer Waren unterschiedliche Preise erzielen?

c) Entscheiden Sie, zu welchem Preis Sie einen Artikel verkaufen würden, wenn er zu 12,50 EUR eingekauft wurde und ein Kalkulationszuschlag von 80 % erreicht werden soll. Beachten Sie auch das Problem der Preispolitik und der Preisschwelle!

4 *Neben den freien Preisen gibt es auch Preise, die vom Hersteller – vor allem bei Markenartikeln – empfohlen oder vorgeschrieben werden.*

a) Welche Merkmale kennzeichnen einen Markenartikel?

b) In welchem Maße ist der Handel an empfohlene Richtpreise des Herstellers gebunden?

c) Klären Sie Begriff und Bedeutung der Preisbildung der zweiten Hand!

5 *Der Automobilmarkt wird in der Bundesrepublik Deutschland von wenigen großen Firmen beherrscht. Jeder Hersteller kann für seine Fahrzeuge den Preis autonom festsetzen. Nehmen wir an, ein Autohersteller, der bisher nur Autos für den gehobenen Bedarf hergestellt hat, produziert einen neuen Mittelklassewagen. Er verfolgt bei der Festlegung des Verkaufspreises die Strategie, sich einen möglichst großen Marktanteil in diesem Bereich zu erobern.*

Welche Preisüberlegungen wird der Hersteller anstellen bezüglich

a) der Herstellungskosten,

b) der Nachfrager nach Mittelklassewagen,

c) der übrigen Anbieter von Autos?

6 *Der Oligopolist muss damit rechnen, dass seine Mitbewerber Gegenmaßnahmen ergreifen, wenn er seine preis- und absatzpolitischen Maßnahmen zur Verwirklichung einer bestimmten Marketingstrategie einsetzt.*

a) Geben Sie vier Beispiele für Märkte mit oligopolistischer Konkurrenz!

b) Nehmen wir an, einem Oligopolisten gelingt es, durch eine Preissenkung oder Verlängerung der Garantiezeit zusätzliche Käufer zu gewinnen. Wie könnten die anderen Oligopolisten darauf reagieren?

7 *Ein Haushaltsgerät, das zum Preis von 44,00 EUR verkauft wird, musste einen erheblichen Rückgang des Absatzes verzeichnen. Es wird überlegt, ob nicht der Preis um 4,00 EUR gesenkt werden sollte, da von der Konkurrenz keine Veränderung des Preises zu erwarten ist. Die Marktforschungsabteilung bestätigt, dass die Preiselastizität der Nachfrage bei diesem Produkt relativ hoch ist. Das bedeutet, dass die Nachfrager auf Preisveränderungen stark reagieren.*

a) Für welche Zwecke kann die Deckungsbeitragsrechnung eingesetzt werden?

b) Entscheiden und begründen Sie, ob Sie dem Verkaufsleiter empfehlen werden, den Preis um 4,00 EUR je Stück zu senken, wenn folgende Daten vorliegen: Bisheriger Absatz 10 000 Stück je Monat, variable Kosten 30,00 EUR je Stück, fixe Kosten 120 000,00 EUR je Monat, Mengenzunahme 30 % der Ausgangsmenge, geplanter Gewinn 4 %.

c) Wie wäre die Situation im vorliegenden Fall, wenn die Mengenzunahme 50 % der Ausgangsmenge betragen würde?

8 *Unternehmen versuchen auf isolierten Teilmärkten durch Preisdifferenzierung oder bei Einführung neuer Produkte durch Preisstrategien einen zusätzlichen Gewinn bzw. Absatz zu erreichen.*

a) Welche Formen der Preisdifferenzierung kennen Sie? Bringen Sie Beispiele dafür!

b) Erläutern Sie anhand eines Beispiels mit grafischer Veranschaulichung, dass bei gleicher Absatzmenge zum Marktpreis durch Preisdifferenzierung ein höherer Gesamterlös erzielt wird!

c) Unterscheiden Sie bei der Einführung neuer Produkte zwischen der Marktabschöpfungs- und der Marktdurchdringungsstrategie!

d) Bei der Entscheidung zwischen beiden Strategien (Marktabschöpfung und Marktdurchdringung) geht es vor allem um die Abwägung zwischen relativ sicheren kurzfristigen Erträgen und relativ unsicheren langfristigen Ertragschancen.

Erläutern Sie diese Aussage!

9 *Ein Unternehmen mit Weltgeltung am Computer-Markt erhob folgende Forderung zum Leitmotiv: „Unter allen Unternehmen der Welt wollen wir den besten Kundendienst bieten."*

Nehmen Sie zu dieser Aussage besonders im Hinblick auf den Zusammenhang zwischen Preispolitik und Kundennähe Stellung! Bringen Sie auch Beispiele dazu!

Lerngerüst 3.5

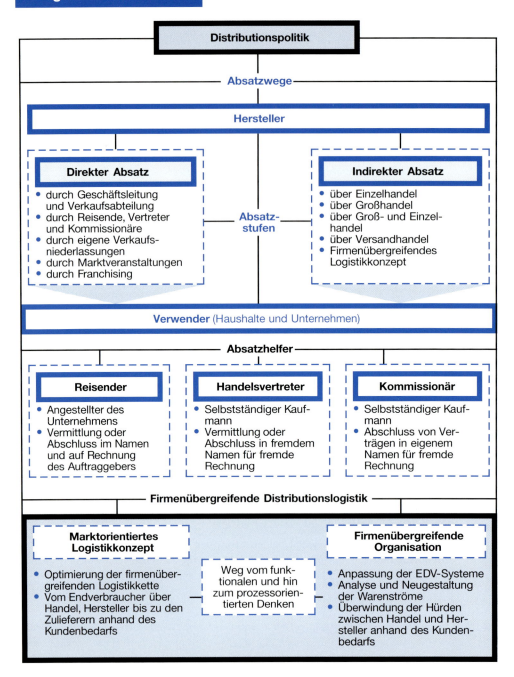

Lerninformationen 3.5

3.5 Distributionspolitik

Die Distribution (Verteilung, Vertrieb) hat die Aufgabe dafür zu sorgen, dass das Produkt zum richtigen Zeitpunkt und in der gewünschten Menge an den Ort der Nachfrage gebracht wird. Dabei muss die Distributionspolitik folgende Entscheidungen treffen:

- Soll der Absatz **direkt** durch eigene Vertriebsorgane oder **indirekt** unter Einschaltung des Handels erfolgen?
- Sollen **Absatzhelfer** eingeschaltet werden, z. B. Reisende oder Handelsvertreter?
- Soll man sich an **Marktveranstaltungen** beteiligen, z. B. an Messen oder Ausstellungen?
- Soll die Logistikkette vom Zulieferer bis zum Kunden firmenübergreifend organisiert werden?

Die Distributionspolitik beinhaltet alle Entscheidungen, die den Absatzweg eines Produkts oder einer Dienstleistung vom Hersteller bis zum Verwender (private und öffentliche Haushalte oder Unternehmen) betreffen.

3.5.1 Absatzwege

Mit dem Absatzweg wird festgelegt, welche **Absatzstufen das Produkt vom Hersteller bis zum Abnehmer** durchläuft. Dabei ist wichtig, dass eine getroffene Entscheidung über den Absatzweg kurzfristig nicht mehr zu ändern ist. Der Absatz über den Groß- und Einzelhandel lässt sich nicht so schnell durch den Absatz über ein eigenes Vertriebssystem ersetzen, da der Aufbau eigener Verkaufsniederlassungen längere Zeiträume beansprucht. Auch die Veränderungen von Käufergewohnheiten, die mit der Umstellung auf neue Vertriebswege verbunden sind, verursachen Schwierigkeiten.

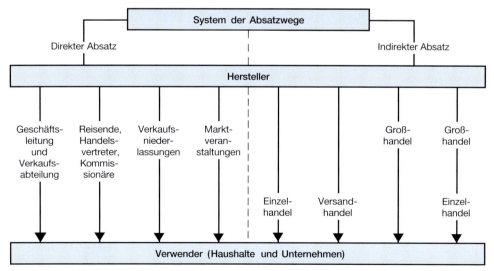

▶ Direkter Absatz

Den Verkauf über **betriebseigene Absatzorgane**, wie Mitglieder der Geschäftsleitung und Verkaufsabteilungen, Reisende und eigene Niederlassungen, findet man häufig bei Investitionsgütern *(z. B. Maschinenindustrie)* und im Dienstleistungssektor *(z. B. Banken und Versicherungen)*, ferner bei den Unternehmen, die den Haus-zu-Haus-Verkauf pflegen und sich damit bewusst durch den Direktabsatz von der Konkurrenz unterscheiden *(z. B. Vorwerk, Avon)*.

> Beim direkten Absatz wird der Verkauf von Produkten und Dienstleistungen an den Abnehmer ohne Zwischenschaltung selbstständiger Handelsbetriebe vom Hersteller selbst vorgenommen.

- **Mitglieder der Geschäftsleitung:** Bei großen Objekten der Investitionsgüterindustrie *(z. B. Papiermaschinen, Druckmaschinen, Flugzeugbau)* ist der Absatz durch Mitglieder der Geschäftsleitung zweckmäßig, da weit reichende Entscheidungen zu treffen sind und wegen der komplizierten Technik gründliche Informationen und Anleitungen der Kunden notwendig werden. Aber auch bei kleinen Unternehmen, deren Kundenzahl überschaubar ist, schließt der Inhaber die Geschäfte oft selbst ab.

- **Eigene Verkaufsniederlassungen** findet man vor allem in der Investitionsgüterindustrie, der chemischen und pharmazeutischen Industrie, in der Schuhfabrikation und beim Versandhandel *(Quelle, Neckermann, Photo-Porst)*. Auch die DaimlerChrysler AG hat ein eigenes Vertriebssystem. Alle Verkaufsniederlassungen und Werkstätten firmieren unter DaimlerChrysler AG.

- **Reisende** sind keine selbstständigen Kaufleute, sondern Angestellte eines Unternehmens (siehe Absatzhelfer Seite 123 ff.).

- **Handelsvertreter und Kommissionäre** sind zwar selbstständige Kaufleute, die man aber zum direkten Absatz zählen kann, da sie nicht wie der selbstständige Handel das Preisrisiko tragen und oft sehr enge Bindungen zum Auftraggeber besitzen (siehe Absatzhelfer Seite 123 ff.).

- **Franchising** (Englisch: franchise = Wahlrecht, Konzession): Das Lieferantenunternehmen als Franchisegeber bindet durch Vertrag den Franchisenehmer, bestimmte Waren und Dienstleistungen als selbstständiger Unternehmer zu vertreiben unter Verwendung der gesamten Marketingkonzeption des Franchisegebers:
  - eine bekannte Marke mit **positivem Image** und hohem Bekanntheitsgrad,
  - eine **gleichartige Ausgestaltung der Verkaufsräume** und innovative Produkte,
  - bestimmte **technische und betriebswirtschaftliche Hilfen** und Erfahrungen,
  - positive Effekte des Zusammenwirkens in einem Netzwerk (**Synergieeffekte**).

Dafür bezahlt der Franchisenehmer eine Gebühr, die meist aus einem Prozentsatz vom Umsatz besteht. Nach außen erscheint der Betrieb des Franchisenehmers wie eine Filiale des Franchisegebers.

> Der Franchisenehmer ist selbstständiger Unternehmer und nutzt die Hilfen und Erfahrungen des Franchisegebers. Der Franchisegeber braucht kein eigenes Vertriebssystem und trägt ein geringeres Unternehmerrisiko.

Beispiele: Fast-Food-Läden von McDonald's, Coca-Cola, Wimpy-Betriebe, Holiday-Inn, Ramada-Hotels, Eduscho, Nordsee, Photo-Porst, Tchibo, OBI, TUI Deutschland.

- **Marktveranstaltungen:** Sie dienen dem Waren- und Informationsaustausch. Aus der Vielzahl der Marktveranstaltungen *wie Auktionen (Versteigerungen), Jahr- und Wochenmärkte, Großmärkte und Ausschreibungen* sollen hier nur die Messen, Ausstellungen und Börsen besonders herausgestellt werden.

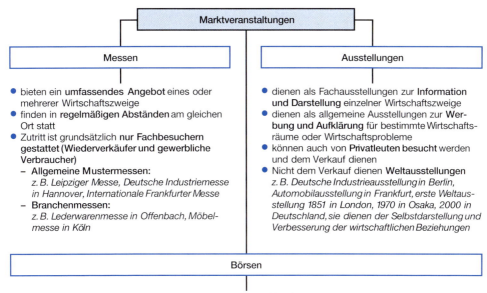

▶ *Indirekter Absatz*

Tritt zwischen Produktion und Verbrauch der **selbstständige Handel**, so vollzieht sich der Absatz nicht mehr auf direktem, sondern auf indirektem Wege.

Der Handelsbetrieb ist ein Dienstleistungsbetrieb, der im eigenen Namen und auf eigene Rechnung Waren einkauft und unverändert wieder verkauft. Die Aufgabe des Handels besteht darin, Spannungen, die zwischen Herstellern und Verbrauchern bestehen, zu überbrücken (z. B. Zusammenstellen eines bedarfsgerechten Sortiments).

Die Dienstleistungen erbringt der Handelsbetrieb

- **für die Produktionsbetriebe**, denen er eine Reihe von Aufgaben abnimmt, damit sie sich auf die eigentlichen Produktionsaufgaben konzentrieren können, und

- **für die Konsumenten**, denen er die Waren in einem bedarfsgerechten Sortiment in der gewünschten Güte und Menge anbietet.

Funktionen des Handels

Warenfunktion

- **Verteilender Handel:** Anpassung des Verbrauchs in kleinen Mengen an die Produktion in großen Mengen
  z. B. Konsumgüter, die von den Haushalten in kleinen Mengen gekauft werden
- **Sammelnder Handel:** Anpassung des Verbrauchs in großen Mengen an die Produktion in kleinen Mengen
  z. B. Ankauf von Agrarprodukten und Altwaren durch den Ankaufsgroßhandel
- **Sortimentshandel:** Zusammenstellung von Artikeln, die vom Kunden verlangt werden
  z. B. Büroeinrichtungshaus führt Büromaschinen, Büromöbel und Büromaterial

Überbrückungsfunktion

- **Raumüberbrückung** durch Lieferung vom Ort der Erzeugung zum Ort des Verbrauchs
  z. B. Käufer kann die Waren unmittelbar an seinem Wohnort beziehen
- **Zeitüberbrückung** erfolgt durch die Lagerung im Handel, da Produktion und Verwendung zeitlich oft nicht übereinstimmen
  z. B. Spielwaren, Fernsehgeräte, Verarbeitung landwirtschaftlicher Erzeugnisse
- **Preisausgleich** zwischen dem Ort der Erzeugung und dem Ort der Verwendung
  z. B. Kaffee ist in Brasilien billig, bei uns teuer. Durch das verminderte Angebot in Brasilien steigt der Preis und bei uns fällt der Preis durch das große Angebot.

Vermittlungsfunktion

- Als Vermittler zwischen dem Produzenten und dem Verbraucher hält der Handel den **Kontakt** zwischen beiden Marktpartner aufrecht
- Der Handel informiert, verbessert die **Marktübersicht,** weckt neue Bedürfnisse und dient der Einführung neuer Artikel
- Er übernimmt die **Beratung** der Kunden über Vorzüge, Bedienung, Benutzung, Pflege des Produkts und vermittelt Warenkredite

- **Handelsformen:** Grundsätzlich gibt es zwei Handelsformen, den **Großhandel** und den **Einzelhandel**. Man bezeichnet sie auch als **Absatzmittler**, die zwischen Hersteller und Käufer tätig werden. Die Stufen des Handels, die eine Ware durchläuft, nennt man **Handelskette** (Absatzkette).

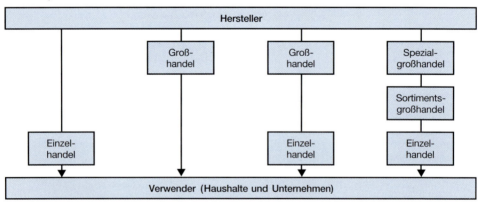

– Der **Großhandel** liefert grundsätzlich nicht an Konsumenten (Haushalte), sondern an Produzenten (Weiterverarbeiter) oder an Wiederverkäufer (Einzelhändler). Dabei gehören Sortieren, Umpacken und Abfüllen zur Handelstätigkeit und gelten nicht als Bearbeitung. Lieferungen an den Endverbraucher sind keine Großhandelsleistungen, auch wenn sie vom Großhandel ausgeführt werden.

Ein Großhandel liegt vor, wenn Güter weiterverkauft werden
- an den Produzenten und andere Betriebe,
- in der Regel zu niedrigeren Preisen als im Einzelhandel und
- mit erheblich größeren Mengen als im Einzelhandel.

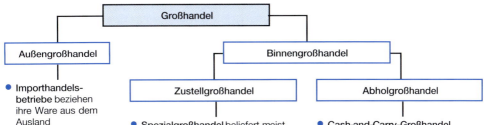

Außengroßhandel

- **Importhandelsbetriebe** beziehen ihre Ware aus dem Ausland
- **Exporthandelsbetriebe** setzen ihre Güter im Ausland ab
- **Länderspezialisten** beschränken sich auf bestimmte Länder oder Regionen (z. B. EU-Raum)
- **Länderuniversalisten** betätigen sich auf Marktbereichen in der ganzen Welt

Zustellgroßhandel

- **Spezialgroßhandel** beliefert meist nur eine Branche und ist spezialisiert auf ein enges, aber tiefes Sortiment
  z. B. Spirituosengroßhandel (reichhaltige Auswahl)
- **Sortimentsgroßhandel** beliefert viele Branchen und hat ein breites, aber flaches Sortiment an Konsumgütern
  z. B. Lebensmittelgroßhandel
- **Fachgroßhandel** beliefert meist mehrere Branchen und hat eine mittlere Sortimentsbreite und -tiefe

Abholgroßhandel

- **Cash-and-Carry-Großhandel** (engl. = bezahle und trage) mit Einkaufsberechtigungsschein und Selbstbedienung
  z. B. Käufer sind meist kleine gewerbliche Kunden wie Gastwirte, Kantinen und Kioske
- **Rack-Jobber** (Regal-Großhändler) erhalten vom Einzelhändler Regalflächen, um dort ihre Waren zum Verkauf anzubieten
  z. B. Kaffee, Textilien, Kosmetika

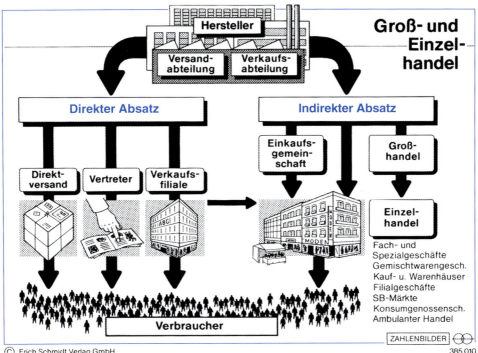

© Erich Schmidt Verlag GmbH

121

- Der **Einzelhandel** verkauft an den Endverbraucher. Das muss nicht immer der Haushalt sein, auch kleine Unternehmen *(z. B. Handwerksbetriebe)* kaufen Betriebsmittel und Rohstoffe beim Einzelhandel.

Der Einzelhändler kauft Waren ein und verkauft sie wieder, ohne sie zu bearbeiten oder zu verarbeiten. Im Gegensatz zum Großhandel werden nur Mengen angeboten, wie sie private Haushalte oder kleine Unternehmen normalerweise zu kaufen pflegen.

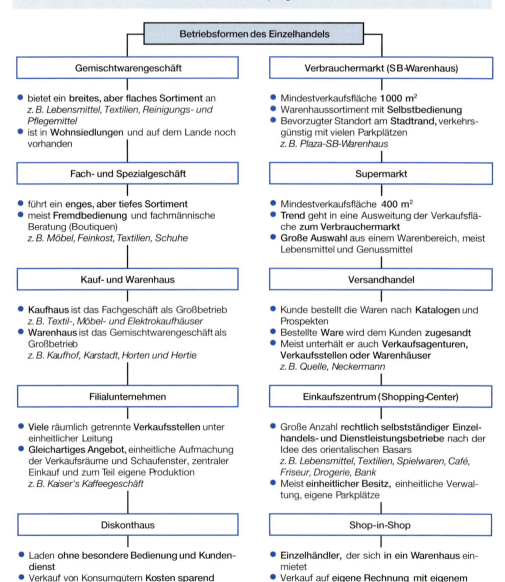

▶ Auslieferung der Waren

Der Warenversand spielt vor allem beim Versand- und Großhandel und in der Industrie eine große Rolle. Für den Einzelhandel hat die Warenzustellung wenig Bedeutung, da die Ware zum großen Teil direkt im Laden übergeben wird.

> Die Aufgabe der Warenauslieferung besteht darin, kostengünstig die Waren im richtigen Zustand, zur richtigen Zeit an den richtigen Ort zu bringen.

- **Betriebseigene Auslieferung:** Die großen Unternehmen haben meist eine eigene Versandabteilung mit einem entsprechenden **Fuhrpark**. Die Ware wird im Verkaufsraum vom Kunden ausgewählt oder telefonisch bzw. schriftlich bestellt und an den Kunden nach Lieferterminen und Wohn- bzw. Betriebsorten ausgeliefert.

- **Betriebsfremde Auslieferung:** Der Unternehmer wird für den Warenversand fremde Firmen beauftragen, wenn er keinen eigenen Fuhrpark besitzt oder der Wohn- bzw. der Geschäftssitz des Kunden außerhalb seines Zustellungsgebietes liegt. Der Betrieb wird sich an den niedrigsten Stückkosten orientieren, um eine **optimale Auslieferung** zu erreichen:
  - Im Umkreis von 200 km wird der Unternehmer wegen der größeren Flexibilität mit dem Lkw ausliefern.
  - Darüber hinaus bis 1 000 km wird er die Bahn kombiniert mit dem Lkw in Anspruch nehmen.
  - Darüber hinaus je nach Art der Ware wird er per Schiff oder Bahn ausliefern, je nachdem, was kostengünstiger ist.
  - Das Flugzeug wird er in dringenden Fällen und bei leicht verderblichen Waren wählen.

- **Eigene oder fremde Auslieferung?** Bei der fremden Auslieferung wird das Unternehmen abhängig. Es kann sich aber von verschiedenen Spediteuren **Konkurrenzangebote** einholen, um die Kosten zu senken. Denn bei fremder Auslieferung braucht der Unternehmer nur die tatsächlich beförderten Tonnenkilometer bezahlen. Dagegen hat er bei einem eigenen Fuhrpark **hohe fixe Kosten** zu tragen. Solange die eigenen Transportkapazitäten noch nicht voll ausgelastet sind, wird der Spediteur kostengünstiger sein.

3.5.2 Absatzhelfer

Mit der Vermittlung oder dem Abschluss von Verträgen können **unselbstständige Angestellte** des Unternehmens (Reisende) oder **selbstständige Kaufleute** (Handelsvertreter, Kommissionäre und Makler) beauftragt werden.

▶ Reisender

Reisende sind arbeitsrechtlich und handelsrechtlich **Angestellte** eines Unternehmens.

- **Vertretungsmacht:** Inwieweit der Reisende ein Unternehmen rechtlich vertreten kann, ist im Einzelfall vertraglich zu regeln.
  - Besitzt er **Vermittlungsvollmacht**, kann er Geschäfte für sein Unternehmen vermitteln und Bestellungen entgegennehmen. Der Abschluss des Vertrages kommt erst durch die Bestätigung des Unternehmens zustande.
  - Bei einer **Abschlussvollmacht** kann der Reisende Geschäfte für sein Unternehmen selbstständig abschließen. Eine Auftragsbestätigung durch das Unternehmen ist dann nicht notwendig.

- **Aufgaben:** Im Wesentlichen hat der Reisende
  - den Kontakt mit den Kunden zu pflegen,
  - Waren und Dienstleistungen anzubieten,
  - Bestellungen und Reklamationen entgegenzunehmen und
  - Absatzinformationen zu beschaffen.

- **Vergütung:** Dem Reisenden wird ein **Gehalt** (Fixum) gezahlt, das meist durch eine **Umsatzprovision** und den Ersatz der Auslagen für die Reisezeit ergänzt wird.

> Der Reisende hat als Angestellter des Unternehmens die Aufgabe, für sein Unternehmen Geschäfte zu vermitteln oder Geschäfte abzuschließen, wenn eine Abschlussvollmacht vorliegt.

▶ *Handelsvertreter*

Im Gegensatz zum Reisenden ist der Handelsvertreter ein selbstständiger Kaufmann, der für einen oder mehrere Auftraggeber tätig sein kann. Seine Hauptaufgabe besteht im „Einholen von Aufträgen".

> Handelsvertreter ist, wer als selbstständiger Gewerbetreibender ständig damit beauftragt ist, für einen anderen Unternehmer Geschäfte zu vermitteln oder abzuschließen. Selbstständig ist, wer im Wesentlichen frei seine Tätigkeit gestalten und seine Arbeitszeit bestimmen kann (§ 84 HGB).

- **Pflichten**
  - **Der Handelsvertreter hat Geschäfte zu vermitteln oder abzuschließen.** Dabei hat er das Interesse des Unternehmens wahrzunehmen (§ 86 Abs. 1 HGB).
  - **Er hat den Unternehmer zu informieren.** Die vermittelten oder abgeschlossenen Geschäfte sind unverzüglich dem Auftraggeber mitzuteilen. Zudem hat er regelmäßig Reiseberichte zu erstellen (§ 86 Abs. 2 HGB) und Mängelrügen entgegenzunehmen.
  - **Er hat Geschäftsgeheimnisse und Wettbewerbsabreden zu beachten.** Auch nach Beendigung des Vertragsverhältnisses darf der Handelsvertreter Geschäftsgeheimnisse nicht verwerten (§ 90 HGB).

- **Rechte**
  - **Unterstützung und Information:** Dem Handelsvertreter sind notwendige Unterlagen (*Muster, Preislisten, Zeichnungen, Werbematerial*) zu überlassen. Ferner ist ihm mitzuteilen, ob ein von ihm vermitteltes Geschäft angenommen oder abgelehnt wurde.
  - **Abschlussprovision:** Für seine Tätigkeit erhält der Handelsvertreter eine Provision für alle während der Vertragszeit abgeschlossenen Geschäfte, die auf seine Tätigkeit zurückzuführen sind (§ 87 Abs. 1 HGB). Nach seiner Vertragszeit hat der Handelsvertreter noch Anspruch auf Provision für Geschäfte, die überwiegend auf seine Tätigkeit zurückzuführen sind und in einer angemessenen Frist nach Beendigung des Vertragsverhältnisses abgeschlossen worden sind (§ 87 Abs. 3 HGB). Als **Bezirksvertreter** hat er Anspruch auf Provision für alle Geschäfte in seinem Bezirk, auch wenn er am Geschäftsabschluss nicht beteiligt war. Übernimmt er auch die Haftung für den Eingang des Geldes, erhält er darüber hinaus **Delkredereprovision**.
  - **Ausgleichsanspruch:** Hat ein Unternehmen nach dem Ausscheiden eines Handelsvertreters erhebliche Vorteile, so ist der Unternehmer zur Zahlung eines Ausgleichs verpflichtet. Der Anspruch besteht höchstens in der Höhe einer Jahresprovision, errechnet aus der Durchschnittsprovision der letzten fünf Jahre. Der Ausgleichsanspruch kann im Voraus nicht ausgeschlossen werden.

Ablaufschema einer Handelsvertretung für die Vermittlung von Verträgen

Ablaufschema einer Handelsvertretung für den Abschluss von Verträgen

▶ *Reisender oder Handelsvertreter*

Beim Vergleich dieser Absatzhelfer wird vom **Mehrfirmenvertreter** ausgegangen, da der **Einfirmenvertreter** so stark mit dem Unternehmen verbunden ist, dass seine Stellung nahezu einem Reisenden gleichkommt. Ob der Reisende oder der Vertreter die Absatzaufgabe billiger löst, lässt sich nur für einen konkreten Fall entscheiden.

Beispiel: Der Reisende erhält ein Fixum (Gehalt) von 900,00 EUR und 4 % Provision von 25 000,00 EUR Monatsumsatz. Der Handelsvertreter erhält 10 % Umsatzprovision. Bei welchem Monatsumsatz lohnt es sich, einen Reisenden einzustellen?

- **Rechnerische Lösung**

Kosten Reisender = Kosten Vertreter

$$900 + \frac{4}{100} \times U = \frac{10}{100} \times U$$

$$900 = \frac{6}{100} \times U$$

$$U = 900 \times \frac{100}{6}$$

$$U = \frac{90\,000}{6}$$

$$U = 15\,000$$

- **Grafische Lösung**

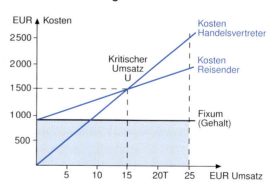

Das Bild zeigt, dass es bei einem niedrigen Umsatz günstiger ist, mit Handelsvertretern zu arbeiten, da die Umsatzprovision proportional (gleichmäßig) mit dem Umsatz steigt. Bis zum Punkt U (**kritischer Umsatz**) ist der Einsatz von Handelsvertretern den Reisenden vorzuziehen. Diese Situation liegt vor allem vor bei Gründung einer Unternehmung und Erschließung neuer Märkte. Wird jedoch der kritische Umsatz überschritten, ist der Einsatz von Reisenden günstiger.

▶ **Kommissionär**

Der Kommissionär handelt im Gegensatz zum Handelsvertreter als selbstständiger Gewerbetreibender **im eigenen Namen. Er kauft oder verkauft für Rechnung seines Auftraggebers Waren oder Wertpapiere, ohne dass er Eigentümer wird. Für seine Tätigkeit erhält er eine Kommission (Provision), die vom Umsatz abhängig ist.**

> Kommissionär ist, wer es gewerbsmäßig übernimmt, Waren oder Wertpapiere für Rechnung eines anderen (des Kommittenten) im eigenen Namen zu kaufen oder zu verkaufen (§ 383 HGB).

Ablaufschema einer Verkaufskommission

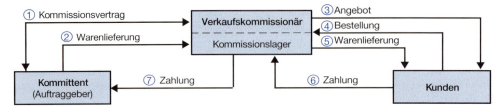

- **Pflichten**

  – **Sorgfaltspflicht** (§ 384 Abs. 1 HGB): Der Kommissionär hat die Geschäfte mit der Sorgfalt eines ordentlichen Kaufmanns auszuführen. Dabei hat er das Interesse des Kommittenten wahrzunehmen und dessen Weisungen zu befolgen *(z. B. Preisgrenzen einhalten)*. Weicht er davon ab, ist er zum Schadenersatz verpflichtet.

  – **Anzeigepflicht** (§ 384 Abs. 2 HGB): Alle Ein- und Verkäufe hat er seinem Auftraggeber unverzüglich mitzuteilen.

  – **Abrechnungspflicht** (§ 387 HGB): Jedes Geschäft muss abgerechnet werden. Der Erlös (Verkaufskommission) bzw. die Ware (Einkaufskommission) muss dem Kommittenten zugeführt werden. Erzielt er bei seinen Geschäften günstigere Preise oder Rabatte, kommen sie seinem Auftraggeber zugute.

  – **Haftung** (§ 390 HGB): Der Kommissionär ist für den Verlust und die Beschädigung des in seiner Verwahrung befindlichen Guts verantwortlich.

- **Rechte**

  – **Provisionsanspruch** (§ 396 HGB): Die Provision wird fällig, wenn das Geschäft ausgeführt ist (Ausführungsprovision). Der Kommissionär hat auch Anspruch auf Provision, wenn ein Geschäft durch das Verschulden des Kommittenten nicht ausgeführt werden konnte (Auslieferungsprovision). Übernimmt er die Haftung für den Eingang des Geldes, kann er eine Delkredereprovision verlangen.

  – **Ersatz der Aufwendungen** (§ 386 Abs. 2 HGB): Er kann nicht nur die Vergütung für die baren Auslagen *(z. B. Telefon)*, sondern auch Lagermiete und Transportkosten verlangen.

  – **Gesetzliches Pfandrecht** (§ 397 HGB): Der Kommissionär kann die Kommissionsware, die er besitzt, als Pfand zurückbehalten, wenn er unbefriedigte Ansprüche aus Provision oder Auslagen gegenüber dem Kommittenten hat.

– **Selbsteintrittsrecht** (§§ 400, 403, 405 HGB): Der Einkaufskommissionär kann Waren und Wertpapiere selbst aus eigenen Beständen liefern oder als Verkaufskommissionär selbst als Käufer übernehmen. Auch für diese Fälle hat er ein Recht auf die übliche Provision und den Ersatz von Aufwendungen.

> Der Hersteller bedient sich oft eines Kommissionärs bei der Einführung neuer Produkte, da der Groß- und Einzelhandel meist nicht bereit ist, das hohe Absatzrisiko zu übernehmen. Beim Kommissionsgeschäft trägt das Absatzrisiko allein der Hersteller. Der Kommissionär übernimmt die Ware in sein Kommissionslager mit dem Recht, die nicht verkaufte Ware in einer bestimmten Frist an den Kommittenten zurückzugeben.

▶ *Handelsmakler*

Er ist ein **selbstständiger Kaufmann**, der vor allem an Börsen, Großmärkten und Umschlagsplätzen für andere Personen Geschäfte vermittelt. Seine Tätigkeit übt er von Fall zu Fall im **fremden Namen und für fremde Rechnung** aus.

> Der Handelsmakler ist ein Gewerbetreibender, der die Vermittlung von Verträgen übernimmt, ohne in einem ständigen Vertragsverhältnis zu seinem Auftraggeber zu stehen (§ 93 HGB).

Man unterscheidet:

– **Warenmakler** vermitteln den Ein- und Verkauf von Waren.

– **Frachtenmakler** vermitteln Frachtverträge zwischen Lieferer und Frachtführer.

– **Versicherungsmakler** vermitteln Versicherungen.

– **Effektenmakler** sind meist an der Börse und vermitteln den An- und Verkauf von Wertpapieren.

Makler übernehmen auch **Nebengeschäfte**, *z. B. die Durchführung von Versteigerungen, Abschätzungen (Taxationen) und die Abwicklung von Liquidationen (freiwillige Auflösung von Unternehmen).*

Keine Handelsmakler sind Gewerbetreibende, die keine Handelsgeschäfte abschließen oder vermitteln (**Zivilmakler § 652 BGB**), *z. B. Grundstücksmakler, Heiratsvermittler, Konzertvermittler.*

3.5.3 Firmenübergreifendes Logistikkonzept

Durch ein neues Logistikkonzept aus Amerika kommen sich Hersteller und Handel näher, indem sie Hand in Hand arbeiten. Es werden nicht nur die Abläufe im eigenen Haus verbessert, sondern in das neue Logistikkonzept wird der Handel und der Kunde mit einbezogen. Diese neue Idee läuft unter dem Kürzel **ECR (Efficient Consumer Response, d. h. effiziente Reaktion auf Kundennachfrage)**.

▶ *Marktorientiertes Logistikkonzept*

Hinter dem Kürzel ECR steckt ein strikt **marktorientiertes Logistikkonzept**, das den Bedarf der Kunden bereits beim Handel an der Kasse, dem Point of Sale, mithilfe von Scannern erfasst. Alle Verkaufsdaten wandern dann vom Laden unverzüglich zum Hersteller.

- **Übergreifende Logistikkette:** Am Kundenbedarf wird versucht, die gesamte Logistikkette vom **Endverbraucher** über **Handel** und **Hersteller** bis zu den **Zulieferern** zu optimieren. Durch dieses neue kooperative Denken werden beachtliche **Kostenvorteile** erzielt. Nach Berechnung von Marktkennern können die operativen (laufenden) Kosten in der gesamten Kette zwischen Handel und Industrie erheblich reduziert werden.

> Ziel von ECR ist es, auf Veränderungen des Kundenverhaltens schneller reagieren zu können und Produkte, Warenbeschaffung und Bestandsführung, aber auch Werbung und Innovationen firmenübergreifend zu optimieren.

Beispiel: Ein Waschmittelhersteller und ein Supermarkt haben vereinbart, das neue ECR-Konzept zu praktizieren. Jedesmal, wenn ein Kunde eine Packung Wasch- oder Putzmittel kauft, werden die Daten an der Kasse mit dem Scanner erfasst und vom Handel mittels Datenfernübertragung an den Hersteller gemeldet. Durch diesen Datenaustausch können Produktion und Logistik an der Nachfrage ausgerichtet und damit wesentlich effizienter gesteuert werden.

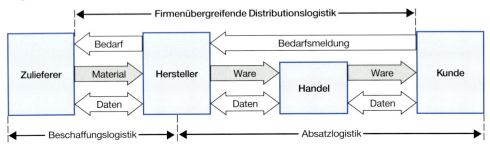

▶ *Firmenübergreifende Organisation der Logistikkette*

Bei der Organisation der gesamten Logistikkette geht es vor allem darum, **überflüssige** „**Speckgürtel**" zu beseitigen. Denn nicht nur der Hersteller hält Reserven vor, um jederzeit lieferfähig zu sein. Auch die Disponenten im Zentrallager der Handelsgesellschaften und die Spediteure sichern sich mit Vorräten ab. Nach den bisherigen Erfahrungen hat sich durch die Einführung von ECR der **Lagerbestand** halbiert und die **Umlaufgeschwindigkeit** verdoppelt. Um die Logistikkette firmenübergreifend organisieren zu können, sind eine Reihe von **Voraussetzungen** erforderlich:

- **Anpassung der EDV-Systeme:** Handel und Industrie müssen ihre EDV-Systeme einander anpassen, damit die Mitarbeiter am Bildschirm die dortigen Bestände beobachten und den Nachschub an Waren steuern können.

- **Analyse und Neugestaltung der Warenströme:** Der Ablauf der Warenlieferungen und das Verhalten der Beteiligten müssen genau analysiert und entsprechend verbessert werden, um Kosten zu sparen und möglichst schnell auf Kundenbedürfnisse reagieren zu können.

- **Überwindung der Hürden:** Alle Barrieren zwischen Handel und Hersteller müssen abgebaut werden. Das geschieht in erster Linie durch ein vernünftiges Kommunikationsnetz und eine gute Kooperationsbereitschaft der Beteiligten.

> Das marktorientierte Logistikkonzept führt weg vom funktionalen hin zum prozessorientierten Denken. Zudem führt das Streben nach Harmonie zwischen Handel und Hersteller nicht mehr zum Wettbewerb zwischen einzelnen Unternehmen, sondern zwischen ganzen Logistikketten.

Lernaufgaben 3.5

Distributionspolitik

1 *Bei der Wahl des Absatzweges kann ein Unternehmen seine Produkte direkt oder indirekt dem Verbraucher oder Weiterverarbeiter anbieten.*

  a) Nennen Sie mögliche Absatzwege für den direkten und indirekten Absatz!

  b) Würden Sie sich als Hersteller folgender Produkte eher für den direkten oder den indirekten Absatz entscheiden? Begründung!

  Maschinenfabrik produziert Turbinen; Automobilfabrik stellt Personen- und Lastkraftwagen her; Landwirt produziert Obst und Gemüse; Molkerei stellt Lebensmittel her.

2 *Der direkte Absatz lässt sich nicht immer eindeutig vom indirekten Absatz abgrenzen.*

  a) Warum kann man den Handelsvertreter und den Kommissionär zum direkten Absatz rechnen, obwohl sie selbstständige Kaufleute sind?

  b) Begründen Sie, warum der Franchisenehmer nach außen wie ein Filialbetrieb des Franchisegebers erscheint!

  c) Worin unterscheiden sich Reisende und Handelsvertreter?

3 *Die Papier- und Pappenfabriken Karl Weiß wollen ihre Produkte, die sie bisher über Vertreter vertrieben haben, in Zukunft über Reisende verkaufen.*

  a) Welche Ansprüche haben die ehemaligen Vertreter aufgrund ihrer bisherigen Tätigkeit?

  b) Wofür kann der ehemalige Vertreter die Zahlung eines Ausgleichs verlangen?

  c) Bis zu welcher Höhe muss ein Ausgleich gezahlt werden?

4 *Als Leiter der Marketingabteilung haben Sie zu entscheiden, ob unter Kostengesichtspunkten Reisende oder Handelsvertreter günstiger sind. Ein Reisender erhält ein Gehalt von monatlich 1 000,00 EUR und eine Umsatzprovision von 2 %. Dagegen erhält ein Vertreter eine Umsatzprovision von 6 %. Es wird ein monatlicher Umsatz von 40 000,00 EUR für ein bestimmtes Verkaufsgebiet erwartet.*

  a) Ermitteln Sie den Umsatz, bei dem je Verkaufsgebiet der Reisende und der Vertreter die gleichen Kosten verursachen!

  b) Stellen Sie die Absatzkosten für den Reisenden und den Handelsvertreter in einem Koordinatensystem grafisch dar! Kennzeichnen Sie den kritischen Umsatz (U)!

  c) Welche Schlüsse ziehen Sie aus der grafischen Darstellung der Absatzkosten für den Reisenden und den Vertreter im Hinblick auf die Wahl des Absatzweges?

5 *Der Hersteller von Computern hat bisher die Fachgeschäfte und Warenhäuser direkt beliefert. Er macht sich Gedanken, ob es nicht besser wäre, wenn er die Computer über den Großhandel verkaufen würde.*

  a) Welche Vorteile ergeben sich aus der Warenfunktion des Handels bei Lieferung der Computer über den Großhandel?

  b) Untersuchen Sie für den Verkauf der Computer die Möglichkeit des Verkaufs über den Zustellgroßhandel und den Abholgroßhandel!

  c) Wie stehen Sie zu dem Argument: Der Großhandel ist überflüssig, er verursacht nur zusätzliche Kosten, die letztlich die Verbraucher zu tragen haben.

4 Rechtsgeschäfte der Unternehmung

Lerngerüst 4.1

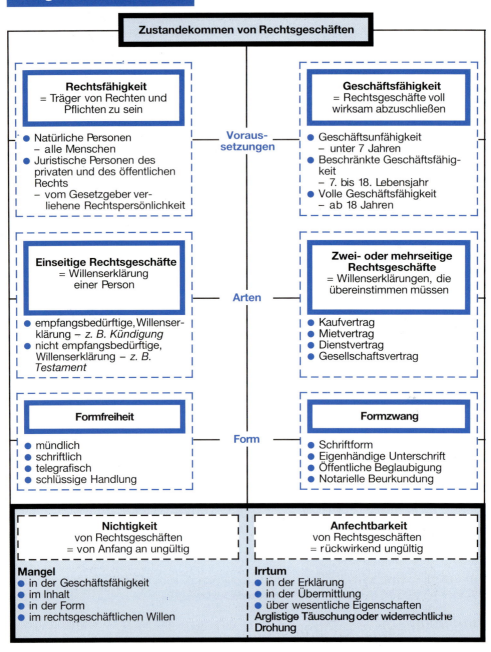

Lerninformationen 4.1

4.1 Zustandekommen von Rechtsgeschäften

*Nicht jede Willenserklärung ist rechtswirksam und löst Rechtsfolgen (Rechte und Pflichten) aus. So kann z. B. ein Unternehmer zur Beschaffung von Rohstoffen mehrere Anfragen an verschiedene Lieferer richten, um Angebote einzuholen. Eine rechtliche Bindung geht er damit noch nicht ein. Erst die Bestellung der Rohstoffe ist eine **rechtswirksame Willenserklärung**. Nimmt der Lieferer sie an, entsteht ein Kaufvertrag (Rechtsgeschäft).*

> Rechtsgeschäfte bestehen aus Willenserklärungen, die eine Rechtsfolge auslösen. Dadurch werden Rechtssituationen begründet oder geändert.

4.1.1 Rechtliche Voraussetzungen

Gültige Rechtsgeschäfte abzuschließen setzt *z. B. voraus, dass man Eigentum erwerben kann und die Handlungsfreiheit besitzt, über dieses Eigentum verfügen zu können.* Dazu braucht man die **Rechts- und die Geschäftsfähigkeit**.

Beispiel: Ein 5-jähriges Kind erbt von seinem Onkel ein Vermögen von einer Million EUR. Dadurch wird das Kind zwar Eigentümer des Vermögens, weil es rechtsfähig ist. Es kann aber noch nicht über dieses Vermögen verfügen, da es noch nicht geschäftsfähig ist. Für das Kind handeln die Eltern oder ein vom Vormundschaftsgericht bestellter Vormund.

▶ *Rechtsfähigkeit*

Jede natürliche und juristische Person kann Rechte und Pflichten übernehmen.

> Rechtsfähigkeit ist die Fähigkeit von Personen, Träger von Rechten und Pflichten zu sein.

● **Natürliche Personen:** Alle Menschen sind als natürliche Personen rechtsfähig. Ihre Rechtsfähigkeit beginnt mit der Vollendung der Geburt (§ 1 BGB) und endet mit dem Tod.

● **Juristische Personen:** Sie sind rechtlich geregelte Organisationen, die als Einheit rechtsfähig sind. Zu den juristischen Personen zählen **juristische Personen des privaten Rechts** *(AG, GmbH, eG, eingetragene Vereine und Stiftungen)* und **juristische Personen des öffentlichen Rechts** *(Bund, Länder, Gemeinden, Sparkassen, öffentlich-rechtliche Rundfunk- und Fernsehanstalten)*. Sie existieren von der Gründung bis zur Auflösung.

Beispiel: Jeder Gesellschafter einer OHG ist rechtsfähig, nicht aber die OHG als Personengesellschaft. Dagegen ist die AG als juristische Person rechtsfähig als Kapitalgesellschaft.

▶ *Geschäftsfähigkeit*

Juristische Personen haben stets volle Handlungsfreiheit; dagegen kann sie bei natürlichen Personen ausgeschlossen oder eingeschränkt sein.

> Geschäftsfähigkeit ist die Fähigkeit von Personen, Rechtsgeschäfte voll wirksam abzuschließen und damit Rechte zu erwerben und Pflichten einzugehen.

Man unterscheidet:

- **Geschäftsunfähig** sind Minderjährige bis zum vollendeten 7. Lebensjahr (§ 104 BGB).

Beispiel: Die 5-jährige Tochter Sabine, die schon für ihre Mutter mit einem Zettel einkaufen geht, kann noch keine gültigen Verträge abschließen. Sie erklärt lediglich als Bote den Willen ihrer Mutter. Sie ist geschäftsunfähig. Kauft sie sich ohne Einwilligung der Mutter zusätzlich ein Eis, dann ist dieses **Rechtsgeschäft von Anfang an nichtig**.

- **Beschränkt geschäftsfähig** sind Personen vom vollendeten 7. bis zum 18. Lebensjahr (§ 106 BGB).

Beispiel: Der 16-jährige Sohn hat sich ein Mofa gekauft. Der Kaufpreis geht über sein Taschengeld hinaus. Eine vor dem Kauf erteilte Zustimmung („**Einwilligung**") des Vaters liegt nicht vor. Damit ist das Rechtsgeschäft zunächst „**schwebend unwirksam**" und gilt erst mit einer nachträglich erteilten Zustimmung des Vaters („**Genehmigung**"). Die Zustimmung kann auch stillschweigend erfolgen, es sei denn, der Verkäufer hat den Vater des Minderjährigen ausdrücklich zur Genehmigung aufgefordert (§ 108 BGB).

- **Unbeschränkt geschäftsfähig** sind Personen ab 18 Jahren.

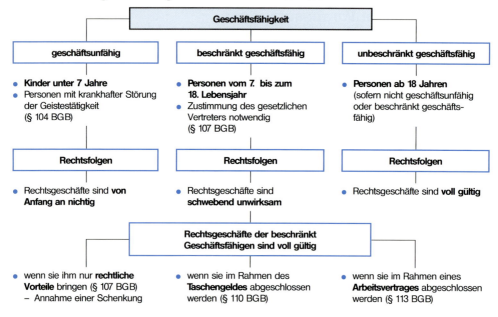

4.1.2 Arten der Rechtsgeschäfte

Jeder Mensch gibt laufend Erklärungen ab und vollzieht Handlungen. Nur ein Bruchteil davon ist rechtsbedeutsam, sind rechtliche Willenserklärungen und damit **Rechtshandlungen**, die zu **Rechtsgeschäften** führen.

Beispiel: Ein Schüler geht in eine Buchhandlung, sucht sich das ihn interessierende Buch heraus. Damit entsteht noch kein Rechtsgeschäft. Dann geht er zur Kasse um es zu bezahlen. Der Buchhändler, der an der Kasse sitzt, erklärt sich bereit das Buch zu verkaufen. Durch die Übereinstimmung der Willenserklärung zwischen Käufer und Verkäufer ist ein Rechtsgeschäft (Kaufvertrag) zustande gekommen.

> Rechtsgeschäfte kommen durch Willenserklärungen zustande, durch die einzelne Personen und Personenvereinigungen (Unternehmungen, Vereine, Stiftungen) ihre rechtlichen Beziehungen gestalten.

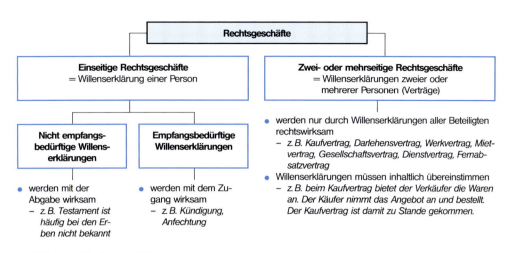

▶ **Wichtige Rechtsgeschäfte**

Vertragsart	Vertrags-partner	Vertragsinhalt	Gesetzliche Regelung BGB §§
Kaufvertrag	Verkäufer und Käufer	Entgeltlicher Verkauf und Kauf von Sachen und Rechten	433–479
Werkvertrag	Unternehmer und Besteller	Herstellung eines Werkes oder einer erfolgreich ausgeführten Arbeit gegen Vergütung	633–651
Werkvertrag ähnliche Verträge	Unternehmer und Besteller	Lieferung herzustellender oder zu produzierender beweglicher Sachen gegen Vergütung	651
Tauschvertrag	Geber und Nehmer	Hingabe eines Tauschgegenstandes gegen den Empfang eines anderen	480
Schenkungsvertrag	Schenker und Beschenkter	Unentgeltliche Zuwendung aus dem Vermögen des Schenkers zur Bereicherung des Beschenkten	516–534
Leihvertrag	Verleiher und Leiher	Unentgeltliche Überlassung zum Gebrauch von Sachen	598–606
Mietvertrag	Vermieter und Mieter	Entgeltliche Überlassung zum Gebrauch von Sachen	535–580
Pachtvertrag	Verpächter und Pächter	Entgeltliche Überlassung von Sachen und Rechten zum Gebrauch und Genuss der Früchte	581–597
Darlehensvertrag	Darlehensgeber und Darlehensnehmer	Unentgeltliche oder entgeltliche Überlassung von Geld oder vertretbaren Sachen gegen spätere Rückgabe in gleicher Art, Güte und Menge	488–498
Verwahrungsvertrag	Verwahrer und Hinterleger	Unentgeltliche oder entgeltliche Verwahrung einer beweglichen Sache mit der Verpflichtung, sie jederzeit zurückzugeben	688–700
Dienstvertrag (Arbeitsvertrag)	Arbeitgeber und Arbeitnehmer	Verpflichtung einer Person, gegen Entgelt oder andere Vorteile Dienste oder Arbeit zu leisten	611–630
Gesellschaftsvertrag	Gesellschafter	Grundlage für die Rechtsverhältnisse der Gesellschafter untereinander	705–740 (HGB §§ 105–342)
Fernabsatzverträge (Fernkommunikation)	Unternehmer und Verbraucher	Verwendung von Fernkommunikationsmitteln für Verträge über die Lieferung von Waren und die Erbringung von Dienstleistungen	312b 312c 312d

▶ **Werkvertrag und Werkvertrag ähnliche Verträge**

Beim Werkvertrag wird im Gegensatz zum Kaufvertrag kein fertiges Produkt ab Lager geliefert, sondern ein Werk hergestellt. Das Werk kann die **Herstellung einer Sache** (*z. B. Anfertigung eines Maßanzugs*) oder **Veränderung einer Sache** (*z. B. Reparatur*) oder durch Arbeit bzw. Dienstleistung **herbeizuführender Erfolg** sein (*z. B. chemische Untersuchung eines Stoffes*). Der Unternehmer steht für den Erfolg seiner Arbeit ein, sonst liegt ein Dienstvertrag vor.

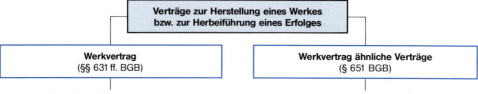

- Vertrag, durch den sich der Unternehmer zur **Herstellung eines Werkes oder zu einer erfolgreich ausgeführten Arbeit oder Dienstleistung verpflichtet**, der Besteller zur Zahlung einer Vergütung (Werklohn).
  – z. B. Nähen von Hemden, zu denen der Besteller den Stoff liefert; Beförderung von Personen und Gütern, Anfertigung eines Gutachtens
- **Sach- und Rechtsmängelhaftung**
  – Ist das **Werk mangelhaft**, kann der Besteller Nacherfüllung verlangen, vom Vertrag zurücktreten, Vergütung mindern oder Schadenersatz verlangen (§ 634 BGB).
- **Verlangt der Besteller Nacherfüllung,** so kann der Unternehmer nach seiner Wahl den Mangel beseitigen oder ein neues Werk herstellen (§ 635 BGB).

- Verträge, die die **Lieferung herzustellender oder zu erzeugender beweglicher Sachen** zum Gegenstand haben.
  – z. B. Herstellung von Einbaumöbeln, eines Reiseprospekts, eines Werbefilms
- Bei **vertretbaren Sachen** (Gattungssachen) finden die Vorschriften über den **Kaufvertrag** Anwendung, auch wenn der Mangel auf den vom Besteller gelieferten Stoff zurückzuführen ist (§ 442 BGB).
  – z. B. Anfertigung eines Konfektionskleides
- Bei **nicht vertretbaren Sachen** (Speziessachen) gelten grundsätzlich die Vorschriften über die **Sachmängelhaftung beim Werkvertrag**.
  – z. B. Anfertigung einer Zahnprothese, Herstellung einer Förderanlage nach Zeichnung

▶ **Fernabsatzverträge**

Sie werden zwischen einem Unternehmen und einem Verbraucher (**Verbraucherkaufvertrag**) abgeschlossen, die ausschließlich **Fernkommunikationsmittel** verwenden, *z. B. Briefe, Kataloge, Telefonanrufe, Telekopien, E-Mails, Rundfunk, Tele- und Mediendienste* [§ 312b (2) BGB].

• **Fernabsatzverträge** sind Verträge über die **Lieferung von Waren oder die Erbringung von Dienstleistungen**, die im Rahmen eines für den Fernabsatz organisierten Vertriebs- oder Dienstleistungssystems abgeschlossen werden. Der Verbraucher hat ein zweiwöchiges Widerrufsrecht oder Rückgaberecht. Die Vorschriften über Fernabsatzverträge werden nicht angewendet auf Verträge, *z. B. bei Finanzgeschäften, Veräußerung von Grundstücken, Lieferung von Lebensmitteln und Haushaltsgegenständen des täglichen Bedarfs* [§ 312b (3) BGB].

• **Fernkommunikationsmittel** werden zur Anbahnung oder zum Abschluss eines Vertrags zwischen Verbraucher und Unternehmen ohne gleichzeitige körperliche Anwesenheit der Vertragsparteien eingesetzt. Der Unternehmer muss den Verbraucher vor Abschluss des Vertrages *z. B. über den Preis der Ware, Liefer- und Versandbedingungen, Widerruf- oder Rückgaberecht* informieren.

4.1.3 Form der Rechtsgeschäfte

Für die Form der Rechtsgeschäfte besteht meistens **Formfreiheit**. Die Willenserklärungen können mündlich, fernmündlich, schriftlich, online, durch Telefax oder durch schlüssige (konkludente) Handlungen (*z. B. Entnahme von Zigaretten aus einem Automaten*) abgegeben werden.

Für einzelne Rechtsgeschäfte bestehen zum Schutz vor Missbrauch der Vertragsfreiheit und zur leichteren Beweiskraft Formvorschriften (**Formzwang**). Werden diese Formvorschriften nicht eingehalten, ist das Rechtsgeschäft nichtig (§ 125 BGB).

> Beim Formzwang müssen die Rechtsgeschäfte in der gesetzlich vorgeschriebenen oder vertraglich vereinbarten Form vorgenommen werden. Damit soll verhindert werden, dass Rechtsgeschäfte übereilt oder leichtfertig, ohne Beweiskraft und Sicherheit abgeschlossen werden.

4.1.4 Nichtigkeit von Rechtsgeschäften

Rechtsgeschäfte können **von vornherein ungültig** sein.

> Wenn ein Rechtsgeschäft nichtig ist bedeutet dies, dass es von Anfang an ungültig war und keine Rechtsfolgen ausgelöst hat.

▶ *Mangel in der Geschäftsfähigkeit (§ 105 BGB)*
z. B. ein 4-jähriger Junge kauft sich ohne Zustimmung der Eltern einen Baukasten.

▶ *Mangel im Inhalt des Rechtsgeschäfts*

- **Verstoß gegen ein gesetzliches Verbot (§ 134 BGB):** *z. B. ein Dealer kauft Rauschgift.*

- **Verstoß gegen die guten Sitten (Wucher, § 138 BGB):** *z. B. ein Wohnungseigentümer vermietet eine Wohnung an eine kinderreiche Familie zu einem überhöhten Mietpreis.*

▶ *Mangel im rechtsgeschäftlichen Willen*

- **Zum Schein abgegebene Willenserklärung (§ 117 BGB):** *z. B. ein Grundstückseigentümer verkauft sein Grundstück. Verkäufer und Käufer vereinbaren im notariellen Vertrag einen niedrigeren Preis als der wirkliche Kaufpreis beträgt, um Grunderwerbssteuer zu umgehen.*

- **Zum Scherz abgegebene Willenserklärung (§ 119 BGB):** *z. B. „eine Schubkarre Gold für ein Bier."*

- **Im Zustand der Bewusstlosigkeit oder vorübergehender Störung der Geistestätigkeit abgegebene Willenserklärung (§ 105 [2] BGB):** *z. B. ein Betrunkener verkauft im Vollrausch sein neues Auto.*

▶ *Mangel in der Form*

- **Verstoß gegen Formvorschriften (§ 125 BGB):** *z. B. über den Kauf eines Grundstücks ist zwar ein schriftlicher Vertrag abgeschlossen worden, der aber nicht notariell beurkundet wurde.*

135

4.1.5 Anfechtbarkeit von Rechtsgeschäften

Rechtsgeschäfte können **rückwirkend** ungültig werden.

> Rechtsgeschäfte bleiben so lange gültig, bis sie angefochten und dadurch mit rückwirkender Kraft ungültig werden.

▶ Anfechtungsgründe wegen Irrtums (§§ 119–122 BGB)

● **Irrtum in der Erklärung**

Beispiel: Der Inhaber eines Schuhgeschäfts wollte ein bestimmtes Paar Schuhe für 95,00 EUR verkaufen, hat aber auf das Preisschild irrtümlich 59,00 EUR geschrieben. Der Inhaber kann einen bereits abgeschlossenen Kaufvertrag (1 Paar Schuhe zu 59,00 EUR) anfechten.

● **Irrtum in der Übermittlung**

Beispiel: Ein Tierliebhaber will seinen Hund Hektor verkaufen. Der Bote, der das Rechtsgeschäft vornehmen soll, bietet irrtümlich das Pferd Hektor an. Das Geschäft kommt zustande.

● **Irrtum über wesentliche Eigenschaften einer Person oder Sache**

Beispiele:

– Ein Unternehmer stellt einen Bilanzbuchhalter ein und erfährt nachträglich, dass er seinen Aufgaben in keiner Hinsicht gewachsen ist.
– Ein Unternehmer kauft ein Patent und stellt fest, dass es nicht verwertbar ist.

● **Kein Grund zur Anfechtung** liegt vor bei einem Motivirrtum (Irrtum im Beweggrund).

Beispiele:

– Jemand kauft Aktien in der Annahme, dass die Kurse dieser Aktien steigen werden.
– Einem Kaufmann unterläuft ein Kalkulationsfehler.

▶ Anfechtungsgründe wegen arglistiger Täuschung und widerrechtlicher Drohung (§ 123 BGB)

> Wer zur Abgabe einer Willenserklärung durch arglistige Täuschung oder widerrechtlich durch Drohung bestimmt worden ist, kann die Erklärung anfechten. Auch derartige Rechtsgeschäfte werden durch Anfechtung rückwirkend ungültig.

Beispiele:

– Ein Autobesitzer verkauft seinen Wagen preisgünstig als unfallfrei. Später stellt sich heraus, dass der Verkäufer einen größeren Unfallschaden in einer Werkstatt beseitigen ließ.
– Ein Arbeitnehmer setzt eine Gehaltserhöhung durch, indem er seinem Arbeitgeber mit einer Anzeige wegen Steuerhinterziehung droht.

▶ Anfechtungsfristen

Bei der Anfechtung von gültig zustande gekommenen Rechtsgeschäften sind gesetzlich vorgeschriebene Fristen zu beachten:

– **wegen Irrtums** unverzüglich (= ohne schuldhaftes Zögern) nach Entdeckung (§ 121 BGB);
– **wegen arglistiger** Täuschung und widerrechtlicher Drohung innerhalb eines Jahres nach Kenntnis der Täuschung bzw. Fortfall der Zwangslage (§§ 123, 124 BGB);
– **Verjährung** nach 10 Jahren seit Abgabe der Willenserklärung, Anfechtung ist ausgeschlossen.

Lernaufgaben 4.1

Zustandekommen von Rechtsgeschäften

1 *Ein allein stehender Onkel ist gestorben und vererbt seinem 6-jährigen Neffen Frank eine Textilfabrik.*

   a) Kann Frank Eigentümer der Textilfabrik werden? Begründung!

   b) In welchem Umfang ist Frank berechtigt, in der Geschäftsführung der Textilfabrik mitzubestimmen und Rechtsgeschäfte abzuschließen?

2 *Die tierliebende Stefanie, 17 Jahre alt, kommt eines Tages mit einem jungen Hund nach Hause, den sie sich gekauft hat. Sie legt ihrem Vater eine Rechnung über 210,00 EUR vor. Den Betrag von 180,00 EUR hat sie sich von ihrem Großvater geliehen, da das monatliche Taschengeld von 50,00 EUR nicht ausreichte.*

   a) Ist der Kaufvertrag, den Stefanie abgeschlossen hat, gültig? Begründung!

   b) Die Eltern sind mit dem Kauf des Hundes nicht einverstanden und verlangen die Rückgabe. Muss der Verkäufer den Hund zurücknehmen und den Kaufpreis zurückerstatten? Begründung!

   c) Stefanie hängt an dem Hund und möchte ihn gern behalten. Sie macht den Vorschlag, den Kaufpreis in Raten an den Verkäufer aus ihrem zukünftigen Taschengeld zu bezahlen. Wie wäre dann die Rechtslage?

   d) Stefanie hat den Hund von ihrer Tante geschenkt bekommen. Wie ist die Rechtslage?

3 *Der 17-jährige Kfz-Mechaniker Reiner Riedel, der mit Zustimmung seines Vaters einen Arbeitsvertrag geschlossen hat, beabsichtigt die Stelle zu wechseln und das derzeitige Arbeitsverhältnis zu kündigen. Der Vater als gesetzlicher Vertreter des Minderjährigen ist dagegen.*

   a) Unterscheiden Sie Kündigung und Arbeitsvertrag als besondere Arten von Rechtsgeschäften!

   b) Wodurch unterscheiden sich Kündigung und Testament?

   c) Kann Reiner Riedel ohne Zustimmung des Vaters kündigen? Begründung!

4 *Der Unternehmer Karl Wenck sucht zur Erweiterung seines Betriebes ein Grundstück. Beim Skatspiel erklärt ihm Bauer Fiedler, dass er bereit sei, ein an sein Fabrikgelände grenzendes Grundstück für 120 000,00 EUR zu verkaufen. Der Kaufvertrag wird in Gegenwart der übrigen Skatbrüder durch Handschlag besiegelt. Nach vier Wochen erfährt Fiedler, dass sein Grundstück als Wohnungsbauland erschlossen werden soll. Er rechnet nun mit einem höheren Kaufpreis und teilt Wenck mit, dass er das Grundstück nicht bekommen kann.*

   a) Kann Wenck darauf bestehen, dass der Kaufvertrag erfüllt wird?

   b) Wenck hat inzwischen einem Architekten den Auftrag erteilt, die Bauzeichnungen anzufertigen. Die entstandenen Kosten will er Fiedler in Rechnung stellen. Kann Wenck Schadenersatz verlangen? Begründung!

5 *Der Bauer Fiedler verkauft das Grundstück an Fritz Rothe für 150 000,00 EUR. Sie verein-*
baren, im notariellen Vertrag nur 120 000,00 EUR anzugeben. Der Eigentumsübergang
wird im Grundbuch eingetragen.

    a) Welche Absicht verfolgen die Vertragspartner mit dieser gesetzwidrigen Vereinba-
        rung?

    b) Welcher Mangel im Hinblick auf die Rechtswirksamkeit liegt vor?

    c) Rothe weigert sich, 150 000,00 EUR zu bezahlen und überweist 120 000,00 EUR, die
        im notariellen Vertrag enthalten sind. Muss Rothe noch 30 000,00 EUR bezahlen?
        Begründung!

    d) Warum ist Rothe Eigentümer des Grundstücks geworden?

6 *Franz Kohlhuber besucht seinen Freund Fritz Reifert und sagt: „Das ist aber ein interessan-*
tes Buch!" „Nimm es dir!" „Danke!" Kohlhuber meint, er hat das Buch statt geliehen
geschenkt bekommen.

    a) Was wollte Reifert?

    b) Was erklärte Reifert?

    c) Was wollte Kohlhuber?

    d) Kann Reifert das Rechtsgeschäft anfechten? Begründung!

7 *Am Ende des Tages geht der Chef durch den Selbstbedienungsladen und stellt fest, dass*
die Beutel Haselnüsse falsch ausgezeichnet sind. Er beauftragt den Verkäufer, die Preise
zu ändern. Am nächsten Tag kommt eine Kundin mit einem Haselnussbeutel zur Kasse,
auf dem 0,90 EUR steht. Die Kundin bezahlt 0,90 EUR. Die Kassiererin ruft die Kundin
zurück und verlangt 1,20 EUR. Die Verkäuferin hatte die Änderung des Preises vergessen.

Wie ist die Rechtslage? Begründung!

8 *Frau Kiesel geht mit einem Rosinenbeutel in einem Selbstbedienungsladen zur Kasse und*
bezahlt den Betrag von 0,90 EUR. Da kommt der Chef und sagt, hier sei ein Fehler in der
Kalkulation bei der Umrechnung von $ in EUR unterlaufen, der Beutel koste 1,30 EUR.

Wie viel EUR muss Frau Kiesel bezahlen? Begründung!

9 *Norbert fährt mit seiner Freundin Claudia mit dem Motorrad in die Eifel. Als sie bei einem*
Pferdemarkt vorbeikommen, will Norbert durch forsches Auftreten Claudia imponieren.
„Ich handle den Preis für das Pferd ganz herunter und dann fahren wir weiter!" Der Händ-
ler geht von 1 500,00 EUR auf 1 250,00 EUR herunter. Norbert besiegelt den Kauf mit
Handschlag. Beide gehen zur Seite und wollen fahren. Der Pferdehändler fordert ihn aber
auf, zu zahlen. „Ich habe doch nur Spaß gemacht", sagt Norbert.

    a) Ist das Rechtsgeschäft nichtig? Begründung (§§ 116, 118 BGB)!

    b) Wie ist die Rechtslage, wenn der Pferdehändler von Claudia vorher unterrichtet
        wurde, dass Norbert spaßeshalber den Preis herunterhandeln wird?

10 *Ferdinand Kohlhuber schlendert durch die Fußgängerzone. Da sitzt ein körperbehinderter*
Bettler. Kohlhuber will 5,00 EUR geben, wirft aber 10,00 EUR in den Korb.

Kann Kohlhuber das Rechtsgeschäft (Schenkung) anfechten? Begründung!

Lerngerüst 4.2

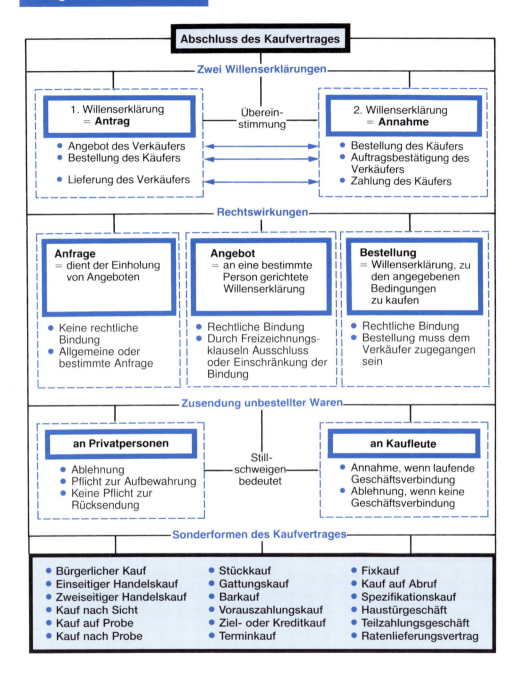

Lerninformationen 4.2

4.2 Abschluss des Kaufvertrages

Der Kaufvertrag ist das **Rechtsgeschäft**, *das in der kaufmännischen Praxis am häufigsten vorkommt.*

Der Kaufvertrag kommt zustande durch zwei inhaltlich übereinstimmende Willenserklärungen: Antrag und Annahme des Antrages.

4.2.1 Anfrage

Bevor ein Kaufmann einen Kaufvertrag abschließt, wird er sich über neue Produkte und **Einkaufsmöglichkeiten** informieren, um günstigere Bezugsquellen (siehe S. 39) zu nutzen und sein Warensortiment aktuell zu gestalten. Die Bezugsquellen werden in einer **Bezugsquellenkartei/-datei (Lieferer- oder Warenkartei/-datei)** erfasst und laufend ergänzt. Diese Kartei, in der auch allgemeine Angaben über den Lieferer enthalten sind, gibt der **Einkaufsabteilung** die notwendigen Informationen für Anfragen, Bestellungen und Verhandlungen.

Liefererkarteikarte der Lederwarenfabrik Otto Spörner

Lieferer: Anton Färber, Gerberei, Bergstraße 85, Offenbach/M.				Lieferer-Nr.: 34
Datum	Gegenstand	Angebot	Bestellung	Allgemeine Angaben
15.04.	Schafleder	Brief	28.04.	gute Qualität, 5 % Rabatt
28.04.	Krokodilleder	Vertreter	09.05.	preisg., 3 Mo. Lieferfrist
05.05.	Kalbsleder	Katalog		
19.05.	Fohlenleder	Prospekt		

Warenkarteikarte der Lederwarenfabrik Otto Spörner

Warenart:	Schafleder				
Datum	Lieferer	Lief. Nr.	Angebot	Bestellung	Allgemeine Angaben
15.04.	Färber, A., Offenbach	34	Brief	28.04.	gute Qualität, 5 % Rabatt
02.06.	Kremer, L., Koblenz	62	Katalog	10.06.	prompte Erledigung
23.07.	Siebert & Co., Neuss	88	Prospekt		
01.08.	Schmidt, K., Essen	12	Vertreter		

Die Lieferer- und Warenkartei kann durch ein identisches Feld verbunden werden, *z. B. durch die Lieferantennummer.*

Durch die Anfrage will der Käufer feststellen, zu welchen Bedingungen der Verkäufer bereit ist Waren zu liefern oder eine Leistung zu bewirken. Der Anfragende ist rechtlich nicht gebunden.

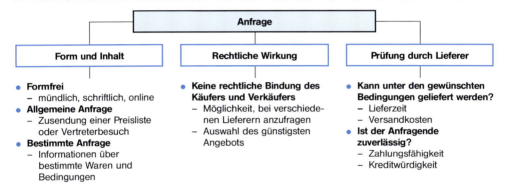

Form und Inhalt
- **Formfrei**
  – mündlich, schriftlich, online
- **Allgemeine Anfrage**
  – Zusendung einer Preisliste oder Vertreterbesuch
- **Bestimmte Anfrage**
  – Informationen über bestimmte Waren und Bedingungen

Rechtliche Wirkung
- **Keine rechtliche Bindung des Käufers und Verkäufers**
  – Möglichkeit, bei verschiedenen Lieferern anzufragen
  – Auswahl des günstigsten Angebots

Prüfung durch Lieferer
- **Kann unter den gewünschten Bedingungen geliefert werden?**
  – Lieferzeit
  – Versandkosten
- **Ist der Anfragende zuverlässig?**
  – Zahlungsfähigkeit
  – Kreditwürdigkeit

4.2.2 Angebot

Die Anfrage wird meist durch ein Angebot beantwortet.

Das Angebot ist eine Willenserklärung an eine bestimmte Person, unter den angegebenen Bedingungen Waren zu liefern oder eine Leistung zu bewirken. Es bindet den Lieferer, wenn es ohne Einschränkungen abgegeben wird.

Will der Lieferer die Bindung des Angebots einschränken oder ausschließen, setzt er in das Angebot eine **Freizeichnungsklausel**: *z. B. freibleibend, ohne Gewähr, ohne Obligo, Lieferungsmöglichkeiten vorbehalten, solange der Vorrat reicht.*

Kein Angebot im rechtlichen Sinne sind alle Anpreisungen und Aufforderungen zum Kauf, die an die Allgemeinheit gerichtet sind.

Beispiele: Zeitungsanzeigen, Kataloge, Prospekte, Postwurfsendungen, Schaufensterauslagen, Waren im Selbstbedienungsladen, Schrift- und Bildwerbung.

Wird der Kunde durch eine dieser Aufforderungen zum Kauf veranlasst, bedarf es noch der **Zustimmung des Verkäufers**, damit ein Kaufvertrag zustande kommt.

Beispiel: Im rechtlichen Sinne ist die Ware in den Regalen des Selbstbedienungsladens noch kein Angebot. Wird aber die Ware vom Kunden zur Kasse gebracht, liegt ein Kaufantrag vor, der durch die Annahme von Seiten des Kassierers zum Kaufvertrag führt.

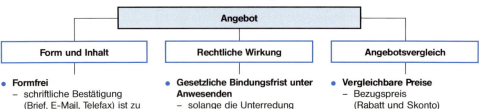

4.2.3 Bestellung (Auftrag)

Nach der Prüfung der Angebote wird der Käufer bei dem Lieferer bestellen, der ihm das günstigste Angebot unterbreitet hat.

Die Bestellung ist die Willenserklärung des Kunden, unter den angegebenen Bedingungen zu kaufen. Sie bindet den Käufer, wenn sie ohne Einschränkungen abgegeben wurde.

4.2.4 Zusendung unbestellter Ware

Erhält eine Privatperson oder ein Kaufmann unbestellte Waren, liegt ein Angebot vor.

> Der Kaufvertrag bei unbestellt zugesandter Ware kommt zustande, wenn der Käufer bezahlt, die Ware verbraucht oder gebraucht oder eine Annahmeerklärung abgibt.

▶ Stillschweigen gilt als Ablehnung des Angebots

Das ist der Fall, wenn der Empfänger der Ware

- eine **Privatperson** oder
- ein **Kaufmann** ist, zu dem bisher keine Geschäftsbeziehung bestand.

Die Empfänger sind zwar verpflichtet, die Ware aufzubewahren, müssen sie aber nicht zurückschicken. Die unbestellte Zusendung von Waren an Privatleute stellt auch einen Verstoß gegen das Gesetz gegen den unlauteren Wettbewerb (UWG) dar.

▶ Stillschweigen gilt als Annahme des Angebots

Das ist der Fall, wenn der Empfänger der unbestellt zugesandten Ware ein **Kaufmann** ist, mit dem bereits eine Geschäftsverbindung besteht. Bei Ablehnung des Antrages hat er unverzüglich zu antworten, die Ware aufzubewahren und zurückzuschicken (§ 362 HGB). Die **Aufbewahrungszeit** richtet sich nach dem Wert der Ware, *z. B. muss eine Zeitschrift nur wenige Tage, ein Elektrogerät bis zu einem Jahr aufbewahrt werden.*

4.2.5 Sonderformen des Kaufvertrages

Durch unterschiedliche Vereinbarungen zwischen den Vertragspartnern (Käufer und Verkäufer) und durch die rechtliche Stellung von **Unternehmern (Kaufleute)** oder **Verbrauchern (Nichtkaufleute)** ergeben sich Sonderformen des Kaufvertrages:

> **Verbraucher** ist jede natürliche Person, die ein Rechtsgeschäft zu einem Zweck abschließt, der weder einer gewerblichen noch einer selbstständigen beruflichen Tätigkeit zugerechnet werden kann (§ 13 BGB). **Unternehmer** ist jede natürliche oder juristische Person oder eine rechtsfähige Personengesellschaft, die bei Abschluss eines Rechtsgeschäfts in Ausübung ihrer gewerblichen oder selbstständigen beruflichen Tätigkeit handelt (§ 14 BGB).

▶ Nach der rechtlichen Stellung der Vertragspartner

- **Bürgerlicher Kauf (Privatkauf):** Käufer und Verkäufer sind Verbraucher (§§ 433−479 BGB).
- **Handelskauf:** Mindestens ein Vertragspartner ist Unternehmer. Deshalb gelten für diese Fälle nicht nur die Bestimmungen des BGB, sondern in erster Linie die §§ 343, 345 und 373−382 des HGB.
  - **Einseitiger Handelskauf:** Der Käufer ist Verbraucher und der Verkäufer ist Unternehmer (**Verbrauchsgüterkauf**) oder der **andere einseitige Handelskauf**, bei dem der Käufer Unternehmer und der Verkäufer Verbraucher ist.
  - **Zweiseitiger Handelskauf:** Beide Vertragspartner handeln als Unternehmer.

▶ Nach Art des Kaufvertrages

- **Kauf nach Sicht:** Der Käufer kann die Ware besichtigen und etwaige Mängel feststellen *(z. B. Kauf eines gebrauchten Kraftwagens).*
- **Kauf auf Probe:** Der Käufer erhält die Ware mit dem vereinbarten Recht, die Ware innerhalb einer bestimmten Frist zurückzugeben, wenn sie seinen Erwartungen nicht entspricht *(z. B. bei Fernsehgeräten).*

- **Kauf nach Probe oder nach Muster:** Die Bestellung durch den Käufer erfolgt aufgrund einer Probe oder eines Musters. Die gelieferte Ware muss mit der Probe oder dem Muster übereinstimmen, da die entsprechenden Eigenschaften zugesichert sind *(z. B. bei Stoffen oder Papier)*. Als Beweismittel sollte man die Proben und Muster aufbewahren.

- **Stückkauf** (Spezieskauf): Der Kaufgegenstand ist eine nicht vertretbare Sache *(z. B. Kauf eines gebrauchten Kraftwagens)*.

- **Gattungskauf:** Die Ware ist eine vertretbare Sache, d. h. die Ware ist nur der Gattung nach bestimmt *(z. B. Kauf eines neuen Kraftwagens)*.

▶ *Nach der Zahlungszeit*

- **Barkauf:** Die Zahlung erfolgt Zug um Zug mit der Lieferung.

- **Vorauszahlung:** Es wird vereinbart, dass der Käufer schon vor der Lieferung zu zahlen hat *(z. B. bei Sonderanfertigungen, bei unsicheren Kunden)*.

- **Ziel- oder Kreditkauf:** Der Käufer zahlt nach einer bestimmten Zeit nach der Lieferung.

▶ *Nach der Lieferzeit*

- **Terminkauf:** Die Lieferung hat zu einem bestimmten Termin oder innerhalb einer bestimmten Zeitspanne zu erfolgen *(z. B. Lieferung Ende Mai, Lieferung innerhalb zweier Monate nach Bestellung, Lieferung nach der Ernte)*.

- **Fixkauf:** Der Vertrag steht und fällt mit der Fixklausel *(z. B. Lieferung am 15. Mai fix)*.

- **Kauf auf Abruf:** Der Käufer bestimmt den Zeitpunkt der Lieferung *(z. B. ein Eisenhändler ruft die bestellten T-Träger nach Bedarf ab)*.

- **Spezifikationskauf (Bestimmungskauf):** Der Käufer hat das Recht, innerhalb einer festgelegten Frist die Waren nach Maß, Form oder Farbe näher zu bestimmen.

▶ *Nach den Sondervorschriften für Verbraucherverträge*

Kauft ein Verbraucher bei einem Unternehmer eine bewegliche Sache, dann liegt ein Verbraucherkaufvertrag vor (§ 310 BGB).

- **Haustürgeschäfte (§ 312 BGB):** Ein Verbraucherkaufvertrag, der im Bereich der privaten Wohnung, des Arbeitsplatzes oder im öffentlichen Bereich *(z. B. in Verkehrsmitteln, auf der Straße, bei Verkaufsveranstaltungen)* abgeschlossen wird, wird erst wirksam, wenn ihn der Verbraucher nicht innerhalb von 2 Wochen schriftlich widerruft. Das **Widerrufsrecht** steht dem Verbraucher auch bei den folgenden Verbraucherkaufverträgen zu. Der Widerruf muss keine Begründung enthalten.

- **Teilzahlungsgeschäfte (§§ 499, 502 BGB):** Bei Teilzahlungsverträgen erfolgt die Lieferung von bestimmten Sachen oder Leistungen gegen Teilzahlungen. Dem Verbraucher steht ein **Widerspruchsrecht** oder ein uneingeschränktes **zweiwöchiges Rückgaberecht** zu.

- **Ratenlieferungsverträge (§ 505 BGB):** Sie können abgeschlossen werden als

– **Teillieferung** mehrerer zusammenhängender Sachen, die als Teileleistung bezahlt wird, z. B. *eine Trilogie (dreibändiges Buch) wird in drei Quartalen geliefert und bezahlt;*

– **regelmäßige Lieferung** von Sachen gleicher Art, z. B. *Zeitschriftenabonnementverträge;*

– **wiederkehrender Erwerb oder Bezug** von Sachen ohne Vereinbarung von bestimmten Sachen, z. B. *Mitgliedschaft in einem Buchclub.*

Lernaufgaben 4.2

Abschluss des Kaufvertrages

1 *Die Lederwarenfabrik Otto Spörner braucht für die Herstellung von Lederjacken und Damenhandtaschen eine größere Menge von Schaf-, Lamm-, Krokodil- und Eidechsenleder. In Zukunft will Spörner auch Handschuhe herstellen. Dazu benötigt er Fohlenleder in Glacégerbung.*

a) Wo findet Spörner Anschriften von Lieferern, die ihm die benötigten Ledersorten anbieten können?

b) Welche Punkte müsste eine Anfrage nach Leder an die Gerberei Anton Färber enthalten? Schreiben Sie die Anfrage!

c) Nach welchen Gesichtspunkten wird die Gerberei die Anfrage überprüfen?

2 *Das Angebot von Anton Färber geht am 15. September ein und ist von den eingegangenen Angeboten das günstigste. Am 30. September bestellt Otto Spörner bei der Gerberei Anton Färber einen größeren Posten Fohlenleder in Glacégerbung zur sofortigen Lieferung. Färber antwortet, dass das Fohlenleder nicht mehr in der gewünschten Menge vorhanden ist.*

a) Schreiben Sie das Angebot und die Bestellung!

b) Ist ein Kaufvertrag zustande gekommen? Begründung!

c) Wie ist die Rechtslage, wenn Spörner das Fohlenleder am 17. September telefonisch bestellt? Begründung!

d) Ist ein Kaufvertrag zustande gekommen, wenn Spörner das Fohlenleder aufgrund einer Anzeige in einer Fachzeitschrift sofort am nächsten Tag bestellt? Begründung!

e) Wie lange ist Färber an das Angebot gebunden, wenn er es gelegentlich eines Kundenbesuchs bei Spörner abgegeben hat?

3 *Zur Ausstattung eines Großraumbüros benötigt ein Unternehmen spätestens in zwei Monaten 20 Schreibtische. Es wurden vier Angebote eingeholt. Die Schreibtische in diesen Angeboten entsprechen den Vorstellungen des Unternehmers und sind in etwa qualitativ gleichwertig.*

Angebotsvergleich					
An-gebote	Preis je Stück	Bezugsposten für 20 Stück	Rabatt	Skonto	Lieferzeit
A	850,00	frei Haus	5 % bei mehr als 10 Stück	3 % oder 2 Monate Ziel	4 Wochen
B	740,00	frei Bahnhof dort 40,00	8 % bei mehr als 20 Stück	2 % oder 3 Monate Ziel	6 Wochen
C	910,00	frei Haus	10 % bei mehr als 15 Stück	3 % oder 1 Monat Ziel	8 Wochen
D	690,00	ab Werk 120,00	00	netto Kasse	3 Wochen

145

a) Errechnen Sie die Bezugspreise unter Ausnutzung aller Vergünstigungen der vier Angebote! Welches Angebot ist für den Unternehmer das günstigste?

b) Außer dem rechnerischen Vergleich der Angebote sind noch andere Gesichtspunkte beim Angebotsvergleich zu berücksichtigen. Nennen Sie derartige zusätzliche Entscheidungsgrößen!

c) In welche Gefahr begibt sich ein Unternehmer, wenn er sich beim Bezug seiner Rohstoffe vollständig auf einen Lieferer konzentriert?

4 *Das Kurhaus Dr. Möbius erhält unbestellt von der Seifen- und Parfümeriegroßhandlung Sauber & Co. einen Karton Toilettenseife zu 15,80 EUR. In einem Beischreiben wird mitgeteilt, dass die Seife in 30 Tagen zu bezahlen ist, wenn sie nicht innerhalb von vier Wochen zurückgesandt wird. Dr. Möbius kümmert sich nicht weiter um diese Seife und bewahrt sie in seinem Vorratslager auf. Er hat an dieser Lieferung kein Interesse. Mit Sauber & Co. steht er jedoch schon seit Jahren in Geschäftsverbindung.*

a) Hat Dr. Möbius sich richtig verhalten, wenn er die Frist von vier Wochen verstreichen lässt, ohne dem Lieferer eine Nachricht zu übermitteln bzw. die Seife zurückzuschicken?

b) Wie ist die Rechtslage, wenn Dr. Möbius bisher keine Geschäftsverbindung zur Seifen- und Parfümeriegroßhandlung Sauber & Co. unterhalten hat?

c) Erläutern Sie die Rechtslage, wenn Dr. Möbius die Toilettenseife als Privatmann unbestellt zugeschickt erhält!

5 *Die Zusendung unbestellter Waren an eine Privatperson ist ein Verstoß gegen die gute kaufmännische Sitte und damit gegen das Gesetz gegen den unlauteren Wettbewerb (UWG)!*

Begründen Sie diese Auffassung des Gesetzgebers!

6 *Stellen Sie fest, welche Sonderformen des Kaufvertrages in den folgenden Fällen vorliegen!*

a) Ein Radio- und Fernsehgeschäft erklärt sich gegenüber einem Kunden bereit das gelieferte Fernsehgerät zurückzunehmen, wenn der Empfang trotz fachmännisch installierter Hochantenne nicht gut sein sollte.

b) Eine Möbelfabrik kauft die notwendigen Holzvorräte von einer Holzgroßhandlung ein Jahr im Voraus. Sie vereinbart mit ihrem Lieferer, dass sie den Zeitpunkt für die Zusendung der einzelnen Teilmengen rechtzeitig mitteilen wird.

c) Ein Fachgeschäft für Textilien wird aufgelöst und verkauft die Restbestände en bloc an eine Textilwarengroßhandlung.

d) Ein Konfektionsgeschäft bestellt wegen des warmen Sommerwetters zusätzliche Sommerkleidung, die aber bis 14 Tage vor Beginn der Sommerferien eingehen muss.

e) Ein Malermeister bestellt Tapeten nach zugesandten Mustern, die er sich als Beweismittel sorgfältig aufbewahrt.

f) Ein Tischlermeister schließt einen Kaufvertrag über 10 m Holz ab und behält sich das Recht vor, innerhalb von 10 Tagen vor Lieferung die Arten, Mengen und Maße näher zu bestimmen.

Lerngerüst 4.3

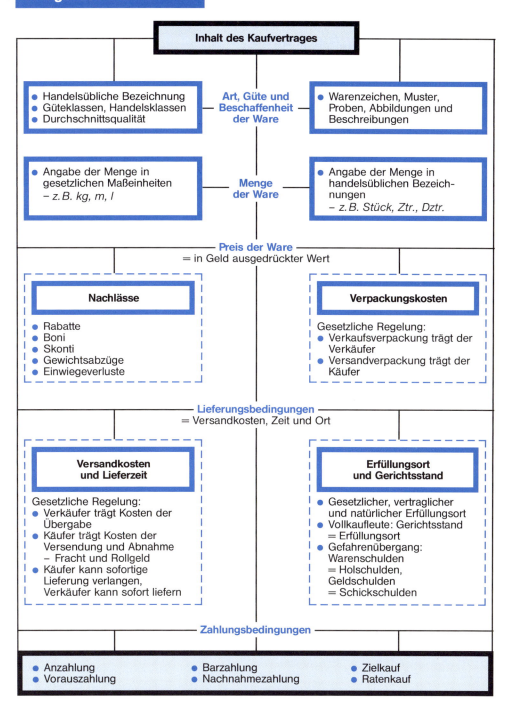

Lerninformationen 4.3

4.3 Inhalt des Kaufvertrages

Ein wesentliches Merkmal einer freiheitlichen Gesellschaftsordnung ist die **Vertragsfreiheit**. Sie besagt, dass jedermann selbst entscheiden kann, ob, mit wem und mit welchem Inhalt er Verträge abschließen will.

Der Kaufvertrag sollte alle **wesentlichen Bedingungen** enthalten, die zur reibungslosen Erfüllung des Vertrages notwendig sind:

− Art, Güte und Beschaffenheit der Ware
− Menge der Ware
− Preis der Ware
− Lieferungsbedingungen
− Zahlungsbedingungen

Im Kaufvertrag sollten auf jeden Fall Art, Menge und Preis der Ware enthalten sein. Fehlen die übrigen Bedingungen, so gelten die gesetzlichen Bestimmungen.

4.3.1 Art, Güte und Beschaffenheit der Ware

Die Ware muss nach ihren Kennzeichen genau bestimmt werden, sowohl aufgrund gesetzlicher Kennzeichnungsvorschriften als auch durch freiwillige Vereinbarungen zwischen Industrie, Handel und Verbraucherverbänden.

● Die **Art der Ware** wird durch die handelsübliche Bezeichnung festgelegt.

Beispiele: Herrensportrad Marke Turmberg, Dole-Bananen, Taylorix-Computer-Organisations-Service.

● Die **Güte und Beschaffenheit der Ware** wird bestimmt durch die **Güteklassen „Extra"** = höchste Qualität, **„I"** = gute Qualität, **„II"** = marktgängige Qualität, **„III"** = stärkere Mängel; **Handelsklassen** (landwirtschaftliche Produkte), **Durchschnittsqualität** (faq = fair average quality), **Warenzeichen** (Markenartikel), **Muster** (*Stoff, Papier*), **Proben** (*Sekt, Käse*), **Standards** (*Baumwolle*), **Abbildungen** und **Beschreibungen** (*Prospekte, Kataloge*).

Beispiele: Boskop Handelsklasse A, Fußbodenfliesen Güteklasse II; Kartoffeln werden als „Extra"-Spitzenqualität festkochend oder mehlig kochend eingeordnet.

4.3.2 Menge der Ware

Sie wird in **gesetzlichen Maßeinheiten** (*kg, m, l*) oder in **handelsüblichen Bezeichnungen** (*Stück, Dutzend, Zentner, Gros, Ballen, Kiste, Waggon*) angegeben.

Oft ist die bestellte Menge wichtig für den Preis der Ware. Bei großen Mengen wird oft ein **Mengenrabatt** gewährt, während bei Unterschreiten einer Mindestmenge unter Umständen ein **Kleinmengenzuschlag** erhoben wird. Auch werden unterschiedliche Rabatte gewährt (**Rabattspreizung**), die vor allem großen Betrieben (*z. B. Supermärkten*) zugute kommen.

4.3.3 Preis der Ware

Meist ist der Listenpreis noch nicht der endgültige Preis, es müssen noch Nachlässe und Verpackungskosten berücksichtigt werden.

Der Preis ist der in Geld ausgedrückte Gegenwert der Ware, den man beim Kauf zu zahlen hat.

▶ *Nachlässe*

Sie werden unterteilt in Rabatte, Boni, Skonti und Gewichtsabzüge.

● **Rabatte** werden sofort vom Rechnungsbetrag abgezogen und aus folgenden Gründen gewährt:

– bei Abnahme einer größeren Menge (**Mengenrabatt**)

– bei Preisbindungen (Verlagserzeugnisse) oder Preisempfehlungen durch den Hersteller (**Wiederverkäuferrabatt**)

– für langjährige Kunden (**Treuerabatt**)

– bei besonderen Anlässen wie Geschäftseröffnung, Geschäftsaufgabe und Geschäftsjubiläum (**Sonderrabatt**)

– für das beschäftigte Personal (**Personalrabatt**)

● **Boni** werden als eine Sondervergünstigung nachträglich für das Erreichen einer bestimmten Umsatzhöhe gewährt (Umsatzrückvergütung).

● **Skonti** werden vom Rechnungspreis bei Zahlung innerhalb einer bestimmten Frist gewährt. Skonto ist also der Preis für die Kreditnutzung (siehe S. 298).

● **Gewichtsabzüge** werden gewährt für Einwiegeverluste (Gutgewicht), für Flüssigkeitsverluste (Leckage).

▶ *Verpackungskosten*

Viele Waren lassen sich ohne Verkaufsverpackung gar nicht übergeben, *z. B. Pralinen, Zigaretten, Konserven.*

● **Verkaufsverpackung:** Die Kosten der Verkaufsverpackung trägt der Verkäufer, sie sind im Kaufpreis enthalten.

Beispiele: Kekse in Dosen, Zucker in Tüten, Schuhe in Schachteln.

● **Versandverpackung:** Die Kosten der Versandverpackung trägt der Käufer.

Beispiele: Elektromotor in einer Kiste, Bierflaschen in Kästen.

> Das Gewicht der Versandverpackung bezeichnet man als Tara (Verpackungsgewicht). Zieht man vom Bruttogewicht (Rohgewicht oder Gesamtgewicht) die Tara ab, erhält man das Nettogewicht (Reingewicht).

Es kann vereinbart sein, dass sich der Preis bezieht auf das

– **Reingewicht einschließlich Verpackung:** Die Verpackung wird nicht berechnet;

– **Reingewicht ausschließlich Verpackung** (gesetzliche Regelung): Die Verpackung wird zusätzlich berechnet; bei Rückgabe werden die Verpackungskosten ganz oder teilweise gutgeschrieben; für die Verpackung wird eine Leihgebühr oder ein Pfand berechnet;

– **Rohgewicht einschließlich Verpackung** (brutto für netto): Die Verpackung wird wie die Ware berechnet.

4.3.4 Lieferungsbedingungen

Sie enthalten Nebenleistungen des Anbieters im Kaufvertrag.

▶ *Versandkosten (Transportkosten)*

Je nach der Versandart (persönlich, Bote, eigenes Fahrzeug, Transportunternehmen) entstehen unterschiedliche Versandkosten.

Beispiel für Bahntransport:
- **Rollgeld** für die Anfuhr zum Güterbahnhof in Augsburg und Abfuhr vom Güterbahnhof in Köln.
- **Fracht** für die Versendung von Augsburg nach Köln.
- **Wiege- und Verladekosten.**

> Liegt keine besondere Vereinbarung vor, so trägt beim Versendungskauf die Kosten der Übergabe (Rollgeld für Anfuhr, Messen und Wiegen) der Verkäufer, die Kosten der Versendung und Abnahme (Fracht und Rollgeld für Abfuhr) der Käufer.

Es kann auch vereinbart werden, dass der Käufer oder Verkäufer die Kosten allein trägt oder die Versandkosten zwischen Käufer und Verkäufer aufgeteilt werden. Trägt der Verkäufer alle Kosten, wird er sie in die Angebotspreise einbeziehen.

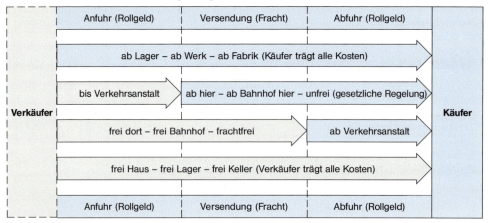

- **Frachtbasis:** Sie gibt den Ort an, von dem aus die Fracht berechnet wird, auch wenn von einem anderen Ort geliefert wird.

Beispiel: „Frachtbasis Bochum" heißt, dass ein Kunde aus Augsburg die Fracht von Bochum nach Augsburg zu tragen hat, auch wenn die Güter aus Kiel kommen.

- **Frachtparität:** Sie gibt den Ort an, bis zu dem der Verkäufer die Fracht übernimmt, auch wenn die Lieferung nach einem anderen Ort geht.

Beispiel: „Frachtparität Bochum" bedeutet für den Lieferer in Kiel, dass er die Fracht nur bis Bochum zu tragen hat, auch wenn die Ware nach Augsburg geliefert wird.

▶ *Incoterms (International Commercial Terms)*

Im internationalen Handelsverkehr haben die Incoterms als **vorformulierte Vertragsklauseln** eine besondere Bedeutung. Die wichtigsten Klauseln sind:

Incoterms (1990)	Computer-abkürzung	Kostenübergang Gefahrübergang
• **ab Werk** (ex Works) **ab Fabrik** (ex Factory) **ab Lagerhaus** u. Ä. (ex warehouse)	EXW	Übernahme der Ware im Werk, in der Fabrik, im Lagerhaus
• **frei Frachtführer** (free carrier) Beladen eines Waggons bei der Bahn	FCA	Übergabe an benannten Frachtführer
• **frei längsseits Schiff** (free alongside ship) Anlieferung an das Schiff	FAS	Bereitstellung längsseits des See- oder Flussschiffes
• **frei an Bord** (free on board) Anlieferung über das Schiffsgeländer	FOB	Überschreiten der Reling des See- oder Flussschiffes
• **Kosten, Versicherung, Fracht** (cost, insurance, freight)	CIF	Überschreiten der Reling des See- oder Flussschiffes

▶ *Lieferzeit*

Meist ist eine bestimmte Lieferzeit vereinbart oder die Lieferzeit lässt sich aus den Umständen des Geschäftes entnehmen.

Ist die Zeit für die Lieferung weder bestimmt noch aus den Umständen zu entnehmen, so kann der Käufer sofortige Lieferung verlangen und der Verkäufer sofort liefern (§ 271 BGB).

Beispiele:
- **Feste Lieferzeit:** *Lieferung am 15. Oktober d. J., Lieferung in vier Wochen, Lieferung Mitte November d. J., Lieferung am 20. September d. J. fix (Fixgeschäft).*
- **Keine feste Lieferzeit:** *Lieferung so bald wie möglich, Lieferung auf Abruf, Lieferung nach Erhalt der Ware vom Vorlieferer.*
- **Lieferzeit, die sich aus den Umständen des Geschäfts entnehmen lässt:** *Lieferung von Heiratsanzeigen oder Traueranzeigen.*

▶ *Erfüllungsort*

Der Erfüllungsort ist der Ort, an dem der Verkäufer zu liefern und der Käufer zu zahlen hat.

Am Erfüllungsort hat der Schuldner seine Leistung zu bewirken.

- **Gesetzlicher Erfüllungsort:** Ist nichts vereinbart, dann ist der Erfüllungsort der **Wohnsitz oder der Geschäftssitz des Schuldners** zum Zeitpunkt des Vertragsabschlusses (§ 269 BGB). Schuldner sind jedoch beide Vertragspartner, der Verkäufer schuldet die Ware, der Käufer schuldet das Geld. Demnach gibt es zwei Erfüllungsorte:
  - **Erfüllungsort für die Lieferung:** Dies ist der Geschäftssitz des Verkäufers. Am Orte des Lieferers geht die Gefahr der zufälligen Beschädigung oder Vernichtung der Ware *(z. B. Brand, Diebstahl oder Verkehrsunfall)* auf den Käufer über. Ab dem Erfüllungsort trägt auch der Käufer die Kosten des Transports, denn **Warenschulden sind Holschulden.** Nur dann sind Warenschulden **Bringschulden**, wenn es vereinbart oder handelsüblich ist, dass die Waren an den Wohnort oder den Geschäftssitz des Gläubigers gebracht werden sollen, *z. B. Haushaltskohlen, Möbel, Bestellung nach Katalog* (Bringkäufe des täglichen Lebens).

- **Erfüllungsort für die Zahlung** ist der Geschäftssitz des Käufers. Der Schuldner hat jedoch auf seine Gefahr und seine Kosten das Geld an den Wohnort des Gläubigers zu schicken (Barauszahlung oder Gutschrift), da **Geldschulden Schickschulden** sind.

- **Vertraglicher Erfüllungsort:** Oft wird im Kaufvertrag für beide Teile ein Erfüllungsort vereinbart. Das kann der Ort des Lieferers, des Käufers oder ein anderer Ort sein.

- **Natürlicher Erfüllungsort:** Ist die Leistung ihrer Natur oder den Umständen nach an einem bestimmten Ort zu bewirken, dann handelt es sich um den natürlichen Erfüllungsort.

Beispiel: Der Installateur wird in die Wohnung gerufen, um die Wasserleitung zu reparieren. Diese Leistung ist nur in der Wohnung auszuführen.

▶ *Gerichtsstand*

Bei Streitigkeiten der Vertragspartner über das Bestehen oder die Erfüllung des Kaufvertrages können die Gerichte in Anspruch genommen werden. **Sachlich zuständig** ist entweder das **Amtsgericht** (Streitwert bis zu 5 000,00 EUR) oder das **Landgericht** (Streitwert über 5 000,00 EUR). Für die **örtliche Zuständigkeit** gilt der **Ort des Gerichtsstandes**.

- Der **Gerichtsstand des Erfüllungsortes als besonderer Gerichtsstand** (§ 29 ZPO) bedeutet, dass der Erfüllungsort gleichzeitig Gerichtsstand ist.

> Für Streitigkeiten zwischen Verkäufer und Käufer wegen der Lieferung oder der Zahlung ist bei Kaufleuten das Gericht zuständig, in dessen Bezirk der gesetzliche oder vertragliche Erfüllungsort liegt.

Beispiel: Im Falle des gesetzlichen Erfüllungsortes ist bei einer Warenlieferung von Augsburg nach Düsseldorf der Gerichtsstand für die Warenschuld Augsburg und der Gerichtsstand für die Geldschuld Düsseldorf.

- Der **allgemeine Gerichtsstand** (§ 13 ZPO) für Kleingewerbetreibende und Privatpersonen ist der Ort des Wohn- oder Geschäftssitzes des Beklagten.

- Der **Gerichtsstand bei Abzahlungsgeschäften** ist stets der Wohnsitz des Käufers zur Zeit der Klageerhebung.

▶ *Gefahrübergang*

Der Verkäufer ist aus dem Kaufvertrag verpflichtet, die Ware an den Käufer zu übergeben.

> Liegt bei Beschädigung oder Verlust einer Ware ein Verschulden eines Vertragspartners oder des Frachtführers vor, so hat der Schuldige den Schaden zu tragen (Verschuldensprinzip).

Beispiel: Eine Warenlieferung von Köln (Erfüllungsort) nach München wird wegen **mangelhafter Verpackung** oder durch **unsachgemäße Behandlung** bei der Deutschen Bahn AG beschädigt. Den Schaden trägt dann im ersten Fall der Lieferer und im zweiten Fall die Deutsche Bahn AG. Die **Schadenersatzansprüche** hat der Käufer geltend zu machen, da auf seine Gefahr die Ware versandt wird.

Wird dagegen die Ware **zufällig** beschädigt oder vernichtet, gelten folgende Regelungen:

- **Ware wird abgeholt:** Die Gefahr der zufälligen Beschädigung oder Vernichtung der Ware geht mit der Übergabe der Ware an den Käufer oder seinen Erfüllungsgehilfen ohne Rücksicht auf den Erfüllungsort auf den Käufer über (§ 446 BGB).

Beispiel: Ein Unternehmer aus Essen schickt seinen Fahrer mit dem Lieferwagen nach Kassel und holt die Ware ab. Mit der Übergabe an den Fahrer (Erfüllungsgehilfe) ist die Gefahr auf den Käufer übergegangen.

- **Ware wird versandt** (§ 447 BGB Versendungskauf): Wird auf Verlangen des Käufers die Ware versandt, dann geht die Gefahr mit der **Auslieferung an den Spediteur (Transportperson) oder die Deutsche Bahn AG (Transportanstalt)** an den Käufer über. Für den Gefahrübergang spielen die Vereinbarungen über die Transportkosten keine Rolle. Die Vorgänge, die die Versendung vorbereiten, *z. B. Abschluss des Beförderungsvertrages, Transport der Ware zur Beförderungsanstalt durch eigene oder fremde Leute*, genügen nicht zum Gefahrübergang.

Beispiel: Ein Unternehmer aus Bonn schickt seinem Kunden in Hamburg auf dessen Verlangen durch die Deutsche Bahn AG Waren. Mit der Übergabe der Ware am Güterbahnhof in Bonn ist die Gefahr auf den Käufer übergegangen, auch dann, wenn der Lieferer die Frachtkosten übernimmt. Versendet dagegen der Lieferer entgegen der Anweisung des Kunden nicht mit der Bahn, sondern mit der Post, trägt der Lieferer einen eventuellen Schaden.

- **Ware wird gebracht:** Bringt der Verkäufer dem Käufer die Ware mit eigenem Transportmittel in den Betrieb, so gilt ebenfalls § 447 BGB (Versendungskauf). Die Gefahr geht mit der Auslieferung der Ware an den Käufer über.

Beispiel: Ein Unternehmer aus Leverkusen bringt dem Kunden die Waren mit eigenem Lkw ins Auslieferungslager in Aachen. Der Verkäufer trägt dann die Gefahr bis ins Lager für das Verschulden seiner Leute (§ 278 BGB).

4.3.5 Zahlungsbedingungen

Sie informieren den Käufer über den Zeitpunkt und die Art und Weise der Zahlung.

Im Gegensatz zu den Warenschulden (Holschulden) sind Geldschulden Schickschulden (§ 270 BGB). Das heißt, dass der Schuldner auf seine Gefahr und seine Kosten das Geld an den Gläubiger zu schicken hat.

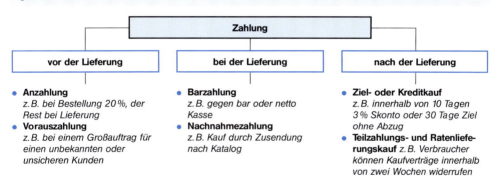

Neben den vereinbarten Zahlungsbedingungen gibt es die **gesetzliche Regelung**: Ist ein **Zeitpunkt für die Zahlung** weder vereinbart noch aus den Umständen zu entnehmen, so kann der Gläubiger sofortige Zahlung verlangen, der Schuldner sie sofort bewirken (§ 271 BGB). **Zahlt der Schuldner vor Fälligkeit**, so ist er nicht berechtigt, aus dieser Vorleistung Zinsen abzuziehen (§ 272 BGB). Bei Handelsgeschäften hat die Leistung während der gewöhnlichen Geschäftszeit zu erfolgen. Fällt der Leistungstag auf einen Samstag, Sonntag oder gesetzlichen Feiertag, so hat der Schuldner erst am nächstfolgenden Werktag zu leisten (§ 193 BGB).

153

Lernaufgaben 4.3

Inhalt des Kaufvertrages

1 *Auf der Rückseite des Bestellscheins der Rengoplast Farbfabriken stehen u. a. folgende Lieferungs- und Zahlungsbedingungen:*

- *Mengenrabatte und Mindermengenaufschläge sind aus unserer jeweils geltenden Preisliste ersichtlich und Farbtonaufschläge sind auf der Rückseite unserer Rengoplast Farbtonkarte abgedruckt.*

- *Die Preise sind freibleibend und gelten für Netto-Einwaage bzw. Stück oder Liter. Unsere Rechnungen sind zahlbar innerhalb 30 Tagen ab Rechnungsdatum. Bei früherer Zahlung gewähren wir 3 % Skonto innerhalb von zehn Tagen nach Rechnungsdatum.*

- *Der Versand erfolgt auf Rechnung und Gefahr des Käufers. Bei Abnahme von mindestens 300 kg erfolgt die Lieferung frei Stückgutbahnhof.*

a) Für welche Fälle werden die Farbfabriken Mengenrabatte gewähren und Mindermengenaufschläge und Farbtonaufschläge berechnen?

b) Erläutern Sie die Klausel: „Die Preise sind freibleibend und gelten für die Netto-Einwaage bzw. Stück oder Liter!"

c) Welchem Jahreszins entspricht die Gewährung von 3 % Skonto?

d) Wo findet der Gefahrenübergang statt, wenn die Farben „auf Rechnung und Gefahr des Käufers" versandt werden?

e) Welche Versandkosten trägt bei Lieferung „frei Stückgutbahnhof" der Verkäufer und der Käufer?

2 *Durch die Beförderung von Gütern vom Lieferer zum Kunden entstehen Transportkosten (Versandkosten). Sie haben oft eine große Bedeutung, da sie bei einigen Gütern 20 % und mehr des Endpreises ausmachen.*

a) Wie bezeichnet man die Kosten für die Anfuhr zum Bahnhof des Verkäufers, den Transport durch die Bahn und die Abfuhr vom Bestimmungsbahnhof zum Käufer?

b) Wer trägt die Versandkosten, wenn keine besondere Vereinbarung zwischen Verkäufer und Käufer getroffen ist?

c) Wer trägt die Versandkosten, wenn folgende Vereinbarungen im Kaufvertrag stehen: „frei Lager", „ab Werk", „frei dort", „unfrei", „frachtfrei"?

3 *Der Lieferer kann sehr unterschiedliche Gründe haben, um seinen Kunden Nachlässe zu gewähren.*

a) Unterscheiden Sie zwischen Wiederverkäuferrabatt, Treuerabatt, Sonderrabatt und Personalrabatt!

b) Wodurch unterscheiden sich Sonderrabatte und Boni?

c) Geben Sie Beispiele für Boni, Skonti und Gewichtsabzüge!

4 *Viele Waren werden vor allem aus Gründen der Werbung in einer ansprechenden Verpackung verkauft.*

a) Wer trägt nach dem Gesetz die Kosten der Verkaufsverpackung und der Versandverpackung?

b) Erläutern Sie die folgenden Verpackungsbedingungen! Geben Sie auch je ein Beispiel dazu!
   - Reingewicht einschließlich Verpackung
   - Reingewicht ausschließlich Verpackung
   - Gesamtgewicht (Rohgewicht) einschließlich Verpackung

c) Welche der o. a. Verpackungsbedingungen entspricht der gesetzlichen Regelung?

5 *Das Kunststoffwerk Blank & Co. kauft beim Büroeinrichtungshaus Braun & Co. KG in Düsseldorf zwei Drehsessel.*

a) Wo befinden sich der gesetzliche Erfüllungsort für die Lieferung und die Zahlung? Wo befindet sich der Gerichtsstand?

b) Unterscheiden Sie zwischen Holschulden, Bringschulden und Schickschulden!

c) Klären Sie für die folgenden Fälle, wo die Gefahr der zufälligen Beschädigung oder Vernichtung vom Verkäufer auf den Käufer übergeht!
   - Die Drehsessel werden ordnungsmäßig der Deutschen Bahn AG übergeben. Durch einen Rangierstoß werden sie beschädigt.
   - Das Kunststoffwerk holt die Drehsessel mit eigenem Fahrzeug aus dem Lager des Büroeinrichtungshauses ab.
   - Beim Abladen der Drehsessel am Güterbahnhof Düsseldorf rutscht dem Spediteur ein Drehsessel vom Lastwagen und wird beschädigt (Versendungskauf).
   - Das Haus für Büroeinrichtungen liefert die Drehsessel mit einem werkseigenen Fahrzeug.

6 *Die Zahlungsbedingungen sollen den Käufer über die Zahlungsarten, den Zahlungszeitpunkt und den Zahlungsort informieren.*

a) Wie könnte die Zahlungsbedingung in einem Angebot lauten, wenn es sich um einen unbekannten oder unsicheren Kunden handelt?

b) Welche Zahlungsbedingungen könnten vereinbart werden, wenn der Lieferer dem Kunden ein Zahlungsziel einräumen will?

c) Erklären Sie am Beispiel einer Banküberweisung, dass die Zahlung auf Gefahr und Kosten des Käufers erfolgt!

7 *Teilzahlungsverträge sind gesetzlich nur geregelt, soweit sie Verbraucherverträge sind (§ 502 BGB). Sie gelten nur für bewegliche Sachen, nicht für Grundstücke. Der Kaufvertrag muss schriftlich abgeschlossen werden und muss folgende Punkte enthalten: Barzahlungspreis, Teilzahlungspreis, effektiver Jahreszins, Anzahl, Höhe und Fälligkeit der Raten.*

a) Innerhalb welches Zeitraumes kann die Unterschrift auf einem Teilzahlungsvertrag (Ratenvertrag) ohne Begründung schriftlich widerrufen werden?

b) Warum ist zu empfehlen, den Widerruf per Einschreiben mit Rückschein zu schicken?

c) Der Käufer vereinbart mit dem Verkäufer beim Kauf eines neuen Staubsaugers eine Anzahlung von 50,00 EUR nach Abschluss des Vertrages und die Zahlung von 120,00 EUR bei Lieferung. Liegt ein Ratenkauf vor? Begründung!

Lerngerüst 4.4

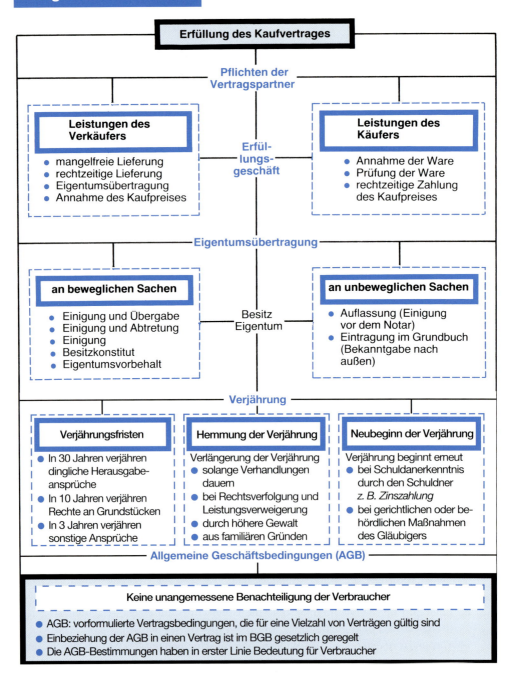

Lerninformationen 4.4

4.4 Erfüllung des Kaufvertrages

Nach Abschluss des Kaufvertrages ist der Käufer weder Besitzer noch Eigentümer der Ware geworden. Der Verkäufer hat auch noch kein Geld. Erst durch die Erfüllung der Pflichten aus dem Kaufvertrag wird der Käufer durch die **Übergabe** der Ware Besitzer und Eigentümer. Durch die **Zahlung** verfügt erst der Verkäufer über das Geld.

> Beim Kaufvertrag muss man zwischen Abschluss des Kaufvertrages (**Verpflichtungsgeschäft**) und Erfüllung des Kaufvertrages (**Erfüllungsgeschäft**) unterscheiden.

4.4.1 Pflichten der Vertragspartner

Jeder Kaufmann hat einen abgeschlossenen Kaufvertrag mit der **Sorgfalt eines ordentlichen Kaufmanns** zu erfüllen.

- **Auslegung von Verträgen:** Bei allen Verträgen ist der Schuldner verpflichtet die Leistung so zu bewirken, wie Treu und Glauben mit Rücksicht auf die Verkehrssitte es erfordern (§§ 157, 242 BGB).
- **Handelsbräuche:** Bei zweiseitigen Handelsverträgen haben die Kaufleute auf die im Handelsverkehr geltenden Gewohnheiten und Gebräuche Rücksicht zu nehmen (§ 346 HGB).

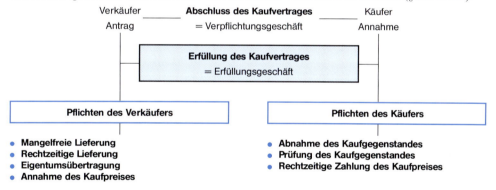

4.4.2 Eigentumsübertragung

Bei der Eigentumsübertragung muss man unterscheiden, wer eine Sache hat und wem eine Sache gehört.

▶ *Besitz und Eigentum*

Das **Eigentum** ist das **umfassendste Recht über eine Sache**. Der Eigentümer kann, soweit nicht das Gesetz oder Rechte Dritter entgegenstehen, mit der Sache nach Belieben verfahren und andere von jeder Einwirkung ausschließen (§ 903 BGB). Meist sind Eigentümer und Besitzer die gleiche Person. Es können aber auch verschiedene Personen sein.

> Besitz ist die tatsächliche Herrschaft einer Person über eine Sache. Eigentum ist die rechtliche Herrschaft einer Person über eine Sache.

Beispiele:
- Der **Mieter** ist Besitzer der Wohnung, aber nicht Eigentümer.
- Der **Entleiher** des Autos ist Besitzer, aber nicht Eigentümer.
- Der **Dieb** ist widerrechtlicher Besitzer.
- Der **Angestellte** ist Besitzdiener für die Benutzung der Büro-Computer, weil er die tatsächliche Gewalt über die Sachen nicht für sich selbst, sondern für einen anderen nach Weisung ausübt.

▶ *Eigentumsübertragung an beweglichen Sachen*

Art	Vollzug	*Beispiel*
• Durch Einigung, dass das Eigentum übergehen soll, und Übergabe (§ 929 BGB)	Nimm die Sache!	*Kauf eines Fahrrades*
• Durch Einigung und Abtretung des Herausgabeanspruchs (§ 931 BGB)	Lass dir die Sache vom Dritten geben!	*Übergabe des Lagerscheins bei Einlagerung von Weizen*
• Durch Einigung, wenn sich der Gegenstand bereits beim Erwerber befindet (§ 929 BGB)	Behalte du die Sache!	*Kauf eines Fernsehgerätes auf Probe*
• Durch Einigung, dass der Käufer Eigentümer werden soll und der Verkäufer Besitzer bleibt (Besitzkonstitut § 930 BGB)	Ich behalte die Sache für dich!	*Kauf von Wertpapieren bei der Bank und Verwahrung im Depot der Bank, Sicherungsübereignung*

▶ *Eigentumsübertragung an unbeweglichen Sachen*

Bei Grundstücken erfolgt die Übertragung des Eigentums durch Auflassung und Eintragung im Grundbuch.

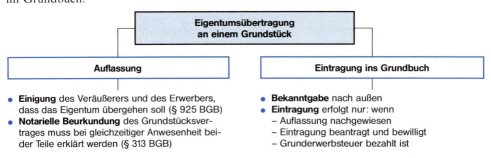

▶ *Gutgläubiger Eigentumserwerb*

Grundsätzlich kann man nur das Eigentum an einer Sache vom bisherigen Eigentümer erwerben. Nur im Ausnahmefall wird man Eigentümer einer Sache, die dem Veräußerer nicht gehört, wenn der Erwerber im **„guten Glauben"** handelt (§ 932 BGB).

Gutgläubig sein heißt, dass man den Verkäufer den Umständen nach für den Eigentümer halten darf.

Beispiel: Ein Antiquitätenhändler verkauft ein Bild, das er zur Aufbewahrung übernommen hat, weil sein Kunde längere Zeit verreist ist. Ein Käufer erwirbt das Bild und wird Eigentümer, da er im guten Glauben handelt, dass der Händler Eigentümer sei.

Der gutgläubige Erwerb ist nicht möglich:

- wenn der Erwerber einer Sache weiß oder infolge grober Fahrlässigkeit nicht weiß, dass der Veräußerer nicht Eigentümer ist (**bösgläubiger Erwerb**),
- an **gestohlenen oder abhanden gekommenen Sachen** (§ 935 BGB).

▶ *Eigentumsvorbehalt (§ 449 BGB)*

Bei Zielverkäufen und Ratengeschäften wird die spätere Zahlung meist durch Eigentumsvorbehalt gesichert.

> Durch die Vereinbarung des Eigentumsvorbehalts bleibt der Verkäufer Eigentümer einer beweglichen Sache bis zur vollständigen Bezahlung des Kaufpreises. Der Käufer wird durch die Übergabe zunächst nur Besitzer.

- Bei **Teilzahlungs- und Ratenlieferungsverträgen** wird meist zusätzlich vereinbart, dass die Weiterveräußerung der Ware nicht gestattet ist, solange der Käufer noch nicht Eigentümer ist. Bei Zuwiderhandlung kann er sich der Unterschlagung (§ 246 StGB) schuldig machen.
- **Drittwiderspruchsklage:** Ist die gegen Eigentumsvorbehalt gelieferte Ware vom Gläubiger des Schuldners gepfändet worden, kann der Eigentümer die Drittwiderspruchsklage erheben. Der Gerichtsvollzieher, der eine Sache pfändet, die im Besitz des Schuldners ist, kann sich nicht auf eine nähere Untersuchung einlassen, ob sie frei von Belastungen durch Dritte ist. Die **Pfändung** wird zunächst durchgeführt. Es ist Sache des betroffenen Dritten, seine Rechte durch eine Klage geltend zu machen.

> Die Drittwiderspruchsklage ist also möglich, wenn die Sache nicht zum Vermögen des Schuldners, sondern zum Vermögen des Dritten gehört, *z. B. bei Vorbehaltsverkauf, Vermietung, Verpachtung, Leihe oder Verwahrung.*

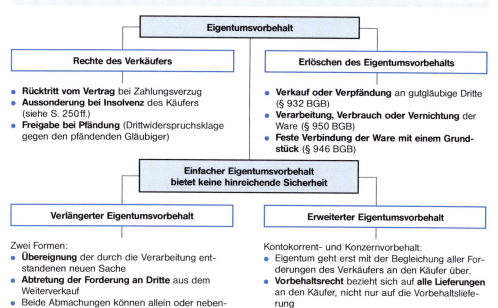

4.4.3 Verjährung von Rechtsansprüchen

Bei der Erfüllung von Verträgen besteht die Gefahr, dass nach Ablauf einer bestimmten Zeit der Schuldner die Leistung verweigern kann und der Gläubiger dagegen machtlos ist. Diese **Gefährdung von Ansprüchen** bezeichnet man als Verjährung. Sie bewirkt keinen Untergang des Anspruchs. Der Schuldner ist aber berechtigt, die **Einrede der Verjährung** geltend zu machen.

> Durch Verjährung werden Geldforderungen und andere Ansprüche gefährdet, d. h. die Ansprüche bestehen zwar weiter, aber der Schuldner kann die Leistung verweigern (§ 194 BGB).

Beispiel: Der Hauseigentümer Xaver Kiesel bezahlt die Rechnung für die Dachreparatur an den Dachdeckermeister Karl Spitze, nachdem der Anspruch bereits verjährt ist. Kiesel kann das Geld nicht mehr zurückfordern, auch wenn er nachweisen kann, dass er in Unkenntnis der Tatsache gehandelt hat, dass der Anspruch verjährt ist.

▶ Verjährungsfristen (§§ 195–202 BGB)

Der Schuldner hat nach Eintritt der Verjährung das Recht, die Leistung zu verweigern. Sonderregelungen der Verjährung gelten bei Mängelansprüchen (siehe S. 167).

- In **30 Jahren verjähren** mit der Rechtskraft der Entscheidung dingliche **Herausgabeansprüche** und familienrechtliche, erbrechtliche und rechtlich festgestellte Ansprüche. Soweit die rechtlich festgestellten Ansprüche regelmäßig wiederkehrende Leistungen sind, *z. B. aus rechtskräftigen Urteilen, Insolvenzen und Vollstreckungsbescheiden*, verjähren sie in 3 Jahren.

- In **10 Jahren verjähren** mit der Entstehung des Anspruchs **Rechte an Grundstücken**, *z. B. auf Übertragung des Eigentums oder Aufhebung eines Rechts an einem Grundstück oder Änderung des Inhalts eines solchen Rechts*.

- In **3 Jahren (regelmäßige Verjährungsfrist) verjähren** mit dem Schluss des Jahres **sonstige Ansprüche**, die aber nur zu laufen beginnen, wenn der Gläubiger den Anspruch kennt oder kennen müsste, *z. B. Ansprüche von Unternehmen, Privatleuten und aus Darlehen*; wobei der Anspruch spätestens **10 Jahre** nach Entstehung des Anspruchs auch ohne Erkennbarkeit verjährt.

▶ Hemmung der Verjährung (§§ 203–211 BGB)

Der Zeitraum, während dessen die Verjährung gehemmt ist, wird in die Verjährungsfrist nicht eingerechnet. Die Verjährung wird gehemmt:

- bei **schwebenden Verhandlungen** über den Anspruch, bis die Verhandlungen beendet sind. Die Verjährung tritt frühestens drei Monate nach dem Ende der Hemmung ein;

- durch **Rechtsverfolgung** (*z. B. durch Erhebung der Klage, Erlass des Vollstreckungsurteils, Zustellung des Mahnbescheids im Mahnverfahren*). Die Hemmung endet 6 Monate nach rechtskräftiger Entscheidung oder anderweitiger Beendigung;

- bei **höherer Gewalt**, solange der Gläubiger innerhalb der letzten sechs Monate der Verjährungsfrist durch höhere Gewalt an der Rechtsverfolgung gehindet ist;

- beim **Leistungsverweigerungsrecht**, solange der Schuldner auf Grund einer Vereinbarung mit dem Gläubiger vorübergehend zur Verweigerung der Leistung berechtigt ist;

- aus **familiären und ähnlichen Gründen**, solange Ansprüche zwischen Ehegatten oder Lebenspartnerschaften, Eltern und Kindern, Vormund und Mündel bestehen.

▶ Neubeginn der Verjährung (§§ 212, 213 BGB)

Die Verjährung beginnt ab Unterbrechung erneut in voller Länge zu laufen:

- bei **Schuldanerkenntnis** durch den Schuldner (*z. B. durch Abschlagszahlung, Zinszahlung, Sicherheitsleistung oder in einer anderen Weise*),

- bei **gerichtlichen oder behördlichen Maßnahmen** des Gläubigers *(z. B. durch Antrag oder Vornahme eines Vollstreckungsbescheides, einer Klage oder einer Vollstreckungshandlung)*.

> Der Neubeginn der Verjährung dient dem Gläubigerschutz. Dem Gläubiger soll die Möglichkeit gegeben werden, die Verjährung seiner Ansprüche zunächst zu verhindern.

4.4.4 Allgemeine Geschäftsbedingungen (AGB)

Durch die AGB schränkt der Verkäufer die Möglichkeit ein, Verträge inhaltlich frei gestalten zu können (Vertragsfreiheit). Der Verkäufer formuliert meist **Vertragsbedingungen**, die **für die Erfüllung einer Vielzahl von Verträgen** gültig sind. Bei der Festlegung der Vertragsbedingungen hat der Käufer nicht mitgewirkt. Deshalb besteht die Gefahr, dass sie den Verkäufer begünstigen und den Käufer benachteiligen. Man bezeichnet sie auch als das „Kleingedruckte", weil sie oft auf der Rückseite von Vertragsformularen abgedruckt sind und nicht gelesen werden.

> Die Einbeziehung von Allgemeinen Geschäftsbedingungen in einen Vertrag ist im BGB gesetzlich geregelt. Das Gesetz enthält Bestimmungen, die dem Verkäufer besonders kundenunfreundliche Bedingungen verbieten. AGB im Sinne des Gesetzes liegen nicht vor, soweit die Vertragsbedingungen im Einzelnen ausgehandelt sind (§ 305 BGB).

Die **AGB-Bestimmungen** haben in erster Linie Bedeutung für **Verbraucher** (übt keine gewerbliche oder selbstständige berufliche Tätigkeit aus). Auch Einzelhändler und Zulieferer für Großbetriebe sind u. U. schutzbedürftig, da sie von den AGB der Geschäftspartner abhängig sind. Unternehmer (übt gewerbliche oder selbstständige berufliche Tätigkeit aus) dürfen Geschäftsrisiken nicht auf ihre Kunden abwälzen. Die folgenden **Verbraucherschutzvorschriften** der §§ 305 (2), 308 und 309 BGB finden keine Anwendung auf AGB, die gegenüber einem Unternehmer verwendet werden.

▶ *Vertragsbestandteil der AGB [§ 305 (2) BGB]*

Die AGB werden nur Bestandteil eines Vertrages, wenn der Verkäufer den Kunden bei Vertragsabschluss ausdrücklich auf die AGB hinweist. Der Hinweis kann auch durch einen deutlich sichtbaren Aushang am Orte des Vertragsabschlusses erfolgen.

Beispiel: Nimmt der Kunde das gekaufte Videogerät gleich mit und der Verkäufer gibt keinen Hinweis auf die AGB, dann genügt nicht der Abdruck der AGB auf dem Kassenzettel oder Lieferschein. Bringt der Kunde das defekte Videogerät zurück, dann gelten die Bestimmungen des BGB. Der Hinweis von Branchenüblichkeit von AGB ist nicht mehr ausreichend.

▶ *Vorrang von persönlichen Absprachen vor den AGB (§ 305b BGB)*

Besondere Absprachen zwischen Verkäufer und Käufer gelten auch dann, wenn in den AGB etwas anderes steht. Sie müssen jedoch vom Kunden bewiesen werden.

Beispiel: Eine gekaufte Polstergarnitur hat statt der mündlich vereinbarten Federkernsitze Schaumstoffsitze. Die Reklamation wird vom Lieferer unter Hinweis auf die AGB zurückgewiesen, in denen steht, dass mündliche Nebenabreden ohne schriftliche Bestätigung unwirksam sind. Kann jedoch der Kunde z. B. durch Zeugen die mündliche Abrede beweisen, muss der Lieferer die Polstergarnitur zurücknehmen.

▶ *Rechtsfolgen bei Unwirksamkeit der AGB (§ 306 BGB)*

Bei Unwirksamkeit der AGB richtet sich der Inhalt des Vertrages nach den gesetzlichen Vorschriften. Das sind meist die Bestimmungen des BGB.

Beispiel: Beim Auspacken des original verpackten Fernsehgerätes findet man den nicht ausgefüllten Garantieschein. Dieser Garantieschein ist für den Kunden nicht verbindlich. Nach dem BGB muss der Verkäufer innerhalb von 2 Jahren Reklamationen annehmen, wie es auch ohne Garantieschein nach BGB (Gewährleistungsrechte des Käufers) möglich wäre. Füllt jedoch der Lieferer den Garantieschein aus, dann ist der Käufer daran gebunden. Eine **Verkürzung der gesetzlichen Garantiefrist** von mindestens 2 Jahren ab Erhalt der Ware ist dagegen beim **Verbrauchsgüterkauf unwirksam**.

▶ *Änderungsvorbehalt in den AGB [§ 308 (4) BGB]*

Der Verkäufer darf die im Kaufvertrag versprochene Leistung nicht ändern, wenn die Änderung für den Kunden nicht zumutbar ist.

Beispiel: Die vom Käufer bestellte Einbauküche wird nicht in Grün, sondern in Braun geliefert. Auch wenn der Händler behauptet: in den AGB steht „Modelländerungen vorbehalten", bedeutet das nur, dass der Kunde Änderungen hinnehmen muss, die technisch unvermeidbar oder völlig belanglos sind. So können z. B. Stoffe nicht immer in völlig gleichem Farbton eingefärbt werden.

▶ *Kurzfristige Preiserhöhung [§ 309 (1) BGB]*

Soll eine Ware innerhalb von vier Monaten nach Vertragsabschluss geliefert werden, ist eine Erhöhung des Verkaufspreises nicht erlaubt.

Beispiel: Ein Auto wurde am 15. Februar bestellt und soll am 20. Juni geliefert werden. Die Auftragsbestätigung des Autohändlers trifft am 20. Februar beim Kunden ein. Das Auto wird erst am 30. Juni geliefert. Der Händler verlangt nun einen höheren Preis. Das ist nach dem BGB nicht gestattet, da für die vier Monate das Vertragsdatum (20. Februar) und der vereinbarte Liefertermin gilt. Das Datum der tatsächlichen Lieferung spielt keine Rolle.

▶ *Gewährleistung des Käufers [§ 309 (8b) BGB]*

Der Lieferer darf die gesetzlichen Gewährleistungsrechte des Käufers nicht nur auf das Recht auf Nacherfüllung (Nachbesserung oder Ersatzlieferung) beschränken.

Beispiel: Der Kunde kann bei einer Reklamation einer neu gekauften Waschmaschine bis zur tadellosen Instandsetzung einen Teil des Kaufpreises zurückbehalten. Beim Fehlschlag der Nachbesserung oder Ersatzlieferung kann der Käufer auch den Kaufpreis mindern oder vom Vertrag zurücktreten. Reparaturen müssen kostenlos ausgeführt werden, auch wenn der Monteur lange Anfahrten hat oder die Ware abgeholt wird. Nur beim Kauf einer gebrauchten Waschmaschine schützen die AGB-Bestimmungen nicht.

> Für die AGB gilt außer den Klauseln, die nicht in den AGB stehen dürfen, eine Generalklausel [§ 307 (1) BGB]: Die AGB dürfen einen Kunden nicht unter Verstoß gegen Treu und Glauben unangemessen benachteiligen. Anhand dieser Generalklausel muss jeder konkrete Einzelfall ausgelegt und entschieden werden (Verbraucherschutzrecht).

Eine **„unangemessene Benachteiligung"** im Sinne der **Generalklausel** ist anzunehmen:

- wenn die AGB-Klausel mit wesentlichen Grundgedanken der gesetzlichen Regelung nicht vereinbar ist,

- wenn eine AGB-Klausel wesentliche Rechte und Pflichten so stark einschränkt, dass die Gefahr besteht, den Vertragszweck nicht zu erreichen.

Die **Beweislast** trägt der AGB-Verwender, wenn eine unangemessene Benachteiligung durch die AGB festgestellt wird.

Lernaufgaben 4.4

Erfüllung des Kaufvertrages

1 *Frank Wellner hat mit 18 Jahren die Führerscheinprüfung bestanden und will sich ein Auto kaufen. Sein Mofa, das er seinem Freund Karl Bittner verliehen hat, will er verkaufen.*

a) Wer ist Besitzer und wer ist Eigentümer des Mofa? Begründung!

b) Wellner hat sich mit Klaus Maurer geeinigt, das Mofa zu verkaufen. Wozu haben sich die beiden Vertragspartner im Kaufvertrag verpflichtet?

c) Wie vollzieht sich die Eigentumsübertragung an Klaus Maurer, wenn sich das Mofa noch im Besitz von Karl Bittner befindet?

d) Klaus Maurer hat das Mofa noch nicht bezahlt. Wann verjährt der Anspruch?

2 *Bittner teilt Wellner mit, dass ihm das Mofa, das er von ihm geliehen hat, gestohlen wurde. Der Dieb verkauft das Mofa an Fritz Rother, der nicht weiß, dass es sich um Diebesgut handelt.*

a) Ist Rother Eigentümer des Mofas geworden? Begründung!

b) Der Dieb wird gestellt. Welche Rechtsansprüche haben Wellner und Rother?

c) Wie ist die Rechtslage, wenn Rother das Mofa zu Schrott gefahren hat?

3 *Das von Wellner geliehene Mofa hat sein Freund Bittner an seinen Arbeitskollegen Berger verkauft. Der Fahrzeugbrief war geschickt gefälscht.*

a) Ist der Kaufvertrag gültig, wenn Berger den Umständen nach annehmen musste, dass Bittner Eigentümer sei? Begründung!

b) Wie ist die Rechtslage, wenn Berger wusste, dass Bittner das Mofa nur geliehen hat?

4 *Wellner kauft preisgünstig einen gebrauchten Pkw von Jörg Schmitz. Schmitz verkaufte das Auto, das er für seinen Nachbarn, der sich im Krankenhaus befindet, in seiner Garage untergestellt hatte. Wellner weiß nicht, dass Schmitz nicht Eigentümer des Wagens ist. Den Kraftfahrzeugbrief hat sich Wellner nicht zeigen lassen.*

Ist der Kauf zustande gekommen? Begründung!

5 *Ein Verlag hat in seinen AGB folgende Klausel: „Die gelieferte Ware bleibt bis zur restlosen Bezahlung Eigentum des Verkäufers. Der Käufer darf sie im Rahmen eines ordnungsgemäßen Geschäftsverkehrs veräußern. Im Falle der Weiterveräußerung auf Kredit tritt an Stelle des Eigentumsvorbehalts die durch den Weiterverkauf entstehende Forderung; diese ist im Voraus an den Verkäufer zur Sicherheit abzutreten."*

a) Welche Form des Eigentumsvorbehalts liegt hier vor?

b) Warum kann der Verlag dem Buchhändler die Weiterveräußerung der Ware bis zur vollständigen Bezahlung nicht verbieten?

c) Stellen Sie fest, welche Rechte der Verkäufer (Verlag) bei Zahlungsverzug, Insolvenz des Käufers und Pfändung der Ware besitzt, wenn sich die Ware noch beim Käufer befindet!

d) Welche Rechte hat dagegen der Verkäufer, wenn die Ware bereits gegen Kredit weiterveräußert wurde?

6 *Wenn der Verkäufer seine Außenstände nicht laufend überwacht, besteht die Gefahr, dass Geldforderungen nach Ablauf einer bestimmten Zeit verjähren.*

a) Der Käufer eines Kopiergerätes hat die Kaufsumme nach zwei Jahren noch nicht bezahlt. Der Verkäufer klagt und der Käufer wird am 20. Juni d. J. rechtskräftig verurteilt. Wann verjährt die Forderung?

b) Die Optischen Werke Wegner KG kaufen ein Grundstück, das an das Werkgelände angrenzt. Der Kaufpreis ist am 15. Mai d. J. fällig. Wann verjährt dieser Anspruch?

c) Der Eigentümer eines Einfamilienhauses hat eine Rechnung an den Tischlermeister Hölzer, fällig am 20. Dezember d. J., noch nicht beglichen. Am 28. Dezember d. J. bezahlt er die Hälfte des Rechnungsbetrages und bittet um Stundung des Restbetrages. Wann verjährt der Restanspruch? Begründung!

d) Unterscheiden Sie zwischen Hemmung und Unterbrechung der Verjährung!

7 *Der Kunde Peter Bauer hat mit der Elektrohandelsgesellschaft Schäfer & Co. am 10. Oktober d. J. einen Kaufvertrag über die Lieferung eines Staubsaugers abgeschlossen.*

a) Die Lieferung sollte in acht Wochen erfolgen. Geliefert wurde aber erst am 15. Februar n. J. Aus der Rechnung geht hervor, dass der Preis inzwischen um 3 % gestiegen ist. Kann der Verkäufer einen höheren Preis verlangen? Begründung (§ 309 BGB)!

b) Beim Auspacken des original verpackten Gerätes wird festgestellt, dass der Farbton etwas dunkler ausgefallen ist. Muss der Käufer mit dieser geringfügigen Abweichung im Farbton einverstanden sein? Begründung (§ 308 BGB)!

c) Bei der Verwendung des Staubsaugers wird festgestellt, dass er entgegen der ausdrücklichen Zusicherung durch den Verkäufer keine automatische Kabelaufwicklung besitzt. Die Reklamation weist der Lieferer mit der Begründung zurück, dass lt. AGB mündliche Absprachen ohne schriftliche Bestätigung unwirksam seien. Der Kunde hat als Zeugen seine Ehefrau. Kann der Käufer Peter Bauer darauf bestehen, dass er einen Staubsauger erhält, der eine automatische Kabelaufwicklung besitzt? Begründung (§ 305 BGB)!

8 *Die AGB eines Kaufhauses enthalten u. a. folgende Klausel: „Die Ware bleibt bis zur völligen Bezahlung unser Eigentum. Der Käufer darf die Ware nicht veräußern, zur Sicherheit übereignen oder verpfänden. Der Käufer hat die Ware, insbesondere Geräte, gemäß der ihm übergebenen Gebrauchsanweisungen zu behandeln und für ihre ordnungsgemäße Reinigung und Instandsetzung zu sorgen."*

a) Warum wird das Kaufhaus den Weiterverkauf der Ware verbieten und verlangen, dass die Ware vom Käufer ordnungsgemäß zu behandeln ist?

b) Überlegen Sie, warum bei Genuss- und Lebensmitteln meist kein Eigentumsvorbehalt vereinbart wird!

c) Wodurch unterscheiden sich der verlängerte und der erweiterte Eigentumsvorbehalt?

d) Erläutern Sie, unter welchen Voraussetzungen die Allgemeinen Geschäftsbedingungen (AGB) bei einem Verbraucherkaufvertrag nur Bestandteil des Vertrages werden [§ 305 (2) BGB]!

e) In welchem Falle liegen keine AGB vor [§ 305 (1) BGB]?

Lerngerüst 4.5

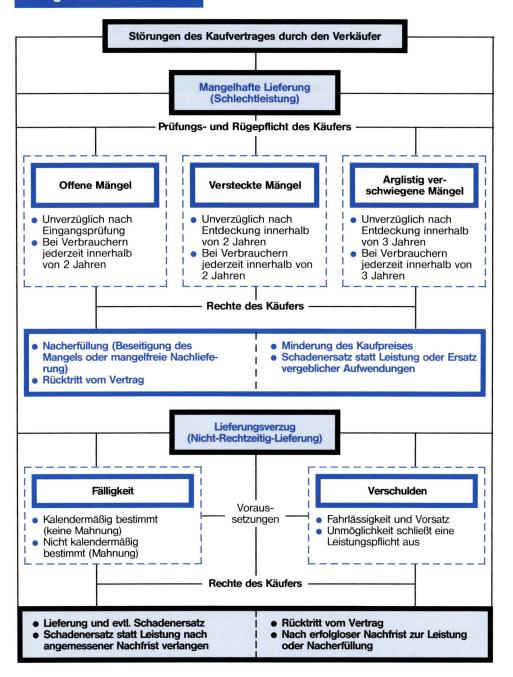

Lerninformationen 4.5

4.5 Störungen des Kaufvertrages durch den Verkäufer

Jeder Kaufvertrag muss von Verkäufer und Käufer ordnungsmäßig erfüllt werden. Kommt der Verkäufer seinen im Kaufvertrag übernommenen Pflichten nicht nach, so treten Störungen in der Erfüllung des Kaufvertrages auf.

- **Mangelhafte Lieferung** (Mängelrüge): Die Lieferung ist nicht ohne Mängel.
- **Lieferungsverzug** (Leistungsverzug): Es wird schuldhaft nicht rechtzeitig oder nicht geliefert.

4.5.1 Mangelhafte Lieferung (Schlechtleistung)

Der Verkäufer hat dem Käufer die Sache frei von Sach- und Rechtsmängeln zu beschaffen. Das ist der Fall, wenn die Sache beim Gefahrübergang die vereinbarte Beschaffenheit hat.

Sachmangel (§ 434 BGB)
- **Keine Eignung** für die vertraglich vorausgesetzte oder gewöhnliche Verwendung
  - Fehlen vereinbarter Eigenschaften
- **Nicht sachgemäße Montage** oder mangelhafte Montageanleitung (Ikea-Klausel)
- **Mangel in der Art oder Menge**
  - Es wird eine andere Ware oder eine geringere Menge geliefert

Rechtsmangel (§ 435 BGB)
- **Sache ist nicht frei von Rechtsmängeln,** wenn Dritte Rechte gegen den Käufer geltend machen können, außer den Rechten aus dem Kaufvertrag
- Ein im **Grundbuch eingetragenes Recht,** das nicht besteht
- **Belastung mit fremden Rechten** z. B. Eigentums-, Besitz- oder Pfandrechte

Als ein Mangel gilt auch, wenn **Werbeaussagen** eines Herstellers nicht erfüllt werden, wenn **Garantieversprechen** des Verkäufers nicht eingehalten werden oder wenn **Bedienungsanleitungen** für den Durchschnittsbürger nicht verständlich sind.

▶ *Anpassung an EU-Richtlinien*

Durch die Schuldrechtsreform 2002 wurde das Schuldrecht und die Sachmangelhaftung (Gewährleistung) an das **Europäische Verbraucherschutzrecht** angepasst. Dabei geht es vor allem um den **Verbrauchsgüterkauf**. Er liegt vor, wenn ein privater Verbraucher von einem Unternehmen eine bewegliche Sache kauft (§ 474 BGB).

> Der Verbraucherschutz beinhaltet alle Maßnahmen, um den Verbraucher vor Täuschung und Übervorteilung durch den Anbieter (Unternehmer) von Waren und Dienstleistungen zu schützen. Vereinbarungen zum Nachteil des Verbrauchers, z. B. *„gekauft wie gesehen"*, sind verboten (§ 475 BGB).

▶ *Erteilung der Mängelrüge*

Wenn auch keine Formvorschriften für die Mängelrüge vorhanden sind, ist jedoch die **schriftliche Reklamation** zu empfehlen, damit der Käufer beweisen kann, dass er rechtzeitig gerügt hat. Die festgestellten Mängel sollten in der Mängelrüge genau beschrieben werden.

> Die Rechte des Käufers wegen eines Mangels sind ausgeschlossen, wenn er bei Vertragsschluss den Mangel kennt. Bei grober Fahrlässigkeit oder Unkenntnis kann der Käufer nur Rechte geltend machen, wenn der Verkäufer den Mangel arglistig verschwiegen oder eine Garantie übernommen hat (§ 442 BGB).

▶ *Pflichten des Käufers (§ 377 HGB und § 438 BGB)*

Beim **zweiseitigen Handelskauf** sind die eingehenden Waren unverzüglich auf Art, Menge und Güte zu prüfen und zu rügen. Beim **Verbrauchsgüterkauf** und beim **bürgerlichen Kauf** (Privatkauf) sind gegenüber dem zweiseitigen Handelskauf bestimmte Abweichungen zu beachten.

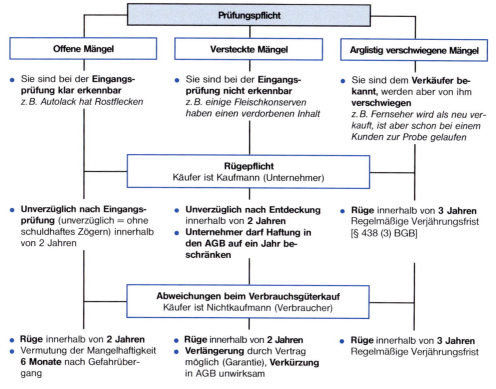

▶ *Verjährung der Mängelansprüche (§ 438 BGB)*

Bei der Sachmangelhaftung verjähren die Rechte des Käufers:
- **in 30 Jahren** die Ansprüche in einem **dinglichen Herausgaberecht** eines Dritten, *z. B. Faustpfandrechte*, oder in einem sonstigen Recht, das im Grundbuch eingetragen ist, *z. B. Grundpfandrechte*;
- **in 5 Jahren** bei einem **Bauwerk** und bei einer Sache, die für ein Bauwerk verwendet worden ist und den Mangel verursacht hat; *z. B. Mängel an in Gebäuden eingebauten Sachen*;
- **in 3 Jahren** (regelmäßige Verjährungsfrist) zum Ende des Jahres, wenn der Verkäufer den Mangel arglistig verschwiegen hat; *z. B. Verkauf eines Unfallwagens als „unfallfrei"*;
- **in 2 Jahren** die übrigen Ansprüche aus Kauf- und Werkverträgen, *z. B. Kauf von Autos, Computern, Sportgeräten, Möbeln und Herstellung von Maßanzügen*. Der Verkäufer darf beim Verbrauchsgüterkauf diese Frist nicht umgehen oder verkürzen. Bei **gebrauchten Sachen** kann die Verjährung auf ein Jahr verkürzt werden (§ 475 BGB).

Die **Verjährung beginnt** bei Grundstücken mit der Übergabe, im Übrigen mit der Ablieferung der Sache. Zeigt sich bei einem Verbrauchsgüterkauf innerhalb von sechs Monaten seit Gefahrübergang ein Sachmangel, so wird vermutet, dass der Mangel bereits bei Gefahrübergang vorhanden war. Der Verkäufer trägt die Beweislast. (**§ 476 BGB Umkehr der Beweislast**).

▶ *Rechte des Käufers bei Mängeln (§ 437 BGB)*

Der Käufer kann in der Mängelrüge folgende Rechte geltend machen:

• **Nacherfüllung (§ 439 BGB):** Der Käufer kann als Nacherfüllung die Beseitigung des Mangels oder die Lieferung einer mangelfreien Sache (**Ersatzlieferung**) verlangen. Eine Nachbesserung gilt nach dem erfolglosen zweiten Versuch als fehlgeschlagen. Der Verkäufer hat bei Nacherfüllung die Aufwendungen für Transport-, Arbeits- und Materialkosten zu tragen.

• **Rücktritt vom Vertrag (§§ 323, 326, 440 BGB):** Der Vertrag wird rückgängig gemacht. Das Geleistete wird zurückgegeben und die gezogenen Nutzungen sind herauszugeben (*z. B. gezahlter Kaufpreis*). Der Rücktritt ist nur nach erfolgloser oder untunlicher Fristsetzung zulässig.

• **Minderung des Kaufpreises (§ 441 BGB):** Bei der Minderung ist der Kaufpreis im Verhältnis des Wertes der Sache im mangelfreien Zustand zu dem wirklichen Wert herabzusetzen. Die Minderung ist, soweit erforderlich, durch Schätzung zu ermitteln.

• **Schadenersatz statt Leistung (§§ 280, 281 BGB):** Bei mangelhafter Leistung kann der Käufer die Kaufsache nach angemessener Nachfrist zurückgeben und Ersatz des entstandenen Schadens verlangen. Schadenersatz ist auch neben der Leistung möglich, wenn der Käufer die Sache behält. Anstelle des Schadenersatzes kann der Käufer **Ersatz vergeblicher Aufwendungen** verlangen, die er im Vertrauen auf den Erhalt der Leistung gemacht hat, *z. B. für eine nicht gelieferte Maschine*.

Die **Nacherfüllung** ist Voraussetzung des Rücktritts, einer Minderung oder eines Schadenersatzanspruchs. Rücktritt und Schadenersatz können auch gleichzeitig geltend gemacht werden. Der Verkäufer kann die Nacherfüllung verweigern, wenn sie nur mit unverhältnismäßigen Kosten möglich ist (§ 439 BGB).

> Auf eine Vereinbarung, durch welche die Rechte des Käufers wegen eines Mangels ausgeschlossen oder beschränkt werden, kann sich der Verkäufer nicht berufen, wenn er den Mangel arglistig verschwiegen oder eine Garantie für die Beschaffenheit der Sache übernommen hat (§ 444 BGB).

4.5.2 Lieferungsverzug (Nicht-Rechtzeitig-Lieferung)

Der Lieferer befindet sich im Lieferungsverzug, wenn er schuldhaft nicht oder nicht rechtzeitig liefert. Die Leistung muss nachholbar sein, sonst liegt Unmöglichkeit der Leistung vor.

▶ *Eintritt des Lieferungsverzugs*

Um festzustellen, ob sich der Lieferer im Verzug befindet, müssen **zwei Voraussetzungen** geprüft werden:

– Ist die Lieferung **fällig** und

– hat der Lieferer oder sein Erfüllungsgehilfe (*z. B. Angestellter*) die Überschreitung des Liefertermins **verschuldet**?

> Ein Verschulden liegt vor, wenn der Lieferer oder sein Erfüllungsgehilfe vorsätzlich oder fahrlässig handeln:
> – Fahrlässig handelt, wer die verkehrsübliche Sorgfaltspflicht außer Acht lässt (§ 276 BGB).
> – Vorsätzlich handelt, wer die Sorgfaltspflicht bewusst verletzt. Die Haftung für Vorsatz kann dem Schuldner nicht im Voraus erlassen werden.

Voraussetzungen für den Lieferungsverzug	
Fälligkeit der Lieferung (§ 286 BGB)	**Verschulden des Lieferers** (§§ 243, 275 BGB)

- **Liefertermin ist kalendermäßig bestimmt**
  z.B. Lieferung am 10. Juni ..,
  28. Kalenderwoche ..
  – keine Mahnung des Käufers
- **Liefertermin ist nicht kalendermäßig bestimmt**
  z.B. frühestens am 10. Juni ..
  ab Mitte Mai ..
  – Mahnung des Käufers
- **Mahnung ist nicht erforderlich:** beim Fixgeschäft; wenn der Lieferer erklärt, dass er nicht liefern will; bei besonderen Gründen, *z.B. Selbstmahnung des Schuldners mit Angabe des Liefertermins*

- **Lieferer handelt fahrlässig oder vorsätzlich**
  z.B. Lieferer vergisst den Termin oder setzt sich bewusst darüber hinweg
- **Unmöglichkeit der Leistung** schließt eine Leistungspflicht aus. Dabei ist zu berücksichtigen, ob der Schuldner das Leistungshindernis zu vertreten hat.
  – Nicht zu vertreten: *z.B. ein Gemälde* (**Stückware**) *wird durch Blitzschlag stark beschädigt* (Unmöglichkeit der Leistung)
  – Zu vertreten: *z.B. eine Tonne Weizen* (**Gattungswaren**) *wird durch eine Brandkatastrophe vernichtet* (Nachholbarkeit der Leistung)

Der Verkäufer (Schuldner) kommt nicht in Verzug, solange die Leistung infolge eines Umstandes unterbleibt, den er nicht zu vertreten (verschulden) hat [§ 286 (4) BGB], *z.B. höhere Gewalt (Streik, Unwetter, Hochwasser).*

▶ *Rechte des Käufers beim Lieferungsverzug*

Sind die Voraussetzungen des Lieferungsverzugs eingetreten, hat der Käufer bestimmte Rechte:

- **Lieferung und eventuell Schadenersatz verlangen (§ 286 BGB):** Der Käufer kann nach Ablauf einer angemessenen Nachfrist auf Erfüllung der Leistung und auf Ersatz des durch die Verzögerung entstandenen Schadens bestehen, *z. B. kann der Käufer die bestellte Maschine mieten und sich die entstandenen Mietkosten ersetzen lassen.*

Eine Nachfrist ist angemessen, wenn der Lieferer so viel Zeit hat die Lieferung nachzuholen, ohne die Ware selbst beschaffen oder anfertigen zu müssen.

- **Schadenersatz statt Leistung verlangen (§ 281 BGB):** Soweit der Verkäufer die fällige Lieferung nicht oder nicht wie geschuldet erbringt, kann der Käufer **nach einer angemessenen Nachfrist** Schadenersatz statt Leistung verlangen (**Nichterfüllungsschaden**). Anstelle des Schadenersatzes kann der Käufer **Ersatz vergeblicher Aufwendungen** verlangen, *z. B. Vertragskosten* (§ 284 BGB).

Beispiel: Nach Ablauf der Nachfrist kauft der Kunde die Maschine bei der Konkurrenz (**Deckungskauf**). Ist die Maschine teurer, kann der Käufer die Differenz als Schadenersatz geltend machen (**konkrete Schadenersatzberechnung**). Muss der Kunde bis zur Lieferung der Konkurrenzmaschine einen oder mehrere Aufträge zurückweisen, kann er sich den ihm entgangenen Gewinn ersetzen lassen (**abstrakte Schadenersatzberechnung**).

- **Rücktritt vom Vertrag verlangen (§ 323 BGB):** Erbringt der Verkäufer die fällige Leistung nicht oder nicht vertragsgemäß, kann der Käufer vom Vertrag zurücktreten. **Voraussetzung** ist, dass der Käufer erfolglos eine angemessene Frist zur Leistung oder Nacherfüllung bestimmt hat. Beide Rechte – Schadenersatz und Rücktritt – können auch gleichzeitig angewendet werden.

> Der Verkäufer (Schuldner) hat während des Verzugs jede Fahrlässigkeit zu vertreten. Er haftet wegen der Leistung auch für Zufall, es sei denn, dass der Schaden auch bei rechtzeitiger Leistung eingetreten sein würde (§ 287 BGB).

Hat der Käufer eine **Anzahlung** geleistet, muss sie nach den Vorschriften einer ungerechtfertigten Bereicherung (§ 346 BGB) zurückgewährt und vom Tag des Empfangs an verzinst werden.

- **Die Nachfrist ist nicht erforderlich bei:**

— **Selbstinverzugsetzen (Lieferungsverweigerung):** Der Lieferer erklärt, dass er nicht liefern kann oder will.

— **Zweckkauf:** Er liegt vor, wenn der Kunde kein Interesse mehr an der Lieferung haben kann, *z. B. ein Brautkleid wird erst nach der Hochzeit geliefert.*

— **Fixkauf:** Ist der **Liefertermin ein wesentlicher Bestandteil eines Vertrages** (*z. B. Lieferung am 10. Mai 20.., Lieferung Ende März 20..*), kann der Käufer ohne Rücksicht auf ein Verschulden des Lieferers vom Vertrag zurücktreten. Will er dagegen Schadenersatz verlangen, muss ein Verschulden des Verkäufers vorliegen.

Beispiel: Sollte die Maschine am 15. Februar d. J. fix geliefert werden und der Lieferer hat den Termin übersehen, kann der Käufer sofort nach Überschreiten der Lieferfrist Schadenersatz verlangen oder vom Vertrag zurücktreten. Will dagegen der Käufer auf Erfüllung bestehen, muss er den Lieferer unverzüglich verständigen. Liegt ein unverschuldeter Verkehrsunfall vor, kann kein Schadenersatz verlangt werden.

— **Besondere Gründe:** Sie liegen vor, wenn der sofortige Eintritt des Lieferungsverzugs gerechtfertigt ist, um drohende Schäden zu vermeiden, *z. B. bei einem Rohrbruch oder Leck eines Öltanks.*

▶ Konventionalstrafe (Vertragsstrafe)

Zwischen Käufer und Verkäufer kann auch eine Konventionalstrafe vereinbart werden, die bei **Eintritt des Lieferungsverzugs** an den Käufer zu zahlen ist. Dadurch werden oft Streitigkeiten bei der Berechnung von Schadenersatzansprüchen vermieden. Unangemessen hohe Vertragsstrafen können auf Antrag des Schuldners durch Urteil auf einen angemessenen Betrag herabgesetzt werden (§ 339 BGB). Ist dagegen der Schuldner ein Kaufmann, ist eine Herabsetzung nicht möglich (§ 348 HGB).

▶ Ausschluss oder Einschränkung der Rechte des Käufers in den AGB

Oft werden Rechte des Käufers zu seinem Nachteil in den AGB des Verkäufers verändert.

> Der Ausschluss oder die Einschränkung der Rechte des Käufers in den AGB ist gegenüber Verbrauchern unwirksam, wenn sie nicht im Einzelnen ausgehandelt sind (§ 305b BGB).

Beispiel: In den AGB des Verkäufers steht, dass der Käufer im Falle eines Lieferungsverzugs eine Nachfrist von mindestens 6 Wochen zu setzen hat. Eine derartige Einschränkung der Rechte des Käufers ist unwirksam, da die **Frist unangemessen lang** und nicht individuell verabredet ist.

Lernaufgaben 4.5

Störungen des Kaufvertrages durch den Verkäufer

1 *Ein Kaufvertrag kann bei der Erfüllung dadurch gestört werden, dass die gelieferte Ware Mängel aufweist.*

   a) Nach welchen zwei Gesichtspunkten teilt der Gesetzgeber die Arten der Mängel ein?

   b) Nennen Sie für jede Art eines Mangels je zwei Beispiele!

2 *Stellt der Käufer bei der Eingangsprüfung der Ware Mängel fest, wird er die Ware beanstanden.*

   a) Zu welchem Zeitpunkt muss die Ware bei der Lieferung mangelfrei sein?

   b) Wann müssen Kaufleute nach § 377 HGB die gelieferte Ware prüfen und festgestellte Mängel rügen?

   c) Zeigen Sie an Beispielen, wie man eine Mängelrüge nach Form und Inhalt erteilen sollte!

3 *Je nach Erkennbarkeit der Mängel unterscheidet man offene, verdeckte und arglistig verschwiegene Mängel.*

   a) Fertigen Sie eine Tabelle nach folgendem Muster an! Tragen Sie die Reklamationsfristen für den zweiseitigen Handelskauf, den einseitigen Handelskauf (Verbrauchsgüterkauf) und den bürgerlichen Kauf (Privatkauf) ein!

Mängel / Kaufarten	offene Mängel Rüge	versteckte Mängel Rüge	arglistig verschwiegene Mängel Rüge

   b) Wie ist die unterschiedliche rechtliche Behandlung von Unternehmern und Verbrauchern bei mangelhaft gelieferter Ware zu begründen?

   c) Erläutern Sie beim Verbrauchsgüterkauf den Begriff „Beweislastumkehr"!

4 *Eine Kundin kauft in einem Lederwarengeschäft eine Lederhandtasche. Zuhause stellt sie fest, dass die Tasche beschädigt ist. Als sie die Tasche zurückbringt, um sie umzutauschen, weist der Verkäufer darauf hin, dass auf dem Kassenzettel steht: „Reklamationen sind ausgeschlossen". Außerdem ist diese Klausel Bestandteil der AGB des Verkäufers, auf die aber die Kundin beim Kauf nicht ausdrücklich hingewiesen wurde.*

   a) Welche Bedeutung hat dieser Vermerk auf dem Kassenzettel? Begründung!

   b) Die Kundin hat beim Kauf der Handtasche einen Bestellschein unterschrieben, auf dem die Klausel steht: „Es gelten unsere Liefer- und Garantiebestimmungen, die auf der Rückseite abgedruckt sind." In den Garantiebestimmungen wird eine Garantie von fünf Monaten gewährt. Wie ist die Rechtslage?

   c) Der Verkäufer verweist die Kundin, die die Handtasche reklamiert, an den Hersteller, von dem er die beschädigte Tasche bezogen hat. Hat er Recht? Begründung!

   d) Bei der Lederhandtasche handelt es sich um reduzierte Ware als Sonderangebot. Wie ist die Rechtslage?

5 *Die Berger-Motoren GmbH hat vom Büroeinrichtungshaus Müller KG einen Computer gekauft. Er wird unverzüglich nach Eingang überprüft und es wird festgestellt, dass das Diskettenlaufwerk des Computers nicht funktioniert.*

a) Die Berger-Motoren GmbH reklamiert acht Tage nach Entdeckung des Mangels und verlangt Umtausch. Ist das Büroeinrichtungshaus verpflichtet, die Reklamation anzunehmen? Begründung!

b) Erst nach drei Monaten stellt die Berger-Motoren GmbH fest, dass der Computer einen schwerwiegenden Funktionsfehler besitzt. Sofort nach Entdeckung wird der Fehler der Lieferfirma mitgeteilt und Rückgängigmachung des Kaufvertrages verlangt. Das Einrichtungshaus erkennt zwar den Mangel an, ist aber nur bereit zum Umtausch (Nacherfüllung). Kann der Käufer auf seinem Rechtsanspruch bestehen? Darf er den Computer noch benutzen?

c) Kann sich das Einrichtungshaus auf einen vereinbarten Ausschluss der Rechte des Käufers wegen eines Mangels (Gewährleistungsrechte) berufen, wenn es den Mangel arglistig verschwiegen oder eine Garantie für die Beschaffenheit des Computers übernommen hat? (siehe § 444 BGB)

6 *Die Erfüllung eines Kaufvertrages wird gestört, wenn der Verkäufer nicht oder nicht rechtzeitig liefert.*

a) Erläutern Sie die beiden Voraussetzungen, die geprüft werden müssen um festzustellen, ob sich der Vekäufer im Lieferungsverzug befindet!

b) Welche Rechte kann der Käufer aus einem Lieferungsverzug geltend machen?

7 *Das Textilwarengeschäft Gerda Blank hat bei der Textilwarengroßhandlung Feller & Co. 50 Stück Bettwäsche bestellt. Die Lieferung wurde „Mitte Mai" zugesagt. Durch ein Versehen ist der Auftrag verlegt, und der Liefertermin ist nicht eingehalten worden. Inzwischen ist aber die gewünschte Bettwäsche nicht mehr auf Lager, sodass erst Mitte Juni wieder geliefert werden kann.*

a) Prüfen Sie, ob sich der Lieferer im Verzug befindet!

b) Schreiben Sie am 18. Mai d. J. an die Textilwarengroßhandlung Feller & Co.: Gerda Blank teilt darin der Textilwarengroßhandlung mit, dass sie für die Lieferung der Bettwäsche eine Frist von zwölf Tagen setzt und beim Überschreiten dieser Frist vom Vertrag zurücktreten wird.

c) Welches Recht wird Gerda Blank bei einem Lieferungsverzug geltend machen, wenn
   – die Preise inzwischen gestiegen sind,
   – die Preise inzwischen gefallen sind,
   – nachweisbar ein Schaden entstanden ist?

8 *Statt der abstrakten Schadenersatzregelung kann beim Lieferungsverzug eine Konventionalstrafe (Vertragsstrafe) vereinbart sein.*

a) Unter welchen Voraussetzungen kann eine unverhältnismäßig hohe Konventionalstrafe auf einen angemessenen Betrag herabgesetzt werden?

b) Worin besteht der Vorteil einer vereinbarten Vertragsstrafe gegenüber der gesetzlichen Regelung, „Schadenersatz wegen Nichterfüllung" zu verlangen?

Lerngerüst 4.6

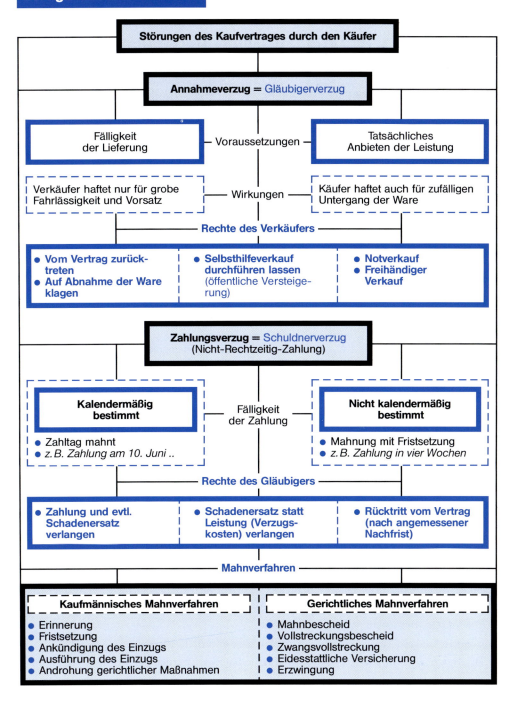

Lerninformationen 4.6

4.6 Störungen des Kaufvertrages durch den Käufer

Nicht nur der Verkäufer hat mangelfrei und rechtzeitig zu liefern, auch der Käufer muss die ordnungsmäßig gelieferte Ware annehmen und rechtzeitig bezahlen. Kommt er diesen Pflichten nicht nach, gerät er

– als **Warengläubiger** in Annahmeverzug (Gläubigerverzug) oder

– als **Geldschuldner** in Zahlungsverzug (Schuldnerverzug, Leistungsverzug).

4.6.1 Annahmeverzug

Nimmt der Käufer die von ihm bestellte und zur rechten Zeit, am rechten Ort und in der richtigen Güte und Menge gelieferte Ware nicht an, gerät er in Annahmeverzug (§ 293 BGB).

▶ *Voraussetzungen des Annahmeverzugs*

Um festzustellen, ob sich der Käufer im Annahmeverzug befindet, muss geprüft werden:

● **Fälligkeit der Lieferung:** Der Verkäufer muss den vereinbarten Liefertermin einhalten. Bei Selbstabholung muss der Verkäufer den Käufer mahnen und eine angemessene Nachfrist setzen.

● **Tatsächliches Anbieten der Leistung:** Der Lieferer muss die Ware übergeben wollen. Der Selbstabholer muss die Ware beim Lieferer verpackt vorfinden (§ 294 BGB).

Beispiel: Der Möbelhersteller steht zum vereinbarten Liefertermin mit seinem Möbelwagen vor dem Möbellager des Großhändlers und will die Ware übergeben. Der Käufer lehnt die Annahme ab.

▶ *Wirkungen des Annahmeverzugs (§ 300 BGB)*

Beim Annahmeverzug wird die Haftung des Verkäufers eingeschränkt und die des Käufers erweitert.

● **Einschränkung der Haftung des Verkäufers:** Der Verkäufer haftet nur noch für grobe Fahrlässigkeit und Vorsatz.

> Grob fahrlässig handelt, wer die verkehrsübliche Sorgfaltspflicht in besonders schwerer Weise verletzt.

Beispiel: Die Möbel wurden beschädigt, weil sie der Verkäufer im Hof des Käufers abgestellt hat. Der Verkäufer hat grob fahrlässig gehandelt und muss den entstandenen Schaden tragen.

● **Erweiterung der Haftung des Käufers:** Der Käufer haftet bei Eintritt des Verzugs auch für die Gefahr der zufälligen unverschuldeten Beschädigung oder des Untergangs der Ware.

Beispiel: Beim Transport der Möbel vom Kunden zu einem öffentlichen Lagerhaus werden die Möbel durch einen Verkehrsunfall beschädigt. Den Schaden trägt der Käufer.

▶ *Rechte des Verkäufers*

Aus einem Annahmeverzug stehen dem Verkäufer folgende Rechte zu:

● **Vom Vertrag zurücktreten:** Der Verkäufer kann die Ware zurücknehmen und anderweitig verkaufen. Dazu wird er sich jedoch nur bereit erklären, wenn die Ware stark nachgefragt wird, oder aus Gründen der Kulanz.

- **Auf Abnahme der Ware klagen:** Nimmt der Verkäufer seine Ware nicht zurück, kann er die Ware auf Kosten und Gefahr des Käufers einlagern (in einem öffentlichen Lagerhaus oder in seinem eigenen Lager) und eine gerichtliche Entscheidung herbeiführen. Dazu wird sich der Verkäufer entschließen, wenn er die Ware überhaupt nicht oder nur mit Verlust verkaufen kann.

- **Selbsthilfeverkauf durchführen lassen** (§ 373 HGB): Die Klage ist meist eine zeitraubende und teure Angelegenheit. Der Selbsthilfeverkauf (**öffentliche Versteigerung**) ist oft zweckmäßiger. Dabei sind zum Schutz des Käufers vom Verkäufer bestimmte **Pflichten** zu beachten:
  - Er muss dem Käufer mitteilen, **wo** die Ware **gelagert** ist.
  - Er muss dem Käufer eine **angemessene Nachfrist** setzen und den Selbsthilfeverkauf ankündigen. Dem Käufer sind Ort und Zeit der Versteigerung mitzuteilen. Er kann wie der Verkäufer mitbieten.
  - Nach Abschluss des Selbsthilfeverkaufs hat er dem Käufer die **Abrechnung** unverzüglich zu übermitteln.

> Ergibt sich aus dem Selbsthilfeverkauf ein niedrigerer Erlös abzüglich Kosten als der Rechnungsbetrag, so trägt der Käufer den Mindererlös. Aber auch einen etwaigen Mehrerlös erhält der Käufer (§ 304 BGB).

Der **Notverkauf** (§ 384 BGB) wird durchgeführt, wenn es sich um **leicht verderbliche Waren** handelt, *z. B. Obst, Gemüse oder Frischfisch.* Bei dieser eingeschränkten Art eines Selbsthilfeverkaufs entfallen die Pflichten des Verkäufers, eine Nachfrist zur Annahme der Ware zu setzen.

Der **freihändige Verkauf** (§ 385 BGB) kann bei Waren vorgenommen werden mit einem **Börsen- oder Marktpreis.** Sie können ohne Versteigerung durch einen gerichtlich bestellten Makler verkauft werden, *z. B. Baumwolle und Getreide können an der Produktenbörse oder Wertpapiere an der Effektenbörse verkauft werden.*

4.6.2 Zahlungsverzug (Nicht-Rechtzeitig-Zahlung)

Kommt der Käufer aus einem rechtskräftig abgeschlossenen Kaufvertrag seiner Pflicht, termingerecht zu zahlen, nicht nach, gerät er in Zahlungsverzug.

> **Voraussetzung** für den Zahlungsverzug ist die **Fälligkeit der Zahlung**. Der Schuldner (Käufer) kommt nicht in Verzug, solange die Leistung wegen eines Umstandes unterbleibt, den er nicht zu vertreten hat [§ 286 (4) BGB].

▶ Fälligkeit der Zahlung

Die Zahlung ist an dem Tag fällig, der als Zahlungstermin im Kaufvertrag vereinbart ist.

- **Zahlungstermin ist kalendermäßig bestimmt:** Nach Überschreiten des Zahlungstages befindet sich der Käufer **ohne Mahnung im Zahlungsverzug** [§ 286 (2) BGB].

Beispiele: Zahlbar bis zum 31. März .. rein netto oder bis zum 10. März .. 2 % Skonto; Zahlung am 15. Mai ..; Zahlung Mitte April ..; Zahlung im August ..

- **Zahlungstermin ist nicht kalendermäßig bestimmt:** Für diesen Fall gerät der Käufer erst in Verzug, wenn der Verkäufer den Käufer **gemahnt** hat und die zur Begleichung der Rechnung festgesetzte Frist abgelaufen ist [§ 286 (1) BGB]. Als Mahnung gilt auch, wenn ein Mahnbescheid ausgestellt oder eine Klage erhoben wird.

► *Verzug des Schuldners (§ 286 BGB)*

Leistet der Schuldner auf eine Mahnung des Gläubigers nicht, die nach dem Eintritt der Fälligkeit erfolgt, so kommt er durch die Mahnung in Verzug.

- Der **Mahnung bedarf es nicht**, wenn
  - für die Leistung eine Zeit nach der Fälligkeit nach dem Kalender bestimmt ist,
  - der Leistung ein Ereignis vorausgeht, ab dem sich die Fälligkeit nach dem Kalender bestimmen lässt,
  - der Schuldner die Leistung ernsthaft und endgültig verweigert.

- **Automatischer Verzugseintritt:** Der Schuldner einer Entgeltforderung kommt **spätestens in Verzug**, wenn er nicht **innerhalb von 30 Tagen** nach Fälligkeit und Zugang einer Rechnung leistet; dies gilt gegenüber einem Schuldner, der Verbraucher ist, nur, wenn auf diese Folgen in der Rechnung besonders hingewiesen worden ist [§ 286 (3) BGB].

► *Rechte des Gläubigers*

Befindet sich der Schuldner im Zahlungsverzug, stehen dem Gläubiger folgende Rechte zu:

- **Zahlung und eventuell Schadenersatz verlangen (§ 286 BGB):** Der Verkäufer besteht auf Zahlung und fordert den Ersatz des **Verzögerungsschadens**, *z. B. Verzugszinsen und Verwaltungskosten.*

- **Verzugszinsen (§ 288 BGB):** Eine Geldschuld ist während des Verzugs zu verzinsen.
  - Der Verzugszinssatz beträgt **5 %** über dem jeweiligen Basiszinssatz der EZB.
  - An Rechtsgeschäften, an denen ein Verbraucher nicht beteiligt ist, beträgt der Zinssatz für Entgeltforderungen **8 %** über dem Basiszinssatz der EZB.

- **Schadenersatz statt Leistung (§ 281 BGB):** Wenn der Schuldner die fällige Schuld nicht bezahlt, kann der Gläubiger nach einer angemessenen Frist **Schadenersatz statt Leistung** verlangen, *z. B. der Verkäufer nimmt die Ware zurück und verkauft sie anderweitig zu einem niedrigeren Preis. Der Verkäufer verlangt die Verzugskosten und die Preisdifferenz.*

- **Rücktritt vom Vertrag (§ 323 BGB):** Der Verkäufer kann vom Vertrag zurücktreten, wenn der Käufer nach einer angemessenen Frist die fällige Leistung nicht oder nicht vertragsgemäß erbringt, *z. B. der Verkäufer nimmt die Ware zurück, da er die Ware anderweitig zu einem höheren Preis verkaufen kann.* Der Verkäufer kann zusätzlich noch Schadenersatz verlangen.

4.6.3 Mahnverfahren

Damit der Verkäufer stets **zahlungsfähig** (liquide) ist, muss er die **Zahlungstermine** seiner Schuldner laufend **überwachen** und notfalls **Maßnahmen ergreifen**, um die ausstehenden Forderungen einzuziehen. Bleiben Zahlungen aus, verringert sich seine Liquidität und es entstehen Zinsverluste.

> Jeder Unternehmer muss seine finanziellen Verpflichtungen gegenüber seinen Lieferanten, den Angestellten und Arbeitern, dem Finanzamt und anderen Gläubigern rechtzeitig erfüllen um nicht Gefahr zu laufen, das Vertrauen seiner Gläubiger zu verlieren.

► *Kaufmännisches Mahnverfahren*

Solange der Unternehmer **ohne gerichtliche Hilfe** sich selbst bemüht Außenstände einzuziehen, spricht man vom kaufmännischen Mahnverfahren. Ein allgemeines Schema oder gesetzliche Grundlagen für das kaufmännische Mahnverfahren gibt es nicht. In welcher Form und wie oft ein Gläubiger mahnt, wird davon abhängen, wie er seinen Kunden einschätzt. Einen guten Kunden, der sonst pünktlich zahlt, wird er anders behandeln als einen Kunden, der als säumiger Zahler bekannt ist oder sich in einer schlechten Finanzlage befindet, bei dem die Gefahr des Insolvenzverfahrens droht.

● **Terminkontrolle:** Der Zahlungseingang kann mit verschiedenen Hilfsmitteln überwacht werden.

– In **Terminkalendern, Terminmappen** oder **Terminordnern** werden die Rechnungen nach Fälligkeit eingetragen oder abgelegt und der Eingang des Geldes und die Mahntermine vermerkt.

– Auf der **Kundenkartei** werden bei gleichzeitiger Verwendung als **Terminkartei** am oberen Rand Reiter angebracht, die die Fälligkeit der Rechnungen und die Mahntermine durch Form und Farbe deutlich anzeigen.

Fälligkeit: 03.09.   2. Mahnung: 20.09.

J	F	M	A	M	J	J	A	S	O	N	D		1	2	3	4	5	6	7	8	9	10	11	12	13	14	15	16	17	18	19	20	21	22	23	24	25	26	27	28	29	30	31

Kunde: Karl Feuerbach GmbH   Konto-Nr.:   1453
         Bach Straße 19   Kunden-Nr.: 5324
         53881 Euskirchen   Kredit: 8 000,00 EUR
Bedingungen: Zahlung in 2 Monaten oder bar mit 2 % Skonto

Journal	Datum	Text	Soll	Haben	Mahnungen					Gerichtliche Maßnahmen	Vergleich Konkurs
					1	2	3	4	5		
15	13.07.	AR 297	640,00		06.09.	20.09.					

– Mittels **elektronischer Datenverarbeitungsanlagen** kann die gesamte Terminkontrolle bis zum Ausdruck der Mahnschreiben automatisch durchgeführt werden. Die Mahnungen können auch anhand einer von der EDV ausgedruckten Übersicht geschrieben werden.

● **Ablauf des Mahnverfahrens:**

1. **Mahnung in Form einer Erinnerung:** Dem Schuldner wird eine Rechnungsdurchschrift oder ein Kontoauszug zugeschickt.

2. **Mahnung mit Fristsetzung:** Der Schuldner erhält eine Zahlungsfrist, ggf. unter Ankündigung von Verzugszinsen.

3. **Mahnung mit Ankündigung des Einzugs:** Dem Schuldner wird der Einzug des Geldes durch Postnachnahme oder durch ein Inkassoinstitut angekündigt.

4. **Mahnung in Form der Ausführung des Einzugs:** Die Postnachnahme wird dem Schuldner zugesandt oder das Inkassoinstitut mit dem Einzug des Geldes beauftragt.

5. **Mahnung mit Androhung gerichtlicher Maßnahmen:** Bleiben alle bisherigen Maßnahmen erfolglos, wird ein letzter Termin gesetzt und es werden gerichtliche Maßnahmen *(z. B. Mahnbescheid)* angekündigt. Damit wird das kaufmännische Mahnverfahren in das gerichtliche Mahnverfahren übergeleitet.

▶ *Klageverfahren*

Hat das kaufmännische Mahnverfahren das Ziel, den Schuldner zur Zahlung zu veranlassen, nicht erreicht, kann der Gläubiger beim Gericht Klage erheben.

Das Klageverfahren kann der Gläubiger im Gegensatz zum Strafprozess als streitiges Verfahren im **Zivilprozess** anstrengen.

- Für die Erhebung der **Zivilklage** (§§ 353 ff. ZPO) ist grundsätzlich zuständig
- das **Amtsgericht** bis zu einem Streitwert von 5 000,00 EUR (kein Anwaltszwang),
- das **Landgericht** bei einem Streitwert über 5 000,00 EUR (Anwaltszwang).
- Die **Klageschrift** leitet die Klage ein. Bevor es zu einer mündlichen Verhandlung vor dem Zivilrichter kommt, muss erst eine Güteverhandlung stattfinden. Nach der **mündlichen Verhandlung** wird das Gerichtsverfahren durch das **Urteil** beendet, das mit seiner Verkündung wirksam wird.

> Das Urteil stellt einen vollstreckbaren Titel dar, der mithilfe eines Vollstreckungsbeamten vollstreckt werden kann (Pfändung).

▶ *Zwangsvollstreckung*

Um eine Zwangsvollstreckung durchzuführen, ist ein vollstreckbarer Titel notwendig, *z. B. ein Urteil oder ein Vollstreckungsbescheid.*
Die Zwangsvollstreckung kann erfolgen:
- **in bewegliche Sachen des Schuldners**, wenn der Vollstreckungsbeamte die gepfändeten Sachen in Besitz nimmt, *z. B. bei Geld und Wertpapieren*, oder wenn er ein Siegel (Kuckuck) auf die Sache klebt, *z. B. bei Möbeln oder Maschinen*; diese Gegenstände können frühestens nach acht Tagen versteigert werden, wobei Gläubiger und Schuldner mitbieten dürfen;
- **in unbewegliche Sachen des Schuldners** durch Zwangsversteigerung oder Zwangsverwaltung von Grundstücken oder Eintragung einer Sicherungshypothek;
- **in Forderungen und Rechte des Schuldners**, *z. B. durch Lohn- und Gehaltspfändung*, d. h. der Arbeitgeber wird verpflichtet, den pfändbaren Teil des Arbeitslohnes des Schuldners einzubehalten und dem Gläubiger zu überweisen.

> Durch die Zwangsvollstreckung kann eine Geldforderung mithilfe eines Vollstreckungsbeamten oder des Gerichts eingetrieben werden.

Nicht pfändbar sind nach § 811 ZPO Sachen, die dem persönlichen Gebrauch oder dem Haushalt zu einer bescheidenen Lebens- oder Haushaltsführung dienen und die Sachen, die zur Fortsetzung der Berufstätigkeit notwendig sind. Die **Pfändungsgrenze bei Lohn- und Gehaltszahlungen** beträgt monatlich 939,99 EUR. Der unpfändbare Grundbetrag erhöht sich für die erste unterhaltsberechtigte Person um monatlich 340,00 EUR und für jede weitere um 190,00 EUR.

▶ *Gerichtliches Mahnverfahren*

Es soll die kostspielige Zivilklage ersetzen, wenn zu erwarten ist, dass der Schuldner seine Zahlungsverpflichtungen nicht bestreitet. Der Gläubiger kann auf diese Weise schnell und billig seine Forderungen eintreiben. Das Gericht prüft jedoch nicht, ob ihm diese Forderung auch zusteht.

- Durch einen **Antrag auf Erlass eines Mahnbescheids** wird vom Gläubiger (Antragsteller) beim **zuständigen Amtsgericht** das Mahnverfahren eingeleitet. Zuständig ist in der Regel das Gericht, in dessen Bezirk der Antragsteller seinen Wohnsitz – bei Gesellschaften und juristischen Personen seinen Sitz – hat. Dabei ist zu beachten, dass die Landesregierung oder die Justizverwaltung durch Rechtsverordnung für den Bezirk ein bestimmtes Amtsgericht zuweisen kann.

- Die **maschinelle Bearbeitung der gerichtlichen Mahnsachen** wird neuerdings in den einzelnen Bundesländern auf ein **zentrales Amtsgericht** übertragen. So müssen *z. B. in Nordrhein-Westfalen die Antragsteller den Erlass des Mahnbescheids beim Amtsgericht Hagen beantragen.* Der dafür vorgesehene **besondere Vordruck** ist in Schreibwarengeschäften erhältlich.

Beispiel: Beim automatischen gerichtlichen Mahnverfahren können die Anträge mithilfe einer juristischen Spezialsoftware beim Gericht digitalisiert auf Diskette eingereicht werden. Das verkürzt die Bearbeitungszeiten erheblich.

- Durch die **Zustellung des Mahnbescheids von Amts wegen** mahnt das Gericht den Schuldner, binnen einer Frist von zwei Wochen die Forderung samt Zinsen und Gerichtskosten zu bezahlen oder − falls er die Schuld bestreiten kann − **Widerspruch** zu erheben.

Der Mahnbescheid ist also eine Aufforderung durch das Gericht von Amts wegen, entweder zu zahlen oder sich zu verteidigen.

Der Schuldner hat bei **Zustellung eines Mahnbescheids** durch das Amtsgericht **drei Möglichkeiten:**

- Er beendet das Verfahren durch die **Zahlung** an den Gläubiger.
- Es erhebt **Widerspruch** innerhalb der Widerspruchsfrist. Das ist auch noch innerhalb von sechs Monaten nach Ablauf der Widerspruchsfrist möglich, sofern der Mahnbescheid noch nicht vollstreckbar erklärt worden ist. Wird eine mündliche Verhandlung beantragt, geht der Rechtsstreit an das für den Schuldner zuständige Gericht.
- **Unternimmt er nichts**, kann der Gläubiger nach Ablauf der Widerspruchsfrist beim Amtsgericht den Vollstreckungsbescheid binnen sechs Monaten beantragen.

- Einen **Vollstreckungsbescheid** erlässt das Gericht auf Antrag des Gläubigers, wenn der Schuldner keinen **Widerspruch** erhebt und auch nicht zahlt.

Der Vollstreckungsbescheid ist ein vollstreckbarer Titel, der es dem Gläubiger gestattet, beim Schuldner pfänden zu lassen (Zwangsvollstreckung).

Der Schuldner hat bei **Zustellung eines Vollstreckungsbescheides** durch das Amtsgericht wieder **drei Möglichkeiten:**

- Er beendet das Verfahren durch die **Zahlung** an den Gläubiger.
- Er erhebt innerhalb einer zweiwöchigen Frist **Einspruch**. Der Rechtsstreit geht dann an das zuständige Gericht, das im Mahnbescheid bezeichnet ist.
- **Unternimmt er nichts**, kann auf Antrag des Gläubigers ein Vollstreckungsbeamter nach Ablauf der Einspruchsfrist gepfändete Gegenstände versteigern.

- Durch die **eidesstattliche Versicherung (früher: Offenbarungseid)**, die vom Gläubiger beantragt werden muss, versichert der Schuldner eidesstattlich, dass sein aufgestelltes **Vermögensverzeichnis** vollständig ist. Der Schuldner ist dazu verpflichtet, wenn die **Pfändung** erfolglos oder unbefriedigend verlaufen ist. Die eidesstattliche Versicherung darf innerhalb von drei Jahren nur einmal abgegeben werden und wird beim Amtsgericht in das Schuldnerverzeichnis eingetragen. Sie kann von jedermann eingesehen werden.

Im folgenden Schaubild wird gezeigt, welche Möglichkeiten der Antragsteller im Rahmen des **gerichtlichen Mahnverfahrens** besitzt, zu seinem Geld zu kommen, wenn der Schuldner nicht zahlt.

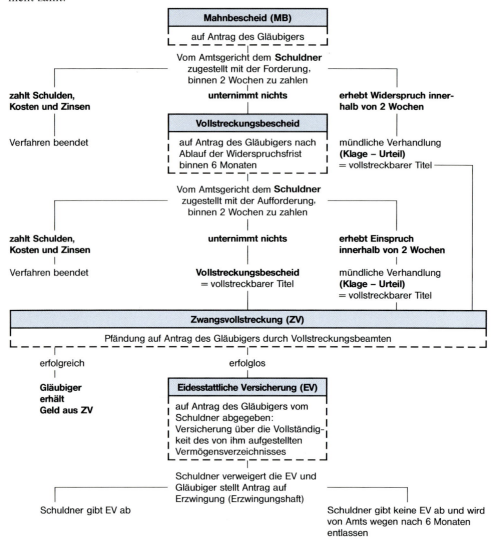

Beispiel: Ausfüllen des Vordrucks bei EDV-gestützter Bearbeitung des Mahnbescheids.

Das Büroeinrichtungshaus Müller KG, Poststraße 32, 51465 Bergisch Gladbach, hat an die Textilwarengroßhandlung Bolle GmbH & Co. KG, Bergstraße 82, 45897 Gelsenkirchen, eine am 18. Mai fällige Forderung (Rechnungs-Nr.: 8431) in Höhe von 15 230,50 EUR für gelieferte Einrichtungsgegenstände. Die Firma wird vertreten durch den persönlich haftenden Gesellschafter Karl Schober, Hauptstraße 85, 51465 Bergisch Gladbach. Das Büroeinrichtungshaus stellt am 20. Dezember den Antrag auf Erlass eines Mahnbescheids, da das kaufmännische Mahnverfahren erfolglos verlaufen ist. Der Textilwarengroßhandlung werden Verzugszinsen in Höhe von 10 % berechnet. An Mahnkosten sind 8,90 EUR angefallen. Die Katalog-Nr. aus dem Hauptforderungskatalog beträgt für Warenlieferungen 43.

Antrag auf Erlass eines Mahnbescheids (siehe Anhang S. 401).

Lernaufgaben 4.6

Störungen des Kaufvertrages durch den Käufer

1 *Die Weinhandlung Müller & Co. bestellte am 10. April d. J. beim Winzer Heinz Reifert 500 Flaschen Weißwein zur Lieferung bis zum 25. April d. J. Inzwischen hat die Weinhandlung ein günstiges Angebot wahrgenommen und sich mit einem großen Weinvorrat eingedeckt. Da das Lager voll ist und ein weiterer Bedarf nicht mehr besteht, verweigert die Weinhandlung die Annahme der ordnungsmäßig am 25. April d. J. gelieferten Weine des Winzers Heinz Reifert. Daraufhin lässt Reifert durch den Spediteur den Wein am Orte des Kunden bei der Lagerhausgesellschaft mbH einlagern.*

a) Prüfen Sie, ob sich die Weinhandlung Müller & Co. im Annahmeverzug befindet! Begründung!

b) Welche Wirkung hat eine Annahmeverweigerung auf die Haftung des Käufers und Verkäufers?

c) Heinz Reifert kündigt der Weinhandlung Müller & Co. den Selbsthilfeverkauf an, wenn der Wein nicht innerhalb von 14 Tagen abgenommen wird. Schreiben Sie an Müller & Co.!

d) Die Frist ist ohne Antwort der Weinhandlung abgelaufen. Reifert beauftragt den Versteigerer Otto Kant, die Versteigerung am 10. Mai d. J. bei der Lagerhausgesellschaft mbH durchzuführen.
Wer muss vor der Versteigerung von Ort und Zeit der Versteigerung verständigt werden? Begründung!

e) Der Verkäufer hat nach Abschluss der Versteigerung dem Käufer die Abrechnung unverzüglich zugesandt. Überlegen sie, welche Kosten bei diesem Selbsthilfeverkauf entstanden sein könnten und wer einen Mindererlös zu tragen bzw. einen etwaigen Mehrerlös zu bekommen hat!

f) Der Winzer Heinz Reifert könnte den Wein auch durch einen gerichtlich bestellten Handelsmakler verkaufen lassen. Welche Vorteile würde diese besondere Art des Selbsthilfeverkaufs dem Schuldner und Gläubiger bringen?

2 *Neben dem Selbsthilfeverkauf stehen dem Verkäufer weitere Rechte zu, wenn der Käufer die Annahme der ordnungsgemäß gelieferten Ware verweigert.*

a) Welche Gründe könnten den Verkäufer veranlassen, bei einem Annahmeverzug des Käufers vom Vertrag zurückzutreten und die Ware zu verkaufen?

b) Begründen Sie, dass bei einem Annahmeverzug die Anstrengung einer Klage auf Abnahme der Ware nur in besonderen Fällen sinnvoll ist!

3 *Inge Klein hat sich in einem Modehaus Ende Juni ein Sommerkleid ausgesucht und zurücklegen lassen. Sie leistet eine geringe Anzahlung und wollte das Kleid in den nächsten Tagen abholen und den Restbetrag bezahlen. Das Modehaus schickt Inge Klein am 5. Juli d. J. eine Mahnung, das Kleid bis Mitte Juli abzuholen und zu bezahlen. Sie hat aber kein Interesse mehr an dem Kleid, weil sie es wegen des verregneten Sommers kaum noch tragen kann. Außerdem ist sie der Meinung, dass überhaupt kein Kaufvertrag zustande gekommen ist und sie deshalb nicht verpflichtet ist, das Kleid abzunehmen.*

a) Befindet sich Frau Klein im Annahmeverzug? Begründung!

b) Das Modehaus schickt Frau Klein eine letzte Mahnung und droht mit dem Einzug des Geldes durch das Gericht. Fertigen Sie das Mahnschreiben an!

c) Anfang August erhält Frau Klein einen Mahnbescheid vom Amtsgericht mit der Aufforderung, den Rechnungsbetrag binnen zwei Wochen zu zahlen. Zeigen Sie, wie Frau Klein darauf reagieren könnte! Welche Reaktion ist jedoch für Frau Klein sinnvoll?

d) Wie ist die Rechtslage, wenn der Kauf des Kleides ein Abzahlungsgeschäft war und Frau Klein dem Modehaus nach fünf Tagen schriftlich (eingeschrieben) mitgeteilt hat, dass sie das Kleid nicht mehr haben will?

4 *Besondere Arten des Selbsthilfeverkaufs sind der Notverkauf und der freihändige Verkauf.*

a) Wodurch unterscheiden sich der Notverkauf und der freihändige Verkauf vom Selbsthilfeverkauf?

b) Führen Sie Waren an, für die ein Notverkauf bzw. freihändiger Verkauf infrage kommt!

5 *Jeder Käufer ist verpflichtet, seine Schulden termingerecht zu bezahlen. Überschreitet er den Zahlungstermin, gerät er in Zahlungsverzug.*

a) Stellen Sie fest, wann in den folgenden Fällen der Zahlungsverzug eintritt.
   1. Zahlung am 18. Oktober ..
   2. Zahlung 20 Tage nach Erhalt der Rechnung
   3. Zahlung am 15. Mai .. netto Kasse, innerhalb von 10 Tagen mit 2 % Skonto
   4. Zahlung spätestens Ultimo November (Rechnungseingang 5. November ..)
   5. Zahlung vier Wochen nach Lieferung

b) In welchem Umfang kann der Gläubiger bei einem Zahlungsverzug Schadenersatz wegen verspäteter Zahlung verlangen?

c) Von welchem Recht wird der Gläubiger bei einem Zahlungsverzug Gebrauch machen, wenn im Kaufvertrag Eigentumsvorbehalt vereinbart wurde?

6 *Jeder Unternehmer muss seine Außenstände laufend überwachen und den Schuldner mahnen, wenn er den Zahlungstermin überschreitet.*

a) Nennen Sie Gründe, die einen Schuldner veranlassen können, nicht zu zahlen.

b) Zeigen Sie an Beispielen, wie man die Zahlungseingänge überwachen kann!

c) Die Gründe für die Zahlungsverzögerung sind meist nicht ohne Einfluss auf die Anzahl und die Form der Mahnungen. Geben Sie zwei Beispiele für diesen Zusammenhang!

7 *Die Firma für Haushaltsgeräte Stahl e. K. erhält am 10. Juli 20.. von der Großhandlung Hammer KG eine Rechnung über gelieferte Waschmaschinen.*

a) Wann befindet sich die Stahl e. K. spätestens im Zahlungsverzug? Begründen Sie Ihre Antwort!

b) Welche Wahl hat der Verkäufer durch die Einführung des „automatischen" Verzugseintritts?

5 Rechtsstellung des Kaufmanns

Lerngerüst 5.1

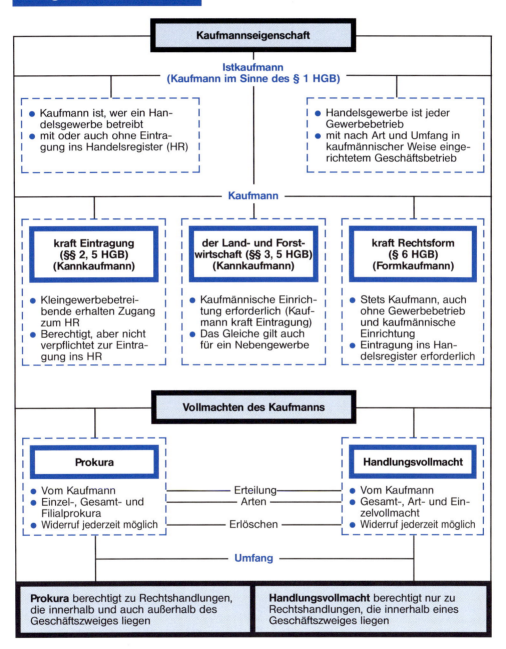

Lerninformationen 5.1

5.1 Kaufmann und Vollmachten des Kaufmanns

Nicht jeder, der sich Kaufmann nennt, ist **Kaufmann im Sinne des Gesetzes**. *Im allgemeinen Sprachgebrauch kennt man den Industriekaufmann, Großhandelskaufmann, den Geschäftsführer und Prokuristen, die sich zwar Kaufleute nennen, obwohl sie* *rechtlich „Kaufmännische Angestellte" sind und nicht Kaufleute nach HGB. Die kaufmännischen Angestellten können zwar auch Entscheidungen für die Unternehmung treffen, aber nur in dem Umfang, wie sie vom Geschäftsinhaber dazu bevollmächtigt sind.*

5.1.1 Kaufmannseigenschaft

Kaufmann nach HGB kann grundsätzlich nur sein, wer **selbstständig** ist und ein **Gewerbe** betreibt. Die Tätigkeit muss auf **Dauer angelegt** sein und mit der Absicht ausgeübt werden, **Gewinn zu erzielen**.

▶ *Kaufmann im Sinne des § 1 HGB (Istkaufmann)*

Kaufmann ist, wer ein Handelsgewerbe betreibt. Nach dem neuen Recht (Handelsrechtsreformgesetz − HReRefG von 1998) führt die kaufmännische Betriebsführung zur Kaufmannseigenschaft, unabhängig von der Eintragung ins Handelsregister. Kaufleute, die sich entgegen der Vorschrift nicht haben eintragen lassen, werden seit 1. Juli 1998 kraft Gesetzes automatisch zu Kaufleuten.

● Ein **Handelsgewerbe** ist jeder Gewerbebetrieb, es sei denn, dass das Unternehmen nach Art und Umfang einen in kaufmännischer Weise eingerichteten Geschäftsbetrieb nicht erfordert (nicht: hat).

● Die **kaufmännische Einrichtung** nach Art und Umfang ist von verschiedenen Faktoren/ Aspekten abhängig, *z. B. von der Art der Geschäftstätigkeit, der Zahl der Beschäftigten, vom Umsatzvolumen, Kapital, von der kaufmännischen Organisation und Buchführung*. Maßgebend ist stets das Gesamtbild des Betriebes.

Beispiel: Der Inhaber eines Supermarktes ist Kaufmann, weil er ein Unternehmen nach § 1 HGB betreibt, das nach Art und Umfang einen in kaufmännischer Weise eingerichteten Geschäftsbetrieb erfordert. Ein Architekt, Arzt, Rechtsanwalt oder Steuerberater übt einen freien Beruf aus; er ist kein Kaufmann, da er kein Gewerbe betreibt.

▶ *Kaufmann kraft Eintragung (Kannkaufmann)*

Ist ein betriebliches Unternehmen nicht schon nach § 1 Abs. 2 HGB ein Handelsgewerbe, gilt es als Handelsgewerbe, wenn die Firma des Unternehmens ins Handelsregister eingetragen ist (§§ 2, 5 HGB). Das bedeutet, dass **Kleingewerbetreibende** die Möglichkeit haben, sich unabhängig von der Betriebsgröße eintragen zu lassen. Damit erhalten alle kleinen Gewerbebetriebe Zugang zum Handelsregister. Durch das Recht, die Eintragung zu löschen, kann der Kleingewerbetreibende wieder Nichtkaufmann werden.

Der Kleingewerbetreibende ist berechtigt, aber nicht verpflichtet, die Eintragung ins Handelsregister herbeizuführen. Für den Kaufmann gilt das HGB, für den Nichtkaufmann das BGB.

184

	Kaufmann	**Nichtkaufmann**
• **Firmenname**	hat eine Firma, die übertragbar ist (§ 17 HGB)	darf keine Firma, sondern nur seinen bürgerlichen Namen führen
• **Prokura**	darf Prokura erteilen (§ 48 HGB)	darf keine Prokura erteilen, aber einem anderen Vollmacht erteilen (§ 167 BGB)
• **Bürgschaft**	mündlich bekundete Bürgschaften sind gültig (§ 350 HGB)	darf sich nur schriftlich verbürgen (Formzwang, § 766 BGB)
• **Buchführungs-pflicht**	ist verpflichtet, Bücher zu führen (Inventar, Bilanz, Handelsbücher, § 238 HGB)	vereinfachte Aufzeichnungen zur Ermittlung des Steuergewinns (§ 4 EStG)
• **Rügepflicht**	muss bei der Mängelrüge strenge Fristen beachten (§ 377 HGB)	braucht erst innerhalb von 6 Monaten zu rügen (§ 477 BGB)

▶ *Land- und forstwirtschaftlicher Kaufmann (Kannkaufmann)*

Die Vorschriften des § 1 HGB gelten nicht für den Betrieb einer Land- und Forstwirtschaft.

• Für ein **land- und forstwirtschaftliches Unternehmen**, das nach Art und Umfang einen in kaufmännischer Weise eingerichteten Geschäftsbetrieb erfordert, gilt § 2 (Kaufmann kraft Eintragung) mit der Maßgabe des § 3 Abs. 1 und 2 HGB.

• **Nebengewerbe:** Ist mit dem Betrieb der Land- und Forstwirtschaft ein Unternehmen verbunden, das nur ein Nebengewerbe darstellt, so werden auf das Nebengewerbe die Vorschriften des § 2 Abs. 1 und 2 HGB angewendet. Ein Nebengewerbe ist ein Betrieb, der nur die Erzeugnisse des Hauptbetriebes verwertet, *z. B. Zuckerfabrik, Molkerei, Brauerei, Sägewerk, Kiesgrube.*

Der land- und forstwirtschaftliche Kaufmann wird begründet durch die Eintragung ins Handelsregister. Das gilt auch für das Nebengewerbe.

▶ *Kaufmann kraft Rechtsform (Formkaufmann)*

Die **Kapitalgesellschaften** (AG, GmbH und KGaA), **eingetragenen Genossenschaften** und **Versicherungsvereine auf Gegenseitigkeit** sind Kaufleute kraft Rechtsform (Formkaufleute gemäß § 6 HGB), ohne Rücksicht darauf, ob sie ein Handelsgewerbe betreiben oder einen kaufmännisch organisierten Geschäftsbetrieb erfordern. Die Rechtsform wird erst durch die Eintragung im Handels- bzw. Genossenschaftsregister begründet.

Die juristische Person der Kapitalgesellschaft, also die Gesellschaft selbst ist stets Kaufmann, nicht aber die Gesellschafter, der Vorstand oder die Geschäftsführer als natürliche Personen.

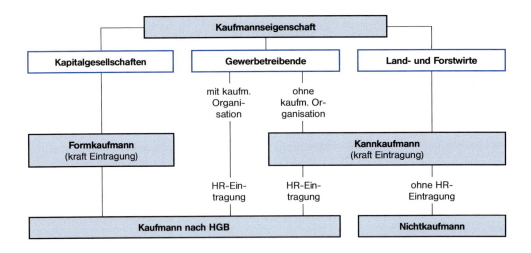

5.1.2 Vollmachten des Kaufmanns

Der selbstständige Kaufmann kann nicht alle Aufgaben der Unternehmung selbst lösen. Er ist auf qualifizierte Mitarbeiter angewiesen, die im Rahmen der betrieblichen Arbeitsteilung seine Anweisungen ausführen und für ihn Verantwortung übernehmen. Zu diesem Zweck bevollmächtigt der Kaufmann seine Mitarbeiter in einem bestimmten Umfang, für ihn tätig zu werden.

▶ **Prokura**

Eine **umfassende Vollmacht** in einem Handelsgewerbe ist die Prokura, die nur der Inhaber eines Unternehmens oder sein gesetzlicher Vertreter erteilen kann. Zum Prokuristen werden nur vertrauenswürdige Mitarbeiter ernannt.

Die Prokura ermächtigt zu allen gerichtlichen und außergerichtlichen Geschäften und Rechtshandlungen, die der Betrieb irgendeines Handelsgewerbes mit sich bringt. Der Prokurist kann sogar den Geschäftszweig ändern.

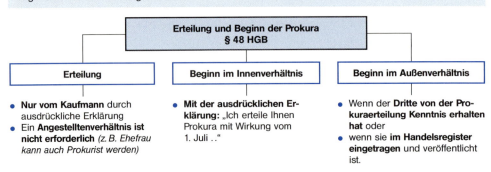

Der Prokurist hat seine Namensunterschrift unter Angabe der Firma und eines die Prokura andeutenden Zusatzes zur Aufbewahrung beim Gericht zu zeichnen (§ 53 Abs. 2 HGB).

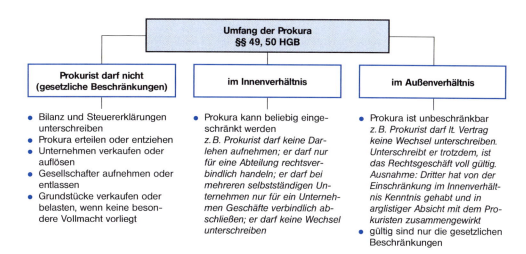

Im Innenverhältnis hat der Prokurist neben den gesetzlichen Beschränkungen zusätzliche Einschränkungen zu beachten, sonst kann der Geschäftsinhaber Schadenersatz wegen schuldhafter Verletzung des Dienstvertrages fordern.

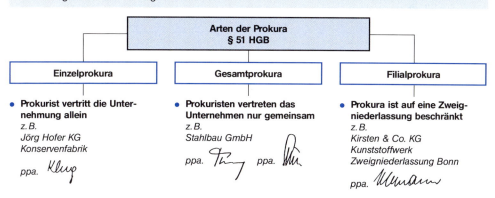

- **Erlöschen der Prokura:** Wie die Erteilung, so ist auch das Erlöschen der Prokura ins **Handelsregister** einzutragen. Die Löschung wird wirksam, wenn der Dritte von der Beendigung der Prokura Kenntnis erhalten hat oder wenn sie im Handelsregister eingetragen und veröffentlicht ist.

Die Prokura erlischt

- durch **Widerruf von Seiten des Geschäftsinhabers**, der ohne Rücksicht auf den Anstellungsvertrag jederzeit möglich ist,
- durch **Beendigung des Dienstverhältnisses des Prokuristen**,
- durch **Auflösung oder Verkauf der Unternehmung** und
- durch den **Tod des Prokuristen**.

Die Prokura kann jederzeit widerrufen werden, sie ist nicht übertragbar und erlischt nicht mit dem Tode des Geschäftsinhabers.

▶ **Handlungsvollmacht**

Während der Prokurist auch zu Handlungen berechtigt ist, die über den üblichen Rahmen eines Unternehmens hinausgehen oder außerhalb des Geschäftszweiges liegen, darf der **Handlungsbevollmächtigte** nur **branchenübliche Geschäfte** tätigen.

Beispiele: Einstellung und Entlassung von Arbeitskräften, Einkauf von Rohstoffen, Verkauf von Erzeugnissen, Überweisungen an Lieferer.

> Die Handlungsvollmacht ist eine Vertretungsbefugnis, die sich auf alle Geschäfte und Rechtshandlungen erstreckt, die der Betrieb eines bestimmten Handelsgewerbes gewöhnlich mit sich bringt (§ 54 HGB).

Zu den **außergewöhnlichen Geschäftshandlungen** bedarf der Handlungsbevollmächtigte einer besonderen Ermächtigung des Geschäftsinhabers.

Beispiele: Aufnahme eines Darlehens, Akzeptierung eines Wechsels, Veräußerung oder Belastung eines Grundstücks, Führung von Prozessen.

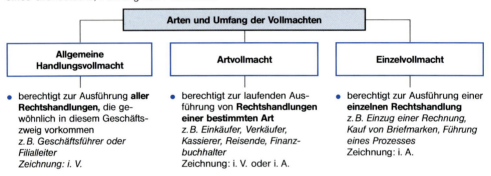

- **Erteilung der Vollmacht:** Die Handlungsvollmacht darf nicht nur der **Kaufmann**, sondern auch der **Kleingewerbetreibende** oder ein **Prokurist** erteilen. Jeder Handlungsbevollmächtigte hat auch das Recht, eine **Untervollmacht** als Art- oder Einzelvollmacht zu geben. Eine bestimmte Form für die Erteilung der Vollmacht ist nicht vorgeschrieben, sie kann mündlich, schriftlich oder auch stillschweigend durch Duldung von Rechtshandlungen wirksam werden. Wird mehreren Personen zusammen das Vertretungsrecht eingeräumt, dürfen die Bevollmächtigten nur gemeinsam handeln (**Gesamtvollmacht**). Die Erteilung einer **Generalvollmacht** muss mindestens dem Umfang der allgemeinen Handlungsvollmacht entsprechen. Sie kann auch über den Umfang einer Prokura hinausgehen.

- **Erlöschen der Vollmacht:**
  - durch **Widerruf** *(z. B. einem Angestellten wird die Berechtigung zur Leitung einer Filiale entzogen)*
  - durch **Beendigung des Rechtsverhältnisses** *(z. B. ein Dienstvertrag wird aufgelöst)*
  - durch **Auflösung einer Unternehmung** *(z. B. ein Unternehmen wird liquidiert oder es wird das Insolvenzverfahren eingeleitet)*
  - durch **Tod des Handlungsbevollmächtigten**
  - nach **Durchführung des Auftrages** bei **Einzelvollmacht**

Lernaufgaben 5.1

Kaufmann und Vollmachten des Kaufmanns

1 *Im rechtlichen Sinne nach § 1 HGB ist grundsätzlich nur Kaufmann, wer bestimmte Voraussetzungen erfüllt.*

a) Warum ist ein Handlungsbevollmächtigter oder ein Rechtsanwalt kein Kaufmann?

b) Für welche Art von Kaufleuten wird das Bestehen eines Handelsgewerbes und eines in kaufmännischer Weise eingerichteten Geschäftsbetriebes nicht vorausgesetzt?

c) Wer ist nach § 1 HGB Kaufmann und welche Bedeutung hat dabei die Eintragung ins Handelsregister?

2 *Eine große Hühnerfarm Winter & Co. OHG erzeugt Hühnereier und Hähnchen zum Schlachten. Die Tiere werden vorwiegend mit Produkten aus eigenem Boden gefüttert.*

a) Welche Kaufmannseigenschaft liegt hier vor? Begründung!

b) Winter ernennt seinen vertrauten Mitarbeiter Otto Ehrlich zu seinem Handlungsbevollmächtigten. Welche Rechtsgeschäfte darf Ehrlich bindend abschließen? Zu welchen Rechtsgeschäften bedarf Ehrlich einer besonderen Ermächtigung des Geschäftsinhabers Winter?

c) Ehrlich erteilt dem Buchhalter Lesser Verkaufsvollmacht. Sind die Verträge, die Lesser für die Hühnerfarm Winter & Co. OHG abschließt, gültig? Begründung!

d) Wie wird der Handlungsbevollmächtigte Ehrlich zeichnen? Wie würde er zeichnen, wenn er Prokurist wäre?

3 *Der Obsthändler Frank Kremer, der zwei Obstkarren besitzt und einige Rücklagen finanzieller Art gebildet hat, will seine Obstkarren verkaufen und einen kleinen Obst- und Gemüseladen eröffnen. Sein Onkel, der Eigentümer einer großen Brauerei ist, hat sich mündlich bereit erklärt, für ein Darlehen eine selbstschuldnerische Bürgschaft zu übernehmen. Kremer will die Firma „Frank Kremer, Obst und Gemüse e. Kfm." beim Handelsregister eintragen lassen. Seinem Sohn Jörg, der Einzelhandelskaufmann gelernt hat und im Geschäft mitarbeiten soll, will er Handlungsvollmacht bzw. Prokura erteilen.*

Beantworten Sie dem Obsthändler folgende Fragen. Er legt besonderen Wert darauf, dass die Antworten begründet werden.

a) Welche Rechtsstellung hat Frank Kremer als Obst- und Gemüsehändler?

b) Ist die mündlich erklärte selbstschuldnerische Bürgschaft des Onkels gültig? Begründung!

c) Kann er die Firma „Frank Kremer, Obst und Gemüse. Kfm." im Handelsregister so eintragen lassen? Begründung!

d) Wie ist die Rechtslage bezüglich der Erteilung einer Handlungsvollmacht oder Prokura für seinen Sohn Jörg?

4 Ein Bauunternehmer hat sich vertraglich verpflichtet eine Tennisanlage bis zum Beginn der Sommersaison fertig zu stellen. Für jeden Tag verspäteter Fertigstellung wird eine Vertragsstrafe von 4 000,00 EUR vereinbart. Die Anlage wird 20 Tage später fertig. Der Bauherr fordert deshalb eine Vertragsstrafe von 80 000,00 EUR.

  a) Klären Sie, unter welchen Voraussetzungen der Bauunternehmer Kaufmann ist!

  b) Nennen Sie die Bedingungen, unter denen der Bauunternehmer wegen einer unangemessen hohen Vertragsstrafe die Herabsetzung der Strafe fordern könnte!

5 Josef Bauer betreibt neben seiner Land- und Forstwirtschaft ein Sägewerk als Nebengewerbe, in dem vorwiegend aus der eigenen Forstwirtschaft stammende Bäume zu Brettern zersägt werden. Das Sägewerk hat einen Umfang, dass es in kaufmännischer Weise geführt werden muss.

  a) Prüfen Sie, ob Bauer in das Handelsregister eingetragen werden muss und damit Kaufmann für den Bereich der Land- und Forstwirtschaft und für das Nebengewerbe werden kann!

  b) Wie ist die Rechtslage bezüglich der Kaufmannseigenschaft, wenn Bauer in seinem Sägewerk vorwiegend Lohnaufträge ausführt?

6 Eine Autoreparaturwerkstatt wird von Wenck und Berg in der Rechtsform einer GmbH betrieben. Der Geschäftsführer Wenck hat im Namen der GmbH seinem leitenden Angestellten Kunde Prokura erteilt.

  a) Prüfen Sie, ob die Autoreparaturwerkstatt Kaufmann ist! Begründung!

  b) Ist die mündlich erteilte Prokura, die noch nicht ins Handelsregister eingetragen ist, gültig? Begründung!

  c) Könnte die Ehefrau des Gesellschafters Berg, die nicht in der GmbH angestellt ist, Gesamtprokura mit dem leitenden Angestellten Kunde erhalten? Welche Vorteile hätte die Gesamtprokura für die GmbH?

7 Der Umfang der folgenden Unternehmen macht eine kaufmännische Organisation erforderlich. Klären Sie, welche Kaufmannseigenschaft vorliegt!
Maschinenbau AG; Kraftfahrzeugverleih; Landwirtschaft mit einer Brauerei als Nebengewerbe; Friseurmeister, der auch Toilettenartikel verkauft.

8 Die Prokura als umfassende Vollmacht in einem Handelsgewerbe unterliegt gesetzlichen Beschränkungen. Sie kann durch den Geschäftsinhaber zusätzlich eingeschränkt und jederzeit widerrufen werden.

  a) Zu welchen Rechtshandlungen ist ein Prokurist nicht berechtigt?

  b) Welche Beschränkungen der Prokura sind im Innenverhältnis und im Außenverhältnis zulässig?

  c) Zu welchem Zeitpunkt wird ein Erlöschen der Prokura Dritten gegenüber wirksam?

  d) Nennen Sie vier Gründe für die Beendigung einer Prokura!

9 Fertigen Sie eine Tabelle an, in der Sie die Unterschiede zwischen Kaufmann nach § 1 HGB und Kaufmann nach § 2 HGB auf den folgenden Gebieten gegenüberstellen!

  a) Kaufmännische Organisation

  b) Führung einer Firma

  c) Eintragung ins Handelsregister

  d) Übernahme einer Bürgschaft

  e) Erteilung einer Handlungsvollmacht

  f) Erteilung einer Prokura

Lerngerüst 5.2

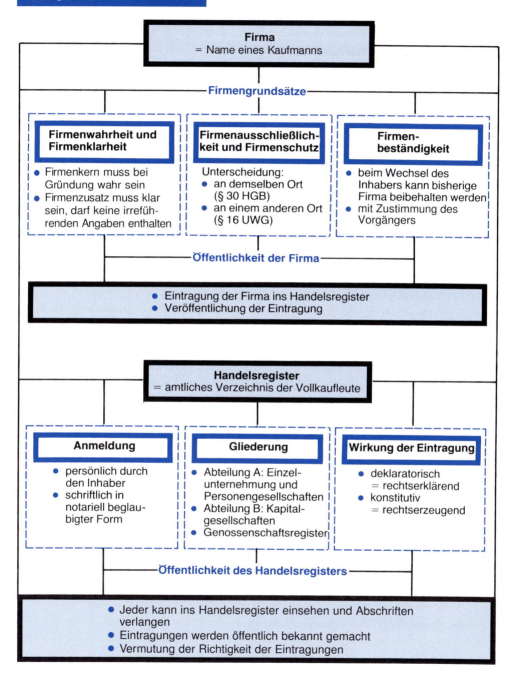

Lerninformationen 5.2

5.2 Firma und Handelsregister

Nach Handelsrecht muss man unterscheiden zwischen dem **bürgerlichen Namen** (Erledigung der Privatangelegenheiten) und der **Firma als dem Geschäftsnamen** (Regelung der geschäftlichen Angelegenheiten). Die Firma wird durch die Eintragung ins Handelsregister gegen eine missbräuchliche Nutzung geschützt.

5.2.1 Firma als Name des Kaufmanns

Die Firma ist der **Name eines Kaufmanns**. Sie muss zur Kennzeichnung des Kaufmanns geeignet sein und sich von anderen Firmen unterscheiden. Die Firma darf keine Angaben enthalten, die geeignet sind, über geschäftliche Verhältnisse irrezuführen (§ 18 HGB).

> Unter der Firma
> – betreibt der Kaufmann seine Geschäfte,
> – gibt er seine Unterschriften ab,
> – kann er klagen und verklagt werden (§ 17 HGB).

▶ *Firmenarten*

Die Firma wird im Wesentlichen von der Rechtsform bestimmt (siehe S. 194).

▶ *Firmengrundsätze*

- **Firmenwahrheit und Firmenklarheit:** Bei der Gründung einer Unternehmung muss der **Firmenkern wahr sein**, d. h. dass bei Personenfirmen der bürgerliche Name und der Handelsname übereinstimmen müssen. Bei Sachfirmen muss der Gegenstand der Unternehmung erkennbar sein. Der **Firmenzusatz muss klar sein und darf keine irreführenden Angaben enthalten**. Die Angaben über Art und Umfang der Unternehmung müssen richtig und verständlich sein.

Beispiel: Karl H. Stahl   Maschinenfabrik KG
              ▼   ▼
          Firmenkern   Firmenzusatz

- **Firmenausschließlichkeit und Firmenschutz:** Ist eine Firma im Handelsregister eingetragen, wird sie geschützt. Sie darf von keiner anderen Unternehmung benutzt werden.

> Jede neue Firma muss sich von allen an demselben Orte bereits bestehenden und im Handelsregister eingetragenen Firmen deutlich unterscheiden (§ 30 HGB).

Für Unternehmen mit über den Ort hinausgehender Bedeutung besagt das **Wettbewerbsrecht** (§ 16 UWG): Wer nicht nur am gleichen Ort, sondern auch an einem anderen Ort eine Firma in der Weise benutzt, dass Verwechslungen mit einer bestehenden Unternehmung möglich sind, kann von der geschädigten Firma auf Unterlassung und Schadenersatz verklagt werden.

Beispiele für Unterscheidungsmöglichkeiten:

- anderer Vorname: Hans O. Jung − Otto Jung
- Zusatz jun. oder sen.: Franz Schenck − Franz Schenck jun.
- unterschiedlicher Geschäftszweig:
  Max Kaiser, Lebensmitteleinzelhandel
  Max Kaiser, Textilgroßhandel

- **Firmenbeständigkeit:** Die bisherige Firma kann beibehalten werden, wenn der in der Firma enthaltene Name des Geschäftsinhabers oder eines Gesellschafters durch Kauf, Erbschaft oder Verpachtung wechselt (§ 21 HGB).

> Die Fortführung der bisherigen Firma kann beim Wechsel des Inhabers mit oder ohne Zusatz, der das Nachfolgeverhältnis ausdrückt, erfolgen, *z.B. Karl Stahl e.K., Nachf. Sandra Berg e.Kffr.*

Voraussetzung für die Weiterführung der Firma ist die Einwilligung des bisherigen Inhabers oder dessen Erben. Der **neue Inhaber haftet** für alle Geschäftsverbindlichkeiten des früheren Inhabers (§ 25 HGB). Aber auch der **bisherige Inhaber haftet** für die von ihm eingegangenen Verbindlichkeiten noch fünf Jahre (§ 26 HGB). Eine andere Regelung ist nur wirksam, wenn sie ins Handelsregister eingetragen, bekannt gegeben oder durch Rundschreiben mitgeteilt worden ist.

> Der Grundsatz der Firmenbeständigkeit wird vom Gesetzgeber über den Grundsatz der Firmenwahrheit gestellt, weil der einmal eingeführte Firmenname, der einen beachtlichen Wert (Firmenwert, Goodwill) haben kann, für den Nachfolger nicht verloren gehen darf.

- **Öffentlichkeit der Firma:** Die Firma muss der Öffentlichkeit bekannt gegeben werden.

> Jeder Kaufmann ist verpflichtet, seine Firma, alle Änderungen und das Erlöschen der Firma zur Eintragung ins Handelsregister anzumelden. Die Eintragungen werden veröffentlicht.

- **Geschäftsbriefangaben:** Auf allen Geschäftsbriefen der Gesellschaft, die an einen bestimmten Empfänger gerichtet werden, müssen die Rechtsform und der Sitz der Gesellschaft, das Registergericht und die Nummer der Eintragung angegeben werden (§ 125a HGB).

Nach der **Firmenschildvorschrift** haben alle Gewerbetreibende (Kaufleute) mit einem offenen Ladengeschäft oder einer Gastwirtschaft an der Außenseite oder am Eingang des Unternehmens ihren Familiennamen mit mindestens einem ausgeschriebenen Vornamen anzugeben. Daraus muss deutlich zu erkennen sein, wer Inhaber des Geschäftes ist.

5.2.2 Firmierung bei den einzelnen Unternehmungsformen

Für die Firmenbezeichnung sind grundsätzlich neben **Personen- und Sachfirmen auch Fantasiefirmen** zulässig. Das gilt gleichermaßen für Einzelkaufleute, für Personen- und Kapitalgesellschaften.

Die Firma muss auch nach Fortführung der bisherigen Firma folgende Bezeichnungen enthalten (§ 19 HGB):

Unternehmungsform	Firmenzusatz
● Einzelkaufleute	eingetragener Kaufmann „e. K.", „e. Kfm." oder eingetragene Kauffrau „e. Kffr."
● Personen-gesellschaften	Offene Handelsgesellschaft „OHG" Kommanditgesellschaft „KG"
● Kapitalgesellschaften	Aktiengesellschaft „AG" Gesellschaft mit beschränkter Haftung „GmbH"
● Genossenschaft	eingetragene Genossenschaft oder „eG"

5.2.3 Eintragungen im Handelsregister

Im Handelsregister werden alle **Kaufleute eines Amtsgerichtsbezirks** eingetragen. Es wird vom Registergericht des Amtsgerichts geführt.

▶ *Anmeldung zum Handelsregister*

Die Anmeldung und die Zeichnungen müssen in notariell beglaubigter Form eingereicht werden. Sie können durch Ordnungsstrafen (Zwangsgeld bis zu 10 000,00 DM [5 112,92 EUR]) erzwungen werden. In besonderen Fällen, *wie z. B. bei Eröffnung und Beendigung eines Insolvenzverfahrens*, erfolgt die Eintragung von Amts wegen.

Die zum Handelsregister eingereichten Schriftstücke können auch als Ersatz der Urschrift auf einem Bildträger oder auf anderen Datenträgern aufbewahrt werden (§ 8a HGB).

▶ *Inhalt der Eintragungen*

In das Handelsregister werden **eingetragen**: Firmenbezeichnung, Name des Inhabers, Namen der Gesellschafter oder Geschäftsführer, Ort der Niederlassung, Gegenstand der Unternehmung, Prokuraerteilung, Löschung der Prokura, Konkurseröffnung, Liquidation, Namen der Vorstandsmitglieder einer AG, Kapitalhöhe bei Kapitalgesellschaften und bei Kommanditisten. Die **Unterschriften der zeichnungsberechtigten Personen** müssen beim Amtsgericht hinterlegt werden. Eintragungen, die im Handelsregister **rot unterstrichen** sind, gelten als **gelöscht**.

> Das Handelsregister ist das Verzeichnis, in das wichtige Sachverhalte und Rechtsverhältnisse der Kaufleute eingetragen werden.

Nicht eintragungsfähig sind *z. B. das Geschäftskapital eines Einzelunternehmers, eines persönlich haftenden Gesellschafters und die Zahlungsfähigkeit eines Unternehmens.*

▶ Gliederung des Handelsregisters

Das Handelsregister besteht aus zwei Abteilungen (A und B) und einem besonderen Register für Genossenschaften.

▶ Wirkung der Eintragung ins Handelsregister

Die Eintragungen ins Handelsregister können entweder **Recht erklären** (deklarieren) oder **Recht begründen** (konstituieren).

- **Deklaratorische Wirkung:** Die Rechtswirkung der Eintragung kann bereits **vor der Eintragung** eingetreten sein, dann hat sie deklaratorische (rechtserklärende oder rechtsbekundende) Wirkung.

Beispiele:
- **Prokurist** wird man durch Bestellung und nicht erst durch die Eintragung.
- **Istkaufmann** ist man auch ohne Eintragung.
- Eine **Personengesellschaft** existiert schon, wenn sie vor der Eintragung mit ihren Geschäften beginnt.

- **Konstitutive Wirkung:** In anderen Fällen hat die Eintragung in das Handelsregister konstitutive (rechtsbegründende oder rechtserzeugende) Wirkung. Die Rechtswirkung tritt erst **durch die Eintragung** ein.

Beispiele:
- Eine **Firma** erhält ihren Firmenschutz erst durch die Eintragung.
- **Kannkaufmann** wird man erst durch die Eintragung.
- **Kapitalgesellschaften** entstehen erst durch die Eintragung.

▶ Öffentlichkeit des Handelsregisters (Publizität)

Das Handelsregister soll die Öffentlichkeit über wichtige Sachverhalte und Rechtsverhältnisse informieren.

> Jeder kann in das Handelsregister und in die eingereichten Schriftstücke einsehen und Abschriften verlangen (§ 9 HGB).

- **Veröffentlichung der Eintragungen:** Das Amtsgericht hat die Eintragungen in das Handelsregister öffentlich bekannt zu geben:
  - im **Bundesanzeiger** und
  - in mindestens einer Zeitung im Amtsgerichtsbezirk (**Amtsblatt**), die jährlich vom Gericht festgelegt wird.

Beispiele:

Bekanntmachung des Handelsregisters des Amtsgerichts Köln
(Geschäftsräume: Tunisstr. 19, Köln).

Neueintragungen
vom 29. Januar ..

HRB 14991: **Grundstücksverwaltungsgesellschaft Wegelin mbH, Köln.** Gegenstand des Unternehmens: die Verwaltung von Haus- und Grundbesitz und die dazugehörenden Rechtsgeschäfte. Stammkapital: 25 000,00 EUR. Geschäftsführer: Waltraud Hallstein-Borr geb. Hallstein. Anwaltsgehilfin, Köln. Gesellschaft mit beschränkter Haftung. Ges.-Vertrag v. 20. Dezember 20.. Sind mehrere Geschäftsführer bestellt, so wird die Gesellschaft durch zwei Geschäftsführer gemeinsam oder durch einen Geschäftsführer in Gemeinschaft mit einem Prokuristen vertreten. Durch Gesellschafterbeschluss kann den Geschäftsführern die Befugnis erteilt werden, die Gesellschaft allein zu vertreten und im Namen der Gesellschaft mit sich im eigenen Namen oder als Vertreter eines Dritten Rechtsgeschäfte vorzunehmen. Nicht eingetragen: Die Bekanntmachungen der Gesellschaft erfolgen im BAnzeiger.

Veränderungen
vom 29. Januar ..

HRA 9714: **Famka – Markt Frechen Zweigniederlassung der LNH Lebensmittel- und Non-food-Handelsgesellschaft mit beschränkter Haftung & Co., Kommanditgesellschaft, Frechen.** 3 Kommanditeinlagen sind erhöht. Gleiche Eintragung ist im Handelsregister des Sitzes (AG Mönchengladbach) der Gesellschaft erfolgt. BAnz. Nr. 218/84.

HRA 9034: **Rolf Bengs Robena e. K. Ledermoden, Köln.** Die Zweigniederlassung ist aufgehoben.

HRA 3452: **Emil Koch, Kommanditgesellschaft, Köln.** Joseph Saam, Elektromeister, Köln, ist zum pers. haft. Gesellschafter bestellt. 1 Kommanditeinlage ist erhöht.

HRB 11994: **Autoelektrik Matthias Schumacher GmbH, Köln.** Matthias Schumacher ist nicht mehr Geschäftsführer. Die aufgelöste Gesellschaft befindet sich in Liquidation. Liquidator: Matthias Schumacher, Kraftfahrzeug-Elektromeister, Troisdorf. Der Liquidator hat Alleinvertretungsbefugnis.

Löschungen
vom 29. Januar ..

HRB 11071: **Salutis Societas Hospital Service GmbH, Köln.**

HRB 8486: **Concepta Gesellschaft für Vermögensverwaltung mbH, Köln.** Die vermögenslosen Gesellschaften sind nach § 2 des Löschungsgesetzes vom 9. Oktober .. von Amts wegen gelöscht.
Die nachstehenden im Handelsregister des Amtsgerichts Köln eingetragenen Firmen sind erloschen:

HRA 1515: **Peter Hesse e. K., Köln.**

HRA 2480: **Ewald Buschmann e. K., Köln.**

HRA 3217: **Elvira Wahrmann Inh. F. Toronczyk e. Kffr., Köln.**

HRA 3439: **Hans Schmitz Holzladung, Inhaber Horst Langenbach e. K., Köln.**

HRA 3901: **Fista Strümpfe Strickmoden Inh. Patrik Stanton e. K., Köln.**

HRA 4410: **Hermann Schade e. K., Köln.**

HRA 8062: **Wefazaun Weise & Faßbender OHG, Köln.**

Eingetragen von Amts wegen aufgrund § 31 Abs. 2 HGB am 30. Januar ..

- **Öffentlichkeitswirkung der Eintragungen:** Gutgläubige Dritte werden durch die Eintragung ins Handelsregister geschützt.

- Solange eintragungspflichtige **Tatsachen nicht eingetragen und amtlich bekannt gemacht** sind, kann ein Dritter darauf vertrauen, dass sie nicht bestehen. Es sei denn, der gegenteilige Sachverhalt war ihm bekannt (§ 15 Abs. 1 HGB).

> Die Nichteintragung einer Tatsache führt zu einem extremen Schutz eines Dritten.

> *Beispiel:* Einem Angestellten wird die Prokura entzogen. Die Löschung der Prokura wird aber nicht im Handelsregister eingetragen und bekannt gemacht. Nimmt der ehemalige Prokurist für die Unternehmung ein Darlehen auf, kann der Darlehensgeber seinen Anspruch gegenüber dem Unternehmer geltend machen. Es sei denn, der Darlehensgeber hatte von dem Erlöschen der Prokura Kenntnis.

- Sind dagegen **Tatsachen eingetragen und amtlich bekannt gemacht**, so kann ein Dritter darauf vertrauen, dass die Eintragungen gültig sind, es sei denn, dass er sie weder kannte noch kennen musste. „Kennen müssen" liegt aber regelmäßig vor, wenn ein Kaufmann fahrlässig handelt, *z. B. die Eintragung in der Zeitung nicht gelesen hat* (§ 15 Abs. 2 HGB).

> Die Eintragung einer Tatsache führt zu einem extremen Schutz des Eintragungspflichtigen.

> *Beispiel:* Der Widerruf der Prokura eines Angestellten wird im Handelsregister eingetragen und bekannt gemacht. Nimmt der ehemalige Prokurist für das Unternehmen ein Darlehen auf, kann der Darlehensgeber seinen Anspruch nur gegenüber dem ehemaligen Prokuristen, nicht gegenüber dem Unternehmer geltend machen. Der Darlehensgeber kann auch nicht einwenden, er habe die amtliche Bekanntmachung nicht gelesen. Er hätte sie lesen müssen.

Lernaufgaben 5.2

Firma und Handelsregister

1   *Die Firma ist der Name, unter dem der Kaufmann seine Geschäfte betreibt und seine Unterschriften abgibt.*

Nennen Sie je zwei Firmen, die man als Personenfirma, Sachfirma oder Fantasiefirma bezeichnen kann!

2   *Frau Helga Müller war nach der Kaufmannsgehilfenprüfung als kaufmännische Angestellte in der Textilbranche tätig. Sie will sich als Textilgroßhändler unter der Firma „Müller, Textilwarengroßhandel" selbstständig machen, nachdem sie eine größere Summe geerbt hat.*

a) Stellen Sie fest, ob diese Firmenbezeichnung rechtlich zulässig ist! Begründung!

b) Frau Müller stellt bei der Anmeldung zum Handelsregister fest, dass bereits eine Firma Müller, Textilwarengroßhandel, am gleichen Ort besteht. Was werden Sie Frau Müller empfehlen?

c) Schildern Sie Frau Müller die Rechtslage, wenn die bereits bestehende Firma Müller, Textilwarengroßhandel, nicht am gleichen Ort, sondern in einem Nachbarort bzw. in einem weit entfernt liegenden Ort besteht!

d) Welchem Zweck dient die Eintragung der Firmenbezeichnung in das Handelsregister?

3   *Frau Müller hat ein günstiges Angebot wahrgenommen und ein Warenhaus gekauft. Ihre Textilgroßhandlung hat sie an Fritz Roth veräußert und ihm die Genehmigung erteilt, ihre Firmenbezeichnung weiterzuführen.*

a) Kann Müller auf Unterlassung klagen, wenn Roth dem bisherigen Firmennamen keinen das Nachfolgeverhältnis andeutenden Zusatz gibt und die Geschäftsbriefe mit „Helga Müller" unterschreibt?

b) Sechs Jahre nach Verkauf der Textilwarengroßhandlung wendet sich ein Gläubiger an Frau Müller und fordert die Bezahlung einer Schuld, die schon bei der Übergabe der Firma an den neuen Inhaber bestanden hat. Müller lehnt die Zahlung mit dem Hinweis ab, dass mit dem Verkauf der Unternehmung an Fritz Roth alle Schulden vom neuen Inhaber übernommen wurden. Wer muss die Schulden bezahlen? Klären Sie die Rechtslage!

4   *Der Kaufmann Korber und der Elektroingenieur Leiding vereinbaren, ein Elektronikunternehmen zu gründen. Über die Gesellschaftsform und Firmierung haben sie noch keine konkrete Vorstellung. Korber und Leiding lassen sich von Ihnen beraten.*

Unterbreiten Sie den Gesellschaftern entsprechende Vorschläge, wie die Firma für die folgenden Rechtsformen lauten könnte! Weisen Sie die Gesellschafter darauf hin, was bei der Firmierung rechtlich notwendig bzw. nicht erlaubt ist!

a) OHG,

b) KG,

c) GmbH,

d) AG.

5 *Klaus Fröhlich ist Eigentümer eines gut gehenden Augenoptikergeschäftes. Bei Eröffnung des Geschäftes war er Kleingewerbetreibender. In den letzten Jahren konnte er seinen Umsatz wesentlich erhöhen. Inzwischen hat er die doppelte Buchführung eingeführt und sein Unternehmen nach kaufmännischen Gesichtspunkten organisiert. Das verpflichtet ihn zur Anmeldung beim Handelsregister.*

a) In welcher Form kann Fröhlich die Eintragung zum Handelsregister vornehmen?

b) Was wird Fröhlich ins Handelsregister eintragen lassen?

c) In welcher Abteilung des Handelsregisters erfolgt die Eintragung?

d) Welche Rechtswirkung hat die Eintragung der Firma „Klaus Fröhlich, Augenoptiker e. K.“?

6 *Zwei Freunde gründen die Firma Rohr & Co. KG, Heizungs-, Lüftungs- und Sanitäranlagen. Drei Wochen nach Geschäftsbeginn erfolgt die Eintragung ins Handelsregister.*

a) Zu welchem Zeitpunkt ist die KG entstanden?

b) Welche Rechtswirkung hat die Eintragung für die Entstehung der KG?

c) Wo hat das Gericht die Eintragung ins Handelsregister zu veröffentlichen?

7 *Der Antiquitätenhändler Bartel hat einen im Handelsregister eingetragenen Prokuristen names Pieper. Eines Tages erfährt Bartel, dass Pieper unerlaubte Geschäfte auf eigene Rechnung gemacht hat, und entlässt ihn fristlos. Bartel stellt erst acht Tage später beim Handelsregister den Antrag, die Prokura zu löschen. Inzwischen hat Pieper wertvolle alte Bilder im Namen der Firma Bartel von Fritz von Wangenheim gekauft und ist sofort nach Abwicklung des Geschäfts mit den Bildern verschwunden. Von Wangenheim verlangt von Bartel Zahlung, da zum Zeitpunkt des Vertragsabschlusses Pieper noch als Prokurist im Handelsregister eingetragen war.*

a) Muss Bartel zahlen, wenn von Wangenheim von der Entlassung des Prokuristen keine Kenntnis hatte? Begründung!

b) Wie ist die Rechtslage, wenn Bartel die Entlassung des Prokuristen sofort durch Rundschreiben bekannt gegeben, aber von Wangenheim das Schreiben aus Zeitmangel vor Vertragsabschluss nicht gelesen hat?

c) Muss Bartel zahlen, wenn zum Zeitpunkt des Bilderkaufs zwar die Eintragung ins Handelsregister erfolgt, aber noch nicht veröffentlicht war? Begründung!

d) Wie ist die Rechtslage, wenn die Löschung der Prokura im Amtsblatt bekannt gemacht wurde, aber von Wangenheim die Veröffentlichung aus Zeitmangel nicht gelesen hat?

8 *Der Landwirt Franz Baum eröffnet neben seinem landwirtschaftlichen Betrieb eine Kiesgrube und lässt den Nebenbetrieb ins Handelsregister eintragen.*

a) Welche Rechtswirkung hat die Eintragung ins Handelsregister? Begründung!

b) Nachdem die Kiesgrube die letzten Jahre nur Verluste gebracht hat, beantragt Baum beim Amtsgericht das Insolvenzverfahren. Die Eröffnung des Insolvenzverfahrens wird von Amts wegen ins Handelsregister eingetragen. Erläutern Sie, was man unter einer Eintragung von Amts wegen versteht!

6 Rechtsformen der Unternehmung

Lerngerüst 6.1

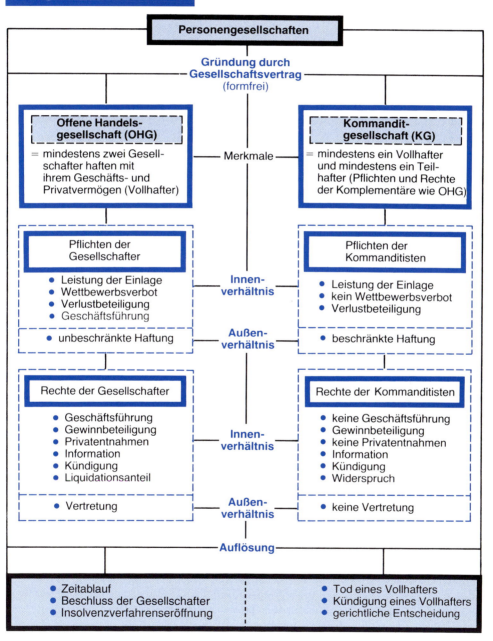

6.1 Personengesellschaften

Der Unternehmer wird für seine gewerbliche Tätigkeit die Unternehmungsform wählen, die sich am besten für die Aufgaben eignet, die das Unternehmen zu leisten hat.

Er kann das Unternehmen allein führen **(Einzelunternehmung)** oder mehrere Personen am Unternehmen beteiligen **(Gesellschaftsunternehmung)**.

> Steht bei der Beteiligung nicht das Kapital, sondern die Person als Gesellschafter im Vordergrund, dann handelt es sich um eine Personengesellschaft. Die Gesellschafter leiten die Gesellschaft grundsätzlich persönlich und haften persönlich für die Schulden der Gesellschaft.

Jede Unternehmungsform hat spezielle Vorteile und Nachteile. Die Vorteile der Einzelunternehmung sind im Wesentlichen gleichzeitig die Nachteile der Gesellschaftsunternehmung und umgekehrt.

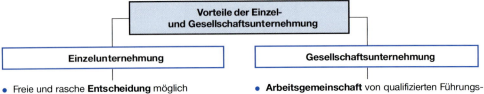

Einzelunternehmung
- Freie und rasche **Entscheidung** möglich
- Keine **Meinungsverschiedenheiten** in der Geschäftsführung
- Größere **Beweglichkeit und Anpassungsfähigkeit**
- **Gewinn** braucht nicht geteilt zu werden

Gesellschaftsunternehmung
- **Arbeitsgemeinschaft** von qualifizierten Führungskräften
- **Risiko** der Haftung verteilt sich auf mehrere Personen
- **Kapitalkraft** kann durch Aufnahme von Gesellschaftern erweitert werden
- **Kreditbasis** ist größer

6.1.1 Offene Handelsgesellschaft (OHG)

Eine OHG liegt vor, wenn mindestens zwei Gesellschafter ein Handelsgewerbe unter einer gemeinsamen Firma betreiben und jeder Gesellschafter persönlich für die Schulden der Gesellschaft mit seinem Geschäfts- und Privatvermögen haftet.

▶ *OHG kraft Eintragung*

Eine Gesellschaft, die nicht schon nach § 1 Abs. 2 HGB Handelsgewerbe ist oder die nur eigenes Vermögen verwaltet, ist eine offene Handelsgesellschaft, wenn die Firma ins Handelsregister eingetragen ist (§ 105 HGB). Das bedeutet, dass **Kleingewerbetreibende** und **Vermögensverwaltungsgesellschaften** kraft Eintragung Zugang zur OHG und KG erhalten.

▶ *Gründung der OHG*

- **Gesellschaftsvertrag:** In einem Gesellschaftsvertrag werden die Rechtsverhältnisse der Gesellschafter geregelt. Eine besondere Form ist für den Abschluss des Vertrages nicht vorgeschrieben. Die **Schriftform** ist jedoch zu empfehlen. Werden Grundstücke in die Gesellschaft eingebracht, ist eine **notarielle Beurkundung** des Gesellschaftsvertrages notwendig (§ 313 BGB).

- **Beginn:** Die OHG entsteht im **Innenverhältnis** zu dem im Vertrag bestimmten Termin. **Nach außen** wird die OHG frühestens mit dem Geschäftsbeginn und spätestens mit der Eintragung ins Handelsregister wirksam (§ 123 HGB). Die Anmeldung zum Handelsregister muss von allen Gesellschaftern vorgenommen werden (§ 108 HGB).

▶ *Rechtsverhältnisse der Gesellschafter*

Die Pflichten und Rechte der Gesellschafter untereinander (Innenverhältnis) werden meist zwischen den Gesellschaftern vereinbart und im **Gesellschaftsvertrag** festgelegt. Die Bestimmungen des HGB werden nur dann angewendet, wenn der Gesellschaftsvertrag nichts anderes vorsieht.

- **Pflichten der Gesellschafter (Innenverhältnis)**

- **Leistung der Einlage:** Die Kapitaleinlage kann in Geld, in Sach- und Rechtswerten eingebracht werden. Die Kapitalanteile der einzelnen Gesellschafter werden zwar auf **getrennten Kapitalkonten** gebucht, das persönliche Eigentum geht aber in ein **gemeinschaftliches Eigentum** der Gesellschafter über.

- **Wettbewerbsverbot:** Ein Gesellschafter einer OHG darf ohne Einwilligung der anderen Gesellschafter im Handelsgewerbe der eigenen Gesellschaft keine Geschäfte auf eigene Rechnung machen. Es ist ihm auch nicht erlaubt, an einer anderen gleichartigen Handelsgesellschaft als persönlich haftender Gesellschafter teilzunehmen (§ 112 HGB).

- **Verlustbeteiligung:** Der Verlust wird **nach Köpfen** verteilt. Er wird vom Kapitalanteil des Gesellschafters abgezogen (§ 121 HGB).

- **Geschäftsführung:** Der Umfang der Geschäftsführung erstreckt sich auf alle Handlungen, die der gewöhnliche Betrieb des Handelsgewerbes mit sich bringt (§ 116 HGB).

Beispiele für gewöhnliche Geschäftshandlungen: Ein- und Verkauf von Waren, Einstellen und Entlassen von Arbeitskräften, Durchführung des Zahlungsverkehrs.

> Zur Geschäftsführung ist grundsätzlich jeder Gesellschafter allein verpflichtet und berechtigt (Einzelgeschäftsführungsbefugnis §§ 114, 115 HGB).

Im Vertrag kann bestimmt werden, dass die **Geschäftsführungsbefugnis beschränkt oder aufgehoben** wird. Die Vornahme einer Handlung eines Gesellschafters muss unterbleiben, wenn ein geschäftsführender Gesellschafter widerspricht (§ 115 HGB).

> Bei außergewöhnlichen Geschäften ist die Zustimmung aller Gesellschafter erforderlich, d. h. auch der nichtgeschäftsführenden Gesellschafter (§ 115 Abs. 2 HGB).

Beispiele für außergewöhnliche Geschäfte: Kauf, Verkauf und Belastung von Grundstücken, Errichtung von Filialbetrieben.

Zur **Bestellung eines Prokuristen** ist die Zustimmung der geschäftsführenden Gesellschafter notwendig. Der **Widerruf der Prokura** kann von jedem geschäftsführenden Gesellschafter erfolgen.

- **Rechte der Gesellschafter (Innenverhältnis)**

- **Gewinnanteil:** Sofern vertraglich nichts vereinbart ist, hat jeder Gesellschafter gesetzlich Anspruch auf 4 % seines Kapitalanteils. Der Restgewinn wird nach Köpfen verteilt. Reicht der Jahresgewinn nicht aus, so wird ein niedrigerer Prozentsatz bestimmt (§ 121 HGB).

Beispiel: Zu verteilender Jahresgewinn 30 000,00 EUR

		Gesellschafter A	Gesellschafter B
Privatentnahmen (Vereinbarung)		12 000,00 EUR	8 000,00 EUR
Privateinlagen		1 000,00 EUR	2 000,00 EUR

Gesell-schafter	Kapital-anteil	4 %	Kopf-anteil	Gesamt-gewinn	Privatent-nahmen	Privatein-lagen	Neues Kapital
A	150 000,00	6 000,00	10 000,00	16 000,00	12 000,00	1 000,00	155 000,00
B	100 000,00	4 000,00	10 000,00	14 000,00	8 000,00	2 000,00	108 000,00
	250 000,00	10 000,00	20 000,00	30 000,00	20 000,00	3 000,00	263 000,00

- **Privatentnahmen:** Jeder Gesellschafter ist berechtigt, Privatentnahmen bis zu 4 % seines zu Beginn des Geschäftsjahres vorhandenen Kapitalanteils zu tätigen. Das gilt auch, wenn die Gesellschaft Verluste ausweist. Bei höheren Entnahmen müssen alle Gesellschafter zustimmen (§ 122 HGB).

- **Information:** Ein Gesellschafter kann sich, auch wenn er von der Geschäftsführung ausgeschlossen ist, jederzeit über die Geschäftslage persönlich unterrichten, die Handelsbücher und die Belege der Gesellschaft einsehen und sich aus ihnen einen Jahresabschluss anfertigen (§ 118 HGB).

- **Kündigung:** Die Kündigung eines Gesellschafters kann für den Schluss eines Geschäftsjahres erfolgen. Dabei muss eine Kündigungsfrist von sechs Monaten eingehalten werden (§ 132 HGB).

- **Liquidationsanteil:** Bei Auflösung der Gesellschaft ist das verbleibende Vermögen nach Abzug der Schulden im Verhältnis der Kapitalanteile an die Gesellschafter zu verteilen (§ 155 HGB).

- **Haftpflicht (Außenverhältnis)**

Jeder Gesellschafter der OHG haftet gegenüber den Gesellschaftsgläubigern

- **unmittelbar**, d. h. jeder Gesellschafter kann persönlich in Anspruch genommen werden;

- **unbeschränkt**, d. h. jeder Gesellschafter haftet mit dem Geschäfts- und Privatvermögen;

- **solidarisch oder gesamtschuldnerisch**, d. h. jeder Gesellschafter haftet für die gesamten Schulden der Gesellschaft.

Eine entgegengesetzte Vereinbarung ist Dritten gegenüber unwirksam (§ 128 HGB). Wer in eine bestehende OHG eintritt, haftet gleich den anderen Gesellschaftern für die Verbindlichkeiten, die vor seinem Eintritt entstanden sind (§ 130 HGB). Ein ausscheidender Gesellschafter haftet noch fünf Jahre für alle vor seinem Ausscheiden begründeten Schulden (§§ 105, 159 HGB).

- **Vertretungsrecht (Außenverhältnis)**

– **Einzelvertretungsbefugnis:** Jeder Gesellschafter ist berechtigt Dritten gegenüber Willenserklärungen abzugeben, durch die die Unternehmung berechtigt und verpflichtet wird (§ 125 HGB).

– **Ausschluss oder Beschränkung der Vertretungsmacht:** Es kann vereinbart werden, dass Gesellschafter von der Vertretung völlig ausgeschlossen werden oder die Vertretung eines Gesellschafters nur in Gemeinschaft mit einem anderen Gesellschafter oder mit einem Prokuristen möglich ist (**Gesamtvertretungsmacht**). Derartige Beschränkungen sind ins Handelsregister einzutragen (§ 125 HGB). Im Gegensatz zur Geschäftsführungsbefugnis sind weitere Beschränkungen der Vertretungsmacht nach außen unwirksam (§ 126 HGB).

> Die Vertretungsmacht erstreckt sich auf alle gerichtlichen und außergerichtlichen Geschäfte und Rechtshandlungen. Eine Beschränkung des Umfangs der Vertretungsmacht auf gewisse Geschäfte ist Dritten gegenüber unwirksam.

▶ *Auflösungsgründe und Ausscheidungsgründe (§ 131 HGB)*

Die offene Handelsgesellschaft wird **aufgelöst** durch:

– Zeitablauf
– Beschluss der Gesellschafter
– Eröffnung des Insolvenzverfahrens
– Gerichtliche Entscheidung

Die Gründe für das **Ausscheiden** eines Gesellschafters können sein:

– Tod eines Gesellschafters
– Eröffnung des Insolvenzverfahrens
– Kündigung des Gesellschafters
– Kündigung durch Privatgläubiger
– Beschluss der Gesellschafter
– Weitere im Gesellschaftsvertrag vorgesehene Fälle

▶ *Bedeutung der OHG*

Die OHG findet man meistens bei mittleren und kleineren Unternehmungen. Sie stellt eine **enge Arbeitsgemeinschaft der Gesellschafter** dar. Die Gesellschafter mit ihren kaufmännischen Fähigkeiten und ihrem technischen Können leiten die Gesellschaft, stellen das Kapital zur Verfügung und haften mit ihrem gesamten Vermögen. In dieser exponierten Stellung sind sie auf Gedeih und Verderb aufeinander angewiesen. Sie werden die Gesellschaft nur dann zum Erfolg führen, wenn sie gut zusammenarbeiten und sich nicht in Konflikten aufreiben.

6.1.2 Kommanditgesellschaft (KG)

Die KG wird von zwei oder mehreren Gesellschaftern unter einer gemeinsamen Firma gegründet, bei der mindestens ein Gesellschafter (**Komplementär**) unbeschränkt und mindestens ein Gesellschafter (**Kommanditist**) beschränkt (nur mit der Einlage) gegenüber den Gläubigern haftet (§ 161 HGB). Bei der **Gründung** müssen die Kommanditisten neben den allgemeinen Angaben auch ihre Kapitaleinlagen beim Handelsregister anmelden. Soweit für die KG im Gesetz nichts anderes vorgeschrieben ist, gelten die Vorschriften der OHG (§§ 105 ff. HGB).

> Der Kommanditist ist nur kapitalmäßig beteiligt, ohne persönlich mitzuarbeiten. Das hat den Vorzug, dass bei Erweiterung der Kapitalbasis einer KG durch die Aufnahme eines Teilhafters die Geschäftsführungsbefugnisse in den gleichen Händen bleiben.

▶ *Rechtsverhältnisse der Gesellschafter*

● **Pflichten und Rechte der Komplementäre:** Die Vollhafter der KG haben die gleichen Pflichten und Rechte wie die Gesellschafter einer OHG.

● **Pflichten der Kommanditisten (Innenverhältnis)**

− **Leistung der Einlage:** Jede Veränderung der Einlage der Kommanditisten ist beim Handelsregister anzumelden.

− **Verlustbeteiligung:** Am Verlust ist der Teilhafter in einem angemessenen Verhältnis bis zur Höhe seiner Einlage beteiligt. Ist die Kapitaleinlage des Teilhafters durch Verlust gemindert, so ist sie durch den Gewinnanteil wieder aufzufüllen (§§ 167, 168 HGB).

● **Rechte der Kommanditisten (Innenverhältnis)**

− **Gewinnanteil:** Jeder Gesellschafter hat gesetzlich Anspruch auf 4 % seines Kapitalanteils. Der Restgewinn wird unter Vollhafter und Teilhafter in einem angemessenen Verhältnis verteilt (§ 168 HGB). Meist ist es notwendig, dass im Gesellschaftsvertrag vereinbart wird, was unter einem angemessenen Verhältnis zu verstehen ist.

− **Widerspruch:** Die Kommanditisten sind von der Geschäftsführung ausgeschlossen. Sie sind aber berechtigt, bei außergewöhnlichen Geschäftshandlungen zu widersprechen (§ 164 HGB).

− **Information:** Die Rechte der Information eines Teilhafters gehen nicht so weit wie die eines Vollhafters. Der Kommanditist darf nur die Abschrift des Jahresabschlusses verlangen und dessen Richtigkeit unter Einsicht der Bücher und Unterlagen prüfen (§ 166 HGB).

− **Kündigung:** Die Kündigung eines Gesellschafters der KG muss für den Schluss eines Geschäftsjahres unter Einhaltung einer Frist von mindestens sechs Monaten erfolgen (§ 132 HGB).

● **Haftpflicht des Kommanditisten (Außenverhältnis)**

Der Teilhafter haftet bis zur Höhe der Kapitaleinlage für die Verbindlichkeiten der Unternehmung.

▶ *Bedeutung der KG*

Die KG hat gegenüber der OHG den Vorzug, dass der Vollhafter bei Aufnahme von weiteren Kommanditisten in seinen Entscheidungen weitgehend unabhängig bleibt, da die Teilhafter an der Geschäftsführung nicht beteiligt sind. Dadurch wird auch die **Kapitalbeschaffung** des Unternehmens erleichtert, zumal die Kommanditisten nur mit ihrer Einlage haften und nach HGB zur persönlichen Mitarbeit nicht verpflichtet sind. Für die **Auflösung einer KG** gelten die gleichen Gründe wie für die OHG. Beim Tod eines Kommanditisten löst sich die KG nicht auf. Wenn nichts anderes vereinbart ist, wird die Gesellschaft mit den Erben fortgesetzt (§ 177 HGB).

Lernaufgaben 6.1

Personengesellschaften

1 *Kerner und Müller gründen eine Textilfabrik als OHG. Das Geschäftskapital beträgt 350 000,00 EUR. Der Gesellschafter Kerner leistet eine Einlage von 250 000,00 EUR, indem er seine Firma Karl Kerner, Textilfabrik, einbringt. Der Gesellschafter Hans Müller leistet eine Einlage von 100 000,00 EUR, von der er 50 000,00 EUR durch Banküberweisung einzahlt. Rückständige Einlagen sind mit 8 % nach Fälligkeit zu verzinsen.*

   a) Welche Formvorschriften sind bei der Aufstellung des Gesellschaftsvertrages zu beachten?

   b) Nennen Sie drei Firmenbezeichnungen, die für diese Unternehmung zulässig sind!

   c) Warum müssen rückständige Einlagen verzinst werden?

   d) In welchem Verhältnis sind die beiden Gesellschafter an der OHG beteiligt?

   e) Wem gehören die Sachmittel und die Barwerte nach Einbringung in die OHG?

2 *Im Gesellschaftsvertrag der Kerner & Müller OHG steht: „Die Gesellschaft beginnt am 2. Februar ..". Kerner & Müller nehmen an diesem Tag ihre Geschäfte auf. Die Eintragung ins Handelsregister erfolgt am 20. Februar ..*

   a) Zu welchem Zeitpunkt wird die OHG im Innenverhältnis und im Außenverhältnis wirksam?

   b) Wie ändert sich die Rechtslage, wenn die Eintragung ins Handelsregister am 10. Februar .. stattfindet, aber die Geschäfte erst am 15. Februar .. aufgenommen werden?

   c) Wer muss die OHG beim Handelsregister anmelden?

3 *Fritz Neu beabsichtigt, sich an der Kerner & Müller OHG, die schon längere Zeit besteht, zu beteiligen.*

   a) Welche Informationen sollte Neu vor seinem Eintritt in die Gesellschaft einholen?

   b) Wie ist die Haftung des Gesellschafters Neu, auch im Hinblick auf die Verbindlichkeiten, die bereits vor seinem Eintritt entstanden sind?

   c) Neu ist nicht bereit, mit seinem gesamten Vermögen zu haften. Deshalb möchte er im Gesellschaftsvertrag eine beschränkte Haftung vereinbaren. Klären Sie diese Frage anhand des § 128 HGB!

   d) Neu möchte wissen, ob er außer der Beteiligung an der Kerner & Müller OHG auch an einer anderen Handelsgesellschaft beteiligt sein kann. Erläuterung!

4 *Im Gesellschaftsvertrag der Firma Kerner & Müller OHG steht, dass die geschäftsführenden Gesellschafter ihre ganze Arbeitskraft in den Dienst der Gesellschaft zu stellen haben. Im Einzelnen wird ihre Geschäftsführungsbefugnis in der Weise aufgeteilt, dass der Gesellschafter Kerner für die kaufmännische Leitung und der Gesellschafter Müller für die technische Leitung zuständig ist. Der Gesellschafter Neu ist von der Geschäftsführung ausgeschlossen.*

a) Der Gesellschafter Müller hat, ohne die anderen Gesellschafter zu fragen, einen gebrauchten Lkw gekauft. Nach Prüfung des Kaufvertrages stellen die anderen Gesellschafter fest, dass der Kaufpreis überhöht ist. Ist Müller zu diesem Geschäft im Innenverhältnis berechtigt? Wer muss einen möglichen Schaden tragen? Begründung!

b) Ist der Kaufvertrag mit dem Gebrauchtwagenhändler gültig? Begründung!

c) Die Gesellschafter Kerner und Müller beschließen, einem leitenden Angestellten die Prokura zu erteilen und zwecks Erweiterung des Unternehmens ein Grundstück zu kaufen. Gesellschafter Neu widerspricht diesen Beschlüssen. Klären Sie die Rechtslage!

5 *An der Schokoladenfabrik Christa Mild OHG sind die Gesellschafter Christa Mild mit 300 000,00 EUR und Claudia Bitter mit 200 000,00 EUR beteiligt. Sie leiten auch die Unternehmung. Über die Gewinnverteilung ist im Gesellschaftsvertrag nichts vereinbart. Der zu verteilende Jahresgewinn des letzten Geschäftsjahres beträgt 160 000,00 EUR.*

a) Wie hoch ist der Gewinnanteil jedes Gesellschafters?

b) Überlegen Sie, welcher der beiden Gesellschafter durch die gesetzliche Regelung der Gewinnverteilung benachteiligt wird, wenn man unterstellt, dass für langfristige Geldanlagen 8 % Zinsen (landesüblicher Zinsfuß) gezahlt wird!

c) Die OHG hat im folgenden Geschäftsjahr einen Verlust ermittelt. Wie erfolgt die Verteilung des Verlustes, wenn vertragliche Vereinbarungen nicht vorhanden sind?

d) Im Gesellschaftsvertrag ist über die Entnahme für die private Lebensführung der Gesellschafter nichts enthalten. Erläutern Sie die gesetzliche Regelung, auch für den Fall, dass die OHG einen Verlust ausweist!

6 *Die Gesellschafter Ritter, Haas und Koller gründen eine Baumaterialgroßhandlung unter der Firma Ritter & Haas KG. Ritter und Haas wollen sich die Geschäftsführung teilen. Koller will nicht mitarbeiten und nur mit seiner Einlage haften.*

a) Nennen Sie weitere vier Firmenbezeichnungen, die für diese KG zulässig sind!

b) Der Kommanditist Koller akzeptiert im Namen der KG einen Wechsel. Muss die KG diesen Wechsel einlösen? Begründung!

c) Im 5. Geschäftsjahr nach Gründung der Ritter & Haas KG wird ein Gewinn von 201 600,00 EUR erzielt. Der Gesellschaftsvertrag sieht folgende Gewinnverteilung vor: Jeder Gesellschafter hat Anspruch auf 9 % seines zuletzt festgestellten Kapitalanteils. Die Komplementäre Ritter und Haas erhalten zusätzlich monatlich 5 500,00 EUR Arbeitsvergütung. Vom Restgewinn erhält Ritter 50 %, Haas 40 % und Koller 10 %. Die Kapitalanteile betragen für Ritter 100 000,00 EUR, für Haas 80 000,00 EUR und für Koller 60 000,00 EUR. Errechnen Sie den Gewinnanteil jedes Gesellschafters!

d) Warum ist bei einer KG eine vertragliche Regelung der Gewinnverteilung notwendig?

Lerngerüst 6.2

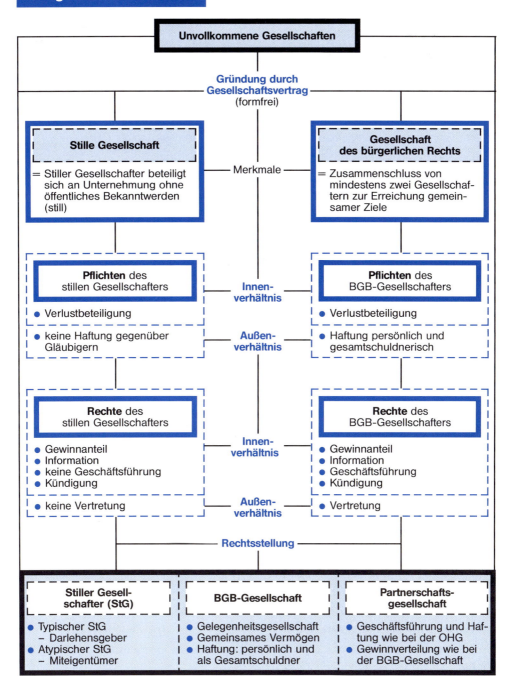

Lerninformationen 6.2

6.2 Unvollkommene Gesellschaften

Die **stille Gesellschaft** *und die* **Gesellschaft des bürgerlichen Rechts** *werden als unvollkommene Gesellschaften bezeichnet, weil sie keine Firma führen und nicht im Handelsregister eingetragen werden. Die stille Gesellschaft ist zudem weder eine Einzelunterneh-* *mung noch eine echte Gesellschaft, denn der stille Gesellschafter ist nicht Mitunternehmer, sondern Darlehensgeber (Gläubiger), der aber am Gewinn beteiligt ist. Die* **Partnerschaftsgesellschaft** *besitzt Merkmale der BGB-Gesellschaft und der OHG.*

6.2.1 Stille Gesellschaft

Beteiligt sich ein Geldgeber an einem Unternehmen, **ohne nach außen in Erscheinung zu treten**, dann spricht man von einer stillen Beteiligung oder einer stillen Gesellschaft.

> Das nur im Innenverhältnis bekannte Gesellschaftsverhältnis einer stillen Gesellschaft wird nicht ins Handelsregister eingetragen und ist aus dem Firmennamen nicht zu ersehen. Die Kapitaleinlage geht in das Vermögen des Inhabers über (§ 230 HGB).

▶ *Pflichten des stillen Gesellschafters*

● **Verlustbeteiligung (Innenverhältnis):** Der stille Gesellschafter nimmt am Verlust bis zur Höhe seiner Einlage teil. Oft wird die Verlustbeteiligung im Gesellschaftsvertrag ausgeschlossen (§ 231 HGB).

● **Haftung (Außenverhältnis):** Der stille Gesellschafter ist selbst Gläubiger der Gesellschaft mit Gewinnbeteiligung und haftet nicht gegenüber den Gläubigern der Gesellschaft.

▶ *Rechte des stillen Gesellschafters*

● **Gewinnanteil:** In welchem Umfang der stille Gesellschafter am Gewinn beteiligt ist, wird meistens im Gesellschaftsvertrag vereinbart, da die gesetzliche Regelung sehr unbestimmt ist. Danach hat der stille Gesellschafter einen nach den Umständen angemessenen Anteil am Gewinn zu erhalten (§ 231 HGB).

● **Information:** Der stille Gesellschafter ist berechtigt, die abschriftliche Mitteilung des Jahresabschlusses zu verlangen und dessen Richtigkeit unter Einsicht der Papiere und Bücher zu prüfen. Ein Widerspruchsrecht hat der stille Gesellschafter nicht.

● **Geschäftsführung und Vertretung:** Diese Rechte besitzt der stille Gesellschafter nicht.

● **Kündigung:** Für die Kündigung eines stillen Gesellschafters gelten die Bestimmungen der OHG. Durch den Tod des stillen Gesellschafters wird jedoch die stille Gesellschaft nicht aufgelöst (§ 234 HGB).

▶ *Bedeutung der stillen Gesellschaft*

Im Falle einer Insolvenz hat der typische stille Gesellschafter eine günstigere Stellung als der Kommanditist einer KG, da er für den Teil seiner Beteiligung, der seinen Verlustanteil überschreitet, als Insolvenzgläubiger an der Insolvenzquote beteiligt ist. Ist er nicht am Verlust beteiligt, dann rückt er in die Nähe eines Darlehensgebers mit Gewinnbeteiligung. Neben diesem typischen (echten) stillen Gesellschafter nach Handelsrecht gibt es den **atypischen (unechten) stillen Gesellschafter** nach Steuerrecht, der nicht nur am Gewinn, sondern auch am Geschäftswert und an den stillen Reserven (Zuwachsvermögen) beteiligt ist. Er ist im Falle einer Insolvenz nicht an der Insolvenzquote beteiligt. Typische stille Gesellschafter erzielen Einkünfte aus Kapitalvermögen (**Gläubiger**) und atypische stille Gesellschafter Einkünfte aus Gewerbebetrieb (**Mitunternehmer**).

6.2.2 Gesellschaft des bürgerlichen Rechts (BGB-Gesellschaft)

Die BGB-Gesellschaft entsteht durch den Abschluss eines Gesellschaftsvertrages, in dem sich die Gesellschafter verpflichten die vereinbarten Beiträge zu leisten und die **Erreichung eines gemeinsamen Zieles zu fördern** (§ 705 BGB). Die Gesellschafter können sich durch mündliche oder schriftliche Vereinbarung auf Dauer oder nur vorübergehend zusammenschließen. Ist die Bindung nur für eine bestimmte Dauer festgelegt, dann spricht man von einer **Gelegenheitsgesellschaft**.

Beispiele für Gelegenheitsgesellschaften: Zwei Freunde kaufen sich gemeinsam ein Paddelboot; Arbeitskollegen spielen gemeinsam Lotto; Tiefbauunternehmer schließen sich zum Bau einer Autobahn zusammen; Handwerker übernehmen gemeinsam einen Großauftrag.

Die Gesellschaft des bürgerlichen Rechts hat keine Firma und wird nicht ins Handelsregister eingetragen. Das Vermögen der Gesellschaft gehört den Gesellschaftern zur gesamten Hand (gemeinschaftliches Vermögen § 718 BGB).

▶ *Pflichten der Gesellschafter*

● **Verlustbeteiligung (Innenverhältnis):** Jeder Gesellschafter hat ohne Rücksicht auf die Art und Größe seines Beitrages einen gleichen Anteil am Verlust zu tragen (§ 722 BGB). Meist liegt aber eine vertragliche Regelung vor.

● **Haftung (Außenverhältnis):** Für die eingegangenen Verpflichtungen den Gläubigern gegenüber haftet jeder Gesellschafter **persönlich** und **als Gesamtschuldner** (§§ 421, 427 BGB).

▶ *Rechte der Gesellschafter (Innenverhältnis)*

● **Geschäftsführung und Information:** Die Führung der Geschäfte der Gesellschaft steht den Gesellschaftern **gemeinschaftlich** zu. Für jedes Geschäft ist die Zustimmung aller Gesellschafter notwendig (§ 709 BGB). Vertraglich wird meist einem Gesellschafter die Geschäftsführung übertragen. Den übrigen Gesellschaftern steht dann das Recht zu, sich jederzeit persönlich über die Geschäftslage durch Einblick in die Geschäftsbücher zu unterrichten (§ 714 BGB).

● **Gewinnbeteiligung:** Meist liegt für die Anteile am Gewinn eine vertragliche Regelung vor. Ist dies nicht der Fall, hat jeder Gesellschafter ohne Rücksicht auf die Art und Größe seines Beitrages einen gleichen Anteil am Gewinn (§ 722 BGB).

● **Auflösung:** Jeder Gesellschafter kann **jederzeit** kündigen, nur nicht zur Unzeit, wenn die Gesellschaft auf unbestimmte Zeit eingegangen ist. Entsteht durch die Kündigung eines Gesellschafters, *z. B. in der Saisonzeit,* ein Schaden, so hat der Gesellschafter den übrigen Gesellschaftern den Schaden zu ersetzen (§ 723 BGB). Gelegenheitsgesellschaften lösen sich mit der Erledigung des Auftrages auf.

▶ **Recht der Vertretung (Außenverhältnis)**

Auch das Vertretungsrecht steht den Gesellschaftern nur **gemeinschaftlich** zu. Eine Einzelvertretung darf ein Gesellschafter nur mit Vollmacht ausüben. Steht einem Gesellschafter nach dem Gesellschaftsvertrag die Befugnis zur Geschäftsführung zu, ist er im Zweifel auch ermächtigt, die anderen Gesellschafter Dritten gegenüber zu vertreten (§ 714 BGB).

▶ **Bedeutung der Gesellschaft des bürgerlichen Rechts**

Gesellschaften des bürgerlichen Rechts können zu einem beliebigen Zweck von Nichtkaufleuten und Kaufleuten gegründet werden. Oft sind sich die Gesellschafter gar nicht bewusst, dass sie eine BGB-Gesellschaft gegründet haben, *wenn z. B. eine Schulklasse einen Klassenausflug veranstaltet oder wenn mehrere Personen ein Auto mieten.* Gesellschaften des bürgerlichen Rechts sind auch Arbeitsgemeinschaften, die sich vorübergehend oder auf Dauer zu Kartellen, Interessengemeinschaften, Konzernen oder Rechtsanwaltspraxen zusammengeschlossen haben. Auch Kapitalgesellschaften gelten vor der Eintragung ins Handelsregister als Gesellschaften des bürgerlichen Rechts (**Vorgründungsgesellschaften**).

6.2.3 Partnerschaftsgesellschaft (PartG)

Seit 1995 gibt es das Gesetz über Partnerschaftsgesellschaften von Angehörigen freier Berufe (PartGG). Damit können Freiberufler ihre Dienstleistungen gemeinschaftlich im Rahmen einer **Personengesellschaft** anbieten. Es betrifft *z. B. Ärzte, Rechtsanwälte, Wirtschaftsprüfer, Ingenieure, Sachverständige und Journalisten.*

● Für die **Gründung** einer Partnerschaftsgesellschaft ist ein **Gesellschaftsvertrag** notwendig. Er muss mindestens enthalten:
– **Name**, Sitz und Gegenstand der Gesellschaft,
– die in der Partnerschaftsgesellschaft ausgeübten **Berufe** und
– den **Wohnort** der Gesellschaft.

> Die Partnerschaftsgesellschaft erreicht ihre Rechtsfähigkeit nach der Eintragung in das Partnerschaftsregister. Zwischen dem Vertragsabschluss und der Eintragung in das Handelsregister hat die PartG den Rechtsstatus einer BGB-Gesellschaft.

● Der **Name der Gesellschaft** muss den Namen mindestens eines Partners und den Zusatz „Partner" oder „Partnerschaft" enthalten. Er muss auch die Berufsbezeichnungen aller vertretenen Berufe enthalten (§ 2 PartGG).

Beispiel: Patrick Popp, Steuerberater, tritt in die Partnerschaft Sabine Lomberg & Partner, Wirtschaftsprüfer, ein. Die neue Firma muss mindestens lauten: „Sabine Lomberg und Partner, Wirtschaftsprüfer, Steuerberater."

● Die **Geschäftsführung** und **Haftung** entspricht im Wesentlichen der HGB-Regelung für die OHG.

● Die **Gewinnverteilung** wird nach den Bestimmungen der BGB-Gesellschaft vorgenommen. Denn in einer Partnerschaftsgesellschaft arbeiten alle Gesellschafter aktiv mit und beziehen als Geschäftsführer Gehalt. Die Gewinne und Verluste werden in der Regel nach der **vertraglichen Vereinbarung** verteilt. Wenn nichts vereinbart ist, werden sie nach Köpfen verteilt.

> Die PartG weist Merkmale der OHG und der BGB-Gesellschaft auf. Sie ist aber weder eine OHG noch ist sie eine BGB-Gesellschaft. Sie ist den Bedürfnissen von Freiberuflern angepasst und soll eine freie Entfaltung der spezifischen Fähigkeiten der Partner ermöglichen.

Lernaufgaben 6.2

Unvollkommene Gesellschaften

1 *Der Baustoffhändler Lothar Stein benötigt zur Erweiterung seines Unternehmens 80 000,00 EUR. Er möchte Herr in seinem eigenen Hause bleiben und keine Geschäftsführungsbefugnisse an einen Gesellschafter abtreten. Er steht vor der Wahl, ein langfristiges Darlehen zu banküblichen Zinsen oder einen stillen Gesellschafter mit Gewinnbeteiligung und Ausschluss der Verlustbeteiligung aufzunehmen.*

Erläutern Sie dem Baustoffunternehmer Stein die Vorteile und Nachteile dieser Finanzierungsmöglichkeiten!

2 *Der Baustoffhändler Stein will aus einer Konkursmasse ein gebrauchtes Transportband kaufen. Die stille Gesellschafterin Paula Bendig ist mit diesem Kauf nicht einverstanden, weil es nach ihrer Ansicht technisch veraltet ist.*

a) Kann Stein trotz des Einspruchs das Transportband kaufen? Begründung!

b) Frau Bendig will ihre stille Beteiligung am 28. Februar d. J. zum 31. März d. J. kündigen. Entspricht diese Kündigung den gesetzlichen Vorschriften? Begründung!

3 *Förster und Ritter kaufen gemeinsam ein Reitpferd, das sie zunächst im Stall des Verkäufers lassen, bis sie eine geeignete Unterkunft gefunden haben. Nach einigen Tagen erfährt Ritter, dass im Nachbarort ein Einstellplatz in einem Stall frei ist. Ritter mietet den Einstellplatz für 200,00 EUR monatlich. Förster ist damit nicht einverstanden, da er einen Einstellplatz in unmittelbarer Nähe am gleichen Ort in Aussicht hat.*

a) Was für einen Gesellschaftsvertrag haben Förster und Ritter abgeschlossen?

b) Ist Förster an den Mietvertrag gebunden? Begründung!

c) Förster ist der Meinung, wenn schon zu Beginn Streitigkeiten auftreten, sei es sinnvoller, ein eigenes Pferd anzuschaffen und das Gesellschaftsverhältnis mit Ritter zu kündigen. Wann ist eine Kündigung gesetzlich möglich?

4 *Der Architekt Kleber und die ehemaligen Leistungssportler Kremp und Will vereinbaren, gemeinsam eine Tennisanlage zu eröffnen. Kremp und Will sind einverstanden, dass Kleber, der ein Grundstück im Werte von 600 000,00 EUR in die Gesellschaft einbringt, Geschäftsführungs- und Vertretungsbefugnis erhält. Die Gesellschafter sind an der Gesellschaft 50 : 25 : 25 beteiligt. Die Gesellschafter Kremp und Will zahlen je 300 000,00 EUR auf das Bankkonto der Gesellschaft ein.*

a) Sind die Gesellschafter Miteigentümer des eingebrachten Grundstücks geworden, wenn es sich um eine Gesellschaft des bürgerlichen Rechts handelt? Begründung!

b) Kremp und Will schlagen vor, die Tennisanlage unter der Firma „City-Tennis" ins Handelsregister eintragen zu lassen. Ist das erlaubt? Begründung!

c) Prüfen Sie, warum die gesetzliche Regelung der Gewinn- und Verlustverteilung dem Gesellschafter Kleber nicht zusagen kann!

d) Unterbreiten Sie einen Vorschlag, wie eine angemessene Gewinn- und Verlustbeteiligung lauten könnte!

e) Wie könnte die Firma lauten, wenn sich Kremp und Will mit dem Inhaber einer Golfanlage Kirsten zu einer PartG zusammenschließen?

211

Lerngerüst 6.3

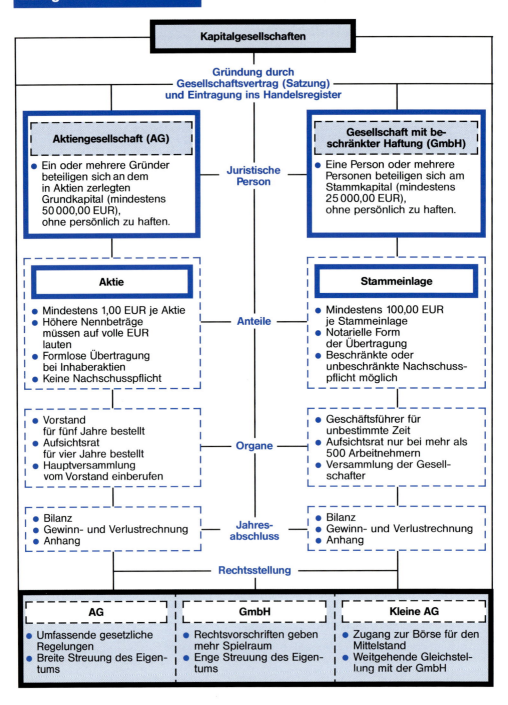

Lerninformationen 6.3

6.3 Kapitalgesellschaften

Im Gegensatz zu den Personengesellschaften steht bei den Kapitalgesellschaften die **kapitalmäßige Beteiligung** der Gesellschafter im Vordergrund. Eine persönliche Mitarbeit der Gesellschafter ist nicht erforderlich. Die Anteile der Gesellschafter sind in der Regel übertragbar, ohne dass das Gesamtkapital der Gesellschaft beeinflusst wird.

6.3.1 Aktiengesellschaft (AG)

Die Gesellschafter der AG (Aktionäre) sind an dem in Aktien zerlegten Grundkapital beteiligt, ohne persönlich für die Verbindlichkeiten der Gesellschaft zu haften (§ 1 AktG).

> Die AG ist eine Gesellschaft mit eigener Rechtspersönlichkeit. Sie kann als rechtsfähig anerkannte Personenvereinigung (juristische Person) Verträge abschließen, klagen und verklagt werden.

▶ *Gründung der AG*

Zur Gründung sind ein oder mehrere Gründer erforderlich, die die Aktien übernehmen. Damit fließt der AG das benötigte Kapital zu (§ 2 AktG).

- Der **Mindestnennbetrag des Grundkapitals** beträgt 50 000,00 EUR. **Nennbetragsaktien** müssen mindestens auf 1,00 EUR lauten. Höhere Nennbeträge müssen auf volle EUR lauten (§§ 6, 7, 8 AktG). **Stückaktien** sind nennwertlose Aktien, die statt für einen festen EUR-Betrag vom Grundkapital auf einen prozentualen Anteil vom Grundkapital stehen.

> Bei Nennwertaktien bestimmt sich der Anteil am Grundkapital nach dem Verhältnis ihres Nennbetrags zum Grundkapital, bei Stückaktien nach der Zahl der Aktien.

- Zum **Eigenkapital** einer AG gehören neben dem **Grundkapital** die **Rücklagen**, der Gewinn-/Verlustvortrag und der Jahresüberschuss/Jahresfehlbetrag. Das Grundkapital ist die Summe der zum Nennwert ausgegebenen Aktien. Sie werden meist über dem Nennwert (über pari) ausgegeben. Das dabei erzielte **Aufgeld** (Agio) muss der Kapitalrücklage zugeführt werden. Die Ausgabe von Aktien unter ihrem Nennwert (unter pari) ist nicht zulässig. Das Grundkapital ist ein konstanter Bestandteil der Satzung und wird in der Bilanz auf der Passivseite als **„Gezeichnetes Kapital"** ausgewiesen. Bei einer Kapitalerhöhung ist eine Satzungsänderung notwendig.

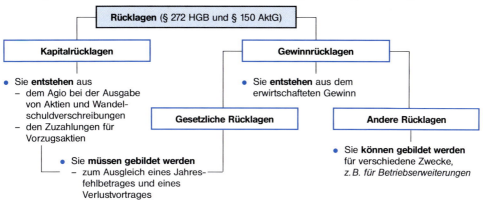

- Der **Gesellschaftsvertrag** (Satzung) muss notariell beurkundet werden. Die AG als juristische Person entsteht mit dem Zeitpunkt der Eintragung ins Handelsregister. Damit hat die Eintragung **konstitutive Wirkung** (§§ 23, 41 AktG).

- Die **Firma** der Aktiengesellschaft muss die Bezeichnung „Aktiengesellschaft" oder „AG" enthalten (§ 4 AktG).

▶ *Anteile an einer AG*

Der Anteil eines Aktionärs am Grundkapital einer AG und die damit erworbenen Rechte werden durch Aktien verbrieft.

> Die Aktie beurkundet das Anteilsrecht an einer Aktiengesellschaft.

Sie gewährt dem Inhaber folgende **Rechte**:
- **Anspruch auf Gewinnanteil** (Dividende)
- **Stimmrecht und Auskunftsrecht** in der Hauptversammlung
- **Anteil am Liquidationserlös** bei Auflösung der AG
- **Bezug junger Aktien** bei Kapitalerhöhung (Bezugsrecht)

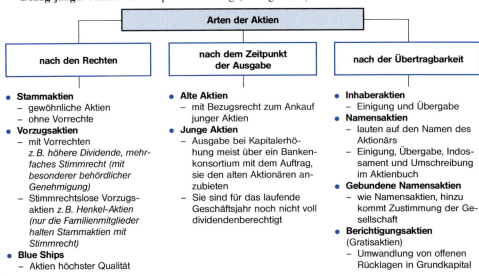

▶ *Organe der AG*

Zu den Organen der AG gehören der Vorstand, der Aufsichtsrat (AR) und die Hauptversammlung (HV).

- **Vorstand:** Die Vorstandsmitglieder sind angestellte Unternehmensleiter (Manager). Jedes Vorstandsmitglied ist für einen bestimmten Aufgabenbereich der Unternehmung zuständig. Sie müssen nicht Gesellschafter (Aktionäre) sein. Der Vorstand kann aus einer oder mehreren Personen bestehen.

> Die Leitung der AG liegt in den Händen des Vorstandes, der vom Aufsichtsrat auf höchstens fünf Jahre bestellt wird. Eine wiederholte Bestellung ist zulässig (§§ 76, 84 AktG).

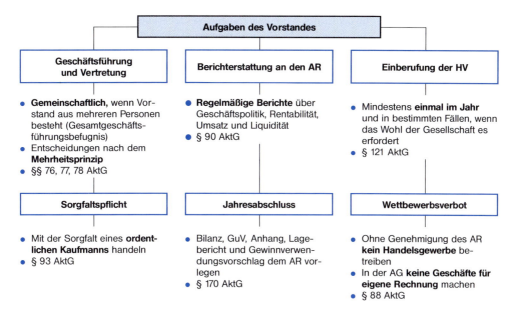

- Als **Vergütung** können die Vorstandsmitglieder neben einem festen Gehalt eine Beteiligung am Jahresgewinn (Tantieme) erhalten (§ 86 AktG).

- **Aufsichtsrat:** Er ist das Kontrollorgan der AG und besteht aus mindestens drei Mitgliedern. Die Satzung kann eine bestimmte höhere Zahl festsetzen. Die Zahl muss durch drei teilbar sein. Die Höchstzahl ist je nach Höhe des Grundkapitals der AG gesetzlich bestimmt (§ 95 HGB).

Der Aufsichtsrat ist das überwachende Organ der AG. Er wird auf vier Jahre gewählt.

Für die **Zusammensetzung des Aufsichtsrates** bestehen unterschiedliche gesetzliche Regelungen (§§ 100, 101 AktG).

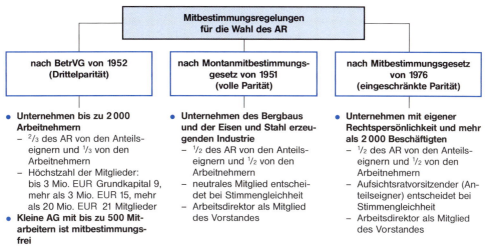

- Für die **Tätigkeit des Aufsichtsrates** kann eine angemessene **Vergütung** gezahlt werden. Sie ist in der Satzung festgesetzt oder von der Hauptversammlung bewilligt worden und besteht meistens aus einer **Beteiligung am Gewinn** der Gesellschaft (Tantieme).

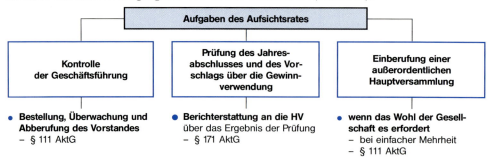

- **Hauptversammlung**

Sie ist die Versammlung der Aktionäre.

Das beschließende Organ der AG ist die Hauptversammlung (HV), in der die Aktionäre ihr Stimmrecht ausüben. Sie wird in der Regel einmal im Jahr einberufen (§ 118 AktG).

Die **Abstimmung in der HV** erfolgt **nach Aktiennennbeträgen** in den im Gesetz und in der Satzung ausdrücklich bestimmten Fällen, z. B. über

- die Bestellung der Mitglieder des AR,
- die Verwendung des Bilanzgewinns,
- die Entlastung der Mitglieder des V und AR,
- die Bestellung der Abschlussprüfer,
- Satzungsänderungen,
- Maßnahmen der Kapitalbeschaffung und Kapitalherabsetzung,
- Auflösung der Gesellschaft (§ 119 AktG).

Die Beschlüsse der HV werden mit einfacher Stimmenmehrheit gefasst. Bei Satzungsänderungen ist eine qualifizierte Mehrheit (mindestens 75 %) des Grundkapitals notwendig.

Ein Aktionär kann wichtige Beschlüsse der HV verhindern, wenn er über mehr als 25 % des Grundkapitals verfügt (**Sperrminorität**). Die Beschlüsse sind notariell zu beurkunden (§§ 133, 134, 179 AktG).

Großaktionäre, die die meisten Stimmen auf sich vereinigen, haben einen beherrschenden Einfluss in der HV und im AR. Bei weit gestreutem Aktienbesitz (**Publikumsgesellschaften**) ist dagegen der Einfluss der einzelnen Aktionäre relativ gering.

Kleinaktionäre, die meist ihre Aktien bei der Bank deponiert haben, können die Bank schriftlich ermächtigen das Stimmrecht wahrzunehmen (**Depotstimmrecht**). Sie können auch das Stimmrecht selbst ausüben. Das Kreditinstitut besorgt ihnen dann Eintrittskarten zur Hauptversammlung mit den erforderlichen Stimmkarten.

Energieversorgung Oberfranken
Aktiengesellschaft
Bayreuth

Wir laden hiermit unsere Aktionäre zu der am
Dienstag, dem 13. Mai .., 11:00 Uhr
im Sitzungssaal der Industrie- und Handelskammer für Oberfranken, Bayreuth, Bahnhofstraße 25/27,
stattfindenden

ordentlichen Hauptversammlung

ein.

Tagesordnung

1. Vorlage des festgestellten Jahresabschlusses zum 30. September .., des Geschäftsberichts sowie des
   Berichts des Aufsichtsrats für das Geschäftsjahr ../..
2. Beschlussfassung über die Verwendung des Bilanzgewinns
3. Beschlussfassung über die Entlastung des Vorstands
4. Beschlussfassung über die Entlastung des Aufsichtsrats
5. Wahl des Abschlussprüfers

Die Einberufung der Hauptversammlung mit den gesetzlich vorgeschriebenen Bekanntmachungen und
Vorschlägen zur Tagesordnung sowie den satzungsmäßigen Voraussetzungen zur Teilnahme und Ausübung des Stimmrechts ist im Bundesanzeiger Nr. 64 vom 5. April .. veröffentlicht.

Bayreuth, 25. März ..   **Der Vorstand**

▶ *Jahresabschluss, Lagebericht und Publizitätspflicht*

Die Kapitalgesellschaften (AG, GmbH und KGaA) sind grundsätzlich verpflichtet, den Jahresabschluss und den Lagebericht durch unabhängige Prüfer prüfen zu lassen und zu veröffentlichen.

Der Jahresabschluss hat die Grundsätze ordnungsmäßiger Buchführung zu beachten und ein den
gesetzlichen Verhältnissen entsprechendes Bild der Vermögens-, Finanz- und Ertragslage der
Gesellschaft zu vermitteln (§ 264 HGB).

● Zum **Jahresabschluss** gehören:

- die **Jahresbilanz** (§ 266 HGB),
- die **Gewinn- und Verlustrechnung** (§ 275 HGB)
- und ein **Anhang** (§§ 284−288 HGB), in dem die Jahresbilanz und die Gewinn- und Verlustrechnung näher erläutert werden, *z. B. Abschreibungs- und Bewertungsmethoden, durch
  Pfandrecht gesicherte Verbindlichkeiten, Bürgschaftsverpflichtungen.*

● Der **Lagebericht** (§ 289 HGB) ergänzt den Jahresabschluss mit zusätzlichen Informationen,
*z. B. über die Absatz-, Liquiditäts-, Kosten- und Personalentwicklung im Abschlussjahr und über
die zukünftigen Entwicklungsaussichten der Gesellschaft.*

● Der Umfang der **Offenlegung** und die Pflicht zur **Prüfung** des Jahresabschlusses und des
Lageberichts ist unterschiedlich geregelt, um kleine und mittlere Unternehmen vor Konkurrenten zu schützen und zusätzliche Kosten zu vermeiden.

▶ *Ablauf der Rechnungslegung*

Die AG wird nicht von den Eigentümern (Aktionären), sondern vom Management geleitet.
Die Trennung von juristischem Eigentum und wirtschaftlicher Verfügungsgewalt erfordert,
dass die Organe der AG Rechenschaft über das betriebliche Geschehen ablegen.

- **Vorstand:** Er hat in den ersten drei Monaten (Kleinunternehmen in den ersten sechs Monaten) des Geschäftsjahres für das vergangene Geschäftsjahr den Jahresabschluss und den Lagebericht aufzustellen und den Abschlussprüfern vorzulegen (§ 264 HGB).

- **Abschlussprüfer:** Sie haben den Jahresabschluss und den Lagebericht zu prüfen und dem Vorstand über das Prüfungsergebnis zu berichten (§ 170 AktG).

- **Aufsichtsrat:** Der Vorstand legt dem AR zur Prüfung vor: Jahresabschluss, Lagebericht, Prüfungsbericht und Vorschlag über die Verwendung des Bilanzgewinns. Billigt der Aufsichtsrat den Jahresabschluss, dann ist er festgestellt. Hat ihn der AR nicht gebilligt, so stellt die Hauptversammlung den Jahresabschluss fest (§§ 170, 171, 172, 173 AktG).

- **Hauptversammlung:** Sie beschließt in den ersten acht Monaten (Kleinunternehmen in den ersten elf Monaten) des Geschäftsjahres über die Verwendung des Bilanzgewinns (§§ 174, 175 AktG).

> Die Hauptversammlung beschließt alljährlich in den ersten acht Monaten des Jahres über die Entlastung der Mitglieder des Vorstands und Aufsichtsrats (§ 120 AktG).

- **Offenlegung:** Der Vorstand hat den Jahresabschluss, den Lagebericht und den Bericht des AR beim Handelsregister einzureichen. Große Gesellschaften haben außerdem alle Unterlagen im Bundesanzeiger bekannt zu machen. Kleine und mittelgroße Unternehmen haben dagegen nur im Bundesanzeiger bekannt zu geben, bei welchem Handelsregister die Unterlagen eingereicht worden sind (§§ 325, 326 HGB).

▶ *Verwendung des Jahresüberschusses*

Der Jahresüberschuss ist der Reingewinn eines Geschäftsjahres, nachdem die Abschreibungen, Wertberichtigungen und Rückstellungen vorgenommen wurden.

Für die Verwendung des Jahresüberschusses gelten:

- **Zwingende Vorschriften** (§ 150 AktG)

  – Minderung des Jahresüberschusses durch Ausgleich eines Verlustvortrages.

  – Zuführung von 5 % des Restbetrages in die gesetzliche Rücklage (Gewinnrücklage), bis die gesetzliche Rücklage und die Kapitalrücklage zusammen 10 % des Grundkapitals erreicht haben.

- **Entscheidung des Vorstandes und des Aufsichtsrates** (§ 58 AktG)

  – Zuführung zu den anderen Gewinnrücklagen bis 50 % des Jahresüberschusses, der nach Abzug der gesetzlichen Rücklage und eines Verlustvortrages verbleibt.

  – Die Satzung kann einen höheren Anteil bestimmen.

- **Beschluss der HV über den restlichen Jahresüberschuss** (Bilanzgewinn) (§ 174 AktG)

  – Zuführung weiterer Beträge in die Gewinnrücklagen

  – Gewinnanteile der Aktionäre (Dividende)

  – Gewinnrest auf neue Rechnung (Gewinnvortrag)

▶ Auflösung der AG

Als **Auflösungsgründe** kommen infrage (§ 262 AktG):

- Ablauf der satzungsmäßigen Zeit
- Beschluss der HV (qualifizierte Mehrheit)
- Eröffnung des Insolvenzverfahrens
- Ablehnung des Insolvenzverfahrens mangels Masse
- Auflösungsurteil eines ordentlichen Gerichts

▶ Bedeutung der AG

Die AG hat eine große Bedeutung für die Gesellschaftspolitik, da sie eine gerechte Vermögensverteilung anstrebt, indem sie breite Schichten des Volkes am Produktivvermögen beteiligt.

> Das Fehlen der Bindung der Aktionäre zur Unternehmung (Anonymität des Kapitals) und der persönlichen Haftung der Aktionäre und die leichte Übertragbarkeit der Aktien erfordert ein ausführliches Aktiengesetz mit engen Rechtsnormen.

Beispiele: Mindestnennbeträge, Gründungs- und Abschlussprüfung, Rechnungslegung, Gewinnverwendung, Publizitätspflicht.

- **Beschaffung großer Kapitalbeträge:** Die AG eignet sich besonders für die Verwirklichung großer wirtschaftlicher Aufgaben, da sich durch die AG große Kapitalbeträge über die Ausgabe von Aktien aufbringen lassen.

Beispiele: Im 19. Jahrhundert wären der Bau der Eisenbahn, das Entstehen der Großindustrie und im 20. Jahrhundert die Automation, die Entwicklung der Kernenergie und der Mikroprozessoren ohne die Beschaffung von riesigen Kapitalbeträgen über Aktiengesellschaften nicht denkbar gewesen.

- **Breite Streuung des Eigentums:** An einer AG sind oft viele kleine Aktionäre beteiligt, sodass eine breite Streuung des Eigentums (Vermögensbildung durch Volksaktien) und des Unternehmungsrisikos möglich wird.

Beispiele: Zur Vermögensbildung breiter Bevölkerungskreise wurden Teile des industriellen Bundesvermögens der Preussag AG (1959), des Volkswagenwerkes (1961), der VEBA (1965) und der Telekom (1996) privatisiert durch die Ausgabe von Volksaktien. Häufig wird auch die Belegschaft am Grundkapital durch Ausgabe von Belegschaftsaktien beteiligt, um die Arbeitnehmerinteressen an den Unternehmenszielen zu verbessern. Dafür kann die HV eine Erhöhung des Grundkapitals durch Umwandlung der Kapitalrücklage und der Gewinnrücklage in Grundkapital beschließen (§§ 207 f. AktG).

- **Öffentliche und staatliche Kontrolle:** Die Entwicklung der AG weist auf einen zunehmenden **Konzentrationsprozess** hin. In der Bundesrepublik Deutschland verringert sich die Zahl der Aktiengesellschaften ständig, aber das Gesamtkapital der bestehenden Aktiengesellschaften erhöht sich. Daraus entsteht die Gefahr, dass durch die immer größer werdenden Einheiten und die Kapitalverflechtungen der Wettbewerb mehr und mehr eingeschränkt wird. Deshalb bedarf es einer öffentlichen und staatlichen Kontrolle, um Missbrauch wirtschaftlicher Macht auszuschließen.

Beispiele: Prüfung und Veröffentlichung des Jahresabschlusses, Kartellgesetzgebung, Forderung nach paritätischer Mitbestimmung.

- **Berufung hoch qualifizierter Vorstandsmitglieder:** Im Gegensatz zu den Personengesellschaften können bei der AG hoch qualifizierte Manager auf Zeit berufen werden, die fähig sind, das Unternehmen erfolgreich zu führen.

6.3.2 Gesellschaft mit beschränkter Haftung (GmbH)

Die vereinfachte Form der Kapitalgesellschaft für kleine und mittlere Unternehmen stellt die GmbH dar. Sie hat im Gegensatz zur AG einen einfacheren Aufbau, weniger strenge gesetzliche Vorschriften und eine stärkere Bindung der Gesellschafter.

> Die GmbH ist eine Handelsgesellschaft mit eigener Rechtspersönlichkeit (juristische Person) und haftet den Gläubigern gegenüber unbeschränkt mit ihrem gesamten Geschäftsvermögen. Die Gesellschafter sind mit ihren Stammeinlagen am Stammkapital der Gesellschaft beteiligt, ihre Haftung ist auf ihre Stammeinlagen beschränkt (§ 13 GmbHG).

▶ *Gründung der GmbH*

Die Gründer einer GmbH bringen das **Stammkapital** auf. Es muss mindestens 25 000,00 EUR betragen und wird in der Bilanz als „Gezeichnetes Kapital" (Summe aller Geschäftsanteile der Gesellschafter) ausgewiesen. Die GmbH kann schon durch eine Person gegründet werden. Man spricht dann von einer **Einmann-GmbH**.

● **Leistung der Stammeinlage:** Die Mindesteinzahlung auf jede Stammeinlage des Gesellschafters beträgt 100,00 EUR, insgesamt mindestens 25 000,00 EUR auf das Stammkapital. Der Rest wird als **noch ausstehende Einlage** auf der Aktivseite in der Bilanz ausgewiesen. Jede Stammeinlage (Geld- oder Sachwerte) muss auf mindestens 100,00 EUR lauten und durch 50 teilbar sein. Sollen **Sacheinlagen** geleistet werden, müssen der Gegenstand der Sacheinlage und der Betrag der Stammeinlage, auf die sich die Sacheinlage bezieht, im Gesellschaftsvertrag festgesetzt werden. Der Gesamtbetrag der Stammeinlagen muss mit dem Stammkapital übereinstimmen.

● **Nachschusspflicht:** Bei der Gründung kann nur eine Stammeinlage übernommen werden (§ 5 GmbHG). Die Satzung kann eine **beschränkte oder unbeschränkte Nachschusspflicht** der Gesellschaft festlegen. Damit wird eine spätere Kapitalbeschaffung zum Verlustausgleich erleichtert (§§ 26, 27, 28 GmbHG).

> Der Geschäftsanteil ist der Anteil am Stammkapital, den ein Gesellschafter durch die Einlage erwirbt. Im Gegensatz zur Aktie ist der Geschäftsanteil kein verbrieftes Mitgliedsrecht des Gesellschafters und kann nur in notarieller Form vererbt oder veräußert werden. Ein börsenmäßiger Verkauf ist nicht möglich (§ 15 GmbHG).

Der Geschäftsanteil eines Gesellschafters kann nach Androhung verkauft werden (**Kaduzierung** = Kraftloserklärung), wenn ein Gesellschafter seiner Einzahlungspflicht nicht nachkommt (§ 21 GmbHG).

Beispiel: Die Gesellschafter der VERI Veterinär GmbH Kessler und Abel haben ihre Einlage voll erbracht. Dagegen konnte der Gesellschafter Unwert seine Stammeinlage nicht einzahlen, da er zahlungsunfähig geworden ist. Der kaduzierte Geschäftsanteil kann dann öffentlich versteigert werden. Für einen Mindererlös haftet zunächst der ausgeschlossene Gesellschafter Unwert. Ist er aber zahlungsunfähig, so haben die übrigen Gesellschafter Kessler und Abel im Verhältnis ihrer Geschäftsanteile die ausstehende Einlage aufzubringen. Das bedeutet subsidiäre (Hilfe leistende) Haftung.

- **Aufstellung des Gesellschaftsvertrages (Satzung):** Die Satzung muss gerichtlich oder notariell beurkundet werden. Der **Mindestinhalt** wird vom Gesetzgeber zwingend vorgeschrieben (§ 3 GmbHG):

  – Firma und Sitz der Gesellschaft
  – Gegenstand des Unternehmens
  – Betrag des Stammkapitals
  – Stammeinlage jedes Gesellschafters

- **Firmierung und Eintragung ins Handelsregister:** Die Firma einer GmbH kann eine **Sach-, Personenfirma oder Fantasiefirma** sein und muss den Zusatz „GmbH" enthalten. Die Gesellschaft ist beim Amtsgericht zur Eintragung ins Handelsregister anzumelden. Damit entsteht die GmbH, denn die Eintragung hat eine **konstitutive Wirkung** (§§ 4, 7, 8 GmbHG). Werden die Geschäfte schon vor der Eintragung aufgenommen, haften die Gesellschafter unbeschränkt.

▶ *Organe der GmbH*

Wie die AG handelt die GmbH als juristische Person durch ihre Organe.

- **Geschäftsführer:** Die Aufgaben der Geschäftsführer entsprechen weitgehend denen des Vorstandes einer AG. Sie sind gesetzliche Vertreter der juristischen Person GmbH und vertreten sie gerichtlich und außergerichtlich. In das Handelsregister sind Art und Umfang der Vertretungsmacht einzutragen. Fehlen besondere Vereinbarungen, dürfen die Geschäftsführer nur gemeinsam handeln.

> Die Versammlung der Gesellschafter bestellt ohne Zeitbestimmung einen oder mehrere Geschäftsführer, die meist zugleich Gesellschafter der GmbH sind.

- **Aufsichtsrat:** Gesellschaften bis 500 Arbeitnehmern können freiwillig einen AR oder einen Beirat bilden. Der Aufsichtsrat ist durch das BetrVG von 1952 nur für Gesellschaften mit mehr als 500 Arbeitnehmern zwingend vorgeschrieben. Bei einer GmbH mit mehr als 2 000 Arbeitnehmern ist auch nach dem Mitbestimmungsgesetz von 1976 und nach dem Montan-mitbestimmungsgesetz von 1951 bei Montangesellschaften ein Aufsichtsrat notwendig. Die Aufgaben des AR entsprechen im Wesentlichen denen der AG.

- **Gesellschafterversammlung:** Die Versammlung der Gesellschafter wird durch die Geschäftsführer unter Angabe des Zwecks durch eingeschriebenen Brief einberufen. Die Durchführung der Versammlung der Gesellschafter kann unterbleiben, wenn sämtliche Gesellschafter mit einer schriftlichen Stimmabgabe einverstanden sind (§§ 48, 49, 50 und 51 GmbHG).

> Die Abstimmung in der Versammlung der Gesellschafter erfolgt nach Geschäftsanteilen, wobei je 50,00 EUR Geschäftsanteil eine Stimme gewährt wird. Die Beschlüsse werden mit einfacher Mehrheit der abgegebenen Stimmen gefasst (§ 47 GmbHG).

Die **Hauptaufgaben der Versammlung der Gesellschafter** sind (§ 46 GmbHG):

– Feststellung des Jahresabschlusses und der Verwendung des Ergebnisses,
– Bestellung, Entlastung und Abberufung der Geschäftsführer,
– Satzungsänderungen,
– Bestellung von Prokuristen und Handlungsbevollmächtigten,
– Prüfung und Überwachung der Geschäftsführung.

▶ *Bedeutung der GmbH*

Die GmbH wurde vom Gesetzgeber geschaffen, um die Bildung auch kleinerer Kapitalgesellschaften zu ermöglichen. Sie vereinigt bestimmte Vorteile einer OHG und einer AG. So sind die Gesellschafter der GmbH meist Geschäftsführer wie bei der OHG bei gleichzeitiger beschränkter Haftung wie bei einem Aktionär. Oft findet man die GmbH bei **Familiengesellschaften**, weil die Übertragung der Geschäftsanteile stark erschwert ist. Die Gründung und Leitung einer GmbH ist einfacher als bei einer AG. Man braucht weniger Kapital, die Gründungskosten sind niedriger, die Gesellschafter haben mehr Einfluss auf die Gesellschaft und die Rechtsvorschriften geben mehr Spielraum zur individuellen Gestaltung der Gesellschaft. Andererseits hat die GmbH wegen der beschränkten Haftung und des Fehlens der zwingenden Verpflichtung zur Bildung von gesetzlichen Rücklagen eine geringere Kapital- und Kreditbasis. Die Gesellschaft darf aber andere Rücklagen bilden.

6.3.3 Kleine AG

Dem mittelständischen Unternehmen blieb früher der **Zugang zur Börse („Eigenkapitalmarkt")** verwehrt, zu dem die AG den alleinigen Zugang hatte. Durch das Gesetz von 1994 für kleine Aktiengesellschaften und zur Deregulierung des Aktienrechts soll es mittelständischen Unternehmen erleichtert werden, die Rechtsform der AG anzunehmen.

Beispiel: Der mittelständische Inhaber der Maschinenfabrik Hans Klein bietet weltweit Betonpumpen an. Er überlegt sich, wer später das Unternehmen weiterführen soll. Diesen Übergabeprozess will er noch zu seinen Lebzeiten beginnen. Klein wandelt die Unternehmung in eine Kleine AG um. Eines Tages will er dann als Aufsichtsrat die Gesellschaft überwachen und moderieren. Hält die gute Entwicklung des Unternehmens an, will Klein in den nächsten Jahren an die Börse. Dieser Sprung an die Börse soll auch den Mitarbeitern zugute kommen. Sie sind das wichtigste Kapital. Er denkt an eine Aktienbeteiligung der Mitarbeiter.

	Kleine AG	Vorteile
● **Einpersonen-gründung**	− Statt mehrerer Personen genügt **eine Person**	− Gleichstellung mit der GmbH − Vereinfachung
● **Hauptver-sammlung**	− Für die **Einberufung der HV** genügt ein eingeschriebener Brief, soweit der Aktionär namentlich bekannt ist − **Notarielle Beurkundung** nur für Grundlagenbeschlüsse, für die eine Dreiviertelmehrheit notwendig ist	− Vereinfachung und Verbilligung, da Verzicht auf Ankündigung der Tagesordnung und Ort der HV wie bei der GmbH − Vereinfachung und Verbilligung, da nicht alle Beschlüsse notariell beurkundet werden müssen
● **Geschäfts-führung**	− **Vorstand** führt die Geschäfte eigenverantwortlich und unabhängig	− Qualifizierte Führungskräfte können leichter gewonnen werden
● **Existenz-sicherung**	− **Existenz des Unternehmens** ist auch gesichert, wenn Aktionäre ihre Anteile verkaufen	− Aufnahme von Eigenkapital wird durch Aktienausgabe erleichtert
● **Mitbestimmung**	− **Bis zu 500 Beschäftigten** keine drittelparitätische Mitbestimmung im Aufsichtsrat	− Gleichstellung mit der GmbH-Regelung − Kosteneinsparung

Lernaufgaben 6.3

Kapitalgesellschaften

1 *Zur Gründung einer Unternehmung für Computer-Informationssysteme bemüht sich Karla Schlau, das Kapital über 4 Mio. EUR aufzubringen. Frau Schlau will sich über die Gründung einer AG informieren. Sie wendet sich deshalb an Sie mit der Bitte, ihr folgende Fragen zu beantworten:*

a) Wie viele Gründer sind notwendig?

b) Wie hoch ist der Mindestnennbetrag des Grundkapitals und einer Aktie?

c) Welche gesetzlichen Vorschriften bestehen bezüglich der Stückelung und des Ausgabekurses der Aktien?

d) Mit welchem Zeitpunkt kann man die AG als rechtlich existent betrachten? Welche Wirkung hat die Eintragung der AG ins Handelsregister?

e) Sollen Inhaber- oder Namensaktien ausgegeben werden? Worin besteht der Unterschied?

2 *Auf Zeitungsanzeigen in größeren Tageszeitungen haben sich mehrere Interessenten als Gründeraktionäre gemeldet. Nach längeren Verhandlungen ist Frau Schlau mit fünf Personen einig geworden, die AG zu gründen. Karla Schlau übernimmt als Hauptaktionär 1 200 000,00 EUR (30 %) und die anderen fünf Gründer übernehmen je 560 000,00 EUR (je 14 %). Als Firmenbezeichnung schlägt Frau Schlau vor: „Schlau & Co. Computer-Informationssysteme".*

a) Warum wird der Registerrichter bei der Eintragung der AG ins Handelsregister diese Firmierung ablehnen?

b) Wie könnte die Firmierung lauten, die vom Registerrichter anerkannt wird?

c) Der Registerrichter beim Amtsgericht verlangt für die Eintragung einer Firma ins Handelsregister bestimmte Urkunden. Welche Urkunden muss die AG nach § 37 AktG vorlegen?

3 *Die AG ist im Handelsregister eingetragen. Die Gründer haben den ersten AR der Gesellschaft bestellt. Der AR bestellte den ersten Vorstand, der aus drei Mitgliedern besteht. Als Vorstandsvorsitzender wurde Dr. Weber gewählt.*

a) Dr. Weber beabsichtigt von einem Geschäftsfreund eine gebrauchte Geschäftsausstattung zu kaufen. Die beiden anderen Vorstandsmitglieder sind der Meinung, dass eine neue Ausstattung angeschafft werden sollte. Wie wird bei Meinungsverschiedenheiten innerhalb des Vorstandes entschieden?

b) Ein Gläubiger der AG verlangt von der Hauptaktionärin Karla Schlau Zahlung, da er vergeblich versucht hat das Geld von der AG zu erhalten. Muss Frau Schlau für die AG zahlen? Begründung!

4 *Nach § 264 AktG hat der Vorstand in den ersten drei Monaten des Geschäftsjahres für das vergangene Geschäftsjahr die Jahresbilanz und die GuV-Rechnung (Jahresabschluss) sowie den Lagebericht aufzustellen und den Abschlussprüfern vorzulegen. Für das erste Geschäftsjahr hat der Vorstand der AG einen Verlust von 130 000,00 EUR errechnet.*

a) Wie beurteilen Sie diesen Verlust, wenn zu berücksichtigen ist, dass Gründungskosten in Höhe von 150 000,00 EUR angefallen sind?

b) Der in der GuV-Rechnung ermittelte Verlust von 130 000,00 EUR wird bei der AG über Verlustvortrag gebucht. Auf welcher Seite der Bilanz der AG erscheint der Verlustvortrag?

c) Warum darf der Verlustvortrag einer AG nicht über Grundkapital ausgebucht werden?

5 *Nach § 33 AktG ist die Gründung durch Gründungsprüfer, nach § 170 AktG ist der Jahresabschluss durch Abschlussprüfer zu prüfen. Außerdem ist der Jahresabschluss nach § 325 AktG im Bundesanzeiger bekannt zu machen.*

a) Warum müssen Gründung und Jahresabschluss geprüft werden?

b) Welchem Zweck dient die Veröffentlichung des Jahresabschlusses?

6 *Der Aktionär Flöring hat seine Aktien in Höhe von 120 000,00 EUR bei der Dresdner Bank zur Aufbewahrung gegeben.*

a) Welche Möglichkeiten hat Flöring, in der HV sein Stimmrecht wahrzunehmen?

b) Flöring besitzt 40 Aktien zu 50,00 EUR Nominalwert der X-AG und 70 Aktien zu 100,00 EUR Nominalwert der Y-AG. Wie viel Stimmen hat Flöring in der HV der X-AG und der Y-AG?

c) Flöring hat die Aktien der X-AG zu 120,00 EUR für 50,00 EUR Nennwert und die Aktien der Y-AG zu 180,00 EUR für 50,00 EUR Nennwert gekauft. Zurzeit stehen die Aktien der X-AG bei 150,00 EUR und die Aktien der Y-AG bei 160,00 EUR. Während bei den X-Aktien ein fallender Kurs erwartet wird, haben die Y-Aktien eine steigende Tendenz. Wie beraten Sie Flöring, wenn er Aktien im Wert von $40 \times 50 = 2 000,00$ EUR Nennwert verkaufen will?

7 *Die Westdeutsche Kammgarnspinnerei AG hat 3 800 Beschäftigte und unterliegt damit als Unternehmen mit eigener Rechtspersönlichkeit einer bestimmten Mitbestimmung der Arbeitnehmer und Anteilseigner.*

a) Welches Gesetz über die Mitbestimmung gilt für diese Kapitalgesellschaft?

b) Wie viel Mitglieder wählt die HV und wie viel wählen die Arbeitnehmer auf Vorschlag der Arbeiter, Angestellten und Gewerkschaften in den AR der AG?

c) Für welche Aufgabenbereiche ist der Arbeitsdirektor als Mitglied des Vorstandes der AG zuständig?

d) Wurde mit dieser Mitbestimmungsregelung die Forderung der Gewerkschaften nach einer vollen Parität erfüllt? Nehmen Sie dazu Stellung!

8 *Zwei Freunde, Fiedler und Schiefer, die sich während ihrer Ausbildung zum Heizungsinstallateur kennen gelernt haben, wollen sich selbstständig machen, nachdem sie inzwischen die Meisterprüfung abgelegt haben. Sie beabsichtigen eine GmbH zu gründen, um nicht mit ihrem Privatvermögen haften zu müssen. Fiedler kann 10 000,00 EUR und Schiefer 7 500,00 EUR flüssige Mittel einbringen. Sie wollen sich zu gleichen Teilen an der Gesellschaft beteiligen und die Geschäftsführung selbst übernehmen.*

a) Reichen die flüssigen Mittel zur Gründung einer GmbH aus? Begründung!

b) Wie wird die noch ausstehende Zahlungsverpflichtung in der Bilanz der GmbH ausgewiesen?

c) Stellen Sie folgende Größen fest: Stammkapital, Geschäftsanteile, Einzahlungen auf die Stammeinlagen und noch ausstehende Einlagen!

9 *Die Gesellschafter Fiedler und Schiefer sind sich einig, Frau Schön in die GmbH als Gesellschafterin mit Geschäftsführungsbefugnis aufzunehmen. Sie zahlt den vereinbarten Geschäftsanteil von 12 000,00 EUR voll ein und verlangt, dass die übrigen Gesellschafter ihre ausstehenden Einlagen ebenfalls einzahlen. Fiedler ist damit einverstanden, aber Schiefer widerspricht diesem Vorschlag und verweist darauf, dass das Kreditlimit der Hausbank noch nicht ausgeschöpft ist.*

a) Warum wird Frau Schön die Einzahlung der noch ausstehenden Einlagen verlangen?

b) Welches Verfahren können die Gesellschafter nach § 21 GmbHG durchführen, wenn der Gesellschafter Schiefer seiner Einzahlungsverpflichtung nicht nachkommt?

10 *In der Versammlung der Gesellschafter unterbreiten Fiedler und Schiefer den Vorschlag, den Gewinn der GmbH voll den Rücklagen zuzuführen. Die Gesellschafterin Schön besteht dagegen auf einer 50-prozentigen Ausschüttung an die Gesellschafter. Im Gesellschaftsvertrag ist darüber nichts enthalten.*

a) Wie viel Stimmen haben die einzelnen Gesellschafter der GmbH in der Versammlung der Gesellschafter, wenn sie ihren Geschäftsanteil voll eingezahlt haben?

b) Wie werden die Beschlüsse in der Versammlung der Gesellschafter gefasst?

c) Darf eine GmbH Rücklagen bilden oder ist sie zur Bildung einer gesetzlichen Rücklage verpflichtet?

d) Kann die Gesellschafterin Schön auf der Ausschüttung von 50 % des Gewinns bestehen? Begründung (§ 46 GmbHG)!

11 *Alle drei Gesellschafter der GmbH sind als Geschäftsführer beim zuständigen Amtsgericht im Handelsregister eingetragen. Gesellschafter Fiedler kauft ein Geschäftsauto, ohne die übrigen Gesellschafter zu fragen.*

a) Hat Fiedler die Gesellschaft verpflichtet? Begründung (§ 36 GmbHG)!

b) Wie ist die Rechtslage, wenn nur Schiefer Geschäftsführungsbefugnis besitzt und der Gesellschafter Fiedler den Geschäftswagen kauft, ohne die übrigen Gesellschafter zu fragen?

c) Wie ist die Rechtslage, wenn nur Fiedler Geschäftsführungsbefugnis besitzt und einen Geschäftswagen kauft, ohne die übrigen Gesellschafter zu fragen?

12 *Der Gesellschafter Schiefer und die Gesellschafterin Schön möchten ihre Geschäftsanteile der GmbH verkaufen. Fiedler ist bereit beide Anteile zu erwerben. Auch andere Interessenten haben sich beworben.*

a) Fiedler ist dagegen, dass fremde Personen als Gesellschafter aufgenommen werden. Hat er ein Vorkaufsrecht? Begründung (§ 15 GmbHG)!

b) Warum könnte Fiedler daran interessiert sein, die zum Verkauf anstehenden Anteile selbst zu erwerben?

c) Welche Formvorschriften sind beim Verkauf von Geschäftsanteilen einer GmbH zu beachten (§ 15 GmbHG)?

Lerngerüst 6.4

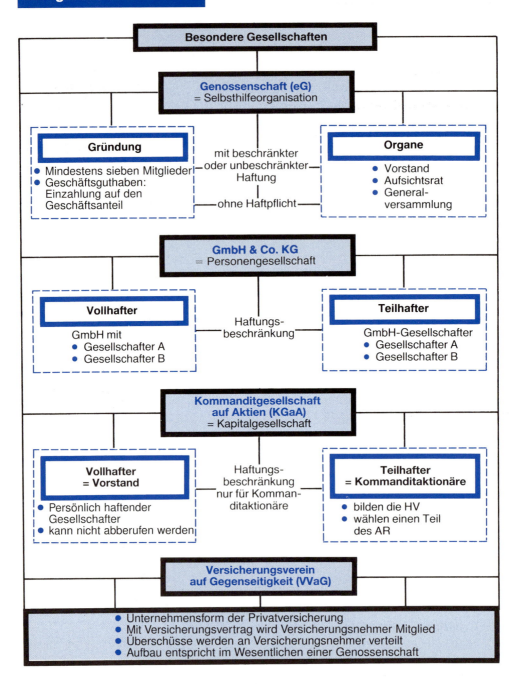

Lerninformationen 6.4

6.4 Besondere Gesellschaften

*Zu den besonderen Gesellschaften zählen die **Genossenschaften** und die **Versicherungsvereine auf Gegenseitigkeit**, die auf der Solidarität ihrer Mitglieder beruhen. Als besondere Gesellschaften haben sich auch **Mischformen** von Personen- und Kapitalgesellschaften herausgebildet. Die **GmbH & Co. KG** ist rechtlich eine Personengesellschaft und die **KGaA** (Kommanditgesellschaft auf Aktien) gehört rechtlich zu den Kapitalgesellschaften.*

6.4.1 Genossenschaften

Schulze-Delitzsch gründete 1849 in der sächsischen Stadt Delitzsch die ersten **gewerblichen Genossenschaften** (Rohstoffvereinigung der Tischler und Schuhmacher), damit sich die wirtschaftlich schwachen Betriebe im Wettbewerb mit den Großbetrieben behaupten konnten. Etwas früher − 1847 − hatte bereits der Landbürgermeister **Raiffeisen** im Westerwald die ersten **landwirtschaftlichen Genossenschaften** ins Leben gerufen. Sie wollten damit die Vorteile eines Großbetriebes beim Einkauf, in der Fertigung, beim Absatz und in der Kapitalbeschaffung durch den Zusammenschluss der Kleinbetriebe zu einer leistungsfähigen Genossenschaft wettmachen. Ihr Leitspruch lautete: „Vereint sind auch die Schwachen mächtig."

> Die Genossenschaft ist weder eine Personen- noch Kapitalgesellschaft, sondern ein wirtschaftlicher Verein mit nicht geschlossener Mitgliederzahl. Sie hat den Zweck, den Erwerb oder die Wirtschaft ihrer Mitglieder zu fördern, ohne dass die Genossen persönlich für die Verbindlichkeiten der Genossenschaft haften (§ 1 GenG).

▶ *Gründung der Genossenschaft*

Zur Gründung einer Genossenschaft sind mindestens sieben Personen (**Genossen**) erforderlich. Sie stellen einen **Gesellschaftsvertrag** (Satzung) auf und wählen den Vorstand und den Aufsichtsrat. Die Satzung bedarf der Schriftform. Der Vorstand lässt die Genossenschaft ins Genossenschaftsregister eintragen. Damit wird die Genossenschaft eine **juristische Person** und zugleich Kaufmann im Sinne des HGB (Formkaufmann). Die Firma der Genossenschaft muss die Bezeichnung „eingetragene Genossenschaft" oder die Abkürzung „eG" enthalten (§§ 1, 3, 4, 8 GenG).

● **Mitgliedschaft:** Jede natürliche und juristische Person kann durch schriftliche Beitrittserklärung in die Genossenschaft eintreten. Die **Mitgliedsrechte** erwirbt sie erst durch die Eintragung in die „Liste der Genossen", die beim Registergericht geführt wird (§ 15 GenG).

● **Geschäftsanteil und Geschäftsguthaben:** Die Mitglieder der Genossenschaft haben den Geschäftsanteil einzuzahlen, der im Statut der Genossenschaft festgelegt ist. Die **Mindesteinlage** beträgt ein Zehntel des Geschäftsanteils.

> Das Geschäftsguthaben ist der Betrag, der von den Genossen auf ihren Geschäftsanteil tatsächlich eingezahlt ist, vermehrt durch Gewinn- und vermindert durch Verlustanteile.

In der Bilanz wird das Geschäftsguthaben aller Genossen ausgewiesen. Meist entspricht die Haftsumme dem Geschäftsanteil. Sie kann aber auch höher sein, wenn laut Statut der Genossenschaft die Genossen Nachschüsse in unbeschränkter Höhe oder in beschränkter Höhe bis zu einer festgelegten Haftsumme zu leisten haben.

Beispiel: Geschäftsanteil 360,00 EUR, Mindesteinlage vom Geschäftsanteil = 36,00 EUR, tatsächliche Einzahlung 160,00 EUR, Risikosumme 900,00 EUR, Nachschuss im Insolvenzfall 740,00 EUR.

360,00 EUR + 540,00 EUR = 900,00 EUR Risikosumme

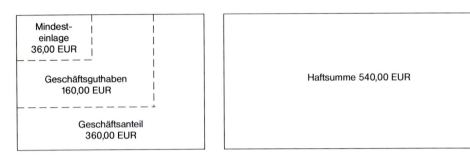

- **Rücklagen:** Das Statut muss die Bildung einer gesetzlichen Rücklage bestimmen und den Teil des Jahresüberschusses festlegen, der ihr zuzuführen ist. Sie dient zur Deckung eines Verlustes (§ 7 GenG). Das Statut kann auch festlegen, dass der Gewinn nicht verteilt wird, sondern den **gesetzlichen und anderen Ergebnisrücklagen** zugeführt wird (§ 20 GenG).

▶ *Arten der Genossenschaften*

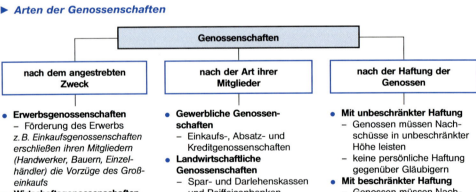

▶ *Organe der Genossenschaft*

Die Organe der Genossenschaft und ihre Aufgaben entsprechen im Wesentlichen denen der AG.

- **Vorstand:** Die Genossenschaft wird durch den Vorstand geleitet. Er besteht aus mindestens zwei Genossen. Die Vorstandsmitglieder besitzen grundsätzlich **Gesamtbefugnis für die Geschäftsführung und Vertretung**. Somit ist die gegenseitige Kontrolle gewährleistet. Die Vertretungsmacht ist unbeschränkt und unbeschränkbar (§§ 24 ff. GenG).

> Der Vorstand ist das leitende Organ einer Genossenschaft.

Er hat dafür zu sorgen, dass die Bücher der Genossenschaft ordnungsmäßig geführt werden. Er muss den **Jahresabschluss** und den **Lagebericht** unverzüglich nach Aufstellung dem Aufsichtsrat zur Prüfung und der Generalversammlung zur Feststellung vorlegen (§§ 33, 38 GenG).

- **Aufsichtsrat:** Der Vorstand wird durch den Aufsichtsrat überwacht. Er umfasst mindestens drei Genossen. Zu seinen Aufgaben gehören neben der **Kontrolle des Vorstandes** die **Prüfung** des Jahresabschlusses, des Lageberichtes und des Vorschlages für die Verwendung des Jahresüberschusses. Über das Ergebnis der Prüfung hat er der Generalversammlung zu berichten (§ 38 GenG). Für seine Tätigkeit darf der AR keine Tantiemen erhalten, allenfalls ein festes Gehalt (§§ 36 ff. GenG).

> Der Aufsichtsrat ist das überwachende Organ der Genossenschaft.

Bei mehr als 500 Arbeitnehmern ist ein Drittel der Aufsichtsratsmitglieder aus den Reihen der Arbeitnehmer zu wählen (§ 129 BVG). Nach dem Mitbestimmungsgesetz von 1976 ist bei mehr als 2 000 Arbeitnehmern der AR paritätisch aus Mitgliedern der Anteilseigner und der Arbeitnehmer zu besetzen (§ 7 MitbestG).

- **Generalversammlung:** Sie hat in den ersten sechs Monaten des Geschäftsjahres stattzufinden. In der Generalversammlung der Genossenschaft werden die Beschlüsse nicht wie in der HV der AG nach Kapitalanteilen, sondern **nach Köpfen** mit Mehrheit der erschienenen Genossen gefasst. Die Generalversammlung wählt den AR bzw. einen Teil des AR und den Vorstand, sie beschließt über den Jahresabschluss, die Verteilung von Gewinn und Verlust, über Satzungsänderungen und entlastet Vorstand und AR für das jeweils abgeschlossene Geschäftsjahr (§§ 43 ff. GenG).

Beispiel: Erwirbt ein Genosse einen zweiten Geschäftsanteil, dann hat er nicht zwei Stimmen, da sein Stimmrecht auf der Mitgliedschaft und nicht auf der Kapitalbeteiligung beruht.

> Die Generalversammlung ist das beschließende Organ einer Genossenschaft.

Bei Genossenschaften mit mehr als 3 000 Mitgliedern besteht die Generalversammlung aus Vertretern der Genossen (**Vertreterversammlung**), die die Rechte der Generalversammlung ausüben.

Der Jahresabschluss, der Lagebericht und der Bericht des AR sollen mindestens eine Woche vor der Versammlung im Geschäftsraum zur Einsicht der Genossen ausgelegt oder ihnen sonst zur Kenntnis gebracht werden. Auch können Genossen auf eigene Kosten eine Abschrift verlangen (§ 48 GenG).

▶ *Pflichten und Rechte der Genossen*

- Einzahlung auf den Geschäftsanteil, wobei die Satzung bestimmt, ob ein Genosse mehrere Geschäftsanteile übernehmen darf
- Nachschusspflicht, wenn die Satzung es vorsieht
- Beachtung der Beschlüsse des Statuts und der Generalversammlung

- Benutzung der satzungsmäßigen Einrichtungen der Genossenschaft
- Gewinnanteil, wenn nicht durch Statut ausgeschlossen
- Teilnahme an der Generalversammlung, wenn keine Vertreterversammlung besteht
- Kündigung drei Monate vor Jahresende

▶ *Prüfung der Genossenschaft*

Jede Genossenschaft gehört einem **Prüfungsverband** an. Danach werden z. B. Einkaufsgenossenschaften geprüft vom „Deutschen Genossenschaftsverband (Schulze-Delitzsch) e. V. Bonn". Die Prüfung hat mindestens alle zwei Jahre stattzufinden. Der schriftliche Prüfungsbericht ist der Generalversammlung vorzulegen. Übersteigt die Bilanzsumme eine Million EUR, muss die Prüfung in jedem Jahr stattfinden.

6.4.2 GmbH & Co. KG oder GmbH & Co.

Bei ihr beteiligt sich eine GmbH (juristische Person) als Komplementär (Vollhafter) an einer KG.

> Die GmbH & Co. KG ist eine Personengesellschaft (KG), bei der die Komplementär-GmbH die Geschäftsführungsbefugnis und die Vertretungsmacht ausübt.

Beispiel:

Eine GmbH mit den Gesellschaftern Kunze und Braun beteiligt sich an einer KG als Komplementär mit 50 000,00 EUR (je 25 000,00 EUR). Kunze und Braun sind gleichzeitig als Kommanditisten der KG mit 30 000,00 EUR und 40 000,00 EUR beteiligt.

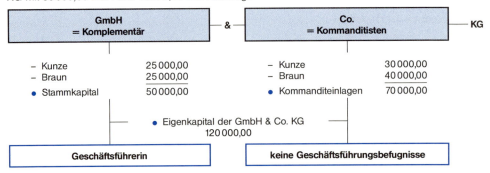

► **Gründe für die Entstehung einer GmbH & Co. KG**

● **Haftungsbeschränkung:** Die GmbH haftet als Komplementär unbeschränkt mit ihrem Vermögen, die Gesellschafter der GmbH haften jedoch nur mit ihrer Einlage.

● **Einfachere Kapitalbeschaffung:** Die GmbH & Co. KG kann durch die Aufnahme von Kommanditisten einfacher Eigenkapital beschaffen als eine GmbH, deren Kapitaleinlagen schwer zu übertragen sind.

● **Fortbestand eines Familienunternehmens:** Ein Familienunternehmen kann fortgeführt werden, indem an die Stelle der natürlichen Person als Komplementär eine juristische Person in Form einer GmbH oder AG tritt (GmbH & Co. KG oder AG & Co. KG).

► **Prüfung und Offenlegung des Jahresabschlusses**

Nach dem Kapitalgesellschaften und Co. Richtlinien Gesetz (KapCoRiLiG) werden ab dem Jahr 2000 die für **Kapitalgesellschaften** strengen Vorschriften zur Prüfung und Offenlegung von Jahresabschlüssen auch auf **Personengesellschaften** ausgedehnt. Bei diesen Gesellschaften muss nicht mindestens ein persönlich haftender Gesellschafter eine natürliche Person sein. Das bedeutet, dass künftig auch bei der Rechtsform der **GmbH & Co. KG** mittelgroße Gesellschaften ihren Jahresabschluss von einem vereidigten Buchprüfer oder Wirtschaftsprüfer oder große Gesellschaften von einem Wirtschaftsprüfer prüfen lassen müssen.

6.4.3 Kommanditgesellschaft auf Aktien (KGaA)

Die KGaA ist eine **Mischform von KG und AG**. Sie ist als Kapitalgesellschaft eine juristische Person und findet in den §§ 278 bis 290 AktG ihre gesetzliche Regelung. Das **Rechtsverhältnis der persönlich haftenden Gesellschafter** untereinander, gegenüber den Kommanditaktionären und gegenüber Dritten bestimmt sich nach den Vorschriften über die KG.

> Bei der KGaA haftet mindestens ein Gesellschafter den Geschäftsgläubigern gegenüber unbeschränkt (Komplementär). Die übrigen Gesellschafter sind an dem in Aktien zerlegten Grundkapital beteiligt, ohne persönlich für die Verbindlichkeiten der Gesellschaft zu haften (Kommanditaktionäre).

► **Gründung der KGaA**

Sie erfolgt grundsätzlich wie bei der AG. Zu den fünf notwendigen Gründern gehören alle Vollhafter.

► **Organe der KGaA**

Sie entsprechen den Organen einer AG.

● **Vorstand:** Kraft Gesetzes sind die Komplementäre Vorstand der Gesellschaft. Er kann **nicht abberufen** werden, da er nicht, wie bei der AG, vom AR bestellt wurde. Für die persönlich haftenden Gesellschafter gelten sinngemäß die für den Vorstand der AG geltenden Vorschriften über die Aufstellung, Prüfung und Vorlegung des Jahresabschlusses, des Lageberichts und des Vorschlags für die Gewinnverwendung. In der Bilanz sind die **Kapitalanteile der persönlich haftenden Gesellschafter** nach dem Posten „Gezeichnetes Kapital" gesondert auszuweisen. Der auf seinen Kapitalanteil entfallende Verlust ist von seinem Kapitalanteil abzuschreiben (§§ 283, 286 AktG).

- **Aufsichtsrat:** Er wird von den Kommanditaktionären und den Arbeitnehmern wie bei der AG gewählt.

- **Hauptversammlung:** Sie besteht aus den **Kommanditaktionären**. Die Beschlüsse der HV bedürfen der Zustimmung der Komplementäre bei Angelegenheiten, für die auch bei der KG das Einverständnis der Komplementäre und Kommanditisten erforderlich ist. Die Beschlüsse sind dem Handelsregister einzureichen (§ 285 AktG).

▶ Bedeutung der KGaA

Die KGaA hat nur eine geringe Verbreitung gefunden. In der Bundesrepublik Deutschland gibt es nur etwa 30 KGaA *(z. B. Sektkellerei Kupferberg KGaA in Mainz)*. Sie ermöglicht die Beschaffung eines größeren Kapitals, ohne dass der persönlich haftende Gesellschafter die Leitung als unabhängiger Unternehmer abgibt. Der Erfolg der Unternehmung ist von der Tüchtigkeit der Komplementäre abhängig, da der Vorstand nicht abberufen werden kann.

6.4.4 *Versicherungsvereine auf Gegenseitigkeit (VVaG)*

Sie sind gesetzlich geregelt im „Gesetz über die Beaufsichtigung der privaten Versicherungsunternehmen von 1992 mit Änderungen", kurz Versicherungsaufsichtsgesetz (VAG) genannt (§§ 15–53 VAG).

> Die Versicherungsvereine auf Gegenseitigkeit sind mit eigener Rechtspersönlichkeit ausgestattete Privatversicherungen, die auf dem Genossenschaftsgedanken beruhen. Der Versicherungsnehmer wird mit dem Abschluss des Versicherungsvertrages Mitglied des Unternehmens. Die Mitglieder sind zugleich Versicherungsnehmer und Versicherer.

▶ Beiträge der Versicherungsnehmer

Aus den Beiträgen der Versicherungsnehmer werden die **Leistungen** bezahlt. Entstehen Fehlbeträge, werden die Beiträge erhöht. Überschüsse an die Versicherungsnehmer verteilt. **Rückversicherungen** dienen der Vorsorge, damit die Mitglieder nicht sofort Beitragserhöhungen oder Kürzung der Leistungen hinnehmen brauchen.

▶ Organe der VVaG

Sie **entsprechen im Wesentlichen den Organen einer Genossenschaft**. Das beschließende Organ besteht nur aus Vertretern, die von den Mitgliedern des Versicherungsvereins gewählt werden. Deshalb heißt es im Gegensatz zur Genossenschaft nicht Generalversammlung, sondern **oberste Vertretung**.

▶ Bedeutung der VVaG

Der Marktanteil der 120 größten Versicherungsvereine auf Gegenseitigkeit in der Bundesrepublik Deutschland liegt bei 25 % der Prämieneinlagen. In der Geschäftspraxis unterscheiden sich die großen Versicherungsvereine auf Gegenseitigkeit nur unwesentlich von den Versicherungs-AGs.

Lernaufgaben 6.4

Besondere Gesellschaften

1 *Selbstständige Lebensmitteleinzelhändler im Raum Köln beabsichtigen sich zu einer Genossenschaft zusammenzuschließen, um durch gemeinsame Beschaffung der Waren und gemeinsame Werbung die Marktpositionen gegenüber den großen Warenkonzernen und Supermärkten zu stärken.*

a) Für derartige Zusammenschlüsse gibt es bereits Vorbilder. Nennen Sie mindestens einen genossenschaftlichen Zusammenschluss von Lebensmitteleinzelhändlern in der Bundesrepublik Deutschland!

b) Unterbreiten Sie den Mitgliedern der zu gründenden Genossenschaft einen Vorschlag für die Firmenbezeichnung!

c) Erklären Sie die Aufgaben der Organe, die diese Genossenschaft benötigt!

d) Aus welchen gesetzlichen Bestimmungen geht hervor, dass die Genossenschaft eine Selbsthilfeeinrichtung zur Förderung wirtschaftlich schwacher Gruppen ist?

2 *Die Einzelhändler Josef Schmitz und Karl Krämer treten durch eine schriftliche Beitrittserklärung in die Kölner Lebensmitteleinkaufsgenossenschaft eG ein. Im Statut der Genossenschaft ist festgelegt, dass der Genossenschaftsanteil jedes Genossen 800,00 EUR beträgt. Schmitz hat auf seinen Geschäftsanteil nur die Mindesteinlage eingezahlt, während Krämer, der zwei Anteile besitzt, beide voll eingezahlt hat.*

a) Mit welchem Zeitpunkt erwerben Schmitz und Krämer beim Eintritt in die Genossenschaft ihre Mitgliedsrechte?

b) Welche Rechte und Pflichten haben die Genossenschaftsmitglieder Schmitz und Krämer?

c) Welchen Betrag hat jeder der beiden Genossen eingezahlt?

d) Wodurch unterscheiden sich Geschäftsanteil und Geschäftsguthaben der beiden Genossen?

e) In der Satzung der Genossenschaft ist die Haftsumme der Genossen mit 1 200,00 EUR festgelegt. Bis zu welchem Betrag haben die Genossen Schmitz und Krämer im Falle eines Konkurses Nachschüsse zu leisten?

3 *Zum Vorstand der Einkaufsgenossenschaft wurden die Genossen Gelder und Weber gewählt. Sie kaufen eine EDV-Anlage im Werte von 120 000,00 EUR.*

a) Ist die Genossenschaft an diesen Vertrag gebunden, wenn die Vertretungsmacht im Statut auf 100 000,00 EUR beschränkt ist?

b) Warum hat der Gesetzgeber für den Vorstand Gesamtvertretung vorgesehen?

c) Das Vorstandsmitglied Weber scheidet als Mitglied der Genossenschaft aus. Kann das verbleibende Vorstandsmitglied Gelder die Genossenschaft allein leiten oder kann Weber im Vorstand bleiben, ohne Genosse zu sein? Begründung!

4 *In der Generalversammlung der Kölner Lebensmitteleinkaufsgenossenschaft eG soll über den Jahresabschluss und über die Verteilung von Gewinn und Verlust abgestimmt werden.*

a) Wodurch unterscheidet sich das Stimmrecht eines Genossen von dem eines Aktionärs?

b) Der Genosse Schmitz hat ein Geschäftsguthaben von 80,00 EUR (Geschäftsanteil 800,00 EUR) und der Genosse Krämer, der zwei Geschäftsanteile besitzt (1 600,00 EUR), hat seine Anteile voll eingezahlt. Je Geschäftsanteil entfällt in diesem Jahr ein Gewinnanteil von 40,00 EUR. Wie hoch sind die neuen Geschäftsguthaben von Schmitz und Krämer?

c) Wie hoch sind die Geschäftsguthaben von Schmitz und Krämer, wenn im nächsten Jahr auf einen Geschäftsanteil ein Verlust von 20,00 EUR entfällt?

5 *Das Büroeinrichtungshaus Keller wendet sich an den Genossen Gelder zwecks Begleichung einer Rechnung über 4 000,00 EUR. Für diesen Betrag hatte Gelder als Vorstandsmitglied für die inzwischen in Zahlungsschwierigkeiten geratene Genossenschaft einen Schreibtisch mit Sessel gekauft.*

a) Muss Gelder an Keller zahlen, wenn im Statut der Genossenschaft keine Nachschusspflicht enthalten ist?

b) Wie ist die Rechtslage, wenn im Statut der Genossenschaft eine beschränkte Haftung bis zur Höhe der Haftsumme von 1 200,00 EUR festgelegt ist?

c) In welchem Umfange haftet Gelder, wenn im Statut der Genossenschaft keine besondere Haftungssumme enthalten ist?

6 *Zu den besonderen Gesellschaften gehören Mischformen zwischen Personen- und Kapitalgesellschaften.*

a) Klären Sie die Rechtsstellung (natürliche oder juristische Person) folgender Gesellschaften: GmbH & Co. KG; KGaA; VVaG!

b) Wer ist Vollhafter und wer Teilhafter einer GmbH & Co. KG?

c) Welche rechtliche Stellung hat der Komplementär und der Kommanditist in einer KGaA?

d) Wie kann bei einer Versicherung auf Gegenseitigkeit Vorsorge getroffen werden, dass bei hohen Versicherungsleistungen die Beiträge nicht erhöht bzw. die Leistungen nicht gekürzt werden müssen?

e) Welche Gründe können einen Unternehmer veranlassen, eine OHG in eine GmbH & Co. KG umzuwandeln?

f) Stellen Sie in einer Übersicht die AG, die KGaA und die Genossenschaft in folgenden Punkten gegenüber:
   − gesetzliche Regelung
   − Mindestzahl der Gründer
   − Bezeichnung des Gesellschaftsanteils
   − Übertragung des Gesellschaftsanteils
   − Firma
   − Zusammensetzung der Geschäftsführung
   − Bezeichnung der Gesellschafter
   − Haftung der Gesellschafter
   − Geschäftsführung und Vertretung
   − Zeitdauer der Bestellung der Geschäftsführung

Lerngerüst 6.5

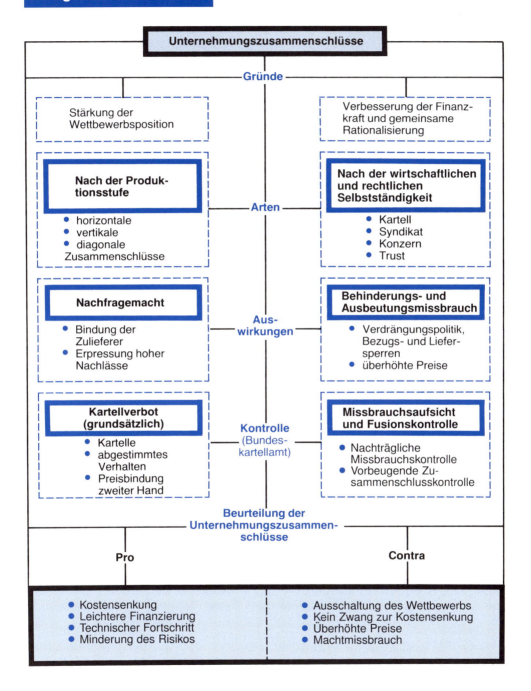

Lerninformationen 6.5

6.5 Unternehmenszusammenschlüsse

In den Volkswirtschaften der Welt ist die Tendenz festzustellen, dass die einzelnen Unternehmen entweder immer mehr mit anderen Unternehmen zusammenarbeiten (**kooperieren**) *oder dass immer mehr Unternehmen mit anderen Unternehmen verschmelzen* (**fusionieren**). *Dieser Konzen-* *trationsprozess führt zu immer größeren Wirtschaftseinheiten. Dabei geht es vor allem um die Politik der* **Unternehmenswert-Steigerung**, *die nicht nur den Interessen der Aktionäre (Shareholder-Value), sondern auch denen der Mitarbeiter, der Gesellschaft und der Umwelt gerecht wird.*

Beispiel: Ein großes Chemieunternehmen will mit einer neuen Konzernstrategie eines der führenden chemisch-pharmazeutischen Unternehmen werden. Es setzt auf Wachstum aus eigener Kraft (Forschung und Investitionen), auf Beteiligungen, Übernahmen und auf Trennung von Bereichen, die nicht zur Konzernstrategie passen.

Für den Unternehmenszusammenschluss können folgende **Gründe** infrage kommen:

• **Stärkung der Wettbewerbsposition** durch Sicherung der Bezugsquellen, gemeinsame Werbung, Steigerung des Absatzes, Ausschaltung oder Einschränkung des Wettbewerbs.

• **Verbesserung der Finanzkraft** durch Übernahme größerer Aufträge, Vereinbarung günstiger Konditionen, Verteilung des Risikos, höhere Ausgaben für Forschung und Entwicklung.

• **Gemeinsame Rationalisierung** durch Verbesserung der Fertigungsverfahren, einheitliche Normen und Typen, Aufteilung der Produktionsprogramme (Spezialisierung).

6.5.1 Arten der Unternehmenszusammenschlüsse

Die Konzentrationserscheinungen lassen sich wie folgt klassifizieren:

▶ *Unternehmenszusammenschluss nach der Produktionsstufe*

• **Horizontale Konzentration:** Sie entsteht durch den Zusammenschluss von Unternehmen der **gleichen Produktionsstufe oder Handelsstufe**, *z. B. Zusammenschluss von den Automobilfabriken VW, Audi, Seat und Skoda.*

• **Vertikale Konzentration:** Sie liegt vor, wenn sich Unternehmen mit **vor- oder nachgelagerten Produktionsstufen** zusammenschließen. Diese Bindung muss nicht eine kapitalmäßige Beteiligung voraussetzen. So sind *z. B. oft die Zulieferbetriebe von großen Unternehmen derart abhängig, dass sie ihre wirtschaftliche Selbstständigkeit verlieren, weil sie ohne die Aufträge der beherrschenden Firma nicht existieren können.*

• **Diagonale (konglomerate) Konzentration:** Hier schließen sich Unternehmen **verschiedener Produktionsstufen und Branchen** zusammen. Sie hat den Vorzug, dass ein Risikoausgleich (Verlust und Gewinn der einzelnen Branchen) möglich ist (**Diversifikation**).

Beispiele für konglomerate Konzentration (Mischkonzerne): Zum ITT (International Telephone & Telegraph Corp.) in USA gehören Elektrotechnik, Regeltechnik, Elektronik, Datenverarbeitung, Anlagenbau, Maschinenbau, Metallindustrie, Groß- und Einzelhandel; zum Oetker-Konzern in der Bundesrepublik Deutschland gehören Lebensmittelbetriebe, Brauereien, Banken, Reedereien, Hotels.

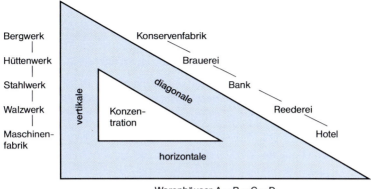

▶ *Unternehmenszusammenschlüsse nach der wirtschaftlichen und rechtlichen Selbstständigkeit*

Arbeiten Unternehmen nur sehr lose in **Arbeitsgemeinschaften** zusammen, behalten sie noch weitgehend ihre wirtschaftliche und rechtliche Selbstständigkeit. Erst durch die Bildung eines **Kartells**, eines **Syndikats** oder einer **Interessengemeinschaft** geht ein Teil ihrer wirtschaftlichen Selbstständigkeit verloren. Beim **Konzern** geben die einzelnen Unternehmen ihre wirtschaftliche Selbstständigkeit völlig auf, während bei einer Verschmelzung zu einem **Trust** die einzelnen Unternehmen nicht nur wirtschaftlich, sondern auch rechtlich unselbstständig werden.

Arten	Arbeitsgemeinschaft	Kartell Syndikat Interessengemeinschaft	Konzern	Trust	Arten
Loser Zusammenschluss					Enger Zusammenschluss
Merkmale	völlig selbstständig innerhalb der Kooperation	rechtlich selbstständig, teilweise wirtschaftlich unselbstständig	rechtlich selbstständig, wirtschaftlich unselbstständig	rechtlich und wirtschaftlich unselbstständig	Merkmale

- **Kartell:** Durch einen Kartellvertrag schließen sich gleichartige Unternehmen zusammen (**horizontale Konzentration**), die **rechtlich selbstständig** bleiben, aber **auf Teile ihrer wirtschaftlichen Selbstständigkeit verzichten**. Das Ziel des Kartells, den Wettbewerb durch Vereinbarungen zwischen miteinander im Wettbewerb stehenden Unternehmen einzuschränken oder auszuschalten, wird desto vollkommener erreicht, je mehr Anbieter der gleichen Branche dem Kartell beitreten. Verstöße gegen den Kartellvertrag werden mit **Vertragsstrafen** belegt.

Zur Förderung des Leistungswettbewerbs und zur Eindämmung wirtschaftlicher Macht enthält das „Gesetz gegen Wettbewerbsbeschränkungen" (Kartellgesetz) ein grundsätzliches Verbot von Kartellen (§ 1 GWB). Unternehmen, die dagegen verstoßen, können bis zur dreifachen Höhe des erzielten Mehrerlöses bestraft werden.

Ausgenommen vom Kartellverbot sind die Kartelle, bei denen die gesamtwirtschaftlichen Vorteile der Wettbewerbsbeschränkungen die Nachteile überwiegen. Der Bundesminister der Wirtschaft kann jedes Kartell genehmigen, das aus Gründen der Gesamtwirtschaft und des Gemeinwohls notwendig erscheint (**Generalklausel** § 8 GWB).

Grundsätzlich **verbotene Kartelle** sind z. B.:

– **Preiskartelle** (vertragliche Festsetzung der Absatzpreise oder Vereinbarung von Mindestpreisen)
– **Quotenkartelle** (Vereinbarung über die Höhe der Produktion oder des Absatzes)
– **Gebietskartelle** (Zuteilung eines bestimmtes Absatzgebietes)

Genehmigungspflichtige Kartelle (§§ 5 bis 7 GWB):

– **Strukturkrisenkartelle** (Festlegung von Produktionsbeschränkungen und planmäßige Anpassung an einen veränderten Bedarf)
– **Rationalisierungskartelle** (Absprachen über Maßnahmen der Rationalisierung)
– **Syndikate** (besonders straffe Form eines Kartells, bei dem der Absatz der Erzeugnisse über eine gemeinsame Verkaufsorganisation erfolgt)

Anmeldepflichtige Kartelle (§§ 2 bis 4 GWB):

– **Konditionenkartelle** (Vereinbarung einheitlicher Geschäftsbedingungen)
– **Spezialisierungskartelle** (Konzentration auf eine bestimmte Produktion oder Dienstleistung)
– **Normungs- und Typisierungskartelle** (Vereinheitlichung von Einzelteilen und Fertigerzeugnissen)
– **Mittelstandskartelle** (Kooperationserleichterungen für kleine und mittlere Unternehmen)

> Durch Anpassung an das „schärfere" EU-Recht hat die Kartellbehörde das Recht, auch zulässige Kartelle, wenn ein Missbrauchstatbestand vorliegt, zu verbieten (§ 12 GWB).

Kartelle sind in das Kartellregister einzutragen und im Bundesanzeiger zu veröffentlichen.

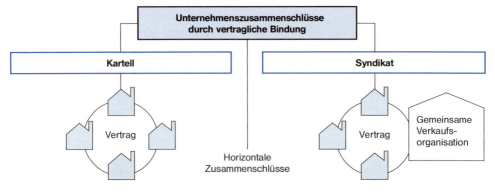

z. B. Rationalisierungskartell der deutschen Reifenindustrie

z.B. Kohlenverkaufskontor AG, Essen (zentraler Absatz)

- **Interessengemeinschaft:** Sie ist ein Zusammenschluss von Unternehmen zur **Wahrung und Förderung gemeinsamer Interessen.** Auf den jeweiligen Interessengebieten geben die einzelnen Unternehmen ihre wirtschaftliche Selbstständigkeit auf; rechtlich bleiben sie jedoch selbstständig. Der Zusammenschluss stellt meist eine Gesellschaft des bürgerlichen Rechts dar. Als **gemeinsame Interessen** kommen infrage:

  - einheitliche Verwaltung und gegenseitige Abnahme von Lieferungen

  - Abstimmung der Produktionsprogramme und Patentauswertung

  - gemeinsame Rationalisierung, Forschung und Entwicklung

  - Gewinnverteilung nach einem bestimmten Schlüssel (Gewinnpoolung)

> Bei einer Interessengemeinschaft geht es weniger um eine gegenseitige Kapitalbeteiligung, sondern um die Verwirklichung gemeinsamer Interessen. In der Stufenleiter der Konzentration steht sie zwischen Kartell und Konzern.

- **Konzern:** Während die Kartellunternehmen weitgehend wirtschaftlich selbstständig bleiben, **verlieren** die einzelnen Konzernunternehmen ihre **wirtschaftliche Selbstständigkeit** an eine Mutter- oder Dachgesellschaft. Nur die **rechtliche Selbstständigkeit** der einzelnen Unternehmen bleibt wie beim Kartell bestehen. Die Rechtsform der AG ist für die kapitalmäßige Verflechtung besonders geeignet, weil über den Ankauf von Aktien auf eine andere Gesellschaft Einfluss genommen werden kann. Das Ziel des Konzerns besteht vor allem darin, den Produktionsablauf zu rationalisieren, und nicht so sehr, wie beim Kartell, den Markt zu beherrschen.

Man unterscheidet:

- **Unterordnungskonzerne** (Mutter- und Tochtergesellschaften): Sie entstehen durch den Erwerb der Aktienmehrheit. Ein entscheidender Einfluss auf eine AG beginnt mit einer Kapitalbeteiligung von mehr als **25 % des Grundkapitals.** Damit können Beschlüsse in der Hauptversammlung der AG, für die eine qualifizierte Mehrheit notwendig ist *(z. B. Satzungsänderungen)*, verhindert werden **(Sperrminorität).** Besitzt jedoch die Muttergesellschaft **mindestens 75 % des Grundkapitals** der Tochtergesellschaft, ist der **beherrschende Einfluss** auf die Leitung der AG vollständig. *Es lässt sich durch Kapitalbeteiligung eine ganze Abhängigkeitskette aufbauen, wenn z. B. die Firma A 80 % von B und B 75 % von C usw. erwirbt, dann beherrscht die Muttergesellschaft A über die Tochtergesellschaft B die weiteren Gesellschaften.* Oft sind die finanziellen, personellen und vertraglichen Verflechtungen großer Konzerne so vielseitig, dass sie von einem Außenstehenden kaum zu durchschauen sind.

- **Gleichordnungskonzern** (Schwestergesellschaften): Die Konzernbildung kann sich auch dadurch vollziehen, dass die einzelnen Konzerngesellschaften **ihre Aktien gegenseitig austauschen.** Damit haben die Konzernmitglieder gegenseitigen Einfluss auf die Konzernpolitik, stehen aber unter einheitlicher Leitung.

- **Holding-Gesellschaft:** Die Aktionäre der einzelnen Konzernunternehmen können auch ihre Aktien oder die Mehrheit ihrer Aktien auf eine **Dachgesellschaft** (Holding-Company) übertragen, die sie „hält" und dafür eigene Aktien ausgibt. Sie beherrscht dann alle Konzernmitglieder kapitalmäßig, ohne selbst an der Produktion oder am Handel beteiligt zu sein.

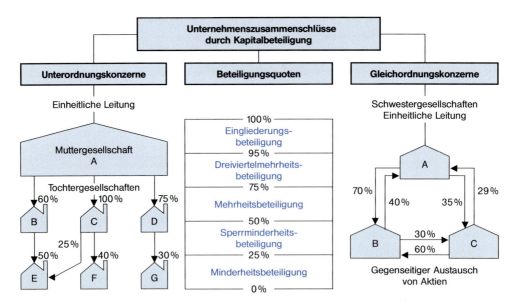

Beispiel: Die **Muttergesellschaft** A des Elektrokonzerns ist an den **Tochtergesellschaften** B, C, D und über diese Gesellschaften auch an den Gesellschaften E, F, G beteiligt. Die Muttergesellschaft kann auch eine **Holding-Gesellschaft** sein.

Beispiel: Die Versicherungsgesellschaften A, B, C sind wechselseitig beteiligt. Jedes Unternehmen hat mehr als 25 % des anderen Unternehmens (**Sperrminorität**). Sie erhalten **gegenseitigen Einfluss** auf die Geschäftsführung.

- **Trust:** Im Gegensatz zum Konzern, bei dem die rechtliche Selbstständigkeit der einzelnen Unternehmen gewahrt bleibt, **verliert** beim Trust das Unternehmen durch **Verschmelzung** (Fusion) nicht nur die **wirtschaftliche**, sondern auch die **rechtliche Selbstständigkeit**.

Dabei sind **zwei Formen der Fusion** zu unterscheiden:

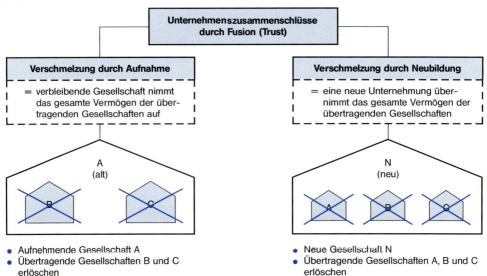

240

Beispiel: Die High-Tech-Konzerne Hewlett-Packard und Compaq wollen mit ihrer Fusion einen integrierten Technologie- und Servicekonzern nach dem Vorbild von IBM schaffen. Das Ziel ist, dass innerhalb weniger Jahre durch Synergien jährlich 2,5 Mrd. USD eingespart werden.

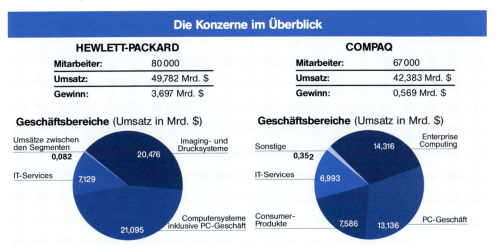

Quelle: Wirtschaftswoche Nr. 37 (September 2001)

6.5.2 Auswirkungen der Unternehmenskonzentration

Konzentriert sich die Marktmacht nur in wenigen Händen, ist der Wettbewerb in Gefahr. In einer Marktwirtschaft ist aber ein **funktionsfähiger Wettbewerb** unerlässlich, weil sonst der Marktmechanismus seine Aufgaben als Steuerungsinstrument nicht erfüllen kann. Deshalb sollten folgende **Formen des Missbrauchs von Marktmacht** verhindert werden:

▶ *Nachfragemacht*

Sie entsteht, wenn *z. B. die Zulieferer an einen Waren- oder Automobilkonzern so stark gebunden sind, dass ihre Existenz bedroht ist, wenn sie den Konzern als Kunden verlieren.* Die **abhängigen Zulieferer** können von dem Konzern erpresst werden, höhere Nachlässe und qualitative Sonderwünsche zu erfüllen. In konjunkturell schwachen Zeiten kann dieser Machtmissbrauch dazu führen, dass leistungsfähige Zulieferer zur Aufgabe gezwungen werden.

▶ *Behinderungsmissbrauch*

Konzerne können ihre Marktmacht dazu nutzen, durch gezielte **Behinderungen** Konkurrenten vom Markt zu verdrängen.

- **Preisunterbietungen** geschehen häufig in der Form, dass durch **Mischkalkulation** bestimmte Güter so niedrig angesetzt werden, dass die Kosten nicht gedeckt sind. Die Verluste werden dann durch höhere Preise bei anderen Gütern hereingeholt. Andere Formen der Behinderung von Konkurrenten sind die Liefer- und Bezugssperre (§ 26 GWB).

- Bei der **Liefersperre** behindern *z. B. Konzerne ihren lästigen Mitanbieter dadurch, dass sie ihn nicht mit den notwendigen Rohstoffen oder Vorprodukten beliefern.*

- Eine **Bezugssperre** liegt vor, wenn *z. B. mächtige Konzerne mit Handelsunternehmen vereinbaren, von bestimmten Mitanbietern keine Waren abzunehmen.*

241

► *Ausbeutungsmissbrauch*

Beim Ausbeutungsmissbrauch nutzen marktbeherrschende Anbieter ihre Marktmacht gegenüber Verbrauchern aus, indem sie **überhöhte Preise** verlangen. *So hat z. B. das Bundeskartellamt durch einen räumlichen Vergleich festgestellt, dass bei der Firma Hoffmann-LaRoche in der Bundesrepublik Deutschland die Preise für Valium um 50 % über den Valiumpreisen in Frankreich und Italien lagen. 1978 entschied das Kammergericht in Berlin, dass Hoffmann-LaRoche die Preise für Valium und Librium um mindestens 24 % senken müsse.*

6.5.3 Kontrolle der Unternehmenskonzentration

Viele Länder haben Gesetze gegen Wettbewerbsbeschränkungen erlassen. So verbietet auch der EU-Vertrag den Mitgliedsstaaten alle Vereinbarungen von Unternehmen, durch die der Wettbewerb innerhalb des Gemeinsamen Marktes beeinträchtigt, verhindert oder verfälscht wird.

> Eine starke Unternehmenskonzentration kann die Marktwirtschaft und die demokratische Ordnung gefährden, da die Großbetriebe dazu neigen, den Wettbewerb zu beeinträchtigen und politischen Druck auszuüben. Deshalb ist es wichtig, die Allgemeinheit vor den Gefahren der Unternehmenskonzentration zu schützen.

► *Kartellverbot (§ 1 GWB)*

Vertragliche Vereinbarungen zwischen selbstständigen Unternehmen, die zu einer **Wettbewerbsbeschränkung** führen, sind nach dem Kartellgesetz grundsätzlich verboten. Dabei gibt es eine Reihe von Ausnahmen, die bei den Arten der Unternehmungszusammenschlüsse angeführt sind. Auch Wettbewerbsbeschränkungen ohne vertragliche Vereinbarungen in Form eines „abgestimmten Verhaltens" sind nicht erlaubt. Um den Wettbewerb im Handel zu fördern, ist auch die „Preisbindung zweiter Hand", bei der die Hersteller die Preise für die nachfolgenden Handelsstufen festlegen, abgeschafft worden. Eine Ausnahme bilden die Verlagserzeugnisse (Bücher und Zeitschriften).

► *Missbrauchsaufsicht (§§ 21, 22 GWB)*

Im Gegensatz zu den Kartellen sind Konzerne grundsätzlich erlaubt. **Konzerne unterliegen aber der Missbrauchsaufsicht**. Sie hat als nachträgliche **Verhaltenskontrolle** die Aufgabe, einen Missbrauch wirtschaftlicher Macht marktbeherrschender Unternehmen zu verhindern.

Ein Unternehmen ist **marktbeherrschend,**

– wenn es für eine bestimmte Art von Waren oder gewerblichen Leistungen **keinem wesentlichen Wettbewerb** ausgesetzt ist oder

– wenn es im Verhältnis zu seinen Mitbewerbern eine **überragende Marktstellung** hat.

Das **missbräuchliche Verhalten** kann sich äußern *z. B. in überhöhten Preisen, aber auch in der Diskriminierung von Mitanbietern in Form von ruinöser Konkurrenz, Liefer- und Bezugssperre und Erpressung von Zulieferern.* Die missbräuchliche Ausnutzung einer marktbeherrschenden Stellung durch Unternehmen ist verboten.

► *Zusammenschlusskontrolle (§ 35 GWB)*

Während die Missbrauchsaufsicht (Verhaltenskontrolle) bereits bestehende marktbeherrschende Unternehmen betrifft, handelt es sich bei der Fusionskontrolle (Zusammenschlusskontrolle) um eine **vorbeugende Maßnahme**, um der zunehmenden Unternehmenskonzentration (Fusion) zu begegnen. Die geplanten Zusammenschlüsse sind vor dem Vollzug beim

Bundeskartellamt anzumelden. Die **vorbeugende Fusionskontrolle** gilt, wenn im letzten Geschäftsjahr vor dem Zusammenschluss die beteiligten Unternehmen **weltweit Umsatzerlöse** von mehr als 500 Millionen EUR und mindestens ein beteiligtes Unternehmen im **Inland Umsatzerlöse** von mehr als 25 Millionen EUR erzielt haben. Jedoch kann der Bundeswirtschaftsminister die Erlaubnis zu einer Fusion erteilen, wenn sie durch ein überragendes Interesse der Allgemeinheit gerechtfertigt ist.

6.5.4 *Beurteilung der Unternehmenskonzentration*

Nicht jede Unternehmenskonzentration muss sich negativ auf den Wettbewerb auswirken. Der Zusammenschluss von kleinen und mittleren Unternehmen mit dem Ziel, eine optimale Ausnutzung der technischen Möglichkeiten zu erreichen, kann den Wettbewerb fördern.

> Erhält ein Unternehmen eine Marktmacht, die es ihm erlaubt, die Preise, seine Mitanbieter, seine Lieferanten und die Verbraucher zu seinen Gunsten zu beeinflussen, dann ist die Konzentration negativ zu beurteilen.

Für die Unternehmenskonzentration sind folgende Argumente anzuführen:

▶ *Kostensenkung durch Nutzung der modernen Technik und Massenproduktion*

Durch Einsatz der modernen Technik können die Massenproduktionsvorteile genutzt werden. Der hohe Anteil an Kapital und die größere Arbeitsteilung führen zu Kostensenkungen und damit zu einer höheren Produktivität und zu niedrigeren Preisen.

Kritik: Praktische Untersuchungen haben gezeigt, dass sich bei steigender Betriebsgröße nicht immer Kostensenkungen ergeben. Es gibt vielmehr eine mindestoptimale technische Betriebsgröße, bei deren Überschreitung Kostensteigerungen einsetzen.

▶ *Großunternehmen mit ihren besseren Finanzierungsmöglichkeiten fördern den technischen Fortschritt*

Für Forschung und Entwicklung neuer Produkte und Verfahren können Großunternehmen höhere Kapitalbeträge zur Verfügung stellen.

Kritik: Statistisches Material zeigt, dass die grundlegenden Neuerungen auf technischem Gebiet bisher in ihrer Mehrzahl von Einzelerfindern, kleineren und mittelständischen Unternehmen gemacht wurden.

▶ *Unternehmungszusammenschlüsse vermindern das Risiko*

Unternehmen sind durch den Konjunkturverlauf und Bedarfsverschiebungen Absatzrisiken ausgesetzt, die häufiger bei kleinen und mittleren Unternehmen zur Insolvenz führen als bei großen.

Kritik: Droht einem Großunternehmen ein Insolvenzverfahren, wird es vom Staat eher zur Vermeidung von Arbeitslosigkeit finanziell unterstützt als ein kleines Unternehmen.

▶ *Unternehmenskonzentration gibt größere Sicherheit bei Machtkämpfen*

Im internationalen Wettbewerb zwischen den Unternehmen können sich im Machtkampf um die Marktanteile nur die großen durchsetzen, während die kleinen Unternehmen meist hilflos untergehen. Deshalb wird von Wirtschaftspolitikern eine Annäherung der inländischen Unternehmen an internationale Unternehmungsgrößen gefordert, um den **Herausforderungen der globalen Konkurrenz** (technologisch, finanziell und wirtschaftlich) gewachsen zu sein.

Kritik: Größe bedeutet nicht nur Schutz vor Macht, sondern gewährt auch selbst Macht, die wirtschaftlich und politisch missbraucht werden kann.

Lernaufgaben 6.5

Unternehmenszusammenschlüsse

1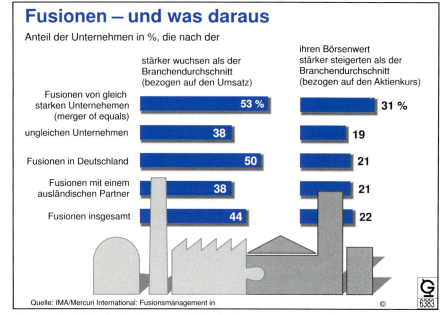

Nennen Sie Gründe für Fusionen! Welche Fusionen waren erfolgreicher?

2 *Nach dem Umsatz war die Veba AG eines der größten Unternehmen in der Bundesrepublik Deutschland. 1929 wurde sie in Berlin als Holding der privaten Unternehmen des Preußischen Staates unter der Firmenbezeichnung „Vereinigte Elektrizitäts- und Bergwerks AG" gegründet. Durch die Ausgabe von Volksaktien wurde die Veba AG teilprivatisiert. Sie gliederte sich in vier Hauptbereiche:*
 – *Elektrizitätswirtschaft bei „Preußische Elektrizitäts AG", Hannover (Beteiligung der Veba AG mit 86,6%) und „Veba Kraftwerke Ruhr AG", Gelsenkirchen (100%),*
 – *Mineralöl bei „Veba Öl AG", Gelsenkirchen (100%),*
 – *Handel und Verkehr (z. B. Schifffahrt) bei „Stinnes AG", Mülheim an der Ruhr (99,6%).*

Außerdem besaß die Veba AG bedeutende Beteiligungen bei
 – *Aral AG, Bochum (56%),*
 – *Deminex Deutsche Erdölversorgungsgesellschaft mbH, Bochum (54%),*
 – *Ruhrkohle AG, Essen (27%),*
 – *Veba Glas AG, Essen (100%).*

Im Jahr 2000 schlossen sich die Veba AG und die VIAG AG zur E.ON AG zusammen.

 a) Um welche Art eines Unternehmungszusammenschlusses handelte es sich bei der Veba AG und bei der Fusion der Veba und VIAG zur E.ON AG? Begründung!
 b) Was ist eine Holding-Gesellschaft? Wozu diente die Holding der privaten Unternehmen des Preußischen Staates?
 c) Welchen Zweck hatte die Bundesregierung mit der Teilprivatisierung der Veba AG verfolgt?

244

3 *Marktbeherrschende Konzerne neigen dazu, ihre Marktmacht zu missbrauchen. Deshalb bedarf es einer Gegenmacht, die eine Kontrolle über die Unternehmenskonzentration ausübt.*
   a) Beschreiben Sie die Arten der Konzerne!
   b) Wie kann sich eine Fusion vollziehen?
   c) Erläutern Sie die Missbrauchsaufsicht und die Fusionskontrolle durch die Kartellbehörde!

4 *Beteiligungsgesellschaften*

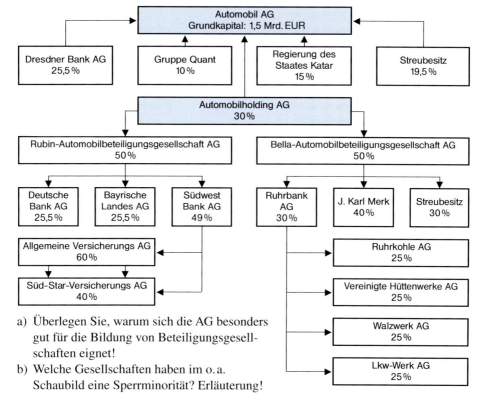

   a) Überlegen Sie, warum sich die AG besonders gut für die Bildung von Beteiligungsgesellschaften eignet!
   b) Welche Gesellschaften haben im o. a. Schaubild eine Sperrminorität? Erläuterung!
   c) Kennzeichnen Sie die Unterordnungsgesellschaften und die Gleichordnungsgesellschaften!
   d) In welchen Fällen liegt ein horizontaler und vertikaler Zusammenschluss vor?
   e) Welchen Einfluss hat die Automobilholding AG auf die Gesellschaften, an denen sie mittelbar oder unmittelbar beteiligt ist?

5 *Für die Unternehmenskonzentration werden eine Reihe von Argumenten ins Feld geführt. Nehmen Sie zu den folgenden Argumenten kritisch Stellung!*
   a) Kostensenkung durch Massenproduktion.
   b) Leichtere Finanzierungsmöglichkeiten von Forschung und Entwicklung.
   c) Bessere Nutzung und Förderung des technischen Fortschritts.
   d) Verminderung des Risikos und Verbesserung der Verkaufschancen.

Lerngerüst 6.6

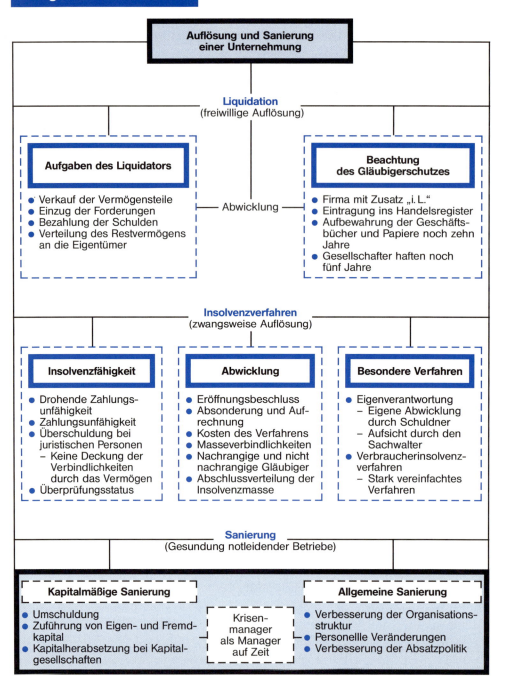

Lerninformationen 6.6

6.6 Auflösung und Sanierung einer Unternehmung

Eine Unternehmung kann aus **persönlichen Gründen** (z. B. Streitigkeiten der Gesellschafter) oder aus **sachlichen Gründen** (z. B. Zahlungsunfähigkeit) in Not geraten und aufgelöst werden. Bei Streitigkeiten der Gesellschafter kann man die Gesellschaft freiwillig auflösen. Im anderen Falle, wenn die Unternehmung nicht mehr zahlungsfähig ist, kann es zur **zwangsweisen Auflösung** der Unternehmung kommen **(Insolvenz)**. Besteht jedoch die Aussicht, dass man das Unternehmen und die Gläubiger vor den schweren Folgen eines Insolvenzverfahrens bewahren kann, wird man Maßnahmen zur Gesundung des Unternehmens ergreifen **(Sanierung)**.

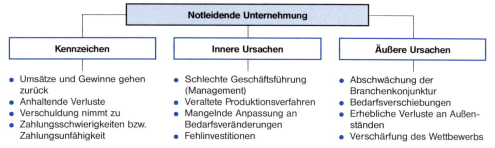

6.6.1 Liquidation

Will sich *z. B. ein Unternehmer wegen seines hohen Alters und fehlender Erben aus seinem Unternehmen zurückziehen*, kann er sein Unternehmen **als Ganzes verkaufen**, er kann es aber auch **liquidieren**.

> Die Liquidation ist die freiwillige Auflösung eines Unternehmens durch Verkauf aller Vermögensteile, d. h. Umwandlung in flüssige (liquide) Mittel. Nach Tilgung der Schulden wird das Restvermögen an die Eigentümer verteilt.

Nach dem neuen Insolvenzrecht wird alternativ zur Liquidation und Sanierung ein Insolvenzplan (siehe S. 251) angeboten, als gleichrangige Möglichkeit der Vermögensverwertung (§§ 217 ff. InsO).

▶ *Gründe für eine Liquidation*

Die Liquidation kann verschiedene persönliche oder sachliche Ursachen haben.

247

▶ *Abwicklung einer Liquidation*

Die Liquidation wird vom **Liquidator** (Abwickler) durchgeführt. Das kann der Unternehmer, der Geschäftsführer oder ein bestellter Liquidator sein. Er hat eine **Liquidationseröffnungsbilanz** und eine **Liquidationsschlussbilanz** aufzustellen.

● **Verkauf der Vermögensteile und Verteilung des Restvermögens:** Die Produktion, die sich in der Fertigung befindet, wird zu Ende geführt. Die Fertigerzeugnisse und das übrige Vermögen werden verkauft, die Forderungen werden eingezogen und die Schulden bezahlt. Das Restvermögen wird an die Eigentümer im Verhältnis ihrer Kapitalanteile verteilt. Im Verlauf der Liquidation darf nur noch gekauft werden, was nötig ist, um die Liquidation vollständig durchzuführen. Beim Totalausverkauf ist ein Vor- und Nachschieben von Waren verboten.

● **Beachtung des Gläubigerschutzes:** Um die Gläubiger vor Nachteilen bei der Abwicklung der Liquidation zu bewahren, sind folgende Bestimmungen einzuhalten:

− Der Liquidator muss für die Firma mit dem **Zusatz „i. L."** (in Liquidation) zeichnen.

− Der Liquidationsbeschluss muss ins **Handelsregister** eingetragen werden, damit die Gläubiger von der Liquidation Kenntnis erhalten.

− Die Gesellschafter von Personengesellschaften **haften noch fünf Jahre** ab Eintragung des Liquidationsbeschlusses ins Handelsregister.

− Das **Erlöschen der Firma** durch die Beendigung der Liquidation muss ins Handelsregister eingetragen werden.

− Die **Geschäftsbücher und die Papiere** der liquidierten Firma sind noch zehn Jahre aufzubewahren.

6.6.2 Insolvenz

Der Inhaber eines Unternehmens ist nicht mehr in der Lage seinen fälligen Verpflichtungen nachzukommen, *z. B. die Löhne und Gehälter, die Zinsen und Mieten zu bezahlen.* Er muss seine Zahlungen einstellen und das **Insolvenzverfahren** beim zuständigen Amtsgericht (Insolvenzgericht) beantragen. Durch das gerichtliche Verfahren soll vermieden werden, dass einzelne Gläubiger durch raschen Zugriff auf Kosten anderer Gläubiger voll befriedigt werden.

> Das Insolvenzverfahren ist ein gerichtliches Verfahren zur zwangsweisen Auflösung eines Unternehmens, bei dem das gesamte Vermögen des Schuldners an die Gläubiger entsprechend ihren Forderungen aufgeteilt wird.

Die **Insolvenzordnung (InsO)** hat am 1. Januar 1999 die Konkurs- und Vergleichsordnung der alten Bundesländer sowie die Gesamtvollstreckung der neuen Bundesländer abgelöst.

▶ *Insolvenzfähigkeit*

Als Auslöser eines Insolvenzverfahrens gelten folgende Insolvenzgründe:

● Die **drohende Zahlungsunfähigkeit** ist bereits Grund zur Eröffnung eines Insolvenzverfahrens. Der Schuldner droht zahlungsunfähig zu werden, wenn er voraussichtlich nicht in der Lage sein wird, die bestehenden Zahlungspflichten im Zeitpunkt der Fälligkeit zu erfüllen (§ 18 InsO).

Beispiel: Ein Einzelunternehmer oder eine GmbH stellt eine Zahlungsstockung oder eine geringfügige Liquiditätslücke fest. Damit kann noch nicht eine drohende Zahlungsunfähigkeit begründet werden.

- Die **Zahlungsunfähigkeit** ist der allgemeine Grund für die Eröffnung des Insolvenzverfahrens. Der Schuldner ist zahlungsunfähig, wenn er nicht in der Lage ist, die fälligen Zahlungspflichten zu erfüllen. Das ist in der Regel anzunehmen, wenn der Schuldner seine Zahlungen eingestellt hat (§ 17 InsO).

Beispiel: Ein Unternehmen wird zur Ermittlung der Zahlungsunfähigkeit einen Liquiditätsstatus aufstellen, in dem die fälligen Geldschulden den verfügbaren Mitteln gegenüber gestellt werden. Damit kann der Saldo aus Einnahmen und Ausgaben für die nächsten Monate prognostiziert werden.

- Die **Überschuldung** ist ein zusätzlicher Insolvenzgrund bei **juristischen Personen** *(z. B. AG, GmbH, KGaA)* und bei Personengesellschaften, bei denen keine natürliche Person unbeschränkt haftet *(z. B. GmbH & Co. KG)*.

Eine Überschuldung liegt vor, wenn das Vermögen des Schuldners die bestehenden Verbindlichkeiten nicht mehr deckt. Bei der Bewertung des Vermögens des Schuldners ist jedoch die Fortführung des Unternehmens zugrunde zu legen, wenn diese nach den Umständen überwiegend wahrscheinlich ist (§ 19 InsO).

Beispiel: Zur Prüfung der Überschuldung wird ein Überprüfungsstatus aufgestellt, in dem die Vermögenswerte und die Verbindlichkeiten jeweils dreispaltig gegenübergestellt werden:

	Feststellungszweck
Buchwert	Bilanzielle Überschuldung
Liquidationswert	Rechnerische Überschuldung
Fortführungswert	Rechtliche Überschuldung

▶ Eröffnung des gerichtlichen Insolvenzverfahrens

Im Allgemeinen läuft die Eröffnung des Insolvenzverfahrens wie folgt ab:

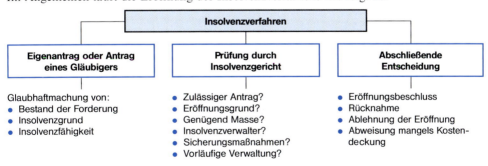

- **Antragstellung:** Jedes Insolvenzverfahren beginnt auf eigenen Antrag oder auf Antrag eines Gläubigers. Er hat den Bestand der Forderung, den Insolvenzgrund und die Insolvenzfähigkeit anhand von Unterlagen glaubhaft zu machen.

- **Prüfungsumfang:** Das Insolvenzgericht (Amtsgericht am Sitz des Landgerichts) prüft die Voraussetzungen:
  - ob genügend Insolvenzmasse vorhanden ist,
  - ob ein vorläufiger Insolvenzverwalter eingesetzt wird,
  - ob Sicherungsmaßnahmen anzuordnen sind und
  - ob ein Verfügungsverbot für den Schuldner erlassen wird.

- **Anordnung vorläufiger Verwaltung:** Der Verwalter hat künftig die Möglichkeit, Sanierungschancen während der Eröffnungsphase zu prüfen und vorzubereiten. Er ist u. U. verpflichtet, ein Unternehmen auch ohne Verfügungsverbot fortzuführen. Das ist jedoch nicht möglich, wenn die nötigen liquiden Mittel fehlen.

> Die gerichtlichen Entscheidungen, die das Eröffnungsverfahren abschließen, sind:
> - Rücknahme oder Erledigung des Antrags,
> - Ablehnung der Eröffnung, da die Eröffnungsvoraussetzungen nicht erfüllt werden, und
> - Abweisung mangels Deckung der Kosten.

- **Wirkungen der Verfahrenseröffnung (§§ 80 ff. InsO):** Die Insolvenzeröffnung hat für den Schuldner weit reichende Folgen:
  - Beschlagnahme des Schuldnervermögens
  - Übertragung des Verfügungsrechtes an den Insolvenzverwalter
  - Schuldbefreiend kann nur noch an den Verwalter geleistet werden
  - Unterbrechung anhängiger Prozesse (§ 240 ZPO)
  - Geltendmachung von Schadenersatz- und Haftungsansprüchen
  - Eintragung ins Handelsregister bei Verfahrenseröffnung und anschließender Löschung

▶ *Aufgaben des Insolvenzverwalters*

Der Insolvenzverwalter hat die Aufgabe die Insolvenzmasse festzustellen, zu verwalten, zu verwerten und zu verteilen.

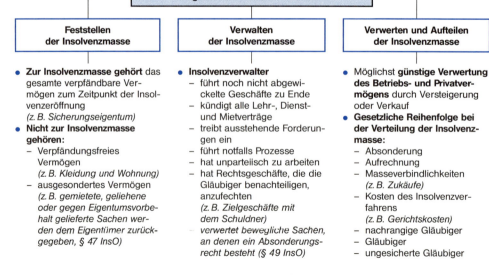

Beispiele:

– Hat der Schuldner drei Monate vor Insolvenzeröffnung seiner Ehefrau sein Wohnhaus übereignet, dann ist die Ehefrau Eigentümerin geworden. Die Übereignung kann aber zugunsten der Gläubiger angefochten und die Sache in die Insolvenzmasse überführt werden (§§ 129 ff. InsO).

– Übereignet ein Unternehmer eine Maschine zur Sicherheit an die Bank für einen aufgenommenen Kredit, dann ist die Maschine verpfändbares Vermögen. Die Bank wird zwar Eigentümer, aber Sicherheitseigentum wird im Insolvenzfall wie ein Pfand behandelt. Die Bank hat kein Recht auf **Aussonderung** (Herausgabe der Maschine), sondern nur das Recht auf **Absonderung** (Befriedigung aus dem Versteigerungserlös der Maschine).

> Können bei einem Insolvenzverfahren rückständige Arbeitsentgelte nicht bezahlt werden, hat der Arbeitnehmer auf Antrag beim Arbeitsamt Anspruch auf Insolvenzgeld für die letzten drei Monate vor der Zahlungsunfähigkeit bzw. Insolvenzeröffnung. Es wird für rückständige Nettoarbeitsentgelte und Sozialversicherungsbeiträge bezahlt.

▶ *Gläubigerausschuss und Gläubigerversammlung*

Die Insolvenzgläubiger haben zwei **Selbstverwaltungsorgane**, die den Insolvenzverwalter unterstützen und überwachen (§§ 56 ff. InsO).

● **Gläubigerausschuss:** Vor der ersten Gläubigerversammlung kann das Insolvenzgericht einen Gläubigerausschuss einsetzen. Er soll die absonderungsberechtigten Gläubiger, die Insolvenzgläubiger mit den höchsten Forderungen und die Kleingläubiger vertreten. Die Mitglieder haben sich über den Gang der Geschäfte zu unterrichten. Sie haben die Möglichkeit, die Bücher und Geschäftspapiere einzusehen und zu prüfen. Beschlüsse werden mit Mehrheit der abgegebenen Stimmen gefasst.

● **Gläubigerversammlung:** Sie wird vom Insolvenzgericht einberufen und geleitet. Zur Teilnahme sind alle Insolvenzgläubiger berechtigt.

> Die Gläubigerversammlung trifft die Entscheidungen:
> – ob Schuldnerunternehmungen stillgelegt oder vorläufig fortgeführt werden sollen,
> – ob ein Insolvenzplan angenommen werden soll und
> – ob gegen die Schlussregelung des Verwalters Einwendungen bestehen.

▶ Der **Insolvenzplan** ist eine Alternative zu den gesetzlichen Regelungen, um das Schuldnervermögen durch Beratung mit den Gläubigern abzuwickeln. Das **insolvente Unternehmen bleibt bestehen**. Nach Vorlage eines Insolvenzplanes beim Insolvenzgericht wird festgelegt, um welchen Bruchteil die Forderungen der Insolvenzgläubiger gestrichen bzw. gestundet werden. Der Schuldner wird mit der Befriedigung der Insolvenzgläubiger von seinen restlichen Verbindlichkeiten befreit (§ 227 InsO).

▶ Beim **Stundungs- oder Erlassvergleich** (§ 779 BGB) führt der Schuldner die Verhandlungen häufig nur mit einzelnen Großgläubigern ohne Mitwirkung des Gerichts, meist vertraulich. Damit soll erreicht werden, dass die Gläubiger ihre Forderungen stunden bzw. auf einen Teil ihrer Forderungen verzichten (**Aufstellung eines Vergleichsvertrages und Tilgungsplanes**).

▶ *Bankrott*

Hat der Schuldner die Zahlungseinstellung oder die Überschuldung selbst verschuldet, macht er sich strafbar (§ 283 StGB). **Insolvenzstraftaten** sind *z. B. keine ordnungsmäßige Buchführung, leichtsinnige Spekulationsgeschäfte, Verschleuderung von Vermögensgegenständen, Täuschung oder Schädigung anderer Personen aus Gewinnsucht.*

▶ **Abschlussverteilung der Insolvenzmasse**

Die Abschlussverteilung findet nur mit Zustimmung des Insolvenzgerichts statt, wenn der Insolvenzverwalter die Verwertung der Masse beendet hat und weitere Verwertungserlöse nicht mehr zu erwarten sind.

Insolvenzverfahren	Beispiel 1 EUR	Beispiel 2 EUR	
Insolvenzmasse	200 000,00	100 000,00	
− **Absonderung** *(z. B. Hypotheken- und Sicherungsübereignungsrechte, deren Versteigerungserlöse in Höhe ihrer Forderungen den Gläubigern ausgezahlt werden. Mehrerlöse gehen in die Insolvenzmasse)*	10 000,00	3 000,00	
Restinsolvenzmasse I	190 000,00	97 000,00	
− **Aufrechnung** *(z. B. Schuldner und Gläubiger verrechnen gegenseitige Forderungen)*	5 000,00	0,00	
− **Masseverbindlichkeiten** *(z. B. Verbindlichkeiten, die durch die Tätigkeit des Insolvenzverwalters entstehen)*	12 000,00	5 000,00	
− **Kosten des Insolvenzverfahrens** *(z. B. Vergütung für den Insolvenzverwalter, Gerichtskosten, Unterstützung des Schuldners)*	16 000,00	6 000,00	
Restinsolvenzmasse II	157 000,00	86 000,00	
− **Nachrangige Gläubiger** werden in folgender Reihenfolge befriedigt:			
1. Laufende Zinsen der Forderungen der Insolvenzgläubiger seit der Eröffnung des Verfahrens	55 000,00	46 000,00	
2. Kosten der Gläubiger durch die Teilnahme am Verfahren	30 000,00	38 000,00	
3. Geldstrafen, Ordnungsgelder und Zwangsgelder	4 000,00	3 000,00	erhalten nur noch 2 000,00
4. Forderungen auf eine unentgeltliche Leistung des Schuldners	8 000,00	2 000,00	Rest geht leer aus
5. Forderungen auf Rückgewähr des kapitalersetzenden Darlehens eines Gesellschafters	0,00	4 000,00	
Restinsolvenzmasse III	60 000,00	0,00	
Ungesicherte Gläubiger (Restforderung) Insolvenzquote (Auszahlung)	500 000,00 12 %	210 000,00 −	Insolvenzgläubiger gehen leer aus

Jeder der ungesicherten Gläubiger erhält somit im ersten Beispiel 12 % seiner Forderungen ausgezahlt. **Für die nicht ausgezahlten Schulden haftet der Gemeinschuldner noch 30 Jahre.** Der beglaubigte Auszug aus der **Insolvenztabelle**, in der die angemeldeten und ausgefallenen Forderungen enthalten sind, gilt als **vollstreckbarer Titel.** Ein verbleibender Überschuss steht dem Schuldner zu. **Die Beendigung des Insolvenzverfahrens wird im Handelsregister eingetragen und veröffentlicht. Die Firma ist erloschen.**

6.6.3 Besondere Insolvenzverfahren

Hier handelt es sich um stark vereinfachte Insolvenzverfahren, für die die allgemeinen Vorschriften gelten, soweit für das jeweilige Verfahren nichts anderes bestimmt ist.

▶ Eigenverantwortung (§§ 270 ff. InsO)

Der Schuldner kann unter der **Aufsicht eines Sachwalters** die Insolvenzmasse selbst verwalten, über sie verfügen und sie verteilen. Das Insolvenzrecht muss die Eigenverantwortung anordnen. **Voraussetzung** ist,

- dass sie vom Schuldner beantragt worden ist,
- dass der Gläubiger dem Antrag zugestimmt hat und
- dass die Anordnung nicht zu einer Verzögerung des Verfahrens oder zu sonstigen Nachteilen für die Gläubiger führt.

> Der Sachwalter hat die wirtschaftliche Lage des Schuldners zu prüfen und die Geschäftsführung sowie die Ausgaben der Lebensführung zu überwachen. Der Schuldner hat die Gegenstände, an denen Absonderungsrechte bestehen, zu verwerten. Die Verteilung wird vom Schuldner vorgenommen.

▶ Verbraucherinsolvenzverfahren (§§ 304 ff. InsO)

Bei diesem Verfahren ist der Schuldner eine natürliche Person, die keine oder nur eine geringfügige wirtschaftliche Tätigkeit ausübt, *z. B. private Verbraucher, Kleingewerbetreibende oder Freiberufler.* Die Verfahrenskosten können gestundet werden.

> Eine selbstständige wirtschaftliche Tätigkeit ist insbesondere dann geringfügig, wenn sie nach Art und Umfang einen in kaufmännischer Weise eingerichteten Geschäftsbetrieb nicht erfordert (siehe S. 184).

Das **stark vereinfachte Insolvenzverfahren** besteht aus **drei Stufen:**

1. Die außergerichtliche Einigung ist zwingend vorgeschrieben. Es helfen dabei die Schuldnerberatungsstellen.
2. Das gerichtliche Schuldenbereinigungsverfahren kommt infrage, wenn Stufe 1 scheitert.
3. Das gerichtlich vereinfachte Insolvenzverfahren kommt infrage, wenn Stufe 2 scheitert.

- **Schuldenbereinigungsplan:** Der Schuldner hat mit oder nach der Eröffnung des Insolvenzverfahrens vorzulegen:

- eine Bescheinigung, dass eine **außergerichtliche Einigung** mit den Gläubigern über die Schuldenbereinigung erfolglos versucht worden ist;
- den Antrag auf **Restschuldbefreiung**, ein Vermögensverzeichnis, ein Gläubigerverzeichnis;
- einen **Schuldenbereinigungsplan**, der unter Berücksichtigung der Gläubigerinteressen zu einer angemessenen Schuldenbereinigung führen kann.

Hat kein Gläubiger Einwendungen gegen den Schuldenbereinigungsplan erhoben, so gilt er als angenommen. Der Schuldenbereinigungsplan hat die Wirkung eines **Vergleichs** im Sinne des § 194 Abs. 1 ZPO.

- **Restschuldbefreiung (§§ 286 ff. InsO):** Von der Restschuld wird eine natürliche Person auf ihren Antrag hin befreit, wenn sie im Anschluss an das Insolvenzverfahren für die Dauer von **sechs Jahren** (bei einem Altfall vor 1997 fünf Jahren) den pfändbaren Teil ihres Einkommens über einen Treuhänder abführt.

> Die Restschuldbefreiung soll dem Schuldner den Weg öffnen, aus der Nachhaftung von Verbindlichkeiten herauszukommen. Er kann sich damit bei einer sechsjährigen (früher fünfjährigen) Wohlverhaltensphase von seiner Restverbindlichkeit entledigen.

- **Vereinfachtes Insolvenzverfahren (§§ 311 ff. InsO):** Werden Einwendungen gegen den Schuldenbereinigungsplan erhoben, so wird das vereinfachte Insolvenzverfahren über den Eröffnungsantrag von Amts wegen wieder aufgenommen.

Die **allgemeinen Vereinfachungen des Verfahrens** bestehen darin,

- dass die Aufgaben des Insolvenzverwalters von einem **Treuhänder** wahrgenommen werden,
- dass bei überschaubaren Vermögensverhältnissen und bei geringer Zahl der Gläubiger das **Verfahren schriftlich durchgeführt** werden kann,
- dass der Schuldner binnen einer vom Gericht festgesetzten Frist **an den Treuhänder einen Betrag zu zahlen** hat, der dem Wert der Masse entspricht, die an die Insolvenzgläubiger zu verteilen ist.

Ganz so einfach ist das Verfahren nicht. Der Gang zur **Schuldnerberatung** ist in jedem Fall sinnvoll. Soll es schneller gehen, kann man sich an einen Anwalt wenden, wenn dafür noch Geld vorhanden ist.

> Vor der Entscheidung der vereinfachten Verteilung sind die Insolvenzgläubiger zu hören. Das Gericht versagt die Restschuldbefreiung, wenn nach Ablauf einer weiteren Frist von zwei Wochen der Schuldner nicht zahlt.

6.6.4 Sanierung

Nicht jede Krise einer Unternehmung führt zur Insolvenz. Die schweren Folgen eines Insolvenzverfahrens für den Unternehmer, für die Mitarbeiter und für die Gläubiger kann man abwenden oder mindern, wenn rechtzeitig Maßnahmen zur Gesundung des Unternehmens getroffen werden.

> Maßnahmen zur Gesundung eines Unternehmens, die die Not leidende Unternehmung selbst ergreift, ohne die Gläubiger in Anspruch zu nehmen, nennt man Sanierung. Sie stellt eine durchgreifende Reorganisation eines Unternehmens dar.

Durch eine Sanierung (lat. sanare = gesund machen, heilen) sollen die Ursachen einer kranken Unternehmung aufgedeckt und beseitigt werden. Nach der Art der Ursachen kann man zwischen einer kapitalmäßigen (**finanzielle Schwierigkeiten**) oder einer allgemeinen Sanierung (**organisatorische, persönliche und absatzpolitische Schwierigkeiten**) unterscheiden.

► *Kapitalmäßige Sanierung*

Dazu gehören im engeren Sinne alle finanzwirtschaftlichen Maßnahmen und Strategien, um Unternehmenskrisen zu überwinden:

- **Umschuldung:** Zur Verbesserung der Zahlungsbereitschaft des Unternehmens werden kurzfristige Kredite in langfristige Kredite umgewandelt.

- **Zuführung von Eigen- und Fremdkapital:** Inhaber oder Gesellschafter zahlen Geld ein; nicht benötigte Anlagen werden verkauft; es werden Darlehen aufgenommen, um finanzielle Schwierigkeiten zu beheben; Umwandlung in eine GmbH; Sanierungsfusion.

- **Kapitalherabsetzung:** Bei Kapitalgesellschaften darf der Verlust nicht über das Grundkapital oder Stammkapital gebucht werden. Deshalb erscheint ein Verlust als Abzugsbetrag auf der Passivseite der Bilanz. Erreicht der ausgewiesene Verlustvortrag 50 % des Grundkapitals, liegt eine buchmäßige Unterbilanz vor. Der Vorstand hat dann unverzüglich die Hauptversammlung einzuberufen und ihr dies anzuzeigen. Die Minderung des Grundkapitals wird erreicht, indem der **Nennwert der Aktien herabgesetzt** wird oder Aktien zusammengelegt werden. Damit wird der Verlust der AG auf die Aktionäre gleichmäßig verteilt.

Beispiel: Sanierungsbilanzen der X-AG bei vereinfachter Kapitalherabsetzung.

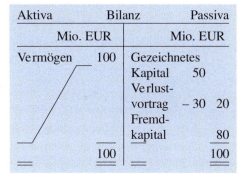

Rücklagen wurden bei dieser vereinfachten Kapitalherabsetzung nicht beachtet. Sie müssen aufgelöst werden.

▶ *Allgemeine Sanierung*

Im weiteren Sinne umfasst die Sanierung die Gesamtheit aller **finanzwirtschaftlichen und leistungswirtschaftlichen Maßnahmen**, die geeignet sind, die Ertragskraft einer Unternehmung wiederherzustellen.

- **Verbesserung der Organisationsstruktur**, *z. B. durch Rationalisierung und Bereinigung des Produktionsprogramms, Abbau von Hierarchieebenen, engere Anbindung der Zulieferer.*

- **Personelle Veränderungen**, *z. B. Verringerung der Anzahl der Arbeitnehmer, Einstellung qualifizierterer Mitarbeiter, mehr Verantwortung der Bereichsleiter, um ihre Bereiche wie selbstständige Unternehmen leiten zu können (Profit-Center, Cost-Center).*

Beispiel: Bislang konnten die Bereichsleiter einer Automobilfabrik nur 10 % der Kosten beeinflussen, die sie verantworten mussten. Dieser Wert wurde auf 70 % gesteigert und die Bereichsleiter an der Kostensenkung finanziell beteiligt. Die positive Motivation der Bereichsleiter führte wegen der Gewinnorientierung der Teilbereiche zu einer Steigerung der Produktivität um 50 %.

- **Verbesserung der Absatzpolitik**, *z. B. durch Einführung neuer Absatzwege und Absatzmethoden, wirksamere Werbung.*

▶ *Krisenmanager (Interimsmanager)*

Sie helfen Unternehmen über die Klippen, wenn ihre Existenz gefährdet ist. **Manager auf Zeit** sind erfahrene Praktiker mit guten Branchenkenntnissen, die sich in dieser Funktion bereits bewährt haben. Nur der Erfolg garantiert den nächsten Auftrag.

Lernaufgaben 6.6

Auflösung und Sanierung einer Unternehmung

1 *Eine Unternehmung kann wegen unterschiedlicher Gründe in Not geraten. Diese Notlage kann den Unternehmer zwingen, Maßnahmen zur Gesundung durchzuführen oder das Unternehmen aufzulösen.*

a) Nennen Sie Merkmale, an denen man eine in Not geratene Unternehmung erkennt!

b) Welche inneren und äußeren Ursachen können ein Unternehmen in wirtschaftliche Schwierigkeiten bringen?

c) Wie bezeichnet man die
   – freiwillige Auflösung eines Unternehmens,
   – zwangsweise Auflösung eines Unternehmens,
   – Durchführung von Maßnahmen zur Gesundung und Fortführung eines Unternehmens und von vereinfachten Insolvenzverfahren?

Geben Sie eine kurze Erläuterung dieser Bezeichnungen!

2 *Bei der Liquidation eines Unternehmens können nicht nur wirtschaftliche Schwierigkeiten zugrunde liegen, sondern auch persönliche Gründe.*

a) Nennen Sie persönliche Gründe für eine Liquidation!

b) Erläutern Sie die Abwicklung eines Liquidationsverfahrens!

c) Warum müssen der Liquidationsbeschluss und die Beendigung der Liquidation ins Handelsregister eingetragen werden und warum muss die Firma mit dem Zusatz „i. L." zeichnen?

3 *Durch ein Insolvenzverfahren eines Einzelunternehmers wird in einem gerichtlichen Verfahren das verbleibende Schuldnervermögen auf die Gläubiger verteilt.*

a) Warum wird bei einer Insolvenz das Gericht eingeschaltet?

b) In welchem Falle wird der Antrag auf Eröffnung eines Insolvenzverfahrens abgelehnt?

c) Was bedeutet die Aussage: „Keine Leistungen mehr an den Schuldner"?

d) Worin unterscheiden sich Aussonderung und Absonderung?

e) Nennen Sie Beispiele für Kosten des Insolvenzverfahrens und Masseverbindlichkeiten!

f) Ermitteln Sie die Insolvenzmasse und die Insolvenzquote!

Betriebsvermögen	120 000,00 EUR
davon ausgesondertes Vermögen	15 000,00 EUR
Privatvermögen	80 000,00 EUR
davon nicht verpfändbares Privatvermögen	20 000,00 EUR
Verpfändetes Vermögen (Hypothek)	40 000,00 EUR
Gegenseitige Forderungen (Schulden des Schuldners)	10 000,00 EUR
Masseverbindlichkeiten	31 000,00 EUR
Kosten des Insolvenzverfahrens	29 000,00 EUR
Nachrangige Forderungen	29 000,00 EUR
Ungesicherte Forderungen	400 000,00 EUR

4 *Solange eine in Not geratene Unternehmung aus eigener Kraft wirtschaftliche Schwierigkeiten überwinden kann, sind Opfer der Gläubiger nicht notwendig.*

a) Wie bezeichnet man die Maßnahmen einer Unternehmung, die sie zu ihrer Gesundung selbst ergreift, ohne die Gläubiger in Anspruch zu nehmen?

b) Die Bilanz der Stahl AG weist folgende Posten auf: Vermögen 190 Mio. EUR, Verlustvortrag 90 Mio. EUR, Gezeichnetes Kapital 120 Mio. EUR und Fremdkapital 160 Mio. EUR. Zeigen Sie an zwei Bilanzen (vor und nach der Kapitalherabsetzung) die Durchführung einer kapitalmäßigen Sanierung!

c) Warum wird ein Verlust einer AG nicht über Grundkapital ausgebucht, sondern erscheint auf der Aktivseite der Bilanz?

d) Geben Sie je ein Beispiel für eine finanzielle Gesundung eines Unternehmens durch Umschuldung und Zufuhr von Kapital!

e) Oft reichen kapitalmäßige Maßnahmen zur Überwindung wirtschaftlicher Schwierigkeiten nicht aus. Es müssen Maßnahmen allgemeiner Art hinzukommen. Geben Sie Beispiele dafür!

5 *Ein Einzelunternehmen ist durch Umstrukturierung seines Sortiments auf die veränderte Marktstruktur in wirtschaftliche Schwierigkeiten geraten. Das Insolvenzgericht hat auf Antrag des Schuldners über die Eröffnung des Insolvenzverfahrens die Eigenverantwortung angeordnet.*

a) Welchen Gründe können die Gläubiger haben, einem Insolvenzverfahren in Eigenverantwortung zuzustimmen?

b) Nennen Sie die wichtigsten Aufgaben, die ein Sachwalter bei der Eigenverwaltung zu erfüllen hat!

c) Warum wird der Sachwalter verlangen, dass eingehende Gelder nur von ihm entgegengenommen werden und Zahlungen nur von ihm geleistet werden?

d) Unterscheiden Sie zwischen dem Insolvenzverfahren in Eigenverantwortung und dem Verbraucherinsolvenzverfahren!

6 *Ein Rechtsanwalt, der eine Insolvenz abwickelt, hat noch folgende Fälle zu entscheiden:*

a) Werkzeugmaschinen wurden im Wert von 45 000,00 EUR an eine Bank zur Sicherung einer Forderung über 47 000,00 EUR übereignet. Die Bank fordert die Herausgabe der Maschinen. Wie ist die Rechtslage?

b) Ein Lieferer hat nicht nur Forderungen aufgrund von Warenlieferungen von 12 000,00 EUR gegenüber dem Insolvenzverwalter, sondern auch Verbindlichkeiten aus einem rechtskräftigen Urteil in Höhe von 3 500,00 EUR. Was kann der Insolvenzverwalter tun?

c) Ein Schreibtisch im Werte von 2 500,00 EUR, der noch zur Weiterführung des Unternehmens benötigt wird, wurde dem Schuldner unter Eigentumsvorbehalt geliefert. Der Schreibtisch ist noch nicht voll bezahlt, 700,00 EUR stehen noch aus. Wie kann der Insolvenzverwalter vermeiden, dass der Schreibtisch herausgegeben werden muss?

d) Nach Eröffnung des Insolvenzverfahrens sind Kosten entstanden, die den einzelnen Insolvenzgläubigern durch die Teilnahme am Verfahren erwachsen. An welcher Stelle der Rangordnung sind diese Ansprüche zu befriedigen?

e) Bei der Raiffeisenbank liegen Wertpapiere zum Tageswert von 39 200,00 EUR, die zur Sicherung eines Kredites in Höhe von 30 000,00 EUR verwendet wurden. Welche Anweisung wird der Insolvenzverwalter der Raiffeisenbank erteilen?

7 Zahlungsverkehr, Investition und Finanzierung

Lerngerüst 7.1

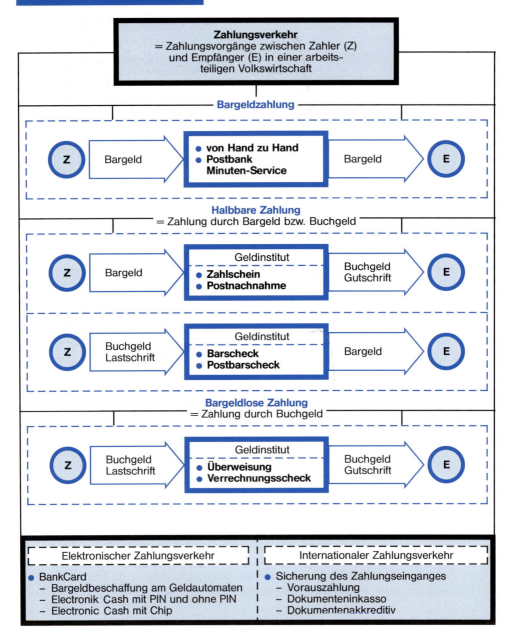

Lerninformationen 7.1

7.1 Zahlungsverkehr

Der umfangreiche Güter- und Leistungs-
austausch wird in der modernen Wirtschaft
gegen Geld abgewickelt.

– *Zum* **Bargeld** *zählen Banknoten und*
Münzen. Bargeld ist gesetzliches Zah-
lungsmittel. Jeder Gläubiger muss
Banknoten in unbegrenztem Umfang

annehmen; Euro-Münzen dagegen nicht
mehr als fünfzig Münzen bei einer ein-
zelnen Zahlung.

– *Das* **Buchgeld** *umfasst die Sichtgutha-*
ben, die auf Konten der Geldinstitute für
Zahlungsvorgänge zur Verfügung ste-
hen. Es bedeutet „Bargeld-Ersatz".

Entsprechend der Verwendung der beiden Geldarten unterscheidet man die **Barzahlung** (nur Bargeld), die **halbbare Zahlung** (ein Partner zahlt bar, der andere erhält Buchgeld und umgekehrt) und die **bargeldlose Zahlung** (nur Buchgeld).

Geldsurrogate (Geldersatzmittel) sind die umlaufenden Schecks und Wechsel. Mit einem Scheck kann man über Buchgeld verfügen. Wechsel können anstelle von Bar- oder Buchgeld weitergegeben werden und dienen bis zu ihrer Einlösung als Geldersatzmittel.

7.1.1 Bargeldzahlung

Nach der Zahlungsform unterscheidet man bare, halbbare und bargeldlose Zahlung.

● Bei der **unmittelbaren Bargeldzahlung** übergibt der Zahler persönlich oder durch einen Boten Bargeld an den Zahlungsempfänger. Heute hat die Barzahlung nur noch dort Bedeutung, wo der private Haushalt am Zahlungsverkehr teilnimmt, *z. B. im Einzelhandel, an Tankstellen, Fahrkartenschaltern und Automaten.*

Bei einer Bargeldzahlung kann der Zahler vom Zahlungsempfänger eine Quittung verlangen. Sie dient als Beleg und Beweismittel.

● Die **mittelbare Bargeldzahlung** kann durch Vermittlung der Post geschehen, per **Postbank Minuten-Service** in Zusammenarbeit mit **Western Union**, einem privaten Unternehmen, das eine Partnerschaft mit der Deutschen Post AG eingegangen ist; die Postfilialen selbst fungieren dabei als Agenturen.

Es gibt eine Reihe von Fällen, in denen man möglichst schnell Bargeld von zu Hause braucht, *z. B. wenn das Portemonee gestohlen wurde.* Das Geld wird, *z. B. vom Sohn*, am Postschalter eingezahlt. Der Empfänger kann dann das Geld schon wenig später in einer Filiale der Deutschen Post AG oder in einer Western Union Agentur abholen.

● Das **Bargeld** kann innerhalb Deutschlands und in 191 Länder der Welt übermittelt werden.

● Die **Einzahlung** des Überweisungsbetrages erfolgt nach dem Ausfüllen des Auftragsvordrucks.

● Die **Auszahlung** erfolgt grundsätzlich in Landeswährung des Empfängers, auch in US-Dollar.

259

7.1.2 Träger des Zahlungsverkehrs

Die Träger des **halbbaren und bargeldlosen Zahlungsverkehrs** sind die Deutsche Bundesbank mit ihren Hauptverwaltungen, die Banken und Sparkassen sowie die Postbank mit den Postfilialen als Kassenstellen.

▶ *Kontokorrentkonto*

Zahlungen durch Vermittlung dieser Geldinstitute können nur ausgeführt werden, wenn Zahler bzw. Zahlungsempfänger ein Konto unterhalten. Die Konten, über die der Zahlungsverkehr abgewickelt wird, werden als **Kontokorrentkonten** (ital. Kontokorrent = laufende Rechnung) oder Girokonten bezeichnet, die auch im Rahmen eingeräumter Kredite überzogen werden können. Privatkunden wird meist auf einem Gehaltsgirokonto eine Kreditlinie (Dispositions- oder Überziehungskredit) eingeräumt.

Beispiel: Ein Gehaltsempfänger darf sein Gehaltsgirokonto bis zu drei Netto-Monatsgehältern überziehen.

Die Kontokorrentkonten erfassen u. a. folgende Zahlungen der Kunden der Geldinstitute:

Soll (Lastschriften)	Kontokorrentkonto	Gutschriften (Haben)
Barauszahlungen	Bareinzahlungen	
Überweisungsausgänge	Überweisungseingänge	
Scheckziehung (Schecks an Lieferer)	Scheckinkasso (Schecks von Kunden)	

Beispiel: Der Zahlungsverkehr, den der Kaufmann Roth, Wipperfürth, über die Sparkasse X abwickelt, schlägt sich auf dem Bankkonto, das er selbst führt, und dem Kontokorrentkonto, das die Bank führt, folgendermaßen nieder:

Soll	Bankkonto (Sparkasse X)		Haben
AB (Guthaben = Forderung)	10 000,00	Bankabhebung	500,00
Überweisung von Kunden	4 200,00	Überweisung an Lieferer	6 700,00
Kundenschecks	12 000,00	Zahlung mit Scheck	8 900,00
		Sollsaldo (Guthaben)	10 100,00
	26 200,00		26 200,00

Soll	Kontokorrentkonto Roth, Wipperfürth		Haben
Barauszahlung	500,00	AB (Einlage, Verbindlichkeit)	10 000,00
Auftrag (Überweisung)	6 700,00	Gutschrift (Überweisung)	4 200,00
Scheckeinziehung	8 900,00	Scheckinkasso	12 100,00
Habensaldo (Verbindlichkeit)	10 100,00		
	26 200,00		26 200,00

> Wer ein Konto bei einem Geldinstitut (Banken, Sparkassen, Postbank) eröffnen will, muss sich persönlich ausweisen, seine Unterschrift hinterlegen und erhält dann die für den Zahlungsverkehr erforderlichen Vordrucke.

Eine **Kontoverbindung bei einem Geldinstitut** ist für Unternehmen und private Haushalte von Vorteil, da sie weniger Bargeld halten müssen und die Bankdienstleistungen, *z. B. Abwicklung* *des Zahlungsverkehrs, Aufnahme von Krediten*, in Anspruch nehmen können. Verfügen sie über ihr Konto, muss eine „Deckung" vorhanden sein. Diese kann darin bestehen, dass das Konto ein Guthaben aufweist oder dass ein Kredit eingeräumt wurde. Für in Anspruch genommene Kredite werden Sollzinsen belastet und für Guthaben können Habenzinsen vergütet werden.

▶ *Gironetze*

Die verschiedenen **Geldinstitute** müssen direkt oder indirekt miteinander in Verbindung stehen, da bei den Umbuchungen der Geldbeträge Zahler und Zahlungsempfänger Konten bei verschiedenen Geldinstituten unterhalten können.

● In Deutschland haben sich **gleichartige Geldinstitute zu Gironetzen** (Sparkassen, Kreditgenossenschaften, Postbank und Großbanken) zusammengeschlossen, die untereinander Kontoverbindungen und ein Konto bei der Deutschen Bundesbank haben. Dadurch sind Buchungen zwischen den Gironetzen möglich, können Schecks und Wechsel eingezogen werden.

> Die Deutsche Bundesbank hat als Dienstleister der Banken den Auftrag, für die bankmäßige Abwicklung des Zahlungsverkehrs im Inland und mit dem Ausland Sorge zu tragen. Hierzu gehört auch die arbeitsteilige Zusammenarbeit auf der Ebene des Europäischen Systems der Zentralbanken (ESZB), um zur Stabilität der Zahlungssysteme in der EWU beizutragen.

● Das **TARGET-System** (**T**rans-European **A**utomated **R**ealtime **G**ross Settlement **E**xpress **T**ransfer) ist das **Großzahlungssystem**, das sich aus den nationalen Zahlungssystemen der EU-Mitgliedstaaten und dem EZB-Zahlungsmechanismus zusammensetzt. Der deutsche Zugangspunkt zu TARGET ist das **RTGS-System** (Real Time Gross Settlement), das in Kooperation mit der Kreditwirtschaft modernisiert wurde. Dieses einheitliche Verfahren (Verknüpfungs-Mechanismus) ermöglicht grenzüberschreitende Großbetragszahlungen zwischen verschiedenen Systemen in der gesamten EU.

● Die seit 1. Juli 2003 neu eingeführten **EU-Standardüberweisungen ins Ausland** sind deutlich preisgünstiger und einfacher. Die Banken dürfen nur noch die Gebühren verlangen, die bei ihnen auch bei Inlandsüberweisungen anfallen. Danach darf *z. B. eine Überweisung von Düsseldorf nach Rom nicht teurer sein als eine Überweisung von Düsseldorf nach Hamburg.*

– Die Standardüberweisung gilt **nur innerhalb der EG**, wo eine automatische Bearbeitung möglich ist.

– Die Überweisung wird nur in Euro unter Verwendung der **internationalen Kontonummern (IBAN)** des Kontos des Ausstellers und des Kontos des Empfängers ausgeführt.

– Der **Höchstbetrag** beträgt bis Ende 2005: 12 500,00 EUR, und ab 2006: 50 000,00 EUR.

7.1.3 Halbbare Zahlung

Bei der halbbaren Zahlung muss entweder der Zahlungsempfänger (Gutschrift) oder der Zahler (Lastschrift) über ein Girokonto verfügen. Der andere Teil des Zahlungsvorganges wird bar abgewickelt.

▶ *Zahlungsempfänger verfügt über ein Girokonto*

Verfügt der Empfänger über ein Konto bei einem Geldinstitut (Bank oder Postbankkonto), kann der Absender mit einem Zahlschein zahlen.

- **Zahlschein:** Das Geld wird bei Banken, Sparkassen oder einer Postfiliale bar eingezahlt. Dem Empfänger wird der entsprechende Betrag auf seinem Girokonto gutgeschrieben. Für regelmäßig vorkommende Zahlungen liegen vorgedruckte Zahlscheine aus, *z. B. für Mietzahlungen an Wohnungsbaugesellschaften und für Zahlungen der Kfz-Steuer und der Stromrechnungen.* Häufig werden auch vorgedruckte Zahlscheine vom Zahlungsempfänger beigefügt, wenn *z. B. Waren zugestellt werden, Mitgliedsbeiträge eingezogen werden oder karitative Organisationen Spenden erbitten.*

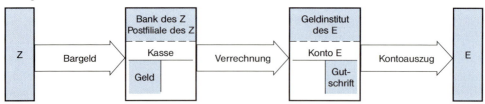

- **Postnachnahme mit Zahlschein:** Mit einer Nachnahme können Kunden mit einem inländischen Bankkonto Geldbeträge durch die Post einziehen lassen. Mit einem Zahlschein wird der entsprechende Betrag auf das Postbankkonto des Gläubigers eingezahlt.

Dabei werden

- **Postpakete** nur gegen Einzug des auf der Sendung angegebenen Geldbetrages (Nachnahmebetrag) bis maximal 3 500,00 EUR beim Empfänger abgeliefert, *z. B. ein Versandhaus schickt seine Waren als Nachnahmesendung;*
- **Briefe und Postkarten** nur gegen Einzug des auf der Sendung angegebenen Nachnahmebetrages bis 1 500,00 EUR abgeliefert, *z. B. fällige Beträge werden per Nachfrage angemahnt und eingezogen.*

Der Zahlungsempfänger fügt jeder Sendung einen **ausgefüllten Zahlschein** bei, damit der eingezogene Betrag auf sein Bankkonto (Gutschrift) überwiesen werden kann.

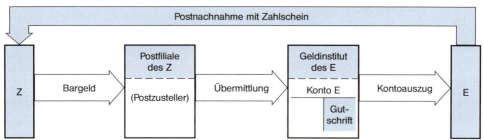

▶ *Zahler verfügt über ein Girokonto*

Verfügt der Zahler über ein Konto bei einem Kreditinstitut, kann der Betrag durch eine Lastschrift von seinem Konto abgebucht werden und der Empfänger erhält Bargeld.

- Beim **Barscheck** der Banken und Sparkassen und beim **Postbarscheck** der Postbank ist das Geldinstitut berechtigt, die Zahlung an den Scheckinhaber in bar zu leisten (siehe S. 277 ff.).
- **Zahlungsanweisung zur Verrechnung (ZzV):** Postbankkunden mit umfangreichem Zahlungsverkehr können für Zahlungen an Empfänger, die kein Konto besitzen oder deren Kontoverbindung nicht bekannt ist, eine ZzV verwenden. Die Postbankniederlassung erhält einen

Sammelauftrag mit allen Zahlungsvorgängen und belastet die Gesamtsumme dem Konto des Zahlers. Der Empfänger erhält die ZzV als gewöhnlichen Brief und kann sie einlösen
- durch Gutschrift auf sein Bankkonto,
- durch Gutschrift auf sein Postbankkonto,
- durch Auszahlung an jedem Postschalter gegen Vorlage des Personalausweises und Zahlung einer Gebühr.

Beispiel: Schadensregulierungen oder Beitragsrückerstattungen bei Versicherungen, Rückerstattungen bei Versandhäusern, Barauszahlungen von Renten.

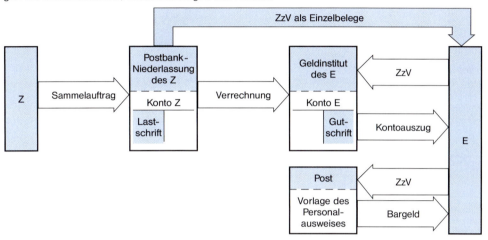

7.1.4 Bargeldlose Zahlung

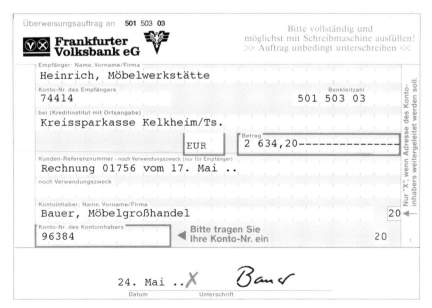

263

Der bargeldlose Zahlungsverkehr setzt voraus, dass Zahler und Zahlungsempfänger über ein Girokonto bei einem Geldinstitut verfügen. Der Zahlungsvorgang geschieht durch Lastschrift (Zahler) und Gutschrift (Empfänger) auf den Konten.

▶ *Überweisung*

Durch eine Überweisung erteilt ein Zahler seinem Geldinstitut den Auftrag (Geschäftsbesorgungsvertrag), zu Lasten seines Kontos einen bestimmten Geldbetrag dem Konto des Zahlungsempfängers gutzuschreiben. Verfügt der Zahler über ein **Bankkonto**, benutzt er eine **Banküberweisung**, hat er ein **Postbankkonto**, verwendet er eine **Postbanküberweisung**. Auch Überweisungen von einem Bankgirokonto auf ein Postbankkonto und umgekehrt sind möglich.

Die Zahlung erfolgt an **Erfüllungs statt** (im Gegensatz zum Scheck, bei dem die Zahlung zahlungshalber erfolgt).

Beispiel: Aufgrund einer Warenlieferung hat der Verkäufer eine Forderung gegenüber dem Käufer. Zahlt der Käufer mit einer Überweisung, erwirbt der Verkäufer gegen sein Kreditinstitut (Gutschrift) eine Forderung. Das Schuldverhältnis aus dem Kaufvertrag erlischt. Anstelle von Banknoten erhält der Verkäufer eine Gutschrift.

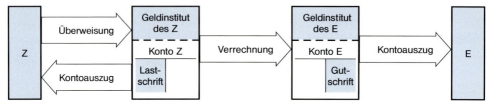

▶ *Verrechnungsscheck*

Ein Scheck, der auf der Vorderseite den Vermerk „**Nur zur Verrechnung**" trägt, darf vom bezogenen Geldinstitut nicht bar ausgezahlt werden. Der Scheckbetrag wird dem Konto des Scheckeinreichers gutgeschrieben und dem Konto des Scheckausstellers belastet (Einzelheiten siehe 7.2).

▶ *Sonderformen der bargeldlosen Zahlung*

Die vielfältigen Zahlungen, die in Betrieben und Haushalten anfallen, können durch Dauerauftrag, Lastschriftverkehr und Sammelüberweisungen vereinfacht werden.

• **Dauerauftrag: Regelmäßig wiederkehrende Zahlungen**, die zu **bestimmten Terminen** über den **gleichen Betrag** an **denselben Empfänger** vorzunehmen sind, *z. B. Tilgungsraten, Mieten, Versicherungsprämien usw.*, können mit einem Dauerauftrag ausgeführt werden. Der Zahler erteilt seinem Geldinstitut einmalig den Auftrag, der dann bis zum Widerruf zu Lasten seines Kontos regelmäßig vorgenommen wird.

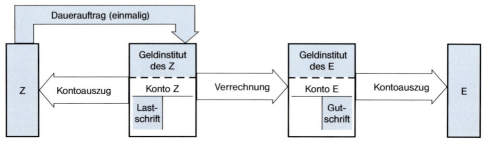

- **Lastschriftverkehr:** Im Lastschriftverfahren werden Geldbeträge in **gleicher oder wechselnder Höhe**, *z. B. Telefonrechnungen, Rundfunk- und Fernsehgebühren, Gemeindeabgaben*, zu Lasten des Kontos des Zahlers eingezogen. Der wiederkehrende Zahlungsvorgang geht dabei jeweils vom Zahlungsempfänger aus. Man unterscheidet zwei Verfahren:
  - Der Zahler erteilt dem Zahlungsempfänger die **Einzugsermächtigung**, Zahlungen bei Fälligkeit durch eine Lastschrift von seinem Konto einzuziehen. Die Ermächtigung muss schriftlich erfolgen und kann jederzeit widerrufen werden. Der Zahler kann einer Belastung innerhalb von **sechs Wochen widersprechen**.

Beispiel: Der Lebensmittelhändler Cramer erteilt der Deutschen Telekom AG die Ermächtigung, die monatlichen Fernmelderechnungen von seinem Konto abzubuchen.

  - Der Zahler erteilt seinem Geldinstitut den **Abbuchungsauftrag**, die von einem bestimmten Zahlungsempfänger vorgelegten Lastschriften einzulösen. Der Abbuchungsauftrag gilt, bis er widerrufen wird. Der Zahlungspflichtige kann einer Belastung **nicht widersprechen**.

Beispiel: Ein Feinkosthaus liefert täglich belegte Brötchen an einen Gastwirt, der häufig unregelmäßig zahlte und ungerechtfertigt reklamierte. Der Feinkosthändler hat daher durchgesetzt, dass er jeden Monat im Voraus im Abbuchungsverfahren, wofür der Gastwirt seiner Bank einen Abbuchungsauftrag erteilt hat, den Betrag gegen Vorlage der Rechnung einziehen kann. Es besteht nicht wie bei der Einzugsermächtigung die Gefahr, dass das Geld wegen eines Widerspruchs des Gastwirts rückbelastet wird. Bei unsicheren Kunden ist daher das Abbuchungsverfahren weniger riskant.

- **Sammelüberweisung:** Mehrere Überweisungen an verschiedene Empfänger können vom Zahler zu einer Sammelüberweisung zusammengefasst werden. Sie vereinfachen die Schreib- und Büroarbeiten und tragen so dazu bei, die Sach- und Personalkosten zu senken.

Beispiel: Bei der Überweisung von Gehältern an verschiedene Arbeitnehmer wird nur ein Überweisungsauftrag über die Gesamtsumme unterschrieben. Die Beträge der Einzelüberweisungen auf die Girokonten der Gehaltsempfänger werden auf einem Rechenstreifen zusammengefasst.

7.1.5 Elektronischer Zahlungsverkehr

Mit dem **Electronic-Banking-Service (Telebanking)** bieten die Banken ihren Kunden eine breite Palette von modernen Dienstleistungen (Kommunikations- und Service-Leistungen) an, zu denen außer dem elektronischen Zahlungsverkehr die Bargeldabhebung am Geldautomaten und die bargeldlose, elektronische Zahlungsabwicklung an der Ladenkasse (Electronic Cash) gehören.

> Die bisherigen Stufen der Zahlung vollzogen sich: Ware gegen Ware, Ware gegen Bargeld, Ware gegen Scheck oder Kreditkarte. Die nächste Stufe mit der GeldKarte ist das „elektronische Geld", das möglicherweise der entscheidende Schritt zur bargeldlosen Gesellschaft ist.

▶ *Austausch von Daten*

Der Dialog zwischen der Bank und dem Kunden erfolgt beim elektronischen Zahlungsverkehr entweder

- im **beleglosen Datenträgeraustausch (DTA)**, *z. B. mithilfe von Magnetbändern oder Disketten*, bei dem keine direkte Verbindung zum Bankrechner besteht (**offline**), oder

- durch **Datenfernübertragung (DFÜ)**. Dafür stehen Netze für die Übertragung von Daten (**online**) zur Verfügung, *z. B. Datex-P(aket) für Großanwender (Datex = Data Exchange) oder T-Online (Onlinebanking)*. Die Datenfernübertragung gewinnt gegenüber dem Datenträgeraustausch immer mehr an Bedeutung.

▶ *Kontoinformationen und Zahlungsverkehr*

Die Banken stellen ihren Kunden umfangreiche Software-Pakete zur Verfügung, mit denen Kontoinformationen abgerufen und Zahlungsaufträge abgewickelt werden können. Die computergestützte Abwicklung von Bankgeschäften bezeichnet man bei geschlossenen Netzen als **Homebanking** (*z. B. über T-Online*). Bei offenen Netzen wie beim Internet kann man die Bankgeschäfte weltweit abwickeln (**Internetbanking**).

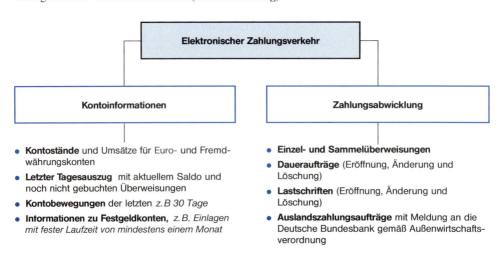

Beispiel: Funktionieren von T-Online

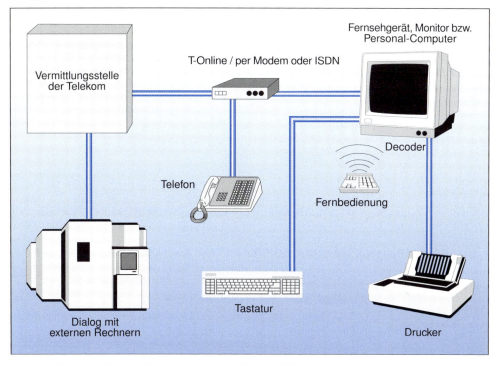

Modem = Gerät zur Umwandlung von digitalen Signalen (Computer) in analoge (Telefon) und umgekehrt
ISDN = Im ISDN (Dienste integrierendes digitales Netzwerk) werden alle Dienste zur Übertragung von Sprache und Daten in einem digitalen Netz vereinigt.

- Die **papiergebundenen Überweisungen** werden auf längere Sicht im Geschäftsverkehr überflüssig.

- **Komfortable Softwarelösungen** bieten weitere Dienstleistungen:

– **Informationen zur Börse**, *z. B. Aktienkurse im In- und Ausland, Edelmetallpreise*,

– **Umrechnungen von Euro** in ausländische Währung und umgekehrt,

– **aktuelle Nachrichten**, *z. B. Wirtschaftsinformationen, Bankleitzahlenabfrage, evtl. auch Fahrplanauskünfte, Platzreservierungen*,

– **Liquiditätsmanagement**, *z. B. automatischer Abgleich von Planumsätzen und gebuchten Umsätzen, Planung der Liquidität aufgrund von festgelegten Zahlungsströmen*.

▶ *Teilnehmeridentifizierung*

Als Sicherheiten, damit keine Unbefugten Zugriff zum Konto haben, dienen im T-Online-Dienst:

– ein **persönliches Kennwort** der Telekom,

– eine **persönliche Identifikationsnummer** = PIN der Bank und

– **Transaktionsnummern** der Bank = TAN, die dazu berechtigen, bestimmte Handlungen, z. B. *Überweisungen, Anlegen von Daueraufträgen,* vornehmen zu können. Das T-Online-Kennwort sowie PIN und TAN dürfen Dritten nicht zugänglich sein, um den Benutzer beim Kontakt mit seiner Bank vor Missbrauch zu schützen. Die TAN besitzt die Funktion einer elektronischen Unterschrift.

Das Electronic Banking soll dazu beitragen, dass die Kunden
- Zeit und Kosten sparen durch rationellen Zahlungsverkehr,
- aktueller und besser informiert sind über ihre Finanzlage durch umfassende und schnelle Kontoinformationen und
- Hilfen bei ihren sonstigen Bankgeschäften erhalten.

▶ **BankCard**

Die Bank- oder Sparkassen-Card dient zusammen mit der persönlichen Identifikationsnummer (PIN) und dem Magnetstreifen als Multifunktionskarte.

• **Bargeldbeschaffung am Geldautomaten:** Der jederzeit zugängliche Geldautomat hat den Vorteil, dass das Bargeld im In- und Ausland auch nach Schalterschluss abgehoben werden kann. Der Bankkunde führt die BankCard mit dem Magnetstreifen in den Automaten ein. Der Kunde tippt die **Geheimzahl** und den gewünschten Geldbetrag ein. Der Geldautomat wirft dann die BankCard und den Geldbetrag aus. Die Geheimzahl sollte aus Sicherheitsgründen strikt geheim gehalten werden.

• **Electronic Cash mit PIN (POS-System):** Der bargeldlose elektronische Zahlungsverkehr an der Ladenkasse (point of sale = POS) ist nur möglich, wenn die Geschäfte mit Barverkauf an Kassenterminals angeschlossen sind, sodass am Ort des Verkaufs die Zahlung abgewickelt werden kann:

– Der **Rechnungsbetrag** wird an der Kasse eingetippt und der Kunde prüft den Rechnungsbetrag.
– Nachdem der Kunde die BankCard in den Kartenleser eingeführt hat, tippt er seine **Geheimzahl** ein.
– Sekundenschnell wird **geprüft, ob die BankCard echt ist**, ob Kreditinstitut und Geheimnummer stimmen, eine mögliche Sperre des Kontos vorliegt und ob das Kreditlimit nicht überzogen wird.

– Nach der vollautomatischen Lastschrift und Gutschrift des Rechnungsbetrages wird der **Kassenbon** ausgedruckt.

Beim Electronic Cash kann der Käufer im In- und Ausland ohne Bargeld oder Ausfüllen eines Schecks Zahlungen ausführen. Das Diebstahl- und Verlustrisiko wird minimiert. Der Verkäufer braucht keine Schecks mehr bei der Bank einzureichen. Die Zahlungsvorgänge an der Kasse werden vereinfacht und die Kontoführungsgebühren werden niedriger.

- **Electronic Cash ohne PIN (POZ-System):** Die BankCard kann auch ohne PIN-Nummer als Zahlungsmittel verwendet werden. Die Zahlung erfolgt dann **ohne Zahlungsgarantie**:
  - Es wird mithilfe der im Magnetstreifen enthaltenen Dateien in einer **zentralen Sperrkartei** nur überprüft, ob eine mögliche Kontensperre vorliegt.
  - Der Kunde unterschreibt einen **Lasteinzugsauftrag**, durch den der Rechnungsbetrag zu Lasten des Kunden eingezogen wird (siehe S. 265). Im Falle der Nichteinlösung muss das Kreditinstitut dem Zahlungsempfänger den Namen und die Adresse des Kunden mitteilen.
  - Die **Gebühren** für den Händler sind beim POZ-System geringer als beim POS-System.
- **Electronic Cash mit Chip (ecc-System):** Der Bankkunde erhält auf seinen **BankCard-ship** z. B. einen Betrag von 1 000,00 EUR gutgeschrieben. Das Besondere an dieser Zahlungsart ist, dass das Bankkonto des Kunden nicht wie bei der BankCard mit PIN bei jeder Zahlung sofort belastet wird, sondern erst, wenn die 1 000,00 EUR-Grenze überschritten wird. Dann kann der Chip wieder bis 1 000,00 EUR geladen werden.

▶ *Karten-Zahlungssysteme*

Der Zahlungsverkehr wird durch kartengesteuerte Zahlungssysteme weiterentwickelt. Dazu gehören:

- Die **Kreditkarte** wird von Kreditkartengesellschaften *(z. B. American Express, Diner's Club)* oder von Kreditinstituten *(z. B. MasterCard)* an zahlungsfähige Privat- und Geschäftsleute gegen eine Jahresgebühr ausgegeben. Sie dient weltweit zur bargeldlosen Bezahlung von Waren und Dienstleistungen (**Reisezahlungsmittel**).

① Vor der Ausgabe der Kreditkarte überprüft die Bank die Zahlungsfähigkeit des Gläubigers.

② Der Unternehmer prüft die vorgelegte Karte, überträgt die Kartennummer und der Kunde unterzeichnet die Abrechnung.

③ Das Vertragsunternehmen erhält per Lastschrift sein Geld von der Kreditkartengesellschaft.

④ Der Karteninhaber erhält einen zinslosen Kredit, da die Gesellschaft nur monatlich abrechnet.

⑤ Das Konto des Karteninhabers wird monatlich mit den Rechnungsbeträgen belastet.

- Die **GeldKarte** wird vor allem von Einzelhandels- und Dienstleistungsunternehmen zur bargeldlosen Abwicklung der Geschäfte mit ihren Kunden für **Kleinbeträge** genutzt. Der Bankkunde kann die GeldKarte bei seiner Bank zu Lasten seines Kontos mittels PIN bis zu

200,00 EUR aufladen lassen. Bei einer ungebundenen GeldKarte muss sie gegen Barzahlung an einem Bankschalter aufgeladen werden.

Der **bargeldlose Zahlungsvorgang** vollzieht sich dann in folgender Form:

– Der Kunde steckt die GeldKarte in das Terminal des Verkäufers, der dann den Betrag eingibt.

– Der auf dem Display ausgewiesene Betrag wird vom Kunden durch Tastendruck bestätigt und von seiner Karte auf die Karte des Verkäufers gebucht.

– Abends leitet der Verkäufer den Gesamtbetrag mittels Datenleitung an eine Verrechnungszentrale zur Gutschrift.

> Die GeldKarte hat für den Nutzer den Vorteil, dass er schnell ohne PIN vor allem an Automaten, *z. B. bei Parkhäusern, Hotelketten und Verbrauchermärkten*, bezahlen kann. Der Händler hat jedoch den Nachteil, dass er in ein GeldKartenterminal investieren und Umsatzprovision an seine Bank zahlen muss.

7.1.6 Internationaler Zahlungsverkehr

Zum internationalen Zahlungsverkehr gehören alle ein- und ausgehenden Zahlungen mit dem Ausland, die durch den grenzüberschreitenden Güter-, Dienstleistungs- und Kapitalverkehr entstehen. Da es kein weltweit anerkanntes Zahlungsmittel gibt, erfolgt die Zahlung in Devisen, deren Kurs im Devisenhandel (Devisenbörse) ermittelt wird.

> Zu den Devisen zählen Guthaben bei ausländischen Banken und auf fremde Währung lautende, im Ausland zahlbare Schecks und Wechsel. Ausländische Banknoten und Münzen im Besitz von Inländern werden als Sorten bezeichnet.

– Im **freien Devisenverkehr** herrscht **Konvertierbarkeit**, d. h. einheimische und fremde Währungen können frei und unbeschränkt zum geltenden Devisenkurs getauscht werden.

– Bei **Devisenbewirtschaftung** hat der Staat das **Devisenmonopol** und die internationalen Zahlungen erfolgen durch Devisenzuteilung oder im Verrechnungswege aufgrund von Zahlungsabkommen.

▶ *Zahlungsmöglichkeiten*

Zahlungen im Geschäftsverkehr mit dem Ausland erfolgen fast immer bargeldlos. Im Außenhandel der Bundesrepublik Deutschland werden etwa 85 % aller Zahlungen mit Überweisungen und Schecks geleistet.

● **Überweisungen** werden mit dem „Zahlungsauftrag im Außenwirtschaftsverkehr" durchgeführt. Der Zahlungsbetrag kann über Euro oder eine fremde Währung lauten.

● Für **Scheckzahlungen** ins Ausland werden auf Euro oder fremde Währung lautende Verrechnungsschecks verwendet. Aus dem Ausland eingehende Schecks werden von den Banken gutgeschrieben.

● **Wechsel** kommen vor allem in Verbindung mit Finanzierungsgeschäften vor. Der internationale Wechselzahlungsverkehr unterscheidet sich kaum vom inländischen (siehe 7.2.2), da das Wechselrecht international ist.

▶ Zahlungsbedingungen

Im Außenhandel entstehen für den Exporteur (Bezahlung) und für den Importeur (Lieferung) erhebliche Risiken. Sie werden durch **Zug-um-Zug-Geschäfte** (Ware gegen Geld, Geld gegen Ware) gemindert. Dabei wird die Übergabe der Ware durch die Übergabe von Dokumenten (Konnossement, Ladeschein, quittierte Rechnung, Versicherungszertifikat) ersetzt, die das Verfügungsrecht an der Ware verbriefen. Diese Art der Sicherung des Zahlungseinganges (d/p, documents against payment = Dokumente gegen Zahlung) kann durch ein Dokumenteninkasso und ein Dokumentenakkreditiv erfolgen. Sie zählen zu den wichtigsten Zahlungsbedingungen im Welthandel. Da die Dokumente per Luftpost in der Regel schneller als die Ware eintreffen, leistet der Käufer praktisch eine Vorauszahlung.

- Das **Dokumenteninkasso** nimmt folgenden Verlauf:

- Der Exporteur erteilt unmittelbar nach der Verladung seiner Bank einen Inkassoauftrag. Der Auftrag enthält die Weisung, die Dokumente dem Importeur gegen Zahlung auszuhändigen.

- Die Dokumente gehen unabhängig von der Ware zu der vom Importeur benannten Bank, die sie dem Käufer gegen Zahlung aushändigt.

- Durch die Übergabe der Dokumente hat der Importeur die Sicherheit, dass die Ware ordnungsgemäß dem Frachtführer übergeben und auf den Weg gebracht wurde.

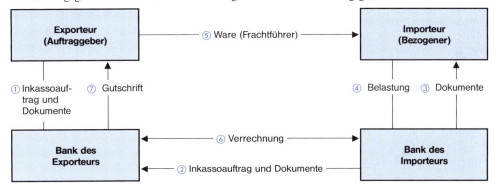

Beim Dokumenteninkasso händigt die mit dem Inkasso beauftragte Bank dem Importeur die Dokumente aus, gegen Bezahlung des Inkassobetrages (Zug um Zug = Ware gegen Geld). Damit wird die Übergabe der Ware durch die Übergabe der Dokumente ersetzt.

- Das **Dokumentenakkreditiv** dient wie das Dokumenteninkasso der **Abwicklung und Sicherung der Zahlung**. Es vermindert dessen Nachteile, *z. B. indem es den Zahlungseingang für den Verkäufer sicherer macht.*

Beispiel: Ein Bremer Importeur (Akkreditivauftraggeber) hat mit einem japanischen Exporteur (Begünstigter) in Kobe einen Kaufvertrag über die Lieferung von Fernsehgeräten abgeschlossen.
Preis: 210 000,00 EUR
Zahlungsbedingungen: Unwiderrufliches Dokumentenakkreditiv
Bankverbindungen: Commerzbank Bremen (Eröffnende Bank)
Bank of Tokyo, Kobe (Avisierende Bank)

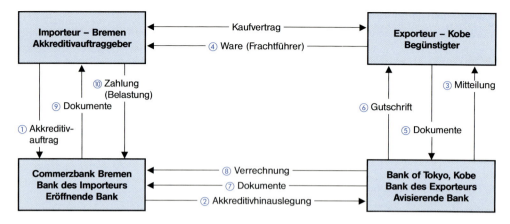

① Der Importeur gibt seiner Bank die Weisung, ein Akkreditiv (abstraktes Zahlungsversprechen) zugunsten des Exporteurs zu eröffnen.

② Die Bank des Importeurs teilt die Eröffnung des Akkreditivs der Bank des Exporteurs mit, die das

③ Akkreditiv ihrem Kunden (Exporteur) anzeigt (avisiert).

④ Wenn die Ware dem Frachtführer ordnungsgemäß übergeben wurde,

⑤ werden die Dokumente von der Bank des Exporteurs geprüft und

⑥ der Dokumentengegenwert ausgezahlt (Gutschrift).

⑦ Nach Weiterleitung der Dokumente an die eröffnende Bank

⑧ verrechnen die Banken den Auszahlungsbetrag untereinander und

⑨ die Bank des Importeurs legt dem Importeur die Dokumente vor und

⑩ belastet ihn mit dem Betrag. Mit der Übergabe der Dokumente wird das Verfügungsrecht an der Ware auf den Importeur übertragen.

Das Dokumentenakkreditiv ist das Zahlungsversprechen eines Kreditinstitutes, bei Vorliegen bestimmter Dokumente einen bestimmten Betrag an den im Akkreditiv genannten Begünstigten zu leisten.

— Ein **widerrufliches Akkreditiv** begründet **keine feste Zahlungszusicherung der eröffnenden Bank**, da es abgeändert oder annulliert werden kann. Es kommt daher nur sehr selten vor.

— Ein **unwiderrufliches Akkreditiv** enthält eine **feste Verpflichtung der eröffnenden Bank zur Zahlung**. Bei einem **unwiderruflichen, bestätigten Akkreditiv** erhält der Begünstigte neben der Verpflichtung der eröffnenden Bank **zusätzlich das Zahlungsversprechen der avisierenden Bank**. Er hat damit Ansprüche gegen zwei Banken (beim unbestätigten nur gegen die eröffnende Bank). Alle Akkreditive müssen ein Verfalldatum und einen Ort der Dokumentenübergabe vorschreiben.

Lernaufgaben 7.1

Zahlungsverkehr

1 *Bei der Bargeldzahlung wird Bargeld vom Zahler auf den Zahlungsempfänger übertragen.*

   a) Überlegen Sie, welche Nachteile mit dem Bargeldverkehr verbunden sind!

   b) Im Barzahlungsverkehr hat die Quittung eine besondere Bedeutung. Welche Angaben muss sie enthalten, um als Beleg und Beweismittel dienen zu können?

   c) Prüfen Sie mithilfe des § 368 BGB, ob der Schuldner die Zahlung verweigern kann, wenn der Gläubiger den Empfang des Geldes nicht quittieren will.

2 *Zur Abwicklung des Zahlungsverkehrs dient das Kontokorrentkonto. Der Kontostand ändert sich laufend durch Lastschriften und Gutschriften.*

   a) Nennen Sie neben den in den Lerninformationen genannten Beispielen weitere Lastschriften und Gutschriften!

   b) Der Kaufmann Karl Schmidt hat ein Guthaben über 10 000,00 EUR bei der Commerzbank AG. Tragen Sie im Bankkonto, das Karl Schmidt führt, und im Kontokorrentkonto, das die Commerzbank führt, den Betrag ein!

   c) Begründen Sie, warum der Betrag einmal im Soll und einmal im Haben gebucht wird!

   d) Beim Abschluss eines Kontokorrentkontos ist die Sollseite kleiner als die Habenseite (Habensaldo). Welche Bedeutung hat dieser Saldo für die Bank und für den Kunden?

3 *Ein Unternehmer hat sich mit seinem Kunden in einem Hotel getroffen und bezahlt die Hotelrechnung über 640,00 EUR mit seiner MasterCard von der Deutschen Bank.*

   a) Wer gibt Kreditkarten aus und wozu können sie verwendet werden?

   b) Begründen Sie, warum Kreditkarten weltweit gleichzeitig
   – als Zahlungsmittel,
   – als Liquiditätsreserve und
   – als Kreditmittel verwendet werden!

4 *Karl Strunz kauft bei der Mayerschen Buchhandlung ein Sachbuch für 26,00 EUR und bezahlt mit seiner BankCard per POZ.*

   a) Welche Bedeutung hat beim POZ-System die zentrale Sperrkartei?

   b) Erläutern Sie, wie sich die Bezahlung des Rechnungsbetrages für das Sachbuch per POZ vollzieht!

   c) Prüfen Sie, wer das Bonitätsrisiko trägt, wenn bei POZ-Zahlung das Konto des Kunden nicht gedeckt ist!

5 *Der Kontoauszug unterrichtet den Kontoinhaber über die Veränderungen durch Lastschriften und Gutschriften und gibt den Kontostand an.*

```
  ○     EUR-KONTO                    KONTOAUSZUG                      AUSZUG BLATT
          11333507         STADTSPARKASSE KOELN BLZ 37050198            18    1
        TAG  ERLAEUTERUNGEN
             KONTOSTAND AM 5.07.20.., AUSZUG-NR.   17      EUR         13.408,97+
        05.07.20.. EC-AUTOMAT STAMMHEIM 10:43     WERT   05.07.            500,00-
             KARTE 1
        10.07.20.. WEG ULRICHSTRASSE 1U, 3 SC     WERT   10.07.            110,70-
             NACHZAHLUNG AUS LETZTER
             ABRECHNUNG
        19.07.20.. EINZAHLUNG FÜR MIETE           WERT   20.07.           1000,00+

             KONTOSTAND AM 20.07.20..                      EUR          13.798,27+


        IHR DISPO-KREDIT 10.300


  ○     NUR NOCH BIS 31.08... ERHALTEN SIE BIS ZU 5% BEIM
        ZUWACHSSPAREN. FRAGEN SIE IHREN BERATER.
```

a) Erläutern Sie die Buchungen!

b) Welche Bedeutung hat der Habensaldo für die Bank und den Kunden?

c) Was bedeutet die Angabe des Dispositionskredites?

6 *Das Einrichtungshaus Hans Stein, 50670 Köln (Bankverbindung: Dresdner Bank AG, Köln, BLZ 370 800 40, Konto 3712090) hat an die Porzer Möbelzentrum GmbH (Bankverbindung: Deutsche Bank AG, Köln, BLZ 370 700 60, Konto 1048080) eine Rechnung über 5 440,00 EUR zu begleichen. Die Gehälter bezahlt das Einrichtungshaus in Form einer Sammelüberweisung.*

a) Füllen Sie zur Begleichung der Rechnung des Möbelzentrums eine Banküberweisung aus!

b) Erläutern Sie den Zahlungsweg einer Banküberweisung!

c) Welche Vorteile hat eine Sammelüberweisung für den Arbeitgeber?

7 *Im Lastschrift-Einzugsverkehr wird der Zahlungsvorgang nicht vom Schuldner, sondern vom Gläubiger ausgelöst.*

a) Unterscheiden Sie Einzugsermächtigung und Abbuchungsauftrag!

b) Schildern Sie den Weg, den Beleg und Zahlung nehmen!

c) Welche Vorteile hat der Lastschriftverkehr für den Gläubiger?

d) Nennen Sie die Vorteile und die Nachteile für den Schuldner!

e) Welche Unterschiede bestehen zwischen dem Lastschriftverkehr und dem Dauerauftrag?

8 *Die Maschinenfabrik W. Wenger GmbH, Duisburg, hat einen Auftrag über die Lieferung von 10 Drehbänken an J. Smith & Co. Ltd., Sydney. Mit dem Unternehmen in Australien bestehen bisher keine Geschäftsbeziehungen. Im Kaufvertrag wird vereinbart, dass Smith & Co. vor der Lieferung ein unwiderrufliches Akkreditiv zur Verfügung von Wenger GmbH bei der Deutschen Bank AG, Duisburg, eröffnen. Smith & Co. beauftragen mit der Akkreditivhinauslegung die Westpac Banking, Sydney. Die Deutsche Bank, Duisburg, bestätigt Wenger GmbH, dass das Akkreditiv errichtet ist.*

a) Wer ist Auftraggeber, eröffnende bzw. avisierende Bank und Begünstigter?

b) Begründen Sie, dass die Akkreditivstellung für Wenger eine Sicherungs- und eine Zahlungsfunktion hat!

Lerngerüst 7.2

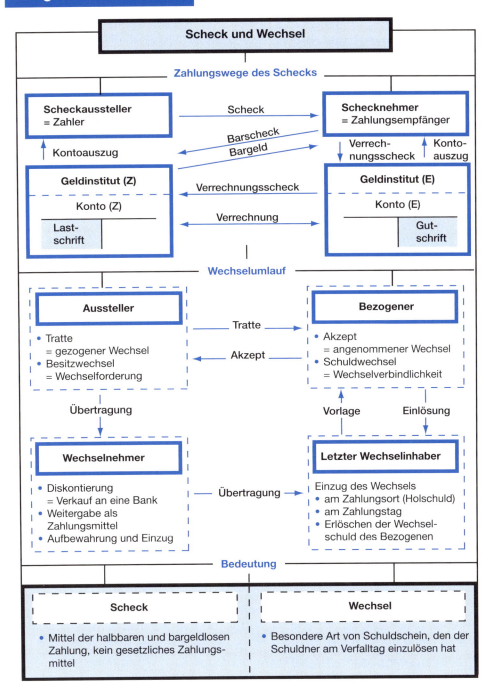

Lerninformationen 7.2

7.2 Scheck und Wechsel

Mit einem **Scheck** kann man Bargeld von seinem Konto abheben; man kann ihn aber auch als Zahlungsmittel an einen Dritten (Zahlungsempfänger) weitergeben. Voraussetzung ist, dass der Scheckaussteller über ein Girokonto bei einem Kreditinstitut verfügt.

Es kommt häufig vor, dass ein Kaufmann eine Warenlieferung erst bezahlen kann, nachdem er die Ware verkauft hat. Andererseits benötigt der Lieferer sofort Geld, um Löhne, Rohstoffe usw. bezahlen zu können. Dieser Wunsch des Käufers wird durch eine **Wechselzahlung** erfüllt.

7.2.1 Zahlung mit Scheck

Der Scheck ist **kein gesetzliches Zahlungsmittel**.

Beispiel: Zahlt ein Käufer eine Schuld durch Übergabe eines Schecks, erfolgt die Zahlung nur erfüllungshalber. Erst wenn sein Kreditinstitut (bezogene Bank) den Scheck einlöst, ist die Verbindlichkeit beglichen. Die Zahlung mit Banküberweisung erfolgt dagegen an Erfüllungs statt (siehe S. 264).

Rechtlich ist der Scheck eine Anweisung des Ausstellers an ein Geldinstitut, bei Sicht aus seinem Konto eine bestimmte Summe zu zahlen.

▶ *Bestandteile des Schecks*

Die Geldinstitute geben für den Zahlungsverkehr **genormte Scheckvordrucke** heraus, die die **gesetzlichen** und **kaufmännischen** Bestandteile enthalten. Die gesetzlichen Bestandteile sind zwingend vorgeschrieben (Art. 2 SchG). Die kaufmännischen Bestandteile dienen dazu, die banktechnische Abwicklung des Scheckverkehrs zu erleichtern.

276

- **Gesetzliche Bestandteile des Schecks (Art. 1 SchG):**
- Das Wort „Scheck" im Text der Urkunde.
- Die unbedingte Anweisung, eine bestimmte **Geldsumme** zu zahlen.
- Das bezogene **Geldinstitut** (Name des zahlenden Geldinstituts).
- Der **Zahlungsort** (Sitz des Geldinstituts).
- **Ort und Tag der Ausstellung** des Schecks.
- **Unterschrift des Ausstellers**.

- **Kaufmännische Bestandteile:** Neben den gesetzlichen enthalten die Scheckvordrucke die folgenden kaufmännischen Bestandteile: Schecknummer, Kontonummer des Ausstellers, Bankleitzahl, Schecksumme in Ziffern, Guthabenklausel, Angabe des Zahlungsempfängers, Überbringerklausel, Verwendungszweck und Codierzeile. Die Codierzeile im Vordruckfuß enthält die Informationen, die für die Bearbeitung des Schecks wichtig sind. Sie muss von Codiergeräten mit einer maschinell-optisch lesbaren Schrift ausgefüllt werden.

▶ *Arten des Schecks*

Schecks lassen sich einteilen nach der Art der Einlösung, nach dem bezogenen Geldinstitut und nach der Art der Übertragung.

- **Nach der Einlösung:** Schecks können bar oder durch Gutschrift eingelöst werden.
- **Barschecks** können durch das bezogene Geldinstitut bar an den Scheckinhaber ausgezahlt werden.
- **Verrechnungsscheck:** Jeder Barscheck kann in einen Verrechnungsscheck umgewandelt werden. Zu diesem Zweck bringt man auf der Vorderseite den Vermerk **„Nur zur Verrechnung"** an. Eine Streichung des Vermerks „gilt als nicht erfolgt" (Art. 39 SchG); ein Verrechnungsscheck kann also nicht wieder in einen Barscheck umgewandelt werden. Verrechnungsschecks werden dem Konto des Scheckeinreichers gutgeschrieben.

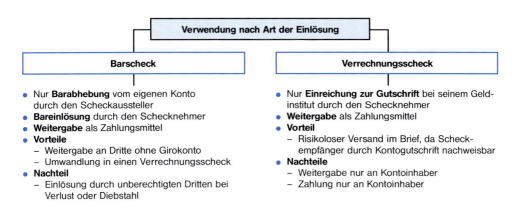

- **Nach dem Geldinstitut:** Der Bankscheck (Scheckbezogener ist eine Bank oder Sparkasse) und der Postscheck (Scheckbezogener ist die Postbank) erfüllen die gleichen Aufgaben.

- **Nach der Art der Übertragung:** Nach der Übertragung der Scheckrechte unterscheidet man den Order- und Inhaberscheck.

  – **Orderscheck (Namensscheck):** Nach dem Scheckgesetz (Art. 5) ist der Scheck ein **geborenes (gesetzliches) Orderpapier**, das nur durch Einigung, Indossament (Weitergabevermerk) und Übergabe auf einen neuen Eigentümer übertragen werden kann. Ein Orderscheck enthält den Namen des Scheckempfängers, in der Regel mit dem Zusatz „oder Order". Der Scheckempfänger kann diesen Scheck nur durch ein Indossament auf einen Dritten übertragen. Bei Einlösung durch das bezogene Geldinstitut muss sich der Vorleger ausweisen (legitimieren).

  – **Inhaberscheck (Überbringerscheck):** Durch den Zusatz **„oder Überbringer"** auf den Scheckvordrucken wird der Scheck zu einem **Inhaberpapier**. Ein Inhaberpapier ist durch Einigung und Übergabe ohne Indossament übertragbar. Inhaberschecks sind an den Vorleger zahlbar. Eine Streichung der Überbringerklausel gilt als nicht erfolgt. Deshalb muss der Name des Scheckempfängers auf einem Inhaberscheck nicht angegeben werden.

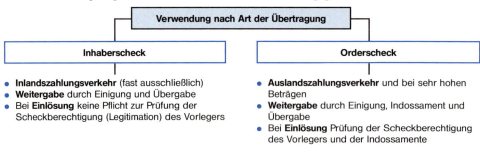

▶ *Einlösung des Schecks*

Nach dem Scheckgesetz (Art. 28) ist der Scheck **bei Sicht zahlbar**. Das bezogene Geldinstitut wird durch die Ausstellung eines Schecks zur Zahlung angewiesen, aber nicht verpflichtet.

Ein Barscheck wird von dem bezogenen Geldinstitut bei Vorlage bar eingelöst, sofern er gedeckt ist. Verrechnungsschecks werden von dem Geldinstitut, bei dem sie eingereicht werden, unter Vorbehalt („Eingang vorbehalten") gutgeschrieben.

- **Vorlegungsfristen:** Der Scheck soll ausschließlich als **Zahlungsmittel** dienen und nicht durch eine lange Laufzeit zu Kreditzwecken verwendet werden. Das Scheckgesetz (Art. 29) schreibt daher für in Deutschland zahlbare Schecks folgende **Vorlegungsfristen** vor, gerechnet vom Zeitpunkt der Ausstellung:

– 8 Tage für im Inland ausgestellte Schecks,

– 20 Tage für im europäischen Ausland oder in einem an das Mittelmeer angrenzenden Land ausgestellte Schecks und

– 70 Tage für in einem anderen Erdteil ausgestellte Schecks.

Rechtslage beim Scheck	
bis zum Ablauf der Vorlegungsfristen	**nach Ablauf der Vorlegungsfristen**
• Verpflichtung des bezogenen Geldinstitutes zur Einlösung bei Deckung des Kontos • Bezogenes Geldinstitut kann Scheckwiderruf beachten	• Berechtigung, aber keine Verpflichtung zur Einlösung (in der Praxis wird eingelöst) • Bezogenes Geldinstitut muss Scheckwiderruf beachten

• **Vordatierter Scheck:** Wird auf einem Scheck ein in der Zukunft liegendes Datum als Ausstellungsdatum eingesetzt, kann er schon vor dem Ausstellungsdatum vorgelegt und vom Geldinstitut eingelöst werden.

Beispiel: Ein Unternehmer muss am 20. Juni eine Rechnung über 4 000,00 EUR zahlen. Da dieser Termin in die Betriebsferien fällt, übergibt er seinem Lieferanten einen Scheck schon am 30. Mai mit dem Ausstellungsdatum 20. Juni. Die Bank löst den Scheck schon am 30. Juni bei Vorlage ein, da jeder Scheck bei Sicht fällig ist.

• **Scheckverlust:** Geht ein Barscheck verloren, muss man sofort das bezogene Geldinstitut benachrichtigen und den Scheck sperren lassen, da er sonst durch einen unberechtigten Dritten (unehrlicher Finder) zur Zahlung vorgelegt werden kann.

► *Nichteinlösung von Schecks*

Wird ein Scheck rechtzeitig vorgelegt und vom Geldinstitut nicht eingelöst, *z. B. weil das Konto des Ausstellers keine ausreichende Deckung aufweist*, muss sich der Scheckinhaber die Nichteinlösung auf dem Scheck bescheinigen lassen. Dies geschieht durch den Vorlegungsvermerk (Nicht-bezahlt-Vermerk) des bezogenen Geldinstituts. Der Scheckinhaber

> Am 20. April .. vorgelegt und nicht bezahlt **Köln**, 20. April ..
> Kölner Bank
>
> ppa   ppa

kann dann auf den Scheckaussteller Rückgriff nehmen und von ihm die Zahlung der Schecksumme zuzüglich Zinsen und Provision verlangen. Verweigert der Aussteller die Zahlung, kann der Scheckinhaber Klage gegen ihn einreichen.

7.2.2 *Zahlung mit Wechsel*

In rechtlicher Hinsicht ist der Wechsel ein **Wertpapier**, das die strengen Vorschriften des Wechselgesetzes erfüllen muss. Kaufmännisch ist er eine besondere Art **Schuldschein**, den der Schuldner am Verfalltag einlösen muss.

Beispiel: Der Verkäufer Peter Wagner, Hamburg, vereinbart mit dem Käufer Franz Töpfer, Cuxhaven, im Kaufvertrag für eine Warenlieferung über 3 000,00 EUR ein Zahlungsziel von drei Monaten. Der Verkäufer stellt nun einen Wechsel aus (zieht einen Wechsel = Tratte), fällig in drei Monaten. Der Käufer verpflichtet sich durch seine Unterschrift, den Wechsel am Verfalltag zu zahlen (nimmt den Wechsel an = Akzeptierung). Durch den Verkauf des Wechsels (Diskontierung) an eine Bank erhält der Verkäufer sofort Geld. Er kann den Wechsel auch als Zahlungsmittel an seinen Lieferer weitergeben. Der letzte Wechselinhaber legt den Wechsel drei Monate später dem Bezogenen zur Zahlung vor.

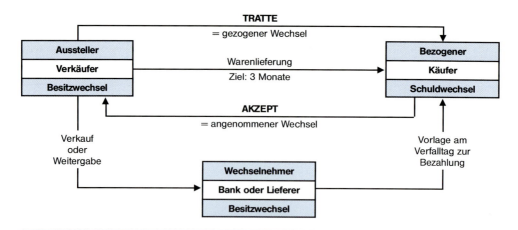

Der gezogene Wechsel ist eine Urkunde, in der der Gläubiger (Aussteller) den Schuldner (Bezogenen) auffordert, an ihn selbst oder an eine andere Person zu einem bestimmten Termin eine bestimmte Geldsumme zu zahlen.

▶ *Bestandteile des Wechsels (Art. 1 WG)*

Der Wechsel muss bestimmte, im Wechselgesetz vorgeschriebene Bestandteile enthalten:

① **Ort und Tag der Ausstellung** (Monat in Buchstaben).
② **Wort „Wechsel" im Text der Urkunde**.
③ **Verfallzeit**, *z. B. fällig am 15. Sept. 20..., heute in drei Monaten, bei Sicht.*
④ **Name des Wechselnehmers**, *z. B. an eigene Order (an mich selbst), an fremde Order (an die Order der Firma Hansen und Söhne).*
⑤ **Unbedingte Anweisung**, eine bestimmte Geldsumme zu bezahlen.
⑥ **Name des Bezogenen**, d. h. derjenige, der zahlen soll.
⑦ **Zahlungsort**. Er muss genannt werden, da der Wechsel eine Holschuld ist.
⑧ **Unterschrift des Ausstellers**. Mit seiner Unterschrift haftet der Aussteller für die Annahme und Einlösung des Wechsels.

Neben den **gesetzlichen Bestandteilen** enthält der Wechsel zur Erleichterung der Bearbeitung **kaufmännische Bestandteile**, *z. B. Ortsnummer des Zahlungsortes, Wechselsumme in Ziffern.*

▶ Annahme des Wechsels

Durch die Ausstellung und Annahme (Akzeptierung) eines Wechsels entsteht aus einer Buchforderung eine Wechselforderung. Diese Wechselforderung ist **abstrakt**, d. h. sie besteht unabhängig von dem zugrunde liegenden Rechtsgeschäft.

Beispiel: Ein Student kauft preisgünstig einen Wagen als unfallfrei. Er zahlt mit einem von ihm akzeptierten Wechsel. Später stellt sich heraus, dass der Verkäufer einen größeren Unfallschaden in einer Werkstatt beseitigen ließ. Auch wenn der Kaufvertrag durch Anfechtung rückwirkend ungültig ist (siehe 4.1, S. 135), muss der Student den Wechsel am Verfalltag einlösen, wenn er vom letzten Wechselinhaber (z. B. eine Bank) zur Zahlung vorgelegt wird.

> Die schriftliche Annahmeerklärung heißt Akzept. Sie verpflichtet den Bezogenen, den Wechsel am Verfalltag einzulösen (Art. 28 WG). Unter Akzept versteht man auch einen angenommenen Wechsel.

▶ Verwendung und Einlösung des Wechsels

Ein Wechselinhaber kann den Wechsel als Zahlungs- oder Kreditmittel verwenden:

● **Weitergabe:** Der Wechsel wird durch einen Übertragungsvermerk (**Indossament**) auf der Rückseite des Wechsels (in dosso = auf dem Rücken) weitergegeben.

– Das **Vollindossament** enthält den Namen des Indossatars (Wechselempfänger) und die Unterschrift des Indossanten (Wechselgeber), *z. B.:*

Für mich an Herrn Karl Behrens, Hannover

Hamburg, 20. Juli 20..   Peter Wagner, Hamburg

Peter Wagner

– Das Kurz- oder **Blankoindossament** besteht nur aus der Unterschrift des Indossanten. Der Wechsel wird dadurch zum Inhaberpapier, *z. B.:*

Karl Behrens, Hannover

Karl Behrens

– Beim **Inkassoindossament** erhält die Bank den Auftrag, den Wechselgegenwert am Verfalltag einzuziehen, *z. B.:*

Für mich an die Kreissparkasse Celle zum Inkasso

Celle, 3. Oktober 20..   Kreissparkasse Celle

● **Diskontierung:** Der Wechselinhaber verkauft den Wechsel an ein Kreditinstitut und erhält vor dem Verfalltag Geld. Das Kreditinstitut berechnet Diskont (= Zins für vorzeitige Zahlung), da es dem Verkäufer Kredit gewährt.

● **Aufbewahrung:** Der Wechselinhaber bewahrt den Wechsel als Liquiditätsreserve bis zum Verfalltag auf.

● **Einlösung:** Der Wechsel muss am Zahlungstag oder an einem der beiden darauf folgenden Werktage dem Bezogenen zur Bezahlung vorgelegt werden (Holschuld). Vor der Einlösung muss der Bezogene die Ordnungsmäßigkeit des Wechsels prüfen.

> Mit der Zahlung durch den Bezogenen ist die Wechselschuld erloschen. Der Bezogene hat ein Recht auf Herausgabe des quittierten Wechsels (Art. 39 WG).

Lernaufgaben 7.2

Scheck und Wechsel

1 *Der Barscheck ist eine Möglichkeit der halbbaren Zahlung.*

    a) Nennen Sie die Vor- und Nachteile eines Barschecks!

    b) Warum ist bei einem Barscheck mit Überbringerklausel die Namensangabe des Scheckempfängers überflüssig?

    c) Wie kann man einen Barscheck als Zahlungsmittel verwenden?

2 *Der Kaufmann Theo Bosbaum, Wipperfürth, erhält von seinem Lieferer Karl Scheinz, Köln, für eine Warenlieferung eine Rechnung über 4600,00 EUR, die am 20. Februar fällig ist. Er zahlt die Rechnung am 19. Februar mit einem Verrechnungsscheck, der auf den 15. März vordatiert ist.*

    a) Füllen Sie den Verrechnungsscheck aus!

    b) Nennen Sie die Vor- und Nachteile eines Verrechnungsschecks!

    c) Welche Absicht kann Theo Bosbaum mit der Vordatierung verbinden?

    d) Wann kann Karl Scheinz den Scheck zur Gutschrift einreichen?

3 *Das Kontokorrentkonto eines Kaufmanns weist einen Sollsaldo auf. Der Kaufmann überlegt, ob er eine größere Rechnung mit einem Verrechnungsscheck oder mit einer Banküberweisung bezahlen soll.*

Welche Zahlungsart ist für den Schuldner günstiger? Begründen Sie Ihre Antwort, indem Sie die Zahlungswege von Überweisung und Verrechnungsscheck darlegen!

4 *Die Firma Friedrich Brake, Roßbachstr. 18, 46149 Oberhausen, hat Waren über 3 400,00 EUR an die Firma Wilhelm Volkmann, Bahnhofstr. 12, 44135 Dortmund, geliefert. Im Kaufvertrag wurde Zahlung durch einen 3-Monats-Wechsel vereinbart.*

Ausstellungsdatum: 15. Juni ..; Zahlstelle: Deutsche Bank AG, Dortmund; Zahlungsort-Nr. 34; Wechselnummer: eigene Order; Kurzakzept.

    a) Stellen Sie den Wechsel mit allen gesetzlichen und kaufmännischen Bestandteilen aus!

    b) In der Praxis schickt meist der Bezogene bei einer vereinbarten Wechselzahlung den ausgefüllten Wechsel an den Aussteller (abweichend von der im Wechselrecht vorgesehenen Wechselziehung durch den Aussteller). Welche gesetzlichen und kaufmännischen Bestandteile enthält dieser Wechsel noch nicht?

    c) Brake stellt den Wechsel nicht auf einen bestimmten Wechselnehmer aus, sondern an „eigene Order". Welchen Vorteil hat das für Brake?

5 *Ein Kaufmann hat einen Wechsel für eine Warenlieferung akzeptiert, bei der sich noch innerhalb der Garantiefrist umfangreiche Mängel herausstellen. Am Verfalltag weigert er sich daher, der vorlegenden Bank die volle Wechselsumme zu zahlen.*

Wie ist die Rechtslage?

Lerngerüst 7.3

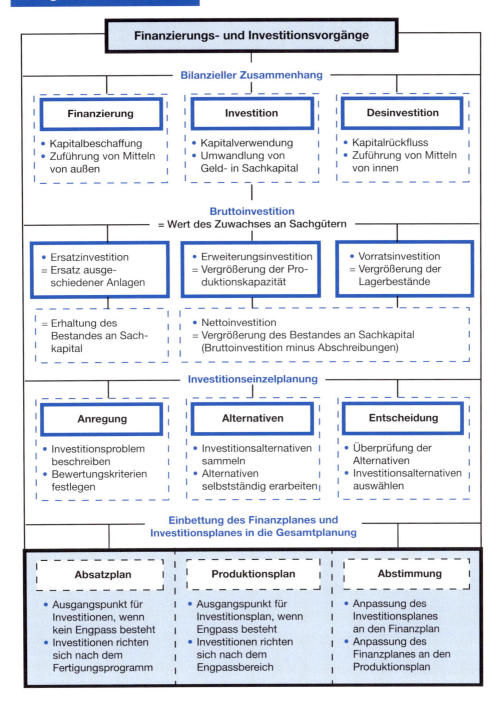

Lerninformationen 7.3

7.3 Finanzierungs- und Investitionsvorgänge

Für einen Industriebetrieb werden für die Fertigung Produktionsfaktoren (z. B. Rohstoffe und Maschinen) gekauft, d. h. es wird investiert. Mithilfe dieser Sachgüter werden im Produktionsprozess Fertigprodukte hergestellt und verkauft. Damit werden die investierten Mittel wieder freigesetzt (desinvestiert). Die erlösten Geldmittel werden zum Teil für die Finanzierung neuer Investitionen bereitgestellt.

Die Finanzierung umfasst alle Maßnahmen, durch die die finanziellen Mittel beschafft und zurückgezahlt werden. Durch die Investition wird Geldkapital in produktive Güter umgewandelt.

7.3.1 Bilanzieller Zusammenhang

Die Finanzierungs- und Investitionsvorgänge verlaufen bei der betrieblichen Leistungserstellung in einem Regelkreis von der Finanzierung zur Investierung und zum Rückfluss der Mittel über den Markt.

▶ **Regelkreislauf von Finanzierung und Investition**

Der Regelkreislauf vollzieht sich in drei Phasen:

• In der **Phase 1** werden Finanzierungsmittel von außen zugeführt, indem sich *z. B. ein Gesellschafter einer GmbH am Unternehmen mit 40 000,00 EUR beteiligt und das Geld auf das Bankkonto einzahlt* (**Finanzierung**).

• In der **Phase 2** werden die beschafften finanziellen Mittel verwendet, indem die Geldmittel in Vermögensteile für produktive Zwecke umgewandelt werden, *z. B. Kauf eines Lieferwagens* (**Investition**).

• In der **Phase 3** werden durch den Verkauf der Fertigprodukte die investierten Geldbeträge in liquider Form wieder freigesetzt (**Desinvestition**). Diese desinvestierten Mittel stehen erneut für Investitionen zur Verfügung.

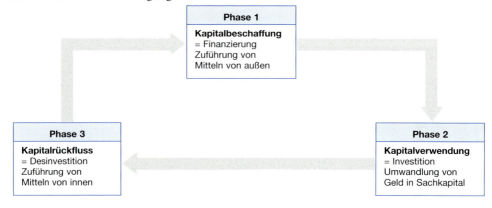

▶ *Kapitalbeschaffung und -verwendung in der Bilanz*

Das Kapital wird in einem Unternehmen durch die Finanzierung beschafft. Durch die Investition werden die finanziellen Mittel verwendet. Über den Zusammenhang zwischen Vermögen (= Investierung) und Kapital (= Finanzierung) gibt die Bilanz Auskunft:

Aktiva		Bilanz	Passiva
Aktivseite zeigt die Mittelverwendung	Anlagevermögen	Eigenkapital	Passivseite zeigt die Mittelherkunft
	Umlaufvermögen	Fremdkapital	
= Investierung	= Vermögen	= Kapital	= Finanzierung

- Die **Passivseite** der Bilanz zeigt, in welcher Höhe und in welcher rechtlichen Form (**Eigen- oder Fremdkapital**) dem Unternehmen Kapitalbeträge überlassen worden sind.

- Auf der **Aktivseite** der Bilanz ist zu erkennen, in welcher Vermögensform die Mittel angelegt wurden: **Geld**, *z. B. Kasse und Bank*, **Rechte**, *z. B. Wertpapiere*, oder **Sachgüter**, *z. B. Grundstücke und Maschinen*.

- Die **Kapitalbeschaffung** erfolgt in der betrieblichen Praxis überwiegend durch **Zuführung von Geld** (Aktiv-Passiv-Mehrung, *z. B. Bank an Darlehen*), das dann in Maschinen, Rohstoffe usw. investiert wird (Aktivtausch, *z. B. Maschinen an Bank*). Werden dem Unternehmen **Sachgüter oder Rechte** zugeführt, erfolgen Finanzierung und Investition als einheitlicher Vorgang (Aktiv-Passiv-Mehrung, *z. B. Grundstücke an Eigenkapital*).

Sachinvestitionen werden für ein Jahr oder für einen längeren Zeitraum geplant. Investitionen sind demzufolge **Stromgrößen** (Zeitraumgrößen). Dagegen ist das Vermögen eines Unternehmens eine **Bestandsgröße**, da es zu einem bestimmten Stichtag ausgewiesen wird (Zeitpunktgröße).

7.3.2 Investitionsarten

In der betrieblichen Praxis wird meist unter Investition nur die langfristige Anlage von Geld und Kapital im Anlagevermögen (Anlageinvestition) verstanden. Im weiteren Sinne wird der Investitionsbegriff auch auf andere Vermögensteile des Unternehmens ausgedehnt, *z. B. Finanzanlagen, Bildung und Sozialleistungen*.

285

▶ Anlageinvestitionen

Die Anlageinvestition drückt sich in der **Zunahme des Anlagevermögens** aus, d. h. Zunahme der dauerhaften sachlichen Produktionsmittel. Dazu gehören:

- Die **Ersatz- oder Reinvestition** ersetzt die durch Verschleiß oder Überalterung ausgeschiedenen Anlagen. Damit kann ein Erweiterungseffekt (Erweiterungsinvestition) oder ein Rationalisierungseffekt (Rationalisierungsinvestition) verbunden sein, wenn *z. B. eine alte Anlage am Ende ihrer Nutzungsdauer durch eine neue Anlage mit einer größeren Leistung ersetzt wird.*

> Die Ersatzinvestitionen dienen zur Erhaltung des Vermögens. Sie werden meist aus den im Rechnungswesen ermittelten Abschreibungen finanziert, die mit den Verkaufserlösen zurückfließen.

> **Beispiel:** Eine Drehmaschine, die nach Ablauf der Nutzungsdauer ausscheidet, wird durch eine neue Drehmaschine ersetzt, die im Wesentlichen über die gleichen technischen Daten verfügt. Die Finanzierung der neuen Anlage erfolgt meist aus den im Laufe der Nutzungsdauer angesammelten Abschreibungen.

- Die **Erweiterungsinvestition** dient dazu die betriebliche Leistungsfähigkeit zu vergrößern, wenn *z. B. zu den vorhandenen Drehmaschinen zwei neue Drehmaschinen angeschafft werden.*

> Erweiterungsinvestitionen vergrößern die Kapazität für die schon bisher erbrachten Leistungen. Zusammen mit den Ersatzinvestitionen ergeben sie die Anlageinvestition.

Die Anlageinvestition kann weiter unterteilt werden in:

- **Rationalisierungsinvestitionen:** Sie dienen der Steigerung der Leistungsfähigkeit eines Unternehmens, indem vorhandene Anlagen durch neue ersetzt werden, die technisch verbessert sind.

> **Beispiel:** Eine Fräsmaschine wird durch eine neue automatische Fräsmaschine ersetzt, die über eine höhere Kapazität verfügt und eine bessere Oberflächengüte der Werkstücke erreicht.

- **Ausrüstungsinvestitionen:** Das sind langlebige Produktionsmittel, *z. B. Automaten, Fahrzeuge, Betriebs- und Geschäftsausstattungen.*

- **Bauinvestitionen:** Dazu zählen *z. B. Wohn- und Verwaltungsgebäude, gewerbliche Bauten, Brücken, Wasserwege, Schulen.*

- Die **Vorratsinvestition (Lagerinvestition)** beinhaltet die **Zunahme der Bestände** an nicht dauerhaften Produktionsmitteln. Dazu zählen *z. B. die Roh-, Hilfs- und Betriebsstoffe und die noch nicht verkauften eigenen Erzeugnisse.* Die Änderungen der Bestände können positiv (Zunahme = Investition), gleich null oder negativ (Abnahme = Desinvestition) sein.

- **Abgrenzung der einzelnen Investitionsarten:** Eine genaue Abgrenzung der einzelnen Investitionsarten ist in der Praxis oft unmöglich, da ein **Investitionsprogramm** meist alle drei Ziele, Ersatz, Erweiterung und Rationalisierung, anstrebt. Zu den Investitionen zählen auch Ladenhüter oder nicht genutzte Neuanlagen (Fehlinvestitionen), da es keine Rolle spielt, ob die Investitionen gewollt oder ungewollt entstehen.

> Die Vorratsinvestitionen bilden zusammen mit den Anlageinvestitionen die Bruttoinvestition. Die Erweiterungsinvestitionen und Vorratsinvestitionen ergeben die Nettoinvestition, die den Bestand an Sachkapital in einem Unternehmen erhöht.

7.3.3 Investitionseinzelplanung

Investitionen erfordern eine sorgfältige Planung, da die Investitionsentscheidungen für ein Unternehmen schwer wiegende Folgen haben können.

Investitionen beeinflussen die technische und wirtschaftliche Entwicklung des Unternehmens, da sie:
- langfristig fixe Kosten verursachen,
- das Fertigungsprogramm langfristig festlegen und
- meist Träger des technischen Fortschritts sind.

▶ *Investitionsziele*

Die Unternehmensführung kann zwei Ziele anstreben:

- **Defensive Ziele:** Mit der Investition wird beabsichtigt die gegenwärtige Marktstellung zu halten, *z. B. wenn durch harte ausländische Konkurrenz die eigene Marktposition in Gefahr geraten ist.*

- **Aggressive Ziele:** Durch die Investitionen will die Unternehmensführung neue Märkte erobern und neue Käuferschichten gewinnen, *z. B. durch technische und wirtschaftliche Rationalisierung kostengünstiger zu produzieren, um eine aggressive Preispolitik betreiben zu können.*

▶ *Stufen der Investitionseinzelplanung*

Die Einzelplanung bezieht sich auf die einzelne Investition, für die festgestellt wird, ob sie geeignet ist die vorgesehenen Ziele zu erreichen. Sie soll auch zeigen, wie die Investition realisiert und kontrolliert werden soll. Danach ergibt sich ein **fünfstelliges Planungsschema**:

- **Anregung der Investition:** Der Ausgangspunkt der Investitionsplanung ist die Anregung einer Investition, durch die das Investitionsproblem erkannt wird, das gelöst werden soll. Die Anregung kann vom Unternehmen selbst oder von außen kommen.

Beispiele:

– Unternehmensinterne Anregungen: Kapazitätsengpässe, hohe Kosten, schlechte Qualität der Erzeugnisse, Ablauf der Nutzungsdauer, Reparaturanfälligkeit, laufende Terminüberschreitungen, wiederholt erforderliche Überstunden.

– Unternehmensexterne Anregungen: von Marktpartnern wie Handel, Endverbraucher, Endverwender, Forschungsinstitute; vom Gesetzgeber durch Erlass neuer Vorschriften über Unfallschutz und Umweltschutz.

- **Beschreibung des Investitionsproblems:** Die Anregung der Investition muss näher beschrieben werden um festzustellen, ob die Investition das Problem lösen kann:
  - Darstellung und Begründung des Investitionsproblems,
  - Vor- und Nachteile der Investition,
  - Dringlichkeit der Investition.

- **Festlegung der Bewertungskriterien:** Nachdem das Investitionsproblem beschrieben ist, müssen die Bewertungskriterien festgelegt werden.

Alternative Bewertungskriterien werden oft unterschiedlich gewichtet oder begrenzt. Damit wird der Notwendigkeit Rechnung getragen, dass nicht alle Kriterien für die Bewertung der alternativen Investitionen die gleiche Bedeutung haben.

Beispiel: Für die Beschaffung der Spezialmaschine sind folgende Begrenzungsfaktoren festgelegt, die unbedingt erfüllt werden müssen: bestimmte technische Daten, die Lieferzeit und die Beachtung der Unfallverhütungsvorschriften.

▶ *Ermittlung der Investitionsalternativen*

Sind geeignete Bewertungskriterien festgelegt, müssen die möglichen Investitionsalternativen festgelegt werden:

- Die **Sammlung von Investitionsalternativen** erfolgt meist in der Form, dass man sich bei einem standardisierten Gegenstand, *z. B. Beschaffung einer Universalbohrmaschine*, einen Überblick über die vorhandenen **Bezugsquellen** beschafft.

Beispiele: Preislisten, Prospekte, Kataloge, Fachzeitschriften, Branchenbücher, Bezugsquellenverzeichnisse, Messen, Ausstellungen, Internet.

Die gesammelten Investitionsalternativen werden überprüft im Hinblick auf den Preis, die Zuverlässigkeit der Lieferer, auf die Lieferungs- und Zahlungsbedingungen und auf die Erfüllung bestimmter Sonderwünsche.

- Eine **selbstständige Erarbeitung der Investitionsalternativen** erfolgt bei nicht standardisierten, möglicherweise neuartigen Objekten (**Innovationen**). Für diesen Fall müssen die Probleme selbst gelöst werden.

▶ *Auswahl der günstigsten Alternative und Durchführung der Investition*

Nachdem die Investitionsalternativen ermittelt sind, werden sie eingehend beurteilt.

- **Überprüfung der Investitionsalternativen:** Meist brauchen nicht alle Alternativen daraufhin überprüft zu werden, welche Vorteile sie besitzen, denn einige scheiden von vornherein aus wirtschaftlichen, technischen oder rechtlichen Gründen aus (**Begrenzungsfaktoren**).

Beispiel: Für die notwendige Spezialmaschine wurden bei der Konkretisierung des Investitionsproblems der Beschaffungstermin 20.05., die technischen Daten und der Termin 25.06. genannt, zu dem die Maschine verfügbar sein muss. Zudem wurde gefordert, dass die Unfallverhütungsvorschriften eingehalten werden. Daraus ergibt sich folgendes Bild:

Alternative Nr.	Technische Daten	Lieferzeit	Unfallverhütungs- vorschriften
1	erfüllt	4 Wochen	nicht erfüllt
2	erfüllt	6 Wochen	erfüllt
3	erfüllt	3 Wochen	erfüllt
4	erfüllt	2 Wochen	erfüllt
5	nicht erfüllt	3 Wochen	erfüllt
6	erfüllt	4 Wochen	erfüllt

Alternative 1 scheidet aus (Unfallverhütungsvorschriften nicht erfüllt)
Alternative 2 scheidet aus (Terminüberschreitung)
Alternative 5 scheidet aus (technische Daten nicht erfüllt)

- **Bewertung der Investitionsalternativen:** Die Bewertung geschieht durch die festgelegten **Nutzwertkriterien**. Nur bei der Amortisationszeit werden die Vorteile der Investitionsalternativen durch reale Zahlen angegeben, während die übrigen Kriterien, *z. B. Garantie, Kapazitätsreserve, Umweltfreundlichkeit*, mit Punkten bewertet werden.

Bewertungskriterien	Alternative 3	Alternative 4	Alternative 6
Amortisationszeit	4,8	4,1	3,9
Garantie	4	4	4
Kundendienst	5	3	4
Zuverlässigkeit	4	4	2
Kulanz	4	3	5
Genauigkeitsgrad	3	3	4
Kapazität	5	5	4
Störanfälligkeit	4	4	3
Umweltfreundlichkeit	4	3	4
Punktzahl	37,8	33,1	33,9

5 Punkte = 1   3 Punkte = 3   1 Punkt = 5
4 Punkte = 2   2 Punkte = 4   0 Punkte = 6

Die **vorteilhafteste Alternative** ist die 3. Investitionsalternative. Die Investition kann nur auf Beschluss des Unternehmens durchgeführt werden.

- **Kontrolle der Investition:** Zu bestimmten Zeitpunkten sollte die durchgeführte Investition darauf hin kontrolliert werden, in welchem Maße die geplanten und die sich tatsächlich ergebenden Daten übereinstimmen.

Beispiel: Bei der Kontrolle am Ende der geplanten Anlaufperiode wird bei einer Werkzeugmaschine festgestellt, dass die Materialkosten höher liegen und die Werkstoffausbeute niedriger ist als geplant. Zudem wird eine höhere Störanfälligkeit als erwartet festgestellt. Die geringe Werkstoffausbeute wird durch Veränderung im Fertigungsablauf und die Störanfälligkeit durch Ersetzen bestimmter Maschinenteile zu beheben versucht. Gegen Ende der Garantiezeit wird wieder kontrolliert, ob diese Maßnahmen erfolgreich waren.

> Bei einer durchgeführten Investition sind frühzeitige Kontrollen zweckmäßig, um rechtzeitig Maßnahmen einleiten zu können, die geeignet sind die Mängel zu beheben. Erfolgt die Kontrolle der Anlage kurz vor ihrem Ausscheiden, ist sie meistens wenig nützlich, da sie zu spät kommt.

7.3.4 Einbettung in die Gesamtplanung

Bislang wurden die Investitionen für den einzelnen Gegenstand geplant, beurteilt und mit alternativen Investitionen verglichen. In der Praxis geht es oft darum, nicht nur einzelne Investitionen, sondern ganze Investitionsprogramme im Rahmen einer Gesamtplanung zu verwirklichen.

Beispiel einer Gesamtplanung:

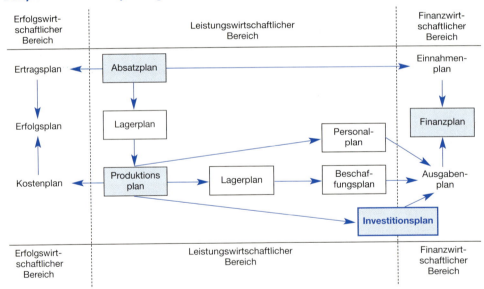

> Bei der Verwirklichung von ganzen Investitionsprogrammen ist eine Gesamtplanung erforderlich, in der der Investitionsplan einen Teil der Gesamtplanung des Unternehmens darstellt.

Für den **Investitionsplan** stellen drei Pläne die Grundlage dar:

- Absatzplan
- Produktionsplan
- Finanzplan

▶ Absatzplan

Der Absatzplan ist in der Regel der Ausgangspunkt für den Investitionsplan. Aus ihm ist der **Primärbedarf** zu ersehen. Das sind alle Fertigungserzeugnisse, die in einem Jahr hergestellt werden sollen. Aus dem Primärbedarf werden der **Sekundärbedarf** *(z. B. Rohstoffe und Fertigteile)* und der **Tertiärbedarf** *(z. B. Hilfsstoffe, Betriebsstoffe und Werkzeuge)* im Produktionsplan abgeleitet.

> Der Absatzplan kann nicht als Ausgangspunkt für die Investitionsplanung verwendet werden, wenn in einem Bereich des Unternehmens ein Engpass besteht. Der Investitionsplan muss in diesem Fall vom Engpassbereich ausgehen.

Beispiel: Besteht in einem Unternehmen ein Engpass beim Personal, in der Kapazität oder auf finanziellem Gebiet, kann man nicht von den Absatzerwartungen ausgehen, denn es nutzt nichts, ein Fertigungsprogramm aufzustellen, das nicht verwirklicht werden kann.

▶ Produktionsplan

Der Fertigungsplan enthält die in der Fertigungsprogrammplanung und der Fertigungsvollzugsplanung erfassten Daten. Daraus ist die **Engpasssituation des Unternehmens** zu ersehen. Der Engpass ist der bildhafte Ausdruck (engl. bottle neck = Flaschenhals) dafür, dass bestimmte betriebliche Faktoren knapp sind.

Beispiele: Engpassfaktoren können sein: Maschinenkapazitäten, Absatz, Beschaffung, Finanzen, Organisation, dispositiver Faktor, technischer Fortschritt, Arbeitskräfte, lokale oder regionale Infrastruktur.

> Aus dem Fertigungsplan ist zu ersehen, welche Investitionen notwendig sind, um Engpässe bei den Betriebsmitteln zu überwinden. Deshalb ist der Engpassbereich eines Betriebes der Ausgangspunkt für die Investitionsplanung.

▶ Abstimmung zwischen Investitionsplan und Finanzplan

Im Investitionsprogramm erscheinen nur die Investitionen, die finanzierbar sind. Der Finanzplan (s. S. 321) gibt Auskunft darüber, welche Einnahmen und Ausgaben in einer Planungsperiode erwartet werden. Dazu gehören neben den Ausgaben *z. B. für Personal und Material* auch die Ausgaben für Anlageinvestitionen.

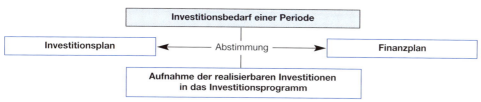

Die Abstimmung zwischen Investitionsplan und Finanzplan kann auf zweierlei Weise erfolgen:

- **Anpassung des Investitionsplanes an den Finanzplan:** Meist ist die Kapitalbindung ein Engpass im Unternehmen, sodass nur die Investitionen realisiert werden können, die der Finanzplan erlaubt. Das Kriterium dafür ist die **Dringlichkeit** der einzelnen Investitionsvorhaben.

- **Anpassung des Finanzplanes an den Investitionsplan:** Im Unternehmen kann auch der Fall eintreten, dass die dringend notwendigen Investitionen mit den im Finanzplan vorgesehenen Mitteln nicht verwirklicht werden können. Dann muss festgestellt werden, ob nicht der **Finanzplan geändert** werden kann, indem die Einnahmen *z. B. durch Kapitaleinlagen oder die Aufnahme von Krediten* erhöht werden können.

Lernaufgaben 7.3

Finanzierungs- und Investitionsvorgänge

1 *Durch eine Investition wird Kapital gebunden, während durch den umgekehrten Vorgang, die Desinvestition, das Kapital wieder freigesetzt wird.*

a) Erläutern Sie diesen Kreislauf von Finanzierung, Investition und Desinvestition an einem Beispiel!

b) Unterscheiden Sie zwischen Ersatzinvestition, Erweiterungsinvestition, Vorratsinvestition und Bruttoinvestition sowie deren Finanzierung!

c) Erklären Sie die immateriellen Investitionen im Personalbereich, ihre Bedeutung und Auswirkung in der Bilanz und in der Gewinn- und Verlustrechnung!

2 *Die Metall GmbH plant, eine neu entwickelte computergesteuerte Drehmaschine anzuschaffen. Das Unternehmen hat mit derartigen Maschinen noch keine Erfahrung.*

a) Aus welchen Quellen könnte die Anregung für diese Investition gekommen sein? Unterscheiden Sie dabei unternehmensinterne und unternehmensexterne Quellen!

b) Nennen Sie wirtschaftliche und technische Bewertungskriterien, denen die Drehmaschine unterzogen werden sollte!

c) Welche Begrenzungsfaktoren könnten für die Drehmaschine festgelegt sein?

d) Warum müssen nicht alle Investitionsalternativen einer umfassenden kosten- und zeitraubenden Untersuchung unterzogen werden?

e) Wie wird die vorteilhafteste Investitionsalternative ermittelt?

3 *Eine Maschinenfabrik GmbH stellt 4 verschiedene Produkte her. Der Fertigungsplan sieht folgende Fertigungsmengen je Monat vor:*

Produkt	Stück
A	16 000
B	8 000
C	4 000
D	6 000

Der Absatz informiert am 10. März, dass sich die Absatzmengen für die Produkte A um 2 000 Stück und B um 1 000 Stück vermindern werden. Außerdem will ein Großabnehmer ab dem 3. Quartal zusätzlich vom Produkt C 3 000 Stück je Monat und vom Produkt D 2 000 Stück je Monat abnehmen.

– *Produkt A: Die erforderlichen Spezialmaschinen sind für andere Produkte nicht geeignet.*

– *Produkt B: Die notwendigen Dreh- und Fräsmaschinen können als Universalmaschinen auch für die Herstellung des Produkts D eingesetzt werden. Die Kapazität ist vorhanden.*

– *Produkt C: Für die Fertigung ist eine zusätzliche Spezialmaschine erforderlich, da die Kapazität nicht ausreicht. Die Beschaffung dauert 6 Wochen und die Installation 5 Tage.*

a) Ermitteln Sie für die einzelnen Produkte die freien und fehlenden Kapazitäten (Engpässe)!

b) Welche Begrenzungsfaktoren würden Sie für die Investition der Spezialmaschine festlegen?

c) Entscheiden Sie über den frühesten Zeitpunkt für den Beginn der Fertigung des Produktes C!

Lerngerüst 7.4

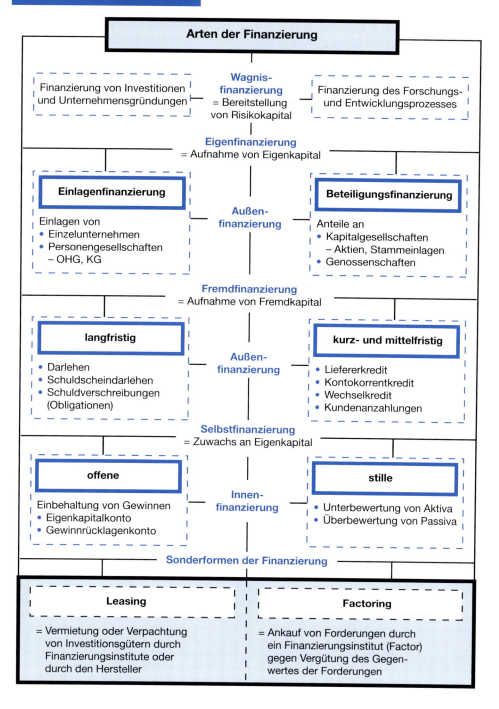

Lerninformationen 7.4

7.4 Arten der Finanzierung

*Unternehmungen haben die Aufgabe, durch die Kombination der Produktionsfaktoren Sachgüter und Dienstleistungen zu produzieren. Dazu benötigen sie Anlage- und Umlaufvermögen wie Gebäude, Maschinen, Rohstoffe, flüssige Mittel usw. Die Beschaffung dieses Vermögens muss finanziert werden. Das kann durch **Geld**, z. B. Einlage eines Kommanditisten, Aufnahme eines Bankkredits, oder durch **Sacheinlagen**, z. B. Einbringung von Grundstücken oder Maschinen, erfolgen.*

> Unter Finanzierung werden alle Maßnahmen zusammengefasst, durch die eine Unternehmung mit Kapital versorgt wird. Durch eine Finanzierung gewinnt eine Unternehmung Geldmittel (Einnahmen). Das Geld wird in Sachvermögen investiert (Ausgaben). Durch den Verkauf der produzierten Güter erhält das Unternehmen das investierte Kapital zurück (Einnahmen).

Das Kapital kann von außen als Eigen- oder Fremdkapital in die Unternehmung fließen (**Außenfinanzierung**) oder aus dem betrieblichen Umsatzprozess beschafft werden (**Innenfinanzierung**).

- **Eigenfinanzierung**
  – Aufnahme von Eigenkapital, z.B. Grundkapitalerhöhung einer AG, Aufnahme von Wagniskapital
- **Fremdfinanzierung**
  – Aufnahme von Fremdkapital, z.B. Aufnahme eines Darlehens

- **Selbstfinanzierung**
  – Zuwachs an Eigenkapital, z.B. Einbehaltung von Gewinnen
- **Finanzierung aus Abschreibungen**
  – Rückfluss finanzieller Mittel vor dem Ersatzzeitpunkt

7.4.1 Eigenfinanzierung

Wird einer Unternehmung Kapital auf unbestimmte Zeit zur Verfügung gestellt, das am Gewinn und Verlust teilnimmt, handelt es sich um **Eigenkapital (Haftungs- oder Garantiekapital)**.

> Bei der Eigenfinanzierung wird Eigenkapital von außen zugeführt. Die Kapitalgeber (z. B. Gesellschafter, Aktionäre) sind Eigentümer der Unternehmung und tragen das Kapitalrisiko.

Bei der Eigenfinanzierung kann zwischen der Einlagenfinanzierung (Einzelunternehmung, Personengesellschaften) und der Beteiligungsfinanzierung (Kapitalgesellschaften, Genossenschaften) unterschieden werden.

▶ *Einlagenfinanzierung*

Die Art der Einlagenfinanzierung ist bei den Einzelunternehmen und Personengesellschaften unterschiedlich.

- **Einzelunternehmung:** Das gesamte Eigenkapital wird vom Einzelunternehmer selbst aufgebracht. Die Eigenkapitalbasis und damit die Kapitalkraft ist daher durch sein Vermögen begrenzt. Der Einzelunternehmer trägt das gesamte Risiko des Eigenkapitalverlustes und er haftet mit seinem Geschäfts- und Privatvermögen.

- **Offene Handelsgesellschaft:** Die Beschaffung des Eigenkapitals erfolgt durch Einlagen mehrerer Gesellschafter, die mit dem Geschäfts- und Privatvermögen haften. Dadurch ist die Kapitalkraft in der Regel größer als bei einer vergleichbaren Einzelunternehmung. Zudem ist eine Erhöhung des Eigenkapitals durch weitere Einlagen oder Aufnahme neuer Gesellschafter möglich.

- **Kommanditgesellschaft:** Das Eigenkapital wird durch Komplementäre (Vollhafter) und Kommanditisten (Teilhafter) aufgebracht. Da die Kommanditisten keine Geschäftsführungs- und Vertretungsbefugnis besitzen und nur mit ihrer Einlage haften, ist eine Erweiterung der Eigenkapitalbasis durch neue Kommanditisten leichter möglich als bei einer OHG.

▶ *Beteiligungsfinanzierung*

An Kapitalgesellschaften und Genossenschaften können sich Kapitalgeber in unterschiedlicher Weise beteiligen.

- **Gesellschaft mit beschränkter Haftung:** Die Gesellschafter bringen mit ihren Stammeinlagen das im Gesellschaftsvertrag festgelegte Stammkapital auf. Vertraglich kann vereinbart werden, dass die Gesellschafter bei Bedarf Nachschüsse leisten müssen.

- **Aktiengesellschaft:** Durch die Ausgabe von Aktien an viele Kapitalgeber kann ein großes Grundkapital aufgebracht werden. Bei der Erhöhung des Grundkapitals unterscheidet man folgende Möglichkeiten:

  - Die **ordentliche Kapitalerhöhung** (§§ 182–191 AktG) erfolgt durch Ausgabe neuer Aktien auf Beschluss der Hauptversammlung mit Dreiviertelmehrheit des vertretenen Grundkapitals. Den Aktionären steht ein Bezugsrecht auf Bezug der jungen Aktien entsprechend ihrem Anteil am bisherigen Grundkapital zu.

  - Die **genehmigte Kapitalerhöhung** (§§ 202–206 AktG) bedeutet, dass der Vorstand mit Zustimmung des Aufsichtsrates ermächtigt wird, das Grundkapital durch Ausgabe neuer Aktien zu einem frei gewählten Termin zu erhöhen (bis zu 50 % des bisherigen Grundkapitals). Der Beschluss gilt für längstens fünf Jahre. Der Vorstand gewinnt dadurch einen größeren Spielraum in der Finanzplanung und kann günstige Situationen am Kapitalmarkt ausnutzen.

  - Die **bedingte Kapitalerhöhung** (§§ 192–201 AktG) stellt eine Sonderform dar, um den Gläubigern von Wandelanleihen das Umtauschrecht zu sichern, einen Zusammenschluss (Fusion) von mehreren Betrieben vorzubereiten oder um Belegschaftsmitgliedern Bezugsrechte auf junge Aktien im Rahmen einer Gewinnbeteiligung zu gewähren.

  - Die **Kapitalerhöhung aus Gesellschaftsmitteln** (§§ 207–220 AktG) liegt vor, wenn offene Rücklagen durch Berichtigungsaktien (Gratisaktien) in Grundkapital umgewandelt werden.

Beispiel: Das Grundkapital einer AG über 1 600 Mio. EUR soll durch Auflösung von Rücklagen im Verhältnis 4 : 1 erhöht werden.

Vor Ausgabe der Zusatzaktien		Nach Ausgabe der Zusatzaktien	
Grundkapital	1 600 Mio. EUR	Grundkapital	2 000 Mio. EUR
Rücklagen	2 000 Mio. EUR	Rücklagen	1 600 Mio. EUR
Eigenkapital	3 600 Mio. EUR	Eigenkapital	3 600 Mio. EUR
Bilanzkurs = $\dfrac{3\,600 \times 100}{1\,600} = 225\,\%$		Bilanzkurs = $\dfrac{3\,600 \times 100}{2\,000} = 180\,\%$	

Die Höhe des Eigenkapitals ändert sich nicht und auch der Wert der Beteiligung des einzelnen Aktionärs bleibt gleich, denn vier Aktien vor der Kapitalerhöhung (4 × 225 = 900,00 EUR) entsprechen dem Wert von fünf Aktien nach der Kapitalerhöhung (5 × 180 = 900,00 EUR).

● **Genossenschaft:** Das Eigenkapital setzt sich aus den Einlagen der Mitglieder (mindestens sieben) zusammen. Die Einlage jedes Mitglieds wird nach oben durch die Höhe des Geschäftsanteils und nach unten durch die vertraglich festgelegte Mindesteinlage festgelegt.

▶ *Beurteilung der Eigenfinanzierung*

Das Eigenkapital drückt auf der Passivseite der Bilanz in Geldwerten aus, welchen Anteil die Kapitalgeber an einer Unternehmung haben.

● **Unternehmung:** Das Eigenkapital steht **langfristig** und damit für jede Form der Anlage zur Verfügung. Ein hoher Eigenkapitalanteil am Gesamtkapital bewirkt zudem **finanzielle Unabhängigkeit** von Gläubigern. Da die Eigenkapitalgeber keinen Anspruch auf feste Verzinsung ihres Kapitals haben, kann in Verlustzeiten auf Gewinnausschüttung verzichtet werden, um die Liquidität (Zahlungsfähigkeit) der Unternehmung zu verbessern.

● **Kapitalgeber:** Als Eigentümer der Unternehmung ist er am **Gewinn und Verlust**, am **Vermögen** (Sachwerteigentum), am **Firmenwert** und am **Liquidationserlös** (bei freiwilliger Auflösung) beteiligt. Er besitzt je nach der Unternehmungsform ein Recht auf Mitarbeit, Mitsprache oder Kontrolle und kann dadurch die Geschäftspolitik beeinflussen. Allerdings haftet er auch unbeschränkt *(z. B. OHG)* oder beschränkt *(z. B. GmbH)* gegenüber den Gläubigern **(Garantie- oder Haftungsfunktion des Eigenkapitals).** Das Eigenkapital stellt also die Haftungsbasis dar und sichert dadurch auch das Fremdkapital.

▶ *Sonderform der Eigenfinanzierung*

● **Wagnisfinanzierung (venture capital):** Neue Produkte herzustellen (Produktinnovation) scheitert oft daran, dass das notwendige Eigenkapital (Risikokapital) wegen des hohen Verlustrisikos nicht beschafft werden kann. Es können folgende Finanzierungsanlässe vorhanden sein, *z. B.:*

– *Finanzierung des Forschungs- und Entwicklungsprozesses bis zum „Prototyp",*

– *Finanzierung der Unternehmensgründung, Produktionsvorbereitung und Erstellung von Marketingkonzepten,*

– *Finanzierung der Erweiterung des Produktions- und Vertriebssystems.*

An einer erfolgreichen **Risikofinanzierung** sind der Kapitalnehmer und der Kapitalgeber gleichermaßen beteiligt.

● **Wagniskapitalnehmer:** Meist sind es kleine und mittlere Unternehmen, die auf dem technischen Sektor an neuen Entwicklungen mit hohen **Ertragschancen**, aber auch mit hohem **Ver-**

lustrisiko arbeiten. Sie erhalten in der Regel wegen mangelnder Sicherheiten für diesen Zweck keine Kredite. Eine Selbstfinanzierung ist in der Anfangsphase auch nicht möglich, da keine ausreichenden Gewinne dafür vorhanden sind.

- **Wagniskapitalgeber:** Spezielle Wagnisfinanzierungsgesellschaften (Beteiligungsfonds) sind an mehreren verschiedenen, innovativen Projekten aus unterschiedlichen Branchen beteiligt, um das Risiko durch **Diversifikation** (unterschiedliche Märkte und Produkte) zu vermindern. Durch technisches Wissen und betriebswirtschaftliche Kenntnisse und Erfahrungen ist es ihren Mitarbeitern möglich, die innovativen Unternehmen fachmännisch zu beraten, *z. B. Deutsche Gesellschaft für Wagniskapital (WFG), Techno-Venture der Siemens AG in München.*

Bei der Wagnisfinanzierung wird einem Unternehmen haftendes Kapital über einen bestimmten Zeitraum zur Verfügung gestellt. Meist ist die Kapitalbeteiligung mit unternehmerischer Beratung des Kapital aufnehmenden Unternehmens verbunden. Im Gegensatz zur Kreditvergabe wird die Risikokapitalvergabe nicht von gewährten Sicherheiten, sondern allein von den Ertragschancen des zu finanzierenden Objekts abhängig gemacht.

7.4.2 Fremdfinanzierung

Wird einer Unternehmung Kapital zur Verfügung gestellt, wofür Zinsen (auch in Verlustzeiten) zu zahlen sind und das zurückgezahlt werden muss, handelt es sich um Fremdkapital. Dabei entsteht ein Kreditverhältnis und nicht, wie bei der Eigenfinanzierung, eine Beteiligung.

Bei der Fremdfinanzierung wird der Unternehmung Fremdkapital von außen zugeführt. Die Kapitalgeber (*z. B. Banken, Lieferer*) sind Gläubiger und haben Anspruch auf feste Verzinsung und Rückzahlung ihres Kapitals zur vereinbarten Zeit.

Die Kapitalüberlassung kann lang-, mittel- oder kurzfristig sein.

▶ *Langfristige Fremdfinanzierung*

Ein Unternehmen nimmt langfristiges Fremdkapital auf, wenn zu erwarten ist, dass die Mittel zur Tilgung erst nach längerer Zeit aufgebracht werden können. **Langfristige Kredite** dienen in der Regel der **Finanzierung des Anlagevermögens**. Sie haben eine Restlaufzeit über fünf Jahre und erweitern die Kapitalgrundlage für längere Zeit (§ 285 HGB).

- **Darlehen:** Es gilt als Grundform der langfristigen Fremdfinanzierung. Man versteht darunter die Hingabe von Geld oder anderen vertretbaren Sachen gegen Zins mit der Vereinbarung, dass vom Schuldner nach Ablauf der Laufzeit (Nutzungszeit) Geld bzw. Sachen gleicher Art, Güte und Menge zurückgegeben werden.

Beispiel: Ein Verbrauchermarkt hat zur Modernisierung seines Betriebes ein Darlehen aufgenommen. Bestätigt der Inhaber des Verbrauchermarktes außer im Darlehensvertrag durch einen Schuldschein, den Darlehensbetrag erhalten zu haben, spricht man von einem **Schuldscheindarlehen**.

- **Industrieobligation:** Bei Großbetrieben übersteigt die Höhe des notwendigen Fremdkapitals häufig die Möglichkeiten eines einzelnen Kreditgebers. Durch die Ausgabe (Emission) von **Schuldverschreibungen** (Obligationen) kann die Kreditsumme von vielen Gläubigern (Obligationären) aufgenommen werden. Obligationen verbriefen den Gläubigern ein Recht auf **feste Verzinsung**, auf **Rückzahlung** zum vereinbarten Termin und auf Anteil an der **Insolvenzmasse** des Schuldners. Jeder Inhaber einer Teilschuldverschreibung (Anteil an der Obligation) hat das Recht, diese zu verkaufen und damit das Kreditverhältnis für sich persönlich zu beenden.

Beispiel: Während Industrieobligationen von großen Industriebetrieben, Handelsbetrieben und Banken ausgegeben werden, um ihren langfristigen Kapitalbedarf zu decken, geben die Gemeinden **Kommunalobligationen** heraus, um Gemeinschaftseinrichtungen zu errichten oder neue Wohngebiete zu erschließen.

▶ *Kurz- und mittelfristige Fremdfinanzierung*

Kurzfristige Kredite dienen in der Regel zur **Finanzierung des Umlaufvermögens**. Sie haben eine Laufzeit bis zu einem Jahr *(z. B. Handelswechsel)*. Mittelfristige Kredite *(z. B. Anzahlungen im Großanlagenbau, Zwischenfinanzierung im Hausbau)* laufen bis zu fünf Jahre.

● Ein **Lieferantenkredit** liegt immer vor, wenn Waren auf Ziel (Kredit) eingekauft werden. Der Lieferantenkredit wird nicht umsonst gewährt, denn der Skontoabzug ist meist im Zielverkaufspreis einkalkuliert. Wird innerhalb der Skontofrist gezahlt, kann der Kunde Skonto (Vorausverzinsung) vom Rechnungsbetrag abziehen.

Beispiel: Die Zahlungsbedingungen eines Lieferers lauten: 10 Tage 3 % Skonto – 30 Tage netto Kasse. Verzichtet der Kunde auf Skontoabzug, hat er einen Zahlungsaufschub (Kredit) von 20 Tagen. Das entspricht folgendem Jahres-Zinsfuß:

$$\text{Jahreszinsfuß} = \frac{\text{Skontosatz (\%)} \times 360}{\text{Zahlungsziel} - \text{Skontofrist}} = \frac{3 \times 360}{30 - 10} = \underline{\underline{54 \%}}$$

Lieferantenkredite sind also meist teurer als Bankkredite, wenn der Skontoabzug nicht ausgenutzt wird.

● Einen **Kontokorrentkredit** kann ein Kreditnehmer durch Überziehen seines Bankkontos bis zur vereinbarten Kreditgrenze in Anspruch nehmen. Verzinst wird nur der in Anspruch genommene Kreditbetrag; der nicht ausgenutzte Teil des Kredits steht als Liquiditätsreserve entsprechend den betrieblichen Erfordernissen des Kreditnehmers zur Verfügung.

● Einen **Wechselkredit** gewährt ein Lieferer seinem Kunden, wenn eine Buchforderung wechselmäßig abgesichert wird (Wechselziehung). Verkauft der Lieferer den Wechsel an ein Kreditinstitut, um sich zu refinanzieren, entsteht ein **Diskontkredit**. Die Kreditinstitute kaufen Wechsel bis zu einer festgesetzten Kreditgrenze an und gewähren Kredit vom Ankaufstag bis zum Verfalltag. Wechselkredite sollen aus dem Umsatzerlös des zugrunde liegenden Geschäfts abgedeckt werden (Handelswechsel, Betriebskredit).

● **Kundenanzahlungen** sind in bestimmten Wirtschaftszweigen *(z. B. Großanlagenbau, Schiffbau, Baugewerbe)* üblich, da der Hersteller die alleinige Finanzierung wegen der langen Produktionszeit nicht übernehmen kann.

▶ *Beurteilung der Fremdfinanzierung*

Die Schulden eines Betriebes, die auf der Passivseite der Bilanz ausgewiesen werden, bezeichnet man zusammenfassend als Fremdkapital.

● **Unternehmung:** Der Fremdkapitalgeber hat im Allgemeinen **kein Mitspracherecht** bei unternehmerischen Entscheidungen. Allerdings kann ein zu hoher Fremdkapitalanteil oder eine

298

starke Abhängigkeit von einem Großkreditgeber die Selbstständigkeit des Unternehmens einengen. Die fälligen Zins- und Tilgungszahlungen sind unabhängig von der Ertragslage zu zahlen und führen daher zu einer ständigen **Belastung der Liquidität**. Andererseits sind die Zinsen als Betriebsausgaben bei der Einkommen- bzw. Körperschaftsteuer abzugsfähig.

Beispiele:

- Bei einer guten Geschäftslage sind die Zinsen für Fremdkapital niedriger als die Gewinnanteile. In diesem Fall wird man den Einsatz von Fremdkapital vorziehen.
- Bei geringer Kapazitätsauslastung und unbefriedigender Ertragslage sind hohe Zinsen und Tilgungsraten eine schwere Belastung der Liquidität, die zum Konkurs führen kann.

● **Kapitalgeber:** Er übernimmt **keine Haftung**, und das Verlustrisiko trägt zunächst das Eigenkapital. Da es sich um eine Geldforderung handelt, unterliegt sie allerdings dem **Inflationsrisiko** (Geldentwertung). Als Gläubiger hat der Fremdkapitalgeber Anspruch auf Zinsen, auf Rückzahlung der vereinbarten Kreditsumme und auf Anteil an der Konkursmasse. Von besonderer Bedeutung ist für ihn die Prüfung der **Kreditwürdigkeit des Schuldners**. Als kreditwürdig gelten Unternehmen, von denen erwartet werden kann, dass sie ihre Kreditverpflichtungen vertragsgemäß erfüllen. Im Gegensatz zum Eigentümer hat der Kapitalgeber als Gläubiger keinen Anteil am Wachstum der Unternehmung.

7.4.3 Selbstfinanzierung

Im Gegensatz zur Außenfinanzierung, bei der dem Betrieb finanzielle Mittel von außen als Einlagen bzw. Beteiligungen oder als Kreditgewährungen zufließen, erfolgt die Selbstfinanzierung aus dem betrieblichen Umsatzprozess. Sie wird deshalb als **Innenfinanzierung** bezeichnet.

> Bei der Selbstfinanzierung werden Gewinne nicht ausgeschüttet, sondern einbehalten. Damit ist eine Erhöhung des Eigenkapitals verbunden.

Beim **Eigenkapital** ist zwischen dem bilanzmäßigen und dem tatsächlichen Eigenkapital zu unterscheiden:

- Die Höhe des **bilanzmäßigen Eigenkapitals** ergibt sich aus der Formel:
Eigenkapital = Vermögen − Schulden.
- Fügt man dem bilanzmäßigen Eigenkapital die **stillen Rücklagen** hinzu, erhält man das **tatsächliche (effektive) Eigenkapital**. Stille Reserven entstehen *z. B., wenn ein Grundstück vor Jahren mit 90,00 EUR/m² gekauft und bilanziert wurde, dessen Marktpreis heute 240,00 EUR/m² beträgt. Da Wirtschaftsgüter höchstens zu Anschaffungs- oder Herstellungskosten aktiviert werden dürfen, ergibt sich eine stille Reserve von 150,00 EUR je m² (Zwangsrücklage).*

Bilanzmäßiges Eigenkapital
+ Stille Rücklagen
= **Tatsächliches Eigenkapital**

▶ *Offene Selbstfinanzierung*

Die erwirtschafteten Gewinne werden ganz oder teilweise nicht ausgeschüttet, sondern in der Bilanz offen ausgewiesen. Sie müssen allerdings vorher versteuert werden (Einkommen- bzw. Körperschaftsteuer, Gewerbeertragssteuer).

- **Bei Einzelunternehmen und Personengesellschaften** werden die Gewinne den Kapitalkonten der Inhaber gutgeschrieben.

- **Bei Kapitalgesellschaften mit festem Nominalkapital** werden die Gewinne den offenen Rücklagen (Gewinnrücklagen = Innenfinanzierung) zugeführt. Dagegen gehören die Kapitalrücklagen zur Außenfinanzierung. Sie entstehen *z. B. durch ein Agio (Aufgeld) bei Ausgabe von Aktien über dem Nennwert.*

▶ *Stille oder verdeckte Selbstfinanzierung*

Stille Rücklagen entstehen durch **Bewertungsmaßnahmen**, die das Bilanzrecht einräumt.

- **Unterbewertung von Aktiva**, *z. B. durch überhöhte Abschreibungen, durch Unterbewertung von Vorräten, durch zu niedrigen Ansatz von selbst erstellten Anlagen.*

Beispiel: Bildung stiller Rücklagen durch Unterbewertung von Vermögensgegenständen.

A: Abschreibung = Wertminderung			B: Abschreibung > Wertminderung		
Aufwand	GuV (in TEUR)	Ertrag	Aufwand	GuV (in TEUR)	Ertrag
Abschreibung	26	Erlöse 200	Abschreibung	40	Erlöse 200
Sonstiger			Sonstiger		
Aufwand	150		Aufwand	150	
Gewinn	24		Gewinn	10	
	200	200		200	200

Im Fall B sind die Anlagen um 14 TEUR mehr abgeschrieben worden, als es der Wertminderung entspricht. Also ist in gleicher Höhe eine stille Rücklage gebildet und der Gewinn entsprechend gemindert worden.

- **Überbewertung von Passiva**, *z. B. durch zu hohen Ansatz von Rückstellungen.*

Im Gegensatz zu den offenen Rücklagen werden die stillen Rücklagen in der Bilanz nicht ausgewiesen. Dadurch werden tatsächlich erzielte Gewinne verdeckt und vor der Versteuerung und Ausschüttung bewahrt.

▶ *Beurteilung der Selbstfinanzierung*

Die Selbstfinanzierung erhöht das **Eigenkapital**, verbessert die **Kreditwürdigkeit** und erweitert dadurch auch die Möglichkeiten der Fremdfinanzierung. Das Kapital steht für langfristige, auch **risikoreiche Investitionen** *(z. B. Bergbau, Chemie, Energiegewinnung)* zur Verfügung. Zudem wird die Liquidität des Unternehmens nicht durch Zinsen, Tilgungen und Gewinnausschüttungen belastet. Zinsloses Kapital, das weniger scharf der Kontrolle der Rentabilität unterliegt, kann allerdings auch zu Investitionen verleiten, die durch die Marktlage nicht gerechtfertigt sind, oder zu **riskanten Spekulationsgeschäften**. Vom **Standpunkt des Konsumenten** aus gesehen bedeutet Selbstfinanzierung **Zwangssparen**, da die Investitionen über den Preis finanziert werden. Dadurch werden einseitig die private Vermögensbildung der Unternehmenseigentümer gefördert und das sozialpolitische Ziel einer gerechten und gleichmäßigen Vermögensverteilung gefährdet.

7.4.4 Finanzierung aus Abschreibungen

Die Abschreibungen werden als Kosten in die Verkaufspreise einkalkuliert. Werden die Preise am Markt „verdient", fließt der Abschreibungswert durch die Umsatzerlöse zurück. Diese Geldmittel stehen den Unternehmen zur Verfügung, um die verbrauchten Anlagen durch neue zu ersetzen (**Ersatz- oder Reinvestition**). Der Rückfluss liquider Mittel erfolgt aber weit vor dem Ersatzzeitpunkt, sodass das Unternehmen über zusätzliche Geldmittel durch **freigesetzte Abschreibungsbeträge** verfügt („verdiente Abschreibungen").

Beispiel: Ein Unternehmen kauft in fünf aufeinander folgenden Jahren je einen Bagger im Wert von 150 000,00 EUR. Jeder Bagger wird in fünf Jahren linear abgeschrieben (30 000,00 EUR/Jahr). Angenommen wird, dass die Abschreibungen vom Markt vergütet werden, dass sie der Wertminderung entsprechen und dass die Wiederbeschaffungspreise konstant sind (in TEUR).

Jahr (Ende) Bagger	1	2	3	4	5	6
1	30	30	30	30	30	30
2		30	30	30	30	30
3			30	30	30	30
4				30	30	30
5					30	30
Jährliche Abschreibungssummen	30	60	90	120	150	150
Liquide Mittel insgesamt – Reinvestitionen	30 –	90 –	180 –	300 –	450 150	450 150
Freigesetzte Mittel	30	90	180	300	300	300

In den ersten fünf Jahren beträgt der Kapitalbedarf jährlich 150 000,00 EUR jeweils für den Kauf eines Baggers. Für die Ersatzbeschaffung eines Baggers im 6. Jahr steht die Abschreibungssumme des 5. Jahres über 150 000,00 EUR zur Verfügung. Die Abschreibungsbeträge der ersten vier Jahre werden für Reinvestitionen nicht benötigt.

Durch Abschreibungen werden liquide Mittel freigesetzt, die über die Ersatzinvestitionen hinaus für Erweiterungsinvestitionen oder andere Finanzierungszwecke zur Verfügung stehen (Lohmann-Ruchti-Effekt).

7.4.5 Sonderformen der Finanzierung

Als besondere Form der kurzfristigen Finanzierung des Umlaufvermögens (Ankauf von Forderungen aus Warenlieferungen und Leistungen) dient das **Factoring** (Englisch: factor = Agent, Kommissionär), während das **Leasing** (Englisch: to lease = leihen) zur langfristigen Finanzierung von Anlagevermögen (Vermietung von Investitionsgütern) gehört.

▶ *Factoring*

Beim Factoring verkauft ein Unternehmen offene Buchforderungen *(z. B. Exportforderungen, Rechnungen eines Arztes)* an ein Finanzierungsinstitut (Factor). Der Factor vergütet den Gegenwert der Forderungen abzüglich Kosten (Zinsen für die Zeit zwischen Ankauf und Fälligkeit der Forderung, Risikoprämie, Provision als Gebühr für die Verwaltung).

Die Factoring-Gesellschaft übt folgende Funktionen aus:

● **Finanzierungsfunktion:** Die Factoring-Gesellschaft kauft die Forderungen ihrer Kunden (Klienten) an und schießt das Geld vor.

● **Versicherungsfunktion** (Delkredere-Haftung): Die Factoring-Gesellschaft übernimmt das Risiko des Forderungsausfalls.

301

- **Dienstleistungs- oder Servicefunktion:** Die Factoring-Gesellschaft erledigt die Buchführungsarbeiten (Debitoren-Buchhaltung), erstellt die Rechnungen, führt das Mahnwesen und treibt die Außenstände ein.

> Das Factoring hat die Vorteile, dass der Factor das Delkredererisiko übernimmt, dass er die Vorauszahlung des Rechnungsbetrages garantiert und dass der Mahn- und Inkassobereich entlastet wird.

▶ **Leasing**

Beim Leasing erfolgt die Finanzierung dadurch, dass Produktionsanlagen, Investitions- und Konsumgüter *(z. B. Maschinen, Fahrzeuge, Gebäude)* gemietet oder gepachtet werden. Auch kann Personal durch Arbeitskräfte-Vermittlungsunternehmen geleast werden. Beim Leasing müssen die Unternehmer nur das finanzieren, was sie gerade nutzen.

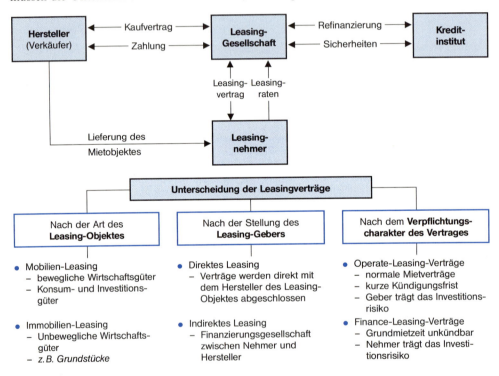

- **Vorteile für den Leasingnehmer** bestehen darin, dass er keine hohen Anschaffungskosten hat und die Mietkosten aus den laufenden Einnahmen bezahlen kann („pay as you earn – Zahlen Sie, wie Sie verdienen"). Das Leasing kann auch steuerliche Vorteile haben, da die Mietraten steuerlich voll als Aufwand abgesetzt werden können.

- **Nachteile** liegen in den **relativ hohen Mietkosten** (Mietsatz bei dreijähriger Vertragsdauer etwa 3 % monatlich vom Kaufpreis) und in der langfristigen Bindung an einen Hersteller. Die fixe Belastung durch Mietkosten ist im Allgemeinen nicht geringer als der Zins- und Tilgungsdienst bei einem fremdfinanzierten Investitionsobjekt.

Lernaufgaben 7.4

Arten der Finanzierung

1 *Finanzierung und Investition stehen in einem engen Zusammenhang.*

a) Unterscheiden Sie die beiden Begriffe und geben Sie an, welcher Zusammenhang zwischen ihnen besteht!

b) In einer Unternehmung werden in ständiger Folge Kapitalbeträge gebunden und wieder freigesetzt. Beschreiben Sie die dadurch ausgelösten Zahlungsvorgänge!

2 *Kapitalbeschaffung und Kapitalverwendung schlagen sich in der Bilanz einer Unternehmung nieder.*

Aktiva	Bilanz einer AG (vereinfacht)		Passiva
Bebaute Grundstücke	200 000,00	Grundkapital	400 000,00
Maschinen	100 000,00	Rücklagen	100 000,00
Betriebs- und		Hypotheken	70 000,00
Geschäftsausstattung	40 000,00	Darlehen	30 000,00
Vorräte	250 000,00	Verbindlichkeiten	150 000,00
Forderungen	120 000,00	Schuldwechsel	50 000,00
Flüssige Mittel	90 000,00		
	800 000,00		800 000,00

a) Erläutern Sie die Begriffe Finanzierung und Investition aus der Sicht einer Bilanz!

b) Geben Sie an, wie viel EUR durch Eigenfinanzierung, kurzfristige Fremdfinanzierung, langfristige Fremdfinanzierung und offene Selbstfinanzierung aufgebracht wurden!

c) Wie werden Rücklagen gebildet und welche Bedeutung haben sie?

d) Nennen Sie Bilanzpositionen, die stille Reserven enthalten können!

e) Warum ist der Unterschied zwischen dem bilanzmäßigen und dem tatsächlichen (effektiven) Eigenkapital aus einer Bilanz nicht erkennbar?

3 *Eigenfinanzierung liegt vor, wenn einer Unternehmung durch den Eigentümer (Einzelunternehmung), durch die Miteigentümer (Gesellschafter von Personengesellschaften) oder durch die Anteilseigner (GmbH-Gesellschafter, Aktionär) Eigenkapital von außen zugeführt wird.*

a) Erläutern Sie die Bedeutung des Eigenkapitals für die finanzielle und wirtschaftliche Situation einer Unternehmung!

b) Welche Vor- und Nachteile hat die Eigenfinanzierung für die Unternehmung?

4 *Eine Fremdfinanzierung liegt vor, wenn einer Unternehmung Fremdkapital von außen durch Gläubiger zugeführt wird.*

a) Welche Vermögensteile sollen langfristig und welche können kurzfristig finanziert werden?

b) Welche Probleme können sich für eine Unternehmung ergeben, wenn das Fremdkapital im Verhältnis zum Eigenkapital zu hoch ist?

c) Erläutern Sie die Vor- und Nachteile der Fremdfinanzierung für den Kapitalgeber!

d) Welche Vorteile hat eine Fremdfinanzierung für die Unternehmung?

5   *Stellen Sie in einer Übersicht die grundsätzlichen Unterschiede zwischen Eigen- und Fremd-finanzierung heraus! Die senkrechte Gliederung enthält folgende Merkmale: Haftung, Er-tragsanteil, Einfluss auf die Unternehmensleitung, steuerliche Belastung und Zeit der Kapi-talüberlassung.*

6   *Bei der Selbstfinanzierung werden die finanziellen Mittel aus dem betrieblichen Umsatzpro-zess beschafft.*

a) Wodurch wird das Ausmaß der Selbstfinanzierung begrenzt?

b) Unterscheiden Sie zwischen offener und stiller Selbstfinanzierung!

c) Wann werden stille Reserven bei Aktivposten und Passivposten sichtbar?

7   *Ein Unternehmen kauft in vier aufeinander folgenden Jahren je eine Maschine im Wert von 10 000,00 EUR. Die lineare Abschreibung beträgt je Maschine 2 500,00 EUR jährlich.*

a) Berechnen Sie für fünf Jahre nach dem Beispiel in den Lerninformationen folgende Größen:
   − Jährliche Abschreibungssummen   − Liquide Mittel
   − Freigesetzte Mittel   − Reinvestitionen

b) Wie viel EUR stehen vom Ende des vierten Jahres an für zusätzliche Finanzierungs-zwecke zur Verfügung?

c) Welche Voraussetzungen müssen erfüllt sein, damit die Aussagen aus diesem Bei-spiel zutreffen?

8   *Bei der Beschaffung von Investitionsgütern muss eine Unternehmung nicht nur entscheiden, ob sie mit Eigen- oder Fremdkapital finanzieren will, sondern auch, ob es vorteilhafter ist, die Investitionsgüter zu mieten statt zu kaufen. Über 300 Leasing-Gesellschaften in der Bundesrepublik Deutschland bieten dazu ihre Dienste an.*

a) Wer kann Leasinggeber sein?

b) Erläutern Sie den Werbespruch eines Leasinggebers: „Pay as you earn − Zahlen Sie, wie Sie verdienen!"

c) Je nach der Dauer des Vertrages liegt die Belastung durch Mietkosten etwa 20 bis 40 % über der Kaufsumme des Leasing-Gegenstandes. Nennen Sie Gründe, die ein Unternehmen trotz der relativ hohen Kosten dazu veranlassen können, einen Lea-sing-Vertrag abzuschließen!

9   *Eine Factoring-Gesellschaft berechnet für die Bevorschussung der Forderungen Zinsen (etwa in der Höhe von Kontokorrentkreditzinsen), für die Dienstleistungsfunktionen etwa 0,5 % bis 3 % des Forderungsumsatzes und bei Übernahme des Delkredere eine Risikoprä-mie von etwa 0,2 % bis 1,2 % der Rechnungssumme.*

a) Überlegen Sie, welche organisatorischen und personellen Vorteile für eine Unterneh-mung diesen Kosten für ein Factoring-Finanzierungssystem gegenüberstehen!

b) Warum kaufen Factoring-Gesellschaften keine Einzelforderungen, sondern nur alle Forderungen insgesamt oder bestimmte Forderungsgruppen?

c) Wie schlägt sich der Abschluss eines Factoring-Vertrages in der Bilanz nieder?

Lerngerüst 7.5

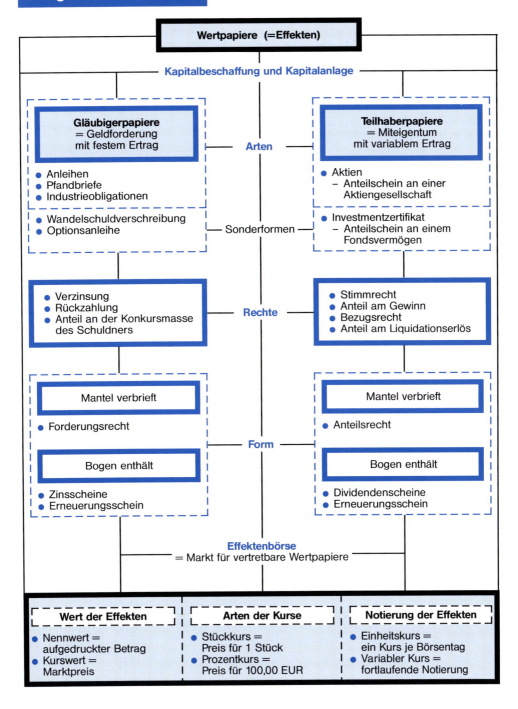

> **Lerninformationen 7.5**

7.5 Wertpapiere (Effekten)

Bei großem Kapitalbedarf, z. B. in der Industrie zur Finanzierung neuer Produktionsanlagen, ist es häufig notwendig, breite Kreise von Sparern und anderen Anlegern (z. B. Lebensversicherungen, Kreditinstitute, Pensionskassen) als Kapitalgeber zu gewinnen. Das geschieht, indem Wertpapiere ausgegeben (emittiert) und am Kapitalmarkt verkauft (untergebracht, platziert) werden.

> Wertpapiere dienen einerseits dem Verkäufer zur Kapitalbeschaffung (Finanzierung) und bieten andererseits dem Käufer die Möglichkeit der Kapitalanlage.

Wertpapiere dieser Art, die eine Kapitalanlage verbriefen, bezeichnet man auch als **Kapitalwertpapiere** oder Effekten. Man unterscheidet sie damit von den **Geldwertpapieren**, *z. B. Scheck, Wechsel, Zinsschein, Schatzwechsel, unverzinsliche Schatzanweisungen (Verkauf mit Zinsabschlag und Rückkauf zum Nennwert)* und von den **Warenwertpapieren**, *z. B. Konnossement, Ladeschein, Lagerschein. Schatzwechsel (Laufzeit von 90 Tagen) und unverzinsliche Schatzanweisungen (Laufzeit bis zu 24 Monate) werden vom Bund, den Bundesländern emittiert. Unverzinslich bedeutet, dass „U-Schätze" mit einem Zinsabschlag (Abzinsungspapier) verkauft und zum Nennwert zurückgezahlt werden. Beide dienen zur Finanzierung eines vorübergehenden Geldbedarfs der öffentlichen Hand.*

7.5.1 Arten der Effekten

Je nach der rechtlichen Stellung des Effekteninhabers gegenüber dem Herausgeber (Emittenten) unterscheidet man **Wertpapiere mit Gläubigerrechten** (Gläubigerpapiere, Rentenpapiere, festverzinsliche Papiere) und **Wertpapiere mit Teilhaberrechten** (Teilhaberpapiere, Dividendenpapiere, Effekten mit schwankendem Ertrag).

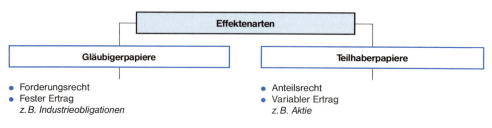

> Effekten sind Urkunden, die eine Kapitalanlage mit Gläubiger- oder Teilhaberrechten verbriefen.

Die Ausübung der Vermögensrechte ist an den Besitz der Urkunde gebunden. *Ein Schuldner z. B. braucht nur an den zu zahlen, der die Urkunde vorlegen kann.* Urkunde und Recht bilden also eine Einheit.

▶ Gläubigerpapiere

Gläubigereffekten werden ausgegeben, um **langfristiges Fremdkapital** zu beschaffen. Der Gesamtbetrag einer Anleihe wird in unterschiedlich hohen Nennbeträgen gestückelt. Diese Stücke, z. B. zu 500,00 EUR, 5 000,00 EUR, nennt man **Teilschuldverschreibungen**. Der Erwerber einer Teilschuldverschreibung wird mit dem Nennbetrag Gläubiger. Im täglichen Effektengeschäft werden für festverzinsliche Wertpapiere die Begriffe Anleihe, Obligation und Schuldverschreibung sowohl für den Gesamtbetrag der Emission wie für das einzelne Stück verwendet.

Gläubigerpapiere verbriefen Forderungsrechte. Der Eigentümer hat Anspruch auf
- Rückzahlung gemäß Ausleihebedingungen,
- Verzinsung,
- Anteil an der Insolvenzmasse des Schuldners.

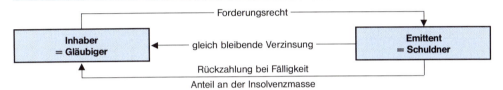

- **Arten der Gläubigerpapiere**

Nach dem Herausgeber (Schuldner, Emittent) unterscheidet man öffentliche Anleihen, Pfandbriefe, Industrieobligationen.

	Öffentliche Anleihen	Pfandbriefe	Industrieobligationen
Herausgeber	– Bund, Länder, Gemeinden	– Realkreditinstitute (Hypothekenbanken)	– große, namhafte Unternehmen
Zweck	Beschaffung von langfristigem Fremdkapital		
	für Vorhaben, die aus lfd. Einnahmen nicht finanziert werden können	zur Finanzierung des Wohnungsbaus	zur Finanzierung von Investitionen und Umschuldungen
Sicherheiten	Vermögen und Steuerkraft	Eintragung einer Hypothek (Pfandrecht)	– Hypothek oder Grundschuld – Bürgschaft

- Der **Zinssatz (Nominalzins)** gilt grundsätzlich für die Laufzeit der Schuld. Die Zinsen werden jährlich oder halbjährlich zu bestimmten Zinsterminen nachträglich gezahlt.

- Die **Rückzahlung** erfolgt
- bei **gesamtfälligen Anleihen** in einer Summe am Ende der Laufzeit,
- bei **Ratenanleihen** während der Laufzeit im Allgemeinen nach einer tilgungsfreien Zeit entsprechend dem Tilgungsplan und
- bei **Anleihen ohne festen Tilgungsplan** während der Laufzeit nach den Möglichkeiten des Emittenten.

- Eine **Änderung der Anleihebedingungen** (Konversion, Konvertierung) kann in den Anleihebedingungen vorgesehen werden oder durch Kündigung der alten Anleihe und Ausgabe einer neuen erfolgen, *z. B. für den Zinssatz oder den Tilgungsplan.*

▶ *Teilhaberpapiere*

Teilhabereffekten werden ausgegeben um Eigenkapital zu beschaffen. Zu den Teilhaberpapieren gehören Aktien. Sie verbriefen in Höhe ihres Nennwertes eine Beteiligung an einer Aktiengesellschaft. Eine Aktie ist ein Bruchteil des Grundkapitals (Nominalkapital, gezeichnetes Kapital) der Gesellschaft und gewährt dem Inhaber folgende **Rechte**:

- **Anspruch auf Gewinnanteil** (Dividende)
- **Stimmrecht und Auskunftsrecht** in der Hauptversammlung
- **Anteil am Liquidationserlös** bei Auflösung der AG
- **Bezug junger Aktien** bei Kapitalerhöhung (Bezugsrecht)

▶ *Wertpapiersonderformen*

Als Sonderformen der Gläubigerpapiere gelten die Wandelschuldverschreibung, die Optionsanleihe und der Genussschein. Eine Sonderform der Teilhaberpapiere ist das Investmentzertifikat.

- **Wandelschuldverschreibungen** sind festverzinsliche Industrieobligationen mit dem **Sonderrecht**, sie nach einer bestimmten Sperrfrist in **Aktien** umtauschen zu können. *Wandelanleihen werden z. B. aufgelegt, wenn auf dem Kapitalmarkt ein hohes Zinsniveau herrscht und Aktien niedrig bewertet werden oder wenn die Aktien des Unternehmens vorübergehend wegen schlechter Ertragslage niedrig notieren.*

- **Investmentzertifikate** beteiligen den Eigentümer am **Wertpapierfonds einer Kapitalanlagegesellschaft**. Der Fonds enthält *z. B. nur Aktien* (**Aktienfonds**), *nur festverzinsliche Wertpapiere* (**Rentenfonds**), *nur Immobilien* (**Immobilienfonds**) *oder Wertpapiere verschiedener Art* (**gemischte Fonds**). Über das Fondsvermögen werden Zertifikate ausgegeben. Sie haben keinen Nennwert, sondern lauten auf einen **Anteil am Fondsvermögen**, *z. B. 1, 5 oder 100 Anteile.*

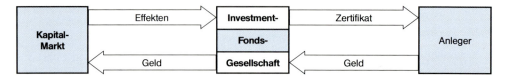

Investmentzertifikate bieten den Anlegern den Vorteil, dass sie auch mit kleinen Beträgen eine Wertpapieranlage nach dem Prinzip der **Risikostreuung** erwerben können, da sie Miteigentümer eines gemischten Wertpapierdepots werden.

- **Optionsanleihen** sind langfristige Schuldverschreibungen, die neben dem Forderungsrecht ein Recht auf Bezug von Aktien der ausgebenden Gesellschaft verbriefen. Das Zusatzrecht wird im **Optionsschein** verbrieft, der als selbstständiges Wertpapier gehandelt und an der Börse notiert werden kann. Vor Ausgabe der Optionsanleihe muss festgelegt werden:

– das Bezugsverhältnis, *z. B. zwei Optionsscheine im Nennwert von je 100,00 EUR berechtigen zum Bezug einer Aktie über 50,00 EUR Nennwert,*

– der Bezugskurs, *z. B. für eine Aktie über 50,00 EUR Nennwert ist ein Bezugskurs von 170,00 EUR zu zahlen,*

– die Bezugsfrist.

Für den Anleger bedeutet das **Optionsrecht** eine Verbesserung der Anleihebedingungen. Dadurch kann eine nicht marktgerechte Verzinsung der Anleihe ausgeglichen werden. Zudem kann er das Optionsrecht getrennt von der Obligation veräußern.

- **Genussscheine** verbriefen Rechte verschiedener Art, vornehmlich das Recht auf Anteil am Gewinn und/oder Liquidationserlös. Sie gewähren Gläubigerrechte und keine Mitgliedsrechte *(z. B. Stimmrecht, Teilnahme an Hauptversammlungen).* Da die Genussscheine in ihrer Ausstattung mit Rechten, *z. B. Einräumung einer Mindestverzinsung,* sehr unterschiedlich sind, gehören sie zu den „erklärungsbedürftigen Wertpapieren".

Beispiel: Entschädigung für Forderungserlass bei einer Sanierung oder als Gründerlohn bei der Gründung einer AG; Gewinnbeteiligung von Mitarbeitern. Genussscheine, die im Börsenhandel eingeführt sind, werden wie Aktien in EUR je Stück notiert.

7.5.2 Form und Aufbewahrung der Effekten

Effekten sind Urkunden, die Vermögensrechte verbriefen.

▶ Äußere Form der Wertpapiere

Ein Wertpapier besteht aus Mantel und Bogen.

- Der **Mantel** ist die eigentliche Urkunde und verbrieft das Gläubiger- oder Teilhaberrecht.

- Der **Bogen** enthält die Zins- oder Gewinnanteilscheine (Kupons), die das Recht auf Ertrag gewähren, und den Erneuerungsschein (Talon), der zum Empfang eines neuen Bogens berechtigt, wenn sämtliche Kupons eingelöst sind. *Bei Gläubigerpapieren z. B. werden die Zinsscheine zu dem in den Anleihebedingungen genannten Zinstermin von dem Bogen abgetrennt und die Zinsen werden von dem Schuldner (Emittenten) eingezogen.*

▶ Verwahrung der Wertpapiere

Aus Sicherheitsgründen werden die Wertpapiere häufig einem Kreditinstitut zur Verwahrung übergeben.

- Als **geschlossenes Depot** bezeichnet man die Fächer (Safes) in den feuer- und einbruchsicheren Tresorräumen der Kreditinstitute. Hier können auch Schmuck, Edelsteine und Urkunden aufbewahrt werden.

- Im **offenen Depot** werden die Effekten von dem Kreditinstitut nicht nur verwahrt, sondern auch verwaltet, *z. B. durch Einzug der Dividenden und Zinsen, durch Besorgung neuer Kuponbö-*

gen. Bei Aktien kann die Bank mit Vollmacht des Kunden auch dessen Stimmrecht in der Hauptversammlung ausüben (Depotstimmrecht).

– Bei der **Sammelverwahrung** werden vertretbare Wertpapiere von verschiedenen Hinterlegern zusammengefasst. Das Eigentum an den eingelieferten Stücken geht unter. Man erwirbt Miteigentum am Sammelbestand und hat nur Anspruch auf Auslieferung des gleichen Nennbetrages oder der gleichen Stückzahl der eingelieferten Wertpapierart.

– Bei der **Sonderverwahrung** werden die Wertpapiere eines Hinterlegers gesondert aufbewahrt. Das Eigentum des Hinterlegers an den eingelieferten Stücken bleibt erhalten.

In der Praxis hat nur die Sammelverwahrung Bedeutung.

7.5.3 Effektenhandel an der Börse

Eine Aktie Nr. 124 460 und eine Aktie Nr. 124 461 einer bestimmten Unternehmung können gegeneinander getauscht werden, da sie die gleichen Rechte verbriefen. Sie können sich **gegenseitig „vertreten"**. Das gilt für alle Effekten gleicher Gattung und Stückelung. Man nennt sie deshalb **vertretbare Kapitalwertpapiere**. Durch ihre **Vertretbarkeit** eignen sich Effekten besonders gut für den Handel an der Börse, da sie auch ohne Besichtigung oder Proben eindeutig bezeichnet werden können. Sie brauchen daher im Börsenraum nicht vorzuliegen. An der Börse werden nur solche Effekten gehandelt, die von der Zulassungsstelle (Ausschuss von Börsenmitgliedern) zugelassen sind.

▶ Wertpapiergeschäfte

Über die Börse können Effektenbesitzer jederzeit ihre Wertpapiere verkaufen und Anleger mit liquiden Mitteln Effekten erwerben. Die Wertpapiergeschäfte werden in der Regel **durch Banken** im eigenen Namen, aber für Rechnung und nach Weisung ihrer Kunden abgewickelt (Kommissionsgeschäft). Aufgrund der Kaufaufträge (Nachfrage) und der Verkaufsaufträge (Angebot) bildet sich der **Kurs (Preis)** der Wertpapiere.

> Wertpapierbörsen sind organisierte Märkte für Effekten. Über die Börse können Wertpapiere leicht und schnell ge- und verkauft werden und einfach und rasch bewertet werden. Der Preis für Effekten heißt Kurs.

▶ Wertpapierkurse

Der Betrag, der auf dem Wertpapier aufgedruckt ist, *z. B. 50,00 EUR oder 100,00 EUR*, ist der **Nennwert oder Nominalwert**. Der tatsächliche Wert (Marktpreis) ist der **Kurs**.

• **Arten der Kurse**

– Der **Stückkurs** gibt den Preis für ein Stück an. Aktien werden in EUR je Stück gehandelt. Dabei gilt die Notierung für das in der Regel kleinste Stück von 5,00 EUR Nennwert.
  Beispiel: Bei Aktien, die 15,20 EUR notieren, muss man für eine Aktie über 1,00 EUR Nennwert 15,20 EUR bezahlen.

– Der **Prozentkurs** gibt den Preis für 100,00 EUR Nennwert an. Festverzinsliche Wertpapiere werden mit Prozentkursen notiert.
  Beispiel: Für die 7 %ige Kaufhofanleihe, die zu 50,00 EUR notiert, muss man für eine Teilschuldverschreibung über 100,00 EUR Nennwert 50,00 EUR bezahlen.

● **Notierung der Kurse**

Beim amtlichen Börsenhandel werden die Kurse von amtlich vereidigten Kursmaklern festgestellt.

– Der **Einheitskurs** (Kassakurs) wird an jedem Börsentag einmal für ein Wertpapier errechnet. Es ist der Kurs, der den größten Umsatz ermöglicht.

Beispiel: Bei Annahmeschluss liegen dem amtlichen Kursmakler folgende Aufträge vor:

Kaufaufträge		Verkaufsaufträge	
Stück	Limit	Stück	Limit
120	billigst	80	bestens
40	85	120	85
200	104	160	104
160	110	40	115

Daraus ergibt sich folgende Ermittlung des Einheitskurses:

Kurs	Kauf	Verkauf	Umsatz
85	120 + 40 + 200 + 160 = 520	80 + 120 = 200	200
104	120 + 200 + 160 = 480	80 + 120 + 160 = 360	360
110	120 + 160 = 280	80 + 120 + 160 = 360	280
115	120 = 120	80 + 120 + 160 + 40 = 400	120

Der größtmögliche Umsatz beträgt 360 Stück. Der Einheitskurs wird zu 104 bG notiert. Nicht alle Kaufaufträge konnten ausgeführt werden.

– Der **variable Kurs** (fortlaufende Notierung) wird fortlaufend während der gesamten Börsenzeit festgesetzt. Abschlüsse müssen über einen **Schluss** oder ein Mehrfaches davon lauten. Ein Schluss beträgt bei Aktien im Nennwert von 50,00 EUR 50 Stück und im Nennwert von 5,00 EUR 100 Stück. Für alle Aufträge, die zu Beginn der Börse vorliegen, wird nach dem Prinzip der Einheitskursfeststellung ein Eröffnungskurs ermittelt und sofort bekannt gegeben. Alle weiter eingehenden Aufträge werden laufend ausgeführt, wodurch bei jedem Geschäft ein neuer Kurs entstehen kann.

Beispiel: E.ON-Aktien notieren zu 56,00 EUR je Stück. Ein Händler will zu 56 kaufen und ruft: „200 E.ON 6 Geld". Der Makler will zu 57 verkaufen mit dem Ausruf: „200 E.ON 7 Brief". Der Händler akzeptiert das Angebot: „200 von dir". Der Makler antwortet: „200 an dich". Das Geschäft ist abgeschlossen. Für E.ON wird als neuer variabler Kurs 57 notiert.

● **Veröffentlichung der Kurse**

Wegen ihrer Bedeutung für den Kapitalmarkt werden die Kurse im „Amtlichen Kursblatt", in Tages- und Wirtschaftszeitungen veröffentlicht. Folgende Kurszusätze *(z. B. DAX-Werte)* sollen erläutern, ob und welche Kauf- bzw. Verkaufsaufträge an der Börse ausgeführt werden.

Notierung	Erklärung	Bedeutung
103 G	Geld	Nur Nachfrage vorhanden; kein Umsatz
71 B	Brief	Nur Angebot vorhanden; kein Umsatz
–	Gestrichener Kurs	Weder Angebot noch Nachfrage vorhanden; kein Umsatz
128 b	bezahlt	Angebot und Nachfrage ausgeglichen
50 bG	bezahlt Geld	Umsatz; nicht alle Kaufaufträge ausgeführt
32 bB	bezahlt Brief	Umsatz; nicht alle Verkaufsaufträge ausgeführt

Lernaufgaben 7.5

Wertpapiere (Effekten)

1 *Wertpapiere sind Instrumente der Finanzierung und Anlage. Sie ermöglichen also die Kapitalbeschaffung und die Geldanlage.*

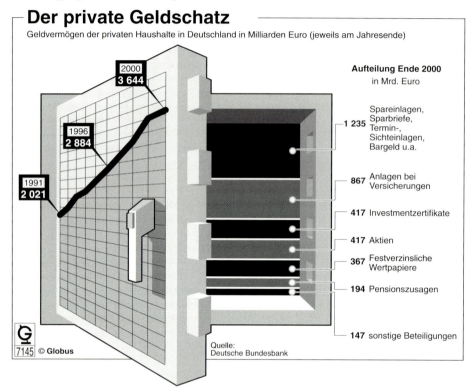

a) Erläutern Sie anhand der Grafik, welche Bedeutung Effekten für die private Geldanlage in der Bundesrepublik Deutschland haben!

b) Geldanlagen unterliegen dem Ausfall-, dem Zinsänderungs- und dem Inflationsrisiko. Erläutern Sie diese Risiken mit je einem Beispiel!

c) Welche Möglichkeiten der Finanzierung bieten Wertpapiere?

2 *Aus einem Sparvertrag über vermögenswirksame Leistungen stehen Frau Gabriele Schwerdt zum 1. Januar .. rund 6 000,00 EUR zur Verfügung. Der Anlageberater einer Bank schlägt vor, das Geld in Aktien der X-AG anzulegen. Gleichzeitig teilt er mit, dass die X-AG die Emission einer 8 %igen Industrieobligation über 100 Millionen EUR angekündigt habe.*

a) Unterscheiden Sie beide Effektenarten nach der Rechtsstellung des Effekteninhabers und nach der Art des Ertrages!

b) Welche Vor- und Nachteile hat eine Geldanlage in Aktien bzw. in Industrieobligationen?

3 *Der Fonds einer Investmentgesellschaft enthält am 20. Oktober .. folgende Vermögenswerte:*

Effekten	Stück	Kurs	Kurswert
X-Aktien	40 000	229,00 EUR	9 160 000,00 EUR
Y-Aktien	50 000	102,40 EUR	5 120 000,00 EUR
Bankguthaben			66 000,00 EUR
Fondsvermögen (Inventarwert)			14 346 000,00 EUR

a) Für Investmentzertifikate muss börsentäglich der Inventarwert je Anteil ermittelt sowie Ausgabepreis (Zuschlag zum Inventarwert etwa 3–5 %) und der Rücknahmepreis (Abschlag vom Inventarwert etwa 1 %) veröffentlicht werden. Errechnen Sie den Inventarwert je Anteil, wenn 320 000 Anteile umlaufen!

b) Die Aktien im Fonds steigen bis zum 2. November .. um durchschnittlich 12 %. Berechnen Sie, wie hoch das Fondsvermögen am 2. November .. ist und wie viel EUR nun der Inventarwert eines Anteils beträgt!

c) Nennen Sie Vorteile einer Geldanlage in Investmentzertifikaten gegenüber einer direkten Anlage in Gläubiger- oder Teilhabereffekten!

4 *Dem Kursmakler liegen folgende Kauf- und Verkaufsaufträge vor, die zum Einheitskurs abgewickelt werden:*

Kaufaufträge		Verkaufsaufträge	
Stück	Limit	Stück	Limit
200	billigst	160	bestens
120	121	240	119
160	120	80	120
100	118	180	121
		40	122

a) Errechnen Sie den Kurs, der den größten Umsatz ermöglicht!

b) Mit welchem Zusatz wird dieser Kurs veröffentlicht? Begründung!

c) Welchen Zusatz erhält ein Einheitskurs, bei dem 480 Kaufaufträgen 430 Verkaufsaufträge gegenüber standen? Begründung!

d) Geben Sie eine Marktkonstellation in Zahlen an, die mit dem Zusatz „bB" bezeichnet wird, und erläutern Sie diese Notierung!

e) Was versteht man unter variablen Notierungen?

5 *Für die Effektivverzinsung (Rendite) von festverzinslichen Wertpapieren ist neben dem Nominalzins auch der Kaufkurs, die Restlaufzeit und der Rückzahlungskurs von Bedeutung. Dafür benutzt man die Faustformel:*

$$Rendite = \frac{Zinssatz \times 100}{Kaufkurs} + \frac{Rückzahlungskurs - Kaufkurs}{Restlaufzeit}$$

a) Eine 8%ige Anleihe im Nennwert von 100,00 EUR wird zu 92% erworben. Die Restlaufzeit beträgt vier Jahre. Die Anleihe wird zum Nennwert zurückgezahlt. Berechnen Sie die Rendite!

b) Begründen Sie, warum der Rückzahlungsgewinn bei der Ermittlung der Rendite berücksichtigt werden muss!

c) Nennen Sie die Rechte, die Gläubigerpapiere verbriefen!

6 *Auszug aus einem Verkaufsangebot:*
Die Kaufhof Aktiengesellschaft, Köln, begibt zur Errichtung neuer, zur Erweiterung und Modernisierung bestehender Warenhäuser sowie zur Konsolidierung kurz- und mittelfristige Kredite, die zu den gleichen Zwecken eingesetzt worden sind, eine 7 $\frac{1}{2}$%-Anleihe im Nennbetrag von 150 000 000,00 EUR. ... Die Anleihe ist eingeteilt in untereinander gleichberechtigte, auf den Inhaber lautende Teilschuldverschreibungen im Nennwert von 5 000,00 EUR, 1 000,00 EUR und 100,00 EUR. ... Die Laufzeit beträgt zehn Jahre. Die Anleihe wird am 2. Januar .. zum Nennwert zurückgezahlt ... Zur Sicherung aller Forderungen aus den Teilschuldverschreibungen der Anleihe werden ... Gesamtbriefgrundschulden von insgesamt 150 000 000,00 EUR eingetragen. ...

a) Nennen Sie die Textstelle, die belegt, dass es sich um vertretbare Kapitalwertpapiere handelt!

b) Was bedeutet „auf den Inhaber lautende Teilschuldverschreibungen"?

c) Gläubigerpapiere verbriefen bestimmte Rechte. Geben Sie an, wie diese Rechte in dem Verkaufsangebot angesprochen werden!

d) Informieren Sie sich in einem Nachschlagewerk über den Begriff „Konsolidierung"!

7 *Eberhard Schulz gibt seiner Bank den Auftrag, 100 Aktien der Mannesmann AG zu kaufen.*

a) Schulz kann den Auftrag limitieren oder angeben, das Papier „billigst" zu erwerben. Unterscheiden Sie die beiden Auftragsarten!

b) Schulz überlässt die Aktien seiner Bank zur Aufbewahrung und Verwaltung. Welche Verwaltungsarbeiten übernimmt die Bank für Schulz?

c) Unterscheiden Sie die Sammel- und Sonderverwahrung!

d) Welche Vorteile hat die Aufbewahrung der Aktien durch die Bank für Schulz?

Lerngerüst 7.6

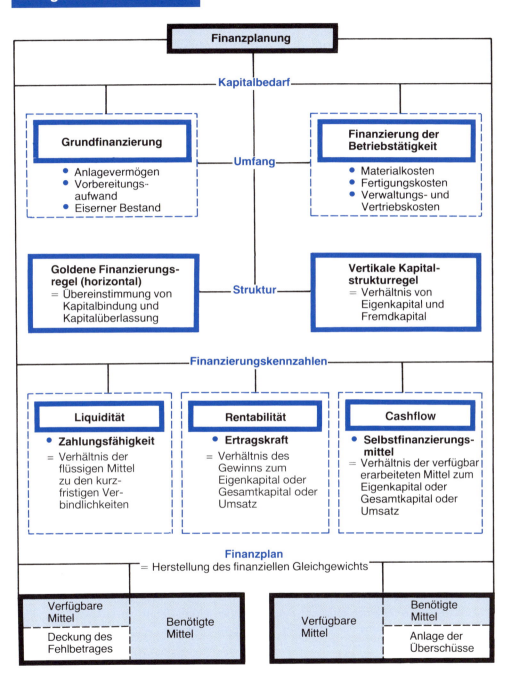

Lerninformationen 7.6

7.6 Finanzplanung

In einer Unternehmung entstehen laufend Zahlungsvorgänge, die entweder zu Ausgaben, z.B. bei der Beschaffung der Produktionsmittel, oder zu Einnahmen, z.B. beim Absatz der Erzeugnisse, führen. Fallen diese Ausgaben und Einnahmen zum gleichen Zeitpunkt und in gleicher Höhe an, benötigt der Unternehmer kein Kapital.

Beispiel: Ein fliegender Händler verkauft in einem Fußballstadion Eis auf Provisionsbasis und bezahlt die tatsächlich abgesetzten Eisportionen aus seinen Einnahmen.

In der Regel sind die Einzahlungs- und Auszahlungsbeträge aber in ihrer Höhe sehr verschieden und werden zu unterschiedlichen Zeitpunkten fällig. Dadurch entsteht der **Kapitalbedarf** einer Unternehmung.

Beispiel: Ein Taxiunternehmer erweitert seinen Wagenpark. Dazu benötigt er in einer Summe an einem bestimmten Tag 35 000,00 EUR für die Bezahlung des Pkw. Die Einnahmen, durch die das investierte Kapital zurückfließt, erfolgen aber erst durch die Fahrleistungen im Laufe der nächsten drei oder vier Jahre. Durch diese zeitliche Verschiebung zwischen Ausgaben und Einnahmen entsteht ein Kapitalbedarf, den der Taxiunternehmer durch Beschaffung von **Eigenkapital** bzw. durch die Aufnahme von **Fremdkapital** mit entsprechender Laufzeit decken muss.

> Die Ausgaben für Beschaffung sowie Produktion und die Einnahmen durch die Umsatzerlöse fallen zeitlich auseinander. Dadurch entsteht der Kapitalbedarf einer Unternehmung. Er muss gedeckt werden, damit die finanziellen Mittel, die zur Durchführung des betrieblichen Leistungsprozesses notwendig sind, stets fristgerecht zur Verfügung stehen.

7.6.1 Kapitalbedarf

Der Kapitalbedarf muss in seinem **Umfang** und in seiner **Struktur** sorgfältig geplant werden, um der Unternehmung die dauernde **Zahlungsfähigkeit (Liquidität)** zu sichern.

▶ *Umfang des Kapitalbedarfs*

Die Höhe des Kapitalbedarfs richtet sich vor allem nach dem Betriebszweck, dem Fertigungsverfahren und den Absatzmöglichkeiten.

● **Grundfinanzierung:** Hierzu zählen die Ausgaben für Grundstücke und Gebäude, Maschinen und die Betriebs- und Geschäftsausstattung. Hinzu kommt der Vorbereitungs- und Organisationsaufwand *(z. B. für Marktanalysen, Aufbau der Betriebsorganisation)* und der Aufwand für den eisernen Bestand an Vorräten.

● **Finanzierung der Betriebstätigkeit:** Laufender Kapitalbedarf entsteht z. B. *durch den Verbrauch an Roh-, Hilfs- und Betriebsstoffen, durch Fertigungslöhne, Energiekosten, Verwaltungs- und Vertriebskosten.*

Beispiel für die Berechnung des Kapitalbedarfs: Bei der Gründung einer Maschinenfabrik ergibt sich der Kapitalbedarf für das Anlagevermögen über 2 000 000,00 EUR aus dem Investitionsplan, der die Anschaffungspreise und die Nebenkosten enthält. Der Vorbereitungsaufwand wird mit 400 000,00

EUR geschätzt und der eiserne Bestand soll einem Materialverbrauch von 20 Tagen entsprechen. Die Tagesproduktion wird mit 400 Stück Zahnrädern angesetzt. Je Stück wird mit 10,00 EUR Materialkosten, 5,00 EUR Fertigungskosten und 2,00 EUR Verwaltungs- und Vertriebskosten gerechnet. Die Lagerdauer des Materials beträgt 10 Tage und die Produktion erfordert 20 Tage. Die Fertigerzeugnisse lagern im Durchschnitt 30 Tage und den Kunden wird ein Ziel von 30 Tagen gewährt.

Grundfinanzierung	Anlagevermögen	Vorbereitungsaufwand	Eiserner Bestand
	2 000 000,00	400 000,00	$20 \times 4\,000,00 = 80\,000,00$
Finanzierung der Betriebstätigkeit	Materialkosten	Fertigungskosten	Verwaltungs- und Vertriebskosten
	$(10 + 20 + 30 + 30) \times 4\,000,00 = 360\,000,00$	$(20 + 30 + 30) \times 2\,000,00 = 160\,000,00$	$(10 + 20 + 30 + 30) \times 800,00 = 72\,000,00$
Kapitalbedarf insgesamt: 3 072 000,00 EUR			

Der Kapitalbedarf entsteht vor allem bei der Gründung, der laufenden Betriebstätigkeit und der Erweiterung einer Unternehmung. Er umfasst die Zeit vom Kapitaleinsatz *(z. B. Kauf von Rohstoffen)* über die Produktion bis zum Rückfluss des investierten Kapitals *(z. B. durch Umsatzerlöse)*.

● **Kapitalbedarfsrechnungen** beruhen auf Schätzungen:

– **Unterkapitalisierung** liegt vor, wenn der Kapitalbedarf zu gering geschätzt wurde. Das kann zu Zahlungsschwierigkeiten bis zum Konkurs und zu Engpässen bei der Beschaffung von Produktionsmitteln führen.

– **Überkapitalisierung** ergibt sich, wenn der Kapitalbedarf zu hoch bemessen wurde. Da dann Kapital brachliegt, kommt es zu Zinsverlusten und damit zu Gewinnschmälerungen.

▶ *Struktur des Kapitalbedarfs*

Die Struktur des Kapitals, d. h. das Verhältnis des Kapitals zum Vermögen und der Kapitalteile zueinander, ist in den einzelnen Wirtschaftszweigen sehr unterschiedlich. Trotzdem haben sich in der Praxis einige Grundregeln herausgebildet.

● **Goldene Finanzierungsregel (horizontal):**

Nach der goldenen Finanzierungsregel soll die Dauer der Vermögensbindung (Investierung) mit der Frist der Kapitalüberlassung (Finanzierung) übereinstimmen, um die Zahlungsfähigkeit der Unternehmung jederzeit sicherzustellen (**Grundsatz der Fristengleichheit**).

Von der Bilanz aus gesehen wird danach folgender Zusammenhang zwischen Kapitalbindung und Kapitalüberlassung angestrebt:

Aktiva   Bilanz (schematisiert)   Passiva

Kapitalbindung (Investierung)	Kapitalüberlassung (Finanzierung)
Anlagevermögen (langfristig) + eiserner Bestand des Vorratsvermögens	Eigenkapital ggf. + langfristiges Fremdkapital
Umlaufvermögen (kurz- und mittelfristig)	kurz- und mittelfristiges Fremdkapital

- **Vertikale Kapitalstrukturregel:** Sie bezieht sich auf die Zusammensetzung des Kapitals. Dabei geht es vor allem um die Frage, ob ein Unternehmen überwiegend mit Eigen- oder Fremdkapital ausgestattet ist. Eine für alle Unternehmen gültige Regel für ein optimales Verhältnis von Eigen- und Fremdkapital *(z. B. 1:1 oder 2:1)* gibt es nicht, da die Unterschiede zwischen den verschiedenen Wirtschaftsbereichen zu groß sind.

> Ein relativ hoher Eigenkapitalanteil am Gesamtkapital sichert der Unternehmung auch in Krisenzeiten eine solide Finanzierung, hebt ihre Kreditwürdigkeit und macht sie unabhängig von den Gläubigern.

7.6.2 Finanzierungskennzahlen

Die Beurteilung der Finanzierung einer Unternehmung erfolgt auch auf der Grundlage von **Bilanzkennziffern**, die die finanzielle Lage der Unternehmung zu einem bestimmten Zeitpunkt *(z. B. Jahresabschluss)* kennzeichnen und als Grundlage für die weitere Finanzplanung dienen können.

▶ *Liquidität*

In welchem Umfang eine Unternehmung zahlungsbereit (liquide) ist, zeigt das Verhältnis zwischen flüssigen Mitteln (Zahlungsmitteln) und kurzfristigen Verbindlichkeiten. Zu den Zahlungsmitteln zählen Kasse, Bank, Postgiro und diskontfähige Wechsel.

- Im Allgemeinen werden folgende **Liquiditätsgrade** unterschieden:

Liquidität 1. Grades (Barliquidität)	$= \dfrac{\text{Zahlungsmittel}}{\text{kurzfristige Verbindlichkeiten}} \times 100$
Liquidität 2. Grades (Liquidität auf kurze Sicht)	$= \dfrac{\text{Zahlungsmittel + kurzfristige Forderungen}}{\text{kurzfristige Verbindlichkeiten}} \times 100$
Liquidität 3. Grades (Liquidität auf mittlere Sicht)	$= \dfrac{\text{Zahlungsmittel + kurzfristige Forderungen + Vorräte (UV)}}{\text{kurzfristige Verbindlichkeiten}} \times 100$

Der Aussagewert dieser Kennzahlen ist begrenzt, da sie nur für den Bilanzstichtag gültig sind (**Stichtagsliquidität**). Zum einen fehlen wichtige Daten, *z. B. die genaue Fälligkeit der Forderungen und Verbindlichkeiten und der von den Banken gewährte Kreditrahmen.* Zum anderen können direkt nach dem Bilanzstichtag Aufwendungen, *z. B. für Lohn-, Zins- oder Steuerzahlungen* fällig werden, die aus der Bilanz nicht ersichtlich sind. Deshalb wird bei der Beurteilung der Liquiditätslage eines Unternehmens der Finanzplan hinzugezogen, der die zu erwartenden Einnahmen und Ausgaben berücksichtigt.

- Nach der **Höhe der Liquidität** wird unterschieden:

- **Optimale Liquidität** liegt vor, wenn das Unternehmen das finanzielle Gleichgewicht erreicht hat, d. h. Einnahmen und Ausgaben übereinstimmen.

- Bei **Überliquidität** sind überschüssige Zahlungsmittel (Kasse, Bank- und Postgiroguthaben) vorhanden. Das ist ein Zeichen schlechter Nutzung des Kapitals und führt zu Zinsverlusten (Rentabilitätsminderung). Überliquidität kann abgebaut werden, indem man die Fremdmittel verringert oder Investitionen durchführt.

– **Unterliquidität** ist gegeben, wenn die flüssigen Mittel nicht die fälligen kurzfristigen Verbindlichkeiten decken. Ist sie kurzfristig, kann sie durch einen Überbrückungskredit behoben werden. Liegt aber eine langfristige, strukturelle Unterliquidität vor (Überschuldung, Veränderung der Marktverhältnisse), kann sie nur durch eine umfassende Sanierung beseitigt werden. Unterliquidität kann zur Zahlungseinstellung (Illiquidität) und zum Konkurs führen.

▶ *Rentabilität*

Im Gegensatz zur Liquidität, die die Zahlungsbereitschaft kennzeichnet, misst die Rentabilität die **Ertragskraft** einer Unternehmung.

> Die Rentabilität ist das Verhältnis des Gewinns zum eingesetzten Kapital oder zum erzielten Umsatz.

● Je nachdem, zu welcher Größe der Gewinn in Beziehung gesetzt wird, werden folgende **Rentabilitätskennzahlen** unterschieden:

Eigenkapitalrentabilität (Nettorentabilität)	$= \dfrac{\text{Gewinn} \times 100}{\text{Eigenkapital}}$
Gesamtkapitalrentabilität (Bruttorentabilität)	$= \dfrac{(\text{Gewinn} + \text{Fremdkapitalzinsen}) \times 100}{\text{Gesamtkapital}}$
Umsatzrentabilität	$= \dfrac{\text{Gewinn} \times 100}{\text{Umsatzerlöse}}$

● **Leverage- oder Hebeleffekt:** Geht man von der **Gewinnmaximierung** als Ziel einer Unternehmung aus, dann ist sie an der Eigenkapitalrentabilität zu messen. Die Rendite des Eigenkapitals wird aber nicht nur von dem Verhältnis des Eigenkapitals zum Gewinn beeinflusst, sondern kann auch durch Fremdfinanzierung von Investitionen erhöht oder vermindert werden.

Beispiel: Eine Investition über 100 000,00 EUR erbringt einen Ertrag von 12 000,00 EUR jährlich. Diese Investition kann entweder nur durch Eigenkapital oder z. T. auch durch Fremdkapital finanziert werden. Dabei ergeben sich, wenn man zusätzlich auch den Fremdkapitalzins variiert, folgende Auswirkungen auf die Eigenkapitalrentabilität:

	Fall 1	Fall 2	Fall 3	Fall 4	Fall 5
Gesamtkapital	100 000,00	100 000,00	100 000,00	100 000,00	100 000,00
Eigenkapital Fremdkapital	100 000,00 –	75 000,00 25 000,00	75 000,00 25 000,00	25 000,00 75 000,00	25 000,00 75 000,00
Ertrag/Gesamtkapital- rentabilität	12 000,00 12 %	12 000,00 12 %	12 000,00 12 %	12 000,00 12 %	12 000,00 12 %
Fremdkapitalzinsen	–	9 % 2 250,00	14 % 3 500,00	9 % 6 750,00	14 % 10 500,00
Gewinn Eigenkapitalrentabilität	12 000,00 12 %	9 750,00 13 %	8 500,00 11,33 %	5 250,00 21 %	1 500,00 6 %

Die Eigenkapitalrentabilität steigt also mit zunehmender Verschuldung (Hebelwirkung = Leverage-Effekt), sofern der Fremdkapitalzins unter der Gesamtkapitalrentabilität liegt (Fall 2 und 4). Liegt dagegen der Fremdkapitalzins über der Gesamtkapitalrentabilität, dann sinkt die Eigenkapitalrentabilität (Fall 3 und 5).

Die **Hebelwirkung einer höheren Verschuldung** auf die Rendite des Eigenkapitals kann sich in Boomjahren positiv und in Rezessionsjahren negativ bemerkbar machen.

– **Positiver Effekt:** Bei guter Absatzlage (Aufschwung, Boom) verteilen sich die fixen Kosten auf eine steigende Produktion. Dadurch sinken die Stückkosten und die Ertragslage der Unternehmen verbessert sich (Kostendegression). In diesem Fall ist eine zusätzliche Fremdfinanzierung positiv, da die Fremdkapitalzinsen unter der Gesamtkapitalrentabilität liegen werden. Dadurch steigt die Rendite des Eigenkapitals.

– **Negativer Effekt:** Bei schlechter Absatzlage (Abschwung, Rezession) verteilen sich die fixen Kosten auf eine sinkende Produktion. Dadurch steigen die Stückkosten und die Ertragslage der Unternehmung verschlechtert sich (Kostenprogression). In diesem Fall wirkt sich die Fremdfinanzierung negativ aus, da die Fremdkapitalzinsen über der Gesamtkapitalrentabilität liegen werden. Dadurch sinkt die Rendite des Eigenkapitals.

▶ *Cashflow (Kapitalfluss aus Umsatz)*

Die Aussagefähigkeit der Rentabilitätskennziffern kann durch eine Cashflow-Analyse erweitert werden (cash = Kasse, flow = Fluss, Strömung). Dabei wird nicht nur der ausgewiesene Gewinn, sondern der gesamte **Selbstfinanzierungsspielraum** einer Unternehmung aufgezeigt. Es müssen dem Gewinn alle **nicht auszahlungswirksamen Aufwendungen** hinzugerechnet werden. Das sind insbesondere die Abschreibungen, die durch die Umsatzerlöse zurückfließen, und die Pensionsrückstellungen, die langfristig und zinslos zur Verfügung stehen.

● **Berechnung des Cashflow**

    Jahresüberschuss (Gewinn- und Verlust-Konto)

+ Abschreibungen auf Anlagen

+ Erhöhung langfristiger Rückstellungen

= Cashflow (Zugang an liquiden Mitteln aus Umsatz oder verfügbar erarbeitete Mittel)

> Der Cashflow zeigt die Fähigkeit einer Unternehmung, Investitionen, Schuldentilgung und Gewinnausschüttung aus selbst erwirtschafteten Mitteln („von innen") zu finanzieren. Er ist damit ein wichtiger Maßstab für die Selbstfinanzierungskraft einer Unternehmung.

● **Cashflow-Kennziffern:** Der Cashflow kann wie der Gewinn bei der Rentabilitätsberechnung zum **Eigenkapital**, zum **Fremdkapital** und zum **Umsatz** ins Verhältnis gesetzt werden. Dadurch wird die Aussagefähigkeit der Cashflow-Analyse erhöht.

$$\textbf{Cashflow-Eigenkapitalrentabilität} = \frac{\text{Cashflow} \times 100}{\text{Eigenkapital}}$$

$$\textbf{Cashflow-Gesamtkapitalrentabilität} = \frac{(\text{Cashflow} + \text{Fremdkapitalzinsen}) \times 100}{\text{Gesamtkapital}}$$

$$\textbf{Cashflow-Umsatzrate} = \frac{\text{Cashflow} \times 100}{\text{Umsatzerlöse}}$$

7.6.3 Finanzielles Gleichgewicht

Alle Überlegungen zum Kapitalbedarf, zur Zusammensetzung des Kapitals, zur Kapitalbindung und Kapitalüberlassung sind darauf ausgerichtet, der Unternehmung das **finanzielle Gleichgewicht** zu sichern.

Finanzielles Gleichgewicht einer Unternehmung ist gegeben, wenn einerseits die Zahlungsfähigkeit zu jedem Zeitpunkt gesichert ist und andererseits keine überschüssigen Finanzierungsmittel vorhanden sind, die die Rentabilität mindern.

▶ Grundzüge eines Finanzplans

Um das finanzielle Gleichgewicht zu sichern, stellt die Unternehmung für einen zukünftigen Zeitraum kurzfristig *(z. B. wöchentlich, monatlich)* oder langfristig *(z. B. für ein Jahr oder mehrere Jahre)* die **erwarteten Einnahmen** (verfügbare Mittel) den **Ausgaben** (benötigte Mittel) gegenüber. Der langfristige Finanzplan rangiert vor dem kurzfristigen, denn schon bei der Gründung der Unternehmung muss Klarheit herrschen, wie der Betrieb finanziert werden soll. Grundlage für den **Finanzplan** sind der **Beschaffungs-, Produktions- und Absatzplan**. Da sich diese Pläne häufig ändern, muss auch die Finanzierung ständig den veränderten betrieblichen Erfordernissen angepasst werden. Der Finanzplan ist also Teil der Gesamtplanung einer Unternehmung, durch die die **finanzielle Sphäre** und der **güterwirtschaftliche Bereich** miteinander verbunden werden.

▶ Aufstellung und Kontrolle des Finanzplans

Im Finanzplan werden die Einnahmen und Ausgaben als **Vorschaurechnung** für die Planungsperiode nach Art und Höhe eingesetzt und der Mehr- oder Fehlbetrag ermittelt. Ebenso wird die Deckung eines Fehlbetrages oder die Verwendung eines Überschusses festgelegt. Die Planwerte (Sollzahlen) werden dann mit den in der Buchführung zu ermittelnden Istzahlen verglichen. Bei erheblichen Deckungslücken müssen alle Liquiditätsreserven aufgespürt und ausgeschöpft werden, *z. B. Verkauf überflüssiger Betriebseinrichtungen, Verkauf von Beteiligungen, Verkürzung der durchschnittlichen Lagerdauer, Leasing neuer Anlagen.*

Beispiel eines Finanzplans:

Finanzplan:		Planungsperiode: 1. Juni bis 30. Juni ..	
Verfügbare Mittel	TEUR	Benötigte Mittel	TEUR
Zahlungsmittelbestand	18	Ausgaben	
Einnahmen		− für Personal	55
− aus Umsätzen	110	− für Material	68
− des Finanzbereichs	15	− für Steuern	8
− sonstige	3	− für Anlageinvestitionen	30
		− des Finanzbereichs	12
Summe der verfügbaren Mittel	146	− sonstige	3
− Summe der benötigten Mittel	176	Summe der benötigten Mittel	176
= Überschuss/Fehlbetrag	−30	Bemerkungen	
Deckung des Fehlbetrags		*(z. B. Verwendung von Überschüssen durch Anlage in Wertpapieren, als Termineinlagen)*	
− Erhöhung Bankkredit	10		
− Neue Wechsel	20		
− Private Einlagen	−		
− sonstige Kredite	−		

Der Finanzplan ist die Aufstellung über die zu erwartenden Einnahmen und Ausgaben einer Unternehmung für eine Planungsperiode. Er dient der Herstellung des finanziellen Gleichgewichts und der Kontrolle der Liquidität einer Unternehmung.

Lernaufgaben 7.6

Finanzplanung

1 *Im finanziellen Bereich einer Unternehmung vollziehen sich ständig Prozesse der Kapitalbindung und der Kapitalfreisetzung.*

a) Nennen Sie für beide Prozesse je zwei Beispiele!

b) Der Beginn und das Ende der Bindung von Kapital wird durch Zahlungsausgänge und -eingänge gekennzeichnet. Begründen Sie, dass dabei der Faktor Zeit eine entscheidende Größe für die Finanzplanung einer Unternehmung ist!

2 *Ein Industrieunternehmen rechnet bei der Gründung für Anlagen mit 200 000,00 EUR, für den Vorbereitungsaufwand mit 150 000,00 EUR und mit einem eisernen Bestand, der einem Materialverbrauch von 15 Tagen entspricht. Für die laufende Betriebstätigkeit werden folgende Aussagen geschätzt:*

Tagesproduktion: 200 Stück	*Lagerdauer des Materials: 15 Tage*
Materialkosten je Stück: 15,00 EUR	*Dauer der Produktion: 10 Tage*
Fertigungskosten je Stück: 8,00 EUR	*Lagerdauer der Fertigerzeugnisse: 20 Tage*
Verwaltungs- und Vertriebskosten je Stück:	*Kundenziel: 40 Tage*
5,00 EUR	

a) Errechnen Sie den Kapitalbedarf!

b) Wie wirkt sich die Gewährung eines längeren Zahlungsziels an die Kunden auf den Kapitalbedarf aus? Begründung!

c) Welche Auswirkungen auf den Kapitalbedarf haben Anzahlungen an Lieferer (eigene Anzahlungen) und Anzahlungen von Kunden (erhaltene Anzahlungen)?

d) Nennen Sie allgemeine Gesichtspunkte, die den Umfang des Kapitalbedarfs einer Unternehmung bestimmen!

3 *Die Finanzierungsvorschriften nach der goldenen Finanzierungsregel beruhen auf der Annahme, dass das Anlagevermögen langfristigen und das Umlaufvermögen kurzfristigen Charakter trägt. Daraus ergeben sich dann entsprechend die Fristen der finanziellen Mittel.*

a) Kaufhäuser benötigen große Warenvorräte, um die unterschiedlichen Kundenwünsche schnell befriedigen zu können. Diese Warenvorräte schlagen sich relativ schnell um und werden deshalb im Umlaufvermögen bilanziert. Andererseits ist ein bestimmter Warenbestand immer vorhanden und bindet damit Kapital. Welche Folgerungen sind daraus für die Finanzierung zu ziehen?

b) Weisen Sie nach, dass das zur Finanzierung des Anlagevermögens verwendete Eigenkapital nicht auf Dauer gebunden ist, sondern zur allgemeinen Liquidität der Unternehmung beiträgt. Denken Sie dabei an die Finanzierung aus Abschreibungen!

4 *Nach der Aufbereitung zeigt die Bilanz einer Textilgroßhandlung folgendes Bild:*

Aktiva	Aufbereitete Bilanz	Passiva	
I. Anlagevermögen	250 000,00	I. Eigenkapital	750 000,00
II. Umlaufvermögen		II. Fremdkapital	
1. nicht flüssig	450 000,00	1. langfristig	200 000,00
(Waren)		(Hypotheken und Darlehen)	
2. bedingt flüssig	350 000,00	2. kurzfristig	300 000,00
(Forderungen)		(Verbindlichkeiten,	
3. sofort flüssig	200 000,00	Schuldwechsel)	
(Kasse, Bank, Postscheck)			
	1 250 000,00		1 250 000,00

a) Beurteilen Sie die Finanzierung der Textilgroßhandlung nach der vertikalen Kapitalstrukturregel!

b) Errechnen Sie die drei Liquiditätsgrade!

c) Können aus dieser Bilanz eindeutige Schlüsse über die Zahlungsbereitschaft der Unternehmung gezogen werden? Begründung!

5 *Aus den Jahresabschlüssen der letzten vier Jahre legt ein Industriebetrieb folgende Zahlen vor:*

Abschlusszahlen (TEUR)	1	2	3	4
Eigenkapital	6 000	6 200	6 800	7 000
Fremdkapital	4 000	4 000	5 000	6 000
Gewinn	600	700	800	400
Fremdkapitalzins	8 %	8 %	9 %	9 %
Umsatzerlöse	12 000	18 000	22 000	24 000
Abschreibungen	62	64	70	65
Pensionsrückstellungen	18	19	21	21

a) Berechnen Sie für die vier Jahre

- die Eigenkapitalrentabilität,
- die Gesamtkapitalrentabilität,
- die Umsatzrentabilität,
- den Cashflow,
- die Cashflow-Umsatzrate!

b) Nennen Sie Gründe, die den Rückgang des Gewinns im 4. Jahr trotz der Umsatzsteigerung erklären können!

c) Der Gewinn enthält nicht nur den Zins für das eingesetzte Eigenkapital. Deshalb muss die Eigenkapitalrentabilität höher als der landesübliche Zinsfuß sein. Nennen Sie alle Faktoren, die der Gewinn enthalten kann!

d) Welcher Unterschied besteht zwischen den Kennzahlen Rentabilität und Cashflow?

6 *Im folgenden Beispiel wird unterstellt, dass eine Unternehmung zusätzliche Investitionen nur mit Fremdkapital finanzieren kann und die Gesamtkapitalrentabilität konstant ist.*

Abschlusszahlen (TEUR)	1	2	3	4
Eigenkapital	1 000	1 000	1 000	1 000
Fremdkapital	400	800	800	800
Gesamtkapitalrentabilität	12 %	12 %	12 %	12 %
Fremdkapitalzinssatz	9 %	9 %	9 %	14 %

a) Errechnen Sie nach dem Muster in den Lerninformationen für alle vier Fälle die Eigenkapitalrentabilität!

b) Wie wirkt sich die steigende Fremdfinanzierung in den ersten drei Fällen aus? Begründung!

c) Warum sinkt im 4. Fall die Eigenkapitalrentabilität?

d) Welche Voraussetzung muss erfüllt sein, damit eine zunehmende Verschuldung sich positiv auf die Eigenkapitalrentabilität auswirkt?

e) Warum ist eine zunehmende Verschuldung nicht gefahrlos für ein Unternehmen in einer marktwirtschaftlichen Ordnung?

7 *Zur Sicherstellung des finanziellen Gleichgewichts ist es notwendig, die Liquidität dauernd zu überwachen. Dabei soll sowohl Zahlungsunfähigkeit (Illiquidität) als auch ein Überschuss an Finanzmitteln (Überliquidität) vermieden werden.*

a) Welche Maßnahmen kann ein Betrieb zur Verbesserung seiner Liquidität treffen?

b) Wie kann eine Überschussliquidität gemindert werden?

8 *Am 31. März liegen dem Finanzstatus einer Unternehmung folgende Planzahlen für den Monat April zugrunde:*

– *Zahlungsmittelbestand 20 000,00 EUR*

– *Forderungen 200 000,00 EUR, von denen entsprechend unseren Zahlungskonditionen und Zahlungsgewohnheiten der Kunden im April 150 000,00 EUR eingehen werden*

– *Ausgaben für Werkstoffe 40 000,00 EUR*

– *Personalkosten 20 000,00 EUR*

– *Verbindlichkeiten 140 000,00 EUR, von denen im April 80 000,00 EUR fällig sind*

– *Sonstige Ausgaben 15 000,00 EUR*

– *Sonstige Einnahmen 2 000,00 EUR*

a) Stellen Sie den Finanzplan für den Monat April auf!

b) Die Finanzsituation eines Unternehmens kann durch verschiedene Verfahren festgestellt werden. Erläutern Sie die unterschiedliche Aussagefähigkeit der folgenden Methoden:

– Aufstellung eines Finanzplanes
– Berechnung des Kapitalbedarfs
– Ermittlung eines Liquiditätsgrades

Lerngerüst 7.7

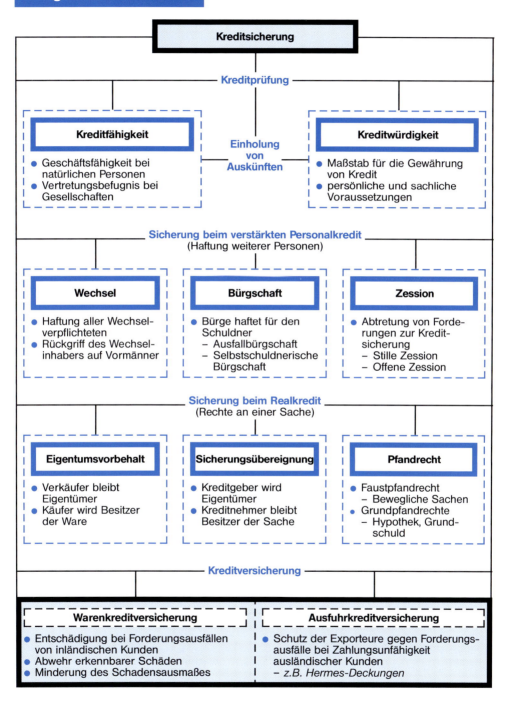

Lerninformationen 7.7

7.7 Kreditsicherung

Mit der Einräumung eines Kredits, z. B. wenn der Lieferant seinem Abnehmer ein Zahlungsziel oder wenn die Bank einem Kunden ein Darlehen gewährt, ist immer das Risiko verbunden, dass der Kredit nicht oder nur teilweise getilgt wird. Um dieses Risiko möglichst gering zu halten, wird vor der Kreditvergabe eine Kreditprüfung vorgenommen.

7.7.1 Kreditprüfung

In einer Kreditprüfung wird untersucht, ob der Kreditnehmer **kreditfähig** und **kreditwürdig** ist und ob die eventuell notwendigen **Sicherheiten** ausreichen.

▶ *Kreditfähigkeit*

Ein Kreditnehmer ist kreditfähig, wenn er Kreditverträge rechtswirksam abschließen kann. Das ist bei natürlichen Personen gegeben, wenn sie unbeschränkt geschäftsfähig sind. Bei Personen- und Kapitalgesellschaften ist die Befugnis der Vertreter zur Kreditaufnahme festzustellen. Personenvereinigungen, die nicht rechtsfähig sind, *z. B. Erbengemeinschaften, Gesellschaften des bürgerlichen Rechts*, können nur Kredite aufnehmen, wenn ihre Mitglieder sich als Gesamtschuldner verpflichten und gemeinschaftlich handeln.

▶ *Kreditwürdigkeit*

Der Maßstab für die Gewährung eines Kredites an eine Unternehmung oder an eine Privatperson ist die Kreditwürdigkeit. Sie dient auch der **Kundenselektion** (Selektion = Auslese), d. h. es werden nur Kunden beliefert, die ihren Zahlungsverpflichtungen nachkommen.

> Als kreditwürdig gilt ein Schuldner, der die Gewähr bietet, seine Zahlungsverpflichtungen aus einem Kreditvertrag fristgerecht zu erfüllen.

Die Kreditwürdigkeit hängt von persönlichen Eigenschaften des Kreditnehmers und von sachlichen Voraussetzungen ab.

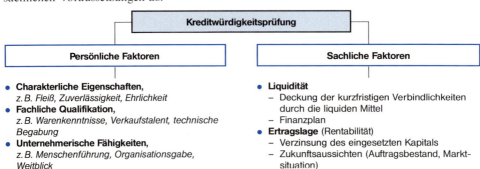

Die Informationen für die Kreditwürdigkeit können von gewerbsmäßigen Auskunfteien *(z. B. Verein Creditreform, Auskunftei Schimmelpfeng, Schufa = Schutzgemeinschaft für allgemeine Kreditsicherung)*, Geschäftsfreunden, Kreditinstituten, öffentlichen Registern wie Handelsregister, Genossenschaftsregister und Grundbuch eingeholt werden.

● **Inhalt der Auskünfte:** Die Auskünfte müssen Angaben über die Persönlichkeit des Kreditnehmers und seine bisherige Zahlungsweise, die Rechts- und Vermögensverhältnisse und über den einzuräumenden Kredit enthalten.

● **Haftung für die Auskunft:** In der Regel werden Auskünfte ohne Verbindlichkeit erteilt, d. h. dass keine Haftung übernommen wird für die Folgen, die aus einer falsch erteilten Auskunft entstehen. Der Auskunftsempfänger ist zur Geheimhaltung der Auskunft verpflichtet.

▶ *Sicherheiten*

Steht die Zahlungswilligkeit und Zahlungsfähigkeit (**Bonität**) eines Kreditnehmers aufgrund der Kreditwürdigkeitsprüfung zweifelsfrei fest, kann auf die Stellung von Sicherheiten verzichtet werden. Kredite dieser Art heißen **Personal- oder Blankokredite.** Ist dagegen keine ausreichende Gewähr für die termingerechte Rückzahlung gegeben, muss der Kredit durch die **Haftung weiterer Personen**, *z. B. eines Bürgen* (**verstärkter Personalkredit**), oder durch **Rechte an einer Sache**, *z. B. Pfandrecht an einem Grundstück* (**Realkredit**), abgesichert werden.

Die Güte einer Personalsicherheit hängt ab von der Kreditwürdigkeit der zusätzlich haftenden Personen. Dagegen wird die Qualität einer dinglichen Sicherheit von der Verwertbarkeit (erzielbarer Preis) der Sachen bestimmt.

7.7.2 Sicherheiten beim verstärkten Personalkredit

Bei einem verstärkten Personalkredit treten neben dem Kreditnehmer als Hauptschuldner weitere Personen als Nebenschuldner auf, die für die Rückzahlung und Verzinsung des Kredits haften.

▶ *Wechselhaftung*

Eine Wechselforderung bietet insofern eine stärkere Sicherheit für den Zahlungseingang, als neben dem Bezogenen auch der Aussteller, die Indossanten und eventuell Wechselbürgen die Einlösung des Wechsels garantieren.

Wird ein Wechsel nicht eingelöst, kann der Wechselinhaber auf einen, mehrere oder alle Wechselverpflichteten zusammen Rückgriff (Regress) nehmen, da sie als Gesamtschuldner haften (Art. 47 WG).

Der Wechselinhaber ist dabei an keine Reihenfolge gebunden, sondern kann sich besonders zahlungskräftige Vormänner aussuchen (Sprungregress).

▶ *Bürgschaft*

Ein Kredit kann zusätzlich durch eine Bürgschaft gesichert werden.

> Die Bürgschaft entsteht durch einen Vertrag zwischen dem Gläubiger und dem Bürgen, wonach der Bürge für die Erfüllung der Verbindlichkeiten des Schuldners haftet (§ 765 BGB).

Der Vertrag verpflichtet nur den Bürgen (**einseitig verpflichtender Vertrag**). Um ihm die Bedeutung seiner Verpflichtung bewusst zu machen, muss er das **Bürgschaftsversprechen schriftlich** abgeben (§ 766 BGB). Für **Kaufleute** sind **auch mündlich** abgegebene Bürgschaftsversprechen bindend, wenn die Bürgschaft für sie ein Handelsgeschäft ist (§ 350 HGB).

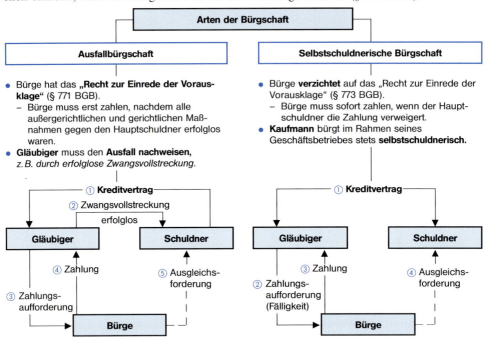

Zahlt der Bürge an den Gläubiger, geht die Forderung gegen den Schuldner auf den Bürgen über (§ 774 BGB). Die Bürgschaft erlischt, wenn die Schuld getilgt wird, wenn der Gläubiger auf die Forderung oder die Bürgschaft verzichtet und nach Ablauf einer vereinbarten Zeit.

▶ *Abtretung von Forderungen (Zession)*

Ein Kredit kann auch durch Abtretung von Forderungen des Kreditnehmers gegen seine Kunden gesichert werden (§ 398 BGB).

Beispiel: Die Textilfabrik Laurenz & Co. beabsichtigt ihre Produktion zu erweitern und bittet ihre Hausbank (Stadtsparkasse X) um Einräumung eines größeren Kontokorrentkredits. Als Sicherheit bietet Laurenz & Co. der Bank die Abtretung von Forderungen gegen ihre Kunden mit den Anfangsbuchstaben A–D an. Durch den Zessionsvertrag (formfrei) gehen die Forderungen des bisherigen Gläubigers Lorenz & Co. (**Zedent**) auf den neuen Gläubiger Stadtsparkasse X (**Zessionar**) über, ohne dass die Kunden A–D (**Drittschuldner**) zustimmen müssen.

- Nach der **Benachrichtigung** unterscheidet man die stille und die offene Zession.
- Bei der **stillen Zession** wird der Drittschuldner nicht benachrichtigt. Er kann daher mit schuldbefreiender Wirkung an den bisherigen Gläubiger (Zedent) zahlen, der das Geld an den neuen Gläubiger (Zessionar) weiterleitet.
- Bei der **offenen Zession** wird die Forderungsabtretung dem Drittschuldner angezeigt. Er kann daher mit schuldbefreiender Wirkung nur an den neuen Gläubiger (Zessionar) zahlen. Da die offene Zession das Ansehen des Zedenten im Geschäftsverkehr beeinträchtigt, ist in der Praxis die stille Abtretung üblich.

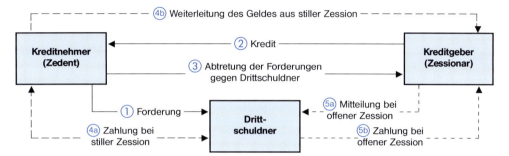

- **Nach dem Umfang** wird zwischen der Einzel-, Mantel- und Globalzession unterschieden.
- Bei einer **Einzelzession** wird eine **einzelne Forderung** abgetreten, *z. B. ein Prämiensparguthaben.*
- Bei einer **Mantelzession** werden **bestehende Forderungen** in einer bestimmten Gesamthöhe abgetreten. Die Zession wird wirksam mit der Übergabe der Debitorenliste oder der Rechnungskopien. Die Debitorenliste muss laufend ergänzt werden, da eingegangene Forderungen durch neue ersetzt werden müssen.
- Bei einer **Globalzession** werden **bestehende und zukünftige Forderungen** gegen einen bestimmten Kundenkreis abgetreten, dessen Zusammensetzung nach Anfangsbuchstaben *(z. B. alle Kunden mit den Anfangsbuchstaben A−E)* oder regional *(z. B. alle Kunden in NRW)* bestimmt werden kann. Die Zession wird mit dem Entstehen der Forderung wirksam, deshalb ist ein Nachweis durch eine Debitorenliste oder durch Rechnungskopien nicht notwendig.

7.7.3 Sicherheiten beim Realkredit

Realkredite werden durch ein Recht an beweglichen oder unbeweglichen Sachen aus dem Vermögen des Schuldners zusätzlich gesichert.

▶ *Eigentumsvorbehalt*

Der Eigentumsvorbehalt ist das wichtigste Mittel zur Sicherung von **Lieferantenkrediten (Zielverkäufe)**. Der **Verkäufer** bleibt bis zur vollständigen Bezahlung des Kaufpreises **Eigentümer der Ware**. Der **Käufer** wird zunächst nur **Besitzer**, kann aber die gekauften Güter *(z. B. Maschinen, Fahrzeuge)* sofort betrieblich nutzen (siehe 4.4, S. 159).

▶ *Sicherungsübereignung*

Häufig bieten Kreditnehmer bewegliche Vermögensgegenstände als Sicherheiten an, die sie im Betrieb für die Produktion benötigen, *z. B. Maschinen, Rohstoffe, Kraftfahrzeuge*, und daher nicht als Pfand übergeben können. Aus der Praxis heraus ist hierfür die gesetzlich nicht geregelte Vertragskonstruktion der Sicherungsübereignung entwickelt worden.

> Durch die Sicherungsübereignung wird der Kreditgeber Eigentümer des übereigneten Gegenstandes, während der Kreditnehmer durch eine besondere Abrede *(z. B. Leih- oder Verwahrungsvertrag)* Besitzer bleibt (Besitzkonstitut § 930 BGB). Nach Rückzahlung des Kredits muss das Eigentum auf den Kreditnehmer zurückübertragen werden.

Die übereigneten Gegenstände müssen genau gekennzeichnet werden, damit bei einer Verwertung, *z. B. im Insolvenzfall*, das Eigentum genau bestimmbar ist.

Beispiel: Wird ein Pkw sicherungsübereignet, müssen Art, Fabrikat, polizeiliches Kennzeichen und Fahrgestellnummer angegeben werden. Ferner wird in der Regel die Übergabe des Kfz-Briefes verlangt, da so verhindert wird, dass der Pkw verkauft oder an einen anderen Gläubiger ein weiteres Mal sicherungsübereignet wird.

Wegen des unsicheren Verwertungserlöses wird nur ein bestimmter Prozentsatz des Wertes der übertragenen Sache beliehen. Kommt der Schuldner mit der Tilgung in Verzug, kann der Gläubiger die übereigneten Sachen veräußern.

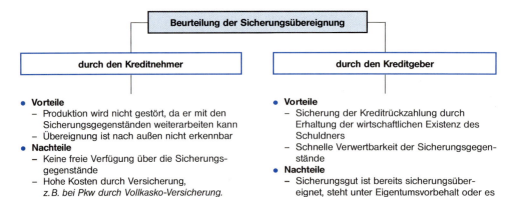

▶ *Faustpfandrecht*

Besitzt ein Kreditnehmer wertvolle bewegliche Sachen, *z. B. Edelmetalle, Schmuck oder Wertpapiere*, kann er sie zur Sicherung eines Kredits durch Einigung und Übergabe an den Gläubiger verpfänden (§§ 1204 ff. BGB). Der **Pfandgläubiger** wird **Besitzer**, aber nicht Eigentümer der gepfändeten Sache.

> Das Faustpfandrecht ist ein dingliches Recht an beweglichen Sachen oder Rechten. Es berechtigt den Pfandgläubiger, den gepfändeten Gegenstand öffentlich versteigern zu lassen, wenn der Schuldner nicht zahlt.

- **Faustpfandrechte** dienen zur **Sicherung kurzfristiger Kredite**. Dabei wird nur ein bestimmter Prozentsatz des Pfandwertes beliehen. In der Praxis ist das Faustpfandrecht durch die Sicherungsübereignung weitgehend verdrängt worden.

- Die Banken gewähren Kredite durch **Lombardierung (Verpfändung)** von Wertpapieren, die bei ihnen hinterlegt sind.

▶ *Grundpfandrechte*

Verfügt ein Kreditnehmer über Grundstücke, kann als Sicherheit eine **Hypothek** oder eine **Grundschuld** bestellt werden (§§ 1113, 1191 BGB).

> Hypotheken und Grundschulden sind Pfandrechte an Grundstücken, die den Begünstigten berechtigen, sich aus dem Grundstück zu befriedigen. Sie dienen zur Sicherung langfristiger Kredite.

Während das Pfandrecht an beweglichen Sachen die Übergabe des Pfandes erfordert, entstehen Grundpfandrechte durch Einigung und Eintragung im Grundbuch, da eine Übergabe bei Grundstücken nicht möglich ist (S. 158).

- Das **Grundbuch** ist ein vom Grundbuchamt (Amtsgericht) geführtes **öffentliches Register** aller Grundstücke seines Bezirks. Für jedes Grundstück ist ein Grundbuchblatt angelegt, aus dem Größe und Lage eines Grundstückes sowie die Rechtsverhältnisse, *z. B. Eigentümer, Vorkaufsrecht, Grundpfandrechte*, ersichtlich sind.

> Das Grundbuch genießt öffentlichen Glauben, d. h. sein Inhalt gilt als richtig (§ 892 BGB). Dadurch wird es zu einer einwandfreien Grundlage für alle Rechtsgeschäfte mit Grundstücken.

Die **Eintragungen** im Grundbuch enthalten durch die Reihenfolge bzw. durch das Datum der Eintragung eine bestimmte Rangordnung. Diese Rangordnung ist von Bedeutung bei einer Zwangsvollstreckung; so kann zunächst die 1. Hypothek voll befriedigt werden, dann die 2. Hypothek usw., soweit der Erlös reicht.

Wer ein berechtigtes Interesse nachweisen kann, kann in das Grundbuch Einsicht nehmen und einen Grundbuchauszug verlangen.

- Aus der **Art der Belastung des Grundstücks** ergibt sich die Unterscheidung zwischen **Hypothek** und **Grundschuld**. Die Hypothek ist ein Pfandrecht an einem Grundstück, das zur Sicherung einer Forderung dient (§ 1113 BGB). Dagegen ist eine Grundschuld ein Pfandrecht, das keine Forderung voraussetzt und die Verpflichtung begründet, eine bestimmte Geldsumme aus dem Grundstück zu zahlen (§ 1191 BGB).

Arten der Grundpfandrechte	
Hypothek	**Grundschuld**

- **Voraussetzung ist das Bestehen einer Forderung**
- Dem **Gläubiger haftet**
  - das Grundstück als Pfand (dingliche Haftung)
  - der Schuldner mit seinem ganzen Vermögen (persönliche Haftung).

- **Bestehen einer Forderung ist nicht erforderlich** (abstrakte dingliche Schuld, „Grundschuld ohne Schuldgrund").
- Dem **Berechtigten haftet**
  - allein das Grundstück (dingliche Haftung).

Beispiel: Ein Hausbesitzer will sein Haus zum Teil in Eigenarbeit im Laufe mehrerer Jahre renovieren. Er rechnet mit Gesamtkosten über 150000,00 EUR und lässt eine entsprechende Grundschuld zugunsten seines Kreditinstitutes eintragen. Das Geld kann er nun nach und nach durch Darlehensverträge in verschiedener Höhe entsprechend dem Fortgang der Arbeiten leihen. Bei einer hypothekarischen Sicherung müsste er bei jedem Darlehensvertrag eine Hypothek eintragen lassen. Das würde höhere Notariats- und Grundbuchkosten und mehr Zeitaufwand bedeuten.

- **Nach der äußeren Gestaltung** unterscheidet man Buch- und Briefgrundpfandrechte.

- **Buchhypothek und Buchgrundschuld** entstehen durch Einigung und Eintragung im Grundbuch.

- **Briefhypothek und Briefgrundschuld** liegen vor, wenn das Grundbuchamt die Eintragung durch eine öffentliche Urkunde, den Hypotheken- oder Grundschuldbrief, bestätigt.

7.7.4 Kreditversicherung

Kreditsicherheiten werden vom Kreditnehmer gestellt. Dagegen werden **Kreditversicherungen** vom Kreditgeber abgeschlossen, um sich gegen Risiken aus eingeräumten Krediten zu schützen.

- **Warenkreditversicherungen** decken den Forderungsausfall aus inländischen Warenlieferungen und Dienstleistungen. Die Vorteile liegen in der

- **Abwehr erkennbarer Schäden**, *z. B. durch aktuelle Informationen über die Zahlungsfähigkeit der Kunden;*

- **Entschädigung bei Forderungsausfällen** im Rahmen der vereinbarten Bedingungen und

- **Minderung des Schadensausmaßes**, *z. B. vertritt der Kreditversicherer den Versicherungsnehmer bei einem Konkurs in der Gläubigerversammlung, um seine Rechte wahrzunehmen.*

- **Ausfuhrkreditversicherungen** schützen bei Krediten an ausländische Kunden. Auf Antrag gibt auch die Bundesregierung *z. B. über die Hermes-Kreditversicherung AG* (so genannte Hermes-Deckungen)

- **Garantien** bei Geschäften deutscher Exporteure mit **privaten** ausländischen Institutionen, Firmen oder Personen und

- **Bürgschaften** bei Geschäften deutscher Exporteure mit **staatlichen** Institutionen, Regierungen oder Körperschaften des öffentlichen Rechts.

Dadurch sollen die politischen und wirtschaftlichen Risiken im Außenwirtschaftsverkehr abgedeckt werden. Im Allgemeinen muss der Versicherungsnehmer einen Teil des Kreditausfalls im Rahmen der vereinbarten **Selbstbeteiligung** tragen (Quote bei politischem Risiko 10 % und bei wirtschaftlichem 15 %).

Lernaufgaben 7.7

Kreditsicherung

1 *Die Rechtsgrundlage für die Gewährung eines Kredites durch Kreditinstitute ist der Kreditvertrag. Bevor es zum Abschluss eines Kreditvertrages kommt, wird eine Kreditprüfung vorgenommen.*

a) Unterscheiden Sie Kreditfähigkeit und Kreditwürdigkeit!

b) Wann ist die Stellung von Sicherheiten erforderlich?

c) Wovon hängt die Qualität von Personalsicherheiten ab?

d) Erläutern Sie am Beispiel Aktien bzw. Papiermaschinen, dass die Güte einer Sachsicherheit von ihrer Verwertbarkeit abhängt!

2 *Lieferantenkredite in Form von Zahlungszielen werden in der Regel formloser gewährt als Kredite durch Banken. Vielfach fehlen in den Unternehmen der gewerblichen Wirtschaft die organisatorischen Voraussetzungen, um systematische Kreditwürdigkeitsprüfungen vornehmen zu können.*

a) Wie können sich Unternehmen bei neuen Kunden relativ einfach über deren Kreditwürdigkeit informieren?

b) Worauf stützt sich die Kreditgewährung bei langjährigen Kunden?

c) Erläutern Sie, dass die Kreditgewährung für Industrie und Handel nur eine Nebenleistung ist, die sie im Rahmen ihrer Absatzpolitik nutzen!

d) Nennen Sie Zahlungskonditionen, die Sie aus Ihren Privatgeschäften oder aus Ihrer beruflichen Praxis kennen!

3 *Personalkredite werden ausschließlich aufgrund der Kreditwürdigkeit des Schuldners gewährt.*

a) Nennen Sie Voraussetzungen, von denen die Kreditwürdigkeit abhängt!

b) Häufig wird behauptet, dass Personalkredite die sichersten Kredite seien. Nennen Sie Gründe für diese Ansicht!

c) Warum wird ein langfristiger Kredit, z. B. für den Bau eines Geschäftshauses, nicht als Personalkredit gewährt, auch wenn die Bonität des Kreditnehmers zweifelsfrei feststeht?

4 *Die Verkäuferin Gisela Schnell, Köln, eröffnet eine Modeboutique. Ihr Hauptlieferant, die Textilgroßhandlung Ernst & Co., verlangt, dass sie für die Einräumung eines Warenkredits einen Bürgen stellt. Ihr Freund, der kaufmännische Angestellte Karl Schön, erklärt sich dazu bereit.*

a) Schön übernimmt in einem Telefongespräch mit Ernst & Co. eine Bürgschaft über 20 000,00 EUR. Ernst & Co. verlangen aber eine schriftliche Bürgschaftserklärung. Warum?

b) Gisela Schnell kommt ihren Zahlungsverpflichtungen gegenüber Ernst & Co. nicht nach und reagiert nicht auf mehrere Mahnungen. Daraufhin verlangen Ernst & Co. die Zahlungen ihrer Forderungen von Karl Schön. Muss Schön zahlen? Begründen Sie Ihre Ansicht!

c) Welches Sicherungsmittel wird für Lieferantenkredite am häufigsten genutzt? Begründung!

5 *Der Kaufmann Hubert Höller, Köln, tritt an die Stadtsparkasse Köln zur Sicherung eines Kontokorrentkredits Forderungen gegen seine Kunden über 80 000,00 EUR ab.*

a) Geben Sie an, wer Zessionar, Zedent und Drittschuldner ist!

b) An wen können die Kunden von Höller mit schuldbefreiender Wirkung bei einer stillen Zession und bei einer offenen Zession zahlen?

c) Höller hat einen schnellen Forderungsumschlag. Bei einer Mantelzession müsste er deshalb laufend neue Debitorenlisten einreichen. Warum könnte dieser Nachteil durch eine Globalzession ausgeschaltet werden?

d) Begründen Sie, dass die Übergabe von Debitorenaufstellungen von Höller an die Stadtsparkasse bei einer Mantelzession konstitutive Wirkung und bei einer Global-zession deklaratorische Wirkung hat!

6 *Zur Sicherung von Verbindlichkeiten übereignet der Getränkevertrieb Karl Kremer, Duis-burg, zwei Lastkraftwagen an die Brauerei AG, Dortmund.*

a) Im Falle einer Verwertung des Sicherungsgutes muss die Brauerei AG ihr Eigentum genau bestimmen können. Welche Angaben muss der Sicherungsübereignungsvertrag deshalb enthalten?

b) Warum wird die Brauerei AG auch die Übergabe der Kfz-Briefe verlangen?

c) Wie kann sich die Brauerei AG gegen das Risiko schützen, dass die Lkw durch Unfälle zerstört und damit als Sicherungsgut wertlos werden?

d) Nennen Sie Vorteile einer Sicherungsübereignung für Kreditgeber und Kreditnehmer!

e) Die Beleihung eines Sicherungsgutes durch Kreditinstitute schwankt zwischen 1/3 und 2/3 des Zeitwertes. Warum wird nicht der volle Wert beliehen?

7 *Das Faustpfandrecht ist ein zur Sicherung einer Forderung bestimmtes dingliches Recht an beweglichen Sachen oder Rechten.*

a) Nennen Sie Sachen oder Rechte, die sich besonders gut als Faustpfand eignen!

b) Wer ist Eigentümer und wer Besitzer der gepfändeten Sache?

c) Wie erfolgt die Verwertung von Pfandgegenständen?

d) Welchen Vorteil hat die Sicherungsübereignung gegenüber dem Faustpfand?

8 *Im Grundbuch sind bei einem Grundstück folgende Grundpfandrechte eingetragen:*

1. Hypothek über 20 000,00 EUR
2. Hypothek über 30 000,00 EUR
3. Hypothek über 25 000,00 EUR
4. Hypothek über 10 000,00 EUR

Die Zwangsversteigerung erbringt einen Erlös von 60 000,00 EUR.

Wie viel EUR Erlös entfallen auf die einzelnen Hypotheken?

9 *Zur Sicherung vor allem von langfristigen Krediten werden Hypotheken und Grundschul-den bestellt.*

a) Wodurch entsteht ein Pfandrecht an einem Grundstück?

b) Erläutern Sie die Unterschiede zwischen Hypothek und Grundschuld!

c) Warum kann man sich auf Eintragungen im Grundbuch verlassen?

8 Menschliche Arbeit im Betrieb

Lerngerüst 8.1

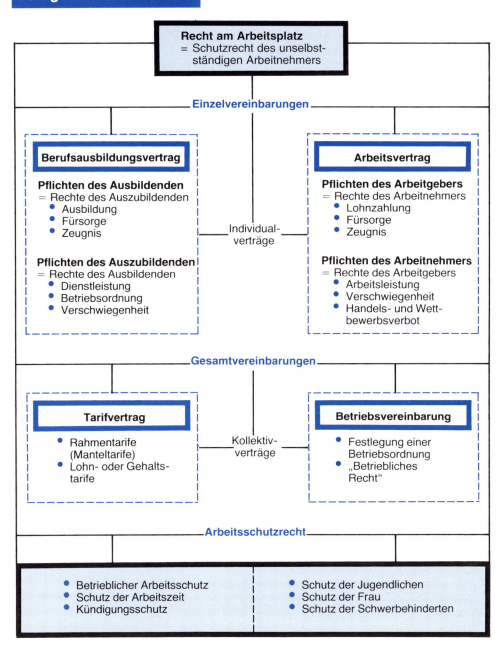

Lerninformationen 8.1

8.1 Recht am Arbeitsplatz

Ein Arbeitsverhältnis begründet eine Fülle von Rechtsbeziehungen zwischen Arbeitgeber und Arbeitnehmer, z. B. über die Arbeitspflicht, den Urlaub, die Entlohnung. Dabei ist die Stellung des „Arbeit Nehmenden" gegenüber dem „Arbeit Gebenden" auch heute noch durch **persönliche und wirtschaftliche Abhängigkeit** *gekennzeichnet. Das moderne Arbeitsrecht ist daher vor allem ein* **Schutzrecht***, das dem unselbstständigen Arbeitnehmer Sicherheit am Arbeitsplatz, Mitbestimmung und Schutz gegen wirtschaftlichen Machtmissbrauch gewähren soll. Es lässt sich in das Arbeitsvertragsrecht (Individual- und Kollektivvertrag) und in das Arbeitsschutzrecht einteilen.*

- Zum **Individualarbeitsrecht** gehören alle Verträge oder Vereinbarungen, die zwischen einem einzelnen Arbeitgeber und einem einzelnen Arbeitnehmer abgeschlossen werden, *z. B. Berufsausbildungsvertrag, Arbeitsvertrag*. Diese Vereinbarungen müssen im Rahmen der Gesetze, der Tarifverträge und der Betriebsvereinbarungen abgeschlossen werden.

- Das **Kollektivarbeitsrecht** umfasst alle Verträge oder Vereinbarungen, die für ganze Wirtschaftszweige oder Betriebe gelten, *z. B. Tarifvertrag, Betriebsvereinbarung*.

- Das **Arbeitsschutzrecht** soll den Arbeitnehmer vor den Gefahren des Arbeitslebens schützen, *z. B. Unfallverhütungsvorschriften, Jugendschutz*.

> Durch Einzelvereinbarungen (Individualverträge) darf der Arbeitnehmer wohl besser, nicht aber schlechter gestellt werden als durch Gesamtvereinbarungen (Kollektivverträge) oder durch gesetzliche Bestimmungen.

8.1.1 Berufsausbildungsvertrag (Individualvertrag)

Die Berufsausbildung soll alle Jugendlichen befähigen, einen qualifizierten Beruf auszuüben und sich nach ihren Neigungen und Fähigkeiten und den ökonomisch-technischen Anforderungen weiterzubilden. Von einer guten beruflichen Bildung hängt nicht nur die Zukunft junger Menschen ab, sondern auch die Zukunft unserer Gesellschaft.

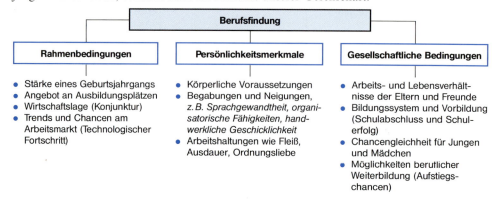

▶ *Abschluss eines Berufsausbildungsvertrages*

Die Berufsausbildung ist ein Arbeitsverhältnis besonderer Art. Es dient in erster Linie der **beruflichen Ausbildung**. Die Arbeitsleistung ist diesem Ziel untergeordnet.

- **Formvorschriften:** Der Berufsausbildungsvertrag wird zwischen dem Ausbildenden einerseits und dem Auszubildenden und seinem gesetzlichen Vertreter andererseits schriftlich abgeschlossen (§ 4 BBiG). Der Ausbildende hat unverzüglich die Eintragung des Vertrages in das Verzeichnis der Berufsausbildungsverhältnisse bei der Industrie- und Handelskammer zu beantragen (§ 33 BBiG). Das ist die Voraussetzung, um zur Zwischen- und Abschlussprüfung zugelassen zu werden.

- **Lernorte** für die Berufsausbildung sind der Betrieb und die Berufsschule (duales System).

- **Die Ausbildungsdauer** soll nicht mehr als drei und nicht weniger als zwei Jahre betragen (§ 25 BBiG). Die **Probezeit** zu Beginn der Ausbildung muss mindestens einen Monat und darf höchstens drei Monate dauern (§ 13 BBiG). Während der Probezeit kann das Berufsausbildungsverhältnis von beiden Parteien jederzeit ohne Begründung und ohne Einhalten einer Kündigungsfrist gekündigt werden (§ 15 BBiG).

▶ *Ziel der Berufsausbildung*

Das gemeinsame Ziel von Ausbildenden und Auszubildenden besteht darin, die Kenntnisse und Fertigkeiten zu vermitteln bzw. zu erwerben, die erforderlich sind, um das Ausbildungsziel entsprechend dem Berufsbild zu erreichen. Aus diesem Hauptziel ergeben sich im Einzelnen die Rechte und Pflichten der Vertragspartner. Dem Auszubildenden dürfen nur Verrichtungen übertragen werden, die dem Ausbildungszweck dienen und seinen körperlichen Kräften angemessen sind (§§ 6–12 BBiG).

- **Ausbildungsdurchführung**
  - Ausbildung planmäßig, zeitlich und sachlich gegliedert durchführen
  - Ausbildungsmittel kostenlos zur Verfügung stellen
  - zum Besuch der Berufsschule sowie zum Führen von Berichtsheften anhalten
- **Sorgepflicht**
  - Auszubildende sollen charakterlich gefördert sowie sittlich und körperlich nicht gefährdet werden
  - angemessene, mindestens jährlich steigende Vergütung zahlen
- **Zeugnis**
  - einfaches Zeugnis: Art, Dauer und Ziel der Ausbildung sowie die erworbenen Fertigkeiten und Kenntnisse
  - qualifiziertes Zeugnis: auf Verlangen des Auszubildenden zusätzlich Angaben über Führung, Leistung und besondere fachliche Fähigkeiten

- **Dienstleistung**
  - die im Rahmen der Berufsausbildung aufgetragenen Verrichtungen sorgfältig ausführen
  - den Weisungen des Ausbildenden folgen
  - an Ausbildungsmaßnahmen teilnehmen
  - laufend Berichtshefte führen
- **Betriebsordnung**
  - die für die Ausbildungsstätte geltende Ordnung beachten
  - Einrichtungen pfleglich behandeln (Haftung für böswillig oder grob fahrlässig angerichtete Schäden)
- **Treue und Verschwiegenheit**
  - über Betriebs- und Geschäftsgeheimnisse Stillschweigen wahren, *z.B. über Umsatz, Gewinn, Gehälter der Angestellten, Bezugsquellen*
  - ohne Einwilligung kein eigenes Handelsgewerbe betreiben oder im Geschäftszweig des Ausbildenden Geschäfte für eigene oder fremde Rechnung machen

▶ **Beendigung des Ausbildungsverhältnisses**

Das Berufsausbildungsverhältnis endet mit dem **Ablauf der Ausbildungszeit**, bei früherem Bestehen der Abschlussprüfung zu diesem Zeitpunkt. Besteht der Auszubildende die Abschlussprüfung nicht, so verlängert sich das Berufsausbildungsverhältnis auf sein Verlangen bis zur nächstmöglichen Wiederholungsprüfung, höchstens um ein Jahr (§ 14 BBiG). Nach Ablauf der Probezeit kann nur schriftlich gekündigt werden:

● **Von beiden Vertragsparteien** aus einem wichtigen Grund *(z. B. Tätlichkeiten des Ausbildenden oder Unterschlagung des Auszubildenden)* ohne Einhalten einer Kündigungsfrist.

● **Vom Auszubildenden** mit einer Kündigungsfrist von vier Wochen, wenn er die Berufsausbildung aufgeben oder sich für eine andere Berufstätigkeit ausbilden lassen will (§ 15 BBiG). Der Kündigungsgrund ist anzugeben.

● **Bei einer Weiterbeschäftigung** einer Auszubildenden im Anschluss an das Berufsausbildungsverhältnis, ohne dass etwas vereinbart worden ist, wird ein Arbeitsverhältnis auf unbestimmte Zeit begründet (§ 17 BBiG).

▶ **Berufliche Weiterbildung und Mobilität (Beweglichkeit)**

Angesichts des **technologischen Wandels** *(z. B. durch Mikroprozessoren)* und der weltweiten **Strukturveränderungen** wird Weiterbildung immer wichtiger, um im Beruf bestehen zu können. Dazu gehört einmal die **Fortbildung im Beruf**, *z. B. durch Anpassung der erworbenen Kenntnisse und Fertigkeiten an die technische Entwicklung.* Daneben umfasst sie auch die **berufliche Umschulung**, die zum Übergang in eine andere berufliche Tätigkeit befähigen soll, *z. B. bei veränderten Beschäftigungschancen oder aus gesundheitlichen Gründen.*

Qualifizierte Erstausbildung und berufliche Weiterbildung verbessern die berufliche Beweglichkeit (Mobilität) und sind die beste Arbeitsplatzgarantie.

8.1.2 Arbeitsvertrag (Individualvertrag)

Ein Arbeitsverhältnis wird durch einen **Arbeitsvertrag** begründet, in dem sich der Arbeitnehmer gegenüber dem Arbeitgeber verpflichtet, **gegen Entgelt Arbeit zu leisten**. Der Arbeitsvertrag kommt, wie jeder andere Vertrag, durch die übereinstimmenden Willenserklärungen von Arbeitnehmer und Arbeitgeber zustande. Alle arbeitsrechtlich vereinbarten Bedingungen müssen schriftlich abgefasst werden.

Die Vereinbarungen im Arbeitsvertrag dürfen nicht gegen die Bestimmungen des Tarifvertrages, einer Betriebsvereinbarung und gegen geltende Gesetze verstoßen.

▶ **Inhalt des Arbeitsverhältnisses**

Der Arbeitsvertrag begründet eine Reihe von gegenseitigen Pflichten und Rechten für Arbeitgeber und Arbeitnehmer, die den Inhalt des Arbeitsverhältnisses ausmachen. Ein Arbeitsverhältnis beginnt mit der Eingliederung des Arbeitnehmers in den Betrieb und endet mit dem Zeitpunkt seines Ausscheidens. Auch nach Beendigung des Arbeitsverhältnisses kann Schweigepflicht des Arbeitnehmers über Betriebsgeheimnisse, *z. B. Konstruktionspläne, Rezepte,* und Auskunftpflicht des Arbeitgebers, *z. B. Ausstellen eines Zeugnisses*, bestehen.

Rechte und Pflichten der Vertragspartner	
Pflichten des Arbeitgebers = Rechte des Arbeitnehmers	**Pflichten des Arbeitnehmers = Rechte des Arbeitgebers**

- **Lohnzahlungspflicht**
  - für die Arbeitsleistung Lohn (Gehalt, Gage, Überstundenvergütung, Provision) zahlen
  - Höhe ergibt sich aus dem Tarifvertrag oder sonst durch Lohnvereinbarung
- **Fürsorgepflicht**
  - Leben und Gesundheit des Arbeitnehmers schützen
  - Sozialversicherungsbeiträge abführen
  - zustehenden Urlaub gewähren
- **Zeugnis**
  - einfaches Zeugnis: Art und Dauer der Beschäftigung
  - qualifiziertes Zeugnis: auf Wunsch zusätzlich Angaben über Führung und Leistung

- **Arbeitspflicht**
  - die Arbeitsleistung persönlich erbringen (pünktlich, gewissenhaft)
  - bei Schlechtleistung durch Vorsatz oder grobe Fahrlässigkeit den Schaden tragen
- **Treuepflicht und Verschwiegenheit**
  - die Interessen des Betriebes nach besten Kräften wahrnehmen
  - über Geschäfts- und Betriebsgeheimnisse schweigen
- **Handels- und Wettbewerbsverbot**
  - ohne Einwilligung des Arbeitgebers kein eigenes Handelsgewerbe betreiben
  - keine Geschäfte auf eigene oder fremde Rechnung im Geschäftszweig des Arbeitgebers machen oder vermitteln

▶ *Beendigung des Arbeitsverhältnisses*

In der Regel endet das Arbeitsverhältnis durch Kündigung. Sie ist eine **einseitige empfangsbedürftige Willenserklärung**, durch die das Arbeitsverhältnis aufgehoben werden soll.

- Die **ordentliche Kündigung** erfolgt unter Einhaltung einer **Kündigungsfrist** *(z. B. vier Wochen)* und eines **Kündigungstermins** *(z. B. Monatsende)*.

Die folgende Übersicht zeigt die bisherige gesetzliche Regelung und die gesetzliche Neuregelung (Kündigungsfristengesetz, KündFG, vom 7. Oktober 1993).

Gesetzliche Kündigungsfristen	Bisherige gesetzliche Regelung		Gesetzliche Neuregelung
	Arbeiter und Arbeitnehmer in den neuen BL	Angestellte in den alten BL	Arbeitnehmer
Probezeit (bis 6 Monate)	2 Wochen	1 Monat/ME	2 Wochen
Grundkündigungsfrist	2 Wochen	6 Wochen/VE	4 Wochen zum Fünfzehnten oder zum ME
Verlängerte Fristen für Arbeitgeberkündigung	5 Jahre BZ − 1 M/ME 10 Jahre BZ − 2 M/ME 20 Jahre BZ − 3 M/VE	5 Jahre BZ − 3 M/VE 8 Jahre BZ − 4 M/VE 10 Jahre BZ − 5 M/VE 12 Jahre BZ − 6 M/VE	2 Jahre BZ − 1 M/ME 5 Jahre BZ − 2 M/ME 8 Jahre BZ − 3 M/ME 10 Jahre BZ − 4 M/ME 12 Jahre BZ − 5 M/ME 15 Jahre BZ − 6 M/ME 20 Jahre BZ − 7 M/ME

BZ = Betriebszugehörigkeit (berechnet ab 25. Lebensjahr), BL = Bundesländer, M/ME = Monat(e) zum Monatsende, M/VE = Monat(e) zum Vierteljahresende

- Die Grundkündigungsfrist gilt für Arbeitnehmer und Arbeitgeber, während die verlängerten Kündigungsfristen auf Arbeitgeberkündigungen zutreffen.
- In der Gestaltung der Kündigungsfristen bleiben die Tarifpartner weiterhin frei.
- Der gesetzliche Kündigungsschutz bleibt unberührt.

- Die **außerordentliche (fristlose) Kündigung** durch Arbeitgeber oder Arbeitnehmer kann nur ausgesprochen werden, wenn ein wichtiger Grund vorliegt. Das ist der Fall, wenn unter Abwägung der Interessen beider Vertragspartner und unter Berücksichtigung der Umstände des Einzelfalles eine Fortsetzung des Arbeitsverhältnisses bis zum Ablauf der Kündigungsfrist nicht zugemutet werden kann.

  Beispiele: Der Arbeitgeber zahlt den Lohn nicht oder der Arbeitnehmer nimmt Bestechungsgelder an.

- **Kündigungsschutz** gilt nur zugunsten des Arbeitnehmers.
  - **Allgemeinen Kündigungsschutz** genießt ein Arbeitnehmer, wenn er länger als sechs Monate in einem Betrieb tätig ist, der regelmäßig mehr als zehn Arbeitnehmer beschäftigt. Eine Kündigung ist nur rechtswirksam, wenn sie sozial gerechtfertigt ist (§ 1 KSchG). Das ist dann der Fall, wenn sie durch Gründe in der Person oder in dem Verhalten des Arbeitnehmers bedingt ist, *z. B. dauernde Schlechtarbeit, Störung des Arbeitsfriedens*, oder durch ein dringendes betriebliches Erfordernis, *z. B. Auftragsmangel, Konjunkturrückgang*.
  - **Besonderen Kündigungsschutz** genießen u. a. Betriebsratsmitglieder, Mütter vor und nach der Schwangerschaft, Schwerbehinderte und Auszubildende nach der Probezeit.

- Der **Betriebsrat** hat bei Kündigungen ein **Mitwirkungsrecht**. Eine Kündigung, die ohne Anhörung des Betriebsrates ausgesprochen wurde, ist unwirksam. Der Arbeitgeber muss dem Arbeitnehmer die Kündigungsgründe und den Kündigungstermin mitteilen. Vor der Kündigung sollte ein Arbeitnehmer abgemahnt werden, *z. B. Darlegung von Unpünktlichkeiten mit Datum und Uhrzeit*.

8.1.3 Tarifvertrag (Kollektivvertrag)

Auf der Grundlage der **Koalitionsfreiheit** (Art. 9 GG) sollen in einer freiheitlichen Wirtschaftsordnung die Gewerkschaften und Arbeitgeberverbände die Arbeitsbedingungen für alle Wirtschaftszweige selbstständig regeln (**Tarifautonomie**). Bei ihnen liegt die **Tarifhoheit**, nicht beim Staat.

> Der Tarifvertrag ist eine Gesamtvereinbarung zwischen den Tarifpartnern, in der in freien Verhandlungen die Arbeitsbedingungen gewöhnlich für einen ganzen Wirtschaftszweig, *z. B. Metallindustrie*, festgelegt werden (soziale Selbstverwaltung).

Die Bestimmungen des Tarifvertrages sind **unabdingbar (= zwingendes Recht)**. Das bedeutet, dass Arbeitgeber und Arbeitnehmer, für die ein bestimmter Tarifvertrag gilt, in Arbeitsverträgen (Einzelvereinbarungen) grundsätzlich nur Abmachungen treffen können, die den Arbeitnehmer günstiger stellen als durch den Tarifvertrag.

▶ *Abschluss des Tarifvertrages*

Tariffähig sind auf der Arbeitnehmerseite nur die Gewerkschaften. Auf der Arbeitgeberseite können von den Arbeitgeberverbänden (**Verbandstarife**) und von einzelnen Arbeitgebern der Großindustrie Tarifverträge abgeschlossen werden (**Firmen- oder Werkstarife**). Zur Gültigkeit des Tarifvertrags ist die Schriftform nötig. Er wird in das bei den Arbeitsministerien geführte Tarifregister eingetragen.

▶ *Arten der Tarifverträge*

Nach dem räumlichen Geltungsbereich unterscheidet man Werks-, Bezirks-, Landes- und Bundestarife und nach dem Inhalt Rahmen- oder Manteltarife und Lohn- und Gehaltstarife.

340

- **Rahmen- oder Manteltarife** regeln allgemeine Arbeitsbedingungen, die in der Regel längere Zeit gleich bleiben, *z. B. Kündigungsfristen, Arbeitszeit, Mehrarbeit, Urlaub, Überstundenbezahlung, Zuschläge für besondere Leistungen.*

- **Lohn- oder Gehaltstarife** enthalten die verschiedenen Lohn- und Gehaltssätze für die unterschiedlichen Lohn- und Gehaltsgruppen, in welche die Arbeitnehmer nach ihrer Vorbildung oder nach dem Schwierigkeitsgrad ihrer Arbeit eingeteilt sind. Dabei wird ein **Eck- oder Grundlohn** (Normallohn eines Beschäftigten in einer bestimmten Ortsklasse) vereinbart, von dem aus durch Zu- und Abschläge die Tariflöhne für die übrigen Gruppen errechnet werden können. Ein Lohn- und Gehaltstarif wird meist für ein bis zwei Jahre abgeschlossen.

▶ Öffnungsklauseln

Um den Betrieben die Möglichkeit zu geben, auf die Herausforderungen des **globalen Wettbewerbs** flexibel zu reagieren, haben die Tarifvertragsparteien in einigen Branchen Öffnungsklauseln für den starren Flächentarifvertrag vereinbart.

> Öffnungsklauseln haben den Zweck, vom Tarifvertrag abweichende Regelungen über Arbeitsentgelte zu treffen, *z. B. Senkung der Löhne um bis zu 10 %*. Eine entsprechende Betriebsvereinbarung zwischen Unternehmungsleitung und Betriebsrat ist befristet und darf nur getroffen werden, wenn sie die Beschäftigung sichert oder die Wettbewerbsfähigkeit am Standort Deutschland verbessert.

▶ Geltung der Tarifverträge

Die Gültigkeit des Tarifvertrages kann sich nur auf die Mitglieder der Tarifparteien oder auf alle Arbeitnehmer und Arbeitgeber erstrecken. Danach unterscheidet man:

- **Kraft der Tarifgebundenheit:** Der Tarifvertrag gilt nur für Arbeitgeber und Arbeitnehmer, die Mitglieder der Tarifparteien (Arbeitgeberverband bzw. Gewerkschaft) sind.

- **Kraft Vereinbarung:** Arbeitnehmer und Arbeitgeber vereinbaren, dass ein bestimmter Tarifvertrag für den Inhalt des Arbeitsverhältnisses gilt, obwohl beide nicht tarifgebunden sind, d. h. nicht alle sind Mitglied einer Gewerkschaft bzw. eines Arbeitgeberverbandes.

- **Kraft Allgemeinverbindlichkeit:** Sie liegt vor, wenn der Bundes- bzw. Landesarbeitsminister auf Antrag der Tarifparteien den Geltungsbereich des Tarifvertrages auf alle Arbeitgeber und Arbeitnehmer des Wirtschaftszweiges ausdehnt, also auch auf nicht tarifgebundene, so genannte „Außenseiter". Damit soll ein unlauterer Wettbewerb *(z. B. Lohndrückerei)* verhindert werden.

▶ Pflichten der Tarifparteien

Für die Tarifparteien ergeben sich aus dem Abschluss eines Tarifvertrages folgende Pflichten:

- **Friedenspflicht** bedeutet, dass während der Gültigkeit des Tarifvertrages das **Kampfverbot** (keine Streiks, keine Aussperrungen) gilt.

- **Einwirkungspflicht** verlangt von den Tarifparteien, ihre Mitglieder zur **Tariftreue** anzuhalten, d. h. zur Einhaltung aller Bestimmungen des Tarifvertrages.

8.1.4 Betriebsvereinbarung (Kollektivvertrag)

Betriebsvereinbarungen werden durch den Betriebsrat und den Arbeitgeber eines Betriebes abgeschlossen und dienen dazu, eine **Betriebsordnung** festzulegen. *Sie regeln z. B. Beginn und Ende der täglichen Arbeitszeit, Urlaubsanmeldungen und -pläne, Schaffung von Sozialeinrichtungen.* Arbeitsbedingungen, die normalerweise durch Tarifverträge festgelegt werden, *z. B. Arbeitsentgelte*, können in der Regel nicht Gegenstand einer Betriebsvereinbarung sein.

> Betriebsvereinbarungen gelten unmittelbar und zwingend für die Arbeitnehmer eines Betriebes („betriebliches Recht"). Sie dürfen den Bestimmungen des Tarifvertrages nicht widersprechen.

Betriebsvereinbarungen müssen schriftlich abgeschlossen werden und vom Arbeitgeber im Betrieb an geeigneter Stelle ausgelegt werden.

8.1.5 Arbeitsschutz

Der Arbeitsschutz soll den abhängigen Arbeitnehmer vor Ausbeutung, Arbeitsunfähigkeit und berufsbedingten Krankheiten bewahren. Das liegt auch im öffentlichen Interesse. Der Staat übt daher im Betrieb eine gewisse Kontrolle aus.

> Der Arbeitsschutz dient dem Wohl des Arbeitnehmers. Er soll dazu beitragen, den sozialen Frieden zu erhalten und die öffentlichen Sozialeinrichtungen so wenig wie möglich zu belasten.

Der Arbeitsschutz wird auf betrieblicher Ebene wahrgenommen durch einen **Sicherheitsbeauftragten** und durch den Betriebsrat, auf überbetrieblicher Ebene durch die **staatlichen Aufsichtsorgane** wie Gewerbeaufsicht, Ordnungs- und Polizeibehörde.

▶ Betrieblicher Arbeitsschutz

Er umfasst die **Unfallverhütung**, *z. B. durch Schutzvorrichtungen an Maschinen*, die **Betriebshygiene**, *z. B. durch Schutzmaßnahmen gegen berufsbedingte Krankheiten,* und den **Schutz der guten Sitten**, *z. B. durch Einrichtung getrennter Wasch- und Umkleideräume für Frauen und Männer.*

▶ Schutz der Arbeitszeit

Nach dem Arbeitszeitgesetz (ArbZG) soll die Arbeitszeit so gestaltet werden, dass die **Sicherheit** und der **Gesundheitsschutz** der Arbeitnehmer gewährleistet und die Rahmenbedingungen für **flexible Arbeitszeiten** gegeben sind. Der Sonntag und staatlich anerkannte Feiertage werden als Tage der Arbeitsruhe der Arbeitnehmer geschützt (§ 1 ArbZG).

● Die **werktägliche Arbeitszeit** der Arbeitnehmer darf 8 Stunden nicht überschreiten. Sie kann bis auf 10 Stunden nur dann verlängert werden, wenn innerhalb von 6 Kalendermonaten oder innerhalb von 24 Wochen im Durchschnitt 8 Stunden werktäglich nicht überschritten werden (§ 3 ArbZG).

● Durch **im Voraus feststehende Ruhepausen** von mindestens

– 30 Minuten bei einer Arbeitszeit von mehr als 6 Stunden bis zu 9 Stunden und

– 45 Minuten bei einer Arbeitszeit von mehr als 9 Stunden ist die Arbeit insgesamt zu unterbrechen. Länger als 6 Stunden hintereinander dürfen Arbeitnehmer nicht ohne Ruhepause beschäftigt werden (§ 4 ArbZG).

▶ Schutz der Jugendlichen

Das Jugendarbeitsschutzgesetz soll Kinder und Jugendliche vor Arbeiten schützen, die zu lange dauern, die zu schwer sind oder die sie gefährden.

- Der **Geltungsbereich** erstreckt sich auf Kinder und Jugendliche:
- Als **Kinder** gelten die Personen, die noch nicht 14 Jahre alt sind oder noch der Vollzeit-schulpflicht unterliegen. Ihre Beschäftigung ist mit geringfügigen Ausnahmen, *z. B. im Rahmen eines schulischen Praktikums*, verboten (§§ 2, 5 JArbSchG).
- **Jugendliche** sind die Personen, die 14, aber noch nicht 18 Jahre alt sind. Das Mindestalter für ihre Beschäftigung beträgt 15 Jahre. Sie können allerdings eine Berufsausbildung beginnen, auch wenn sie bei der Schulentlassung noch nicht 15 Jahre alt sind (§§ 2, 7 JArbSchG).
- Die **Arbeitszeit** (§§ 8 ff. JArbSchG) beträgt höchstens 8 Stunden täglich und 40 Stunden wöchentlich. Die tägliche Arbeitszeit kann von Montag bis Donnerstag auf 8 1/2 Stunden verlängert werden, wenn dafür am Freitag die Arbeitszeit entsprechend verkürzt wird. Für Jugendliche gilt grundsätzlich die Fünf-Tage-Woche. Ausnahmen gibt es *z. B. bei der Beschäftigung in Krankenanstalten, Altersheimen, Gaststätten, in der Landwirtschaft und im Verkehrswesen.* Zwischen 20 und 6 Uhr dürfen Jugendliche generell nicht beschäftigt werden. Ausnahmeregelungen bestehen *z. B. für Gaststätten, Bäckereien und Schichtbetriebe.*
- Die **Ruhepausen** müssen im Voraus feststehen und von angemessener Dauer sein. Sie müssen mindestens betragen
- 30 Minuten bei einer Arbeitszeit von mehr als 4 1/2 Stunden bis zu 6 Stunden und
- 60 Minuten bei einer Arbeitszeit von mehr als 6 Stunden (§ 11 JArbSchG).
- Die Freizeit nach Beendigung der täglichen Arbeitszeit muss mindestens 12 Stunden ununterbrochen betragen.
- Der **Urlaub** beträgt, wenn der Jugendliche zu Beginn des Kalenderjahres
- noch nicht 16 Jahre alt ist, mindestens 30 Werktage,
- noch nicht 17 Jahre alt ist, mindestens 27 Werktage und
- noch nicht 18 Jahre alt ist, mindestens 25 Werktage.

Der Urlaub soll Berufsschülern in der Zeit der Berufsschulferien gegeben werden (§ 19 JArbSchG).

- Eine **kostenfreie ärztliche Untersuchung** ist für Jugendliche vor dem Eintritt in den Beruf und nach einjähriger Beschäftigung vorgeschrieben.
- Ein **Beschäftigungsverbot** gilt für Akkordarbeit und andere tempoabhängige Arbeit *(z. B. Fließband)*. **Beschäftigungsbeschränkungen** sind u. a. vorgesehen bei gefährlichen Arbeiten, *z. B. bei Einwirkung von Strahlen oder giftigen Stoffen* (§§ 22, 23 JArbSchG).

▶ Mutterschutzgesetz

Laut dem „Gesetz zum Schutz der erwerbstätigen Mutter" (**Mutterschutzgesetz**) besteht für werdende Mütter besonderer Schutz, *z. B. Verbot von Mehr-, Nacht- und Sonntagsarbeit, Kündigungsverbot sowie Mutterschaftsgeld.*

▶ Schutz der Schwerbehinderten

Schwerbehinderte (50 % Erwerbsminderung) genießen *z. B. besonderen Kündigungsschutz und haben Anspruch auf einen bezahlten zusätzlichen Urlaub von fünf Tagen im Jahr.* Alle Betriebe müssen einen bestimmten Prozentsatz mit Schwerbehinderten besetzen, wenn sie über mindestens 16 Arbeitsplätze (ohne Auszubildende) verfügen. Damit soll es den Schwerbehinderten erleichtert werden, sich wieder in den Arbeitsprozess einzugliedern.

Lernaufgaben 8.1

Recht am Arbeitsplatz

1 *Das Arbeitsrecht entstand als Arbeitnehmerschutzrecht im 19. Jahrhundert, um die sozialen Missstände in der Zeit des Hochkapitalismus und der Industrialisierung abzuschaffen.*

a) Unterscheiden Sie zwischen Individual- und Kollektivverträgen! Nennen Sie auch jeweils zwei Beispiele!

b) Welche Aufgabe hat das Arbeitsschutzrecht? Geben Sie auch drei wichtige Bereiche des Arbeitsschutzes an!

2 *In der Regel wird bei der Einstellung eines Auszubildenden eine schriftliche Bewerbung verlangt. Das Bewerbungsschreiben sollte u. a. enthalten: Grund der Bewerbung, Bildungsweg (bisher besuchte Schulen, Schulabschluss), zusätzlich erworbene Kenntnisse und Fertigkeiten (z. B. Maschineschreiben), Erwartungen an den Ausbildungsberuf. Folgende Anlagen müssen dem Schreiben beigefügt werden: Handgeschriebener Lebenslauf, Schulzeugnisse (Fotokopien), Nachweise oder Zeugnisse früherer Tätigkeiten (z. B. Praktikum), Lichtbild.*

> **Wir stellen zum 1. August ..**
> **Auszubildende ein!**
>
> Wir bieten gute Möglichkeiten für die Ausbildung zum Industriekaufmann/zur Industriekauffrau.
>
> Interessenten sollten sich mit den üblichen Bewerbungsunterlagen bis zum 1. August .. bewerben.
>
> **Haus-Werke AG**
> Personalabteilung
> Köln

Entwerfen Sie ein Bewerbungsschreiben für die angegebene Anzeige!

3 *Der Auszubildende Gerd Düllmann beginnt am 1. September .. eine Ausbildung zum Groß- und Außenhandelskaufmann bei der Sanitärgroßhandlung Karl Meiß OHG.*

a) Wie lange dauert die Probezeit und welchem Zweck dient sie?

b) Gerd wird in den ersten drei Monaten im Lager beschäftigt. Es gefällt ihm nicht, dass er im blauen Arbeitskittel Waren auspacken, Regale einräumen und bei der Materialausgabe helfen muss. Ist er dazu als kaufmännischer Lehrling verpflichtet? Begründung!

c) Der Lagerleiter fordert Gerd auf, den Gruß der Kunden freundlich zu erwidern und auch bei unberechtigten Vorwürfen höflich zu antworten. Muss Gerd diese Anweisung befolgen? Begründung!

d) Nach Ablauf der Probezeit kündigt Gerd das Ausbildungsverhältnis, da er eine Ausbildung als Dachdecker beginnen will. Kann Gerd noch kündigen, und wenn ja, mit welcher Frist?

4 *Die Entwicklung und die Einführung neuer Technologien wird die Arbeitswelt in naher Zukunft stark beeinflussen. Nach neueren Untersuchungsergebnissen wird z. B. die Schlüsseltechnologie „Mikroelektronik" mindestens 60 der ca. 450 anerkannten Ausbildungsberufe erheblich verändern. In diesen 60 Ausbildungsberufen machen etwa ein Drittel der Auszubildenden ihre Ausbildung.*

Welche Folgerungen sind für die berufliche Bildung aus dieser Entwicklung zu ziehen?

5 *Der kaufmännische Angestellte Heinz Schneider ist bei der Firma Eisenwerke Höller KG seit zwei Jahren als Buchhalter beschäftigt.*

   a) Am Wochenende erledigt er die Buchführungs- und Steuerarbeiten für eine Autozubehör-Großhandlung. Ist er dazu berechtigt? Begründung!

   b) Im Aktenraum bricht ein kleiner Brand aus. Der Firmeninhaber Höller bittet Schneider, den Feuerlöscher zu holen und beim Löschen des Brandes zu helfen. Ist Schneider hierzu verpflichtet? Begründung!

   c) Höller bittet Schneider, ihm nach Dienstschluss (17 Uhr) noch bis etwa 19 Uhr einige Unterlagen zusammenzustellen, die er für eine Geschäftsreise am nächsten Tag benötigt. Muss Schneider bis 19 Uhr bleiben? Begründung!

   d) Schneider kündigt schriftlich am 25. Februar und gibt das Schreiben am gleichen Tag persönlich in der Personalabteilung ab. Wann endet der Arbeitsvertrag von Schneider?

6 *Zwischen der Gewerkschaft IG Metall und dem Arbeitgeberverband Gesamtmetall wird ein Tarifvertrag abgeschlossen und für allgemein verbindlich erklärt.*

   a) Welche Möglichkeiten werden bei der Geltung von Tarifverträgen unterschieden?

   b) Der gewerkschaftlich nicht organisierte, d. h. nicht tarifgebundene Metallarbeiter Gerdes erklärt sich bereit, zu einem Lohn unter dem Tariflohn zu arbeiten, um überhaupt eine Stelle zu finden. Nachdem er vier Wochen beschäftigt war, verlangt er die höhere tarifliche Zahlung und Auszahlung der bisher entgangenen Differenz zwischen dem Tariflohn und dem im Arbeitsvertrag vereinbarten Lohn. Ist die Unternehmung dazu verpflichtet? Begründung!

   c) Während der Laufzeit des Tarifvertrages steigt die Inflationsrate so stark an, dass die Arbeiter und Angestellten Kaufkraftverluste hinnehmen müssen. Sie fordern daher die Gewerkschaft auf, notfalls durch Streik höhere Löhne durchzusetzen. Die Gewerkschaft beruft sich auf die Friedenspflicht. Was versteht man darunter?

7 *In einer Betriebsvereinbarung bei der Firma Menke & Co. wird festgelegt, dass jeder Betriebsangehörige bei der Silberhochzeit eine einmalige Zuwendung von 100,00 EUR erhält.*

   a) Wer sind die Vertragspartner von Betriebsvereinbarungen?

   b) Ein Angestellter, der kurz zuvor Silberhochzeit gefeiert hat, kündigt, und der Firmeninhaber ist nun nicht bereit die 100,00 EUR Zuwendung zu bezahlen. Er beruft sich dabei auf den Arbeitsvertrag, in dem nichts vereinbart sei. Weigert sich Menke zu Recht? Begründen Sie Ihre Antwort!

   c) Nennen Sie Arbeitsbedingungen, die nicht Gegenstand von Betriebsvereinbarungen sein können, da sie der Sperrwirkung des Tarifvertrages unterliegen!

   d) Unterscheiden Sie hinsichtlich ihres Geltungsbereiches: Gesetz, Tarifvertrag, Betriebsvereinbarung und Arbeitsvertrag!

Lerngerüst 8.2

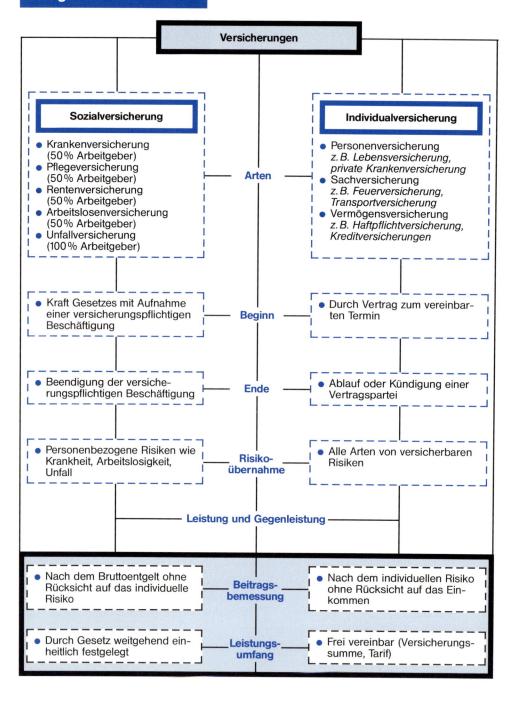

Lerninformationen 8.2

8.2 Versicherungen

Das Leben jedes Menschen bringt Risiken wie Krankheit, Arbeitslosigkeit und Unfall mit sich. Dagegen aus eigener Kraft Vorsorge zu treffen, ist nur dem sehr kleinen Teil der Bevölkerung möglich, der über ein großes Privatvermögen verfügt. Versicherungen übernehmen die Aufgabe, Haushalte und Unternehmen gegen Gefahren vieler Art, z. B. Diebstahl, Feuer und Unfall, abzusichern. Sie verteilen die Risiken auf eine Vielzahl von gleichartig betroffenen Personen (**Gefahrengemeinschaft**). *Dadurch kann ein im* **Einzelfall ungewisser**, *aber insgesamt* **schätzbarer Geldbedarf** *im Wege des* **Risikoausgleichs** *abgedeckt werden. Die Versicherungen können*

– *auf* **staatlichem Zwang** *beruhen* (**Sozialversicherung**) *oder*

– *durch* **Verträge** *abgeschlossen werden* (**Individualversicherung**).

8.2.1 Sozialversicherung

Zur Sozialversicherung zählen die gesetzliche Krankenversicherung, die gesetzliche Pflegeversicherung, die gesetzliche Rentenversicherung, die Arbeitslosenversicherung und die gesetzliche Unfallversicherung.

> Die Sozialversicherung beruht auf dem Grundprinzip, dass die Risiken von allen Versicherten gemeinsam (solidarisch) getragen werden (Solidaritätsprinzip). Die Beiträge richten sich nach der Höhe des Einkommens. Die Leistungen sind weitgehend gesetzlich festgelegt und werden auch nach sozialen Gesichtspunkten gestaffelt.

Die Durchführung der Aufgaben der Sozialversicherung hat der Staat an Körperschaften des öffentlichen Rechts (Versicherungsträger) übertragen, die nach dem **Prinzip der Selbstverwaltung** arbeiten. Das bedeutet, dass die Versicherungsträger die ihnen übertragenen Aufgaben in eigener Verantwortung erledigen. Sie lassen einen Verwaltungsrat wählen, der die Geschäftsleitung (Vorstand) wählt. Im Sozialgesetzbuch (SGB) sind die Gesetzestexte des Sozialleistungsrechts zusammengefasst.

▶ Krankenversicherung

Sie ist der älteste Teil der Sozialversicherung und wurde bereits 1883 im Rahmen der Sozialversicherung von Bismarck eingeführt. Sie ist im Sozialgesetzbuch (SGB) gesetzlich geregelt.

> Die Krankenversicherung bietet den Versicherten und ihren Familienangehörigen umfassenden Schutz durch Vorsorge, Krankenhilfe und Mutterschaftshilfe.

● **Träger** sind die Allgemeinen Ortskrankenkassen (AOK), Innungs-, Betriebs- und Ersatzkassen und die Bundesknappschaft.

● **Versicherungspflicht** besteht für alle Arbeiter, Angestellte, Auszubildende, Studenten, Wehr- und Zivildienstleistende, Rentner u. a., deren monatliches regelmäßiges Arbeitseinkommen die Beitragsbemessungsgrenze nicht übersteigt (2004: 3 487,50 EUR).

- Die **Leistungen** umfassen u. a.
- die Verhinderung von Krankheiten oder ihre Früherkennung, *z. B. durch Vorsorgekuren,*
- die Wiederherstellung der Gesundheit eines Erkrankten, *z. B. durch ärztliche Behandlung, Krankenhauspflege, Krankengeld,* und
- Hilfe bei Mutterschaft, *z. B. durch Vorsorgeuntersuchungen.*

- Die **Beiträge** werden je zur Hälfte von Arbeitgeber und Arbeitnehmer getragen. Ihre Höhe wird vom Verwaltungsrat so festgesetzt, dass die Einnahmen die Ausgaben decken. Nach der **Gesundheitsreform 2004** soll der durchschnittliche **Beitragssatz** von 14,3 % auf 13,6 % sinken.

- Der **übermäßige Verbrauch von Gesundheitsgütern** führte zu einem starken Anstieg der Gesundheitskosten. Dies soll durch die Gesundheitsreform begrenzt werden, *z. B. keine Erstattung rezeptfreier Medikamente, Zuzahlungen für Medikamente, Krankenhausaufenthalt und Fahrtkosten; Hausarztmodelle und medizinische Behandlungszentren mit verschiedenen Fachärzten.*

▶ *Pflegeversicherung*

Sie wurde 1994 zur Absicherung der Pflegebedürftigkeit eingeführt und in das Sozialgesetzbuch (SGB) eingegliedert. Die Träger und die Versicherungspflicht sind bei der Pflegeversicherung ähnlich geregelt wie bei der Krankenversicherung.

- Die **Leistungen** umfassen die häusliche, die ambulante und die stationäre Pflege. Die Pflegebedürftigen werden den Pflegestufen I für **erheblich Pflegebedürftige**, Pflegestufe II für **Schwerpflegebedürftige** und Pflegestufe III für **Schwerstpflegebedürftige** zugeordnet.

- Die **Beiträge** werden je zur Hälfte vom Arbeitgeber und Arbeitnehmer getragen. Der Beitragssatz (2004 = 1,7 %) wird vom Gesetzgeber bestimmt. Die Beitragsbemessungsgrenze entspricht der der gesetzlichen Krankenversicherung (2004: 3 487,50 EUR).

▶ *Rentenversicherung*

Sie ist eine Pflichtversicherung, die seit 1889 existiert und 1975 mit Änderungen ins Sozialgesetzbuch eingegliedert wurde.

> Die Rentenversicherung trifft allgemeine Maßnahmen zur Gesundheits- und Berufsförderung der Versicherten und sichert ihren Lebensunterhalt im Alter oder bei vorzeitiger Berufs- oder Erwerbsunfähigkeit.

- **Träger** sind die Landesversicherungsanstalten für Arbeiter-Rentenversicherung (LVA) und die Bundesversicherungsanstalt für Angestellte (BfA).

- **Versicherungspflicht** besteht für alle gegen Entgelt beschäftigten Arbeitnehmer, Auszubildende, Wehr- und Zivildienstleistende u. a.

- Die **Leistungen** haben den Zweck,
- eine infolge Krankheit geminderte Erwerbsfähigkeit zu bessern oder wiederherzustellen (medizinische und berufsfördernde Rehabilitation), *z. B. durch Heilbehandlung, Umschulung, Arbeitserprobung, soziale Betreuung,* sowie
- die Renten zu zahlen, *z. B. Altersrenten, Hinterbliebenenrenten.* Die Höhe der Renten wird der allgemeinen Lohnentwicklung angepasst (dynamische Rente).

- Die **Beiträge** werden vom Arbeitnehmer und vom Arbeitgeber je zur Hälfte aufgebracht. Der Beitragssatz wird vom Gesetzgeber festgesetzt (2004 = 19,5% vom Bruttoverdienst, höchstens aber von der Beitragsbemessungsgrenze: 2004: 5150,00 EUR [W] und 4350,00 EUR [O]).

- Nach dem **Generationenvertrag** („Solidarvertrag zwischen den Generationen") zahlen die, die im Arbeitsleben stehen, mit ihren Beiträgen für den Lebensunterhalt der Menschen im Ruhestand. Diese **Umlagefinanzierung** der Rentenversicherung funktioniert, solange genügend (junge) Beitragszahler für die Renten (der Alten) aufkommen. Aber aufgrund der demografischen Entwicklung in der Bundesrepublik Deutschland (u.a. durch Geburtenrückgang, längere Lebenserwartung) nimmt die Zahl der Rentner zu und die Zahl der Beitragszahler ab. Für die Rentenversicherung ergeben sich daraus in der Zukunft erhebliche Finanzierungsprobleme. Sie sollen gelöst werden, indem neben dem **Umlageverfahren** *(z. B. Rentenversicherung)* und der **betrieblichen Altersversorgung** *(z. B. Pensionskasse, Unterstützungskasse)* eine **private Vorsorge als dritte Säule der Altersvorsorge** *(z. B. Immobilien, Lebensversicherungen, Wertpapiere)* aufgebaut wird.

- Die **private Vorsorge** ist eine Ergänzung zur staatlichen Rente. Seit der Rentenreform 2001 wird die „Riester-Rente" durch Zulagen zum Sparbeitrag oder als Befreiung von der Einkommensteuer gefördert. Die Privatvorsorge ist kapitalgedeckt. Das heißt, jeder eingezahlte Betrag wird dem Sparer zuzüglich Zinsen wieder in Form einer lebenslangen Rente oder als Einmalbetrag ausgezahlt.

- Die **betriebliche Altersversorgung** wird meist ganz oder teilweise von den Unternehmen finanziert. Auch sie kann auf Antrag durch den Staat gefördert werden.

- Die **Reformkommission (Rürupkommission)** fordert in der Rentenformel zur Dämpfung des Rentenanstiegs die Einführung eines Nachhaltigkeitsfaktors, welcher der sinkenden Geburtenrate Rechnung trägt; zudem eine schrittweise Heraufsetzung des Renteneintrittsalters von 65 auf 67 Jahre und Vereinfachungen bei der Riester-Rente. Diese Maßnahmen sollen dazu beitragen, das Rentenniveau 2030 von heute 48% auf rund 40% der Bruttoeinkommen zu drücken.

▶ *Arbeitslosenversicherung/Arbeitsförderung*

Sie wurde erst 1927 eingeführt. Rechtsgrundlage ist das Sozialgesetzbuch (SGB).

Die Arbeitslosenversicherung einschließlich der Arbeitsförderung vermittelt Arbeit, erhält Arbeitsplätze und sichert den Lebensunterhalt von Arbeitslosen.

- **Träger** ist die Bundesagentur für Arbeit (BA).

- **Versicherungspflicht** besteht für alle gegen Entgelt beschäftigten Arbeitnehmer, Auszubildende, Wehr- und Zivildienstleistende und andere.

- Die **Leistungen** dienen folgenden Aufgaben:

- **Arbeitsvermittlung:** *z. B. durch Berufsberatung, Förderung der Berufsbildung (Aus- und Fortbildung, Umschulung), Werkstätten für Behinderte.* Die **Personal-Service-Agenturen (PSA)** arbeiten als Zeitarbeitsfirmen und verleihen Arbeitslose an Betriebe oder bilden sie weiter. Arbeitslose werden Angestellte der staatlichen Arbeitsverwaltung.

– **Erhaltung der Arbeitsplätze:** *z. B. durch Kurzarbeitergeld, produktive Winterbauförderung, Schlechtwettergeld.*

– **Zahlung von Arbeitslosengeld I (ALG I):** Anspruch hat, wer als Arbeitsloser der Arbeitsvermittlung zur Verfügung steht und die Anwartschaft erfüllt hat.

– **Zahlung von Arbeitslosengeld II (ALG II):** Anspruch hat, wer als Arbeitsloser der Arbeitsvermittlung zur Verfügung steht, keinen Anspruch auf Arbeitslosengeld hat und bedürftig ist. **Arbeitslosenhilfe und Sozialhilfe** werden zum 1. Januar 2005 in der Regel auf dem Niveau der Sozialhilfe zum **Arbeitslosengeld II** zusammengelegt. Ehemalige Bezieher von Arbeitslosengeld erhalten zeitlich befristete Zuschläge. Künftig ist für ALG-II-Bezieher jede legale Arbeit zumutbar, es sei denn, sie sind *z. B. seelisch oder körperlich dazu nicht in der Lage.*

– **Zahlung von Insolvenzgeld** für rückständige Löhne und Sozialversicherungsbeiträge an die Arbeitnehmer (siehe S. 251).

• Die **Beiträge** werden je zur Hälfte von Arbeitgeber und Arbeitnehmer getragen. Der Beitragssatz wird vom Gesetzgeber bestimmt (2004 = 6,5 % vom Bruttoverdienst, höchstens aber von der Beitragsbemessungsgrenze: 2004: 5 150,00 EUR und 4 350,00 EUR).

▶ *Unfallversicherung*

Sie wurde bereits 1884 eingeführt und nach mehreren Änderungen in das Sozialgesetzbuch (SGB) eingegliedert.

> Die Unfallversicherung trägt zur Unfallverhütung bei und stellt nach Eintritt eines Unfalls sowie bei Berufskrankheit Heilbehandlung, Berufshilfe und Einkommenssicherung bereit.

• **Träger** sind die **Berufsgenossenschaften** (gewerbliche und landwirtschaftliche) und die Eigenunfallversicherungen von Bund, Ländern, Gemeinden.

• **Versicherungspflicht** besteht für alle gegen Entgelt beschäftigten Arbeitnehmer, Auszubildende, Studierende, Schüler, Kinder in Kindergärten und andere.

• Die **Leistungen** haben den Zweck,

– Unfälle zu verhüten, *z. B. durch Unfallforschung, Beseitigung von Unfallursachen, Unfallverhütungsvorschriften,* und

– bei einem Arbeitsunfall, einem Wegeunfall sowie bei Berufskrankheit die Folgen zu mildern bzw. zu beseitigen, *z. B. durch Heilbehandlung, Berufshilfen, Verletztenrente, Kapitalabfindung, Sterbegeld.*

• Die **Beiträge** werden allein von den Arbeitgebern aufgebracht. Ihre Höhe richtet sich nach dem Grade der betrieblichen Unfallgefahr (Gefahrentarif) und der Lohnsumme der Unternehmen.

▶ *System der sozialen Sicherung*

Die Sozialversicherung ist die bedeutsamste Stütze im System der sozialen Sicherung der Bundesrepublik Deutschland. Sie bietet außer den Versicherungspflichtigen auch freiwillig Versicherten, *z. B. in der Kranken- und Rentenversicherung,* wirksamen Schutz und erhält dadurch den Charakter einer Volksversicherung.

- **Netz der sozialen Sicherheit:** Neben der Sozialversicherung gibt es zahlreiche andere Sozialleistungen des Staates, *z. B. Wohngeld, Kindergeld, Beamtenversorgung, Ausbildungsförderung*. Alle Maßnahmen zusammen werden als **„Netz der sozialen Sicherheit"** bezeichnet. Es ist weit gespannt und engmaschig zugleich, sodass viele Risiken, die aus den Gefährdungen des Daseins herrühren, zumindest finanziell abgesichert sind.

Die Entwicklung des Systems der sozialen Sicherung ist nicht abgeschlossen und bedarf immer wieder der Anpassung an die wechselnden sozialen und wirtschaftlichen Notwendigkeiten, um der Forderung des Grundgesetzes gerecht zu werden: „Die Bundesrepublik Deutschland ist ein demokratischer und sozialer Bundesstaat" (Art. 20).

- **Sozialgerichtsbarkeit:** Für alle Streitigkeiten auf dem Gebiet des Sozialrechts gibt es eine besondere unabhängige Sozialgerichtsbarkeit mit drei Instanzen.
 - Das **Sozialgericht** verhandelt und entscheidet in erster Instanz in allen Angelegenheiten der Sozialversicherung,
 - das **Landessozialgericht** entscheidet über die Berufung und
 - das **Bundessozialgericht** über die Revision.

In allen drei Instanzen wirken neben den Berufsrichtern ehrenamtliche Richter (Laienrichter) mit, *z. B. aus dem Kreis der Versicherten und der Arbeitgeber.*

Vor der Einschaltung der Gerichte findet in der Regel ein **Vorverfahren** statt, dessen Ziel es ist, eine Einigung zwischen den Parteien herbeizuführen. Dieses Vorverfahren wird von einer Schiedsstelle entschieden, die beim Versicherungsträger eingerichtet ist und normalerweise von Vertretern der Versicherten und der Arbeitgeber gebildet wird.

8.2.2 Individualversicherung

Während die Sozialversicherung nur personenbezogene Risiken deckt, sind bei der Individualversicherung **Personen, Sachen** und **Vermögen** Gegenstand der Versicherung.

Die Individualversicherung beruht auf dem Prinzip der Selbstverantwortung der Unternehmen und der privaten Haushalte. Sie kommt durch einen Versicherungsvertrag zustande, in dem die Versicherungsbeiträge (Prämien) und die Leistungen vereinbart werden. Die Beiträge richten sich nach der Höhe des zu deckenden Risikos beim einzelnen Versicherungsnehmer.

▶ *Personenversicherung*

Versichert ist eine **bestimmte Person** für Fälle der Not durch Krankheit, Alter, Arbeitsunfähigkeit und Unfall.

- **Die privaten Krankenversicherungen** werden vor allem von Personen abgeschlossen, die nicht in der Sozialversicherung versichert sind. Pflichtversicherte können ihren Versicherungsschutz aufbessern, *z. B. Abdeckung des Verdienstausfalls durch eine Krankentagegeldversicherung.*

- **Die privaten Unfallversicherungen** decken nichtberufliche Unfälle ab und ergänzen so die gesetzliche Unfallversicherung, die nur bei Berufsunfällen einspringt. **Kraftfahrt-Unfallversicherungen** versichern die berechtigten Insassen eines Kraftfahrzeuges.

- **Die Lebensversicherungen** zahlen bei Erreichen eines bestimmten Lebensalters oder beim Tod des Versicherten eine vereinbarte Kapitalsumme oder eine Rente aus.

▶ **Sachversicherung**

Versichert sind **Sachen** *(z. B. Gebäude, Hausrat)*. Die Leistung der Versicherung richtet sich nach dem tatsächlich entstandenen Schaden.

● **Die Feuerversicherungen** ersetzen Schäden, die *z. B. durch Brand und Blitzschlag* entstehen, und Folgeschäden, *z. B. durch Löscharbeiten.*

> Einige Gebäudefeuerversicherungen sind auch bereit, Elementarschäden zu versichern, *z.B. Schäden durch Überschwemmung, Lawinen, Hochwasser oder Sturm.* Nicht versicherbar sind *z.B. Schäden durch innere Unruhen und Krieg, durch eigenen Vorsatz oder grobe Fahrlässigkeit.*

● **Die Einbruchdiebstahlversicherungen** ersetzen Gegenstände, die bei einem Einbruch entwendet wurden, und Schäden, die durch den Einbruch verursacht wurden, *z. B. aufgebrochene Türen oder Fenster.*

● **Die Transportversicherungen** erstrecken sich auf Schäden, die während des Transports geschehen, sofern sie nicht auf unsachgemäße Verpackung zurückzuführen sind. Sie können vom Absender oder vom Empfänger der Güter abgeschlossen werden.

● **Die Kraftfahrt-Fahrzeugversicherungen** decken Schäden an Autos ab, die *z. B. durch Brand, Explosion, Bruchschäden an der Verglasung (Teilkasko) und durch Unfall sowie mut- oder böswillige Handlungen betriebsfremder Personen entstehen (Vollkasko).*

▶ **Vermögensversicherung**

Sie schützt gegen **Vermögensminderungen**, die durch Schadenersatzansprüche von Dritten, Betriebsunterbrechung und Forderungsverluste entstehen können.

● **Die Haftpflichtversicherungen** decken Verpflichtungen ab, die entstehen, wenn jemand fahrlässig oder vorsätzlich das Leben, den Körper, die Gesundheit, das Eigentum oder ein sonstiges Recht eines anderen widerrechtlich verletzt (**unerlaubte Handlungen**, § 823 BGB). Dazu gehören u. a.: **Kraftfahrt-Haftpflichtversicherung** *(z. B. Beschädigung eines fremden Autos durch Unfall)* muss der Halter eines Kraftfahrzeugs zum Schutz der Öffentlichkeit abschließen (Pflichtversicherung), **Berufshaftpflicht** *(z. B. Diagnosefehler eines Arztes)*, Betriebshaftpflicht *(z. B. Kunde rutscht im Geschäft aus)*, **Öltankversicherung** *(z. B. Auslaufen von Heizöl in das Grundwasser)*, **Privathaftpflicht** *(z. B. Kind kratzt an fremdem Auto).*

● **Die Betriebsunterbrechungsversicherung** schützt gegen Vermögensschäden, die durch eine Betriebsunterbrechung, *z. B. durch einen Brand*, entstehen. Sie ersetzt die fortlaufenden Geschäftskosten und den entgangenen Gewinn bis zum Ende der vereinbarten Haftzeit (im Allgemeinen höchstens 12 Monate).

● **Die Kreditversicherungen** übernehmen die Ausfälle, die durch die Gewährung von Warenkrediten entstehen können. Die Vorteile der Kreditversicherung liegen in der:

– **Abwehr erkennbarer Schäden**, *z. B. durch aktuelle Informationen über die Zahlungsfähigkeit der Kunden;*

– **Entschädigung bei Forderungsausfällen** im Rahmen der vereinbarten Bedingungen und

– **Minderung des Schadensausmaßes**, *z. B. vertritt der Kreditversicherer den Versicherungsnehmer bei einem Insolvenzverfahren in der Gläubigerversammlung, um seine Rechte wahrzunehmen.*

352

Lernaufgaben 8.2

Versicherungen

1 *Versicherungen übernehmen die Aufgabe, Haushalte und Unternehmen gegen Gefahren vieler Art, z. B. Krankheit, Diebstahl, Feuer und Unfall, abzusichern. Sie verteilen die Risiken auf eine Vielzahl von gleichartig betroffenen Personen (Gefahrengemeinschaft). Dadurch kann ein im Einzelfall ungewisser, aber insgesamt schätzbarer Geldbedarf im Wege des Risikoausgleichs abgedeckt werden.*

   a) Unterscheiden Sie die Sozial- und die Individualversicherung hinsichtlich

   – der Bemessung der Beiträge,
   – der Leistungen und
   – der Art der versicherten Risiken.

   b) Eine Individualversicherung wird in der Regel freiwillig durch einen Vertrag abgeschlossen. Eine Ausnahme bildet die Kraftfahrt-Haftpflichtversicherung, zu deren Abschluss der Halter eines Kraftfahrzeuges gesetzlich gezwungen ist (Pflichtversicherung). Überlegen Sie, welcher Grund dafür maßgebend ist!

   c) Nennen Sie eine Art der Sozialversicherung, in der die Individualversicherung keinen vergleichbaren Schutz bietet!

   d) Was versteht man unter dem „Netz der sozialen Sicherheit"?

2 *Eine Krankenversicherung gibt es in der Sozial- und in der Individualversicherung.*

   a) Bis zu welchem Monatsgehalt besteht in der Sozialversicherung für Angestellte Versicherungspflicht?

   b) Wodurch unterscheiden sich die gesetzliche und die private Krankenversicherung hinsichtlich der Versicherung der Familienangehörigen des Versicherungsnehmers? Denken Sie daran, dass in der Individualversicherung immer das individuelle Risiko versichert wird.

   c) Wer trägt die Beiträge zur gesetzlichen Krankenversicherung?

   d) Nennen Sie die wichtigsten Aufgaben der gesetzlichen Krankenversicherung!

   e) Ein Schüler fährt mit dem Fahrrad von der Schule nach Hause. Er rutscht in einer Kurve aus und stürzt. Dabei bricht er sich einen Arm. Das Fahrrad wird erheblich beschädigt. Wer ersetzt die Krankenkosten für den Armbruch?

3 *Die wichtigste Aufgabe der Unfallversicherung besteht darin, Unfälle zu verhüten.*

   a) Welche Maßnahmen ergreifen die Berufsgenossenschaften, um diese Aufgabe zu erfüllen?

   b) Nennen Sie drei Ereignisse, die einen Leistungsanspruch an die Unfallversicherung auslösen!

   c) Wer finanziert die Unfallversicherung?

4 *Das Solidaritätsprinzip in der Arbeitslosenversicherung bedeutet, dass die beschäftigten Arbeitnehmer einen Teil ihres Einkommens für den Lebensunterhalt der Arbeitslosen abzweigen. Ein kaufmännischer Angestellter, der seit zehn Jahren Beiträge zur Arbeitslosenversicherung gezahlt hat, verliert seinen Arbeitsplatz, weil seine Firma das Insolvenzverfahren beantragt hat. Er verfügt über ein Privatvermögen, das er z. T. geerbt und z. T. gespart hat und ihm monatlich etwa 1 200,00 EUR Zinsen einbringt.*

a) Hat der Angestellte Anspruch auf Leistungen aus der Arbeitslosenversicherung? Begründung!

b) Unterscheiden Sie zwischen Arbeitslosengeld I, Arbeitslosengeld II!

5 *Jede private Versicherung beruht auf dem Gleichgewicht von Beiträgen und Leistungen, d. h. die Beiträge müssen dem Risiko bzw. dem Wert der zu gewährenden Leistungen entsprechen. Die Höhe des Beitrages in der privaten Krankenversicherung hängt z. B. von dem Alter und dem Gesundheitszustand des Versicherten ab, der der Krankenversicherung beitritt.*

Erläutern Sie, dass das Sozialversicherungsprinzip von diesem reinen Versicherungsprinzip abweicht!

6 *Die Finanzierung der Rentenversicherung beruht auf dem Umlageverfahren. Was heute an Renten ausgezahlt („umgelegt") wird, ist zur gleichen Zeit an Beiträgen der Versicherten und der Arbeitgeber eingezogen worden.*

a) Dieses Finanzierungssystem wird häufig auch als Generationenvertrag bezeichnet. Erläutern Sie diesen Ausdruck!

b) Wer garantiert die Renten, wenn die Beiträge oder Rücklagen nicht ausreichen, um die Ausgaben zu decken?

c) Warum hat gerade die Rentenversicherung die medizinische und berufsfördernde Rehabilitation (Wiederherstellung) als eine wichtige Aufgabe übernommen?

d) Was versteht man unter der Dynamisierung der Renten?

7 *Eine Lagerhalle eines versicherten Fabrikgrundstücks ist abgebrannt. Die Ursache war ein Kurzschluss in der elektrischen Anlage. Im Umkreis der Anlage wurde durch den Brand das Dach der angrenzenden Werkhalle und das Gartenhaus des Nachbars beschädigt. Durch die Löscharbeiten entstanden Schäden am Verwaltungsgebäude und im Garten des Nachbargrundstücks.*

a) Nennen Sie die Schäden, die die Gebäudeversicherung ersetzen muss!

b) Welche Schäden müssen nicht von der eigenen Versicherung ersetzt werden?

c) Beurteilen Sie den Fall, wenn festgestellt wurde, dass die am Vortag des Brandes durchgeführte Reparatur der elektrischen Anlage von einem Mitarbeiter des Unternehmens ausgeführt wurde, der keine anerkannte elektrische Ausbildung hatte!

d) Klären Sie den Fall, wenn der Schaden an der Lagerhalle durch Hochwasser verursacht worden wäre!

Lerngerüst 8.3

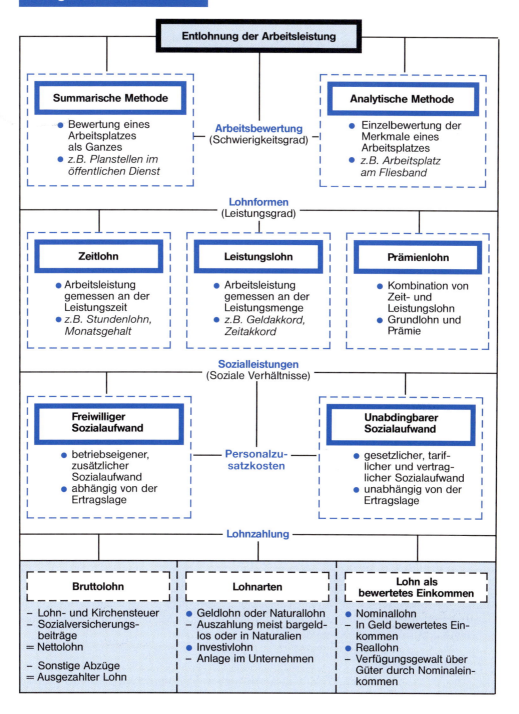

Lerninformationen 8.3

8.3 Entlohnung der Arbeitsleistung

Der Lohn ist die Vergütung für die Leistungen des Arbeitnehmers im Betrieb. Seine Höhe sollte dem Wert des produktiven Beitrags entsprechen, den er erbracht hat. Bei der Festlegung eines „gerechten" Lohnes sollten beachtet werden:

– **Anforderungsgerechtigkeit:** *Man muss zunächst die* **Schwierigkeiten** *und* **Anforderungen** *der verschiedenen Arbeitsverrichtungen, z.B. im Lager, im Verkauf, im Büro, untersuchen und miteinander vergleichen. Dies geschieht durch die* **Arbeitsbewertung**. *Sie dient als Grundlage für eine Entlohnung, die den Anforderungen des Arbeitsplatzes gerecht wird.*

– **Leistungsgerechtigkeit:** *Ein anforderungsgerechter Lohn erfasst aber noch*

nicht die persönliche Leistung des einzelnen Arbeitnehmers, d.h. ob er schnell oder langsam, zuverlässig oder fehlerhaft usw. arbeitet. Dieser **Leistungsgrad** *(Verhältnis zwischen Normalleistung und tatsächlicher Leistung) wird in den* **Lohnformen**, *z.B. im Zeit- oder Leistungslohn, berücksichtigt und soll zu einer leistungsgerechten Entlohnung führen.*

– **Sozialgerechtigkeit:** *Neben dem Schwierigkeitsgrad der Arbeit und dem Leistungsgrad des Arbeitnehmers sollen in der Entlohnung auch seine* **sozialen Verhältnisse** *zum Ausdruck kommen, z.B. Alter, Familienstand. Dies geschieht durch* **freiwillige** *und* **unabdingbare** *(gesetzliche, tarifliche und vertragliche)* **Sozialleistungen**.

> Es gibt keinen objektiven Maßstab für einen „gerechten" oder „richtigen" Lohn. Deshalb sucht man das Problem dadurch zu lösen, dass man in der Entlohnung den Schwierigkeitsgrad des Arbeitsplatzes, den Leistungsgrad des Arbeitnehmers und seine sozialen Verhältnisse berücksichtigt.

8.3.1 Arbeitsbewertung

Die Arbeitsbewertung dient als Hilfsmittel, um die Löhne nach dem **Schwierigkeitsgrad der Arbeitsaufgaben** zu staffeln. Sie geht dabei von den folgenden Anforderungen aus, die der jeweilige Arbeitsplatz an einen arbeitenden Menschen stellt:

– **Geistige Anforderungen**, *z. B. Fachkenntnisse, Denkfähigkeit;*

– **körperliche Anforderungen**, *z. B. Geschicklichkeit, Muskelbelastung;*

– **Verantwortungsbereiche**, *z. B. für Betriebsmittel und Produktion, Sicherheit und Gesundheit anderer;*

– **Arbeitsbedingungen**, *z. B. Belastung durch Temperatur, Nässe, Schmutz, Lärm, Gas, Dämpfe.*

Mithilfe dieser Merkmale werden Kennzahlen ermittelt, die man als **Arbeitswerte** bezeichnet. Dabei unterscheidet man die summarische und die analytische Methode. Das Hauptproblem bei der Analyse ist die Gewichtung der Anforderungsmerkmale.

▶ *Summarische Methode*

Der Arbeitsplatz wird als Ganzes beurteilt. Dabei werden die Anforderungen, die der einzelne Arbeitsplatz an den Menschen stellt, durch Vergleich mit den anderen Arbeitsplätzen summa-

356

risch bewertet. Die Arbeitswerte werden in der Regel anhand von Richtbeispielen oder Erfahrungswerten geschätzt. Dadurch entsteht eine Rangfolge. Der einzelne Arbeitsplatz kann dann *z. B. in das Lohngruppenschema eines Tarifvertrages oder in das Planstellensystem im öffentlichen Dienst* eingestuft und einem Gehaltstarif zugeordnet werden.

Beispiel: Beschäftigungsgruppen für kaufmännische Angestellte

Arbeitsplatz	Arbeits-wert	Lohngruppe lt. Manteltarif		Bruttolohn lt. Gehaltstarif
– Lagerhilfsarbeiten – Registraturarbeiten – Botendienste	70 bis 90	II	Angestellte mit einfacher, schematischer Tätigkeit ohne kaufm. Berufsausbildung	950,00 EUR
– Finanzbuchhalter mit Bearbeitung des Mahnwesens – Hauptkassierer mit Bearbeitung des Zahlungsverkehrs	140 bis 160	IV	Angestellte mit besonderen Erfahrungen und Fachkenntnissen mit eigener Verantwortung im Rahmen allgemeiner Anweisungen	1 400,00 EUR

▶ Analytische Methode

Hierbei werden die verschiedenen **Tätigkeiten einzeln** untersucht und beurteilt. Dabei wird jedes Merkmal mit einer Punktzahl bewertet. Ihre Summe ergibt den Arbeitswert eines Arbeitsplatzes. Die verschiedenen Arbeitswerte bilden eine Rangreihe der Arbeitsplätze, die für die Lohnberechnung verwendet werden kann.

Beispiel: Arbeitsplatz am Fließband

Merkmal	Bewertungsbegründung	Punktzahl
Fachkenntnisse	Kenntnisse in Autogen- und Widerstandsschweißen	40,0
Geschicklichkeit	Handhabung der Arbeitsgeräte an den vorbeifließenden Teilen	32,5
Verantwortung	Beaufsichtigung von Hilfsarbeitern	10,5
weitere Merkmale	⋮	8,0
	Arbeitswert (Summe)	91,0

Der ermittelte Arbeitswert wird mit einem Geldfaktor multipliziert. Dadurch ergibt sich der Lohn, wobei in der Regel ein bestimmter Grundbetrag für alle gleich ist. Für den mit der geringsten Punktzahl bewerteten Arbeitsplatz wird der Mindestlohn bzw. der niedrigste tarifliche Normallohn gezahlt. Durch die Arbeitsbewertung werden die Löhne in Abhängigkeit vom Anforderungsgrad des Arbeitsplatzes differenziert. Für den Arbeitnehmer besteht so ein Anreiz, Arbeiten mit einem höheren Schwierigkeitsgrad zu verrichten, da er dann in die nächste Lohngruppe aufsteigt.

8.3.2 Lohnformen

Der Arbeitswert eines Arbeitsplatzes wird auf der Grundlage einer **Normalleistung** errechnet. Die persönliche Leistung eines Arbeitnehmers kommt im **Leistungsgrad** zum Ausdruck, der das Verhältnis der tatsächlichen zur Normalleistung angibt. Sie muss berücksichtigt werden, wenn man von einem **leistungsgerechten Lohn** sprechen will.

Der Leistungsgrad eines Arbeitnehmers wird durch die Lohnform erfasst. Dabei gibt es zwei Maßstäbe, nämlich die Leistungszeit und die Leistungsmenge. Entsprechend unterscheidet man den Zeit- und den Leistungslohn.

▶ *Zeitlohn*

Die Arbeitsleistung wird nach der **aufgewendeten Arbeitszeit** (Stunden, Tage, Wochen, Monate) bemessen.

Lohnsatz je Zeiteinheit × Anzahl der Zeiteinheiten = Bruttoverdienst

Mit einem vereinbarten Stundenlohn oder Monatsgehalt ist eine bestimmte Leistungserwartung durch den Arbeitgeber verbunden. Darin drückt sich auch der vom Arbeitnehmer erwartete Leistungsgrad aus. Insofern ist auch der Zeitlohn ein Leistungslohn, da mittelfristig die erwartete Leistung erbracht werden muss.

● **Anwendung** findet der Zeitlohn, wenn Sorgfalt, Qualität und Gewissenhaftigkeit bei einer Arbeit wichtiger sind als Menge und Schnelligkeit, *z. B. bei Büroarbeiten, im Labor, bei Führungsaufgaben.* Ferner eignet er sich für Tätigkeiten, bei denen der Arbeitnehmer keinen Einfluss auf den Arbeitsablauf oder das Leistungstempo hat, *z. B. bei Verkäuferinnen, Telefonistinnen, Fließbandarbeiten.*

● **Vorteile** liegen in der Schonung von Mensch und Maschine, in der Möglichkeit einen hohen Qualitätsstandard zu erreichen und in der Einfachheit der Abrechnung.

● **Nachteile** entstehen vor allem dadurch, dass kein Anreiz zur Leistungssteigerung besteht und der Betrieb daher allein das Risiko schlechter Arbeitsleistung trägt.

▶ *Leistungslohn*

Die Arbeitsleistung wird nach den **erbrachten Mengeneinheiten** (Stück, kg, m) bemessen.

● Die **Berechnung** geht im Allgemeinen von dem **tariflich garantierten Mindestlohn** aus, der auch bei einer geringeren Leistung gezahlt wird. Hinzu kommt ein **Akkordzuschlag** von 10 bis 25 %, weil die Arbeitsintensität bei Akkordarbeit größer ist als bei Zeitarbeit.

Mindestlohn und Akkordzuschlag zusammen ergeben den Grundlohn (Akkordrichtsatz). Das ist der Stundenverdienst eines Akkordarbeiters bei Normalleistung.

– Beim **Geldakkord** (Stückgeldakkord) wird der Grundlohn (Akkordrichtsatz) in einen Akkordsatz je Stück umgerechnet, d. h. ein Arbeiter erhält für jedes produzierte Stück einen bestimmten Geldbetrag.

Beispiel: Mindestlohn 7,00 EUR je Std. + 20 % Akkordzuschlag = 8,40 EUR Akkordrichtsatz, Normalleistung je Stunde 10 Stück, wöchentliche Arbeitszeit 40 Stunden

$$\text{Stückakkordsatz} = \frac{\text{Akkordrichtsatz}}{\text{Normalleistung/Stunde}} = \frac{8{,}40}{10} = \underline{\underline{0{,}84 \text{ EUR je Stück}}}$$

Wöchentlicher Bruttoverdienst:

Stückakkordsatz × Stückzahl = Bruttoverdienst

Normalleistung:	0,84	× (10 × 40) = 336,00 EUR
Höhere Leistung:	0,84	× (12 × 40) = 403,20 EUR
Geringere Leistung:	0,84	× (8 × 40) = 268,80 EUR (Mindestlohn)

Der Stückgeldakkord ist eine weit verbreitete Lohnform im Baugewerbe, *z. B. bei Fliesenlegern und Putzern.* Sonst verliert er immer mehr an Bedeutung, da bei jeder Tarifänderung der Stückakkordsatz neu festgelegt werden muss.

— Beim **Zeitakkord** (Stückzeitakkord) wird für jedes produzierte Stück ein bestimmter Zeitwert gutgeschrieben. Diese so genannte Vorgabezeit wird aus der Normalleistung abgeleitet.

Beispiel: (Angaben siehe oben):

$$\text{Zeitakkordsatz} = \frac{60 \text{ Minuten}}{\text{Normalleistung/Stunde}} = \frac{60}{10} = \underline{\underline{6 \text{ Minuten pro Stück}}}$$

$$\text{Minutenfaktor} = \frac{\text{Akkordrichtsatz}}{60} = \frac{8,4}{60} = \underline{\underline{0,14 \text{ EUR pro Minute}}}$$

Wöchentlicher Bruttoverdienst:

Zeitakkordsatz × Stückzahl × Minutenfaktor = Bruttoverdienst

Normalleistung:	6	× (10 × 40) ×	0,14	= 336,00 EUR
Höhere Leistung:	6	× (12 × 40) ×	0,14	= 403,20 EUR
Geringere Leistung:	6	× (8 × 40) ×	0,14	= 268,80 EUR (Mindestlohn)

Der Stückzeitakkord wird in der Metall- und in der Elektroindustrie häufig angewandt.

— Beim **Gruppenakkord** wird die **Gesamtleistung einer Arbeitsgruppe** bewertet. Bei gut eingespielten kleineren Gruppen und bei bestimmten Arbeiten, *z. B. im Straßenbau, im Bauhandwerk, im Automobilbau,* kann dadurch ein besonderer Leistungsreiz ausgelöst werden, da die Arbeitskräfte sich gegenseitig kontrollieren.

● **Anwendung** findet der Akkordlohn bei Arbeiten, die im Voraus bekannte und bestimmbare Tätigkeiten vorsehen, ständig wiederkehren und sich mengenmäßig erfassen lassen.

● **Vorteile** liegen für den Betrieb in dem Anreiz zu höherer Leistung, und für den Arbeitnehmer in der Möglichkeit zu besserem Verdienst. Da die Lohnkosten je Stück gleich bleiben, bietet der Akkordlohn auch eine gute Kalkulationsgrundlage.

● **Nachteile** bestehen in der Gefahr, dass durch zu hohes Arbeitstempo ein starker Kräfteverbrauch bei den Arbeitnehmern und ein großer Verschleiß an Maschinen und Werkzeugen bewirkt wird. Zudem muss die Qualität der Arbeit laufend überwacht werden.

▶ *Prämienlohn*

Der Prämienlohn ist eine **Kombination aus Zeit- und Leistungslohn**, bei dem neben dem zeitabhängigen Grundlohn eine leistungsbezogene Prämie gezahlt wird. Die Vergütung für die Mehrleistung erhält der Arbeitnehmer allerdings in der Regel nicht in voller Höhe wie beim Akkordlohn, sondern sie wird zwischen ihm und dem Betrieb aufgeteilt.

Beispiele:
- Prämien können gewährt werden für geringeren Energieverbrauch, kleinere Ausschussquoten, Verkürzung der Wartezeiten beim Einsatz von Maschinen. Als Prämie kann auch die Umsatzprovision gelten, die Reisenden oder Verkäufern gewährt wird.
- Beim Prämienlohnsystem nach J. Rowan wird für eine normale Stundenleistung der übliche Stundenlohn gezahlt. Zusätzlich wird bei Zeitunterschreitungen eine Prämie gewährt, die sich aus der ersparten Zeit gegenüber der Normalzeit ergibt. Wird die normale Arbeitszeit von einem Arbeitnehmer um 20 % unterschritten, erhöht sich der normale Stundenlohn um 20 %.

- **Anwendung:** Der Prämienlohn gewinnt immer mehr an Bedeutung. Bei zunehmender Mechanisierung in der Industrie vollzieht sich ein Wandel von der körperlichen Arbeit zu Aufgaben der Steuerung und Überwachung der Betriebsanlagen. Der Einfluss des Arbeitnehmers auf das mengenmäßige Ergebnis der Produktion sinkt, aber die Anforderungen an Aufmerksamkeit und Konzentration steigen. Im Prämienlohnsystem kann das eher berücksichtigt werden als im Leistungs- oder Zeitlohn. Die Höhe der Prämie richtet sich dabei nach objektiv feststellbaren Mehrleistungen.

- **Vorteile** des Prämienlohnsystems liegen für den Betrieb darin, dass es vielseitiger anwendbar ist und den Erfordernissen eines hoch mechanisierten Produktionsprozesses eher gerecht wird. Neben der Arbeitszeit und Arbeitsmenge können andere Kosteneinflussgrößen wie **Sparsamkeit im Materialverbrauch, Einhaltung von Terminen** und **Qualität der Arbeit** erfasst werden.

- Ein **Nachteil** liegt darin, dass der Anreiz zur Mehrleistung meist geringer ist als beim Akkordlohn.

8.3.3 Sozialleistungen

Zu den sozialen Leistungen einer Unternehmung zählen alle Aufwendungen für Betriebsangehörige, die nicht in direktem Zusammenhang mit der tatsächlich geleisteten Arbeit stehen (**Personalzusatzkosten**). Dabei muss man zwischen dem **freiwilligen (betriebseigenen) Sozialaufwand** einerseits und dem **gesetzlichen, tariflichen und vertraglichen (unabdingbaren) Sozialaufwand** andererseits unterscheiden.

> Die Höhe des freiwilligen Sozialaufwands ist von Betrieb zu Betrieb unterschiedlich und auch von der Ertragssituation der Unternehmung abhängig. Dagegen ist der unabdingbare Sozialaufwand unabhängig vom Ertrag zu zahlen und hat damit immer Kostencharakter.

Die **Personalzusatzkosten**, die unter anderem die Sozialbeiträge der Arbeitgeber, das Urlaubs- und Weihnachtsgeld, die betriebliche Altersversorgung sowie die Lohnfortzahlung im Krankheitsfall umfassen, betrugen 2003 im verarbeitenden Gewerbe 80 %.

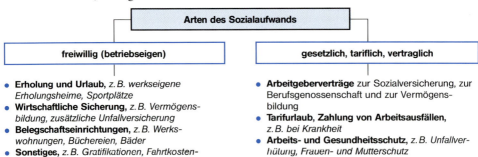

8.3.4 Lohnzahlung

Die Auszahlung der Arbeitsentgelte erfolgt aufgrund von **Lohn- und Gehaltslisten**, die alle Angaben wie Name, Lohnsätze, Abzüge usw. enthalten.

▶ Brutto- und Nettolohn

Berechnung	EUR	Begründung	Lohngerechtigkeit
Tariflicher Mindestlohn + 20 % Akkordzuschlag Akkordrichtsatz	7,00 1,40 8,40	Schwierigkeitsgrad (Arbeitsbewertung)	anforderungsgerecht
Monatsgrundlohn bei Normal- leistung (Beispiel Seite 359) = Bruttolohn	1 200,00	Leistungsgrad (Akkordlohn)	leistungsgerecht
− Lohn- und Kirchensteuer − Sozialversicherung	135,00 144,00	Monatslohnsteuertabelle Arbeitnehmeranteil	sozialgerecht
= Nettolohn	921,00	Soziallohn	

Die einbehaltene Lohn- und Kirchensteuer muss der Arbeitgeber an das Finanzamt und die Sozialversicherungsanteile zusammen mit dem Betriebsanteil an die Krankenkassen abführen. Sonstige Abzüge sind *z. B. Gewerkschaftsbeitrag, Rückzahlung von Vorschüssen und Beiträge für Betriebssport.* Sie werden vom Nettolohn abgezogen und führen zum ausgezahlten Lohn.

▶ Geld-, Natural- und Investivlohn

Der Lohn kann in unterschiedlicher Form gewährt werden:

● **Geldlohn:** In der Regel erhalten die Arbeitnehmer den Lohn bar oder bargeldlos ausbezahlt.

● **Der Naturallohn** in Form von Waren, Unterkunft und freier Verpflegung neben dem Geldlohn ist heute nur noch in wenigen Branchen üblich, *z. B. Landwirtschaft, Deputatkohle im Bergbau.* Die Zahlung von **reinem Naturallohn** (Trucksystem) ist **verboten** (§ 115 GewO).

● **Als Investivlohn** wird der Teil des Lohnes oder der Anteil am Gewinn bezeichnet, der nicht bar an den Arbeitnehmer ausgezahlt, sondern im **Unternehmen (betrieblich)** oder in einem **Fonds (überbetrieblich)** angelegt wird. Über die festgelegten Einkommensteile werden **Aktien** oder **Zertifikate** ausgegeben, die den Anteil am Unternehmen oder am Fonds darstellen.

> Durch den Investivlohn soll einerseits die Vermögensbildung in Arbeitnehmerhand gefördert und andererseits Geld zur Finanzierung von betrieblichen Investitionen angesammelt werden.

▶ Nominal- und Reallohn

Nominallohn ist das **in Geld bewertete Einkommen** eines Arbeitnehmers ohne Berücksichtigung der Kaufkraft. Die Kaufkraft des Geldes gibt an, welche Gütermenge für eine Geldeinheit gekauft werden kann. Entsprechend versteht man unter Reallohn die **Menge an Konsumgütern**, die ein Arbeitnehmer mit einem bestimmten Nominallohn kaufen kann. Bei unverän-

361

dertem Nominallohn bewirken Preissteigerungen einen geringeren und Preissenkungen einen höheren Reallohn. Daraus ergibt sich folgende Beziehung:

$$\text{Reallohn} = \frac{\text{Nominallohn}}{\text{Preisniveau der Konsumgüter}}$$

Beispiel: Das Nominaleinkommen eines Arbeitnehmers stieg im Laufe von drei Jahren von 1 400,00 EUR auf 1 568,00 EUR. Im gleichen Zeitraum erhöhte sich das Preisniveau der Konsumgüter um 9 %. Es wird gemessen durch den Preisindex der Lebenshaltung, der die Kaufkraft der privaten Haushalte erfasst. Es ergeben sich folgende Einkommensänderungen:

Nominallohn: $\dfrac{1\,568 \times 100}{1\,400} = 112\,\%$

Reallohn: $\dfrac{112}{\dfrac{109}{100}} = 102{,}75\,\%$ bzw. $\dfrac{1\,568 \times 100}{109} = 1\,438{,}53\ \text{EUR}$

Aus der Nominalsteigerung von 12 % ergibt sich also nur eine Reallohnanhebung von 2,75 % = 38,53 EUR, weil sich gleichzeitig das Preisniveau um 9 % erhöhte.

8.3.5 Gewinnbeteiligung und Miteigentum der Arbeitnehmer

Die Beteiligung der Arbeitnehmer am Gewinn einer Unternehmung ist **keine besondere Lohnform**. Sie bewirkt jedoch eine Erhöhung des Arbeitsentgelts und beruht auf dem Gedanken, dass der Gewinn durch das produktive Zusammenwirken von Kapital und Arbeit entstanden ist.

> Die Gewinnbeteiligung stellt eine Verwendung des erzielten Jahresüberschusses dar, während der Lohn als Kostenbestandteil die Gewinnerzielung beeinflusst.

- **Rechtlich steht der Gewinn dem Kapitaleigentümer zu**, der auch den Verlust trägt. Entsprechend wird bei einer Gewinnbeteiligung auch eine Verlustbeteiligung der Arbeitnehmer gefordert. Dem wird aber entgegengehalten, dass dem Risiko des Kapitalverlustes beim Kapitalgeber das Risiko des Arbeitsplatzverlustes beim Arbeitnehmer gegenübersteht.

- Die **Auszahlung einer Gewinnbeteiligung** *kann z. B. erfolgen in bar, durch Ausgabe von Belegschaftsaktien (Kapitalbeteiligung), durch Ausgabe von Schuldscheinen, durch Anlage auf einem Sparkonto.* Werden die Gewinne in Form von **Aktien (Belegschaftsaktien)** an die Arbeitnehmer ausgeschüttet, sind diese am **Eigenkapital (Grundkapital) der AG** beteiligt. Sie haben Anspruch auf Dividende, Stimmrecht in der Hauptversammlung und nehmen am Zuwachs des Produktivvermögens teil. Die Mitarbeiter der Unternehmung sind **gleichzeitig Arbeitnehmer** und **Kapitalgeber**.

> Durch die Gewinnbeteiligung wird aus einem lohnabhängigen Arbeitnehmer ein gewinnbeteiligter Mitarbeiter. Dadurch soll sein Interesse an der Unternehmung gesteigert werden, wodurch sich positive Auswirkungen auf die Ertragslage des Betriebes und damit auch auf das Einkommen der Arbeitnehmer ergeben können.

Lernaufgaben 8.3

Entlohnung der Arbeitsleistung

1 *In der Strickwarenfabrik Roosen OHG ist Ewald Bergs als Lohnbuchhalter beschäftigt und wird dafür monatlich bezahlt. Da er seinen Aufgabenbereich im Rahmen allgemeiner Anweisungen selbstständig bearbeitet, wird von ihm erwartet, dass er bei hohem Arbeitsanfall mehr als 40 Wochenstunden arbeitet, ohne dafür besonders vergütet zu werden. Im gleichen Betrieb arbeitet Frau Erika Sobanek im Nähmaschinensaal. Ihr Verdienst richtet sich bei einem garantierten Mindestlohn nach der Anzahl der Reißverschlüsse, die sie in Pullover einnäht. Die Pullover werden im Außendienst von Herrn Winfried Tebbe verkauft. Er erhält ein festes Gehalt (Fixum) und zusätzlich eine umsatzbezogene Provision.*

a) Nennen und erläutern Sie kurz die Lohnformen, die hier beschrieben werden!

b) Stellen Sie in einer Übersicht die Vorteile, die Nachteile und die Anwendungsgebiete von Zeit- und Akkordlohn einander gegenüber!

c) Welche Lohnform eignet sich nach Ihrer Ansicht am besten für die folgenden Arbeitskräfte: Fliesenleger, Pförtner, Qualitätskontrolleur, Verputzer, Schuhverkäufer, Kontokorrentbuchhalter, Telefonistin, Handlungsreisender, Schornsteinfeger?

2 *Für einen Betrieb, der den Akkordlohn nach der Methode des Geldakkords berechnet, gelten folgende Angaben: Tariflicher Mindestlohn 8,00 EUR, Akkordzuschlag 10 %, Normalleistung je Stunde 5 Stück, wöchentliche Arbeitszeit 40 Stunden.*

a) Ermitteln Sie den Akkordrichtsatz und den Stückakkordsatz!

b) Berechnen Sie den wöchentlichen Bruttoverdienst bei

   – einer Normalleistung,
   – einer Leistung von 7 Stück pro Stunde und
   – einer Leistung von 4 Stück pro Stunde!

c) Stellen Sie den tatsächlichen Stundenlohn für alle drei Leistungsgrade fest!

d) Nennen Sie Gründe dafür, dass ein Arbeiter, wenn er im Akkord arbeitet, ein höheres Einkommen bei Normalleistung hat als ein vergleichbarer Arbeiter, der nach dem Zeitlohnsystem bezahlt wird!

3 *Ein Betrieb, der Bauteile für Farbfernsehgeräte herstellt, berechnet den Akkordlohn nach der Methode des Zeitakkords. Es gelten folgende Angaben: Tariflicher Mindestlohn 10,00 EUR + 20 % Akkordzuschlag, Normalleistung je Stunde 12 Stück, wöchentliche Arbeitszeit 40 Stunden.*

a) Ermitteln Sie den Akkordrichtsatz, den Zeitakkordsatz und den Minutenfaktor!

b) Berechnen Sie den wöchentlichen Bruttoverdienst bei

   – einer Normalleistung,
   – einer Leistung von 14 Stück pro Stunde und
   – einer Leistung von 11 Stück pro Stunde.

c) Stellen Sie den tatsächlichen Stundenlohn für alle drei Leistungsgrade fest!

d) Der Zeitakkord gewinnt gegenüber dem Geldakkord immer mehr an Bedeutung. Begründung!

4 *Bei den Sozialleistungen muss man vom Standpunkt des Betriebes zwischen dem freiwilligen und dem unabdingbaren Sozialaufwand unterscheiden.*

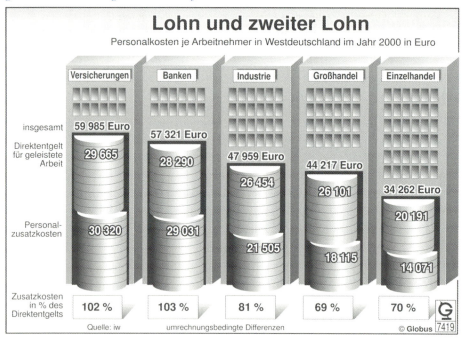

a) Nennen Sie dafür je ein Beispiel!

b) Häufig wird Klage darüber geführt, dass der Stundensatz, den der Betrieb seinem Kunden in Rechnung stellt, wesentlich höher ist als der Stundenverdienst, den der Arbeitnehmer als Lohn bekommt. Nehmen Sie dazu anhand der Grafik Stellung!

c) Begründen Sie, dass soziale Kriterien bei der Entlohnung auch in den Lohnsteuervorschriften zum Ausdruck kommen!

5 *Da es keinen objektiven Maßstab für einen gerechten Lohn gibt, sucht man das Problem dadurch zu lösen, dass man im Lohn den Schwierigkeitsgrad des Arbeitsplatzes (Anforderungsgerechtigkeit), den Leistungsgrad des Arbeitnehmers (Leistungsgerechtigkeit) und die sozialen Verhältnisse des Arbeitnehmers (Sozialgerechtigkeit) berücksichtigt.*

a) Nennen Sie Lohnbestandteile, in denen diese „Ersatzgerechtigkeiten" jeweils zum Ausdruck kommen!

b) Erläutern Sie die Methoden, um den Schwierigkeitsgrad eines Arbeitsplatzes zu erfassen!

c) Weisen Sie nach, dass auch der Zeitlohn Merkmale eines Leistungslohnes besitzt!

d) Das Einbeziehen sozialer Faktoren bei der Bemessung der Arbeitsentgelte bedeutet, dass aus dem Leistungslohn ein Soziallohn werden kann. Welche Auswirkung ergibt sich daraus auf die Leistungsgerechtigkeit des Lohnes?

Lerngerüst 8.4

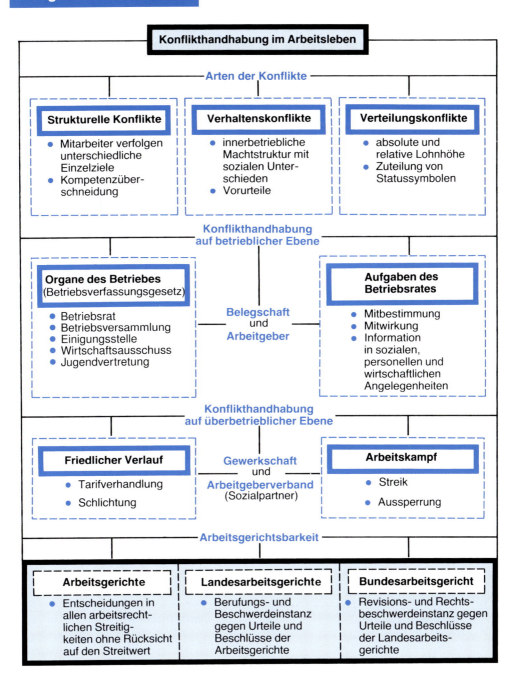

Lerninformationen 8.4

8.4 Konflikthandhabung im Arbeitsleben

Wenn Arbeitnehmer sich zufrieden über ihren Betrieb äußern, sprechen sie häufig von einem guten **Betriebsklima***. Sie meinen damit die innerbetriebliche Stimmung, in der die Art der Arbeitsbedingungen, die Behandlung durch die Vorgesetzten, die Aufstiegsmöglichkeiten, die Art und Höhe der Entlohnung usw. zum Ausdruck kommen. Ein gutes Betriebsklima zu fördern, ist* *eine wichtige Aufgabe einer jeden Unternehmensführung, da dadurch das* **Leistungsvermögen** *und die* **Leistungsbereitschaft** *der Belegschaft gestärkt werden. Das erfordert auch, dass innerbetriebliche Konflikte, die das Betriebsklima stören, frühzeitig erkannt und soweit wie möglich zur Zufriedenheit der Mitarbeiter gelöst werden.*

8.4.1 Konflikte und ihre Ursachen

Konflikte äußern sich in Spannungen, Zusammenstößen und Auseinandersetzungen zwischen Arbeitgeber und Arbeitnehmer, zwischen einzelnen Betriebsangehörigen und zwischen verschiedenen betrieblichen Gruppen.

Nach der Art ihrer Entstehung lassen sich strukturelle Konflikte, Verhaltens- und Verteilungskonflikte unterscheiden.

► Strukturelle Konflikte

Alle Bereiche eines Betriebes sind dem gemeinsamen Hauptziel verpflichtet, Güter zu produzieren oder Dienstleistungen zu erstellen. Widersprüche und damit Konflikte können aber dadurch entstehen, dass einzelne Mitarbeiter oder Abteilungen dabei unterschiedliche Einzelziele verfolgen müssen und dann gegeneinander arbeiten.

Beispiele:
- Der Einkäufer einer Spinnerei soll möglichst kostengünstig einkaufen und bevorzugt daher Baumwolle geringerer Güte. Der Meister im Maschinensaal weigert sich die Baumwolle zu verarbeiten, da damit das geforderte hochwertige Garn nicht herzustellen ist.
- Bei der Festlegung der Kredithöhe für Kunden denkt der Reisende (Verkäufer) vor allem an den Umsatz (großzügige Krediteinräumung), während der Buchhalter vor allem die Zahlungsfähigkeit im Auge hat (enger Kreditrahmen).

Spannungen, die in der **betrieblichen Organisation** ihre Ursache haben, entstehen auch immer, wenn Vollmachten nicht klar verteilt und Kompetenzen nicht scharf voneinander abgegrenzt sind. Dadurch kommt es zu Überschneidungen, die Konflikte auslösen.

► Verhaltenskonflikte

Eine verbreitete Form von Konflikten entsteht aus der **innerbetrieblichen Machtstruktur**. Um die betrieblichen Ziele zu erreichen, muss organisatorisch festgelegt werden, wer Anweisungen erteilt, wer sie ausführt und wer sie kontrolliert. Dieses formal geordnete Zusammenwirken der Belegschaft begründet gleichzeitig ein **Herrschaftssystem**. Dadurch entsteht ein Über- und Untereinander der Mitarbeiter, das soziale Unterschiede schafft und damit aus der Natur der Sache und des Menschen zu Spannungen führt.

366

Konfliktursachen liegen auch in den **Vorurteilen** und „**Urteilsschablonen**" von Betriebsangehörigen. Dadurch entstehen Differenzen zwischen sozialen Gruppen und Reibereien zwischen einzelnen Mitarbeitern.

Beispiele: Rivalitäten können auftreten zwischen Arbeitern und Angestellten, zwischen langjährigen Mitarbeitern und Neulingen, zwischen Einheimischen und Gastarbeitern, zwischen Gelernten und Ungelernten, zwischen weiblichen und männlichen Beschäftigten.

▶ *Verteilungskonflikte*

Gegenstand betrieblicher und überbetrieblicher Auseinandersetzungen ist häufig das **Arbeitsentgelt**. Dabei geht es sowohl um die **absolute Höhe** der Löhne wie um die Abstufung der verschiedenen Lohn- und Gehaltsgruppen (**relative Lohnhöhe**) in einem Betrieb oder in einer Branche. Außerdem treten Verteilungskonflikte auf bei der Zuteilung so genannter „**Statussymbole**", *z. B. Einrichtung von Arbeitsräumen, getrennte Kantinen für Arbeiter und Angestellte, Entlohnung im Monats- oder Stundenlohn, unterschiedliche Pausenregelungen für verschiedene Mitarbeitergruppen.*

8.4.2 Konflikthandhabung auf betrieblicher Ebene

Konflikte lassen sich in einem Betrieb wie in anderen gesellschaftlichen Gruppen *(z. B. Familie, Verein, Klassengemeinschaft)* nicht ausschalten und auch nicht endgültig lösen. Entscheidend ist es daher, **Schlichtungsregeln** und **Instrumente der Konflikthandhabung** zu entwickeln, die die Interessengegensätze überbrücken und friedliche Verhandlungen ermöglichen.

Grundlage der Regulierung von Konflikten im Betrieb ist das Betriebsverfassungsgesetz („Grundgesetz der betrieblichen Ordnung"), das für alle Betriebe der Privatwirtschaft gilt und den Arbeitnehmern im Betriebsrat eine eigene Einrichtung der Interessenvertretung zubilligt.

Zu den **Organen des Betriebes nach dem Betriebsverfassungsgesetz** zählen der Betriebsrat, die Jugendvertretung, die Einigungsstelle, die Betriebsversammlung und der Wirtschaftsausschuss.

Die Interessen der leitenden Angestellten werden seit 1990 durch „Sprecherausschüsse" wahrgenommen. Damit gibt es aufseiten der Arbeitnehmer zwei Verhandlungspartner, wenn Vereinbarungen mit dem Arbeitgeber getroffen werden sollen.

▶ *Stellung des Betriebsrates*

Ein Betriebsrat kann in jedem Betrieb gebildet werden, in dem mindestens fünf wahlberechtigte Arbeitnehmer ständig beschäftigt sind. Er wird in geheimer und unmittelbarer Wahl auf vier Jahre gewählt.

● Die **Größe des Betriebsrates** richtet sich nach der Zahl der im Betrieb beschäftigten Arbeitnehmer. *So gibt es z. B. in Betrieben mit 5 bis 20 wahlberechtigten Arbeitnehmern nur 1 Betriebsobmann, in einem Großbetrieb mit 10 000 Arbeitnehmern dagegen einen 33-köpfigen Betriebsrat.*

● **Wahlberechtigt** zum Betriebsrat (aktives Wahlrecht) ist jeder Arbeitnehmer, der das 18. Lebensjahr vollendet hat, **wählbar** (passives Wahlrecht) ist jeder Arbeitnehmer, der das 18. Lebensjahr vollendet hat und sechs Monate dem Betrieb angehört (§§ 7, 8 BetrVG).

● **Vergütung:** Der Betriebsrat übt seine Tätigkeit ehrenamtlich aus. Für versäumte Arbeitszeit, die sich aus der ordnungsmäßigen Erledigung seiner Aufgaben ergibt, hat der Arbeitgeber das entgangene Entgelt zu zahlen.

- **Jugend- und Auszubildendenvertretungen** nehmen die besonderen Belange der jungen Arbeitnehmer wahr, insbesondere in **Fragen der Berufsausbildung**. Ihre Amtszeit beträgt zwei Jahre. Das Vertrauensgremium der jugendlichen Beschäftigten kann nur in solchen Betrieben gewählt werden, in denen in der Regel mehr als fünf wahlberechtigte Personen beschäftigt sind und ein Betriebsrat existiert. **Wahlberechtigt (aktives Wahlrecht)** sind alle Arbeitnehmer des Betriebes, die das 18. Lebensjahr noch nicht vollendet haben und alle, die zu ihrer Berufsausbildung beschäftigt sind *(z. B. Auszubildende, Umschüler, Anlernlinge, Praktikanten)* und die am Wahltag unter 25 Jahre alt sind. **Wählbar (passives Wahlrecht)** sind alle Arbeitnehmer des Betriebes, die das 25. Lebensjahr noch nicht vollendet haben und nicht bereits dem Betriebsrat angehören.

▶ Aufgaben des Betriebsrates

Der Betriebsrat vertritt die Interessen der Arbeitnehmer eines Betriebes gegenüber dem Arbeitgeber.

- **Allgemeine Aufgaben:** Er hat darauf zu achten, dass Gesetze, Verordnungen, Tarifverträge und Betriebsvereinbarungen eingehalten und bestehende Missstände beseitigt werden (§ 80 BetrVG). Er soll mindestens einmal im Monat mit dem Arbeitgeber zu einer gemeinsamen Besprechung zusammentreten, um strittige Fragen mit dem ernsten Willen zur Einigung zu verhandeln (§ 74 BetrVG).

> Betriebsrat und Arbeitgeber sollen unter Beachtung der geltenden Tarifverträge vertrauensvoll zum Wohle der Arbeitnehmer und des Betriebes zusammenarbeiten. Maßnahmen des Arbeitskampfes (Streik, Aussperrung) zwischen Betriebsrat und Arbeitgeber sind verboten.

- **Beteiligungsrechte:** Sie erstrecken sich auf soziale, personelle und wirtschaftliche Angelegenheiten (§§ 81 ff. BetrVG).

– **Mitbestimmung:** Bestimmte betriebliche Maßnahmen werden nur durch die Zustimmung des Betriebsrates wirksam. Handelt der Arbeitgeber einseitig, ist die Maßnahme nichtig und verpflichtet den Arbeitnehmer nicht.

  Beispiele: Fragen der Ordnung des Betriebes (Stechuhren, Torkontrollen), Beginn und Ende der täglichen Arbeitszeit einschließlich der Pausen, Urlaubsplan, Fragen der betrieblichen Lohngestaltung, Regelungen über Unfallverhütung.

– **Mitwirkung:** Der Betriebsrat kann betriebliche Maßnahmen erörtern und Vorschläge dazu machen. Übt er ein Widerspruchsrecht aus, kann der Arbeitgeber zur endgültigen Entscheidung das Arbeitsgericht oder die Einigungsstelle anrufen.

  Beispiele: Einschränkung, Stilllegung oder Verlegung des Betriebes oder von Betriebsteilen; Einstellungen, Eingruppierungen und Versetzungen; Einführung neuer Arbeitsmethoden; Errichtung und Ausstattung eigener Berufsbildungseinrichtungen; Aufstellung eines Sozialplanes, um nachteilige Folgen für die Arbeitnehmer bei Stilllegung oder Verlegung des Betriebes zu mildern; Anhörung des Betriebsrats vor jeder Kündigung unter Angabe der Gründe.

– **Information:** Der Betriebsrat ist berechtigt über betriebliche Vorgänge unterrichtet zu werden. In Betrieben mit mehr als 100 ständigen Arbeitnehmern ist ein **Wirtschaftsausschuss** zu bilden, dessen Mitglieder vom Betriebsrat bestimmt werden. Er hat alle das Unternehmen betreffenden wirtschaftlichen Fragen mit dem Arbeitgeber zu beraten und anschließend den Betriebsrat zu unterrichten.

Beispiele: Produktions- und Absatzlage, Investitionsprogramm, Planung des gegenwärtigen und zukünftigen Personalbedarfs, Anhörungs- und Erörterungsrecht in persönlichen Angelegenheiten, Einsichtnahme in bestehende Personalakten.

Zur Beilegung von Meinungsunterschieden zwischen Betriebsrat und Arbeitgeber ist eine Einigungsstelle zu bilden. Sie besteht aus einem unparteiischen Vorsitzenden, auf den sich beide Parteien einigen müssen, und aus Beisitzern, die je zur Hälfte vom Betriebsrat und vom Arbeitgeber bestellt werden.

- **Mitbestimmung im Aufsichtsrat und Vorstand eines Unternehmens:** Die Interessenvertretung durch den Betriebsrat in sozialen, personellen und wirtschaftlichen Angelegenheiten ist zu unterscheiden von den Mitbestimmungsbefugnissen der Arbeitnehmer in den Willensbildungsorganen der Unternehmen. Hierbei geht es vor allem um die Besetzung der Unternehmensorgane *(z. B. Vorstand und Aufsichtsrat einer AG)*. Dadurch soll die Teilhabe der Arbeitnehmer oder ihrer Vertreter an den unternehmungspolitischen Entscheidungen erreicht und die Mitbestimmung im wirtschaftlichen Bereich durchgesetzt werden (siehe 6.3, S. 215).

▶ *Betriebsversammlung*

Die Betriebsversammlung besteht aus **sämtlichen Arbeitnehmern des Betriebes**. Sie ist vom Betriebsrat einmal in jedem Kalendervierteljahr einzuberufen, um **tarifliche, soziale** und **wirtschaftliche Fragen** zu besprechen. Der Arbeitgeber bzw. sein Stellvertreter ist verpflichtet, einmal im Kalenderjahr in einer Betriebsversammlung über das Personal- und Sozialwesen und über die wirtschaftliche Entwicklung des Betriebes zu berichten, soweit dadurch nicht Betriebs- oder Geschäftsgeheimnisse gefährdet werden (§ 43 BetrVG).

▶ *Betriebsvereinbarung*

Eine Einigung über strittige Fragen zwischen Betriebsrat und Arbeitgeber wird oft in Form einer Betriebsvereinbarung geschlossen (siehe 8.1.4, S. 341).

8.4.3 *Konflikthandhabung auf überbetrieblicher Ebene*

Innerbetrieblich wird das Arbeitsleben durch den **Betriebsrat** und den **Arbeitgeber** geregelt. Auf **überbetrieblicher Ebene** übernehmen diese Aufgabe die **Gewerkschaften** und die **Arbeitgeberverbände**. Sie sind Vereinigungen zur Wahrung und Förderung der Arbeitsbedingungen. Um ihre Verantwortung für den sozialen Frieden und den Geist der Zusammenarbeit zu betonen, bezeichnet man sie auch als **Sozialpartner**.

Die Gewerkschaften und Arbeitgeberverbände sollen auf der Grundlage der Koalitionsfreiheit in freier Vereinbarung (Tarifautonomie) Regelungen über Löhne und Gehälter, Arbeitszeit, Urlaub, Kündigungsfristen usw. treffen. Das geschieht durch den Abschluss von Tarifverträgen (siehe 8.1.3, S. 340).

Dass es dabei häufig zu Konflikten kommt, ergibt sich aus der **unterschiedlichen Interessenlage** der Tarifpartner.

Beispiel: Der Lohn ist für den **Arbeitnehmer Einkommen**, das seine Existenz sichert und darüber hinaus Lebensqualität bedeutet. Es ist daher verständlich und berechtigt, dass er für höhere Löhne kämpft. Für den **Arbeitgeber** dagegen ist der Lohn ein **Kostenfaktor**, den er möglichst gering halten will, um im Konkurrenzkampf bestehen zu können, die notwendigen Investitionen zu sichern und um seinen Kapitaleinsatz rentabel zu gestalten.

▶ Tarifverhandlung

Die Tarifrunde beginnt, wenn ein oder beide Tarifpartner den alten Tarifvertrag kündigen. Die Verhandlungen werden in der Regel von den **Tarifkommissionen** der Gewerkschaften und der Arbeitgeberverbände geführt, in denen deren Tarifexperten ihren Sitz haben. Sie legen die Forderungen fest und bestimmen die Verhandlungstaktik. Beide Seiten werben dabei auch in der Öffentlichkeit für ihre Verhandlungsziele, *z. B. indem die Gewerkschaften auf die gestiegenen Lebenshaltungskosten und die Arbeitgeber auf den Kostendruck hinweisen.* In der Regel gelingt es dabei auf friedlichem Wege, ein für beide Seiten annehmbares Verhandlungsergebnis zu erzielen.

▶ Schlichtung

Stellen die Tarifpartner aber fest, dass die Verhandlungen gescheitert sind, so ist die **Schlichtungsstelle** davon unverzüglich zu unterrichten. Sie besteht aus gleich vielen Beisitzern der Arbeitnehmer- und Arbeitgeberseite. Hinzu kommt in manchen Branchen ein unparteiischer Vorsitzender, auf den sich beide Parteien einigen. In jedem Stadium des Verfahrens hat die Schlichtungsstelle zu versuchen eine Einigung herbeizuführen. Gelingt das nicht, werden die Verhandlungen ergebnislos beendet. Damit ist auch die **Friedenspflicht aufgehoben** und beide Seiten können nun **Arbeitskampfmaßnahmen** einleiten.

▶ Arbeitskampf

Die wichtigsten historisch gewachsenen Mittel im Arbeitskampf sind der **Streik** der Arbeitnehmer und die **Aussperrung** durch die Arbeitgeber.

- Bei einem **Streik** legen die Arbeitnehmer gemeinsam die Arbeit nieder mit dem Willen, sie wieder aufzunehmen, wenn die Kampfziele erreicht sind. Ein von der Gewerkschaft aufgerufener Streik zur Regelung von Arbeits- und Wirtschaftsbedingungen ist **verfassungsrechtlich geschützt**. Ein Streik beginnt mit dem Aufruf zur Urabstimmung, in der nur gewerkschaftlich organisierte Arbeitnehmer entscheiden, ob gestreikt werden soll.

> Der Streik bewirkt, dass die Arbeitspflicht der Arbeitnehmer und die Lohnzahlungspflicht der Arbeitgeber ruht, während das Arbeitsverhältnis grundsätzlich bestehen bleibt.

Warnstreiks sind befristet, *z. B. auf zwei Stunden.* Sie sollen einen „milden Druck" auf laufende Tarifverhandlungen ausüben und die Entschlossenheit zu unbefristeten Streiks zeigen. Rechtswidrig ist ein **wilder Streik**, der nicht von der Gewerkschaft getragen wird. Unzulässig ist auch der **politische Streik**. Als **Bummelstreik** besonders im öffentlichen Dienst gilt der „Dienst nach Vorschrift". Bei einem **Schwerpunktstreik** legen die Arbeitnehmer einzelner Betriebe die Arbeit nieder.

- Bei der **Aussperrung** werden planmäßig Arbeitnehmer von einem oder mehreren Arbeitgebern von der Arbeit ausgeschlossen, um bestimmte tarifpolitische Ziele zu erreichen. Während der Streik als Kampfmittel der Arbeitnehmer allgemein anerkannt wird, ist die Aussperrung als Kampfmittel der Arbeitgeber heftig umstritten. Art. 29 der Verfassung des Landes Hessen erklärt die Aussperrung sogar ausdrücklich für rechtswidrig. Das Bundesarbeitsgericht (Urteil vom 10. Juni 1980) hat dazu entschieden, dass **Abwehraussperrungen** als Gegenmaßnahme gegen Streiks dann berechtigt sein können, wenn die Gewerkschaft durch besondere Kampftaktiken, *z. B. Schwerpunktstreiks, eng begrenzte Teilstreiks,* ein Übergewicht erzielen kann und damit der Grundsatz der Kampfparität verletzt wird.

Wie beim Streik bleibt bei der Aussperrung das Arbeitsverhältnis grundsätzlich bestehen, während die Vertragspflichten ruhen.

8.4.4 Arbeitsgerichtsbarkeit

Das durch Gesetze, Tarifverträge und Betriebsvereinbarungen geschaffene Arbeitsrecht muss vom Arbeitnehmer und vom Arbeitgeber durchsetzbar sein. Deshalb hat der Staat neben der allgemeinen Rechtspflege die Arbeitsgerichtsbarkeit geschaffen, die Streitigkeiten in Arbeitssachen entscheidet. Sie verfügt über drei Rechtszüge:

- Die **Arbeitsgerichte** sind ohne Rücksicht auf den Streitwert in allen arbeitsrechtlichen Streitigkeiten zuständig.

- Die **Landesarbeitsgerichte** sind Berufungs- und Beschwerdeinstanz gegen die Urteile und Beschlüsse der Arbeitsgerichte.

- Das **Bundesarbeitsgericht** ist Revisions- und Rechtsbeschwerdeinstanz gegen die Urteile und Beschlüsse der Landesarbeitsgerichte.

Das Arbeitsgericht ist mit Berufsrichtern und ehrenamtlichen Beisitzern, die je zur Hälfte aus Kreisen der Arbeitnehmer und Arbeitgeber kommen, besetzt. Die meisten Arbeitsgerichtsprozesse werden von den Arbeitnehmern zur Durchsetzung ihrer Interessen angestrengt. Um die Arbeitnehmer nicht mit einem zu hohen Kostenrisiko zu belasten, sind die Gerichtsgebühren erheblich niedriger als nach der Zivilprozessordnung.

Lernaufgaben 8.4

Konflikthandhabung im Arbeitsleben

1 *Grundlegendes Ziel des Betriebsverfassungsgesetzes ist es, die Arbeitnehmer am betrieblichen Entscheidungsprozess zu beteiligen und ihnen rechtlichen Schutz vor willkürlichen Maßnahmen des Arbeitgebers zu gewähren.*

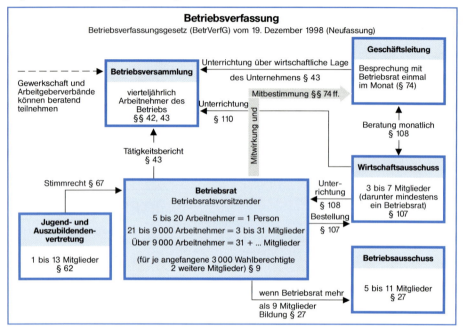

a) Unterscheiden Sie die Interessenvertretung der Arbeitnehmer durch den Betriebsrat von den Mitbestimmungsbefugnissen der Arbeitnehmer in den Willensbildungsorganen einer Unternehmung!

b) Nennen Sie für die folgenden Rechte des Betriebsrates jeweils zwei betriebliche Vorgänge: • Mitbestimmungsrecht • Mitwirkungsrecht • Informationsrecht

c) Erläutern Sie die unterschiedlichen Aufgabenbereiche eines Betriebsrates und einer Einzelgewerkschaft!

d) In welchen Betrieben ist ein Wirtschaftsausschuss bzw. eine Jugendvertretung zu bilden? Welche Aufgaben haben sie?

2 *Ein Arbeitgeber vereinbart mit seinem Betriebsrat, dass regelmäßig täglich 13 Stunden gearbeitet werden soll, um ungewöhnlich hohe Auftragseingänge zu bewältigen.*
Ist diese Vereinbarung zulässig? Begründung!

3 *Der Großhändler G. überrascht seinen Buchhalter B., wie er an einen Auszubildenden Haschzigaretten verkauft. Er kündigt ihm daraufhin fristlos. Der Betriebsrat, der von G. am nächsten Tag informiert wird, erklärt sich mit der Kündigung einverstanden.*
Ist diese Kündigung wirksam? Begründung!

9 Steuern

Lerngerüst 9.1

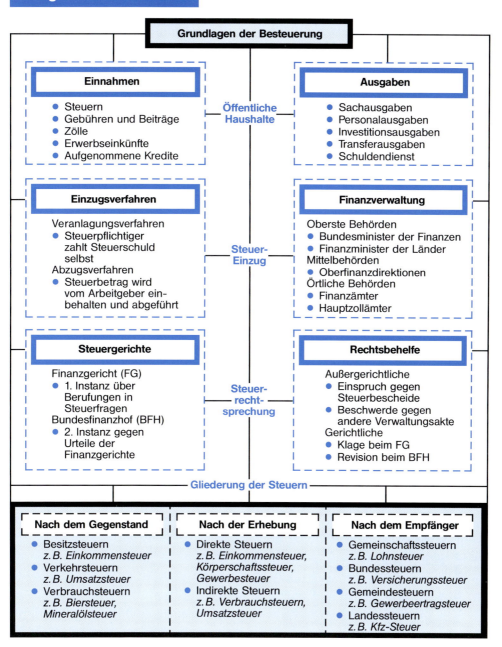

Lerninformationen 9.1

9.1 Grundlagen der Besteuerung

Steuern erfüllen als öffentliche Abgaben verschiedene Zwecke:
- Über Steuern beschafft sich der Staat die erforderlichen **finanziellen Mittel**, die er zur Lösung seiner vielfältigen Aufgaben benötigt.
- Steuern dienen dem **sozialen Ausgleich**. Der gut Verdienende zahlt hohe Steuern und der Schwache wird vom Staat unterstützt.
- **Konjunkturpolitisch** können Steuererleichterungen die wirtschaftliche Entwicklung beleben, aber auch drosseln, wenn die Steuern angehoben werden.

Steuern sind einmalige oder laufende Geldleistungen, ohne dass dafür eine unmittelbare Gegenleistung erbracht wird. Sie werden von einem öffentlichen Gemeinwesen (Bund, Länder, Gemeinden, Religionsgemeinschaften) erhoben, um Einnahmen zu erzielen (§ 3 AO).

Das **Grundgesetz der Steuern** ist die **Abgabenordnung** (AO). Sie regelt die Durchführung der Steuergesetze und sorgt für eine gleichmäßige Belastung der Steuerpflichtigen.

9.1.1 Einnahmen und Ausgaben der öffentlichen Haushalte

In den **Haushaltsplänen** der öffentlichen Haushalte (Etat, Budget) werden Einnahmen und Ausgaben gegenübergestellt. Sie dienen der Haushaltsrechnung und der Haushaltskontrolle.

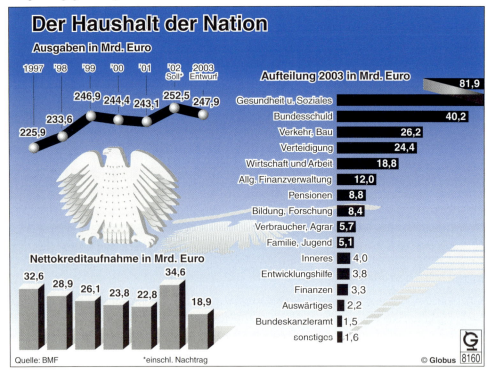

▶ *Einnahmen*

Die Einnahmen fließen den öffentlichen Haushalten aus verschiedenen Quellen zu:

● **Steuern** sind die weitaus wichtigsten Einnahmen. Der Staat erbringt zwar für die gezahlten Steuern **keine unmittelbare Gegenleistung**, dennoch kommen die Leistungen des Staates allen Bürgern zugute.

Beispiele: Schulen, Brücken, Rechtspflege, öffentliche Sicherheit.

● **Gebühren** unterscheiden sich von den Steuern dadurch, dass sie **Entgelt für eine spezielle öffentliche Leistung** darstellen, *z. B. Patentgebühren, Müllabfuhrabgaben.*

● **Beiträge** sind Zahlungen für das Vorhandensein öffentlicher Einrichtungen, die unabhängig von der tatsächlichen Inanspruchnahme zu entrichten sind, *z. B. Straßenanliegerbeiträge, Krankenkassenbeiträge.*

● **Zölle** werden bei Überschreitung der Grenze (Einfuhr, Ausfuhr oder Durchfuhr) für zollpflichtige Güter erhoben.

● **Erwerbseinkünfte** bezieht der Staat aus staatseigenen Betrieben, Beteiligungen an Privatunternehmen und Verkauf von Grundstücken.

● **Aufgenommene Kredite** dienen zur Deckung des Haushaltes.

▶ *Ausgaben des Staates*

Die Ausgaben des Staates ergeben sich aus den vielfältigen politischen, wirtschaftlichen, sozialen und kulturellen Aufgaben, die die einzelnen Gebietskörperschaften zu erfüllen haben.

● **Sachausgaben** (Güterkäufe): Dazu zählen die laufenden Ausgaben, *z. B. für Büromaterial, Heizung und Reinigung.*

● **Personalausgaben** (Einkommen der öffentlich Bediensteten): Das sind die Lohn- und Gehaltszahlungen für die Arbeiter, Angestellten und Beamten im öffentlichen Dienst. Sach- und Personalausgaben bezeichnet man als **Staatsverbrauch**.

● **Investitionsausgaben:** Dazu zählen die öffentlichen Investitionen, *z. B. Bau von Krankenhäusern, Straßen, Museen usw.*

● **Transferausgaben:** Das sind Gelder, die ohne ökonomische Gegenleistung an private Haushalte oder Unternehmen übertragen (transferiert) werden.

Beispiele: Sozialleistungen an private Haushalte in Form von Renten, Kindergeld und Ausbildungsförderung oder **Subventionen** (Unterstützungen) an Unternehmen.

● **Ausgaben für aufgenommene Kredite:** Zahlungen für Zinsen und Tilgung der Schulden (Schuldendienst).

9.1.2 Steuereinzug

Alle Behörden, die den Einzug, die Verwaltung und die Ausgabe öffentlicher Gelder durchführen, gehören zur Finanzverwaltung.

Die Finanzverwaltung besteht auf drei Ebenen: die obersten Behörden (Bundesminister), die Mittelbehörden (Oberfinanzdirektionen) und die örtlichen Behörden (Finanzämter).

▶ *Steuereinzugsverfahren*

Die Steuern werden durch die Finanzämter entweder im Veranlagungsverfahren oder im Abzugsverfahren erhoben.

• **Veranlagungsverfahren:** Der Steuerpflichtige hat dem Finanzamt eine **Steuererklärung** *(z. B. Vordruck zur Einkommensteuer)* einzureichen, in der alle Angaben zur Errechnung der Steuer enthalten sind. Die Steuererklärung wird vom Finanzamt geprüft, die zu zahlende Steuer errechnet und dem Steuerpflichtigen in einem **Steuerbescheid** mitgeteilt. Geleistete Vorauszahlungen werden mit der Steuerschuld verrechnet. Je nachdem, ob zu viel oder zu wenig bezahlt wurde, ergibt sich eine **Erstattung** oder **Nachzahlung** an Steuern. Beim Überschreiten des Zahlungstermins wird ein Säumniszuschlag erhoben, sind Fehler in der Steuererklärung, kann eine Aufklärung vom Steuerpflichtigen verlangt werden. Es kann aber auch eine **Betriebsprüfung** veranlasst oder unter bestimmten Voraussetzungen die Erklärung verworfen und die Steuerschuld geschätzt werden.

• **Abzugsverfahren:** Bei diesem Verfahren des Steuereinzugs wird aus Gründen der Vereinfachung und Sicherung der Steuerzahlung die Steuerschuld *(z. B. Lohnsteuer)* **vom Arbeitgeber errechnet, einbehalten und an das Finanzamt abgeführt**. Der Steuerpflichtige erhält den Nettobetrag ausgezahlt.

> Das Abzugsverfahren wird bei Lohn- und Gehaltszahlungen (Lohnsteuer), bei Erträgen aus Wertpapieren (Kapitalertragssteuer) und bei Gewinnen aus stillen Gesellschaften durchgeführt.

▶ *Aufbau der Finanzverwaltung*

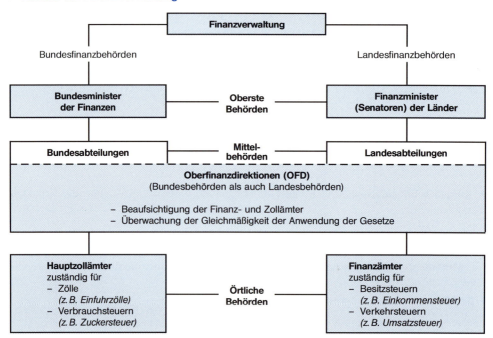

9.1.3 Steuerrechtsprechung

Wenn ein Steuerpflichtiger der Meinung ist, dass im Steuerbescheid Fehler sind, hat er die Möglichkeit **eine Nachprüfung der Steuerentscheidungen** zu verlangen.

▶ *Steuergerichte*

Rechtsschutz erhält der Steuerpflichtige gegen steuerliche Verwaltungsakte durch Steuergerichte. Sie sind von der Finanzverwaltung unabhängig.

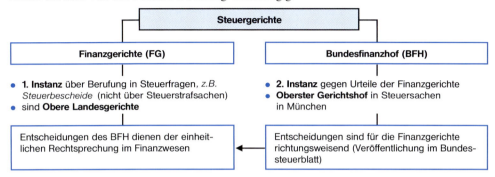

▶ *Rechtsbehelfe*

Bevor eine Klage vor dem Finanzgericht **wegen unrichtiger Steuerbescheide oder Feststellungsbescheide** erhoben wird, muss der Steuerpflichtige außergerichtliche Rechtsbehelfe einlegen. Damit soll die erlassende Behörde zur nochmaligen Überprüfung der Verwaltungsakte veranlasst werden. Erst wenn die außergerichtlichen Rechtsbehelfe ganz oder teilweise erfolglos waren, kommen die gerichtlichen Rechtsbehelfe infrage.

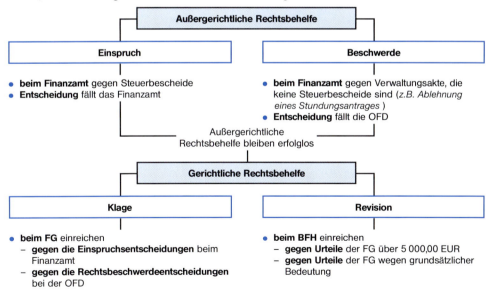

▶ *Straf- und Bußgeldverfahren*

Im Steuerrecht wird zwischen Straftaten (Strafvorschriften) und Ordnungswidrigkeiten (Bußgeldvorschriften) unterschieden.

- **Ein Strafverfahren** wird eingeleitet, wenn ein Steuerpflichtiger vorsätzlich gegen Steuergesetze verstößt, z. B. bei Steuerhinterziehung durch unrichtige oder unvollständige Angaben oder durch Verschweigen steuerlich erheblicher Tatsachen und bei Steuerzeichenfälschung (*Banderolensteuer = Verbrauchsteuer auf ein verpacktes Konsumgut, z. B. Tabaksteuer*).

- **Ein Bußgeldverfahren** wird durchgeführt, wenn der Steuerpflichtige Ordnungswidrigkeiten begangen hat. Dazu gehören z. B. *die leichtfertige Steuerverkürzung, der unzulässige Erwerb von Steuererstattungs- und Vergünstigungsansprüchen.*

Bei rechtzeitiger **Selbstanzeige** (vor Entdeckung durch die Finanzbehörde), indem er die unvollständigen oder unrichtigen Angaben nachholt, bleibt der Steuerpflichtige straffrei.

9.1.4 Gliederung der Steuern

In der Bundesrepublik Deutschland gibt es etwa 50 verschiedene Arten von Steuern. Die einzelnen Steuern kann man nach verschiedenen Gesichtspunkten einteilen.

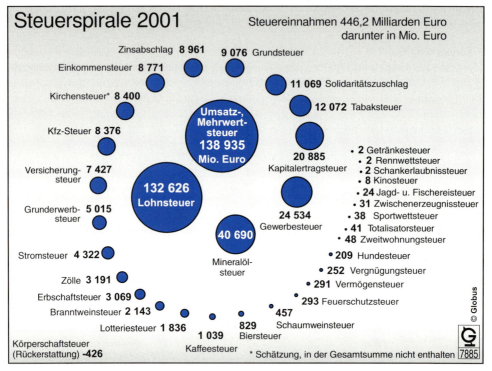

▶ *Nach dem Gegenstand der Besteuerung unterscheidet man:*

- **Besitzsteuern:** Dazu zählen alle Abgaben, die einen schon bestehenden Besitz (Grundstücke und Vermögen) oder einen zukünftigen Besitz (Einkommen) besteuern. Besitzsteuern sind **Personensteuern**, bei denen persönliche Verhältnisse wie Alter und Familienstand berücksichtigt werden. Sie sind dagegen **Realsteuern** (Objektsteuern), wenn die persönlichen Verhältnisse bei der Besteuerung keine Rolle spielen.

Beispiele für Personensteuern: Einkommen-, Lohn-, Kapitalertrag-, Körperschaft- und Erbschaftsteuer.

Beispiele für Realsteuern: Gewerbesteuer, Grundsteuer, Hundesteuer.

- **Verkehrsteuern:** Bei diesen Steuern wird die Übertragung von Vermögenswerten (Umsatz) oder Rechten versteuert.

Beispiele: Umsatzsteuer, Grunderwerbsteuer, Kraftfahrzeugsteuer, Gesellschaftsteuer, Wechselsteuer, Versicherungsteuer.

- **Verbrauchsteuern:** Sie werden erhoben beim Erwerb von Lebens- und Genussmitteln und anderen Gütern.

Beispiele: Branntweinsteuer, Kaffeesteuer, Mineralölsteuer, Schaumweinsteuer, Tabaksteuer.

▶ *Nach der Erhebung der Steuern unterscheidet man:*

- **Direkte Steuern:** Sie werden vom Steuerpflichtigen unmittelbar bezahlt (Steuerschuldner = Steuerträger).

Beispiele: Einkommensteuer, Gewerbeertragsteuer.

- **Indirekte Steuern:** Hier handelt es sich um Steuern, die der Steuerschuldner nicht selbst trägt, sondern auf eine andere Person abwälzt (Steuerschuldner ist nicht gleich Steuerträger).

Beispiel: Die Umsatzsteuer wird vom Unternehmer an das Finanzamt abgeführt (Steuerschuldner) und vom Verbraucher beim Einkauf an den Unternehmer bezahlt (Steuerträger).

▶ *Nach dem Empfänger der Steuern unterscheidet man:*

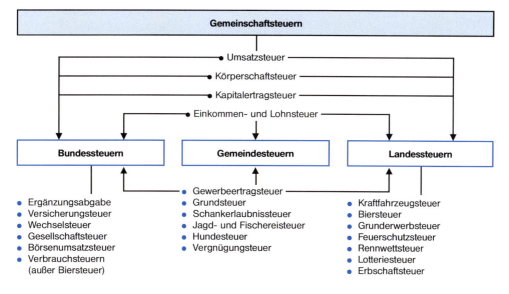

Lernaufgaben 9.1

Grundlagen der Besteuerung

1 *Der Bundeshaushalt der Bundesrepublik Deutschland wird von drei großen Blöcken auf der Einnahmenseite und auf der Ausgabenseite bestimmt.*

a) Nennen Sie die drei höchsten Ausgabeposten und ermitteln Sie deren prozentualen Anteile an den Gesamtausgaben (siehe Bundeshaushalt, Seite 374)!

b) Aus welchen Quellen fließen den öffentlichen Haushalten die Einnahmen zu? Erläutern Sie die einzelnen Einnahmepositionen!

c) Erklären Sie, für welche Zwecke der Staat Steuern erhebt!

d) Erläutern Sie anhand von Beispielen die Begriffe:
   - Staatsverbrauch   − Transferzahlungen
   - Investitionsausgaben   − Schuldendienst

e) Welche Folgen hat eine zu hohe Zuwachsrate des Staatsverbrauchs?

2 *Die Finanzbehörden haben gemäß § 85 AO die Steuern nach Maßgabe der Gesetze gleichmäßig festzusetzen und zu erheben. Insbesondere haben sie sicherzustellen, dass Steuern nicht verkürzt und Steuervergütungen nicht zu Unrecht gewährt oder versagt werden.*

a) Welche Bundes- und Landesbehörden sind mit dem Besteuerungsverfahren befasst?

b) Nennen Sie die Aufgaben der
   - Oberfinanzdirektionen,
   - Hauptzollämter,
   - Finanzämter!

c) Unterscheiden Sie beim Steuereinzug zwischen Veranlagungsverfahren und Abzugsverfahren!

d) Bei welchen Steuerarten wird das Abzugsverfahren angewendet?

e) Welche außergerichtlichen und gerichtlichen Rechtsbehelfe kann ein Steuerpflichtiger einlegen, wenn er mit einem Steuerbescheid bzw. mit der Ablehnung eines Stundungsantrages nicht einverstanden ist?

3 *Die wichtigsten Steuern des Steuerrechts der Bundesrepublik Deutschland sind in der Steuerspirale (siehe Grafik Seite 378) enthalten.*

Gliedern Sie die 20 größten Steuern nach dem Gegenstand der Besteuerung und vermerken Sie bei jeder Steuerart den Empfänger der Steuer (Bu − Bundessteuer, La − Landessteuer, Gd − Gemeindesteuer, Gsch − Gemeinschaftsteuer)!

Muster:

Besitzsteuern		Verkehrsteuern	Verbrauchsteuern und Zölle
Personensteuern	Realsteuern		
Lohnsteuer (Gsch)	Grundsteuer (Gd)	Umsatzsteuer (Bu)	Mineralölsteuer (La)

Lerngerüst 9.2

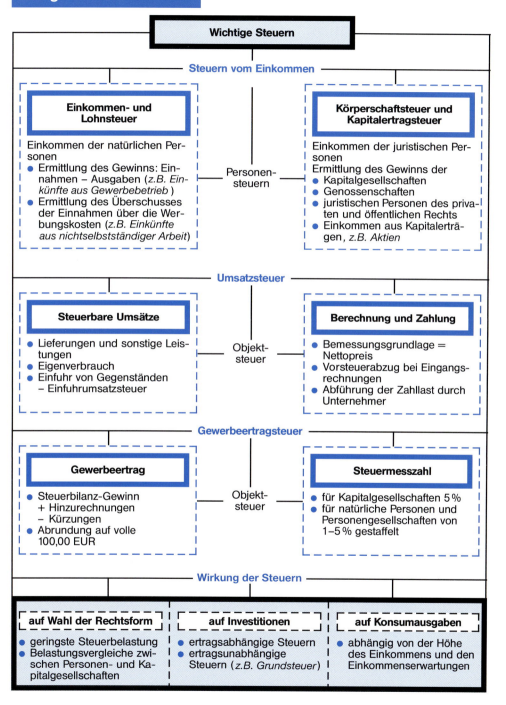

Lerninformationen 9.2

9.2 Wichtige Steuern

Für die einzelnen Steuerarten gibt es Steuergesetze, die den Steuerpflichtigen und das Finanzamt binden. Ergänzt werden die Steuergesetze durch Verordnungen, Erlasse und Richtlinien, die die Steuergesetze verändern bzw. erläutern. Hier sollen nur die wichtigsten Steuerarten behandelt werden:

- die **Steuern vom Einkommen** (Einkommen-, Kapitalertrag-, Lohn-, Kirchen- und Körperschaftsteuer),
- die **Umsatzsteuer** und
- die **Gewerbesteuer**, die vom Gewerbeertrag berechnet wird.

9.2.1 Einkommensteuer (Einkommensteuergesetz)

Sie ist eine Besitzsteuer, deren Besteuerungsgrundlage das Einkommen natürlicher Personen ist. Rechtsgrundlage ist das Einkommensteuergesetz (EStG).

Die Einkommensteuer berücksichtigt als Personensteuer die wirtschaftliche Leistungsfähigkeit der natürlichen Personen und ihre persönlichen Verhältnisse. Sie wird vom zu versteuernden Einkommen berechnet, das der Steuerpflichtige im Veranlagungszeitraum (Kalenderjahr) erzielt.

Zu versteuern sind alle **Einkünfte eines Kalenderjahres**:
- der Einzelpersonen und Einzelunternehmer,
- der Gesellschafter von Personengesellschaften (BGB-Gesellschaft, OHG, KG) und
- der Gesellschafter von Kapitalgesellschaften (Aktionär, GmbH-Gesellschafter).

▶ *Steuerpflicht (§ 1 EStG)*

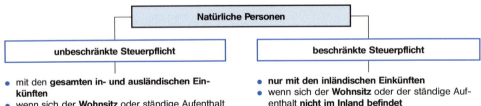

▶ *Ermittlung des zu versteuernden Einkommens*

Es wird berechnet:

Summe der Einkünfte aus den sieben Einkunftsarten

= Gesamtbetrag der Einkünfte
- Sonderausgaben
- Außergewöhnliche Belastungen

= Einkommen
- Sonderfreibeträge (Haushalts- und Kinderfreibetrag)

= Zu versteuerndes Einkommen

- **Einkunftsarten:** Nach dem Einkommensteuergesetz sind sieben Einkunftsarten zu unterscheiden (§ 2 EStG):

① Einkünfte aus Land- und Forstwirtschaft
② Einkünfte aus Gewerbebetrieb
③ Einkünfte aus selbstständiger Arbeit
   (z. B. selbstständiger Rechtsanwalt, Arzt)

Ermittlung des Gewinns: Betriebseinnahmen minus Betriebsausgaben

④ Einkünfte aus nichtselbstständiger Arbeit
   (z. B. Lohn- und Gehaltsempfänger)
⑤ Einkünfte aus Kapitalvermögen
   (z. B. Zinsen, Dividende)
⑥ Einkünfte aus Vermietung und Verpachtung
   (z. B. unbebaute Grundstücke und Gebäude)
⑦ Sonstige Einkünfte
   (z. B. Renten, Spekulationsgewinne innerhalb bestimmter Fristen)

Ermittlung des Überschusses der Einnahmen über die Werbungskosten

– **Nicht einkommensteuerpflichtig** sind Einkünfte, die nicht unter die sieben Einkunftsarten fallen *(z. B. Lottogewinne, Erbschaften und Schenkungen)*.

– **Einkommensteuerfrei** sind z. B. die Leistungen der Kranken-, Unfall- und Arbeitslosenversicherung.

Einnahmen sind alle Zuflüsse der Steuerpflichtigen in Geld oder Geldeswert im Rahmen der Einkunftsarten *(z. B. Gewinne, Gehälter, Miete)*. Betriebsausgaben sind alle durch den Betrieb veranlassten Aufwendungen *(z. B. Löhne, Betriebssteuern, Abschreibungen)*.

- **Werbungskosten** sind Aufwendungen zur Erwerbung, Sicherung und Erhaltung der Einnahmen (§ 9 EStG).

Beispiele:
– Einkünfte aus **nichtselbstständiger Arbeit**: Berufskleidung, Arbeitsmittel, Fachliteratur, Aufwendungen für Fahrten zwischen Wohnung und Arbeitsstätte, Aufwendungen für berufliche Fortbildung.
– Einkünfte aus **Kapitalvermögen**: Bankspesen, Depotgebühren.
– Einkünfte aus **Vermietung und Verpachtung**: Schuldzinsen, Absetzung für Abnutzung (Abschreibung), Instandhaltungskosten, Grundsteuer, Müllabfuhr, Kanalbenutzung, Kosten für Heizung.
– **Sonstige Einkünfte**: Gebühren, Provision, Rentenberatung.

- **Sonderausgaben** sind private Aufwendungen, die aus wirtschafts- und sozialpolitischen Gründen vom Gesamtbetrag der Einkünfte abgesetzt werden (§ 10 EStG).

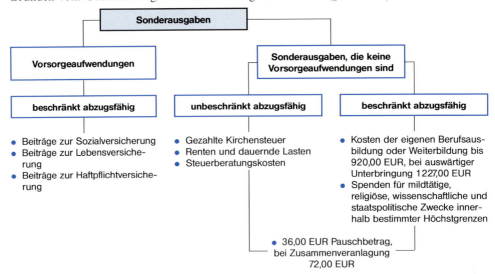

- **Außergewöhnliche Belastungen** liegen vor, wenn einem Steuerpflichtigen **zwangsläufig** größere Aufwendungen als der überwiegenden Mehrzahl der Steuerpflichtigen gleicher Einkommens-, gleicher Vermögensverhältnisse und gleichen Familienstandes erwachsen (§ 33 EStG). Dazu zählen z. B.

  - *Krankheits- und Kurkosten, Beerdigungskosten, Zahnersatz, Brillen,*
  - *Unterstützung bedürftiger Angehöriger und*
  - *Kosten für eine Haushaltshilfe.*

Einen Teil der Aufwendungen (**zumutbare Eigenbelastung**) muss der Steuerpflichtige entsprechend seinem Einkommen und Familienstand selbst tragen.

- **Sonderfreibeträge**

  - Das **Kindergeld** beträgt monatlich für das 1., 2. und 3. Kind je 154,00 EUR, für das 4. und jedes weitere Kind je 179,00 EUR.
  - Der **Kinderfreibetrag** für jedes zu berücksichtigende Kind beträgt jährlich 1 824,00 EUR, bei Zusammenveranlagung 3 648,00 EUR.
  - Der **Haushaltsfreibetrag** für Alleinstehende (Ledige, Geschiedene, Verwitwete und dauernd getrennt Lebende) beträgt derzeit (2004) noch unabhängig vom Alter jährlich 1 188,00 EUR, wenn der Steuerpflichtige mindestens ein Kind hat; er wird jedoch zum Jahr 2005 abgeschafft.
  - Der **Betreuungs-, Erziehungs- und Ausbildungsfreibetrag** für jedes zu berücksichtigende Kind beträgt jährlich 1 080,00 EUR, bei Zusammenveranlagung 2 160,00 EUR.

- **Veranlagung:** Der Steuerpflichtige hat nach Ablauf des Kalenderjahres beim Finanzamt eine Einkommensteuererklärung einzureichen, in der er sein Einkommen erklärt. Ehegatten können zwischen zwei Veranlagungsformen wählen:

– **Getrennte Veranlagung:** Jedem Ehegatten werden die von ihm bezogenen Einkünfte getrennt berechnet.

– **Zusammenveranlagung:** Die Einkünfte der Ehegatten werden zusammengezählt und halbiert. Daraus wird die Steuer berechnet und verdoppelt (**Splittingverfahren**).

Beispiel für die Berechnung der Einkommensteuer: Der Steuerpflichtige Karl Pelzer ist 54 Jahre alt und seine Ehefrau 52 Jahre. Sie hatten im Veranlagungszeitraum (Kalenderjahr) folgende Einkünfte:

- Als Geschäftsführer einer GmbH bezog Pelzer ein **Bruttogehalt** von 60 000,00 EUR.

- Aus Sparguthaben und festverzinslichen Wertpapieren flossen dem Ehepaar **Zinsen** in Höhe von 10 000,00 EUR zu.

- Das Ehepaar besitzt ein Zweifamilienhaus, aus dem es **Mieten** in Höhe von 12 000,00 EUR erhielt. Als Werbungskosten können 14 000,00 EUR angesetzt werden.

- Frau Pelzer ist Kommanditistin einer KG. Die **Gewinneinkünfte** betrugen 20 000,00 EUR.

- An **Sonderausgaben** werden geltend gemacht: Vorsorgeaufwendungen für Beiträge zur Krankenkasse, für Haftpflichtversicherungsbeiträge und Beiträge an Bausparkassen 4 000,00 EUR. Die gezahlte Kirchensteuer beträgt 2 900,00 EUR.

- An außergewöhnlichen Belastungen werden 2 100,00 EUR geltend gemacht.

Die Ehegatten haben **Zusammenveranlagung** beantragt. Ein Kind studiert, das zu berücksichtigen ist.

Berechnung des zu versteuernden Einkommens

	EUR	EUR
① Einkünfte aus Land- und Forstwirtschaft		–
② Einkünfte aus Gewerbebetrieb		20 000,00
③ Einkünfte aus selbstständiger Arbeit		–
④ Einkünfte aus nichtselbstständiger Arbeit		
Bruttolohn lt. Steuerkarte	60 000,00	
– Werbungskosten/Pauschbetrag	920,00	59 080,00
⑤ Einkünfte aus Kapitalvermögen		
Kapitalerträge	10 000,00	
– Werbungskosten/Pauschbetrag	−102,00	
– Sparerfreibetrag	−2 740,00	7 158,00
⑥ Einkünfte aus Vermietung und Verpachtung		
Einnahmen aus Zweifamilienhaus	12 000,00	
– Werbungskosten	−14 000,00	−2 000,00
⑦ Sonstige Einkünfte		–
= Gesamtbetrag der Einkünfte		84 238,00
– Sonderausgaben		
Vorsorgepauschale/-aufwendungen	−4 000,00	
– Übrige Sonderausgaben/Pauschbetrag	−2 900,00	−6 900,00
– Außergewöhnliche Belastungen		−2 100,00
= Einkommen		75 238,00
– Kinderfreibetrag		−3 648,00
= Zu versteuerndes Einkommen		71 590,00

▶ **Ermittlung der Steuerschuld**

Die Einkommensteuer wird nach dem zu versteuernden Einkommen bemessen. Seit 2001 entfiel die gesetzliche Verpflichtung, durch das Bundesministerium der Finanzen Einkommensteuertabellen aufzustellen und bekannt zu machen. Die Einkommensteuer wird heute vorwiegend maschinell anhand der **Tarifformel nach § 32a EStG** (Einkommensteuertarif) ohne gesetzliche Einkommensteuertabellen ermittelt.

● **Solidaritätszuschlag:** Er wird als Ergänzungsabgabe zur Einkommensteuer in Höhe von 5,5 % von der Steuerschuld erhoben.

● **Verteilung der Einkünfte:** Sie ist bei Zusammenveranlagung der Ehegatten anzuwenden (**Splittingverfahren**). Wichtig ist, dass der Steuerpflichtige vor der Ermittlung der Steuerschuld die ihm zustehenden abzugsfähigen Beträge berücksichtigt.

Beispiel: Der Beamte Martin Wurzel, verheiratet, Steuerklasse III, ist bei der Landesregierung beschäftigt und erhält infolge eines Fehlers mit rückwirkender Kraft eine Nachzahlung von Beamtenbezügen für vier Jahre in Höhe von 8 420,00 EUR. Die Nachzahlung wurde im Monat April der Lohnsteuer unterworfen. Die Eheleute Wurzel, die zusammen veranlagt werden, beziehen außerdem Einkünfte aus Vermietung und Verpachtung in Höhe von 16 590,00 EUR. Durch die Einbeziehung der gesamten Nachzahlung würde das laufende Einkommen aufgrund des **progressiven Einkommensteuertarifs** mit einem erhöhten Spitzensteuersatz versteuert. Wurzel sollte für diesen Fall beim Finanzamt beantragen, dass die entsprechenden Einkünfte auf vier Jahre verteilt werden, um die Steuerprogression zu mindern.

▶ **Aufbau des Steuertarifs**

Der Tarif der Einkommensteuer richtet sich nach dem **Familienstand**, nach der **Höhe des Einkommens** und nach der **Leistungsfähigkeit** des Steuerpflichtigen. Der Tarif ist auf dem Prinzip aufgebaut, dass Besserverdienende eine größere Steuerlast tragen können als Geringverdienende.

▶ **Einkommensteuergesetz (gültig seit 2004)**

– **Grundfreibetrag** steigt von 7 235,00 auf 7 694,00 EUR (Verheiratete 15 388,00 EUR)
– **Eingangssteuersatz** sinkt von 19,9 auf 16 %
– **Spitzensteuersatz** sinkt von 48,5 auf 45 %
– **Einnahmen aus Zinsen** sind nur noch bis 1 370,00 EUR/Jahr steuerfrei (Verheiratete 2 740,00 EUR)
– **Pendlerpauschale** sinkt auf 30 Cent je km zum Arbeitsplatz (bisher 36 bis 40 Cent)
– **Arbeitnehmerfreibetrag** wird um 12 % auf 920,00 EUR gekürzt.
– **Eigenheimzulage** beträgt künftig acht Jahre lang je 1 250,00 EUR plus 800,00 EUR je Kind

▶ **Steuerreform-Vorschläge**

● Beim **linear progressiven Tarif** wird jeder zu versteuernde Euro etwas höher belastet bis der Grenzsteuersatz von derzeit 45 % (ab 2005: 42 %) erreicht ist. Die Berechnung geschieht mithilfe komplizierter Formeln.

● Beim **Stufentarif** ist der Grenzsteuersatz für jeden zu versteuernden Euro innerhalb einer Einkommensstufe gleich hoch. Erst ab der nächsten Stufe steigt der Steuersatz für jeden zusätzlich verdienten Euro (indirekte Progression). Jeder kann sich seine Steuerschuld selbst ausrechnen.

386

Der Grenzsteuersatz ist der Steuersatz in Prozent, zu dem bei steigendem Einkommen jeder zusätzliche Euro zu versteuern ist. Der Durchschnittssteuersatz zeigt die Gesamtbelastung des Einkommens an.

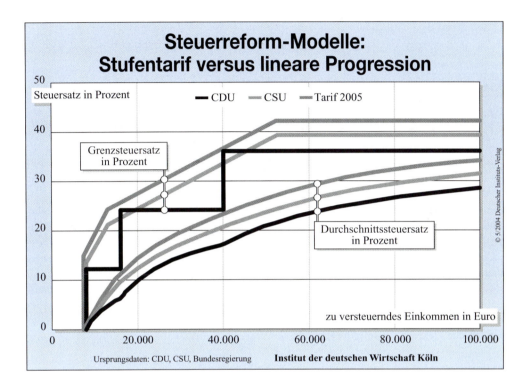

9.2.2 Lohnsteuer (Einkommensteuergesetz)

Die Lohnsteuer ist eine besondere Erhebungsform der Einkommensteuer. Lohnsteuerpflichtig sind alle Arbeiter, Angestellten und Beamten mit ihren **Einkünften aus nichtselbstständiger Arbeit (§ 38 EStG)**:

- Löhne und Gehälter
- Gratifikationen und Tantiemen
- Pensionen und Bezüge für Hinterbliebene
- Sachbezüge und geldwerte Vorteile

Die Lohnsteuer ist die Einkommensteuer des Arbeitnehmers, die im Abzugsverfahren vom Arbeitgeber einbehalten und an das Finanzamt abgeführt wird.

▶ **Pflichtveranlagung**

In bestimmten Fällen sind Arbeitnehmer verpflichtet, nach Ablauf des Kalenderjahres unaufgefordert eine **Einkommensteuererklärung** abzugeben, wenn *z. B.*

— *der Steuerpflichtige oder sein Ehegatte noch andere einkommensteuerpflichtige Einkünfte wie Zinsen aus Sparguthaben oder Renten aus der gesetzlichen Rentenversicherung bezogen haben und die Summe dieser Einkünfte mehr als 410,00 EUR beträgt,*

— *der Steuerpflichtige oder sein Ehegatte steuerfreie Lohnersatzleistungen (z. B. Arbeitslosengeld, Krankengeld) von mehr als 410,00 EUR bezogen haben,*

— *der Steuerpflichtige oder sein Ehegatte Arbeitslohn bezogen haben, der nach Steuerklasse VI besteuert worden ist,*

— *der Steuerpflichtige oder sein Ehegatte Arbeitslohn bezogen haben und ihnen Lohnsteuerkarten mit der Steuerklassenkombination III/V ausgestellt worden sind,*

— *das Finanzamt auf der Lohnsteuerkarte einen Freibetrag eingetragen hat.*

▶ **Lohnabzugsverfahren**

Der Arbeitnehmer erhält von der Gemeindebehörde eine **Lohnsteuerkarte**, in der die Steuerklasse, die Zahl der Kinderfreibeträge (Kinder unter 18 Jahren), die Religionszugehörigkeit, der Familienstand und die Freibeträge eingetragen sind. Der Arbeitnehmer hat die Lohnsteuerkarte vor Beginn des Kalenderjahres dem Arbeitgeber auszuhändigen, damit er den Steuerabzug in der richtigen Höhe vornehmen kann. Legt der Arbeitnehmer die Lohnsteuerkarte oder eine vorläufige Abgangsbescheinigung nicht vor, muss der Arbeitgeber das Arbeitsentgelt nach der Lohnsteuerkarte VI versteuern. Ab 2004 wird die **elektronische Lohnsteuerbescheinigung** eingeführt. Die bisher auf der Rückseite der LSt-Karte zu bescheinigenden Angaben werden elektronisch an die Finanzverwaltung übermittelt.

● **Lohnsteuerklassen:** Durch die Einteilung der Lohnsteuerpflichtigen in sechs Lohnsteuerklassen werden vor allem der **Familienstand und die Zahl der Kinderfreibeträge** bei der Besteuerung berücksichtigt.

Steuerklasse I:	Unverheiratete (Ledige, Geschiedene, Verwitwete) und dauernd getrennt lebende Ehegatten.
Steuerklasse II:	Unverheiratete und dauernd getrennt lebende Ehegatten, bei denen mindestens ein Kind zu berücksichtigen ist.
Steuerklasse III:	Verheiratete, wenn nur ein Ehegatte in einem Arbeitsverhältnis steht.
Steuerklasse IV:	Verheiratete, wenn beide Ehegatten Einkünfte aus nichtselbstständiger Arbeit beziehen.
Steuerklasse V:	Verheiratete, wenn beide Ehegatten Arbeitslohn beziehen. Der andere Ehegatte kommt dann auf Antrag nach Klasse III statt nach Klasse IV.
Steuerklasse VI:	Arbeitnehmer mit Arbeitslohn aus einem zweiten und weiteren Dienstverhältnissen.

> Die Steuerklassenkombination IV/IV geht davon aus, dass die Ehegatten etwa gleich viel verdienen. Dagegen geht die Klassenkombination III/V davon aus, dass einer erheblich weniger als der andere verdient.

Alle Eintragungen in der Lohnsteuerkarte genau prüfen!
Lesen Sie die Informationsschrift „Lohnsteuer '.."

Ordnungsmerkmale des Arbeitgebers

Lohnsteuerkarte .. 3912018

Gemeinde und AGS

Stadt 50122 Köln   05315000

Finanzamt und Nr.

Bergisch Gladbach   5204

Geburtsdatum
31. Juli 1954

I. Allgemeine Besteuerungsmerkmale

Steuer-klasse	Kinder unter 18 Jahren: Zahl der Kinderfreibeträge
fünf	---

Lorenz, Beatriz
Auf dem Düppel 14

51147 Köln

Kirchensteuerabzug

lt.

(Datum)

20. September ..

(Gemeindebehörde)

Bezirksamt Porz

II. Änderungen der Eintragungen im Abschnitt I

Steuerklasse	Zahl der Kinder-freibeträge	Kirchensteuerabzug	Diese Eintragung gilt, wenn sie nicht widerrufen wird:	Datum, Stempel und Unterschrift der Behörde
			vom .. an bis zum 31. Dezember ..	I. A.
			vom .. an bis zum 31. Dezember ..	I. A.
			vom .. an bis zum 31. Dezember ..	I. A.

III. Für die Berechnung der Lohnsteuer sind vom Arbeitslohn als steuerfrei **abzuziehen**:

Jahresbetrag EUR	monatlich EUR	wöchentlich EUR	täglich EUR	Diese Eintragung gilt, wenn sie nicht widerrufen wird:	Datum, Stempel und Unterschrift der Behörde
in Buch-staben	-tausend		Zehner und Einer wie oben -hundert	vom .. an bis zum 31. Dezember ..	I. A.
in Buch-staben	-tausend		Zehner und Einer wie oben -hundert	vom .. an bis zum 31. Dezember ..	I. A.
Ggf. zusätzlich zum o. a. Freibetrag in Buch-staben	-hundert (Zehner und Einer wie oben)			vom .. an	
bei der Tätigkeit als					I. A.

Auf der **Rückseite der Lohnsteuerkarte** trägt der Arbeitgeber am Schluss des Kalenderjahres die Beschäftigungsdauer, den Bruttoverdienst und die einbehaltene Lohn- und Kirchensteuer ein (Lohnsteuerbescheinigung für die Steuererklärung).

● **Tarifformel:** Für das Lohnabzugsverfahren wurden wie bei der Einkommensteuer die gesetzlichen Lohnsteuertabellen abgeschafft. Die Lohnsteuer wird heute vorwiegend maschinell anhand der Tarifformel berechnet (§ 32a EStG).

● Die **Kirchensteuer** beträgt von der Lohnsteuer 8 % in Baden-Württemberg, Bayern, Bremen und Hamburg und 9 % in allen übrigen Ländern der Bundesrepublik Deutschland.

▶ *Antrag auf Veranlagung*

Die vom Arbeitgeber einbehaltene und an das Finanzamt **abgeführte Lohnsteuer kann zu hoch gewesen sein,** *wenn z. B. durch Änderung des Familienstandes oder vorübergehende Arbeitslosigkeit die Lohnsteuer auf den Jahresarbeitslohn niedriger ist.* Für diesen Fall kann der Arbeitnehmer einen Antrag auf Einkommensteuer-Veranlagung beim Finanzamt (früher: Lohnsteuerjahresausgleich) stellen. Er erhält dann die zu viel gezahlte Lohnsteuer erstattet.

▶ *Geringfügige Beschäftigungsverhältnisse (Mini-Jobs)*

Die Einkommensgrenze, bis zu der keine Steuern und Arbeitnehmerbeiträge zur Sozialversicherung gezahlt werden müssen, beträgt 400,00 EUR monatlich.

● Die Arbeitgeber zahlen bis zu dieser Grenze eine **Pauschale von 25 %** (12 % Rentenversicherung, 11 % Krankenversicherung und 2 % Steuern). Wenn der Arbeitgeber ein Privathaushalt ist, beträgt der pauschale Beitrag zur Renten- und Krankenversicherung je 5 %, so dass insgesamt − einschließlich 2 % Steuern − 12 % abzuführen sind.

● In der **Gleitzone von 400,00 EUR und 800,00 EUR** steigen die vom Arbeitnehmer zu zahlenden Sozialbeiträge von 4 % bis 21 %. So wird *z. B. ein monatlicher Bruttolohn von 780,00 EUR um 6,60 EUR entlastet.* Der Arbeitgeber zahlt dagegen die vollen Beiträge.

9.2.3 *Kapitalertragsteuer*

Sie ist im Einkommensteuergesetz (§§ 43−45 EStG) geregelt, weil sie eine **besondere Erhebungsform der Einkommensteuer** ist. Die Höhe der Kapitalertragsteuer beträgt 20 %.

> Der für die Kapitalertragsteuer haftende Schuldner behält den Kapitalertragsteuerbetrag an der Quelle ein und hat ihn binnen eines Monats an das Finanzamt abzuführen (Zinsabschlagssteuer). In dieser Form stellt die Kapitalertragssteuer eine Vorauszahlung zur Einkommensteuer dar.

▶ *Steuerpflicht*

Ein **Steuerabzug** erfolgt bei Kapitalerträgen aus Aktien, Anteilen an GmbH und an eG; Zinsen aus Wandelanleihen, Genussscheinen und Einnahmen aus der Beteiligung als (typischer) stiller Gesellschafter; Zinsen aus bestimmten festverzinslichen Wertpapieren. Für eine etwaige Veranlagung ist dem Steuerpflichtigen eine Bescheinigung zu erteilen, aus der der Bruttobetrag, Steuersatz und die einbehaltene Steuer ersichtlich sind (**Steuerbescheinigung**).

▶ *Freistellungsauftrag*

Es erfolgt kein Steuerabzug an der Quelle, wenn der Empfänger der Kapitalerträge seinem Kreditinstitut einen Freistellungsauftrag im Rahmen des **Sparerfreibetrages** erteilt hat. Der Sparerfreibetrag wurde im Zuge der Steuerreform mit Wirkung vom 01.01.2004 auf 1 370,00 EUR zuzüglich 51,00 EUR Werbungskostenpauschbetrag und bei Zusammenveranlagung auf 2 740,00 EUR zuzüglich 102,00 EUR festgesetzt. Eine nachträgliche Veranlagung ist vorteilhaft, wenn bei kleineren Einkommen der Einkommensteuersatz geringer ist als 25 % und die Kapitalertragsteuer einbehalten worden ist.

▶ *Veräußerungsgewinne*

Die Spekulationsfrist für Kursgewinne beträgt ein Jahr. Es besteht eine Freigrenze von 512,00 EUR.

9.2.4 Körperschaftsteuer (Körperschaftsteuergesetz)

Die Körperschaftsteuer ist die Einkommensteuer der juristischen Personen. Die Bemessungsgrundlage ist der Gewinn.

> Die Ermittlung des steuerpflichtigen Einkommens erfolgt grundsätzlich in gleicher Weise wie bei der Einkommensteuer.

▶ *Steuerpflicht*

Der **Körperschaftsteuer** unterliegt das steuerliche Einkommen der

- Kapitalgesellschaften (AG, KGaA, GmbH), Erwerbs- und Wirtschaftsgenossenschaften,

- Versicherungsvereine auf Gegenseitigkeit (VVAG) und

- juristischen Personen des privaten und öffentlichen Rechts *(z. B. eingetragene Sportvereine)*.

Der **Solidaritätszuschlag** wird als Ergänzungsabgabe zur Einkommensteuer und Körperschaftsteuer erhoben (5,5 % von der Steuerschuld).

▶ *Steuerbefreiung*

Von der Körperschaftsteuer sind befreit (§ 5 KStG):

- Deutsche Bundesbank, gemeinnützige Körperschaften *(z. B. Rotes Kreuz)*,

- Pensions- und Unterstützungskassen, politische Parteien, Gewerkschaften.

▶ *Einheitlicher Steuersatz*

Für ausgeschüttete Gewinne und nicht ausgeschüttete Gewinne beträgt der Steuersatz für Kapitalgesellschaften und Genossenschaften einheitlich 26,5 % 2004.

▶ *Halbeinkünfteverfahren*

Der **Zusammenhang zwischen der Körperschaftsteuer und der Kapitalertragsteuer** besteht darin, dass die Gewinne der juristischen Personen der Körperschaftsteuer und die ausgeschütteten Gewinne als Kapitalerträge der Kapitalertragsteuer unterliegen. Das Halbeinkünfteverfahren hat zur Folge, dass bei Ausschüttungen an die Anteilseigner (Aktionäre und Genossen) 26,5 % Körperschaftsteuer fällig werden. Der verbleibende Betrag muss dann noch einmal von den Anteilseignern zur Hälfte mit ihrem individuellen Steuersatz versteuert werden.

Den Anteilseignern wird die Körperschaftsteuer für den ausgeschütteten Gewinn auf die gezahlte Körperschaftsteuer nicht voll angerechnet. Beim Halbeinkünfteverfahren unterliegen die Dividenden der Anteilseigner nur zur Hälfte der Einkommensteuer. Damit wird eine Doppelbesteuerung mit Körperschaftsteuer und Einkommensteuer nicht ganz vermieden.

Beispiel zum Halbeinkünfteverfahren:

Der Aktionär Fritz Schlau besitzt im Jahre 2003 100 Aktien der X-AG. Auf der Hauptversammlung der X-AG wurde beschlossen, dass pro Aktie 1,00 EUR Gewinn zur Ausschüttung (vor Steuern) bereitgestellt wird. Fritz Schlau hat seinen Sparerfreibetrag für das Jahr 2003 bereits voll ausgeschöpft. Sein persönlicher Steuersatz beträgt 35 %.

Besteuerung der Aktiengesellschaft

Zur Ausschüttung bereitgestellter Gewinn je Aktie vor Steuern:	100,00 EUR
− 25 % Körperschaftsteuer	− 25,00 EUR
− 5,5 % Solidaritätszuschlag auf die Körperschaftsteuer	− 1,25 EUR
= Bardividende	73,75 EUR

Vorabbesteuerung bei der Auszahlung (ohne Sparerfreibetrag)

Bardividende	73,75 EUR
− 20 % Kapitalertragsteuer	− 14,75 EUR
− 5,5 % Solidaritätszuschlag (bezogen auf die Kapitalertragsteuer)	− 0,81 EUR
Nettodividende (Bankgutschrift)	58,19 EUR

Besteuerung im Rahmen der Einkommensteuer für Fritz Schlau

Bardividende	73,75 EUR
− steuerfreier Betrag nach § 3 Nr. 40d (50 % v. 73,75 EUR)	− 36,88 EUR
Steuerpflichtiger Dividendenanteil	36,87 EUR
− 35 % Einkommensteuer	− 12,90 EUR
− 5,5 % Solidaritätszuschlag auf die Einkommensteuer	− 0,71 EUR
+ steuerfreier Dividendenanteil	36,88 EUR
Dividendeneinnahmen nach Steuern	60,04 EUR

Hinweis: Da sich die Gewinne auf das Jahr 2002 beziehen, gilt der Körperschaftsteuersatz von 25 % (2002).

9.2.5 Umsatzsteuer (Umsatzsteuergesetz)

Die Umsatzsteuer wird auch als **Mehrwertsteuer** bezeichnet, weil auf jeder Stufe des Warenweges vom Hersteller über den Großhandel und Einzelhandel bis zum Endverbraucher der Mehrwert (Unterschied zwischen Einkaufs- und Verkaufspreis) zu versteuern ist. Bei der Umsatzsteuer sind Steuerträger und Steuerschuldner nicht dieselbe Person:

− **Steuerträger** ist der Endverbraucher, der die Umsatzsteuer im Preis mit bezahlt.

− **Steuerschuldner** ist der Unternehmer, der die Umsatzsteuer ans Finanzamt abführt.

Als Objektsteuer werden bei der Umsatzsteuer keine persönlichen Verhältnisse berücksichtigt. Sie ist eine der wichtigsten Einnahmequellen des Bundes und der Länder.

Die Umsatzsteuer ist steuerrechtlich eine Verkehrsteuer. Nach ihrer Wirkung ist sie aber eine Verbrauchsteuer, da sie der Endverbraucher zu tragen hat.

▶ *Steuerbare Umsätze (§ 1 UStG)*

Der Umsatzsteuer unterliegen:

● **Die Lieferungen und sonstigen Leistungen**, die ein Unternehmer im Erhebungsgebiet (Inland) gegen Entgelt im Rahmen seines Unternehmens ausführt.

Beispiele: Lieferungen von Roh-, Hilfs- und Betriebsstoffen; Dienstleistungen eines Rechtsanwalts, eines Arztes und eines Steuerberaters.

- Der **Eigenverbrauch**, der vorliegt, wenn ein Unternehmer Gegenstände aus dem Unternehmen für unternehmensfremde Zwecke *(z. B. private Zwecke)* entnimmt oder nutzt.

Beispiele: Privatentnahmen von Fertigerzeugnissen, private Nutzung des betrieblichen Kraftfahrzeugs.

- **Die Einfuhr von Gegenständen** in das Zollgebiet. Die Zollämter erheben bei Importgütern die Einfuhrumsatzsteuer. Damit sollen die eingeführten Güter im Vergleich mit den im Inland hergestellten Gütern im gleichen Maße mit Umsatzsteuer belastet werden.

Von der Umsatzsteuer sind nach § 4 UStG befreit: *z. B. Ausfuhrlieferungen, bestimmte Kredit- und Versicherungsgeschäfte, Einkünfte aus Vermietung und Verpachtung, Umsätze der Ärzte und alle Geldumsätze.*

▶ *Berechnung der Umsatzsteuer*

Die **Berechnungsgrundlage** (Bemessungsgrundlage) richtet sich nach der Art des steuerbaren Umsatzes:

- Bei **Lieferungen und sonstigen Leistungen** ist die Bemessungsgrundlage das Entgelt, das der Empfänger vereinbarungsgemäß zu erhalten hat, abzüglich der Umsatzsteuer (Nettopreis), Entgeltminderungen wie Skonti, Rabatte, Nachlässe und Forderungsausfälle dürfen abgezogen werden.
- Beim **Eigenverbrauch** ist die Bemessungsgrundlage der Teilwert (Anschaffungs- oder Herstellungskosten).

- **Steuersätze:** Die Umsatzsteuer wird berechnet in % der Bemessungsgrundlage.

- **Allgemeiner Steuersatz:** 16 %
- **Ermäßigter Steuersatz:** 7 %

Der **ermäßigte Steuersatz** gilt für Umsätze, die in einer Anlage des Umsatzsteuergesetzes aufgeführt sind. Dazu zählen z. B. *Lebensmittel und Getränke (ausgenommen bei Verzehr in Gaststätten), Erzeugnisse des Buch- und Zeitschriftenhandels, land- und forstwirtschaftliche Erzeugnisse, Futtermittel, Kunstgegenstände und Sammlungen.*

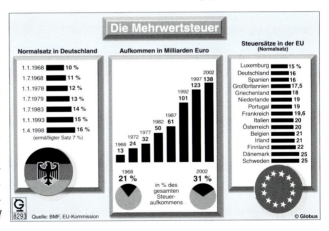

Jeder Unternehmer ist verpflichtet, bei Lieferungen an Unternehmer auf seinen Rechnungen die Umsatzsteuer gesondert auszuweisen. Nur bei Rechnungen bis zu 100,00 EUR genügt die Angabe des Steuersatzes, *z. B. durch den Vermerk: „Im Rechnungsbetrag sind 16 % Umsatzsteuer enthalten".*

- **Vorsteuerabzug:** Für den Unternehmer ist die Umsatzsteuer ein **durchlaufender Posten**. Er hat die Umsatzsteuer, die er dem Kunden berechnet hat, an das Finanzamt abzuführen. Von dieser Steuerschuld kann er **absetzen**

  − die auf den Eingangsrechnungen ausgewiesenen Umsatzsteuerbeträge (**Vorsteuer**) und

  − die gezahlte **Einfuhrumsatzsteuer** bei Importen.

Beispiel:		Vorsteuer-abzug	Zahllast an das Finanzamt
− **Hersteller verkauft** an den Großhändler			
Waren für	1 000,00 EUR	0,00	= 160,00 EUR
+ 16 % USt	160,00 EUR		
Rechnungsbetrag	1 160,00 EUR		
− **Großhändler verkauft** die Waren an den			
Einzelhändler für	1 600,00 EUR	− 160,00 EUR	= 96,00 EUR
+ 16 % USt	256,00 EUR		
Rechnungsbetrag	1 856,00 EUR		
− **Einzelhändler verkauft** die Waren an den			
Endverbraucher für	2 000,00 EUR	− 256,00 EUR	= 64,00 EUR
+ 16 % USt	320,00 EUR		
Rechnungsbetrag	2 320,00 EUR		320,00 EUR

Der Hersteller wälzt die Umsatzsteuer auf den Großhändler und der Großhändler auf den Einzelhändler und der Einzelhändler auf den Endverbraucher ab. Da der Endverbraucher die Umsatzsteuer nicht mehr weiterwälzen kann, muss er sie voll tragen (320,00 EUR). Der **Unternehmer besteuert** auf den einzelnen Stufen des Warenweges **den Mehrwert** (*z. B. Einzelhändler zahlt ans Finanzamt an USt: 2 000,00 EUR − 1 600,00 EUR = 400,00 EUR Mehrwert; davon 16 % = 64,00 EUR*).

> Bei steuerfreien Umsätzen ist ein Vorsteuerabzug ausgeschlossen. Jedoch bei Ausfuhrlieferungen ist der Vorsteuerabzug stets gestattet.

- **Umsatzsteuerzahlung:** Der Unternehmer hat binnen 10 Tagen nach Ablauf des Monats die Umsatzsteuer ans Finanzamt zu zahlen. Zu diesem Zweck reicht er dem Finanzamt eine **Umsatzsteuervoranmeldung** ein, die die vereinbarten Entgelte und die abziehbare Vorsteuer und die zu zahlende Steuer (Zahllast) enthält. Nach Ablauf des Kalenderjahres hat jeder Unternehmer eine **Umsatzsteuererklärung** abzugeben. Danach erfolgt die Veranlagung und die Übermittlung eines **Umsatzsteuerbescheides**.

> Die Umsatzsteuer ist für den Unternehmer ein durchlaufender Posten. Er zieht sie im Auftrage des Finanzamtes von seinen Kunden ein und führt sie nach Abzug der Vorsteuer an das Finanzamt ab.

▶ *Umsatzsteuer bei niedrigem Umsatz*

Kleinunternehmer (§ 19 Abs. 1 UStG), deren Umsatz (zusätzlich der darauf entfallenden USt und abzüglich der erhaltenen Zahlungen für die Veräußerung von Anlagegütern) im vergangenen Kalenderjahr 16 620,00 EUR nicht überstiegen hat und im laufenden Kalenderjahr voraussichtlich 50 000,00 EUR nicht übersteigen wird, zahlen keine USt (**Nullbesteuerung**). Sie dürfen allerdings auch keine Vorsteuer geltend machen und keine Rechnungen mit offenem Steuerausweis erteilen. Sie können aber für die Regelbesteuerung optieren.

9.2.6 Gewerbesteuer (Gewerbesteuergesetz)

Die Gewerbesteuer ist eine Real- oder Objektsteuer, weil persönliche Verhältnisse des Inhabers des Gewerbebetriebes *(z. B. Familienstand)* unberücksichtigt bleiben (§ 2 GewStG).

> Der Steuergegenstand ist bei der Gewerbesteuer der inländische Gewerbebetrieb. Sie wird von der Gemeinde erhoben und ist ihre wichtigste Einnahmequelle (etwa 80 % der Gemeindeeinnahmen).

▶ Bemessungsgrundlage

Berechnet wurde die Gewerbesteuer vom Gewerbeertrag und vom Gewerbekapital. Seit 1998 ist die Besteuerung des Gewerbekapitals abgeschafft.

Die **Bemessungsgrundlage** für die Berechnung des **Gewerbeertrages** ist der **Steuerbilanzgewinn des Kalenderjahres,** der nach den Vorschriften des Einkommen- und Körperschaftsteuergesetzes ermittelt wird. Dabei sind Hinzurechnungen und Kürzungen zu berücksichtigen.

- **Hinzugerechnet** werden *z. B. 50 % der Zinsen für Dauerschulden, die Hälfte der Miete für fremde, bewegliche Anlagegüter, Gewinnanteile der stillen Gesellschafter* (§ 8 GewStG).

- **Gekürzt** werden *z. B. 1,2 % von 140 % der Einheitswerte der Betriebsgrundstücke, Anteile am Gewinn einer anderen Unternehmung* (§ 9 GewStG).

Der Gewerbeertrag wird auf 100,00 EUR nach unten gerundet.

▶ Ermittlung der Gewerbeertragsteuer

Zur Ermittlung der Gewerbeertragsteuer wird vom Gewerbeertrag mithilfe der Messzahl der **Steuermessbetrag** errechnet.

- **Freibetrag:** Für natürliche Personen und Personengesellschaften besteht ein Freibetrag von 24 500,00 EUR.

- **Steuermesszahl:** Die Steuermesszahl für Kapitalgesellschaften beträgt 5 % des Gewerbeertrags. Für Gewerbebetriebe von Einzelunternehmungen und Personengesellschaften besteht eine **Steuermesszahlstaffel** in Stufen von 1 % bis 5 % des auf volle 100,00 EUR gerundeten Betrages.

> Die Gemeinden setzen jedes Jahr der Hebesatz fest, der, mit der Steuermesszahl multipliziert, die an die Gemeinde zu zahlende Gewerbesteuer ergibt.

Beispiel: Ein Einzelunternehmen weist einen nach dem Einkommensteuergesetz ermittelten Gewinn von 160 000,00 EUR aus. Die Miete für fremde bewegliche Anlagegüter beträgt 13 000,00 EUR und die Zinsen für Darlehensschulden betragen 7 000,00 EUR. Der Einheitswert der betrieblichen Grundstücke beläuft sich auf 340 000,00 EUR. Die Gemeinde weist einen Hebesatz von 380 % aus.

	EUR
Steuerlicher Gewinn	**160 000,00**
+ Hinzurechnungen	
50 % der Miete für fremde	
Anlagegüter	6 500,00
50 % Zinsen für Dauerschulden	3 500,00
	170 000,00
− Kürzungen	
1,2 % von 140 % der Einheitswerte	
der Betriebsgrundstücke	5 712,00
= Gewerbeertrag	164 288,00
abgerundet	164 200,00
− Freibetrag	24 500,00
= restlicher Gewerbeertrag	139 700,00
× Steuermesszahl (1 %)	
= Steuermesszahl	5 785,00
Hebesatz der Gemeinde (380 %)	
= **Gewerbesteuerschuld**	**21 983,00**

Messzahl vom Gewerbeertrag in EUR

für die ersten	12 000,00	1 % =	120,00
für die weiteren	12 000,00	2 % =	240,00
für die weiteren	12 000,00	3 % =	360,00
für die weiteren	12 000,00	4 % =	480,00
für die restlichen	91 700,00	5 % =	4 585,00
	139 700,00	=	5 785,00

Die Steuermesszahl vom Gewerbeertrag beträgt 5 785,00 EUR. Das Finanzamt errechnet die Messzahl und erteilt darüber einen **Gewerbesteuerbescheid**.

9.2.7 Wirkungen der Steuern

Die Steuern wirken sich in der Wirtschaft u. a. auf die Wahl der Rechtsform der Unternehmung, auf die Durchführung von Investitionen und auf die Konsumausgaben aus.

▶ *Wirkung auf die Wahl der Rechtsform einer Unternehmung*

Will man feststellen, welche Rechtsform die geringste Belastung aufweist, muss man für den Einzelfall **Steuerbelastungsvergleiche** durchführen.

● Bei **Einzelunternehmern und Mitunternehmern** (Gesellschaftern) spielt es keine Rolle, ob die Gewinne im Betrieb belassen oder entnommen werden. Die Besteuerung des Einkommens erfolgt nur bei den natürlichen Personen (Inhaber und Gesellschafter), nicht bei den Betrieben.

● Dagegen ist bei **Kapitalgesellschaften** die juristische Person *(z. B. AG)* ein selbstständiges Steuersubjekt, das zur Körperschaftsteuer veranlagt wird. Allerdings unterliegen die ausgeschütteten Gewinne durch die Teilanrechnung der gezahlten Körperschaftsteuer auf die Einkommensteuerschuld des Anteilseigners nicht in vollem Umfang der Doppelbesteuerung.

Die Einzelunternehmen und Personengesellschaften werden je nach Höhe des Einkommens einem steigenden Steuersatz unterworfen. Dagegen unterliegen die ausgeschütteten und die nicht ausgeschütteten Gewinne der unbeschränkt steuerpflichtigen Kapitalgesellschaften und Genossenschaften dem gleich bleibenden Regelsteuersatz von 25 %.

▶ *Wirkung auf die Investitionen*

Dabei muss zwischen ertragsabhängigen Steuern *(z. B. Steuern vom Einkommen)* und ertragsunabhängigen Steuern *(z. B. Grundsteuer)* unterschieden werden.

● **Ertragsabhängige Steuern** passen sich der Gewinnentwicklung an. Sie werden nur bezahlt, wenn Gewinne entstehen. Auf die Investitionsentscheidungen können sie sich jedoch erheblich auswirken, wenn sich *z. B. bei einer zu starken Steuerprogression eine Mindestverzinsung des eingesetzten Kapitals nicht mehr ergibt.* Das trifft vor allem bei Risikokapital zu. Wird die Abgabenlast als zu hoch empfunden, flüchtet man in die „Schattenwirtschaft" (Schwarzarbeit, Feierabendarbeit, Nachbarschaftshilfe).

● **Ertragsunabhängige Steuern** (Substanzsteuern) können sich besonders ungünstig auf Investitionsentscheidungen auswirken. Wenn Unternehmen kaum noch Gewinne oder sogar Verluste erzielen, dann müssen diese Steuern aus der Substanz bezahlt werden. Das Eigenkapital, die Kreditwürdigkeit und die Liquidität des Unternehmens verringern sich und damit die Investitionsmöglichkeiten.

▶ *Wirkungen auf die Konsumausgaben*

Die Wirkungen von Steuerveränderungen auf den Konsum hängen vor allem von der **Höhe des Einkommens und den Einkommenserwartungen** der Konsumenten ab.

● Die **unteren Einkommensbezieher** werden bei Steuererhöhungen gezwungen ihre Ausgaben einzuschränken, weil sie keine Sparreserven besitzen. Das wirkt sich ungünstig auf die Nachfrage und damit auf das Wachstum und die Beschäftigung in der Volkswirtschaft aus.

● Die **mittleren und hohen Einkommensbezieher** brauchen sich dagegen bei Steuererhöhungen nicht einzuschränken, weil sie Sparguthaben auflösen oder den Sparanteil senken können. Sie werden sogar bei günstigen Einkommenserwartungen ihre Konsumausgaben vergrößern.

● **Steuersenkungen** werden die Einkommensbezieher bei günstigen Einkommenserwartungen zu höheren Konsumausgaben anregen bzw. bei ungünstigen Zukunftserwartungen unter Beihaltung der Konsumausgaben den Sparanteil erhöhen.

Zu hohe Steuern können zu einzelwirtschaftlichen und gesamtwirtschaftlichen Nachteilen führen:
− Verlagerung der Betriebe ins Ausland mit niedrigeren Steuern.
− Steuerverkürzung durch unvollständige Angaben in der Steuererklärung.
− Starker Preisanstieg, wenn die Steuer auf den Verbraucher abgewälzt werden kann.
− Liquiditätsschwierigkeiten, wenn die Steuer wegen starker Konkurrenz nicht auf den Verbraucher abgewälzt werden kann.
− Entstehung einer Schattenwirtschaft *(z. B. Schwarzarbeit).*

Lernaufgaben 9.2

Wichtige Steuern

1 *Der Besteuerung des Einkommens unterliegen natürliche und juristische Personen.*

a) Nennen Sie die Rechtsgrundlagen für die Besteuerung des Einkommens natürlicher und juristischer Personen!

b) Für welche Einkünfte wird der Gewinn durch den Abzug der Betriebsausgaben von den Betriebseinnahmen ermittelt? Geben Sie zu jeder Einkunftsart ein Beispiel!

c) Bei anderen Einkunftsarten wird der Überschuss der Einnahmen über die Werbungskosten ermittelt. Um welche Einkünfte handelt es sich? Geben Sie zu jeder Einkunftsart ein Beispiel!

d) Grenzen Sie folgende Begriffe der Einkommensteuer voneinander ab:
   − Einnahmen und Betriebsausgaben
   − Werbungskosten
   − Sonderausgaben und außergewöhnliche Belastungen.

2 *Der Einkommensteuertarif ist in drei Einkommenszonen eingeteilt: Freizone (Grundfreibetrag), Progressionszone (steigende Steuersätze) und Proportionalzone (Spitzensteuersatz).*

a) Welchen Sinn hat die Einteilung des Steuertarifs in verschiedene Steuerzonen?

b) Warum gelangen immer mehr Einkommensbezieher in die Zone steigender Steuersätze, ohne dass der Staat die Steuern erhöht? Nehmen Sie kritisch dazu Stellung!

c) Wie stehen Sie zu dem Vorschlag, die Progressionszone nicht bei 42 % zu beenden, sondern bis zu 50 % oder 60 % fortzusetzen?

3 *Der Einzelunternehmer Max Kerbel e. Kfm. besitzt ein Kunststoffwerk. Er ist 44 Jahre alt und seine Ehefrau 40 Jahre. Sie beziehen folgende Einkünfte:*

− *Als Inhaber des Kunststoffwerkes beliefen sich seine Gewinneinkünfte im Veranlagungszeitraum auf 118 620,00 EUR.*

− *Außerdem ist Max Kerbel als Kommanditist an der Brot & Mühlenwerke KG Bruchhausen beteiligt. Sein Verlustanteil beträgt für den Veranlagungszeitraum 9 250,00 EUR.*

− *Das Ehepaar besitzt ein Mietwohnhaus. Die Mieteinnahmen beliefen sich im Veranlagungszeitraum auf 57 520,00 EUR, die Werbungskosten auf 46 942,00 EUR.*

− *Die Ehefrau, mit der Max Kerbel zusammen veranlagt wird, hat 50 000,00 EUR in der Lotterie gewonnen.*

− *Als Sonderausgaben können abgesetzt werden: Für Lebens- und Krankenversicherungen 4 200,00 EUR, für gezahlte Kirchensteuer 3 229,00 EUR und für Spenden 380,00 EUR.*

− *An außergewöhnlichen Belastungen werden 2 530,00 EUR geltend gemacht.*

− *Aus festverzinslichen Wertpapieren, Aktien und Spareinlagen flossen dem Ehepaar Zinsen in Höhe von 15 830,00 EUR zu.*

a) Ermitteln Sie das zu versteuernde Einkommen der Eheleute Kerbel!

b) Was enthält der Einkommensteuerbescheid, den die Eheleute Kerbel vom Finanzamt erhalten, wenn die zu zahlende Einkommensteuer 26 332,00 EUR und die Summe der vierteljährlichen Vorauszahlungen 25 420,00 EUR bzw. 30 280,00 EUR betragen?

c) Nennen Sie Beispiele für Werbungskosten, die für das vermietete Wohnhaus anfallen können!

d) Unterscheiden Sie zwischen getrennter Veranlagung und Zusammenveranlagung der Ehegatten!

e) Worin sind Einkommensteuer und Körperschaftsteuer grundsätzlich gleich und wodurch unterscheiden sie sich? Zeigen Sie das an je drei Merkmalen!

4 *Die Lohnsteuer zahlt der Arbeitgeber für den Empfänger von Einkünften aus nichtselbständiger Arbeit an das Finanzamt.*

a) In welcher Form kann ein Steuerpflichtiger Arbeitslöhne beziehen, die der Lohnsteuer unterliegen?

b) Geben Sie Beispiele dafür, dass es zweckmäßig ist, einen Antrag auf Veranlagung zu stellen!

c) Welche Bedeutung hat die Lohnsteuerkarte für die Erhebung der Lohnsteuer?

5 *Wozu gehören die folgenden steuerlichen Abzugsbeträge?*

a) Vorsorgeaufwendungen sind bis zu einer bestimmten Höchstsumme abzugsfähig.

b) Bei Lohn- und Gehaltsempfängern kann ein bestimmter Pauschbetrag abgezogen werden.

c) Unbeschränkt abzugsfähige Ausgaben sind z. B. Kirchensteuer und Steuerberatungskosten.

d) Einem Steuerpflichtigen erwachsen zwangsläufig größere Aufwendungen als der überwiegenden Mehrzahl steuerpflichtiger gleicher Einkommens- und Vermögensverhältnisse.

e) Aufwendungen für Fortbildung, Berufskleidung und Fahrten zwischen Wohnung und Arbeitsstätte.

f) Beschränkt abzugsfähig sind Spenden für mildtätige, kirchliche, wissenschaftliche und staatspolitische Zwecke.

6 *Ein Umsatz unterliegt der Umsatzsteuer, er ist steuerbar, wenn alle Voraussetzungen der Steuerbarkeit gemeinsam vorliegen (§ 1 UStG). Prüfen und begründen Sie die Steuerbarkeit folgender Umsätze!*

a) Der Baustoffhändler Hans Ziegler verkauft Baumaterial gegen Rechnung.

b) Der Angestellte des Städtischen Wasserwerkes Sebastian Klug verkauft sein Klavier an seinen Freund gegen Barzahlung.

c) Der Taxifahrer Fritz Schneller befördert im Stadtgebiet regelmäßig Fahrgäste gegen Barzahlung.

d) Die Frau des Fleischermeisters Bernhard Kraft entnimmt Wurst und Fleisch aus der Fleischerei ihres Mannes für den privaten Bedarf.

e) Die Werkzeugmaschinenfabrik Dreher & Co. hat eine Niederlassung in Frankreich. Die französischen Kunden werden von der Niederlassung in Frankreich beliefert.

7 *Der Unternehmer hat die Umsatzsteuer als durchlaufenden Posten zu behandeln.*

a) Zeigen Sie am Beispiel der folgenden zwei Rechnungen eines Unternehmens, dass für ihn die Umsatzsteuer ein durchlaufender Posten ist!

– Eingangsrechnung 830,	netto	6 500,00 EUR
	+ 16 % Umsatzsteuer	1 040,00 EUR
	brutto	7 540,00 EUR
– Ausgangsrechnung 1274,	netto	8 800,00 EUR
	+ 16 % Umsatzsteuer	1 408,00 EUR
	brutto	10 208,00 EUR

b) Wie hoch ist die Zahllast des Unternehmers?

c) Erläutern Sie den Vorgang der Umsatzsteuerzahlung und der Umsatzsteuerveranlagung!

d) Geben Sie Beispiele für die Anwendung des ermäßigten Umsatzsteuersatzes!

e) Unter welcher Bedingung ist ein gesonderter Ausweis der Umsatzsteuer auf der Rechnung des Lieferers nicht erforderlich?

8 *Der Reparaturschuhmacher Karl Lederer erzielte im Vorjahr folgende Umsätze:*

Erhaltene Zahlungen aus Reparaturleistungen + USt	*14 000,00 EUR*
Erhaltene Zahlung aus dem Verkauf einer gebrauchten Schleifmaschine + USt	*800,00 EUR*
Steuerpflichtiger Eigenverbrauch	*300,00 EUR*
Summe der steuerbaren Umsätze	*15 100,00 EUR*

Voraussichtlich werden die Umsätze im lfd. Jahr nicht wesentlich höher sein.

a) Prüfen Sie, ob Lederer Kleinunternehmer nach § 19 Abs. 1 UStG ist! Begründung!

b) Klären Sie die Fragen der Besteuerung seines Umsatzes, des Ausweises der USt auf seinen Rechnungen und des Vorsteuerabzugs!

c) Lederer erklärt dem Finanzamt, dass er für die Regelbesteuerung nach § 19 Abs. 3 UStG optieren will. Welche umsatzsteuerlichen Folgen hat das?

9 *Die Seidensticker KG in Bielefeld hat einen steuerlichen Gewinn von 60 800,00 EUR erzielt. Die Mietkosten für fremde Anlagegüter betragen 7 600,00 EUR. Dauerschulden sind in Höhe von 70 500,00 EUR vorhanden; dafür wurden Zinsen in Höhe von 4 230,00 EUR bezahlt. Der Einheitswert der Betriebsgrundstücke beläuft sich auf 70 000,00 EUR.*

a) Berechnen Sie die Gewerbeertragsteuer, die an die Gemeinde bei einem Hebesatz von 430 % zu bezahlen ist!

b) Warum bezeichnet man im Gegensatz zur Einkommensteuer, die eine Personensteuer ist, die Gewerbesteuer als Real- oder Objektsteuer?

c) Welcher Teil der Gewerbesteuer müsste bei einem Verlust der Unternehmung aus der Substanz bezahlt werden? Welche Folgen könnte das haben?

d) Begründen Sie, warum in der Regel die Gemeinden bemüht sind, günstige Bedingungen für die Neuansiedlung von Gewerbebetrieben zu schaffen!

10 Anhang

10.1 Antrag auf Erlass eines Mahnbescheids

(siehe Beispiel S. 180)

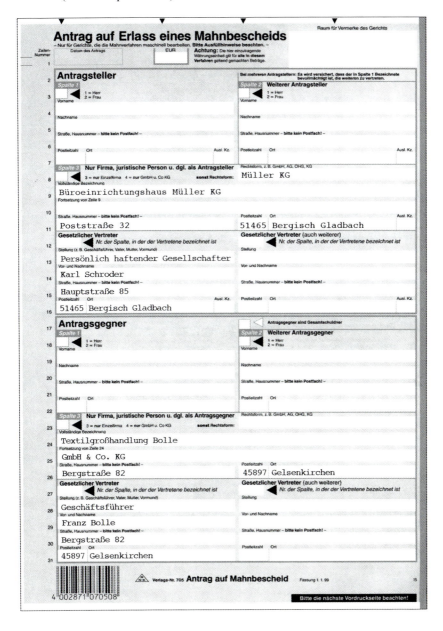

Bezeichnung des Anspruchs

*Die von Ihnen in Zeile 1 angegebene Währungseinheit gilt für sämtliche Beträge.

I. Hauptforderung – siehe Katalog in den Hinweisen –

Zeilen-Nummer	Katalog-Nr.	Rechnung/Aufstellung/Vertrag oder ähnliche Bezeichnung	Nr. der Rechng./des Kontos u. dgl.	Datum bzw. Zeitraum vom	bis	Betrag*
32	43	Rechnung	8431	..–05–18		15 230,50
33						
34						

Postleitzahl	Ort als Zusatz bei Katalog-Nr. 19, 20, 90	Ausl. Kz.	Vertragsart als Zusatz bei Katalog-Nr. 28	
35				-Vertrag

Sonstiger Anspruch – nur ausfüllen, wenn im Katalog nicht vorhanden – mit Vertrags-/Lieferdatum/Zeitraum vom ... bis ...

36

Fortsetzung von Zeile 36	vom	bis	Betrag*
37			

Nur bei Abtretung oder Forderungsübergang:
Früherer Gläubiger – Vor- und Nachname, Firma (Kurzbezeichnung)

Datum
Seit diesem Datum ist die Forderung an den Antragsteller abgetreten/auf ihn übergegangen.

38

Postleitzahl Ort Ausl. Kz.

39

IIa. Laufende Zinsen

Zeilen-Nr. der Hauptforderung	Zinssatz %	oder % über Basiszinssatz	1 = jährl. 2 = mtl. 3 = tägl.	Betrag*, nur angeben, wenn abweichend vom Hauptforderungsbetrag	Ab Zustellung des Mahnbescheids, wenn kein Datum angegeben. ab oder vom	bis
40	32	10%				..–12–20
41						
42						

IIb. Ausgerechnete Zinsen

Gemäß dem Antragsgegner mitgeteilter Berechnung für die Zeit

vom	bis	Betrag*

III. Auslagen des Antragstellers für dieses Verfahren

Vordruck/Porto Betrag*	Sonstige Auslagen Betrag*	Bezeichnung

43

IV. Andere Nebenforderungen

Mahnkosten Betrag*	Auskünfte Betrag*	Bankrücklastkosten Betrag*	Inkassokosten Betrag*	Sonstige Nebenforderung Betrag*	Bezeichnung
44	8,90				

Ein streitiges Verfahren wäre durchzuführen vor dem

1 = Amtsgericht
2 = Landgericht
3 = Landgericht – KfH
6 = Amtsgericht – Familiengericht
8 = Sozialgericht

	Postleitzahl Ort	
45	3 ◄	in **Gelsenkirchen**	X ◄

Im Falle eines Widerspruchs beantrage ich die Durchführung des streitigen Verfahrens.

Prozessbevollmächtigter des Antragstellers

Ordnungsgemäße Bevollmächtigung versichere ich.

1 = Rechtsanwalt   4 = Herr, Frau
2 = Rechtsanwälte   5 = Rechtsanwältin
3 = Rechtsbeistand   6 = Rechtsanwältinnen
Vor- und Nachname

Betrag*
Bei Rechtsanwalt oder Rechtsbeistand: **Anteile** der Auslagenpauschale des § 26 BRAGO werden als nebenstehenden Auslagen verlangt, deren Richtigkeit versichert wird.

Der Antragsteller ist nicht zum Vorsteuerabzug berechtigt.

46

Straße, Hausnummer – bitte kein Postfach! –
Postleitzahl Ort Ausl. Kz.

47

48

Bankleitzahl Konto-Nr.
bei der/dem

49

Von Kreditgebern (auch Zessionar) zusätzlich zu machende Angaben bei Anspruch aus Vertrag, für den das Verbraucherkreditgesetz gilt:

Zeilen-Nr. der Hauptforderung	Vertragsdatum	Effektiver Jahreszins	Zeilen-Nr. der Hauptforderung	Vertragsdatum	Effektiver Jahreszins	Zeilen-Nr. der Hauptforderung	Vertragsdatum	Effektiver Jahreszins

50

Geschäftszeichen des Antragstellers/Prozessbevollmächtigten

51 .

**An das
Amtsgericht** Hagen
– Mahnabteilung –
52 Postfach 160

53 58001 Hagen
Postleitzahl, Ort

Ich beantrage, einen Mahnbescheid zu erlassen und in diesen die Kosten des Verfahrens aufzunehmen.
Ich erkläre, dass der Anspruch von einer Gegenleistung

☐ ◄ abhängt, diese aber bereits erbracht ist.   X ◄ nicht abhängt.

Unterschrift des Antragstellers/Vertreters/Prozessbevollmächtigten

Karl Schober

Verlags-Nr. 705 Fassung 1. 1. 99

10.2 Abkürzungen

AbzG	Gesetz betreffend die Abzahlungs-geschäfte
AFG	Arbeitsförderungsgesetz
AktG	Aktiengesetz
AO	Abgabenordnung
ArbZG	Arbeitszeitgesetz
BBiG	Berufsbildungsgesetz
BetrVG	Betriebsverfassungsgesetz
BGB	Bürgerliches Gesetzbuch
CAD	Computer Aided Design
CAE	Computer Aided Engineering
CAM	Computer Aided Manufacturing
CAP	Computer Aided Planning
CAQ	Computer Aided Quality
CIM	Computer Integrated Manufactu-ring
CWWS	Computergestütztes Warenwirt-schaftssystem
DPMA	Deutsches Patent- und Markenamt
EStG	Einkommensteuergesetz
EuroEG	Euro-Einführungsgesetz
EVO	Eisenbahn-Verkehrs-Ordnung
FuE	Forschung und Entwicklung
GBO	Grundbuchordnung
GebrMG	Gebrauchsmustergesetz
GenG	Gesetz betr. die Erwerbs- und Wirt-schaftsgenossenschaften
GewO	Gewerbeordnung
GewStG	Gewerbesteuergesetz
GG	Grundgesetz
GmbHG	Gesetz betr. die Gesellschaften mit beschränkter Haftung
GNT	Güternahverkehrstarif
GrEStG	Grunderwerbssteuergesetz
GüKG	Güterkraftverkehrsgesetz
GWB	Gesetz gegen Wettbewerbsbe-schränkungen
HGB	Handelsgesetzbuch
HReRefG	Handelsrechtsreformgesetz
InsO	Insolvenzordnung
JArbSchG	Jugendarbeitsschutzgesetz
KapCoRiLiG	Kapitalgesellschaften und Co. Richtlinien-Gesetz
KöStG	Körperschaftsteuergesetz
KSchG	Kündigungsschutzgesetz
KündFG	Kündigungsfristengesetz
KVO	Kraftverkehrsordnung

LMBG	Gesetz über den Verkehr mit Le-bensmitteln, kosmetischen Mitteln und sonstigen Bedarfsgegenständen
MG	Gesetz über die Mitbestimmung der Arbeitnehmer in den Aufsichts-räten und Vorständen der Unter-nehmen des Bergbaus und der Eisen und Stahl erzeugenden Industrie
MitbestG	Gesetz über die Mitbestimmung der Arbeitnehmer (Mitbestimmungsgesetz)
MSchG	Mutterschutzgesetz
PartGG	Gesetz über Partnerschaftsgesell-schaften
PatG	Patentgesetz
PO	Postordnung
PostG	Postgesetz
PPS	Produktionsplanung und -steue-rung
RTGS	Real Time Gross Settlement
RVO	Reichsversicherungsordnung
SchG	Scheckgesetz
SchwbG	Gesetz zur Sicherung der Eingliede-rung Schwerbehinderter in Arbeit, Beruf und Gesellschaft
SGB	Sozialgesetzbuch
StGB	Strafgesetzbuch
TARGET	Trans-European Automated Real-time Gross Settlement Express Transfer
TRG	Transportrechtsreformgesetz
TVG	Tarifvertragsgesetz
UStG	Umsatzsteuergesetz
UWG	Gesetz gegen den unlauteren Wett-bewerb
VAG	Gesetz über die Beaufsichtigung der Versicherungsunternehmen
VerglO	Vergleichsordnung
VStG	Vermögensteuergesetz
VVG	Versicherungsvertragsgesetz
WG	Wechselgesetz
WZG	Warenzeichengesetz
ZG	Zollgesetz
ZPO	Zivilprozessordnung

10.3 Sachwortverzeichnis

A

Abnahme der Ware 175
Absatz 12 ff., 75 ff., 118 ff.
Absatzhelfer 117, 123 ff.
Absatzlogistik 38
Absatzmittler 120 ff.
Absatzplan 290 f.
Absatzwege 117 ff.
Absatzwirtschaft 38
Absonderung 250 f.
Abzahlungsgeschäft 144, 153, 159
Abzugsverfahren 376
AIDA-Regel 96
Akkordlohn 358 f.
Akkreditiv 269 f.
Aktie 213 ff., 252, 296, 306, 308
Aktiengesellschaft 26, 186, 192, 194, 213 ff., 296
Akzept 281, 283
Allgemeine Geschäftsbedingungen (AGB) 161 f., 170
Anfechtung 135 f.
Anfechtungsfristen 136
Anfrage 39, 140 f.
Angebot 39, 141 f.
Angemessenheitsprinzip 30
Anhang 218
Anleihen 307 f.
Annahmeverzug 174 f.
Arbeitsbewertung 354 f., 356 f.
Arbeitsdirektor 215
Arbeitsgerichtsbarkeit 371
Arbeitskräfte 10
Arbeitslosenversicherung 349
Arbeitsrecht 336 ff.
Arbeitsschutzrecht 336, 342 f.
Arbeitsvertrag 338 ff.
Arglistige Täuschung 135, 167
Artikelstammsatz 46
Auflassung 158
Auflösung der Unternehmung 247 ff.
Aufrechnung 250 f.
Aufsichtsrat 215 ff.
Ausbeutungsmissbrauch 241 f.
Auskunft 327
Auslieferung 123
Außenfinanzierung 294 ff.
Außergewöhnliche Belastungen 384
Aussonderung 159, 250 f.
Aussperrung 370

Ausstellungen 119
Ausverkauf 100

B

BankCard 268 f., 277 f.
Bankplatz 284
Bankrott 251
Bargeldlose Zahlung 264 ff.
Bargeldzahlung 259 f.
Barscheck 273 ff.
Bedarf 13, 39, 76, 80
Beglaubigung 134, 158, 194
Behinderungsmissbrauch 241 f.
Belegschaftsaktien 362
Benchmarking 80
Berufsausbildungsvertrag 336 ff.
Berufsgenossenschaft 349
Beschaffung 12 ff., 38 ff.
Beschaffungsgrad 55 ff.
Beschaffungslogistik 38
Besitz 157 ff.
Besitzkonstitut 158
Bestellsysteme 46
Bestellung 39, 142
Betrieb 10 ff., 15 ff., 20 ff., 26
Betriebsmittel 10
Betriebsrat 367 ff.
Betriebsvereinbarung 341, 369
Betriebsversammlung 369
Beurkundung 134, 158, 200
Bezugsquellen 13, 39, 140 f.
Bezugsrecht 214, 309
Bezugssperre 241
BGB-Gesellschaft 209 f.
Binnenschifffahrt 66 f.
Bonität 327
Bonus 149
Börse 119, 175, 310 f.
Bringschuld 151
Bürgschaft 185, 328, 332

C

Cashflow 320
CAD 58
CAE 58
CAM 58
CAQ 58
Chip-Karten 268
cif 150
CIM-Bausteine 58
Collico 65
Computergestütztes Warenwirtschaftssystem (CWWS) 46
Computerintegrierte Fertigung 58

Container 64
Controlling 12
Corporate Identity 32
Cost-Center 253

D

Dachgesellschaft 239
Darlehen 297
Datenbank 39, 46
Dauerauftrag 265
Deckungskauf 169
Deklaratorische Wirkung 195
Depot 309 f.
Depotstimmrecht 217
Deutsches Patent- und Markenamt (DPMA) 87
Devisen 268
Dezentralisierung 55
Dienstleistungen 10, 21 ff., 77
Diskontierung 284, 288 f.
Dispositiver Faktor 11 f.
Distanzkauf 166
Distributionslogistik 127 f.
Distributionspolitik 77, 117 ff.
Diversifikation 53, 81, 298
Dokumentenakkreditiv 271 f.
Dokumenteninkasso 269, 271
Drittwiderspruchsklage 159
Duales System 86

E

Effekten 175, 306 ff.
Eidesstattliche Versicherung 180
Eigenfinanzierung 295 ff.
Eigentum 157 ff.
Eigentumsvorbehalt 159, 176, 250, 329 f.
Eigenverantwortung 253
Einkauf 38 ff., 140 f.
Einkommensteuer 382 ff.
Einschreiben 70
Einspruch 180
Einzelfertigung 49
Einzelhandel 120 ff.
Einzelunternehmung 26, 194 f., 200, 295, 300, 396
Eisenbahngüterverkehr 64 ff.
Electronic Cash 266
Electronic Commerce 22 f.
Electronic Mail 71
Elektronischer Datenaustausch 71
Elektronischer Zahlungsverkehr 267 f.

404

Emissionen 16 f.
ePost 70
Erfüllungsgeschäft 157 ff.
Erfüllungsort 151
Eröffnungsbeschluss 249 f.
Ersatzlieferung 168
Erwerbswirtschaftliches Prinzip
   15, 29 f.
Eurocheque 267, 277 f.

F

Factoring 301 f.
Fahrlässigkeit 168 f., 174
fas 151
Fernabsatzverträge 134
Fernschreibverkehr 71
Fertigungsinsel 51 f.
Fertigungskosten 54 ff.
Fertigungsprogramm 53 f.
Fertigungstypen 49 f., 53
Fertigungsverfahren 49 ff., 53
Finanzielles Gleichgewicht 15,
   320 f.
Finanzierung 12 ff., 30, 90 f.,
   284 f., 294 ff., 317
Finanzplanung 290 f., 316 ff.,
   320 f.
Finanzverwaltung 376
Firma 185, 192 ff.
Firmengrundsätze 192 f.
Firmenschildvorschrift 193 f.
Fixe Kosten 55 ff.
Fixkauf 144, 170
Fließfertigung 51
Flugverkehr 68 f.
fob 150
Formkaufmann 185 f.
Formvorschriften 25, 134, 200
Frachtbasis 150
Frachtbrief 62 f., 65, 68
Frachtführer 61 f.
Frachtparität 150
Frachtvertrag 62 f.
Franchising 118
free on rail 151
Freihändiger Verkauf 175
Freizeichnungsklausel 141 f.
Fremdfinanzierung 297 ff.
Fusion 236, 240, 242 f.

G

Garantie 90, 162, 168, 332
Gattungskauf 143, 169, 175
Gefahrübergang 152 f.
GeldKarte 269 f.
Gelegenheitsgesellschaft 209
Generalklausel 26, 162, 238

Generalversammlung 229
Genossenschaft 186, 194, 227 ff.,
   296
Genossenschaftsregister 186
Genussschein 309
Gerichtsstand 152
Geschäftsanteil 227
Geschäftsbrief 401 ff.
Geschäftsfähigkeit 131 f.
Geschäftsführung 201, 204, 221
Gesellschaft des bürgerlichen
   Rechts 209 f.
Gesellschaft mit beschränkter
   Haftung 186, 192, 194, 220 ff.,
   296
Gesellschaftsunternehmen 26,
   200 ff.
Gesellschaftsvertrag 133, 200
Gewährleistung 167 f.
Gewerbefreiheit 26
Gewerbesteuer 395 f.
Gewerkschaften 369
Gewinn 29 ff., 33, 319
Gewinnbeteiligung 361 f.
Gezeichnetes Kapital 213, 220
Girokonto 260 ff.
Gironetze 261
Gläubigerausschuss 251
Gläubigerpapiere 304 ff., 306 ff.
Gläubigerschutz 248
Gläubigerversammlung 251
Gläubigerverzug 174
Gleichgewichtspreis 106 f.
Globalisierung 38
GmbH & Co. KG 29
Goldkarte 270
Großhandel 24, 120 ff.
Grundbuch 158, 331
Grundkapital 213 ff.
Grundschuld 331
Gruppenfertigung 51
Güterverkehr 61 ff.
Gutgläubiger Erwerb 158

H

Haftpflichtversicherung 25, 351
Halbbare Zahlung 261 ff.
Halbeinkünfteverfahren 391 f.
Handel 22 ff., 117 ff.
Handelsgewerbe 184 f.
Handelskauf 143
Handelsmakler 127 f.
Handelsregister 185 ff., 194 ff.,
   218, 221, 248
Handelsvertreter 117 f., 123 ff.
Handelswechsel 284
Handlungsvollmacht 185, 188

Handwerksbetriebe 23
Hauptversammlung 215 ff.
Haushalte 10
Haustürgeschäfte 144
Havarie 68
Höchstbestand 43
Höhere Gewalt 65, 169
Holding-Gesellschaft 240 f.
Holschuld 151
Homebanking 266
Hypothek 329 f., 331 f.

I

Immissionen 16 f.
Import 24, 121
Incoterms 150 f.
Individualversicherung 351 f.
Indossament 285 f.
Industriebetrieb 23
Industrieobligationen 297, 306 f.
Inhaberscheck 276 f.
Innenfinanzierung 292, 294
Innovation 81, 88
Input 13
Insolvenzgeld 251, 349
Insolvenzplan 251
Insolvenzverfahren 96, 194,
   248 ff.
Interessengemeinschaft 235
Interimsmanager 255
Internationaler Zahlungsverkehr
   270 ff.
Internet 22 ff., 39
Internetbanking 266
Investition 284 ff., 292 f., 394
Investitionsarten 285 ff.
Investitionsplan 290 f.
Investivlohn 361
Investmentzertifikat 306
ISO 9000 31
Istkaufmann 184, 195

J

Jahresabschluss 202, 204, 217 ff.
Jahresüberschuss 217 f., 320
Jubiläumsverkauf 100
Jugend- und Auszubildendenver-
   tretung 368
Juristische Person 131, 213, 220,
   227, 249
Just in time 40, 55

K

Kaduzierung 221
Kalkulation 105 ff., 110 f.
Kanban-System 40
Kannkaufmann 184 ff., 188, 195

405

Kapazität 55 ff.
Kapitalbedarf 14, 316 f.
Kapitalbeschaffung 285
Kapitalerhöhung 296 f.
Kapitalertragsteuer 390 f.
Kapitalgesellschaften 26, 185,
  194 f., 231, 300, 396
Kartell 237 f.
Kartenzahlungssysteme 269 f.
Kauf auf Abruf 144
Kauf auf Probe 144, 158
Kauf nach Probe 144
Kauf zur Probe 144
Käufermarkt 106 f.
Kaufmann 184 ff.
Kaufvertrag 133, 140 ff., 148 ff.,
  157 ff.
Klage 175, 177 f., 180, 287, 377
Kleingewerbetreibender 152, 184
Kleine AG 222
Kommanditgesellschaft 185, 192,
  194, 203 f., 295
Kommanditgesellschaft auf Ak-
  tien (KGaA) 231 f.
Kommanditist 26, 203 f., 231
Kommissionär 118, 125 ff.
Kommunikationspolitik 77, 93 ff.
Kommunikationstechniken 71
Komplementär 26, 203 f., 231
Konflikthandhabung 366 ff.
Konnossement 68, 269
Konsignationslager 127
Konstitutive Wirkung 195, 213,
  221
Kontinuierlicher Verbesse-
  rungsprozess 55
Kontokorrentkonto 260 f.
Konventionalstrafe 170, 185
Konzentration 220, 236 ff.
Konzern 237, 239 f.
Körperschaftsteuer 400 f.
Kosten 55 ff.
Kostendepression 57, 320
Kostenprogression 57
Kraftwagengüterverkehr 66
Krankenversicherung 347 f.
Kreditinstitute 10, 22, 24
Kreditkarte 269
Kreditsicherung 326 ff.
Kreditversicherung 332, 351
Kreditwürdigkeit 326 f.
Kreislaufwirtschaft 16
Krisenmanager 255
Kundendienst 90
Kundenorientierung 77
Kundenselektion 326

Kündigung 339 f.
Kündigungsschutz 340
Kurs 310 f.

L
Ladeliste 66
Ladeschein 67
Lagebericht 217 f.
Lager 38 ff., 40 ff.
Lagerhalter 62 f.
Lagerkennzahlen 43 ff.
Lagerkosten 42 f.
Lagerlogistik 38
Lagerschein 64, 158
Lastschriftverkehr 265 f.
Lean Production 54 f.
Leasing 301 f.
Leckage 149
Leistungslohn 358 f.
Leistungsverzug 166, 168 ff.
Leverage-Effekt 319 ff.
Lieferantenkredit 113, 298, 329
Lieferbedingungen 112, 150 f.
Liefersperre 341
Lieferungsverzug 168
Lieferzeit 151 f.
Liquidation 194, 214, 247 f.
Liquidität 318 f.
Logistik 38, 61, 127 f.
Lohn 356 ff.
Lohngerechtigkeit 356, 361
Lohnsteuer 388 ff.
Lohnsteuerjahresausgleich 400
Lohnzahlung 360
Lombardisierung 331
Losgröße 50
Luftfrachtverkehr 68 f.

M
Mahnbescheid 178 ff., 287
Mahnung 169, 176 ff.
Mängelarten 166
Mangelhafte Lieferung 166 ff.
Mängelrüge 166 f., 185
Mantel 309
Marken 87
Markendach 87
Marketing 75 ff.
Marketingmix-Politik 78
Markierung 87
Markt 14 f., 31 f.
Marktformen 105 ff.
Marktforschung 78 ff.
Markttypen 104 ff.
Marktveranstaltungen 119
Marktverdrängungspolitik 109
Massenfertigung 50, 57, 241

Materiallogistik 38
Materialwirtschaft 38 ff.
Meldebestand 43 f., 46
Messe 119
Minderung 167
Mindestbestand 43 f.
Mindestbuchführung 185
Mitbestimmung 15, 215, 220,
  229, 368 ff.
Monopol 105 ff.

N
Nacherfüllung 134, 162, 168
Nachfragemacht 241 f.
Nachfrist 169 f., 176
Nachnahme 69, 153, 263
Nachrangige Gläubiger 252
Nachrichtenverkehr 70 f.
Nachschusspflicht 221
Nichtigkeit 134 f.
Notarielle Beurkundung 135
Notifikation 287
Notverkauf 175

O
Öffentliche Beglaubigung 135
Offene Handelsgesellschaft 26,
  185, 192, 194, 200 ff., 295
Offener Arrest 250 f.
Offenlegung 218 ff.
Öffentlichkeitsarbeit 93, 98 f.
Öffnungsklauseln 341
Öko-Audit 17
Ökobilanz 17
Ökonomisches Prinzip 32 f.
Oligopol 105 ff.
Online 71, 268
Online-Datenbanken 22 f., 39
Online-Dienste 22 f., 39
Optionsanleihe 309
Orderscheck 276
Organisation 12
Organisationstypen der Ferti-
  gung 50 ff., 53
Output 13
Outsourcing 55

P
Päckchen 69
Packung 85 ff.
Paket 69
Paletten 65
Parallelverhalten 109
Partnerschaftsgesellschaft 210
Patentamt 87
Patente 86
Personalzusatzkosten 360

406

Pfandbriefe 307 f.
Pfandrecht 62, 330 f.
Personengesellschaften 26, 195, 200 ff., 230
Pfändung 178, 180, 250
Pflegeversicherung 348
Planung 11
Platzkauf 166
Polypol 105 f.
POS-Banking 267 f.
Postbank Minuten-Service 259
Postverkehr 69 ff.
PPS-System 58
Präferenzbereich 108
Prämienlohn 359 f.
Preisbindung 106, 242
Preisdifferenzierung 109 f.
Preisempfehlungen 112
Preisgegenüberstellungen 100
Preisklasse 108
Preisoptik 109
Preispolitik 77, 104 ff.
Preisstrategien 110
Produktaufmachung 84 f.
Produktdifferenzierung 104, 108
Produkthaftung 85
Produktinnovation 81, 88
Produktion 10, 12 ff.
Produktionsfaktoren 10, 11, 22 ff.
Produktionsplan 290 f.
Produktionswirtschaft 38, 49 ff.
Produktivität 33 f.
Produktlebenszyklus 81
Produktpolitik 76, 84 ff.
Produktprofil 76 f.
Profit-Center 253
Prokura 185 ff., 194 f., 201
Prolongation 288
Public Relations 93, 98 f.
Publikumsgesellschaft 217
Publizität 195 f., 217 ff.

Q

Qualitätssicherung 31
Quittung 259, 285

R

Rabatt 111 f., 148 f.
Ratenlieferungsvertrag 144, 153, 159
Ratenzahlung 144, 153, 159
Räumungsverkauf 100
Rechtsbehelfe 377
Rechtsfähigkeit 131
Rechtsgeschäfte 25, 131 ff.
Recycling 16 f.
Registertonnen 67

Regress 287
Reisender 117 f., 123 ff.
Rentabilität 33, 319 f.
Rentenversicherung 348
Ressourcen 16
Restschuldbefreiung 154
Rohrleitungsverkehr 69
RTGS-System 261
Rücklagen 213, 219, 299
Rücktritt 167, 169, 176

S

Sachen 157 f.
Sachgüter 10
Saisonverkauf 99
Salespromotion 93, 96 ff.
Sammelüberweisung 266
Sanierung 254 f.
Schadenersatz 69 f., 168 f., 176, 187
Schattenwirtschaft 396 f.
Scheck 266, 268, 277 ff., 279 ff.
Schickschuld 151
Schlanke Produktion 54 f.
Schlichtung 370
Schlussnote 128
Schuldenbereinigungsplan 253
Schuldnerverzug 174
Schuldschein 281, 297
Seeschifffahrt 67 f.
Selbstfinanzierung 30, 294, 299 f., 320
Selbsthilfeverkauf 175
Selbst-in-Verzug-Setzen 170
Serienfertigung 49
Servicepolitik 89
Sicherheiten 327 ff.
Sicherungsbestand 43 f.
Sicherungsübereignung 158, 250, 330
Signalpreise 109
Skonto 149, 298
Sonderausgaben 384 f.
Sonderveranstaltungen 100
Sortenfertigung 49
Sortimentsgestaltung 89
Soziale Marktwirtschaft 15
Sozialgerichtsbarkeit 351
Sozialgesetzbuch (SGB) 347 ff.
Sozialleistungen 360
Sozialplan 368
Sozialversicherung 347 ff.
Speditionen 10, 61
Sprecherausschuss 367
Sperrminorität 217, 239 f.
Spezifikationskauf 144
Splitting 385

Stammeinlage 220
Stammkapital 220
Standort 26
Steuergerichte 377
Steuern 374 ff.
Steuerpflicht 382
Steuerprogression 386 f.
Steuertarif 386 f.
Stille Gesellschaft 210 f.
Streik 370
Stückkauf 143, 169
Stückkosten 56 f.
Syndikat 237
Synergieeffekte 87, 118

T

Tagwechsel 282
Tantieme 215 f.
Tara 149
Target Costing 110
TARGET-System 261
Tarifautonomie 340
Tarifverhandlungen 370
Tarifvertrag 340 f., 369 f.
Teilhaberpapier 306 ff.
Teilzahlungsgeschäft 144, 153, 159
Telefax 71
Telex 71
Terminkauf 144
Terminkontrolle 177
T-Online 39, 71
Transportkosten 109
Tratte 281
Trust 240

U

Übergabe 157 f.
Überschuldung 249
Überweisung 261, 264 ff.
Umsatzsteuer 392 ff.
Umschuldung 252
Umwelt-Audit 17
Umweltmanagementzeichen 17
Umweltschutz 15 ff., 77, 86
Unfallversicherung 349 f.
Ungesicherte Gläubiger 252
Unique Produkt Profile (UPP) 76 f.
Unlautere Werbung 99 f.
Unterbilanz 252
Unternehmenskultur 32
Unternehmung 15 ff., 21 ff., 26 ff.
Unternehmungsgründung 26, 200 f., 203, 210, 213, 220, 222

407

Unternehmungszusammen-
schlüsse 236 ff.
Urproduktion 21

V

Variable Kosten 55 ff.
Veranlagungsverfahren 376, 384 f.
Verbraucherinsolvenzverfahren
253 f.
Verbraucherkaufvertrag 134, 144
Verbraucherschutz 161 f., 166
Verbrauchsgüterkauf 134, 143 f.,
161, 167
Vereine 186
Vergleich 251, 259
Verjährung 160 ff., 167
Verkäufermarkt 106 f.
Verkaufsförderung 93, 96 ff.
Verpackung 85 ff.
Verpackungskosten 149
Verpflichtungsgeschäft 157
Verrechnungsscheck 265, 275 ff.
Versammlung der Gesellschafter
221
Versandkosten 150
Versicherungen 10, 22, 24, 346 ff.
Versicherungsvereine auf Gegen-
seitigkeit 186, 232
Versteigerung 175, 178
Vertragsarten 25, 133, 143 f.

Vertragsfreiheit 148, 161
Vertretbare Sachen 143, 169
Vertretungsmacht 203
Verzugszinsen 176
Vollautomatische Fertigung 52
Vollmacht 185 ff.
Vollstreckbarer Titel 180, 251,
288
Vollstreckungsbescheid 178 ff.
Vorgründungsgesellschaft 210
Vorsatz 168, 174
Vorstand 214 ff., 227
Vorsteuerabzug 393 f.

W

Währung 268
Währungsumstellung 259
Wagnisfinanzierung 296 f.
Wandelschuldverschreibung 308
Warenwertpapier 64, 84, 306
Warenwirtschaft 38 ff.
Wandelung 167
Warenbörse 119
Wechsel 279 ff.
Werbeerfolgskontrolle 96
Werbung 93 ff.
Werbungskosten 383
Werkstattfertigung 51
Werkstoffe 10
Werkvertrag 133 f.

Werkvertrag ähnliche Verträge
133 f.
Wertpapier 281, 306 ff.
Wertschöpfung 13
Wettbewerb 31 f., 193, 242
Wettbewerbsverbot 201, 215, 339
Widerspruch 180
Willenserklärungen 131 ff., 140 ff.
Wirtschaftlichkeit 15, 32 f.
Wirtschaftsausschuss 368
Wirtschaftsordnung 14

Z

Zahlschein 262
Zahlstellenvermerk 282
Zahlungsanweisung zur Verrech-
nung (ZzV) 263 f.
Zahlungsbedingungen 113, 153,
268 ff.
Zahlungsunfähigkeit 248 f.
Zahlungsverkehr 259 ff.
Zahlungsverzug 175 ff.
Zeitlohn 358
Zession 328 f.
Zielkosten-Management 110
Zeugnis 337, 339
Zugaben 100
Zusatzleistungen 90
Zuschlagskalkulation 105 f.
Zwangsvollstreckung 178, 180
Zweckkauf 170